U0525007

收拾精神，自作主宰

陆九渊诞辰880周年
暨心学传承与
发展论文集

杨柱才 张新国 主编

中国社会科学出版社

图书在版编目（CIP）数据

收拾精神，自作主宰：陆九渊诞辰 880 周年暨心学传承与发展论文集 / 杨柱才，张新国主编 . — 北京：中国社会科学出版社，2023.9
　ISBN 978-7-5227-2232-0

Ⅰ.①收⋯　Ⅱ.①杨⋯②张⋯　Ⅲ.①陆九渊（1139-1193）- 心学 - 文集　Ⅳ.① B244.85-53

中国国家版本馆 CIP 数据核字（2023）第 127285 号

出 版 人	赵剑英
责任编辑	韩国茹
责任校对	张爱华
责任印制	张雪娇

出　　版	中国社会科学出版社
社　　址	北京鼓楼西大街甲 158 号
邮　　编	100720
网　　址	http：//www.csspw.cn
发 行 部	010 - 84083685
门 市 部	010 - 84029450
经　　销	新华书店及其他书店
印　　刷	北京君升印刷有限公司
装　　订	廊坊市广阳区广增装订厂
版　　次	2023 年 9 月第 1 版
印　　次	2023 年 9 月第 1 次印刷
开　　本	710×1000　1/16
印　　张	44.5
插　　页	2
字　　数	798 千字
定　　价	268.00 元

凡购买中国社会科学出版社图书，如有质量问题请与本社营销中心联系调换
电话：010 - 84083683
版权所有　侵权必究

目 录

贺信

杜维明先生贺信 …………………………………………………… 3
张立文先生贺信 …………………………………………………… 4
陈来先生贺信 ……………………………………………………… 5
郭齐勇先生贺信 …………………………………………………… 6

心学与经学研究

陆九渊《春秋》"讲义"的经学思辨 ………………… 向世陵 / 9

"皇极根乎人心"
　——陆象山的《洪范》学 ………………………… 刘增光 / 20

"吾之深信者《书》"
　——从《尚书》之论管窥象山学的经学底色 ……… 许家星 / 39

陆九渊"六经注我，我注六经"说的诠释学意义 …… 李畅然 / 53

陆九渊的"皇极"说 ………………………………… 陈石军 / 60

"建用皇极"：陆九渊的华夷观初探 ………………… 袁晓晶 / 70

心学与理学研究

朱子对鹅湖之会"尧舜之前何书可读"说的回应 ………… 朱杰人 / 83

陆象山的人心道心之说 ………… 田炳郁 / 92

从朱熹、陆九渊、吕祖谦的思想互动看"陆学"的确立 ………… 赖功欧 / 101

深喻由乎志习
——程朱与陆九渊对"君子喻于义,小人喻于利"
之解释的演进 ………… 陈乔见 / 112

朱陆异同的礼学诠释 ………… 殷 慧 / 120

和会朱陆本体论工夫论的阳明心学 ………… 何 静 / 143

陆王心学中的居敬工夫
——兼论宋明理学的敬论分类和意义 ………… 吴亚楠 / 152

论朱陆治学工夫的异同与冲突 ………… 陈永宝 / 174

陆王心学对"敬"的理解与批评 ………… 焦德明 / 195

李二曲对朱陆的融合何以可能
——以"为学之方"的检讨为视角 ………… 王文琦 / 206

心学的多元开展

陆九渊象山讲学述略 ………… 胡发贵 / 223

象山人学思想的心学旨趣 ………… 张美宏 / 229

论陆九渊的世界观与唯心主义 ………… 沈顺福 / 240

陆九渊的义利之辨及其现代意义 ………… 徐建勇 / 254

心的救赎与性的隐略
——论陆九渊心性学说的侧重 ………… 王绪琴 / 261

论陆九渊对异端之批判 ………… 李浩然 / 268

本末先后：象山学阐释之纲要
　　——兼论其心学依据与特色 ………………………… 邓国坤 / 279

陆九渊君子人格思想述论………………………………… 周接兵 / 294

大转型背景下的北宋哲学：兼论中国思想的第二期轴心时代……… 张广保 / 307

"鹅湖之会"的文化意义…………………………………… 许　宁 / 325

从《陆氏家制》看陆氏家风……………………………… 罗伽禄 / 334

陆九渊政治思想探析……………………………………… 吴牧山 / 343

陆象山的"主民"思想及其对晚明"觉民行道"的开启………… 单虹泽 / 362

从中国文化的此岸取向看心性儒学的境界论
　　——为纪念陆象山先生诞辰880周年而作 ……………… 方朝晖 / 376

心学与国人的信仰哲学…………………………………… 彭彦华 / 393

心学的比较研究

论陆九渊心学的思想史地位……………………………… 谢遐龄 / 409

象山学在日本……………………………………………… 邓　红 / 425

儒家的知性传统与象山心学的知性……………………… 潘朝阳 / 444

从 knowing that 与 knowing how 看知与德之辩
　　——以陆象山思想为考察中心 …………………………… 刘悦笛 / 465

陆九渊论"天理人欲"来自道家之补证…………………… 林桂榛 / 477

陆九渊哲学中对语言的讨论……………………………… 俞　跃 / 484

日本阳明学的发生原因及早期特征……………………… 欧阳祯人 / 494

程敏政和王阳明的朱、陆及其历史影响………………… 陈寒鸣 / 513

精神哲学与陆王心学
　　——以徐梵澄《陆王学述》为中心 ……………………… 李　卓 / 526

圣学之果：心学、理学与公羊学 ················ 任新民 / 540

心学传承与发展

阳明学时代何以"异端"纷呈？
——以杨慈湖在明代的重新出场为例 ············ 吴　震 / 555

陆九渊心学及其对儒学发展的新突破 ············ 杨柱才 / 571

论"心即理说"的发展历程 ···················· 孙宝山 / 582

陆象山"本心"说的再阐释 ···················· 肖　雄 / 594

陆王心学实际影响初探 ······················ 宋在伦 / 606

"效验"问题与陆王心性学说的裂变
——兼谈明清之际儒学转型的契机和可能 ······ 鹿　博；邓国宏 / 611

张立文先生的象山学研究 ···················· 邓庆平 / 625

由"真我"到"良知"
——牟宗三关于"良知"本体的建构 ············ 程志华 / 634

吕柟对阳明心学的辩难及其思想史意义 ············ 李敬峰 / 648

王阳明孝礼思想 ···························· 赵文宇 / 663

从推崇到批判：黄绾论陆九渊 ···················· 张宏敏 / 676

身体、心灵与自然的融通
——王阳明心学主体性的结构 ·················· 张新国 / 681

"修身为本即是性学"：李材的止修工夫诠释 ·········· 李璐楠 / 695

后　记 ·· / 707

贺信

杜维明先生贺信

尊敬的各位师友先进：

大家好！

欣闻陆象山诞辰880周年暨心学传承与发展国际学术会议在象山故里金溪县召开，我非常高兴。

象山认为自己是"读孟子而自得之"。他说的读孟子而自得之，是以真传孟子心学自许。象山认为他讲的，是真正的、实实在在的实学。可以说，实学是象山对心学最贴切的体认。

在2018年世界哲学大会的王阳明讲座上，我特别提到陆象山的先立乎其大者，是他的基本教言。象山心学就是要人人都能建立自己的大体本心。

象山所讲，无论是东海、西海、南海、北海的圣人，都是心同理同。象山还说，千百世之上，至千百世之下，有圣人出焉，此心此理亦莫不同也。这是肯定文明对话、关爱地球和实现代际正义的终极理由。与张载所说的为往圣继绝学，为万世开太平是一致的。

陆王心学对我有极大的启发，是"先得我心之所同然"的智慧。

很遗憾我此次不能躬逢其盛，只能在北京向各位同仁表示歉意。不揣冒昧，写一短函预祝大会取得圆满成功！

杜维明

2019年10月24日星期四

张立文先生贺信

首先祝大会胜利召开。

陆九渊是宋明理学中心体学的开创者，影响深远。后由王守仁发扬而成心体学的集大成者。陆九渊思想具有现代的重要价值与意义。

民本是国家学说的核心，他发挥民为邦本的思想说："闻之于政也，民无不为本也。国以为本，吏以为本。古国以民为安危，君以民为威侮，吏以民为贵贱。此之谓民无不为本也。"国、君、吏都要尊民为本，因国之安危，君的威侮，吏的贵贱都系于民。

人为贵的价值论。陆九渊第一次把人超拔为"天地人之才等耳，人岂可轻？人字又岂可轻？"是对饿死事小，失节是大和灭人欲的批判，是高扬主体性的卓越智慧。

"自作主宰"的自立、自重、自尊的意义，反对自暴、自弃、自屈。这是为人、为国、为民族的纪纲。近代以来，中华民族被列强凌辱，视中华民族为"东亚病夫"，"华人与狗不得入内"等。中华民族以自强不息，厚德载物的精神使中国站起来、富起来、强起来。中国人应以经济、政治、文化、制度、国防的自信，自作主宰，在国际舞台上发出中国的强音，提供中国方案，以和平、发展、合作、共赢构建国际新秩序。

日新之谓盛德。日日创新是国家、民族生生不息的活水，是家国繁荣强大的动力，是人人进德，文明礼貌的根基。唯有如此，才能有最大的获得。

弘扬陆九渊思想智慧，继承中华优秀传统文化，在当今信息智能时代具有重要现实价值与意义。

张立文
2019年10月22日

陈来先生贺信

各位先生、各位学者：

欣闻陆九渊诞辰880周年暨心学传承与发展国际学术研讨会即将在江西省金溪县举行，我谨向会议表示诚挚的祝贺！陆九渊作为宋明时期心学思想流派的创立者，在宋明理学史和中国哲学思想史上贡献巨大，影响长达八百年。陆九渊心学所强调的义利之辨、堂堂正正做个人、发明本心等思想，对于我们今天发掘义利之辨的思想资源，传承和发展优秀传统文化的价值观，更好地建设和推广社会主义核心价值观，有积极的意义。陆九渊心学在南宋学术思想领域，异军突起，是北宋以来道学发展的新突破，与朱子理学形成了双峰并峙的格局。本次会议的召开，必将推动陆九渊学术思想研究及宋明理学研究进一步走向深入。

预祝会议取得圆满成功！

陈来

2019年10月24日

郭齐勇先生贺信

各位学界同仁：

欣闻纪念陆九渊诞辰880周年暨心学传承与发展国际学术研讨会，在继今年三月湖北荆门会议之后，再次在江西金溪隆重召开，这是我们学界的盛事。我谨代表武汉大学国学院，向大会的召开表示诚挚而热烈的祝贺！

800多年来，我们湖北人民对象山先生始终怀着深厚的感情，我们武汉大学数代学人都十分重视陆象山先生思想的学习与研究，并且与江西省广大的象山先生研究者结下了深厚的友谊。2019年，我们成立了全国性的"中华孔子学会陆九渊研究委员会"，并且在湖北与江西联合举办了两次重要的研究象山先生思想与心学传承的学术盛会，这是学术界盛大的节日！"读书非贵诵，学必到心斋。"希望我们大家传承陆王心学的精神，把象山先生的学问与思想推向一个前所未有的高度，在我们新的时代焕发出夺目的光彩。

预祝大会圆满成功！

武汉大学国学院 郭齐勇
2019年10月24日

心学与经学研究

陆九渊《春秋》"讲义"的经学思辨*

向世陵

(中国人民大学国学院)

议论陆九渊学术，很容易想到的，是他的"六经注我，我注六经"或"学苟知本，六经皆我注脚"(《陆九渊集》卷三十四《语录上》)之类的话语。应当如何理解和评价此类话语，学者迄今已有若干分析。本文不打算对它们进行正面讨论，而是以为，不论是"六经注我"还是"我注六经"，"六经"及其"注"本身都是不可或缺的主题。事实上，翻阅陆九渊的文集，不难发现他于"六经"都有解说。当然，本文只讨论他的《春秋》经注。尽管这方面的文字不是太多，但从中还是可以看出他的治经路向和体现在经学解释中的思想价值。①

一 注重"实理"的经学观

陆九渊一生，从政时间不长，主要精力都放在了讲学授徒和培养人才上。由于陆学强调"发明本心"和"先立乎其大"，读书治经的一般经学道路便不为陆九渊所推崇，其典型语句就是"尧舜之前何书可读"(《陆九渊集》卷三十六《年谱》)！但是，陆九渊对此本有自己的辩解，申明他不是从根本上反对读书，而只是在读书的要求和方法上有不同。譬如他告诉求教者要读《尚书》《孟子》中的一些篇章便是例证，其区别表现在"只是比他人读得别些子"(《陆九渊集》卷

---

* 本文曾发表于《中国哲学史》2020年第1期。

① 一个有意思的参考是，中国书店据20世纪30年代世界书局影印本影印的"宋元人注"《四书五经》本《春秋三传》，在宣公八年至十年的大约三年时间里(陆九渊在太学的《春秋讲义》只涉及这一时间段)，引用陆九渊的《讲义》就有6条，是在同一时间段中被引用次数最多的作者之一。由此亦可见陆九渊的《春秋讲义》在经学史上的影响。

三十五《语录下》)。这个"别些子",虽然他没有具体阐明,但从他议论典籍的相关言说中,可以窥见一斑。

陆九渊在《赠二赵》中写有如下的一段话:

> 书契既造,文字日多,六经既作,传注日繁,其势然也。苟得其实,本末始终,较然甚明。知所先后,则是非邪正知所择矣。虽多且繁,非以为病,只以为益。不得其实而蔽于其末,则非以为益,只以为病。二昆其谨所以致其实哉。(《陆九渊集》卷二十《赠二赵》)

自上古圣人以书契易结绳,被后人概称为"六经"的典籍也就随之出现,围绕对它们的研究而逐渐形成了"经学"。这样来看"传注日繁",其实是经学史发展的自然走向,"其势然也"。"势"既如此,就不可能人为阻止。

陆九渊这里没有谈及经学形成的社会政治缘由,他留意的,是人面对这一大势应当做什么,这就是弄清经典和传注是因何而作。其实,传注本来是为发明经典之理,关键在弄清经义与传注的本末、始终、先后关系,接下来再去看疏解经文的传注,就不会觉得传注繁多,也不再会感到是对学者的束缚,反而会以为对自己理解经文大有益处,经学史上的是非邪正也就容易辨析清楚了。

那么,阅读和研究前人的经学论著也就成为必须,陆九渊自己便是如此去实践的。例如,陆淳疏释啖助、赵匡之学的《春秋集传纂例》,在中唐以后的经学史中颇有影响,陆九渊基于自己的研读也对此有积极的评价。认为:"啖、赵说得有好处,故人谓啖、赵有功于《春秋》。"又云:"人谓唐无理学,然反有不可厚诬者。"(《陆九渊集》卷三十四《语录上》)就此而言,"理学"在陆九渊并不是宋儒的专属,唐人其实也有类似的思考。啖助、赵匡"舍传求经",在治学方法上,实开后来理学家经学变革之先河。陆九渊如此说法,与清人在《四库全书总目提要》中的评价倒颇为一致:"盖舍传求经,实导宋人之先路。生臆断之弊,其过不可掩;破附会之失,其功亦不可没也。"[①]

从经学研究的实践看,阅读经文和传注,首先要了解文义。但是,了解文义的目的并不是停留于表面的知识,而是要理解内容和贯穿在经学史实中的道理,

---

① (清)纪昀等:《春秋集传纂例十卷》解题,《四库全书总目提要》,河北人民出版社2000年版,第688页。

做到"末不害本,文不妨实"。他说:

> 常令文义轻而事实重,于事实则不可须臾离,于文义则晓不晓不足为重轻,此吾解说文义之妙旨必先,亦不可不知也。然此亦可强为之哉?非明实理、有实事实行之人,往往于没于文义间,为蛆虫识见以自喜而已。安能任重道远,自立于圣贤之门墙哉?(《陆九渊集》卷十四《与胥必先》)

陆九渊所说的"事实",可以理解为"事"之"实",即着眼点不在经学史上的历史故事或陈迹,而是透过文章字义显现出来的事之理,即他所说的实理。这是解读文义之妙旨必须先解决的问题。读书人要想做圣贤,就不能埋头于文章字义之中,以考求枝节识见为满足。

从工夫的角度说,明实理固然是在实事实行之中,知与行本来是统一的整体。但不应忽视的是,学者读书明经,重心要落在经中之理,而非载理之行事上。其实,客观地说,由于年代久远,经文的记载本身就存在不确定性。后儒自以为是的解说,实际上颇多错谬。《语录》记载:

> 圣人作《春秋》,初非有意于二百四十二年行事。又云:《春秋》大概是存此理。又云:《春秋》之亡久矣,说《春秋》之缪,尤甚于诸经也。(《陆九渊集》卷三十四《语录上》)

司马迁《史记·太史公书》中有孔子所云"我欲载之空言,不如见之于行事之深切著明也"一段在后来十分有名的话,这段话为《春秋》由史而经的价值定位发挥了极为重要的作用。从而,《春秋》之行事,就成为孔子"深切著明"以褒贬是非善恶、并为将来乱臣贼子之诫的真实写照,意义自然就十分重要。以致上千年来,后儒为辨清这些本来不甚清楚的"行事",花费了无数的精力且深陷于此而不拔。

陆九渊对此则不能认同。按他所说,孔子本来无意于二百四十二年之行事,只是为了"存理"才不得不借助它。可是,经学家们只留意于这些具体的"行事",却忘掉了孔子借寓于其中之理,在此意义上,也可以说《春秋》早亡了。相较于六经中的其他典籍而言,《春秋》文字只是在陈述历史事迹,而没有直接叙述什么道理,如果学者把注意力都放在字面意义的"行事"上,其错谬自然就大了。

收拾精神，自作主宰

陆九渊强调区分实理与行事，目的自然不只在区分本身，而是希望学者能够"知本"明理，后者才是治学的根本所在。所谓"宇宙间自有实理，所贵乎学者，为能明此理耳。此理苟明，则自有实行，有实事"(《陆九渊集》卷十四《与包详道》)。注重"实"当然不限于陆九渊个人，而是理学家集体批判佛老虚空而展现出的最鲜明的学术特色。但是，"实"有实理、实事之分，只有明白了什么是实理，才能知道实事如何能成行。

陆九渊讲的"实理"，可以有正理、常理和公理等多重属性。按他所说：

> 吾所明之理，乃天下之正理、实理、常理、公理，所谓"本诸身，证诸庶民，考诸三王而不谬，建诸天地而不悖，质诸鬼神而无疑，百世以俟圣人而不惑者也"。学者正要穷此理，明此理。(《陆九渊集》卷十五《与陶仲赞·二》)

陆九渊认为，他自己的论著，如《荆公祠堂记》、他与朱熹的多封书信等，都是明道说理的代表性文字，而朱熹的书信因其"糊涂"而没有必要去理会(《陆九渊集》卷十五《与陶仲赞·二》)。

按陆九渊的发明，"正理"是针对异端邪说言；"常理"意味亘古不变且为将来圣人所认同；"公理"则是指它流行于天地间而无处不通行。因此，无论从哪一个侧面看，学者于经中所明之理都是实实在在而可以考信的。理颇具有一种客观的力量："理之所在，匹夫不可犯也。犯理之人，虽穷富极贵，世莫能难，当受《春秋》之诛矣。"(《陆九渊集》卷十二《与刘伯协·二》)

那么，通常讲陆九渊哲学的特色是"先立乎其大"，但将此"大"直接等同于心就不是很准确。陆九渊自己虽也以"先立乎其大"为其学的典型特征[①]，但关键在不能把这个"大"与心画等号，而是要看到"大"所指的，其实是指心中所具之理。他强调：

> 此理在宇宙间，未尝有所隐遁。天地之所以为天地者，顺此理而无私焉耳。人与天地并立而为三极，安得自私而不顺此理哉？孟子曰："先立乎

[①] 《语录上》记载陆九渊自语："吾之学问与诸处异者，只是在我全无杜撰，虽千言万语，只是觉得他底在我不曾添一些。近有议吾者云：'除了"先立乎其大者"一句，全无伎俩。'吾闻之曰：'诚然。'"见《陆九渊集》卷三十四，中华书局2008年重印本，第400页。

其大者，则其小者不能夺也。"人惟不能立乎大者，故为小者所夺，以叛乎此理，而与天地不相似。诚能立乎其大者，则区区时文之习，何足以汩没尊兄乎。(《陆九渊集》卷十一《与朱济道》)

陆九渊阐扬心学，但从没有反对"理"学，"理"在他是明显具有客观性的。他因此也十分强调理的决定性地位和根据作用。"大者"与"小者"之间，是遍在于天地宇宙的"公理"与个人的私心私欲的关系。如此来理解他的"先立乎其大"，就可以是我心要首先确立起遍在于宇宙的"公理"的概念，一旦体帖到东西南北、古今上下理无处不在，也就从根本上实现了心理的同一。

在此前提下，一切从"公理"出发，人就不会为个人私意所支配，也就不用担心练习时文、律赋之类的应试文体会汩没人的心志了——它们本身已构成理在不同情形下的载体。对待"时文之习"尚且如此，对六经典籍的研读就更不应被忽视，后者本身便构成他注重务实的经学实践。①

二 守护"礼义"的《春秋》经说

从注重"实理"出发，陆九渊治经，就尤为重视联系国情和君臣大义的实践，而要求不说闲话。他说：

> 做得工夫实，则所说即实事；不话闲话，所指人病即实病。因举午间一人问虏使善两国讲和。先生因叹不用兵全得几多生灵，是好。然吾人皆士人，曾读《春秋》，知中国夷狄之辨。二圣之仇，岂可不复？所欲有甚于生，所恶有甚于死。今吾人高居无事，优游以食，亦可为耻，乃怀安非怀义也。此皆是实理实说。(《陆九渊集》卷三十五《语录下》)

---

① 陆九渊曾有因学生议论引起的"吾却只辟得时文"之言（见《语录上》，《陆九渊集》，中华书局2008年重印本，第408页），《中国经学思想史》遂以为："陆九渊之所以激烈地批评科举，是因为从根本上来说这种学问使人追求功名利禄，背离了完善品德的生命本质之学。"（见姜广辉主编《中国经学思想史》下，中国社会科学出版社2010年版，第906页）如此论说有简单化之嫌。陆九渊并未一般地"激烈地批评科举"。在他评论科举取士的名篇《白鹿洞书院论语讲义》中，他要求从义与利的"志之所向"辨君子小人，要求"专志乎义而日勉焉，博学、审问、慎思、明辨而笃行之"，倘能由此而赴科举、进仕途，"必皆共其职，勤其事，心乎国，心乎民，而不为身计，其得不谓之君子乎！"（见《陆九渊集》卷二十三，中华书局2008年重印本，第275—276页）陆九渊批评的，只是士人汩没于名利的风气，而非科举"这种学问"本身。

收拾精神，自作主宰

既然是"实理实说"，就不能脱离现实而空谈，"实理"是体现在"实说"之中的。两国间讲和不开战固然是好事，但这必须有一个前提，那就是自《春秋》以来以华夷之辨为特色而构筑的民族大义。"复二圣之仇"在南宋儒者已成为抹不去的一道心结，陆九渊强调的，是不能让它成为口惠不实的空言。儒者需要"怀义"而非"怀安"，要敢于"舍生而取义"。

那么，"实理实说"之"实"，要害就在一个"义"字。他在太学的《春秋讲义》[①]，篇幅不多，但其中心，的的确确就是在讲"义"。此"义"在他，具体表现有不同，但大致不外于华夷之辨、君臣大义和体贴民情等方面，而华夷之辨则是其重心所在。

陆九渊要求"复二圣之仇"，自然会强调华夷之辨。但他对此还是有一个公允的态度，即将华夷之辨的内核放在了礼义而非地域或族群上。他说：

> 圣人贵中国，贱夷狄，非私中国也。中国得天地中和之气，固礼义之所在。贵中国者，非贵中国也，贵礼义也。虽更衰乱，先王之典刑犹存，流风遗俗，未尽泯然也。夷狄强盛，吞并小国，将乘其气力以凭陵诸夏，是礼义将无所措矣，此圣人之大忧也。楚人灭弦、灭黄、灭江、灭六、灭庸，至是又灭舒蓼，圣人悉书不置，其所以望中国者切矣！（《陆九渊集》卷二十三《大学春秋讲义》）

从公私之辨的视野出发，圣人贵中国、贱夷狄就不是出于私意，而是据于公心，这就是普遍适用于整个天下的礼义。中国有礼义故贵，夷狄无礼义故贱。圣人之忧，就忧在随着夷狄以其强力吞灭诸夏各国而导致的礼义不存。相应地，圣人望中国之切，也正切在对以礼义为内核的"中国"的光大上。

春秋时期，作为"中国"代表的晋国，本来能够与楚国抗衡，但由于自身的缘故，国力日弱。即便如此，圣人对晋仍寄托了莫大的希望："然圣人之情，常拳拳有望于晋，非私之也，华夷之辨当如是也。前年陈受楚伐，势必向楚。扈

[①] 按《陆九渊集》所注明的时间，陆九渊在太学讲授《春秋》，从淳熙九年（1182年）八月十七日开始，至十年（1183年）十一月二十二日止，历时一年多（亦可参见《年谱》所载陆九渊"在国学"讲《春秋》的情形）。故所谓《大学春秋讲义》，严格地说，应当是在大（太）学的《春秋讲义》。或标作《（大学）春秋讲义》。下不再说明。

之会，乃为陈也。陈不即晋，荀林父能并将诸侯之师以伐陈，《春秋》盖善之。"（《陆九渊集》卷二十三《大学春秋讲义》）站在华夏之辨的立场，圣人十分盼望晋能带领华夏诸国走向强盛，这并非圣人的私心，而是天下的公义。所以，荀林父能统领诸侯之师讨伐倒向楚的陈国，《春秋》给予了肯定。同理，当楚军伐郑，晋却缺帅师救郑时，陆九渊申明"伐陈救郑，晋之诸臣犹未忘文公之霸业，《春秋》盖善之"（《陆九渊集》卷二十三《大学春秋讲义》）。

从这两处"《春秋》盖善之"便可以看出，陆九渊心中的孔子修《春秋》，是包括匡扶正义的霸业在内的，这体现了他的"实理实说"的确并非虚陈。在南宋中期各学派的争鸣互动中，他与浙东的事功之学站在了一起，而与朱熹立足"十六字心法"反对事功霸业明显有别。

当然，对于追逐眼前小利而忘记根本大义的晋及诸夏后来的行为，陆九渊也进行了谴责。宣公十年，《春秋》有"晋人、宋人、卫人、曹人伐郑"的记载，"三传"只有《左氏》简略提到"郑及楚平"和诸侯伐郑的情形，陆九渊则有一长段解说。他称：

> 《左氏》谓"郑及楚平，诸侯伐郑，取成而还"。诸侯伐郑而称人，贬也。晋楚争郑，为日久矣。《春秋》常欲晋之得郑，而不欲楚之得郑；与郑之从晋，而不与郑之从楚，是贵晋而贱楚也。晋之所以可贵者，以其为中国也。中国之所以可贵者，以其有礼义也。郑介居二大国之间，而从于强令，亦其势然也。今晋不能庇郑，致其从楚。陈又有弑君之贼，晋不能告之天王，声罪致讨，而乃汲汲于争郑，是所谓礼义者灭矣，其罪可胜诛哉？书人以贬，圣人于是绝晋望矣。（《陆九渊集》卷二十三《大学春秋讲义》）

晋楚争郑，圣人一直的期待，是晋能得郑，郑受晋的庇护，道理就在晋为中国而楚乃夷狄。陆九渊对郑国因其国力不济而无奈顺从于楚，从历史发展大势的层面给予了理解。可对晋国来说，由于不愿承担起维护礼义和支撑华夏的职责，只是盯住自己的私利，所以圣人要予以贬斥。如果说，前面圣人"悉书"楚灭诸国还有望于"中国"的话，到这里贬晋已经是极度失望。礼义既灭，晋国就不再有资格享有"中国"的名位。

陆九渊的"礼义"，从语词的层面讲，是由"礼"与"义"构成的复合词。在华夷之辨的意义上，礼义作为"中国"的标志是一个整体。它所体现的，是

"中国得天地中和之气,固礼义之所在"的华夏优越感和民族自信心。但进入华夏内部,则需厘清根于人心之义与显于外的规范制度之礼的相互发明关系。后者之重要,就在于君臣大义与维护它的礼制制度,是"中国"优越性的根本保障,而绝不应该轻慢亵渎。

例如,《礼记·王制》有"诸侯之于天子也,比年一小聘,三年一大聘,五年一朝"的规定诸侯与天子关系的朝聘之礼,其根本点在"尊天子"。然而,到春秋时候,这一礼制明显已遭到了破坏。因为不论是诸侯朝见天子,还是诸侯间相聘问,"朝觐之礼"的目的,最终都是伸张君臣大义。圣人对此的态度是十分明确的:

> 是故一不朝则贬其爵,再不朝则削其地,三不朝则六师移之,三王之通制也。义之所在,非由外铄,根诸人心,达之天下,先王为之节文,著为典训,苟不狂惑,其谁能渝之?宣公即位九年,两朝于齐,乃一使其大夫聘于周室。王迹既熄,纲常沦斁,逆施倒置,恬不为异。《春秋》之作,其得已哉?直书于策,比而读之而无惧心者,吾不知矣。(《陆九渊集》卷二十三《大学春秋讲义》)

义在人心,非由外铄,这是陆九渊心本论哲学在他经学"讲义"中的反映。"王制"并非为外来强加,而是源于内在人心的扩充推广,故本来应当依循遵守。礼根于义又实现着义,违礼即是违义。孔子不得已将宣公泯灭纲常、倒行逆施的行为著于《春秋》,就是为了使后来者之心能够有所畏惧。

同时,陆九渊也指出,君臣大义的维护,上下双方都负有责任。宣公固然是亵渎纲常:"宣公即位十年,屡朝于齐,而未尝一朝于周;能奔诸侯之丧,而不能奔天王之丧;能使其贵卿会齐侯之葬,而不能使人会天王之葬。"但是,周天子的行为也应受到谴责,因为他同样也违反了上下尊卑的大义:"如是而天王犹使王季子来聘,则冠履倒置,君臣之伦汩丧殆尽矣。"(《陆九渊集》卷二十三《大学春秋讲义》)将"冠履倒置,君臣之伦汩丧殆尽"的罪责直接加在周天子身上,或许也体现了他不满于宋王室国策而郁积的愤懑之意。

三 天人之际见圣人之心

历来士人对于王权的意见,大都采取借古喻今和借天道言人事的手法,天人感应论也就成为他们重要的手段,陆九渊亦不例外。《春秋·宣公八年》经文有"秋七月甲子,日有食之,既"一句,"三传"于此都无解释,陆九渊则大大发挥了一番。他说:

> 春秋日食三十六,而食之既者二[三]。日之食与食之深浅,皆历家所能知。有[是]盖有数,疑若不为变也。然天人之际,实相感通,虽有其数,亦有其道。昔之圣人未尝不因天变以自治。洊雷震,君子以恐惧修省。君子无终食之间违仁,造次必于是,颠沛必于是,所以修其身者素矣。然洊雷之时,必因以恐惧修省,此君子之所以无失德而尽事天之道也。况日月之眚见于上乎! 遇灾而惧,侧身修行,欲销去之,此宣王之所以中兴也。知天灾有可销去之理,则无疑于天人之际,而知所以自求多福矣。日者,阳也。阳为君、为父、为夫、为中国,苟有食之,斯为变矣。食至于既,变又大矣。①

在陆九渊,如果仅仅从日食这一自然天象来说,历算家已能知晓它的定数,把握它的规律,即不为"变"。但《春秋》之所以不厌其烦,详细记载日食的发生过程,显然是圣人别有深意,那就是"因天变以自治"。

"天人之际,实相感通",天人感应的现象在宋代儒者,仍然是一个普遍议及的话题。基本点即在于它是警醒君子尤其是君王修身积德的重要手段。本来,君子修行从不间断,始终依循和坚守仁德;即便如此,遇到重重雷击之时,仍感恐惧而自我反省,以确保己不失德而尽事天之道。又何况遭遇比雷击更为严重的日月之凶灾呢? 南宋国家要"中兴",关键就在君王能否"遇灾而惧,侧身修行"。这一观念实际已成为宋代理学家的共识。但陆九渊的重点,在强调天灾有可销去之理。如果把握了天人交际的这一症结,不仅能知其"数",更能够明其"道",对于天人关系就不会再感到疑惑,而能够"自求多福"了。

结合"日食"来看,"日"作为阳,代表君王,也是"中国"的表象。既然"中国"的常态是"得天地中和之气,固礼义之所在",日食发生则意味这一常态发生了改变。"中国"或将不"中",这是使陆九渊等理学人士心中颇感恐惧的不

---

① (宋)陆九渊:《大学春秋讲义》,《陆九渊集》卷二十三,第277页。但"食之既者二"和"有盖有数"二处明显有误,方括号文字参《四书五经》本《春秋三传》更正。见《四书五经》下册《春秋三传》,中国书店1985年版,第265页。

祥预兆。正因为如此，他们就要敦促作为"中国"人格化身的君王，应当通过自我反省去进行救助，以销去天灾而挽救国运。

就天人感应论本身看，在传统中国有悠久的历史。陆九渊坚持天人感应，既带有他个人的信仰色彩，也有他自己的理论目的。他不满于汉儒天人感应论走向歧途的牵强附会，但更在意人们对天人感应神圣性的疏忽和懈怠。他说：

> 夫金穰、水毁、木饥、火旱，天之行也。尧有九年之水，则曰洚水警予，盖以为己责也。昔之圣人，小心翼翼，临神履冰，参前倚衡，畴昔之所以事天敬天畏天者，盖无所不用其极，而灾变之来，亦未尝不以为己之责。周道之衰，王迹既熄，诸侯放肆，代天之任，其谁尸之？《春秋》之书灾异，非明乎《易》之太极，《书》之洪范者，孰足以知夫子之心哉？汉儒专门之学流为术数，推类求验，旁引曲取，徇流忘源，古道榛塞。后人觉其附会之失，反滋怠忽之过。董仲舒、刘向犹不能免，吁！可叹哉！是年之水，董仲舒以为伐邾之故，而向则以为杀子赤之咎，是奚足以知天道而见圣人之心哉？（《陆九渊集》卷二十三《大学春秋讲义》）

以"无所不用其极"来形容圣人的敬天畏天，说明在利用上天警示统治者方面，陆九渊已尽了自己的最大努力。他想要表明，自古圣王都以为出现天灾是自己应当担责的，但在周王朝衰亡之后就看不到这样的情形了。

陆九渊眼中，灾异本是天道变化的常态，属于客观的存在。但人尤其是君王面对天灾却并非无能为力，而是可以大有作为。孔子著《春秋》书灾异，儒生就应当从《易》之"太极"、《书》之"洪范"去体贴圣人之心。因为灾异不过是阴阳五行之变，而太极为阴阳五行之源，"洪范"则具体发明五行并推演成"九章"。因此，在确认天灾有可销去之理的前提下，因天变以自治而"自求多福"，就成为君王应当承担起的职责："人君代天理物，历数在躬，财成辅相参赞燮理之任，于是乎在。"（《陆九渊集》卷二十三《大学春秋讲义》）

至于历史上受到非议的汉代经学的天人感应论，陆九渊以为是因为他们不知"道"而只推求于"术"，徇"流"而忘"源"，结果导致了学术的荒谬。像董仲舒、刘向一辈汉代推演阴阳灾异的代表，从《汉书·五行志》的记载来看，他们也是依循《春秋》言天人之征、推古今之道的，并期待能与天地流通往来相应。然而，由于只是从灾异报应的具体场景去牵强比附，根本丢掉了《春秋》笔录灾异的真实意图，又哪里能真正知晓天道并窥得圣人之心呢？

例如，《春秋》记载宣公十年秋"大水"，只是告诉我们客观上遭受天灾，并没有牵连到人事，所以"三传"都没有解说。但在汉代天人感应论的氛围下却不是这样来看。董仲舒认为，这是因宣公接连伐邾取邑，导致了兵仇连结、百姓愁怨而遭到天变的报复；而刘向则以为是宣公杀嫡子赤而立，又接连对邾用兵，由于子赤和邾子貜且均为齐女所生，君臣惧齐之威和怨气所致。类似的例证在《五行志》中有不少的记载。那么，董仲舒、刘向他们固然是敬天畏天，但他们陷溺于阴阳五行的气化感应不能自拔，不能将自己的思维水平从灾变再提升一步，即将阴阳五行追溯到"太极"和"洪范"的根源，从而明确君王代天理物、财成辅相的主体责任。"历数在躬"也意味着责任在躬，君王必须要通过自己的恐惧修省去"自求多福"，这才是圣人笔录灾异的真实意图。

陆九渊生活于理学氛围浓厚的宋代，他与汉儒狭隘的天人感应论背景大有不同，他要求从宇宙论的根源去看待灾异，而这根源实乃发明圣人之心而来，最后则落实到君王救助天变和灾异的主体职责上。也正因为如此，他并不认为讲求天人感应本身有错，反之，错在后人因批驳汉儒"推类求验"的术数附会，以致怠慢和抛弃了天人感应这一重要的促使君王惊惧警醒的根本手段。的确，在士大夫的层面，除了天人感应论这一拿得出手的"武器"之外，他们又能有什么有力的工具或手段，去敦促君王改过自新呢？

"皇极根乎人心"*

——陆象山的《洪范》学

刘增光

（中国人民大学哲学院）

引论

一般说来，四书是宋明理学最重要的经典。若细究其实，此一论断则未必准确。如陆象山说："观《春秋》《易》《诗》《书》经圣人手，则知编《论语》者亦有病。"① 在他看来，《周易》《尚书》《春秋》对于后人理解圣人之道更为可靠和重要。在六经之中，陆象山最为重视的则是《尚书》，其次大概是《周易》，他自言："吾之深信者《书》，然《易·系》言：'默而成之，不言而信，存乎德行。'此等处深可信。"② 以《尚书》为理事皆具之经典。③ 而在《尚书》中，他最重视的则是《洪范》一篇。孔子自谓其于《周易》是"观其德义"，象山亦是如此，他对《周易》三陈九德便有详细论述，而《尚书》中亦有九德之说，见于《皋陶谟》篇，云："行有九德……日宣三德，夙夜浚明有家；日严祗敬六德，亮采有邦。翕受敷施，九德咸事，俊乂在官。"象山解释说："三德、六德、九德，是通计其德多少。三德可以为大夫，六德可以为诸侯，九德可以王天下。翕受即是九德咸事，敷施乃大

---

* 本文曾发表于《中国经学》（半年刊）2020第1期。
① （宋）陆九渊：《陆九渊集·语录下》，中华书局1980年版，第434页。
② （宋）陆九渊：《陆九渊集·语录上》，中华书局1980年版，第403页。
③ 在此意义上，其他经典皆可从《尚书》这里获得参照或者理解，如他说："《大雅》是纲，《小雅》是目，《尚书》纲目皆具。""观《书》到《文侯之命》，道已湮没，《春秋》所以作。"见《陆九渊集·语录下》，中华书局1980年版，第434页。他曾说《大雅》主于道，《小雅》主于事（《陆九渊集·语录上》，中华书局1980年版，第404页），故《大雅》《小雅》的关系即对应于理和事的关系，此大概即是其言纲目之意。而由此亦可见，《尚书》是理事皆具之经典。

施于天下。"① 认为这反映的是德位相称观念。且他以孔子之言作证：

> 夫子曰："由，知德者鲜矣。"要知德。皋陶言："亦行有九德"，然后乃言曰："载采采。"事固不可不观，然毕竟是末。自养者亦须养德，养人亦然。自知者亦须知德，知人亦然。不于其德而徒绳检于其外，行与事之间，将使人作伪。②

德本行末，故而知德、养德才是最重要的。据象山之意，"《尚书》一部，只是说德，而知德者实难"③。六经皆是教人知德之书。六经所载圣人之言重视德行，而今人亦同样如此，正所谓同心同德，"知德"也就意味着体道和传道，象山不止一次说《洪范》是传道之书：

> 《皋陶谟》、《洪范》、《吕刑》，乃传道之书。④
> 唐虞之际，道在皋陶；商周之际，道在箕子。天之生人，必有能尸明道之责者，皋陶、箕子是也。箕子所以佯狂不死者，正为欲传其道。既为武王陈《洪范》，则居于夷狄，不食周粟。⑤

据此可见，象山对《尚书》的重视可谓无以复加。这两段话内容值得注意之处有两点：第一，他所指出的传道人物皋陶和箕子都是当时的为臣者，并非天子。此正与韩愈《原道》以周公、孔子为传道者相应。以箕子为传道者，北宋苏轼《东坡书传》已持此说。他在解释箕子不臣于周但却为武王陈《洪范》时言："曷为为武王陈《洪范》也？天以是道畀之禹，传至于我，不可使自我而绝。以武王而不传，则天下无可传者矣。故为箕子之道者，传道则可，仕则不可。"⑥ 朱熹弟子蔡沈接受了这一解释，朱熹应该也是认同的。苏轼明确以箕子为传道者，

---

① （宋）陆九渊：《陆九渊集·荆州日录》，中华书局 1980 年版，第 472 页。
② （宋）陆九渊：《陆九渊集·语录下》，中华书局 1980 年版，第 466 页。
③ （宋）陆九渊：《陆九渊集·语录下》，中华书局 1980 年版，第 431 页。
④ （宋）陆九渊：《陆九渊集·语录下》，中华书局 1980 年版，第 474 页。这一说法大概也是宋代以降儒者的一种共识，如北宋廖偁《洪范论》中言，《洪范》是"天下之达道，天之常道"。载吕祖谦编《宋文鉴》卷 94，中华书局 1992 年版，第 1326 页。
⑤ （宋）陆九渊：《陆九渊集·唐录下》，中华书局 1980 年版，第 395 页。
⑥ （宋）蔡沈：《书集传》，钱宗武、钱忠弼整理，凤凰出版社 2010 年版，第 141 页。

此与象山之说一致。第二，之所以最为重视《皋陶谟》和《洪范》，简言之其因在于《皋陶谟》体现的是以德性引导刑罚的理念，重视《吕刑》的原因亦在于此，而《洪范》则是为政治国的根本纲领，其中包含的是建极立本之学。下文即主要讨论象山思想视域中的《洪范》学，分三个方面陈述。一是象山对《洪范》的重视聚焦于九畴中的皇极一畴，认为皇极即《周易》太极，这一观点的提出和展开与朱陆之辩中的内容相关。二是在象山看来，"孟子没，斯道其不明矣"[①]，他自言其学是读《孟子》自得之，而《孟子》也正是他理解《尚书》的最重要资源，在此意义上，他提出了"皇极根乎人心"的说法，认为本心即是太极。这一点在其《荆门军上设厅皇极讲义》（以下简称《讲义》）中论述详备。三是象山虽然不言"无极"，但他并非取消了儒家之无的面向，他强调的是要以中限定无，皇极畴中"无偏无党""无有作好""无有作恶"之言，既是如此，而无有作好作恶的中道观念也最能体现象山的儒家政治思想。

一 《洪范》"皇极"即《周易》"太极"

陆象山阐发其《洪范》义理的最重要两篇文字，一是辨析"无极而太极"的《与朱元晦》前后两封书信，二是《讲义》一文。尤其是后者，是直接对《洪范》"皇极"畴的解释和阐发，集中表达了他对《洪范》的理解，同时也是他本人政治哲学思想的纲领性表达。朱陆关于无极太极之辨，发生在淳熙十五年戊申（1188年）和十六年己酉（1189年），陈来指出，在朱陆关于周敦颐《太极图说》中涉及的无极太极之辨后，朱熹于淳熙末年写作了《皇极辨》一文。[②] 而象山《讲义》一文的写作则是在无极太极之辨发生约三年后的光宗绍熙三年（1192年）春。故从二人无极太极之辨的内容，正可以看到他们对于《洪范》尤其是皇极范畴理解的原初形态。

无极太极之辩论及对周敦颐《太极图说》的理解，学界对此问题的研究，大多忽视了其涉及《洪范》的内容，实则象山对"太极"的理解，恰恰以对《洪范》的理解为基础。而朱熹很可能并没有这样明确的自觉意识。陆象山兄弟陆梭山怀疑《太极图说》非周敦颐所作，如果是的话，也当是周敦颐"学未成时

[①] （宋）陆九渊：《陆九渊集·政之宽猛孰先论》，中华书局1980年版，第359页。
[②] 陈来：《"一破千古之惑"——朱子对〈洪范〉皇极说的解释》，《北京大学学报》2013年第2期。陈先生指出《皇极辨》有初本和改本，他推测初本作于淳熙十六年（1189年）二三月间。

所作"或"传他人之文"。梭山的一大证据即是《通书》中不言"无极",仅言"太极""中""一",如《理性命章》中说"中焉止矣",极为强调"中"。他认为:"曰一,曰中,即太极也。"①朱熹则认为:"不言无极,则太极同于一物,而不足为万化根本;不言太极,则无极沦于空寂,而不能为万化根本。"②朱熹强调作为天地万物本体的太极不是一有形有状之物,故周敦颐才加以"无极"二字,以《太极图说》"无极而太极"之意为"无形而有理"。陆氏兄弟也一样认为太极是实理,但他们不能同意的是,为何必须要附加"无极"二字方能标明太极不是一物。陆象山反驳说:"《易大传》曰:'易有太极。'圣人言有,今乃言无,何也?作《大传》时不言无极,太极何尝同于一物,而不足为万化根本耶?《洪范》五皇极,列在九畴之中,不言无极,太极亦何尝同于一物,而不足为万化根本耶?"③这段文字正式引入了《洪范》第五畴"皇极",既然是第五畴,自然是"九畴之中"。这一论述表明,陆象山非常肯定地认为,"皇极"即是"太极"。象山从训诂上批评朱熹以"无极"为"无形"没有根据且自生龃龉,而他自己则有一个一以贯之的解释:"盖极者,中也。"既然如此,就不能说无极是"无中"。他转而言:"若惧学者泥于形器而申释之,则宜如《诗》言'上天之载',而于下赞之曰'无声无臭'可也。"④并直指无极之说实为"老氏之学","无极"二字出自《老子》,儒门圣典则无此语。⑤第二封书信中又重复了这段话,并补充说:"《系辞》言'神无方矣',岂可言无神;言'易无体矣',岂可言无易。"⑥这无异于说朱熹是在以道说儒。陆象山在《与王顺伯》一书中亦曾辨析儒佛,言:"儒者虽至于无声无臭、无方无体,皆主于经世;释氏虽尽未来际普度之,皆主于出世。"⑦主经世者即立足于公与义,而主出世者则立足于私与利。前者辨析儒道之别,后者辨析儒佛之别,前后一致。因此,陆象山批评朱熹"圣人言有,今乃言无",并不意味着他不"言无",《易传》即言"神无方而易无体",他只是不同意以源自道家的"无极"来说明"太极"。如果这样的话,会导致将儒家之太极实

---

① (宋)陆九渊:《陆九渊集·与朱元晦》,中华书局1980年版,第22页。
② (宋)陆九渊:《陆九渊集·与朱元晦》,中华书局1980年版,第23页。
③ (宋)陆九渊:《陆九渊集·与朱元晦》,中华书局1980年版,第23页。
④ (宋)陆九渊:《陆九渊集·与朱元晦》,中华书局1980年版,第23—24页。
⑤ (宋)陆九渊:《陆九渊集·与朱元晦》,中华书局1980年版,第24页。
⑥ (宋)陆九渊:《陆九渊集·与朱元晦二》,中华书局1980年版,第28页。
⑦ (宋)陆九渊:《陆九渊集·与王顺伯》,中华书局1980年版,第17页。

理沦为空虚之理。①"皇极"也正是陆象山辨析圣人之道与异端的终极标准,他对此屡屡道及:"明德在何必他求?方士禅伯,真为大祟。无世俗之陷溺,无二祟之迷惑,所谓无偏无党,王道荡荡,浩然宇宙之间,其乐孰可量也。"②"诸子百家往往以仁义道德为说,然而卒为异端而畔于皇极者,以其不能无蔽焉耳。"③朱熹自然不会认同象山的这一批评,他在淳熙十六年(1189年)春正月的回信中指出,老子之言有无是以有无为二,而周敦颐言有无则是以有无为一。"无极而太极,非谓别有一物也。非如皇极、民极之有方所、有形象,而但有此理之至极耳。"④《皇极辨》中朱子批评时人误以"居中之中"为"无过不及之中",⑤但从象山的论述来看,他所说"中"显然并非是有形象和方所的"居中之中",而恰是指天理或者周敦颐所说的"中"。

当然,朱熹也并非以"形"为"极",他的解释是:"极者,正以其究竟至极,无名可名,故特谓之太极,犹曰举天下之至极,无以加此云耳。"⑥如此,则朱熹《皇极辨》一文中以"至极"解释"极"正是其与陆象山辩论太极之义时的观点。对于这一解释,陆象山是认可的,但是他更仍然认为,《中庸》《通书》所言"中"就是至极之理,也就是太极。而朱熹则是反对以太极为中。⑦

那么,象山为何能以"皇极"为"太极",其根据有二,第一个根据就是汉唐间儒者对于《洪范》"皇极"的解释均是:"皇,大也。极,中也。"陆象山本

---

① 关于陆氏兄弟以朱子之说来自老学的详细讨论,参看彭永捷《朱陆之辨:朱熹陆九渊哲学比较研究》,人民出版社2002年版,第113—114、117页。
② (宋)陆九渊:《陆九渊集·赠刘季蒙》,中华书局1980年版,第251页。
③ (宋)陆九渊:《陆九渊集·送杨通老》,中华书局1980年版,第244页。
④ (宋)陆九渊:《陆九渊集·年谱》,中华书局1980年版,第506页。据此,则朱子《皇极辨》的写作即当是在淳熙十六年正月之后,推测其在二三月间是可靠的。
⑤ (宋)朱熹:《皇极辨》初本,《朱子全书》修订本第26卷,上海古籍出版社2010年版,第691页。
⑥ (宋)陆九渊:《陆九渊集·与朱元晦二》,中华书局1980年版,第27页。
⑦ 此处,须提到现代新儒家贺麟之说,他曾辨析朱陆太极之争:"至《通书·理性命章》之'一'及'中',陆象山认为均指太极言,朱子则仅谓'一'指太极,而认'中'指刚柔适中之性,不指太极。殊不知中和之性,亦就太极之赋与人者而言。"又谓:"太极指心与理一之全体或灵明境界言。所谓心与理一之全,亦即理气合一之全(但心既与理为一,则心即理,理即心,心已非普遍形下之气,理已非抽象静止之理矣)。认理气合一为太极,较之纯认理为太极,似更与周子原旨接近。于此更见朱子之忠于周子,忠于真理,而无丝毫私见。"见贺麟《与友人辩宋儒太极说之转变》,载氏著《近代唯心论简释》,上海人民出版社2009年版,第245、246页。贺麟试图调和陆朱二家之说,由此提出太极为心与理一,但他又采用了朱熹以心为"气之灵"的说法,由此造成其所持议论进退失据。朱熹明以太极为理,为形而上,未尝以理气合一为太极。

"皇极根乎人心"

人也采取了这一解释。① 这样的话,"皇极"就是"大极""大中","大极"就是"太极"。而第二个根据则是来自周敦颐《通书》本身。因为既然二人争论的对象是周敦颐如何理解"太极",那么,《通书》自然是二人解释"太极"之义的内证。《通书·师第七》说:"性者,刚柔善恶,中而已矣。……惟中也者,和也,中节也,天下之达道也,圣人之事也。故圣人立教,俾人自易其恶,自至其中而止矣。"《通书·理性命第二十二》则说:"阙彰阙微,匪灵弗莹,刚善刚恶,柔亦如之,中焉止矣。二气五行,化生万物:五殊二实,二本则一。是万为一,一实为万;万一各正,大小有定。"陆象山注意到,周敦颐讲"太极",但是,《通书》将"中"放在至高无上的地位。这两段话均为陆九渊所引及,② 他概括说:"极亦此理也,中亦此理也。"③ "中即至理。"④ 陆九渊提道:"'中焉止矣'一句,不妨自是断章,兄(指朱熹——引者)必兼诬以属之下文。"⑤ 这说明,朱熹并不像陆象山那样强调"中",朱熹批评"以极为中则为不明理"⑥。陆象山为了反驳朱熹,依循《通书》之文,认为《中庸》的中为大本说,与《洪范》的"皇极"说、《诗经》的"立我烝民,莫匪尔极"、《左传》成公十三年"民受天地之中以生,所谓命也"意义相通,《大学》言"知至"、《周易·文言传》言"知至",亦皆是指向太极实理,"语读《洪范》者曰能知皇极,即是知至,夫岂不可"。这样一来,他基本上将《洪范》与《大学》《周易》《诗经》等打通了,实现了经典之间的互相印证。而最重要的是,《通书》的内容确实与《洪范》密切相关,第一,《通书》以刚柔善恶言性,本于《洪范》第六畴"三德:一曰正直,二曰刚克,三曰柔克。"第二,《通书·思第九》言:"《洪范》曰:'思曰睿,睿作圣。'无思,本也;思通,用也。几动于彼,诚动于此。无思而无不通为圣人,不思则不能通微,不睿则不能无不通。是则无不通生于通微,通微生于思。故思者,圣功之本,而吉凶之机也。"⑦ 周敦颐所强调的作圣之功理论也是本于《洪范》。当然,依

---

① (宋)陆九渊:《陆九渊集·荆门军上设厅皇极讲义》,中华书局1980年版,第283页。
② (宋)陆九渊:《陆九渊集·与朱元晦二》,中华书局1980年版,第29—30页。
③ (宋)陆九渊:《陆九渊集·与朱元晦二》,中华书局1980年版,第28页。
④ (宋)陆九渊:《陆九渊集·与朱元晦二》,中华书局1980年版,第28页。
⑤ (宋)陆九渊:《陆九渊集·与朱元晦二》,中华书局1980年版,第30页。如此,则《通书·理性命章》当作:"刚善刚恶,柔亦如之。中焉止矣,二气五行,化生万物……"
⑥ (宋)陆九渊:《陆九渊集·与朱元晦二》,中华书局1980年版,第28页。
⑦ 另外,"吉凶之机"的说法也难免会让人想到《洪范》的第九畴"五福六极"。

陆象山的解读，最重要的则是周敦颐所言"太极"就是《洪范》的"皇极"。①

二 "皇极根乎人心"

《洪范》第五畴"建用皇极"言："皇建其有极，敛时五福，用敷锡厥庶民，惟时厥庶民，于汝极，锡汝保极。"陆象山在《讲义》一文即是对这段话的解释。据《年谱》，光宗绍熙三年（1192年），"春正月十三日，会吏民讲《洪范》五皇极一章"②。虽然"皇极"畴原文内容很丰富，但象山仅仅截取开首的这段文字。他说："皇极在《洪范》九畴之中，乃《洪范》根本。"③这无疑正与太极为万化根本之说构成了对应。象山将此段文字提拎出来，也就意味着开首的这段文字是"皇极"畴最为重要的文字，是根本之根本。以皇极为《洪范》根本的说法与朱熹一致，事实上这一论断也是北宋以降儒家群体的共识。④只不过在这一共识之下有着具体解释上的分歧，朱、陆即是如此。陆象山采纳汉唐儒者通行的解释，以"皇极"为"大中"，而朱熹作于淳熙末年的《皇极辨》则不然。⑤在此意义上，我们也可以将朱熹此文与象山《讲义》一文视作二人关于无极太极之辨的延续。

朱熹《皇极辨》谓："皇者，君之称也；极者，至极之义、标准之名……以极为在中之至则可，而直谓极为中则不可。"⑥而陆象山在释文的开首就提领出汉唐人以"皇极"为"大中"的解释，然后谓："《洪范》九畴，五居其中，故谓之

---

① 沟通皇极和太极，早在北宋即有其人，范浚《洪范论》谓："《洪范》九畴，所谓道之大原出于天者也。……其类虽九而天地人神事物万殊无不综贯，极其同归则一于皇极而已矣。盖皇极者，大中也，天下之道至中而极，无余理矣。宜乎九畴之叙，皇极居中，总包上下，为其至极而无余，可以尽天下之理故也。今夫易有太极，是生两仪，是天地之道本乎皇极也。人受天地之中以生，是人亦本乎皇极也。中庸之道与鬼神之道相似，是神亦本乎皇极也。凡所立事无得过与不及，当用大中之道，是事亦本乎皇极也。春为阳中，万物以生，秋为阴中，万物以成，是物亦本乎皇极也。天地人神，事物万殊，一皆本乎皇极也。"据此，皇极甚至要高于太极。
② （宋）陆九渊：《陆九渊集·年谱》，中华书局1980年版，第510页。
③ （宋）陆九渊：《陆九渊集·荆门军上设厅皇极讲义》，中华书局1980年版，第285页。
④ 参见拙文《真心与皇极：北宋契嵩禅师三教论视域中的〈洪范〉学及其意义》，《中国哲学史》2018年第3期。宋道贵：《以政教为本——论北宋〈洪范〉学的义理化转向》，《孔子研究》2013年第6期。
⑤ 参见陈来《"一破千古之惑"——朱子对〈洪范〉皇极说的解释》，《北京大学学报》2013年第2期。
⑥ （宋）朱熹：《皇极辨》初本，载《朱子全书》修订本第26册，上海古籍出版社、安徽教育出版社2010年版，第687页。

极。是极之大，充塞宇宙，天地以此而位，万物以此而育。""古先圣王，皇建其极，故能参天地，赞化育。"①显然，以《中庸》汇通"皇极"之义，这仍然是承接了周敦颐《通书》的说法，与其对朱熹的反驳一致。但在此文中，陆象山的特异之处在于，他提出了人人皆能"保极"的说法，圣王建极、参赞化育的时代，"凡厥庶民，皆能保极。比屋可封，人人有士君子之行，叶气嘉生，熏为太平，向用五福，此之谓也"。这就突出了圣凡的同一性，"极"并非只有圣人、圣王才有，庶人亦有。"极"就是："惟皇上帝，降衷于下民，衷即极也。凡民之生，均有是极，但其气禀有清浊，智识有开塞。"故圣王和庶民"同类"，其差别在于圣王之气禀清，为先知先觉者，此即《洪范》为何说"皇建其极"。他也注意到《尚书·盘庚》"各设中于乃心"一语，指出："有道之君，率由是中以图事揆策。"②就此来看，"极"就是每个人都具有的性或心，就像《中庸》所言"天命之谓性"。其具体内容就是孟子所言爱敬之心、五常之性、是非善恶之心，他说："凡尔庶民，知爱其亲，知敬其兄者，即惟皇上帝所降之衷，今圣天子所赐之福也。若能保有是心，即为保极。""凡尔庶民，知有君臣，知有上下，知有中国夷狄，知有善恶，知有是非，父知慈，子知孝，兄知友，弟知恭，夫义妇顺，朋友有信，即惟皇上帝所降之衷，今圣天子所赐之福也。"③在陆象山看来，"皇上帝所降之衷"就是他在与朱熹辩论无极太极时所援引的《左传》所载"民受天地之中以生"之"中"，他曾说：

> 大哉，圣人之道！洋洋乎发育万物，峻极于天，优优大哉。天之所以为天者，是道也。故曰"唯天为大"。天降衷于人，人受中以生，是道固在人矣。孟子曰："从其大体"，从此者也。又曰："养其大体"，养此者也。又曰："养而无害"，无害乎此者也。又曰："先立乎其大者"，立乎此者也。④

"大体"即是心，心即道，心即中，联系其《讲义》来看，可一言以蔽之，"保有是心，即为保极"，则心即是极。不过此心当是"本心"，"本心"即"皇

---

① （宋）陆九渊：《陆九渊集·荆门军上设厅皇极讲义》，中华书局1980年版，第283—284页。
② （宋）陆九渊：《陆九渊集·拾遗》，中华书局1980年版，第379页。
③ （宋）陆九渊：《陆九渊集·荆门军上设厅皇极讲义》，中华书局1980年版，第284页。
④ （宋）陆九渊：《陆九渊集·与冯传之》，中华书局1980年版，第180页。

极"。① 正因此，故谓"实论五福，但当论一心。此心若正，无不是福。此心若邪，无不是邪"②。此亦正与《周易》"积善积恶"说一致。若有人心邪行恶，则是"自绝灭其本心"。③ 他在另一处也说："皇极之建，彝伦之叙，反是则非，终古不易。是极是彝，根乎人心，而塞乎天地。居其室，出其言善，则千里之外应之；出其言不善，则千里之外违之。是非之致，其可诬哉！"④ 毫无疑问，此处仍是将《洪范》与《周易》互释。"是极是彝，根乎人心"的说法也正与"保有是心，即为保极"一致。此点正是他在和朱熹辨析"无极而太极"时没有谈到的内容。从此处可看到，陆象山之所以说皇极一畴是《洪范》根本，正是因为他要突出"本心"的位置。他曾描述"本心"的力量："道未有外乎其心者。自可欲之善至于大而化之之圣，圣而不可知之神，皆吾心也。心之所为，犹之能生之物得黄钟大吕之气，能养之至于必逢，使瓦石有所不能压，重屋有所不能蔽。则自有诸己至于大而化之者，敬其本也。"⑤ 所以，他说，荆门之政，要以"正人心"为先。⑥

---

① 彭永捷教授指出，朱熹"反讽象山以心为太极，其学实为禅学"。见氏著《朱陆之辩》，人民出版社 2002 年版，第 146 页。但象山对心显然是有限定的，因此朱熹的批评并不恰当。另外，真正明确提出以心为太极的儒者实为北宋邵雍，他直言："心为太极，又曰道为太极。"见《邵雍集》，中华书局 2010 年版，第 153 页。朱陆都未提及邵雍此语，似未注意。但据邵雍之言，可以说朱熹理学采其"道为太极"说，陆九渊则采"心为太极"说。明初曹端著《太极图说述解》，解释"人极"谓："人心即太极"；他也注意到南宋真德秀所言"吾心即乾元"。见《曹端集》，中华书局 2003 年版，第 8、27 页。宋锡同所著《邵雍易学与新儒学思想研究》一书指出，邵雍"心为太极"之说"实已开宋明心学之肇端"；而且在邵雍思想中，无极即太极，邵雍谓："先天学，心法也。故图皆自中起，万化万事生乎心也。""先天图，环中也。"（这两句均见于《观物外篇上》）所以，邵雍也正是以"中""心"来解释"太极"，宋锡同谓："环中即为形上太极之理，也即道体。"他还注意到清儒王植在解释邵雍此语时便指出："邵子言太极，多就环中言之。"（《皇极经世书解》卷九）参见氏著，华东师范大学出版社 2011 年版，第 10、199 页。据此，则象山皇极即太极之说，正与邵雍在思想上有非常切近的关联。
② （宋）陆九渊：《陆九渊集·荆门军上设厅皇极讲义》，中华书局 1980 年版，第 284 页。朱熹对此评价说："和气致祥，有仁寿而无鄙夭，便是五福；反是则福转为极。陆子静《荆门军晓谕》乃是敛六极也。"见黎靖德编《朱子语类》卷七十九，岳麓书社 1997 年版，第 1837 页。吴震教授《宋代政治思想史上的皇极解释》一文指出："这不免说得有点过重。惹恼朱熹的原因显然是：陆九渊的'皇极'解释偏重于由心体出发的祸福转移问题而未免偏离'皇极'之主题太远了。"《复旦学报》2012 年第 6 期。
③ （宋）陆九渊：《陆九渊集·荆门军上设厅皇极讲义》，中华书局 1980 年版，第 284—285 页。
④ （宋）陆九渊：《陆九渊集·杂说》，中华书局 1980 年版，第 269 页。类似论述还有："民受天地之中，根一心之灵。"（第 264 页）"人心之至灵，此理至明，人皆有是心，心皆具是理。"（第 273 页）
⑤ （宋）陆九渊：《陆九渊集·敬斋记》，中华书局 1980 年版，第 228 页。
⑥ （宋）陆九渊：《陆九渊集·语录上》，中华书局 1980 年版，第 425 页。

"皇极根乎人心"

朱熹对皇极的解释，也非常重视"心"的问题，他在和弟子讨论时指出：

> "五皇极"，只是说人君之身，端本示仪于上，使天下之人则而效之。圣人固不可及，然约天下而使之归于正者，如"皇则受之"，"则锡之福"也。所谓"遵王之义"，"遵王之道"者，天下之所取法也。人君端本，岂有他哉？修于己而已。……其本皆在人君之心，其责亦甚重矣。皇极，非说大中之道。若说大中，则皇极都了，五行、五事等皆无归着处。（《朱子语类》卷七十九）

这段话显然不同意汉唐儒者和陆九渊以大中解释皇极的观点，因为他想突出君主修心养德之于政治的重要性、根本性。但是需要注意的是，即使按照象山的理解，"建用皇极"也仍然是强调君主修养自身的重要性。二者并无大异。象山即明确言及："君之心，政之本，不可以有二。"① 这与朱子所言"其本皆在人君之心"是相同的。唯一不同之处在于，象山在《讲义》中强调人君之心和庶民之心皆是一个心，只不过圣王是先知先觉者。而朱熹则并未言及圣凡同心这一点，而是侧重在圣凡之异。这也是理学和心学在《洪范》解释上的一个根本差异。

陆象山进一步论及政治教化，谓：

> 圣天子建用皇极，亦是受天所锡。敛时五福，锡尔庶民者，即是以此心敷于教化政事，以发明尔庶民天降之衷，不令陷溺。尔庶民能保全此心，不陷邪恶，即为保极，可以报圣天子教育之恩，长享五福，更不必别求神佛也。②

这意味着，皇极或者大中之道，也并非统治者个人的私意，而是与庶民一样，皆是上天或皇上帝所赐之本心，因此，统治者治理天下，其实也不过是以先知先觉的本心去"发明"每个庶民都具有的本心。因此，教化政事也在于一心。如上文所言，象山仍然强调，《洪范》皇极论所叙述的才是真正的求福之道，引

---

① （宋）陆九渊：《陆九渊集·政治宽猛孰先论》，中华书局1980年版，第356页。
② （宋）陆九渊：《陆九渊集·荆门军上设厅皇极讲义》，中华书局1980年版，第285页。

《诗经》"自求多福"可佐证,《洪范》可以作为辟佛老、正人心的根本经典。

《大雅·文王》"永言配命,自求多福"一语在《孟子》中出现了两次,因此,象山在此文之末尾结以此语,实际也正是回到了《孟子》的思想。上节提到,周敦颐《通书》在阐发成圣之道时,引用了《洪范》第二畴"敬用五事":"思曰睿,睿作圣。"而象山对此语有详细阐发,其理解正是依据孟子。他在论及为学之方时说:"《书》曰:'思曰睿,睿作圣。'《孟子》曰:'思则得之。'学固不可以不思,然思之为道,贵切近而优游。"①而更详细的论述则是在他辨析儒家与道家的心论时所提出的,时人喜欢袭用《列子》"容心"、《庄子》"平心"二语,陆象山辨析认为:

> "吾何容心"之说,即无心之说也,故"无心"二字亦不经见。人非木石,安得无心?心于五官最尊大。《洪范》曰:"思曰睿,睿作圣。"孟子曰:"心之官则思,思则得之,不思则不得也。"又曰:"存乎人者,岂无仁义之心哉。"又曰:"至于心,独无所同然乎。"又曰:"君子之所以异于人者,以其存心也。"又曰:"非独贤者有是心也,人皆有之,贤者能勿丧耳。"又曰:"人之所以异于禽兽者几希,庶民去之,君子存之。"去之者,去此心也,故曰"此之谓失其本心"。存之者,存此心也,故曰"大人者,不失其赤子之心"。四端者,即此心也;天之所以与我者,即此心也。人皆有是心,心皆具是理,心即理也,故曰"理义之悦我心,犹刍豢之悦我口"。所贵乎学者,为其欲穷此理,尽此心也。有所蒙蔽,有所移夺,有所陷溺,则此心为之不灵,此理为之不明,是谓不得其正,其见乃邪见,其说乃邪说。一溺于此,不由讲学,无自而复。故心当论邪正,不可无也。以为吾无心,此即邪说矣。若愚不肖之不及,固未得其正,贤者智者之过失,亦未得其正。溺于声色货利,狃于谲诈奸宄,牿于末节细行,流于高论浮说,其智愚贤不肖,固有间矣,若是心之未得其正,蔽于其私,而使此道之不明不行,则其为病一也。②

显然,如果按照象山以心为极的说法,则"无心"就意味着"无极",这正是道家之说,因此,象山此处的论述实则仍是对无极说做了批判。他以《孟子》

---

① (宋)陆九渊:《陆九渊集·与刘深父》,中华书局1980年版,第34页。
② (宋)陆九渊:《陆九渊集·与李宰》,中华书局1980年版,第149—150页。

立基，认为孟子的心有四端说以及存心、尽心说，正是其《讲义》一文所说"保有是心，即为保极"。"大人"也即是圣人。君子、大人能存心、尽心，而庶民不能，故君子、大人作为统治者，其尽心存心的功夫也即是"建极"。心当论邪正，故要正心、正人心。他紧接着又申说，《孟子》所论和《大学》一致，《大学》之正心，即孟子之"存心""正人心"：

> 故正理在人心，乃所谓固有。易而易知，简而易从，初非甚高难行之事，然自失正者言之，必由正学以克其私，而后可言也。此心未正，此理未明，而曰平心，不知所平者何心也。《大学》言："欲正其心者，先诚其意；欲诚其意者，先致其知；致知在格物。"物果已格，则知自至，所知既至，则意自诚，意诚，则心自正，必然之势，非强致也。孟子曰："我亦欲正人心，息邪说，诋诐行，放淫辞，以承三圣者。"①

要言之，象山对《洪范》极为重视，孔孟既然是传承道统，而《洪范》正是道统的载体，因此由对《洪范》的理解以疏通《孟子》《大学》之意，即是必然。此处亦体现出他与朱熹四书学之不同。

三 "无有作好，无有作恶"的政治哲学

象山在和朱子辨析无极太极时谈及儒学中存在"无"的面向，他提到《诗经》的"无声无臭"，《易传》的"无方无体"。象山也并没有忽视《洪范》"皇极"畴中本亦包含了儒学关于"无"的论述：无偏无陂，遵王之义；无有作好，遵王之道；无有作恶，遵王之路。无偏无党，王道荡荡；无党无偏，王道平平；无反无侧，王道正直。会其有极，归其有极。在他看来，"无偏无陂，遵王之义"等数语就是《诗经》"不识不知，顺帝之则"之意，同样，《论语》之称舜禹曰："巍巍乎有天下而不与焉"也是此意：

> 人能知与焉之过，无识知之病，则此心炯然，此理坦然，物各付物，会其有极，归其有极矣。所过者化，所存者神。上下与天地同流，岂曰小补之哉？不然，则作好作恶之私，偏党反侧之患，虽贤者智者有所未免，中固

---

① （宋）陆九渊：《陆九渊集·与李宰》，中华书局1980年版，第150页。

未易执，和固未易致也。①

如果说无声无臭、无方无体是形容太极本体的状词，那么，不识不知、无有作好作恶，则是形容圣人治理天下之功效的状词。庶民对高高在上的帝王"不识不知"，亦"不与"，这恰恰是天下大治的表现，这样的理想政治就是王道。每个人都能"保有是心"，"会其有极"，"物各付物"，各正性命。如上节所分析，这有赖于先知先觉的圣王建用皇极，圣王大公无私，无有好恶之私。至于作好作恶之私的具体内涵，至少还涉及君主之心性修养、君臣关系、法古与创制等问题。就修养而论，象山言："恶能害心，善亦能害心。""人心本来无事，胡乱被事物牵将去。若是有精神，即时便出便好。若一向去，便坏了。"②生乎其心，害于其事，故而圣王施政须建极，秉持大中之道。"大中之道，固人君之所当执也。"③尧舜禹之授受即在于此。就此而言，朱熹《皇极辨》的解释与之并无差别，其言："言民皆不溺于己之私，以从乎上之化，而会归于至极之标准也。析而言之，则偏陂好恶，以其生于心者言也；偏党反侧，以其见于事者言也……曰'天子作民父母，以为天下王'者，言能建其有极，所以有作民之父母而为天下之王也。不然，则有其位无其德，不足以建立标准，子育元元，而履天下之极尊矣。"④强调无有作好无有作恶是君主以修身为本，无有私意。这与象山是一样的。故虽然二人对"皇极"二字的解释不同，但却殊途同归。

关于法古与创制的问题，实际上即是述与作的关系问题。陆象山有详细论述：

> 问：《书》称尧舜禹皋陶，皆曰"若稽古"。《记》称仲尼"祖述尧舜，宪章文武"。傅说告高宗曰"事不师古，以克永世，匪说攸闻"。所贵乎圣人者，以其宽洪博大，无自用自私之心，其所施设，必有稽考祖述，理固然也。然所谓稽考祖述者，果独取其无自用自私之心而然耶？亦其事之施设，必于古有所考，而后能有所济也？如曰事必于古有所考，而后能有济，则如

---

① （宋）陆九渊：《陆九渊集·与赵监》，中华书局1980年版，第10页。
② （宋）陆九渊：《陆九渊集·语录下》，中华书局1980年版，第456页。
③ （宋）陆九渊：《陆九渊集·拾遗·人心惟危道心惟微惟精惟一允执厥中》，中华书局1980年版，第378页。
④ （宋）朱熹：《皇极辨》初本，《朱子全书》修订本，上海古籍出版社2010年版，第688页。

"皇极根乎人心"

> 网罟耒耜、杵臼弧矢、舟楫栋宇、棺椁书契,皆上世所无有,而后世圣人创之,而皆能有济,何耶?若曰是事之小者,因时而创制,至其大者,则必有所师法而后可,则如尧传天下,不与子,不与在朝之大臣,举舜于匹夫而授之,果何所师法耶?尧传舜,舜传禹,禹独与子而传以世,此又何耶?汤以诸侯有天下,孔子匹夫而作《春秋》,此事之莫大焉者,而皆若此,无乃与稽古之说戾乎?且均之为事,亦安有大小之间哉?今之天下,所谓古者,有尧舜,有三代,自秦而降,历代固多,而其昭昭者曰汉曰唐,其君之贤者甚众,事之施设,盖有不胜其异。今朝廷有祖宗故事,祖宗故事尚且不一。今欲建一事而必师古,则将安所适从?如必择其事之与吾意合者而师之,无乃有师古之名,而居自用之实乎?若曰吾择其当于理者而师之,则亦惟理之是从而已,师古之说,无乃亦持其虚说而已乎?①

依其所论,则不论师古,还是自用,其实都非一定之法,重要的是要"当于理",不论大事、小事,皆以理制之。依循于理,也就是要寻得古今之间的"中"。以天理为最终标准,而非以是否师古为标准来治国。而如何能当于理,则根于一无自用自私之心。归结言之,这仍然涉及他对《周易》的理解,《易说》言:"《易》之为书也不可远,其为道也屡迁。变动不居,周流六虚,上下无常,刚柔相易,不可为典要,唯变所适。'临深履冰,参前倚衡,儆戒无虞,小心翼翼,道不可须臾离也。五典天叙,五礼天秩,《洪范》九畴,帝用锡禹,传在箕子,武王访之,三代攸兴,罔不克敬典。不有斯人,孰足以语不可远之书,而论屡迁之道也。"② 不论是五典还是五礼,抑或九畴,都体现了天理、天道之变易生生。无自私之心,方能不泥古,亦不滞今。这也正是他为何强调太极就是中的道理所在。而"不有斯人"之说,则说明,制度的因革损益,最终还是在人心。正人心的意义即在于此,格君心的功夫也就非常重要。"古人所以不屑屑于间政适人,而必务有以格君心者,盖君心未格,则一邪黜,一邪登,一弊去,一弊兴,如循环然,何有穷已。及君心既格,则规模趋向有若燕越,邪正是非有若苍素,大明既升,群阴毕伏,是琐琐者,亦何足复污人牙颊哉。"③

就君臣关系而言,他强调君之为君在于知人善任,而臣子则各任其责。皇极

---

① (宋)陆九渊:《陆九渊集·策问》,中华书局1980年版,第294—295页。
② (宋)陆九渊:《陆九渊集·易说》,中华书局1980年版,第258页。
③ (宋)陆九渊:《陆九渊集·与李成之》,中华书局1980年版,第129页。

为政治根本，也就意味着君心为政治之本，君主一心系天下之重，责任最大。象山以尧舜时之政治为理想，谓："唐虞之朝，禹治水，皋陶明刑，稷降播种，契敷五教，益作虞，垂作工，伯夷典礼，夔典乐，龙作纳言，各共其职，各敦其功，以成雍熙之治。"禹、皋陶、稷等人，每个人都分工明确，并不兼袭他人之职务与功绩。"虽然，是又未可以泛责于天下。天之生斯民也，以先知觉后知，先觉觉后觉，要当有任其责者。《大学》曰：'物有本末，事有终始，知所先后，则近道矣。''源泉混混，不舍昼夜，盈科而后进，放乎四海，有本者如是。'孟子之言，乃知所先后之验。"①天子仍然是责任之根本。《大学》"物有本末"和孟子"盈科后进"之说，皆是这一政治哲学理念的表达。但是，天子承担天下能否治理有序的最大责任，并不意味着天子的权力就可以无限延伸张大，恰恰意味着要限制君权。君主承担最大的责任，但其权力却是受到限制的，不干涉具体的行政等事宜，这是儒家自始以来便秉持的分权思想。这一点与柏拉图《理想国》中的思路非常接近。就儒家而言，这种限制，往往并不是通过一种刚性的如刑法等方式达成，而是柔性的，君主知人善任，君臣一体，同心同德，仍以《尧典》为证，"臣读典谟大训，见其君臣之间，都俞吁咈，相与论辩，各极其意，了无忌讳嫌疑。于是知事君之义，当无所不用其情"②。君臣相与尽诚，而非相互猜疑算计以限制对方。因而，象山强调："人主不亲细事，故皋陶赓歌，致丛脞之戒③；周公作《立政》，称文王罔攸兼予庶言、庶狱、庶事。"④并以荀子之说为证：

> 荀卿子曰："主好要则百事详，主好详则百事荒。"臣观今日之事，有宜责之令者，令则曰我不得自行其事；有宜责之守者，守亦曰我不得自行其事；推而上之，莫不皆然。文移回复，互相牵制，其说曰所以防私。而行私者方藉是以藏奸伏慝，使人不可致诘。惟尽忠竭力之人欲举其职，则苦于隔绝而不得以遂志。以陛下之英明，焦劳于上，而事实之在天下者，皆不能如陛下之志，则岂非好详之过耶？此臣所谓旨趣之差，议论之失，而可以立变

---

① （宋）陆九渊：《陆九渊集·本斋记》，中华书局1980年版，第239—240页。
② （宋）陆九渊：《陆九渊集·删定官轮对札子》，中华书局1980年版，第221页。
③ 《尚书·益稷》："元首丛脞。"郑玄注："丛脞，总聚小小之事以乱大政。"见孔颖达《尚书正义》，上海古籍出版社2007年版，第183页。
④ （宋）陆九渊：《陆九渊集·删定官轮对札子》，中华书局1980年版，第222页。

者也。臣谓必深惩此失，然后能遂求道之志，致知人之明。陛下虽垂拱无为，而百事详矣。臣不胜拳拳！取进止。①

君主好要、好详，恰恰是"作好""作恶"，有偏有陂的表现。这样一来，在上者侵在下者之职，就会导致官员不能尽忠职守，因为每个官员都不能独立承担其职责，都要受制于上层官员，原本想要通过上级对下级的牵制以防官员徇私舞弊，却造成相反的结果，层层推诿，政事瘫痪，与"尧舜拱垂而天下治"的理想南辕北辙。象山专作《孝文大功数十论》，批评后世所推崇的晁错"举贤良对策"，其实恰恰违背了儒家的政治理念，其中一大原因就是，晁错一再强调汉文帝要"自亲事"，此"大乖乎帝王之道"。②《汉书》记载：

> 诏策曰"明于国家大体"，愚臣窃以古之五帝明之。臣闻五帝神对，其臣莫能及，故自亲事，处于法官之中，明堂之上；动静上配天，下顺地，中得人。……诏策曰"悉陈其志，毋有所隐"，愚臣窃以五帝之贤臣明之。臣闻五帝其臣莫能及，则自亲之；三王臣主俱贤，则共忧之；五伯不及其臣，则任使之。此所以神明不遗，而贤圣不废也，故各当其世而立功德焉。《传》曰"往者不可及，来者犹可待，能明其世者谓之天子"，此之谓也。（《汉书》卷四十九《晁错传》）

象山指出，这样的"邪说"其实是法家刑名残刻之学，晁错"处心积虑，旁求曲取"，"深欲其（指文帝——引者）废放股肱之臣，身履丛脞之任，智瘝力竭，欲已不可，欲进不能，则势必委之于我，而我之辩智得伸焉"③。也就是说，晁错这样做，恰恰是为一己之私欲利益。从象山对晁错的批评亦可以看到，他试图极力扭转汉唐政治治理的思路与理念，拨乱反正。尤其是考虑到，晁错正是西汉《尚书》学的首批传承者，象山之说自有其重要意义。

在象山看来，汉代以降的政治思想基本都不符合真正的儒家精神。就汉代历史上的政治治理经验而言，一是依黄老道家而起的文景之治，二是以"罢黜百家，独尊儒术"为标识的武帝盛世。但对于这两者，象山均进行了明确辩驳，详

---

① （宋）陆九渊：《陆九渊集·删定官轮对札子》，中华书局1980年版，第224页。
② （宋）陆九渊：《陆九渊集·孝文大功数十论》，中华书局1980年版，第345—346页。
③ （宋）陆九渊：《陆九渊集·孝文大功数十论》，中华书局1980年版，第346页。

见于《政之宽猛孰先论》与《常胜之道曰柔论》二文。在前者中，他对《左传》"宽猛相济"之说表示质疑，他说：

> 宽猛之说，古无有也，特出于《左氏》载子产告子太叔之辞，又有"宽以济猛，猛以济宽"之说，而托以为夫子之言。呜呼！是非孔子之言也。且其辞曰："政宽则民慢，慢则纠之以猛；猛则民残，残则施之以宽。"使人君之为政，宽而猛，猛而宽，而其为之民者，慢而残，残而慢，则亦非人之所愿矣。呜呼！是非夫子之言也。《语》载夫子之形容，曰"威而不猛"，《书》数义和之罪，曰"烈于猛火"，《记》载夫子之言，曰"苛政猛于虎也"，故曰猛者恶辞也，非美辞也。是岂独非所先而已耶？是不可一日而有之也。①

"宽猛相济"之说在后世影响深远，将宽猛对应于德刑二者。象山之说从一方面来看体现的是对经典的怀疑精神，但他的怀疑有着充分的经典旁证，让人信服；从更重要的另一方面来看则是要维护儒家的德治精神。也就是说，宽和猛根本不可以放在并列的位置上看待，因为儒家根本就不主张猛政，认为孔子主张宽猛相济实在是厚诬孔子。在刑赏与德治二者之间，道德永远具有优先性。刑赏不可称作猛，只能以《洪范》"刚克"称之，因为儒家并不废弃刑赏。而究竟何时使用刑赏，则须依循大中之道也即天理。与此相应，他对儒家制度化的枢纽性人物董仲舒也做了批评，董仲舒对策中言及"王者宜求端于天，任德不任刑"，象山对此评价颇高，但他批评董仲舒对五帝所策问之"商人执五刑以督奸，伤肌肤以惩恶"未能予以回应和厘清，在象山看来，汉武帝的策问源出《礼记·表记》"商人先罚后赏"的记载，但是"尽信书不如无书"，《礼记》的这一说法很可能是经秦火之余而有混乱，"非圣人之全书"，且"背礼非实"，定非圣人之言。须再做辨析的一点是，朱熹在《皇极辨》一文中指责时人误以"居中之中"为"无过不及之中"，由此就将"皇极"之中理解为"含容宽大"，甚至"含糊苟且、不分善恶"，"则汉元帝之优游，唐代宗之姑息，皆是物也。彼是非杂糅，贤不肖混淆，防窃混乱凌夷之不暇，尚何敛福锡民之可望哉！"在文后的补记中他也强调："皇极之为至极"，"岂曰含容宽大一德之偏

---

① （宋）陆九渊：《陆九渊集·政之宽猛孰先论》，中华书局1980年版，第356—357页。

而足以当之哉！"①也就是说，朱熹也试图辨析什么才是真正的"中"和"宽"，尤其是在涉及政治治理的根本原则时。而象山《政之宽猛孰先论》意图也在于此，显然，朱子之批评并不适用于象山。

"常胜之道曰柔"，出自《列子》。而列子之学出于老子，陆象山对这一问题的辨析，其实是在辨析儒家的中道和道家的贵柔之道。老庄言无，而《洪范》也言无。因此，必须辨析二者之异：

> 登华岳则众山不能不迤逦，浮沧海则江汉不能不污沱，明圣人之道，则御寇之学几不能立其门墙。盖正己之学，初无心于求胜，大中之道，初不偏于刚柔。沉潜刚克，高明柔克，德之中也。强弗友刚克，燮友柔克，时之中也。时乎刚而刚，非刚也，中也。时乎柔而柔，非柔也，中也。其为道也，内外合，体用备，与天地相似，与神明为一，又安有求胜之心于其间哉？屈伸视乎时，胜否惟其德。汤尝事葛矣，而仇饷之师竟举，文王尝事昆夷矣，而柞棫之道终兑，非求胜也，时也。虞干舞而苗格，周垒因而崇降，非用柔也，德也。且南方之强，在于宽柔以教，而申枨之欲，则不可谓之刚。盖刚之中有至柔之德，而柔之中有至刚之用，安得以一偏而名之哉？②

因此，列子说之错误有二，一是一味求柔，走向极端，他也曾以萧规曹随为例指出，"夫子没，老氏之说出，至汉而其术益行"，黄老之术，"汉家之治，血脉在此"。③而事实上，《尚书》所载商汤、文王等圣王皆有刚硬之举。二是列子求胜，但圣王治理天下，并不求胜，而是重在正己，秉持大中之道。正如《洪范》所言"沉潜刚克，高明柔克，强弗友刚克，燮友柔克"，刚柔互济，方为时中之道。正心是体层面的大中之道，而刚柔互济则是用层面上的时中之道。此为内外合，体用备。而文帝"不能不偏于柔"，武帝"不能不偏于刚"，皆不合尧舜三王之心与政。④据此可见，象山对《洪范》"大中之道"的理解，单纯从他在字义解释上遵从了汉唐儒者之说来看待显然是不够的，因为他对"大中之道"的理

---

① （宋）朱熹：《皇极辨》初本，载《朱子全书》修订本第26册，上海古籍出版社、安徽教育出版社2010年版，第691—692页。
② （宋）陆九渊：《陆九渊集·常胜之道曰柔论》，中华书局1980年版，第361页。
③ （宋）陆九渊：《陆九渊集·语录上》，中华书局1980年版，第426页。
④ （宋）陆九渊：《陆九渊集·问汉文武之治》，中华书局1980年版，第370页。

解，从心性到政治，无一不是在开掘儒家自尧舜以来的政治治理之道，而由此去除汉唐政治实践的遮蔽，正本清源，同时他也由此响应了佛老二家的挑战。

结语

陆象山重视《洪范》，以皇极为此篇之根本，为九畴之中，反映了宋代理学家对"中"的重视，这种重视与理学家对道统十六字的关注有关，也与《中庸》有密切关系。强调皇极畴，而非五行畴，是宋代以降《洪范》学不同于汉唐《洪范》学最显著的一点。贯通河图洛书，将皇极与太极视为同实异名，正是在周敦颐影响下才会形成，而这一做法，则从理论上为《洪范》所蕴含的丰富的政治思想奠立了本体论的前提。易言之，太极主要是本体论的概念，而皇极则主要是政治哲学的概念，一旦沟通二者，即意味着理学家要在现实政治之上建构一理想的政治理念或原则。象山又以太极即本心，如此一来，则又体现了理学家对心性的重视，任何的现实政治人物以及制度，其存在以及实施都必须有一个道德的、心性的基础。就与汉唐《洪范》学的关联而论，象山虽然继承了《古文尚书伪孔传》以皇极为大中的解释，但他的整体理解显然大异于前人。他对汉代重要儒学人物及其政治思想的批判，即体现了这一点。虽然朱子与象山在对《洪范》皇极、《周易》太极以及中道的理解上多有分歧，但是，二者的关怀是一致的，他们的思路也多有相通之处，并非完全南辕北辙。象山与朱子围绕着无极太极的争论，不仅仅是关涉理学义理思想的争论，也在宋以降经学史尤其是《尚书》学的发展中有其重要价值，同时这也是一场反思汉唐政治而兴复儒家政治哲学真精神的努力。

"吾之深信者《书》"*

——从《尚书》之论管窥象山学的经学底色

许家星

（北京师范大学哲学学院）

象山学通常被定位为"心即理"的心本论，"发明本心"的工夫易简论，然实多被误会，如朱子攻击象山学为束书不观、猖狂自大之"禅学"，为硬制其心、不求义理的"告子之学"；后世阳明心学崛起之后，象山学又被引为同调而被赋予"心学"之号。象山虽学无所师，然却理路分明。自言所学实由"读《孟子》而有得"，自信于孟学颇有发挥，"区区之学，自谓孟子之后，至是而始一明也"（《陆九渊集·与路彦斌》）。象山不仅推崇以《孟子》为代表的四书学，同样信奉以《尚书》为代表的五经学，说"某所深信者《书》"。故就经典学而言，象山为学与宋代诸儒一致，亦是根本于四书五经的深造自得之学。象山对经典有着高度认同，认为其中之言实"先得我心之所同然"；象山对经典文本极其熟稔，灵活自如"引经语为证"为其论学最典型之形式，体现了深厚的经学根柢。稍一细读象山文字，即可扑面感受到其用语之古奥，引经之频繁，较朱子有过之而无不及。象山之文以引化经语为主，其经文引用比重之高，在宋明学者中实属罕见。①他平日与友朋论学为文、解疑释惑"多援据古书"，"不敢泛为之说，大抵有所据而后言"（《陆九渊集·与曾宅之》）。故只有立足于作为象山学出发点和落脚点的经典之学，才能更真切地理解象山学，才能将象山思想真实还原于宋代经学与理学互动的背景中，而当警惕于动辄置象山于五百年后的明代心学群体中的非历

---

* 本文曾发表于《中国哲学史》2021年第5期。

① 今中华书局本《陆九渊集》之点校于此多有轻忽，实未能直观凸显象山行文这一特色。

史主义做法。已有研究较多着墨于象山的易学、孟子学，而对其深为信服的《尚书》学则少有论述。① 故本文拟通过对其《尚书》学的讨论，来揭示象山学的经学底蕴，纠正所谓象山"不读书"的偏见，反思象山学与儒家经学的内生关系，表明象山学亦是经学理学化这一时代普遍精神的产物，象山思想及治学途径对今日中国哲学之发展仍具有深刻启示意义。②

一 "吾之深信者《书》"

在儒家五经文本中，《尚书》是可疑度最高，被质疑最多者，而象山则视《尚书》为五经中最为可信者，"吾之深信者《书》"（《陆九渊集·语录上》）。象山并未讨论过《尚书》文本之真伪，其所深信者，乃《尚书》之义理。象山对《尚书》给予了极高评价，视之为传道修德、本末兼备、纲举目张之大典。如将《尚书》与《诗经》大小雅相较，二雅分指为学纲目，《尚书》则纲目皆备，兼具道、德，有体有用。"《大雅》是纲，《小雅》是目，《尚书》纲目皆具。"（《陆九渊集·语录下》）《尚书》既深明儒家之道，"《皋陶谟》、《洪范》、《吕刑》乃传道之书"（《陆九渊集·语录下》）、又切论修身之德，"《尚书》一部，只是说德"（《陆九渊集·语录下》）。象山将《尚书》这一传道论德之经典视为入门之经、教学之典，反复要求学生精读谨记。

《尚书》历来号为难读，但在象山看来，《尚书》一书自有文理次序，恰如韩愈之文路径分明。当包敏求请教为学"下手处"时，象山教以读《尚书》和《孟子》，且明确当具体选读之篇目，如《尚书》之《旅獒》《太甲》，《孟子》之"牛山之木"章以下。他说：

> 人谓某不教人读书，如敏求前日来问某下手处。某教他读《旅獒》、《太甲》、《告子》"牛山之木"以下，何尝不读书来？只是比他人读得别些子。（《陆九渊集·语录下》）

---

① 如张建民《宋代尚书学》有"陆九渊尚书学"一节，博士学位论文西北大学，2009年，第198—202页。
② 正如黑格尔所言："每一哲学属于它的时代。……个人是它的民族、世界的产儿。个人无论怎样为所欲为地飞扬伸张——他也不能超越他的时代、世界。"《哲学史讲演录·导言》第一卷，贺麟、王太庆等译，世纪出版集团、上海人民出版社2013年版，第49页。"每一个人都是他那时代的产儿。"《法哲学原理》，范扬、张企泰译，商务印书馆1982年版，第12页。

"吾之深信者《书》"

象山主张选取文本相对平易、义理颇为重要的《旅獒》《太甲》等八篇优先精读之,其余则可缓之。《吕刑》虽被象山视为传道之书,但却并未被纳入优先阅读者。盖此篇以"敬于刑"的刑罚思想为主,德性修养非其重心,故舍之。所选八篇文字为:

> 《皋陶》、《益稷》、《大禹谟》、《太甲》、《说命》、《旅獒》、《洪范》、《无逸》等篇。可常读之,其余少缓。(《陆九渊集·与邵中孚》)

此八篇以德治为核心,论述了修身、敬德、治国思想,兼及天命与人道。在五年的象山书院讲学中,象山即以《尚书》为主要教本,认为《尚书》所体现的上古义理,分明粲然,君臣论道,对答呼应,感通无隔,自然顺畅,显示了道本固有,内在人心的日用常行。批评时人为利禄所困惑,为邪说所遮蔽,反以此理为奇特之物的观念。"山间朋友近多读《尚书》。上古道义素明……只是家常茶饭。"(《陆九渊集·与胡无相》)

二 "古先圣贤无不由学"

象山判定《尚书》为圣贤论学之作,包含着丰富的修身治国思想,反映了儒家内圣外王的智慧。故象山对《尚书》的论述,注重发明其中为学明理的工夫修养意义,具体落实为义利、九德、克敬、知止、反求等方面。

象山透过对《尚书》的引述,证明古来圣贤皆由拜师为学而自我成就。自伏羲即重视学习,其时虽无文字,却能以天地万物为师。《皋陶谟》中皋陶直陈九德为可实践之学。《洪范》载武王未及下车而访求箕子,被告以洪范九畴。《说命下》载高宗请傅说告以为学之道。以此论证人生必学,学必有师。学之内容,乃是以德性培育为本。象山极反对无内在精神生命灌注的字义解释之学,发出"文义溺志之戒"。他虽甚不契于朱子所倡导的以读书为学,但并不反对学习古代注疏之学,认为可以之为辅。同样,朱子亦并非纯以读书为学,明言"那读书底已是第二义"。

> 古先圣贤无不由学。伏羲尚矣……尧舜相继以临天下,而皋陶矢谟其间……访于箕子,俾陈《洪范》。高宗曰:"台小子旧学于甘盘。"(《陆九渊

集·与李省乾》）

象山提出，学者为学目标在于发明义理，"学者之所以学，欲明此理耳"。象山对理的认识，尤重一多关系。指出充塞宇宙者为一理，此理遍布宇宙，无有限量，贯乎天地人三极，可见理之同一，此显出理的绝对性、普遍性和崇高性。此理同时还具有相对、分殊、内在的一面，如《皋陶谟》所言天叙、天秩、五典、五礼等分别为理具体分殊之体现，此天之秩、叙、命、讨皆为真实之理。"天秩天叙天命天讨，皆是实理。"象山以理之分殊来解释君臣父子尊卑之别，认为此合乎天理之自然，是天理之体现，并非私意造作，肯定差等的合理性。理即是同一性与差异性的统一。"塞宇宙一理耳。学者之所以学，欲明此理耳……五典乃天叙，五礼乃天秩，五服所彰乃天命，五刑所用乃天讨。"（《陆九渊集·与赵咏道》）象山提出为学当稽古、顺古，体现了好古以求理之精神。在《策问》中象山引《大禹谟》"若稽古"，《说命下》"事不师古"，及《中庸》祖述宪章说论述"稽古"。指出圣之为圣，在于心之广大无私，落实在具体行事方针上，则必然有稽考祖述前人者，此乃必然之理。

象山特重义利之辨。除《论语》君子喻于义章外，他还盛推《尚书》中的"以义制事"说，在赴荆门之任时，面对"委曲行道"之劝，他以仲虺称赞汤王以义制事、以礼制心为例，指出古人全体是道义。后世之人，虽亦能行其礼义，然其心却以利害为优先原则，礼义亦不过是利害之心的道具。此即古今之别的关键所在，实乃义利之分，所要者在于存心而不在行迹。如古人之讲究利害，却合乎礼义。今人相反，虽礼义亦为利害。"或劝先生之荆门为委曲行道之计。答云：仲虺言汤之德曰：'以义制事，以礼制心。'古人通体纯是道义。"（《陆九渊集·语录上》）[①]象山以义利之辨讨论汤伐夏之事。《仲虺之诰》载汤对驱赶夏桀于南巢之地，终有不安，担心后世以此为借口批评自己，"惟有惭德"。象山指出汤王的疑虑担心出于利害计较，实有不当，并引仲虺说解释汤王之举乃顺乎天命。同时又告诫汤当戒惧始终，不可懈怠，扶持遵从礼义者，惩罚覆灭昏暴者。又指出凡事当论是非礼义，而不当计较利害得失。"成汤放桀于南巢，惟有惭德。"汤到这里却生一疑，此是汤之过也。（《陆九渊集·语录上》）象山通过对《尚书》中皋陶、禹、太甲、成王等言论行事之评价，扬太甲而抑成王，突出义利公私之辨。

[①] 《尚书》仲虺："王懋昭大德，建中于民，以义制事，以礼制心，垂裕后昆。"

指出皋陶陈九德、大禹治水等非自夸自表，而是直陈事实，彰显事理之当然，体现了君子处心行事，出于公正，一之以理，而无人己之分。此一"洞然无彼己之间"的风气见诸唐虞盛世，此后道德衰落，如成王要求臣下如有嘉谋嘉猷，当向其禀告，并以为君王之谋。成王私心较重，以流言而猜忌周公，告君陈"入告出顺"之语，即是其德不如昔之表征。批评后儒对成王的表彰，是私心不公之论。

> 皋陶曰："朕言惠可底行。"禹曰："……予弗子，惟荒度土功。"……此等皆非矜夸其功能，但直言其事，以著其事理之当然。故君子所为，不问其在人在己，当为而为。（《陆九渊集·与致政兄》）

"行有九德。"象山非常重视《皋陶谟》提出的九德知人说，即以宽而栗、柔而立、愿而恭、乱而敬、扰而毅、直而温、简而廉、刚而塞、强而义九德来知人，此九德需进一步落实于具体行事中来判定验证。象山认为皋陶知人所以先论其德后言其事者，盖德性内在于心，内有其德，则自然通贯全身，而顺畅发扬于外，绝不有任何造伪假饰。反之，事之所行，则以才智为主，伪善小人亦可虚伪而行之。故"九德"之说，以德为先。"皋陶论知人之道。曰'亦行有九德，亦言其人有德，乃言曰载采采'。乃是谓必先言其人之有是德，然后乃言曰某人有某事有某事。"（《陆九渊集·语录上》）象山指出，《皋陶谟》的三德、六德、九德说，乃是以德配爵，三、六、九分别对应"有家"之大夫、"有邦"之诸侯、"在官"之天子，体现了以德配位的德治主义，显示了人品差等的客观存在。九德之中任何一德，皆又可分为若干类，如刚塞等。象山又以九德为全德，《中庸》小德、大德是指圣人全德，亦即《皋陶谟》之九德。但人之德不可求全责备，人若能有三德之一善，亦可取。落实在具体德性上，亦有层次程度之不同，切不可苛求完备。"德之在人，固不可皆责其全。"（《陆九渊集·论语说》）象山又重《立政》所载刚、柔、正直"三俊"之德，认为汤王可效法之处，在于能以"三德之俊"扬善以明明德，以"三宅"之法惩恶以改其过，使恶人安其居而服其法。

"执事敬。"主敬是程朱理学的根本工夫，似与象山无关。然则，象山其实亦极重"敬"。象山以执掌家务的三年亲身经历为证，肯认敬对于为学工夫的提升大有助益。三年中，他真正做到了"执事敬"，使得"所学大进"。可见敬作为处事原则和修养工夫，不仅对于做事履职具有基础意义，而且还对内在精神的转化具有关键作用。敬首先是心上工夫，是心灵主体不断的自我提撕警醒，一旦心与事接，则能抖擞此心，以从容、敬畏的态度面对事物。"吾家合族而食，每轮差子弟掌库三年。某适当其职，所学大进。这方是'执事敬'。"（《陆九渊集·语录上》）象山专门写有《敬斋记》，指出孟子自信至神诸境界，皆吾心以敬为本所至。"自有诸己至于大而化之者，敬其本也。"（《陆九渊集·敬斋记》）敬贯穿工夫始终，并非虚悬无用之物。敬之工夫尤应用力于辨析乱心之有害因素，此害心之物，往往萌发于意识与事物相交之初。故当敬持此心，不可懈怠，以防微杜渐。在此敬之工夫中，明显融入了察辨工夫。

象山指出恭敬与心存在君臣关系。同一恭敬，若学不得要领，则恭敬如外在之君，心如内在之民，二者内外不一。若得其要领，则恭敬恰是对心之保养。象山还从文与道的关系，论及恭敬乃君子之道的根本。批评时人在以文为贽作自我推荐之时，毫无恭敬之心，苟且从事。恭敬作为君子之道，当无处不在，无时不有。无恭敬为本，则礼不成其为礼。反恭敬者，傲慢放肆；过于恭敬者，又反落于虚伪。象山表示自己为文无无根苟作之说，为人不敢怠惰傲慢，过恭谬敬。"恭敬者，君子之道。"（《陆九渊集·得解见提举》）据《年谱》载，象山气质自小偏于庄敬朴实，"幼不戏弄"，不爱玩耍，不好奢华。四岁"静重如成人"，五岁"入学读书，纸隅无卷摺"，七八岁因庄敬性格而常得赞誉，"某七八岁时，常得乡誉。只是庄敬自持。"（《陆九渊集·年谱》）这一"庄敬自持"的特点象山保持了一生。象山甚喜《中庸》"斋庄中正足以有敬"之说，凡此，皆体现了象山重敬的工夫。但象山反对程朱"持敬"论，认为二字生造无据，"'持敬'字乃后来杜撰"。经典有"敬"而无"持敬"。敬是一种工夫修养状态，本非可把持之物。象山还引《康诰》"汝亦罔不克敬典"这一周公告康叔之诫命，指出无论平常之事如何，皆当始终报以戒惧敬畏之心，效法文王敬德忌刑。强调"敬典"乃是君王治理国家的一个根本原则，三代之兴，皆因能做到敬其典则。"三代攸兴，罔不克敬典。"（《陆九渊集·语录上》）。

在心的理解上，象山并不反对《大禹谟》"人心之危、道心之微"说，但反对二程割裂二者为相互对立的人欲、天理说。认为人只有一个心，不可割裂为对立之二心。"解者多指人心为人欲，道心为天理，此说非是。心一也，人安有二心？"（《陆九渊集·语录上》）象山质疑天理、人欲说出于《乐记》，并非圣人言。人心是指"大凡人之心"，即一般意义上人的心，不能说人心是人伪或人欲。盖现实之人存在有善有恶的情况，以此专指恶之一边不妥。以道心为天理，亦不妥，作为自然之天，亦非纯善，尚有灾害等自然现象。故不可以善恶来划分天人。象山批评以理欲论人心道心"极有病",反对《乐记》据动静分心之理欲,"天理、人欲之私论极有病。自《礼记》有此言而后人袭之。"(《陆九渊集·语录下》)理欲乃是从心灵的道德状态论心,与心灵之动静状态不可等同,把握心的关键在于确知心之价值指向。

知止与反求。象山指出,为学首在精察明辨宗旨路头,否则就会汩没于似是而非之中,而无所至止。他据《大学》"知止而后有定"说阐明知止对能虑能得具有前提意义。又以《太甲》"钦厥止"、《益稷》"安汝止"说为证,指出知止是"钦止"的前提,如不知所当止,则无法做到敬行所止。而敬行所止又是安于其止的前提。故真知所止是为学工夫之首,无此则一切工夫无从谈起。如能知止,则于经典之义理训诫,自然融通无碍。"《书》曰:'钦厥止。'不知所止,岂能钦厥止哉?又曰:'安汝止。'不钦厥止,岂能安汝止哉?"(《陆九渊集·与邓文范》)

象山甚喜《太甲》"有言逆于汝心,必求诸道"说,以之为工夫指点。当面对逆心之言、不同意见之时,应"反求诸道"。逆心之言并非坏事,实有利于促使自家对道之反思。象山视此为一普遍之方法,以此告诫朱子、王顺伯、曹立之等各色身份之人,当以此开展自我反省工夫。"《书》曰:'有言逆于汝心,必求诸道。'谅在高明,正所乐闻。"(《陆九渊集·与朱元晦》)象山据《益稷》说,强调"省察"工夫的重要,指出懈怠松弛,乃人之通病。人一旦自我放纵,则旧习乘机而入,其速快于回声。并引禹对舜的"敬戒无虞"之告为例,指出切不可如丹朱之傲慢暴虐,荒怠职责。汤之盘铭日新之告,显示了不敢懈怠之精神。夫子一生兢兢业业。学人当以圣人为榜样,坚持不懈地开展反省审察工夫。"然懈怠纵弛,人之通患。……'慢游是好,傲虐是作。'……吾曹学者省察之功,其可已乎!"(《陆九渊集·与杨敬仲》)

三 "以此心敷于教化政事"

以"道事"见长的《尚书》是儒家政治哲学的经典,象山充分援用《尚书》来阐发以教化为中心的政治思想。

皇极与教化。"皇极"是《洪范》九畴中的第五畴,它在宋代之后取代五行畴,成为儒家学者诠释的焦点。象山在荆门之任第一年的上元节亲自主讲"皇极"章,以取代民众往昔建醮祈福之举。象山认为,天子建用皇极来君临天下,地方官吏亦应以皇极为标准来教化百姓。故特地发明《洪范》本章的教化意义，以达到承流宣化的目的，尤其从本心的立场阐发了德福一致、以德为福的思想，以扭转民众的功利主义。① 他说：

> 皇建其有极，即是敛此五福以锡庶民。舍极而言福，是虚言也，是妄言也，是不明理也。……以斯道觉斯民者，即皇建其有极也。……郡守县令，承流宣化，即是承宣此福……若能保有是心，即为保极。……实论五福，但当论人一心……患难之人，其心若正，其事若善，是不逆天地……但自考其心，则知福祥殃咎之至，如影随形，如响应声，必然之理也。……敛时五福，锡尔庶民者，即是以此心敷于教化政事……尔庶民能保全此心，不陷邪恶，即为保极……长享五福，更不必别求神佛也。（《陆九渊集·荆门军上元设厅皇极讲义》）

象山强调"极"与"福"不可割裂而论，得福的关键在"极"，无极则无福，尤极则福必不可能，突出了以极配福、极福一致的思想，体现了象山以道德教化民众，排斥迷信祈福的良苦用心。各级官吏秉承圣意，宣扬教化，赐五福于民。象山将五福落实于人人可行的爱亲敬兄的孝悌之道，行此孝悌之道者，既回应了皇天降衷，又领受了天子赐福。此福其实不在天，不在王，而是在个人当行之道，是人人本有孝悌仁爱之心。由此将五福进一步落实于心，如能保养本心不失，即是保极保中，宜得五福了。可见福不在外，亦不在事，而是扎根于心。象山区别了现实与精神之五福，如能从心上真实做到五福之教，则在现实世界中虽未享受寿、富、康宁、考终命等福，甚至遭遇相反境遇，然就心灵、精神而言，实则已实现了五福。如为国牺牲，则是考终命，而非夭折。由此，象山直接挑明了以心论福、以德论福的"心福"立场。故五福，但当论心，不当论心外之物。象山彻底以心之正邪判定祸福，心正皆福，心邪乃祸。世俗死盯眼前富贵患难为祸福，其实差矣。此以德为福的原则，保证了德福的一致。象山又站在"神道设教"立场，肯定怪力鬼神之有，试图以此作为教化百姓向善的手段。象山以正人君子之立场，区别了德与富的背离和一致。大富之人，如其心邪事恶，则是违背天地鬼神，背离圣贤君师之教训，实为可怜可鄙之极。反之，如身处患难之中，

---

① 因笔者另有专文讨论象山的皇极教化思想，故此处从略。

却心正事善，敬奉天地鬼神君师圣贤之教，俯仰无愧怍，此即实享福德。象山始终以心以德论福，坚信如反求于心，则当知德福一致乃是如形影声响之必然不可违逆之理。批评愚人贪恋富贵而妄求神佑，不知神自有其福善祸淫之原则而不可能被人收买，故不会予福德于不善之人。如此，追求福德之法，只在对治自身，迁善改过，远离罪恶。象山完全是从道德本心的角度阐发以德帅福的思想。

象山提出君任天职、吏分君责的责任分担思想。指出圣贤治国为民，亦不过是尽其天职而已。大禹等圣贤所为，皆是各尽其职，各成其功，借此证明天职所在。象山引《秦誓》《立政》《康诰》之说，指出上天任命的君、师，承担着听从天命，帮助上帝安定天下，教化四方的职责。君师作为天、民之中介，起着沟通民心与天意的作用，必须有能力体察到天之视听喜怒等意愿皆以民之好恶为准的。"作之君师，所以助上帝宠绥四方。故君者所以为民也。"（《陆九渊集·大学春秋讲义》）象山引《皋陶谟》天聪明天明畏之说，指出天以百姓之耳目为聪明，以百姓之好恶为奖惩，据此降下祸福。天任命君师以施其政教，辅助上帝，行其化育。引董仲舒说指出，郡守县令等官，承担着宣扬君德，教化民众之责。故向上天承担保养教化民众之责者为君王，分担君王之责者为官吏，二者之职皆不可推卸。民众不遵循教导，则当责备官吏；官吏品行不端，则当追究君王的责任。又据《汤诰》《秦誓》中汤王、武王言天下百姓之罪过，皆我一人承担之说，肯定君王的担当精神。作为官吏者更当承担所负职责，而不可将责任推诿于民风。此等推诿卸职之行径，完全是未能正视自身责任。

"天聪明自我民聪明，天明畏自我民明威。"……汉董生曰："今之郡守、县令，民之师帅，所使承流而宣化也。"是故任斯民之责于天者，君也。分君之责者，吏也。民之弗率，吏之责也。吏之不良，君之责也。《书》曰"万方有罪，罪在朕躬"。……此君任其责者也，可以为吏而不任其责乎？（《陆九渊集·宜章县学记》）

象山批评了儒者以处理账簿文书为耻的风气，"世儒耻及簿书"，指出古来圣贤大禹、周公等皆于此类具体政事颇为用心，《洪范》所列八政，亦以食、货优先。处理与民众生活密切相关的民生事务，非但不可耻，实则极紧切，构成儒家王政的基础。"世儒耻及簿书，独不思伯禹作贡成赋……《洪范》八政首食货……果皆可耻乎？"（《陆九渊集·与赵子直》）象山考察了《尚书》中的官吏业绩考核，认为在考核时间上，长考优于短考，如《舜典》在规定三年考核之时，亦有"三考黜陟"的规定，以此批评以半年时间来考核治理成效的做法，急功近利而违背事理。象山还引《皋陶谟》天命天讨的赏德、罚罪说，认为赏罚并非人力，而是"皆天理"。可见，天理是象山始终秉承的根本观念之一。以天理作为裁定一切的准绳，体现了一种客观性原则。由此天理之赏罚，最终目的乃是纳民于大中之境，化世为太和之治，即化民易世。与后世一味追求功利、不顾道德的考核截然不同。

> 古今难易纵有不同，安有于半年之间而遽责其成效之理哉！……"天命有德，五服五章哉……"其赏罚皆天理……此与后世功利之习，燕越异乡矣。(《陆九渊集·与吴子嗣六》)①

"后克艰厥后，臣克艰厥臣。"象山认为，各级官员虽想履职，然尽职却非易事，须有"克艰"之精神。孟子责难于君谓之恭，孔子"为君难为臣不易"及《大禹谟》"后克艰厥后，臣克艰厥臣"说，皆表达了君臣的自我定位和相互激励，此实为《君牙》所言"思难以图易"之做法，并非惧怕艰难而不为。《大禹谟》的纲领，就在此"克艰"二字，"《大禹谟》一篇要领，只在克艰两字上"(《陆九渊集·语录下》)。君臣皆当深刻认识到践行自身职责之艰难不易，只有做到克艰，方能实现政治民修的万邦咸宁。对君主来说，关键是"舍己从人"。不自以为是，方能做到"野无遗贤"，舜称赞只有尧做到了此点，"惟帝时克"。

此克艰精神鲜明落实为《大禹谟》中的儆戒无虞，"儆戒无虞，罔失法度……真圣人学也"。象山视"儆戒无虞"为圣学根本，认为它表达了君王对自身的严格要求，当以警惕戒惧之心，恪守法度而不失；兢兢业业，恪尽职守而不流于放纵无归。象山将之与《小旻》"战战兢兢"，《子张》忠信笃敬，《大明》"小心翼翼"，《中庸》戒慎恐惧并列，以表明时刻戒惧警惕，无敢放纵疏忽之意。《大禹谟》"儆戒无虞"、《无逸》"克自抑畏"、《中庸》"戒惧不睹"，都表达了对道的敬畏，而非忧虑个人利益得失。它出于光明正大，纯粹无私之心，反乎常人患得患失忧愁之心，通于孔颜、曾点之乐。"盖所谓儆戒、抑畏、戒慎恐惧者，

---

① 《禹贡》："厥田惟中下，厥赋贞，作十有三载乃同。"

粹然一出于正。与曲肱陋巷之乐、舞雩咏归之志，不相悖违。"（《陆九渊集·与潘文叔》）①象山认为，舜之好问好察，体现为毫无忌讳地接受伯益"儆戒无虞"之告诫；要求伯禹任其辅佐大臣，如己有违背于道，则当据理指出辅正之，不可当面顺从而背后议论。"纳伯益儆戒之辞，则罔有忌讳。"（《陆九渊集·程文》）"儆戒无虞"工夫对君臣尽力职守具有关键意义，因人心容易受到遮蔽，一念之间，即有狂圣之别。《多方》言"惟圣罔念作狂，惟狂克念作圣"，即便圣人，一念不善即为狂。反之，狂人一念之善可为圣。狂人与圣人之别仅在念虑之间。人心之危亦是源于此念虑之分，大禹克艰、益"儆戒无虞"即是敬业克念工夫根本。

无讼与宽仁。象山反对盲目不切实际的"无讼"说，认为无讼的前提是听讼、得讼，只有在明讼基础上，才能逐渐消除诉讼，无讼之道实则蕴于听讼之中。最重要的是听讼须得实情，方能扶善去恶，伸张正义。但听讼并非易事，他引《舜典》中舜放逐共工等为例，证明即便夫子亦当先由听讼入手，方可达于无讼。在尚未能做到听讼是非分明的情况下，而希冀无讼，实无此理。君子听讼，当常存扬善除恶之心。既不可逃避听讼之责，亦不可借此以立威风，应做到公正无我。在此善长恶消的环境中，最终实现无讼。此论颇切实际，提出为政当实事求是，不图虚名，宽猛结合。"舜之受终，必'流共工于幽州……而后天下咸服'……必使无讼之道，当于听讼之道见之矣。"（《陆九渊集·与杨守三》）皋陶因洞见此道分明，故舜使他主管司法。无讼取决于听讼之至公至明，明察人情物理，公正无偏。"至明然后知人情物理，使民无讼之义如此。"

象山极恨胥吏对官场风气的破坏和对行政的干扰，尤其是他们常提出似是而非的观点来挟持长官按其意志行事，"宽仁"说即是其一。象山批评所谓"宽仁"说，而主张明罚。认为古人言宽，是君子之德，但并非无原则的宽，而是举直错枉、惩恶扬善之宽。今日之宽，却以纵容违法为宽。他以舜流共工为证，指出宽仁的前提是要除去贪戾之徒。《大禹谟》"罪疑惟轻，功疑惟重"说是针对有疑之罪，为避免伤及无辜而提出的宽大原则，如确定无疑之罪者，则不容宽释。对无心微小之误等，则宽宥之；对存心贪戾，伤民败国者，则不可宽纵。批评有人以

---

① 《与杨敬仲》亦论及此意，言："舜之孳孳（孜孜为善），文王之翼翼（小心翼翼），夫子言主忠信。又言仁能守之，又言用其力于仁。孟子言必有事焉，又言勿忘。又言存心养性以事天，岂无所用其力哉。此《中庸》之戒谨恐惧，而浴沂之志，曲肱陋巷之乐，不外是矣。"

宽仁为旗号替害民贪吏说情，阻止惩治。"善观大舜、孔子宽仁之实者，于四裔、两观之间而见之矣。近时之言宽仁者，则异于是。………至是又泛言宽仁之说，以逆蔽吾穷治之途。"(《陆九渊集·与辛幼安》)

儒家对政治家的期许就是知人善任，察贤用能。象山亦认为，治天下以得贤为要，这取决于举贤者是否有知人之明。故象山颇重《尧典》的知人之明说，引《尧典》四岳举丹朱、鲧为例，指出四岳虽缺乏知人之明，但却具好贤之德，以"明明扬侧陋"的精神推荐了舜。指出尧并非据日常言行判定共工、丹朱德行不够，而是直接洞彻二者肺腑心术。"尧之知共工丹朱，不是于形迹间见之，直是见他心术。"称赞尧知人善任，任命羲和掌管历法，批评后世君王却不知此，反以星官担任此职。象山自负具有知人之长，"至其见人之肺肝，能曲尽其情，则自谓有一日之长"。以"见他心术"自任，自道"老夫无所能，只是识病"(《陆九渊集·语录下》)。自信对人的观察能不受被观察者言行影响，而直接透视对方心肝，知其内心真实想法，使其心之所思完全呈现而无所隐遁。"某观人不在言行上，不在功过上，直截是雕出心肝。"(《陆九渊集·语录下》)象山知人之明声誉久著，众所敬服。如冯传之等与象山学观点虽有不同，但仍敬佩其知人之长。即便是不相识之人，象山亦能据己所闻准确推定对方真实心机，并以此慑服对方。"冯传之至今未相符合，然所以相敬服者，多在论人物处。"(《陆九渊集·与王顺伯》)在治理荆门时，象山知人之明的特长得到充分展现，尤其在处理诉讼中，对虚伪奸诈诬陷忠良之徒者，象山甚至不需要诉讼双方对质，而仅凭一方之辞，即可得其实情，断其是非，使理屈者服罪而去。由此威慑奸民，诉讼大减，治安清明。"单辞虚伪，或不待两造而得其情。……区区于此，自谓有一日之长。讼争之少，盗贼之衰，殆亦以此。"(《陆九渊集·与张元善》)象山将知人与明道、修德相关联，知道是知人的前提，正因皋陶明乎大道，故对禹详述知人之事。"皋陶明道，故历述知人之事。"(《陆九渊集·语录下》)《皋陶谟》言"知人则哲"，表明知人乃有智慧的哲人之表现，故即便以尧舜等圣，犹以知人为难，以得人为忧。"皋陶曰'在知人'，又曰'知人则哲，能官人'，岂可以终不知之耶？知人则必有道矣。"(《陆九渊集·策问》)知人作为得人善任的前提和治国应备的基本素质，仍必有其方，此即皋陶提出的九德知人说，皋陶知人，先论其德后言其事，其人先有其德，然后其事方能实行。若仅据事而论，以才智论人，则伪善之小人亦可虚伪而行事。故以九德知人，方能察人心术而无所逃匿。

"吾之深信者《书》"

四　结语：经典与思想

象山通过对《尚书》的引述，使这一上古经典成为其思想构建不可或缺的理论资源，而其对《尚书》之深信，具体表现在对《尚书》在内圣工夫与王道教化两方面意义的阐发。一方面，象山特别发挥了《大禹谟》等八篇对个人道德修养的工夫意义。肯认"古来圣贤无不有学"的学以成圣观念，明确"学以明理"的理论追求，反对程朱"天理人欲"的二分对立观，阐发了"九德"的德性意义。推崇"执事敬"的工夫，提出"敬其本也""恭敬者君子之道"等说，可见"敬"不仅为程朱之法门，对于象山的道德成就同样具有非同一般的意义。象山结合《大学》"知止"，发挥《益稷》"钦止""安止"说；再三称颂《太甲》"言逆汝心，必求诸道"的自省反求工夫。据《仲虺之诰》"以义制事，以礼制心"之论，发挥义利之辨。以携眷赴荆门之任之举践行道义至上理念。可见象山的工夫实践，处处扣紧《尚书》而发，并融会《四书》，体现了很强的本诸经典、验之于身的返本开新精神，绝非师心自造的无根之谈。另一方面，象山发挥《尚书》德治思想，发挥了儒家"以此心敷于教化政事"的王道教化理念，通过对《洪范》皇极的新解，将百姓祈福迷信之举转化至以德为福的自我修养方向上来。象山据《尚书》之说，突出了君臣各负其责的责任意识，以天理论肯定了赏罚的合理性；指出尽职并非易事，君臣上下必须持有"克艰"思想和知人之明，方能真正履行所职。批评官吏借"无讼""宽仁"之谈来贪赃枉法、逃离处罚，不合《尚书》思想。

象山作为一名重视本心的理学家，其所倡导的"宇宙即是吾心""发明本心"等思想，实是扎根于古代经典的创新之论，以《尚书》《孟子》为代表的五经四书之学，构成象山哲学创造的根基和源泉。从象山对《尚书》的解释来看，象山非但不是朱子所言"不读书"者，反而是一位好学深思、涵泳经典的饱学之士。象山曾以"何尝不读书来，只是比他人读得别些子"反驳"不读书"之评。所谓"读得别些子"，指象山特别注重从工夫实践、社会教化的角度来理解经典，而不喜对经典文本作全面解读，此鲜明体现于其所论"我注六经，六经注我"的两种经典诠释的取舍中。学界向来注重象山与朱子之异，但二贤思想皆同样沐浴于宋代理学精神、根本于儒学经典传统，作为理学之二支，彼此之同不可忽视。另一方面，学界据明人之成见，视象山与阳明为心学，其实二者之异颇多。在笔者看来，象山学是理学视阈下的心学，是经学基础上生发的心学，是宋学孕育的产物；阳明则是在与朱子对话与超越中形成的思想系统，是心学的真正代表。

以上通过对象山《尚书》学的初步探究来管窥象山学的"经学"向度，希望以此彰显象山"心学"的"学术性"，扭转朱子以来对象山的不当看法。借由象山之案例，可见当前中国哲学的研究与创作，仍须加强"反求诸六经"的归本工作，并进而与所吸收之西学相摩相荡，如此，方可有望于开出中国哲学的新局面。

陆九渊"六经注我，我注六经"说的诠释学意义

李畅然

（北京大学儒藏编纂与研究中心）

陆王是心学代表人物，二人皆很少留下著作，且著作的正式性和完善度皆无法与朱子学的著作相提并论，因而无法全面、长期占据以科举为代表的庙堂，从而限制了心学思想的传播。陆九渊在解释自己为什么不著书时，提出"六经注我，我注六经"的著名口号，[①] 具有极高的诠释学价值，因而在后世有比较多的引用和讨论。但因其言简意赅，具体含义存在着多种诠释的可能，故而本文也尝试做一检讨。

一 方法论诠释学上的意义

围绕"六经注我，我注六经"，一个比较流行的解读方式是拆分出两种对立的经典诠释方法。"六经注我"是读者主观性、主宰性突出，盖过了对经文原义的客观性解读；"我注六经"则是读者对经文原义的准确把握，读者的个人主观性则相应受到了抑制。也就是说，"六经注我"就是宋学典型的或者说宋学所看重的解经方法，而"我注六经"则是汉学、清学典型的或引以为傲的解经方法。特别是"六经注我"，成为今日学者讽刺、批评别人解释过于主观的一个常用标签。

但这样的解读方式，至少存在两方面的不安。其一，陆九渊本人是宋明理学

[①] （宋）陆九渊：《陆九渊集》卷三十四《语录上》，中华书局1980年版，第399页。

的代表人物，他读书解经的方法论里，为什么会有突出的汉学解经纲领？特别是在宋明理学诸流派的类型学当中，陆王心学恰恰是距离汉学和清学最远的，是偏向于束书不观的那一系。其二，无论汉学宋学，均以获得经书暨作者的原意为目标，即便不是终极目标。那么，假如把"六经注我"作为个人主观性过甚，恣意解释，没有底线的解经方法暨对解经实践的评价方式，那么，即便是宋学家，恐怕也要掂量是否愿意接受这样一种批评，戴上这样一顶帽子。毕竟古代中国不同于今，诬圣辱经的帽子不仅会导致身败名裂，甚至会引来杀身之祸，如晚明的何心隐、李贽。其三，而且是很重要的一点，陆九渊明明是接连说了两句话，却把两句视作截然对立，水火不容，具有完全不同的取向，这对于理解陆九渊当时的上下文，造成了困难。因此，有必要采取新的思路，来处理"六经注我，我注六经"的口号。

笔者的解读与流行的解读并非不相干，还是存在继承关系的，但充分注意到"六经注我，我注六经"显然具有的循环性，并强调陆九渊这一口号的循环意识，从而可以更好地揭示阅读的过程。人的阅读是有选择性的，他选择什么样的书来读，这本身即取决于其前理解，包括他对生活世界的总体拥有，他对每个具体事物的具体定性，也即先行视见（fore-sight），以及对特定事物的特定预期，也即先行把握。像头回见到某种生物，则无法把它具体地视作某个物种，而只能把它泛泛地唤作生物；而见到自家宠物，则不会泛泛地称之为猫狗，而一定要呼其名甚至通过与它的关系来相呼，如现今流行的"儿子"——这个，是先行视见。如果人快饿死了，那么他看到任何一个物体都会先想它能不能吃；如果吃得过饱，则他即便看到美食也会厌恶；如果饥饱适中，那么他看到食物，则更容易从色香味等多方面加以欣赏。这个，是先行把握。因此，读者选择《易》《书》《诗》《礼》《春秋》来阅读，并且认为其中记载、蕴含了古圣贤的治国齐家之道，同时不选择其他学派或儒家其他人的著作，这是读者开始阅读前的有所视见、有所把握。因此"我注六经"并非纯然客观的理解，而是在选择注解对象时，已经有其主观的判断选择在。

还不止于此。读者通过阅读，有可能加强原先对该书的前见和前把握，也有可能改变对该书的视见和把握。像二程、张载和朱熹，都曾泛滥佛老十年以上，后觉其非，转而重读六经和《论》《孟》。这就是（永久）改变了对读物的把握。如果读《孔子家语》或《列子》而疑其为伪托，则是改变了对读物的视见。不仅对读物整体而言，其实对任何一篇、一章甚至一句一词，都存在着调整，包括加强读者心中相关的整体认知的可能。例如章节层次，《论语·阳货》的"子曰性相近也，习相远也"和"子曰唯上智与下愚不移"，何晏《集解》算一章，朱熹《集注》则算两章。字词层次，如《论语·述而》"加我数年五十以学《易》可以无大过矣"，传统上即存在非常多的异文和解读方式，除了可以帮助解读此章外，同样可以解读其他书中的文句。像《经典释文》载"《鲁》读易为亦"，那么读先秦文献时，凡见到"易"字皆可以考虑读破为"亦"的可能性，见到"亦"也可以考虑读破为"易"的可能性，这都顺带改变了对"易""亦"二字的一般性把握。这些新的视见和把握，会局部调整读者对世界的拥有，改变因缘整体性。

在这种观照下可以看到，"六经注我，我注六经"不是截然对立、断裂的两种解经方法，而是阅读过程中必然发生的诠释学的循环。前者可以视作从整体到部分，由我对世界、对书的整体性理解来确定六经具体该如何理解；后者则是从部分到整体，由我对六经具体如何理解，来确定我对六经之整体乃至对世界包括我自身之整体该如何理解。这种解读上的分配、对位似乎也可以反过来，以"六经注我"配从部分到整体，用六经来约束我自己；以"我注六经"配从整体到部分，用突出的我来约束对六经的解释。这种解读可能存在的摇摆性也表明"六经注我，我注六经"不宜截然拆分开来把握。

二　生存论诠释学上的意义

当然，从前揭何心隐、李贽都师出泰州王学，已经显示出心学较之程朱理学，其离经叛道的潜能更大。虽然清代像笃信程朱的尹会一、尹嘉铨父子也获罪，但罪名并非来自其学理，而是来自其好名。而明末何心隐、李贽的思想都是王学的学理再往前走一步之自然而然的结果。从"六经注我，我注六经"是陆九渊为了解释自己何以不著书而讲可以看出，其重心还是落在"六经注我"一边。像陆九渊还有一句名言——"学苟知本，六经皆我注脚"：

> 《论语》中多有无头柄的说话，如"知及之，仁不能守之"之类，不知所及所守者何事；如"学而时习之"，不知时习者何事。非学有本领，未易读也。苟学有本领，则知之所及者，及此也；仁之所守者，守此也；时习之，习此也，说者说此，乐者乐此。如高屋之上建瓴水矣。学苟知本，六

收拾精神,自作主宰

皆我注脚。①

这显然可以用作"六经注我"的注脚。

这并不是说六经的研读不重要。事实上,陆九渊在外在事物包括读书本身都下过硬工夫。如《年谱》载其四岁即"静重如成人":"常侍宣教公行,遇事物必致问。"②六岁即从九龄受《礼经》。九韶尝云:"子静弟高明,自幼已不同,遇事逐物皆有省发。尝闻鼓声振动窗棂,亦豁然有觉。"③这种对各种自然现象的兴趣,与朱子学无异。陆九渊又认为"穷究磨炼,一朝自省"④,也与朱熹《大学章句》中的"格物"补传不悖。《年谱》于十一岁又载:

> 从幼读书便着意,未尝放过,外视虽若闲暇,实勤考索。伯兄总家务,尝夜分起,见先生观书,或秉烛检书。最会一见便有疑,一疑便有觉。后尝语学者曰:"小疑则小进,大疑则大进。"⑤

《语录》又载陆九渊语:"莫厌辛苦,此学脉也。"⑥也与惯常对心学的轻巧印象相反。

当然,这种着实用功,粗看与朱子学大体无异,然在陆九渊看来,读书虽也是着实用功,然而与做事相比,则属于虚文。陆九渊提出"六经注我,我注六经"之后,便举文人与二程作比较:

> 韩退之是倒做,盖欲因学文而学道。欧公极似韩,其聪明皆过人,然不合初头俗了。或问:"如何俗了?"曰:《符读书城》《南三上宰相书》是已。至二程方不俗,然聪明却有所不及。⑦

可见韩欧都是"我注六经"也即文学的建树过大,而二程则是"六经注我"

---

① (宋)陆九渊:《陆九渊集》卷三十四《语录上》,中华书局1980年版,第395页。
② (宋)陆九渊:《陆九渊集》卷三十六《年谱》,中华书局1980年版,第481页。
③ (宋)陆九渊:《陆九渊集》卷三十六《年谱》,中华书局1980年版,第482页。
④ (宋)陆九渊:《陆九渊集》卷三十五《语录下》,中华书局1980年版,第466页。
⑤ (宋)陆九渊:《陆九渊集》卷三十六《年谱》,中华书局1980年版,第482页。
⑥ (宋)陆九渊:《陆九渊集》卷三十五《语录下》,中华书局1980年版,第468页。
⑦ (宋)陆九渊:《陆九渊集》卷三十六《年谱》,中华书局1980年版,第399页。

陆九渊"六经注我，我注六经"说的诠释学意义

的义理笃行的工夫盖过其文学修养。陆九渊又云："'道在迩而求诸远，事在易而求诸难。'只就近易处着着就实，无尚虚见，无贪高务远。"① 可见践履中的爱亲敬长比高谈性命或三代制度要笃实得多。鹅湖之会中，陆九渊差点向朱熹指出一个"大实话"——"尧舜之前何书可读？"② "学苟知本，六经皆我注脚"，所谓"知本"，就是知笃行践履为本，文辞为末，即便是六经。

经学在逻辑上预设了经典的真理性，因而在经学范围内，直面经典言说与直面生活的双条进路是殊途同归的；不过即便是殊途同归，所归主要不是在言说上，而是在生活上，这表明"六经注我"是主要方面，而"我注六经"属于不急之务。当我获得了生活的真谛也即大本大源时，六经也不过是对我把握到之真相真谛的注解、说明。关于言说和文本的体验不过是一些听觉视觉信号对脑的刺激，即便对人的心灵有安慰，对人的生存发展也不具备关键性意义。具体的言说——包括其中地位最高的经典——和由此而来的理解活动的意义在于解决现实和未来的生活问题，指示方向或者容易忽略的项目，除此以外别无目的。可以认为，读经研经本身就是为了回到生活，它是通过纯认知的方法寻求实践领域的指点。所以直面经典言说与直面生活的双"条"进路不妨叫作两"层"进路，因为直接认知经典的进路是建基于后者，并非截然独立的上一层建筑。心学由于对语言文字比较警惕，所以具有更强的平民性，从而也就更具备突破旧有轨范，包括从事暴力革命的潜力。

如果从经学诠释学和普通诠释学再进一步，上升到哲学诠释学，那么直面经典言说与直面生活的双层进路之别似乎可以取消，因为哲学诠释学中的"文本"就是事态本身，相应的诠释则只是由实证虚，由实悟虚。既然如索绪尔所言，语文体制与实际说出来的话相较，反而是第二性的，那么心灵与实相、与经验相比也就是第二性的。那么心灵对经典的需求，其实就是现象学所谓意识一定要有一个对象，这是意向性的基本结构；经典则是心灵最习惯栖身的居所，或者说最习惯之他者的集合。这样看来，主宰身体实践之心灵对经典对外物并非总能够处于高位，相反对后者是存在心理依赖的。而且这种依赖不仅仅是习惯，而且是必然性依赖。尽管心灵之我总感觉可以超越外物，但假如没有任何可感受的经验事物，"我"反而会恐慌，会失去其自在感。需要区分的是，作为习惯性依赖时，

---

① （宋）陆九渊：《陆九渊集》卷三十五《语录下》，中华书局1980年版，第469页。
② （宋）陆九渊：《陆九渊集》卷三十六《年谱》，中华书局1980年版，第491页。我们不妨仿陆九渊意说："中国之外，译本之外，人人皆可读孔孟之书否？"

其主体是具身的；而作为必然性依赖时，其主体是不具身的纯精神。

所以陆九渊虽然认为践履最实，认为"我"方为落脚处，然而一般来说陆九渊还是努力维持两层进路的平衡。例如在育人时，陆九渊主张因材施教："大凡文字，才高超然底，多须要逐字逐句检点他；才稳文整底议论见识低，却以古人高文拔之。"①自我过于突出的，需要靠文学踏踏实实地磨炼；自我不突出的，需要唤醒其自我，这时古人的高文例如五经四书，便以其兴发人心士气而超拔于普通的文学，具有不同于磨炼性情的功用。我们于此可以见到与"六经注我，我注六经"不同的公式，因为六经较之普通文字，于"我"为更近。

又如《年谱》载陆九渊四十五岁时詹阜民侍学，陆九渊告：

> "孔子弟子如子游子夏宰我子贡，虽不遇圣人，亦足以号名学者，为万世师，然卒得圣人之传者，回之愚、参之鲁。"盖病后世学者溺于文义，知见徼绕，蔽惑愈甚，不可入道耳。阜民既还邸，遂屏弃诸书。及后来疑其不可，又问先生，则曰："某何尝不许人读书？不知此后有事在。"又曰："读书不必穷索，平易读之，识其可识者，久将自明，毋耻不知。"先生举《孟子》"钧是人也"一章云："须先使心官不旷其职。"②

可见心学教育重笃行，的确疑似于不读书，实际上陆九渊并不排斥读书，只是一则把它排得较后，二则需要注意合适的方法。事实上，倘要成为合格的士子来执政，掌握广博的书本知识极其重要。

又如《年谱》载其二十四岁中乡举时于《举送官启》提出"先哲同是人，而往训岂欺我"，"某少而慕古，长欲穷源，不与世俗背驰而非，必将与圣贤同归而止。忘己意之弗及，引重任以自强，谓先哲同是人，而往训岂欺我？穷则与山林之士约六经之旨，使孔孟之言复闻于学者；达则与庙堂群公还五服之地，使尧舜之化纯被于斯民"③。按，陆九渊关于人无古今中外之别，耳熟能详的是杨简《行状》所记东海西海圣人说，④容易被理解为轻视经文的立场，也即"六经注我"，然而其实同样可以推导出对古人所作经书的信任。《举送官启》虽属少作，且是

---

① （宋）陆九渊：《陆九渊集》卷三十五《语录下》，中华书局1980年版，第468页。
② （宋）陆九渊：《陆九渊集》卷三十六《年谱》，中华书局1980年版，第495页。
③ （宋）陆九渊：《陆九渊集》卷三十六《年谱》，中华书局1980年版，第485页。
④ （宋）陆九渊：《陆九渊集》卷三十三《谥议·象山先生行状》，中华书局1980年版，第388页。

中举时的应酬文字，然而依陆九渊的性格，不会言不由衷。由此东海西海圣人说也同时可以作轻视古文或更宽泛的语言文字，与予以信任两种引申。这两种引申对陆九渊而言，都是可以接受的，且不会认为存在绝对的矛盾，只不过在二者之间存在一个轻重缓急——他人事为缓为末，自己事为急为本。陆王依然是圣人之徒，尽管心学流裔突破旧藩篱，相对更容易一些。

陆九渊的"皇极"说

陈石军

（北京体育大学人文学院）

陆九渊的经学观往往被学界概括为"六经注我"，从而陆氏的学术常被当成重道德践履、轻经典注释的典范。晚近一些学者注意到，陆九渊在中晚年以后十分注重对儒家经典的阅读[①]，尤其注重"精看古注"，以达到"理会文义分明"的目的。（《陆九渊集》卷三十四《语录上》）在教教门人时，陆九渊也请弟子"先看注疏及先儒解释"，然后"反之吾心"。（《陆九渊集》卷三十五《语录下》）在晚年阶段，陆九渊最为看重的是《春秋》与《尚书》二经。之所以重视这两部经典，主要是因为他不满足于当时学者的注释。根据《年谱》记载，陆九渊晚年始欲著述，因为见诸儒之谬，首先想为《春秋》作传，后因值守荆门之命而不果。（《陆九渊集》卷三十五《年谱》）而对于《尚书》，陆九渊最看重《洪范》篇，他指出："《洪范》一篇著在《尚书》，今人多读，未必能晓大义。"（《陆九渊集》卷二十三《荆门军上元设厅皇极讲义》）由此，陆九渊依托历代注疏展开了对皇极的新诠释。

一 陆九渊的《尚书》学

陆九渊与门人集中关注《尚书》大约在淳熙十四五年间。这一阶段，陆九渊从敕局卸任，登贵溪应天山讲学，筑象山精舍，门人大盛，是其一生讲学的高峰期。在答门人胡无相的书信中，陆九渊透露："山间朋友近多读《尚书》。"（《陆九渊集》卷十《与胡无相》）陆九渊读《尚书》的直接感受是"上古道义素明，

[①] 参见邓国坤、戴黍《陆九渊早中晚思想演变考》，《中州学刊》2018年第12期。

有倡斯和，无感不通"，对比之下，今人"惑于利禄、又蔽于邪说"。经过与门人的仔细研读，陆九渊总结出《尚书》最重要的纲领："《尚书》一部只是说德，而知德者实难。"（《陆九渊集》卷三十五《语录下》）无疑，这符合陆九渊以尊德性为主的学说大旨。

重视《尚书》记载的道义和德行，代表了陆九渊《尚书》学的根本特色。陆九渊没有关注南宋时期兴起的疑《古文尚书》风潮，也未对《尚书》的经文真实性产生怀疑。相反，在58篇经文之中，陆九渊要求弟子优先常读《皋陶》《益稷》《大禹谟》《太甲》《说命》《旅獒》《洪范》《无逸》等篇——基本上都属于《古文尚书》，而应把其余诸篇稍微放缓。陆九渊所列举的篇目不仅在义理上通于道德，而且在文字上相对简单，适合在"训诂既通以后，但平心读之"。对于《尚书》中较难的篇目，陆九渊主张："且以其明白昭晰者日加涵咏，则自然日充日明，后日本原深厚，则向来未晓者将亦有涣然冰释者矣。"（《陆九渊集》卷七《与邵忠孚》）

按照这样的理解，在教导门人读《尚书》时，陆九渊有三个主要的方法。

其一，陆九渊以《孟子》理解《尚书》，主张通过涵养本心，循序渐进地掌握《尚书》要旨。门人李伯敏曾经对陆九渊的学问有所怀疑，有意改投朱子门下，而朱子劝他继续在陆九渊门下就近问学，"专心致志，庶几可以有得，不当复引他说以分其志"（《晦庵先生朱文公文集》卷六十四《答李好古》）。针对李伯敏心志不定的缺点，陆九渊专门"教他读《旅獒》、《太甲》、《告子》'牛山之木'以下"（《陆九渊集》卷三十五《语录下》）等篇章，以便求其放心。对门人邵忠孚，陆九渊也建议读书当以《尚书》与"牛山之木"章为首，并进一步提醒："卷首与告子论性处，却不必深考，恐其力量未到，则反惑乱精神。"（《陆九渊集》卷七《与邵忠孚》）对陆九渊来说，《尚书》与《孟子》结合的关键点在于求得本心，这是二者的共通之处。

其二，陆九渊强调读《尚书》时应在细读文献的基础上着重领会一篇大旨，以体会三代圣王之道。陆九渊以"道"为根据来重新诠释《尚书》，他把《皋陶谟》《洪范》《吕刑》三篇视为"传道之书"（《陆九渊集》卷三十五《语录下》），并看作《尚书》的核心篇章；而"观《书》到《文侯之命》，道已湮没，《春秋》所以作"（《陆九渊集》卷三十五《语录下》）。如此一来，道成为三代与春秋历史的分别。在此基础上，陆九渊也指出《尧典》所载命羲和之事，是"人君代理天物"（《陆九渊集》卷三十五《语录下》）的要旨，厘清君主的职分乃"为政之首"(《陆九渊集》卷三十四《语录上》)。又如,"《大禹谟》一篇要领,只在'克艰'两字上"(《陆九渊集》卷三十五《语录下》)。陆九渊还指出,学者若无宗旨,"条贯统纪之不明,凡所传习,只成惑乱",而对宗旨的把握不能主观臆断,切须下一番读书的苦工,他强调"读书须是章分句断,方可寻其意旨。"(《陆九渊集》卷六《与傅圣谟三》)这一方法体现出陆九渊对经典的重视程度。

其三,陆九渊注重发挥《尚书》的哲理以指导现实实践,尤其在政治治理方面屡以《尚书》为据。陆九渊主张"《尚书》纲目皆具"(《陆九渊集》卷三十五《语录下》),既有提纲挈领的主旨,也有可供实践的典范。陆九渊常以《尚书》的格言和圣贤言行教诲弟子,门人袁燮"见象山先生读《康诰》有所感悟,反己切责,若无所容"(《蒙斋集》卷十一《絜斋家塾书钞后序》)。不仅如此,在象山自身的实践中,《尚书》也有极重要的启发。陆九渊在与门人研讨《尚书》时,正好接到了朝廷令他知荆门军的任命。此时的南宋朝廷正值孝宗内禅,光宗即位不久,金兵有南犯之举。荆门处于南宋边境,有学者劝陆九渊为委曲行道之计,陆九渊答以:"仲虺言汤之德曰:'以义制事,以礼制心。'古人通体纯是道义,后世贤者处心处事,亦非尽无礼义,特其心先主乎利害,而以礼义行之耳。后世所以大异于古人者,正在于此。古人理会利害,便是礼义,后世理会礼义,却只是利害。"(《陆九渊集》卷三十四《语录上》)陆九渊引用《仲虺之诰》的有关言论,以商汤为榜样,把治理荆门的困难理解为道义与利害的冲突。从而得出了他治理荆门的基本执政方针,即荆门之政必当以"正人心"为先。(《陆九渊集》卷三十四《语录上》)

那么,陆九渊对《尚书》学的重视在何种程度上与他的哲学思考产生了关联呢?种种迹象表明,朱陆二人晚年对《尚书》的关注不仅在时间上相互重合,而且也涉及二人在哲学上的根本争论。从淳熙十四年(1187年)登贵溪应天山,至绍熙二年(1191年)九月正式出发到荆门上任,这五年之间,陆九渊在筑象山精舍、营聚门人讲学之外,还与朱熹展开了无极太极之辨。按照朱陆二人的书信内容来看,由于无极、太极、皇极在概念上的近似性,《尚书》在二人无极太极争论中起到了重要的作用。这一时期,不仅陆九渊与门人讨论《尚书》,朱熹也对《尚书》保持相当的关注。淳熙十四年二月,朱子答门人时指出:"近亦整顿诸家说,欲放伯恭《书说》作一书,亦整顿诸家说,欲放伯恭《诗说》作一书,但鄙性褊狭,不能兼容曲狥,恐又不免少纷纭耳。"(《晦庵先生朱文公文集》卷五十《答潘文叔二》)朱子意料到作《书说》将产生不少纷争,按照他这一时期的主要学术活动来看,他所担心的主要对象必然包括陆九渊。尽管朱子并没有如期完成《书说》,但在淳熙十六年(1189年)完成的《皇极辨》则与陆九渊的《荆门军上元设厅皇极讲义》(以下简称《黄极讲义》)互相呼应,可以视为二人观点的阶段性总结。正如哲学史早已阐明的,朱陆二人在哲学上的分歧并未调和,而无极太极之争扩展至皇极之辨的过程,亦得到了学者的关注,尤其是朱子皇极说作为朱陆之辨的绪余,已得到澄清。① 但陆九渊皇极说的具体内容及其影响,仍有待进一步的整理。

二 陆九渊的皇极说

陆九渊的皇极说是在与朱子进行无极太极之辨中逐渐形成的,最终汇集成在知军任上为教谕民众所作的《皇极讲义》一文。此文不仅具有高度的哲理性,亦有较强的现实指向。正如前文所言,陆九渊注重通过《尚书》指导政治实践,以"正人心"作为治理荆门的总方针。陆九渊在荆门任上十分重视民众教育,"教民如子弟,虽贱隶走卒,亦谕以理义"(《陆九渊集》卷三十三《象山先生行状》),于是民风为之一变。其中,荆门有正月上元节设醮祈福的民俗传统,作为儒家官员的陆九渊把这一项活动与"正人心"联系起来,设厅为官吏和百姓讲《洪范》皇极的"敛福锡民"章,发明人心之善,达到了百姓"莫不晓然有感于中,或为之泣"(《陆九渊集》卷三十六《年谱》)的效果。

陆九渊皇极说的最大特色是把皇极视为充塞宇宙的本体,具有天地位育的根本作用,从而构建了皇极本体论。陆九渊指出:"皇极在《洪范》九畴之中,乃《洪范》根本。"就"皇极"一词的含义,他认为:"皇,大也;极,中也。《洪范》九畴,五居其中,故谓之极。是极之大,充塞宇宙,天地以此而位,万物以此而育。"(《陆九渊集》卷二十三《荆门军上元设厅皇极讲义》)应该说,训皇极为大中是孔安国《尚书传》以来的传统,并非陆九渊的新见;但利用《中庸》的"致中和,天地位焉,万物育焉"来解释皇极则体现出陆九渊皇极理解的新意。箕子为周武王陈述的《洪范》是儒家政治秩序的最高典范,主要针对政治范式而发。按照传统的解释,在《洪范》九畴中,起到孕育万物作用的是第一畴"五行",五行所包含的水、火、木、金、土五种形质在汉唐哲学里被当作宇宙气

---

① 参见陈来《一破千古之惑:朱子对〈洪范〉皇极说的解释》,《北京大学学报》(哲学社会科学版)2013年第2期。

化论的基本材料。随着宋明理学对心性的抉发，朴素的五行观显得粗糙而不合时宜，宇宙论的内容在一定程度上由气化论向本体论转变。"中"的概念成为构建以心性为基础的宇宙本体论的重要资源。《尚书·汤诰》"惟皇上帝，降衷（中）于下民"的说法，《左传》成公二十三年刘子提出的"民受天地之中以生"，再结合《中庸》的"天命之谓性"，使得"天""性""中"的概念紧密结合在一起，"中"成为天人之际的枢纽。到了宋朝，司马光明确提出："夫中者，天地之所以立也。在《易》为太极，在《书》为皇极，在《礼》为中庸，其德大矣至矣。"（《文正司马公文集》卷六十二《答景仁论养生及乐生》）这可视为陆九渊皇极本体论之先声。陆九渊进一步地将此提升至"理"的层面，指出："极亦此理也，中亦此理也，五居九畴之中而曰皇极……民受天地之中以生……《中庸》曰'中也者，天下之大本也；和也者，天下之达道也。致中和，天地位焉，万物育焉。'此理至矣。"（《陆九渊集》卷二《与朱元晦》）由此，陆九渊依靠《中庸》将皇极概念形上化，皇极与中都成了理的同层次概念，皇极成为宇宙的本体。

  正如司马光所提示的，皇极之所以能成为宇宙的本体，除了《中庸》之外，还应追溯到《易传》的太极概念。从《洪范》的"皇建其有极"到《系辞》的"易有太极"，无论是皇极还是太极，共同的特质是"有极"。有极既通过《河图》和《洛书》在形式上有所体现，也以实理为两者共享的内容。就有极的形式而言，在陆九渊看来，皇极居《洪范》九畴之中，地位、功能与太极一致，因此他仿效《洛书》来改造《河图》，把太极列于《河图》之中。① 在《皇极讲义》之后，陆九渊特意"书《河图》八卦之象，《洛书》九畴之数，以晓后学；更定《图》《书》，与今世所传者不同，所以复古《图》《书》之旧也"（《陆九渊集》卷三十六《年谱》），并专门嘱咐门人傅季鲁为这两幅图书作释义。就有极的内容而言，陆九渊指出太极、皇极皆指向实理。在他看来："太极、皇极，乃是实字，所指之实，岂容有二。充塞宇宙，无非此理。……盖同指此理，则曰极、曰中、曰至，其实一也。"（《陆九渊集》卷二《与朱元晦》）因此，皇极与太极的共性在于有极，而有极之所以能成为有，则是通过实理而得到体现的。通过太极把《易传》富含的宇宙生成资源引入《洪范》，陆九渊的皇极本体论也就正式构建起来了。

---

① 张立文先生认为陆九渊训"皇极"为大中，可能本之于邵伯温《皇极经世系述》"至大之谓皇，至极之谓中"的解释。应该说，象山把《洪范》九畴与《周易》的《洛书图》和《文王八卦方位图》组合成象数图，发明皇极的意蕴。这确实受到了刘牧、邵雍以来象数易学的影响。参见张立文《走向心学之路——陆象山思想的足迹》，人民出版社 2008 年版，第 195 页脚注 2。

陆九渊的"皇极"说

在陆九渊的哲学体系里,"宇宙即是吾心,吾心便是宇宙",宇宙问题必然要显现为心性。如果说陆九渊通过《中庸》《易传》证成了皇极说的本体论,那么,他通过《孟子》的本心概念来阐发《洪范》的心性资源,则使得这一宇宙本体论可以下贯到人世间,有具体的实践途经。就儒家经典来看,《孟子》和《洪范》都承认人心的意识能动作用。前者自不待言,正是陆九渊本心学说的来源,上文也指出《孟子》是陆九渊读《尚书》的重要参考。而在《洪范》,也有"思曰睿,睿作圣"的依据。陆九渊指出:"人非木石,安得无心?心于五官最尊大。《洪范》曰:'思曰睿,睿作圣。'《孟子》曰:'心之官则思,思则得之,不思则不得也。'又曰:'存乎人者,岂无仁义之心哉?'又曰:'至于心,独无所同然乎?'"(《陆九渊集》卷十一《与李宰二》)陆九渊在这里批评的是道家如《列子》等书的"无心"说,而他依靠《孟子》《洪范》得出的儒家答案可以概括为:本心。由于"天降衷于人,人受中以生,是道固在人矣"(《陆九渊集》卷十一《与王顺伯二》),"人受天地之中以生,其本心无有不善"(《陆九渊集》卷十三《与冯传之》),因此,陆九渊认为皇极就是本心,皇建其有极的关键则在于不自欺,不"自绝灭其本心"。

心成为皇帝治理生民、代天理物的中介,也是祸福的根据,"实论五福,但当论人一心"(《陆九渊集》卷二十三《荆门军上元设厅皇极讲义》)。心不仅具有由天赋予生民的客观实在性,也是百姓得以敛福保极的有效方法。对于管理天下生民的皇帝来说,心是敷教在宽、实施教化的保民之心,陆九渊指出:"圣天子建用皇极,亦是受天所锡。敛时五福,锡尔庶民者,即是以此心敷于教化政事,以发明尔庶民天降之衷,不令陷溺。"对于祈求幸福的百姓来说,正确获取幸福的方法是保全天赋的本心。陆九渊教谕百姓:"尔庶民能保全此心,不陷邪恶,即为保极,可以报圣天子教育之恩,长享五福,更不必别求神佛也。"(《陆九渊集》卷二十三《荆门军上元设厅皇极讲义》)由此,皇极就是正人心,是正确敛福的方式,"舍极而言福,是虚言也,是妄言也,是不明理也"。尤其需要注意的是,尽管陆九渊承认"先觉觉后觉",认可人君敷于教化的重要作用,但归根到底,获得幸福的关键非由外铄,仍系于每个人的主体性,"福如何锡得?只是此理充塞宇宙"(《陆九渊集》卷三十五《语录下》),因而五福须通过端正本心来获得。

陆九渊把《洪范》的"保极"解释为"保有是心",把五福六极的效验系于人心的正与不正,受到了两种不同的评价。一方面,在哲学上与陆九渊格格不入的朱子对此并不满意,认为在义理上无法说通。朱子向门人项平父问道:"先儒训'皇极'为'大中',近闻又有说'保极'为'存心'者,其说如何?幸详推之，复以见告，逐句详说，如注疏然，方见所论之得失。"(《晦庵先生朱文公文集》卷五十四《答项平父》)项平父往返于朱陆门下问学，成为朱子了解陆九渊存心保极说的渠道。但朱子最终未能同意象山的看法，而是认为"敛五福"当就五行、五事上推究，是人君修身的工夫，因而批评"陆子静荆门军晓谕乃是敛六极也"(《朱子语类》卷七十九)。应该说，朱子把建皇极理解为人君修德理政的标准，而象山把建皇极理解为百姓求本心，建极的主体并不一致，这使得二人的说法互相扞格，无法曲通。另一方面，陆九渊在道观设厅教谕百姓的方式，却受到了后代儒者的普遍理解。明儒杨慎指出："宋时圣寿日，州县皆集僧道诵经，唯陆象山令儒生讲《洪范》皇极锡福一章，时议韪之。"(《升庵集》卷五十六《于蒍》)对陆九渊遭受的不公评价有所同情。清儒周召更是称赞象山此举"为儒臣吐气"(《双桥随笔》卷八)。明儒叶春及也指出："为民造福，非知县乎？陆象山为荆门民说皇极……今不复焚香。"(《石洞集》卷八《立申明旌善亭》)可见，陆九渊把祈福与正人心联系起来，代替了道教的宗教活动，实现了儒家式的教化，这是他作为地方官员承流宣化的重要功绩。

尽管存在着哲理上的争议，但陆九渊的皇极说在一定程度上会通了皇极与太极，构建了皇极说的宇宙本体论，使得儒家的政治秩序与天道秩序得到了弥合。在先儒皇极大中说的基础上，陆九渊利用本心释《洪范》，是他以《孟子》注《尚书》方法的延续；以"存心"说"保极"，教谕民众通过端正本心来祈求五福，贯彻了"正人心"的荆门执政方针，起到了教化百姓的重要作用，值得肯定。

三　陆九渊皇极说的影响

陆九渊把皇极理解为"大中"，受到了朱子的严厉批评。朱子明确反对训"极"为"中"，提出"皇者，君之称也；极者，至极之义、标准之名，常在物之中央，而四外望之以取正焉者"的不同看法。朱子对皇极的新理解，有多层次的含义和目的，学界业有论述[1]，这里自不待言。

---

[1] 张立文先生指出，象山与朱子的皇极之辨是无极之争的延续，但由于象山过早病逝，双方的争论并未深入展开。参见张立文《走向心学之路——陆象山思想的足迹》，人民出版社2008年版，第195页。余英时先生认为，朱子反对以中训极，是反对像王淮以皇极为苟且执中的国是。余英时：《朱熹的历史世界》，生活·读书·新知三联书店2006年版，第823页。陈来先生认为训极为中来自于朱陆无极太极之争。陈来：《一破千古之惑：朱子对〈洪范〉皇极说的解释》，《北京大学学报》(哲学社会科学版)2013年第2期。

陆九渊的"皇极"说

然而,以太极论为主要哲学内容的朱子,主要依据的经典是《易传》,实际上并不能接受以"极"为"中"的训释,试想一下"太极"无论如何无法释为"大中"。若回顾一下经学的注释传统,可发现训"极"为"至",在经典中最广泛地被运用于《易传》。①《易传》通过阴阳爻位的变化来表示事物变化发展的阶段。如《乾卦·文言》的"与时偕极",《节卦》九二爻《小象》传"失时极也",皆以"极"字来说明时位的极致状态。《系辞上》"三极之道",据《经典释文》所载,陆绩训为"至也"。《系辞》"易有太极"一句,韩康伯注曰:"太极者,无称之称,不可得而名,取有之所极,况之太极者也。"(《周易注》附录)韩康伯注太极,是玄学对经学的发展,代表了"极"逐渐从文字抽象成相对独立的哲学概念。从韩康伯的"无称之称"到周敦颐《太极图说》的"无极而太极",最终形成了朱子的太极论哲学,朱子对皇极的理解则从属于太极论之下。

而从《洪范》皇极的有关训释出发,可以找到训"极"为"中"的线索。"皇极"这一概念,在汉唐注疏里,尽管存在着把"皇"字训为"大"或"君王"两种不同解释,但训"极"为"中"则几乎是普遍的共识。孔安国《尚书传》训"皇极"为"大中之道,大立其有中",孔颖达《正义》曰:"皇,大也;极,中也。"《汉书·五行志》引《洪范》"次五曰建用皇极",应劭注曰:"皇,大;极,中也。"(《汉书》卷二十七上《五行志》第七上)《汉书·孔光传》有"皇之不极,是为大中不立"(《汉书》卷八十一)的说法;《谷永传》在论及灾异时也劝汉帝应"正五事,建大中,以承天心"(《汉书》卷八十五)。若把视线拓展至与皇极类似的"民极""尔极""北极"等概念上,经疏中皆训"极"为"中"。②应

---

① 《尔雅·释诂》训"极""格"等字为"至"。《乐记》"礼乐刑政,其极一也",郑玄注曰"极,至也",表示礼乐刑政发展到极致状态具有同样的功效。《齐风·南山》诗"既曰得止,曷又极止"一句,毛《传》曰"极,至也",郑玄笺释为"恣极其邪意",孔《疏》为调和二者的隔阂,认为:"极为至之意,恣,解意之言,非经中极也。"(《毛诗正义》卷第五,清阮元校刻,中华书局2009年版,第747页)无论是毛《传》,还是郑《笺》,训极为至都是表达一种极致状态。极字的这一用法,最典型地见于《易传》。

② 《周书·君奭》篇记载周公对召公之语:"前人敷乃心,乃悉命汝,作汝民极。"这一处"民极",孔颖达解释为"中正之道"。《周颂·思文》篇:"思文后稷,克配彼天。立我烝民,莫非尔极。不识不知,顺帝之则。"毛《传》云:"极,中也。"《左传》成公十六年引"立我烝民,莫非尔极"一句,杜预注曰:"烝,众也;极,中也。"《尔雅·释天》"北极谓之北辰"一处,郑玄注曰:"北极天之中",邢昺疏云:"极,中也;辰,时也,居天之中。"《周礼·天官·冢宰》篇记载"惟王建国,辨正方位,体国经野,设官分职,以为民极",郑玄注为:"极,中也。令天下之人,各得其中,不失其所。"贾疏在该处还特意引《洪范》注作为参考。参见王博《从皇极到无极》,《北京大学学报》(哲学社会科学版)2018年第6期。

该说，在汉唐注疏中，训"极"为"中"是主流的看法，代表了"极"字作为实词的常见含义。到了宋朝，契嵩进一步指出"《中庸》之于《洪范》，其相为表里也"①，第一次把两者联系起来。受其影响，张载也把"大中"和"无过不及"联系起来解释皇极。②此外，吕大临作《中庸解》时又利用本心的概念解释中庸。③这些都为陆九渊的皇极说提供了理论准备。

从上文可以看出，极字的训释在儒家经典中形成了以《尚书·洪范》"皇极"为中心（训为"中"）和以《易传·系辞》"太极"为中心（训为"至"）的两条路线。无疑，象山的皇极说从属于《洪范》这一条脉络，而其义理之进路实与《中庸》《孟子》相表里。

实际上，朱子虽执《易传》的至极之义，反对以"中"训"极"，也未完全摆脱《中庸》的影响。在朱子著《中庸章句》时，曾将初本示予张栻，其中"'洪范之初一'至'正与此意合'"一段受到了张栻"不必牵引以证"的意见反馈，在定本时已经去掉了相关内容。（《新刊南轩先生文集·答朱元晦》）甚至，在晚年著定的《中庸章句》中，还努力弥合中庸之道与皇极。如《中庸》"修身而道立"一句，朱子的解释是："道立，谓道成于己而可为民表，所谓皇建其有极是也。"（《四书章句集注·中庸章句》）与《皇极辨》的意思如出一辙。这也预示着，朱陆二人的皇极说虽有不同的经典依据和哲学关怀，但似乎也有弥合的可能。例如，与朱陆同时期的黄度（字文叔，1138—1213年）就指出："极之为言至也、尽也，中则至矣尽矣，是故众理趋焉。"（《尚书说》卷四）这是调和两种皇极说的尝试。

在朱陆二人的门人后学里，随着朱陆和会思潮的出现，也出现了弥合二种皇极说的倾向。首先来看陆门。陆九渊的门人杨简一方面受到朱子的影响，认为"极，至也，道之异名"（《慈湖诗传》卷十八），"箕子为武王陈《洪范》曰：'惟时厥庶民于女极，锡女保极。'自后世观之，极者，极至之道也"（《慈湖遗书》卷八《训语》）；但另一方面，又指出"极者，大中至正"（《慈湖诗传》卷八），

---

① 在契嵩这里，"皇极，教也；中庸，道也"。皇极仍是形下之教化，重要性低于中庸。参见释契嵩《中庸解第三》，《镡津文集校注》卷四，林仲湘、邱小毛校注，巴蜀书社2014年版，第76页。
② 张载："极善者，须以中道方谓极善，故大中谓之皇极，盖过则便非善，不及亦非善，此极善是颜子所求也。"见张载《张子语录下》，《张载集》，章锡琛点校，中华书局1978年版，第332页。
③ 吕大临："本心元无过与不及，所谓'物皆然，心为甚'，所取准则以为中者，本心而已。"参见吕大临《中庸解》，《蓝田吕氏遗著辑校》，陈俊民辑校，中华书局1993年版，第481页。

"中、和、正，皆极也……极者，常道之异名"（《慈湖遗书》卷八《训语》），这显然又是受到陆九渊的直接影响。再看朱门后学，禀受朱子遗命作《书集传》的蔡沈在接受《皇极辨》的基础上，以"无过不及"来涵摄中义，提出"无不极其义理之当然，而无一毫过不及之差，则极建矣"（《书集传》卷四），同时蕴含了至极与中两义。而朱子所着重批评象山的"保极"说，蔡沈也与朱子有不同的意见，元儒陈栎评之曰："九峰（蔡沈）盖用父（蔡元定）说而不用师说，《辨》中不免析锡汝及保极为二义。"（《书集传纂疏》卷四上）陈栎乃朱子后学，亦怀疑《皇极辨》意犹未莹，同意蔡沈对朱子的补充，此皆以陆补朱之不足。

在陆学的二三代传人里，调和朱陆二人皇极说者为主流。陆九渊以本心释皇极，乃其皇极说之最大特色。袁燮之子袁甫一方面继承了象山的本心说，认为："箕子论皇极，无偏党自荡荡，无党偏自平平，无反侧自正直，是之谓极，是之谓本心。"（《蒙斋集》卷十一《絜斋家塾书钞后序》）另一方面，又借鉴朱子以《周易》释皇极的经验，提出："乾坤不言，皇极敷言，言何所言，极即坤乾。"（《蒙斋集》卷十六《彝训堂铭》）杨简的门人钱时曾主持象山书院，但也有融合朱陆皇极说的倾向，钱时赞同朱子训"皇极"为"君极"，认为："皇极，君极也。君无极在，所以建用之耳。"但钱时亦以本心论皇极，注重敛福的教化功能，提出"此畴（皇极）非为君建极而言也，为敛福锡民而言"，"民不失其本心，即是与君保极也"（《融堂书解》卷十），这则直接继承了陆九渊的皇极说。

"建用皇极"：陆九渊的华夷观初探*

袁晓晶

（上海大学哲学系）

两宋年间，汉族政权与少数民族政权并立，形成了一个"多元格局"的"中国"。传统儒家思想体系下"华夷之辨"的世界格局体系，在面对少数民族政权的冲击时，究竟起到了多大的作用，或者对"华夷观"产生了多大的影响，是本义撰写的一个重要原因。当远在东北的女真不断南下，最终断送了北宋王朝，制造了历史上极具悲情和屈辱色彩的"靖康之难"后，南宋依长江而建，偏居一隅，对其文化思想的变化，产生过怎样的影响，尤其是对士大夫阶层产生过怎样的影响？余英时先生在《朱熹的历史世界》中指出，宋代政治文化的底色是君臣"共治天下"，士阶层的政治主体意识非常突出。尤其是整个南宋时期，甚至可以说成是"后王安石时代"。如果这一判断成立，那么儒家的士大夫阶层就必须要为宋代的政治治理负担起一定的责任，儒家的政治哲学思想在这一时期究竟产生过怎样的影响，就不免让人好奇。虽然说宋代的士阶层都有回到"三代"的政治情结，那么，那些早在三代时期就已形成的儒家政治哲学的观念就不得不再经转化，对宋代的政治现实给予回应。两宋对于少数民族政权所采用的外交手段，或战或和，在多大程度上受到过"华夷观"的影响，进一步而言，究竟对于士阶层而言，以和谈、岁币的方式"赎买"政权与土地，是对华夷观的损益抑或超越？身处宋代政治旋涡中的士大夫们，是如何将自己的儒学观念与政治观念统一起来的，抑或二者之间始终存在着理想与现实的冲突？"在与朱熹的往复辩论中，陆九渊易简的心学思路、独特的本心之

---

* 本文曾发表于《中国儒学》第二十辑。

教和分明的义利之辨,在学术思想界引起了极大的反响,受到了朝政当局的重视。"(《陆九渊评传》)又因陆九渊出生蓝田陆氏义门,浸染儒家的礼教之风,后又在湖北荆州担任军职,考察陆九渊的华夷思想,将是分析宋代士人华夷观的一个重要视角。

一　知止之勇与复仇之心

1141年,退守一隅的南宋政府再次与金和议,达成了"绍兴和议",岳飞虽收复部分失地,但终被杀害。南宋以赔款等方式,主动结束了与金的战事,继续退守南方。此时,陆九渊只三岁。十三年后,即绍兴二十四年(1154年),《年谱》记陆九渊十六岁,"读三国六朝史,见夷狄乱华,又闻长上道靖康间事,乃剪去指爪,学弓马"。当见少年陆九渊,血气方刚,有少年之勇。此时的南宋政治,却不若陆九渊所想。《宋史》记,是年"自秦桧专国,士大夫之有名望者,悉屏之远方。凡龌龊委靡不振之徒,一言契合,率由庶僚一二年即登政府,仍止除一厅,谓之伴拜。稍出一语,斥而去之,不异奴隶,皆褫其职名,阁其恩数,犹庶官云。故万俟卨罢至此十年,参预政事之臣才四人而已"。次年秦桧去世,但所谓"君臣共治"的理想状态,仍处于分崩离析的边缘。绍兴二十五年庚午(1155年),诏:"近岁以来,士风浇薄,恃告讦为进取之计,致莫敢耳语族谈,深害风教。可戒饬在位及内外之臣,咸悉此意。有不悛者,令御史台弹奏,当置于法。"又,辛未,三省枢密院言:"士大夫当修行义以敦风俗。倾者轻儇之子,辄发亲戚箱箧私书,讼于朝廷,遂兴大狱,因得美官。缘是相习成风,虽朋旧骨肉,亦相倾陷,取书牍于往来之间,录戏语于醉饱之后,况其间固有暧昧而傅致其罪者,薄恶之风,莫此为甚!愿令刑部开具其后告讦姓名,议加黜罚。庶几士风丕变,人知循省。"为谋求官职,文人政治演变出相互构陷的积弊。这显然已不再是"君臣共治"的良序。此时,少年陆九渊自然难知朝廷政治的曲折扞格,在陆氏家族的严格家风影响下,他正在接受儒家学说的教化,"志古人之学"。

后据《宋史·陆九渊传》记:"九渊少闻靖康间事,慨然有感于复仇之义。至是,访知勇士,与议恢复大略。因轮对,遂陈五论:一论仇耻未复,愿博求天下之俊杰,相与举论道经邦之职;二论愿致尊德乐道之诚;三论知人之难;四论事当驯致而不可骤;五论人主不当亲细事。帝称善。未几,除将作监丞,为给事中王信所驳，诏主管台州崇道观。还乡，学者辐凑，每开讲席，户外屦满，耆老扶杖观听。"比照年谱，陆九渊的"复仇之义"或是其早期重要的政治抱负之一，亦是其政治参与的主观愿望。

然而，在陆九渊看来，何谓"勇"、何谓"复仇"，此二者又与靖康之耻有何关联？

知止之勇

黄宗羲在《宋元学案》中称陆九渊"天分高，出语惊人"，又记载了陆九渊少时读《论语》，已能对孔子之论，发出自己的感慨。孔子曾说"知者不惑，仁者不忧，勇者不惧"（《论语·子罕》），此智、仁、勇在《中庸》中被诠释为儒者的"三达德"。勇是士阶层所持之三达德之一。但是，儒者之风骨，却似乎又与"勇"的形象大相径庭。孔门七十二子中，子路以勇著称，但是孔子却鲜有对子路的赞赏。孔子曾评价子路："由也好勇过我，无所取材。"又称子路"由也升堂矣！未入于室也！"尽管子路之死令孔子伤心不已，但对于子路之"勇"，孔子的评价却并不算高，可见子路之勇与孔子所言的"勇者不惧"之勇仍存有差别。《申鉴》所言"定心致公，故不惧"，"定心"即心之安定、圆融，"致公"则是政治参与时，士对公共价值的优先选择。孔子之所以未能充分肯定子路之勇，应是认为子路"行行如也"，心未有所定，而心之不定，则"勇"常受外界的刺激而喷发，容易不受自身控制走向极端。较之孔子对强勇的谨慎，孟子在讨论大丈夫品格时，则对"勇"有了更多详论。而陆九渊心学的发端，正是孟子的心性学说。所以，陆九渊认为："人之精爽，负于血气，其发露于五官者，安得皆正！不得明师良友剖剥，如何得去其浮伪而归于真实？又如何能得自省自觉？大丈夫事，岂当儿戏！"（《陆九渊集》卷三十五《语录下》）"勇"是一种负于血气之精爽，不得有半点的伪饰，它实际与心一体，乃是人内在的一种精气。当人与外物所接时，"勇"就作为一种气力表现出来，但是，它只是表现，而非由外物所激发的反应。陆九渊在《与邓文范》中所言：

> "绵蛮黄鸟，止于丘隅"，于止知其所止，可以人而不如鸟乎？"知止而后有定，定而后能静，静而后能安，安而后能虑，虑而后能得。"学不知止，而谓其能虑能得，吾不信也。人不自知其为私意私说，而反至疑于知学之士者，亦其势然也。人诚知止，即有守论，静安虑得，乃必然之势，非可强致

"建用皇极"：陆九渊的华夷观初探

之也。此集义所生与义袭而取之者之所由辨，由仁义行与行仁义者之所由分；而曾子子夏之勇，孟子告子之不动心，所以背而驰者也。（《陆九渊集》卷一）

勇之发生，非外界之所扰，而是内心"集义所生"。若欲完成复仇之事，所征勇士，实应是秉持着内心之义之人。可见，勇乃是血气之涌的表现，相较于知而后勇，这种先天之义，显然多了几分诚实。但是，"勇"亦非只是一时意气。在《与侄孙濬》中，陆九渊说："故道之不明，天下虽有美材厚德，而不能以自成自达，困于闻见之支离，穷年卒岁而无所至止。若其气质之不美，志念之不正，而假窃附会，蠢食蛆长于经传文字之间者，何可胜道？方今熟烂败坏，如齐威秦皇之尸，诚有大学之志者，敢不少自强乎？于此有志，于此有勇，于此有立，然后能克己复礼，逊志时敏，真地中有山、'谦'也。不然，则凡为谦逊者，亦徒为假窃缘饰，而其实崇私务胜而已。……不为此等所眩，则自求多福，何远之有？"（《陆九渊集》卷一）

孔子讲"人能弘道，非道弘人"，此一观念经由陆九渊发挥，乃是兼具志、勇、立的内心所生出的弘道之路。这一事不是学所能至，却是学所应"止"，否则一旦在智识上过于细碎，则很可能走向"假窃缘饰"。所以他认为："仁智信直勇刚，皆可以力行，皆可以自得。然好之而不好学，则各有所蔽。道之异端，人之异志，古书之正伪，固不易辨。然理之在天下，至不可诬也。有志于学者，亦岂得不任其责？"（《陆九渊集》卷一）在这里，固不易辨的内容，如异端、异志与正伪，可以说被陆九渊"悬搁"了起来，他并不是要否认学的重要性，而是强调学有所止的重要性。这一点，在朱陆之争中已表达得非常明显。陆九渊认为朱熹之学说，过于支离，而朱熹则认为陆九渊的学说，更似禅学。

另一方面，"勇"在陆九渊看来，不仅是一集义所生的内在德性，而且亦是一刚毅果敢之行为。他在《与包详道》和《与严泰伯》中两次提到"猛醒勇改""痛醒勇改"，以一"勇"来突出学者于心上下功夫的决心。以此种精神来志于学，才能够立乎其大。因此，在《送宜黄何尉序》中，陆九渊说："诚率是勇以志乎道，进乎学，必居广居，立正位，行大道，使富贵不能淫，贫贱不能移，威武不能屈，此吾所以望于何君者。不然，何君固无憾，吾将有憾于何君矣。"（《陆九渊集》卷二十）

秉承着知止之勇，"复仇"这一行为才具有了真正的主体性。所以，实际上，之所以我们在陆九渊不多的文字记录中，没有找到太多他少年时的复仇之义，是因为随着思想的逐渐成熟，"复仇"实际上是一种心的向外之行，是一种勇的表现而已。但是，复仇不过是手段，而非目的。这种思想在其之后谈到华夷问题时，有了更清晰的轮廓。

二 礼乐教化与华夷之辨

礼治为本

正如陆九渊在对天理的认知中，对于"心"的肯定那样，本末之判成为他强调"求本"的思维来源。陆九渊曾于国学讲学时，提到过传统的华夷之辨，主张遵循尊王攘夷之说。但是，由于政治时局的多变，陆九渊认为，华夷之辨的问题，其根本并不是外在的少数民族政权的侵扰，而在于中国之内。他在《宜章县学记》中提到：

> 是故任斯民之责于天者，君也；分君之责者，吏也。民之弗率，吏之责也；吏之不良，君之责也。《书》曰："万方有罪，罪在朕躬。"又曰："百姓有过，在予一人。"此君任其责者也。……今为吏而相与言曰："某土之民不可治也；某土之俗不可化也。"呜呼！弗思甚矣。夷狄之国，正朔所不加，民俗各系其君长，无天子之吏在焉，宜其有不可治化者矣。然或病九夷之陋，而夫子曰："君子居之，何陋之有？"况非夷狄，未常不有天子之吏在焉，而谓民不可治，俗不可化，是将谁欺？（《陆九渊集》卷十九）

治理好一个国家，最重要的责任在于君，但是这并不意味着君权就享有最完整最充分的权力。在宋代君臣共治的政治理念影响下，君主需要分权，臣子需要与君主共治天下。君臣共治并不仅仅是就权力而言，这种政治观念更是包含着一种政治责任的意识。宋代的士阶层深受儒学影响，其儒者担当就是要成为治民的良吏；而君主也同样是儒家政治体系中的德行典范，因此他对于臣下便是最重要的榜样。也就是说，治民之责在于臣，治臣之责在于君。具体到治理的内容，在陆九渊看来，就是通过礼乐的制度来正风俗。一旦恢复起礼治，那么华夷之间也就得到了研判。夷狄之所以为夷狄，并不在于其疆域之大小，军事之强弱，恰恰在于其"正朔所不加，民俗各系其君长，无天子之吏在焉"，即没有礼乐文明。

"建用皇极":陆九渊的华夷观初探

而中国之所以为中国,也非因地域、军事的因素,而是因为中国有君子居之,有礼乐文明。

陆氏家族曾因礼治严谨、家风肃穆受到褒奖,被称为"青田陆氏义门",南宋理宗淳祐二年(1242年),皇帝下诏书,曰:"青田陆氏,代有名儒,载诸典籍。"《鹤林玉露》丙编卷五《陆氏义门》是这样记载的:

> 陆象山家于抚州金溪,累世义居。一人最长者为家长,一家之事听命焉。逐年选差子弟分任家事或主田畴,或主租税,或主出纳,或主厨爨,或主宾客。
>
> 公堂之田,仅足给一岁之食。家人计口打饭,自办蔬肉,不合食。私房婢仆,各自供给,许以米附炊。每清晓,附炊之米交至掌厨爨者,置历交收。饭熟,按历给散。宾至,则掌宾者先见之,然后曰:家长出见。款以五酌,但随堂便饭;夜则卮酒杯羹,虽久留不厌。每晨兴,家长率众子弟致恭于祖祢祠堂,聚揖于厅,妇女道万福于堂。暮,安置亦如是。子弟有过,家长会众子弟责而训之;不改,则挞之;终不改,度不可容,则告于官,屏之远方。

陆氏一门,以礼治家,这种浓厚的家风对于陆九渊对礼治的理解产生了真切的生命体悟。不仅如此,这种耕读亲为、诗礼诵读的家风,也使得陆九渊在求学的路上更倾向于日用常行间的勤勉。《语录》记载,陆九渊认为:"学者须是打叠田地净洁,然后令他奋发植立。若田地不净洁,则奋发植立不得。古人为学,即读书,然后为学可见。然田地不净洁,亦读书不得;若读书,则是假寇兵,资盗粮。"终日困于书斋式的儒学,在陆九渊看来,并非真有所得。儒者之学的得,应在事上体现出来。值得留意的是,在陆九渊的思想中,礼虽为制,却不应该成为锁链。他谈道:"君子役物,小人役于物。夫权皆在我,若在物,即为物役矣。"(《象山全集》卷三十五《语录下》)

以礼治世,应有个内在的主张才可以。这一主张,即是人心。

> 人精神在外,至死也劳攘。须收拾作主宰。收得精神在内,当恻隐即恻隐,当羞恶即羞恶,谁欺得你,谁瞒得你!见得端的后,常涵养,是甚次第。(《陆九渊集》卷三十五《语录下》)

内在主体挺立得住，礼才可以为人所用，若无主宰，则礼也不过是伪饰。

华夷之辨

扩而言之，对于华夷之辨的认识，实际上也是传统政治观念在当时的应用，其用的意义和价值，最根本的，仍在人心之上。

淳熙九年到淳熙十二年（1249—1252年）陆九渊赴国学讲《春秋》，在开宗明义中，他指出："圣人贵中国，贱夷狄，非私中国也。中国得天地中和之气，固礼义之所在。贵中国者，非贵中国也，贵礼义也。"（《陆九渊集》卷二十三）区别于狭隘的民族主义，在陆九渊看来，在与少数民族政权的抗衡过程中，中国之所以为重，并非由于其地理或民族，而在于中国具有儒家的礼义。而礼义之精义，又在于儒家的王道政治。所以，"午间一人问虏使善两国讲和。先生因叹不用兵全得几多生灵！是好"。所谓叹不用兵全得几多生灵，正是儒家仁爱精神在政治层面的体现。

当儒家提到仁爱之治时，多是指一种以民为本的民本政治。这种政治理念，在具体的治理过程中，就是要隐恶扬善、慎用刑法。但是，当国与国之间出现冲突时，这种略显保守的政治策略，往往需要直面来自霸道的政治方案。因此在谈到"楚人灭舒蓼"时，陆九渊说："夷狄盛强，吞并小国，将乘其气力以凭陵诸夏，是礼义将无所措矣，此圣人之大忧也。楚人灭弦、灭黄、灭江、灭六、灭庸，至是又灭舒蓼，圣人悉书不置，其所以望中国者切矣！"（《陆九渊集》卷二十三）圣人悉书不置，在陆九渊看来，就是对仁义之道最大的肯定，以及对霸道的强烈反对。但是，尽管圣人如此表达，礼义如此重要，可是面对强大的少数民族的军事力量时，究竟应如何解决这一"大忧"，陆九渊在此却未能说明。当华夷之辨遭遇王霸之辨时，儒家政治哲学中的理想形态所要接受的挑战便显露了出来。当王霸相杂时，王道政治要如何从力量上抵御霸道；当华夷冲突时，礼义之策要如何应对军事上的挑衅？区别于后果论，陆九渊的政治思想更强调主体"出于道义""出于本心"的抉择。因此，虽然王霸相杂、夷夏大防的问题非常严峻，其后果在南宋时期，也表现为一种"多元"的政治格局，但是保持王道政治与礼义之道，仍是坚持"中国"之所以为中国的根本选择。正如宋初石介在《论中国》中所提到的那样："中国者君臣所自立也，礼乐所自作也，衣冠所自出也，冠昏祭祀所自用也，缞麻丧泣所自制也，果瓜菜茹所自殖也，稻麻黍稷所自有也……曰各人其人，各俗其俗，各教其教，各礼其礼，各衣服其衣服，各居庐其居庐。四夷处四夷，中国处中国，各不相乱，如斯而已矣，则中国中国也，四夷四夷也!"中国之名，从根本而言，在于文化，而非地域。而两宋时期，虽然赵宋王朝不断向南退守，与西夏、辽、金时战时和，而这些少数民族政权虽在地域上抢夺了不少土地，可在文化上却不断受到影响，逐渐由游牧民族的文明向华夏文明靠近。这与征服民族在文化上也要同化被征服地区恰恰相反，可以说，虽然在军事力量上，少数民族政权获得了胜利，但是，在文化上却主动向"中国"靠拢了。它们不仅没有去征服华夏文明，反倒在礼义的影响之下，愈发"中国"。这一点，是狭隘的民族主义无法理解的。

那么，是否会因为文化上对于少数民族的影响，中国就彻底放弃对国之疆域的固守呢？是否就以一种"弱宋"的姿态继续议和呢？在这一点上，陆九渊既存在着内心的矛盾，同时也具备着对于民族的超越，表现出了难能可贵的坚守和包容。

三 建用皇极：对华夷观的超越

以礼义、王道为根本，夷夏之防的关键，在陆九渊看来，仍是儒家之道的文化坚守。然而，现实中的外交困境，也令陆九渊陷入矛盾之中。他曾在喟然圣人贵中国之后，提道："然吾人皆士人，曾读《春秋》，知中国夷狄之辨。二圣之仇岂可不复？……今吾人高居无事，优游以食，亦可为耻，乃怀安，非怀义也。此皆是实理实说。"(《陆九渊集》卷三十五《语录下》) 所谓"怀安而败名"，面对金人骚扰，却只"优游以食"，是陆九渊所不耻之事。那么，内心的这种矛盾与担忧要如何解决呢？对于陆九渊而言，一是要建立皇极、自作主宰；二是要践行"道外无事，事外无道"之理。

建立皇极

建立皇极的观念，来源于陆九渊的易学思想。"陆九渊所说的'皇极'，其实正是周敦颐在《太极图说》里所讲的'人极'。他通过'九畴之数'说明皇极建用在中五之上，借助易数学精确地刻画了人极在天地之间的中正价值地位和在宇宙之内的仁义本心作用。"[①]陆九渊将人置于天地之间，以周易的象数结构来论证三才之一的人道具有最为中正的地位，又以仁义本心作为根本，使整个宇宙最终被纳入到本心之中，从而建立起一个完备的道德主体。陆九渊认为：

---

① 祁润兴：《陆九渊评传》，南京大学出版社1998年版，第306页。

> 皇极在《洪范》九畴之中，乃《洪范》根本。《经》曰："天乃锡禹《洪范》九畴。"圣天子建用皇极，亦是受天所锡，敛时五福，锡尔庶民者。即是以此心敷于教化政事，以发明尔庶民天降之衷，不令陷溺。尔庶民能保全此心，不陷邪恶，即为保极，可以报圣天子教育之恩，长享五福，更不必别求神佛也。《洪范》一篇著在《尚书》，今人多读，未必能晓大义。若其心正，其事善，虽不曾识字，亦自有读书之功。其心不正，其事不善，虽多读书，有何所用？用之不善，反增罪恶耳。（《陆九渊集》卷三十五《语录下》）

而这段话正是陆九渊在荆门知军时经常提到的。皇极之建立，即是本心的光明，这个明是可以被看到的诚实之明，而其道德主体的外化即在事功之上。

陆九渊在荆门知军时，屡闻金军来犯，对此他毫无畏惧。在陆九渊看来，建立皇极，就意味着自作主宰。当自作主宰之时，无论是复仇大义，还是夷夏之防，都不再是一种概念上的推敲。少年时的血气之勇，在心学思想体系建立的过程中，逐渐找到了"止"的所在。此时，华夷也好，王霸也好，能收拾自身精神，持守圣人之道的本心，才是一切行动的根本来源。因此，他在对汲黯的评价中说道：

> 陛下内多欲而外施仁义，奈何欲效唐虞之治乎？天子置公卿辅弼之臣，宁令从谀承意，陷主于不义乎？弊中国以事夷狄，庇其叶而伤其枝。若黯虽曰未学，吾必谓之学矣。帝且曰："古有社稷臣，黯近之矣。"（《史记·汲黯传》）

汲黯的未学之学就是能够自作主宰，于各种困境之中，直言敢谏。在陆九渊看来，汲黯的政治主张，绝非在理外再去求一个事，或在事外去求一个理。他的所为所作，皆是持其仁义本心的直接发挥。陆九渊不仅以此盛赞汲黯，他在荆门知军时，也用实际行动展现了他的心学工夫。面对金人可能的入侵，他积极练兵，修建军事要塞。有人将陆九渊在荆门时的施政举措概括为"荆门八政"，即除弊风、罢三引、蠲铜钱、建保伍、重法治、严边防、堵北泄、勤视农。相较于当时有些儒生大臣，终日于华夷之防的名目上辩难不已，陆九渊的施政才真正地对应了"怀安而败名"的内心忧虑。他的易简工夫，使其从夷夏大防的争论中超脱出来，以仁义本心为基础，以王道政治为路径，对内重教化、变风俗，对外未雨绸缪、临危不惧，真正表现出了一个儒家士大夫的担当精神。

四 余论

两宋期间，中国面临着比以往更为严重的华夷危机。面对后唐五代的礼乐失范，两宋政治一方面需要重建礼乐制度的权威意义，另一方面还要抵御来自少数民族政权的军事威胁。宋代以文治国的方略，时常令人感慨宋代的国家实力过于虚弱，但是，细究之下却不难发现，两宋时期，虽然民族争端不断，但宋、西夏、辽、金却始终保持着一种相对平衡的局面，形成了特殊的多元政权的"中国"图景。在这个图景之中，夷夏之辨逐渐走向了对礼义制度与王道政治的高度推崇。民族的差异性在这一过程中，逐渐被消解，赵宋王朝虽然在军事上失利了，却同时以礼乐文明影响了周边的少数民族政权，并在相对长的时间内维持了和平，保障了国家内部的发展与繁荣。

在对陆九渊华夷观的考察中，不难发现，虽然宋代的士大夫阶层对于回到三代的政治充满了向往，但是在真正的政治参与过程中，却有着强烈的时代特色。陆九渊谈到南宋政治的弊端时，毫不犹豫地表达出对于"变法"的要求。他认为南宋政治的流弊，就在于不能够任用贤能，却死守"祖宗之法"。他说：

> 夫尧之法，舜尝变之；舜之法，禹尝变之。祖宗法自有当变者，使其所变果善，何嫌于同？[①]

变法就是要改变"学绝道丧"和"人心有病"的弊端，而非终日流于清议。所以，对于夷夏大防而言，对内的政治才显得更为重要，只有在一国之内完善良政，才有可能对夷狄产生威慑之力，才有机会为二圣复仇。所以，华夷之论，其关键不在于"夷"，而在于"华"，这与我们今日所理解的民族国家的主权至上原则显然有所不同。

更进一步而言，以礼义王道为核心的华夷观，更重视的是对儒家制度文明的保护和延续。这种观念，在面对军事实力强大，但文化相对落后的游牧民族时，虽然失去了军事上的主动权，但仍能够在文化上保持相对的独立性和影响力。但是，一旦遇到了不仅具有先进的军事力量，同样具备较为完备文明的现代民族国

---

① （宋）陆九渊：《象山语录》上海古籍出版社 2000 年版。

家时，这种以文化守成为主的华夷观念，便有些难以维系了。纵观后世中国，在面对外族政权侵扰时，华夷观所发挥的作用微乎其微。而到晚清面对西方文明冲击时，我们才有了民族国家的观念，像湖南人杨度所提出的"金铁主义"论，才使我们看到了面对现代民族主义时，三代时期的华夷观念，已略显迂阔。

但是，从另一方面而言，在今天这个民族主义容易走向极端，甚至滑向民粹主义的时期，以建立皇极为核心、以文明化成为价值取向的心学的华夷观，似乎又为超越民族主义提供了新的思路。

心学与理学研究

朱子对鹅湖之会"尧舜之前何书可读"说的回应

朱杰人

（华东师范大学古籍研究所）

发生在南宋淳熙二年（1175年）的鹅湖之会，是中国学术思想史上的一件盛事，对中国的学术、思想产生过重大的影响。

这是一次学术研讨之会，也是一次辩论之会。这次盛会是"理学"与"心学"的第一次直接冲撞。冲撞的结果虽然是不欢而散，但辩论双方都把各自的核心观点表述得清清楚楚，为以后的深入讨论奠定了基础。所以，朱子一直认为鹅湖之会"讲论之间，深觉有益"[1]。

《陆九渊年谱》记录了朱亨道关于鹅湖之会中的一个小插曲：

> 鹅湖之会，论及教人。元晦之意，欲令人泛观博览，而后归之约。二陆之意，欲先发明人之本心，而后使之博览。朱以陆之教人为太简，陆以朱之教为支离，此颇不合。先生更欲与元晦辩，以为尧舜之前何书可读？复斋止之。[2]

这段话，在王懋竑和束景南的《朱子年谱》中都有记载。

按，朱亨道生卒年不详。《宋元学案》卷77《槐堂诸儒学案》记《朱先生桴》曰："朱桴，字济道，金溪人，与其弟亨道泰卿年皆长于象山，而师事

---

[1] （宋）朱熹：《朱子全书》，上海古籍出版社、安徽教育出版社2010年版，第2246页。
[2] （宋）陆九渊：《陆九渊集》，中华书局1980年点校本，第492页。

之……尝与象山、亨道与鹅湖之会。"又有记《朱先生泰卿》曰:"朱泰卿,字亨道,金溪人,与其兄济道皆事象山先生。尝从鹅湖之会,谓'朱子欲人先博览而后反之守约,象山欲先发明其本心而后使之博览,以此不合,然发明之说,未可诬也。元晦见二诗,有不平语,似未能无我。'又曰:'伯恭虑陆与朱议论有异同,欲会归于一,其意甚善,然伯恭盖有志于此,谓自得,则未也。'"[1]检《陆九渊集》有《与朱济道》书凡三通。《语录下》有与济道对话四条,另有三条语录提及朱济道。

可见济道兄弟确为陆九渊弟子,并参与了鹅湖之会,是亲历者。所以,朱亨道关于"尧舜之前何书可读"的记载应该是可靠的。

问题是,在鹅湖,陆九渊这句话到底有没有说出来?据朱亨道的记载,陆九龄阻止了陆九渊。当然,九龄意识到陆九渊的话是强词夺理,出于礼貌制止了弟弟。但朱子是不是知道陆九渊要讲这样的话呢?

其实,这句话并不是陆九渊的发明。早在北宋就已经有过这样的对话。《邵氏闻见后录》卷20:"王荆公初参政事,下视庙堂如无人。一日,争新法,怒目诸公曰:'君辈坐不读书耳。'赵清献同参政事,独折之曰:'君言失矣,如皋、夔、稷、契之时,有何书可读?'荆公默然。"[2]这是一件时人尽知的公案,被作为能机敏应对的佳话而受到称道。更重要的是,朱子在编《八朝名臣言行录》时收录了这段记载,并注明采自《邵氏后录》。[3]按,《八朝名臣言行录》成书于乾道八年(1172年),三年后有鹅湖之会。可见,朱子早就知道这样的言论。也许朱子在鹅湖并没有直接听到陆九渊讲这句话;也许,朱子是间接知道陆九渊有这样的"杀手锏",总之,陆氏有这样的观点,朱子是心知肚明的。

事实上,无论是在鹅湖之会之后,还是在之前,朱子在一系列文章、书信、讲话中都已经对从北宋到鹅湖之会时这一流行的观点做出了回应。

鹅湖之会后一年(淳熙三年,1176年),朱子去了婺源。这是他第二次回故土,也是最后一次。时任婺源县令张汉请朱子给县学的学生讲课,朱子没有答应。张汉又请朱子为县学的藏书阁写记。朱子欣然命笔,作《徽州婺源县学藏书阁记》。全文如下:

---

[1] (清)黄宗羲:《宋元学案》,中华书局1986年版,第2581页。
[2] (宋)邵博:《邵氏闻见后录》,中华书局1983年版,第154页。
[3] (宋)朱熹:《朱子全书》第12册,上海古籍出版社、安徽教育出版社2010年版,第504页。

道之在天下，其实原于天命之性，而行于君臣、父子、兄弟、夫妇、朋友之间。其文则出于圣人之手，而在于《易》、《书》、《诗》、《礼》、《乐》、《春秋》、孔、孟氏之籍。本末相须，人言相发，皆不可以一日而废焉者也。

盖天理民彝，自然之物，则其大伦大法之所在，固有不依文字而立者。然古之圣人欲明是道于天下而垂之万世，则其精微曲折之际，非托于文字亦不能以自传也。故自伏羲以降，列圣继作，至于孔子，然后所以垂世立教之具，粲然大备天下。

后世之人，自非生知之圣，则必由是以穷其理，然后知有所至而力行以终之。固未有饱食安坐，无所修为而忽然知之，兀然得之者也。故傅说之告高宗曰"学于古训乃有获"，而孔子之教人亦曰"好古敏以求之"，是则君子所以为学致道之方，其亦可知也已。

然自秦汉以来，士之所求乎书者，类以记诵剽掠为功，而不及乎穷理修身之要，其过之者则遂绝学捐书，而相与驰骛乎荒虚浮诞之域，盖二者之蔽不同，而于古人之意则胥失之矣。呜呼！道之所以不明不行，其不以此与？

婺源学宫讲堂之上有重屋焉，榜曰"藏书"，而未有以藏。莆田林侯虑知县事，始出其所宝《太帝神笔石经》若干卷以填之，而又益广市书，凡千四百余卷，列度其上，俾肄业者得以讲教而诵习焉。

熹故邑人也，而客于闽。兹以事归，而拜于其学，则林侯已去而仕于朝矣。学者犹指其书以相语感叹久之。一旦，遂相率而踵门，谓熹盍记其事，且曰："比年以来，乡人子弟愿学者众，而病未知所以学也。子诚未忘先人之国，独不能因是而一言以晓之哉！"

熹起对曰："必欲记贤大夫之绩，以诏后学，垂方来，则有邑之先生君子在，熹无所辱命。顾父兄子弟之言，又熹之所不忍违者，其敢不敬而诺诸！"于是窃记所闻如此，以告乡人之愿学者，使知读书求道之不可已而尽心焉，以善其身、齐其家而及于乡，达之天下，传之后世，且以信林侯之德于无穷也。

是为记云。

收拾精神，自作主宰

淳熙三年丙申夏六月甲戌朔旦邑人朱熹记。[①]

这是一篇很重要的文献，它集中地表达了朱子对为什么要读书、读什么书、如何读书的基本观点，对错误的学风进行了批评，对在读书问题上的一种正在流行的错误论点予以驳正。全文没有一处指名道姓，但可以清楚地感到，这是对一年前的鹅湖之会关于"论及教人"问题的一个直接的回应。

文章的后半部分主要叙述了藏书阁的由来以及写作藏书阁记的缘起。因为与本文的主旨无关，可不予讨论。

文章的前半部分，必须一论。

朱子曰：虽然"道之在天下"，但"其文则出于圣人之手，而在于《易》、《书》、《诗》、《礼》、《乐》、《春秋》、孔、孟氏之籍"。这说明了读书的理由，并强调儒家的经典是"不可以一日而废焉者"。

接着，他点出了所谓"尧舜之前何书可读"的问题："盖天理民彝，自然之物，则其大伦大法之所在，固有不依文字而立者。"但是，这不等于不需要文字，因为"古之圣人欲明是道于天下而垂之万世，则其精微曲折之际，非托于文字亦不能以自传也"。就是说，道的深刻的内涵、细微的区别、曲折的关联，需要通过文字的描述、阐释与论证才能充分地表达出来，流传下去，这是"垂世立教之具"。这又进一步阐明了必须读书的理由。

但是，如何解释尧舜之前没有书，而依然可以出尧舜呢？对这个问题，朱子从两个层面予以阐释：一，尧舜之类的圣人是生而知之者，他们不同于常人。二，对一般人而言"自非生知之圣，则必由是以穷其理，然后知有所至而力行以终之"。也就是说，只有通过读书才能"穷其理"。他批评"未有饱食安坐，无所修为而忽然知之，兀然得之者"。就是说，没有只要发明本心就可以"顿悟"的道理。显然，这是在批评陆氏的只守心而不穷理的说教。

值得注意的是，朱子紧接着引用了"傅说之告高宗曰'学于古训乃有获'，而孔子之教人亦曰'好古敏以求之'"。这是为了说明，即使是圣人，也仍然需要学习，虽然他们没有书可读。"学"和"求"就是学习的过程和方法。

最后，朱子对当时的学风提出了批评。

---

① （宋）朱熹：《朱子全书》第24册，上海古籍出版社、安徽教育出版社2010年版，第3734页。

朱子指出，当时的学风有两种弊端：一为自秦汉以来即已形成的所谓"以记诵剽掠为功，而不及乎穷理修身之要"的学风。也就是以记诵为目的，以炫耀文辞为自得而脱离自身修为与社会实际的读书风气。另一种则是"绝学捐书"，即不读书而求"简易之道"。朱子指出，这样做的结果是"相与驰骛乎荒虚浮诞之域"，即堕入了释氏的虚空之域。毫无疑问，这是直指陆氏。

可见，朱子的这篇"记"，实际上就是对鹅湖之会的一个直接回应。

其后，朱子依然陆陆续续地在不同场合，不同论题上有所回应。

如前文所述，朱子以为圣人是一群"生而知之者"："故上知生知之资是气清明纯粹，而无一毫昏浊，所以生知安行，不待学而能，如尧、舜是也。其次则亚于生知，必学而后知，必行而后至。又其次者，资禀既偏，又有所蔽，须是痛加工夫，'人一己百，人十己千'，然后方能及亚于生知者。及进而不已，则成功一也。"① 但是，生而知之的人，是否就可以不学习呢？朱子的回答是否定的。他明确地告诉我们，圣人也还是要学习的，只是他学习的方法和途径不一样而已。他说："孟子道'人皆可以为尧舜'，何曾便道是尧舜更不假修为？且如银坑有矿，谓矿非银，不可。然必谓之银，不可。须用烹炼，然后成银。"② 圣人是银矿里的银，但是如果不经开采烹炼，他也成不了银。而这个烹炼的过程就是"修为"，就是学习和修炼。《答吴晦叔》二："'夫子焉不学，而亦何常师之有？'此亦是子贡真实语。如孔子虽是生知，然何尝不学？亦何所不师？但其为学与他人不同。如舜之闻一善言、见一善行，便若决江河，莫之能御耳。然则能无不学、无不师者，是乃圣人之所以为生知也。"③ 可见朱子并不认为生而知之的人是可以不学习的，只不过他们学习的方法和途径不一样。在《论语精义》中，他引用范祖禹的话说："道不可须臾离也。君子造道，颠沛不违于仁。自天子至于士，未有不以学为急也。杨雄曰：'学之为王者事，其已久矣。尧舜禹汤文武汲汲，仲尼皇皇，其已久矣。古之圣人，莫不以学为急也。'"④ 又引伊川的话说："纵使孔子是生知，亦何害于学？如问礼老聃，访官名于郯子。"有人问："生而知之，要学否？"伊川答："生而知之，固不待学，然圣人必须学。"⑤ 就是尧舜皋陶也还是要学的：

---

① （宋）朱熹：《朱子全书》第14册，上海古籍出版社、安徽教育出版社2010年版，第194页。
② （宋）邵博：《邵氏闻见后录》，中华书局1983年版，第154页。
③ （宋）朱熹：《朱子全书》第12册，上海古籍出版社、安徽教育出版社2010年版，第504页。
④ （宋）朱熹：《朱子全书》第7册，上海古籍出版社、安徽教育出版社2010年版，第305页。
⑤ （宋）朱熹：《朱子全书》第7册，上海古籍出版社、安徽教育出版社2010年版，第266页。

"尧舜禹必稽古而行,皋陶亦稽古而言,何可以不读书也?"① 他说:"舜少年耕稼陶渔,也事事去做来。"② 就是说尧舜他们无书可读,但他们读的是社会这本大书。总之,不论是常人还是圣人(生知者),都需要学习,读书是学习,向社会学习,向前人学习也是学习。不学习,圣人不能成为圣人,普通人也就不能成人。

上文所引《论语精义》者凡四条。按《论语精义》成书于乾道八年(1172年)。但是淳熙七年(1180年)朱子又对此书做了一次修订,主要是增补了一些内容。③ 朱子的此次修订究竟增补了一些什么内容,我们不得而知。但淳熙七年,是在鹅湖之会后五年,如果说他的这次修订一点也不受鹅湖之会的影响,恐怕是说不过去的。

在鹅湖之会时,陆氏兄弟曾向朱子介绍过一个叫曹建(字立之)的人,这个人早年从学于陆氏兄弟,但"未敢以自足"而问学于朱子与张栻。这个人不幸早逝(淳熙十年,1183年),朱子为他写了一个墓表,文中专门引用了他的一段话:"学必贵于知道,而道非一闻可悟,一超可入也。循下学之则,加穷理之工,由浅而深,则庶乎其可矣。今必先期于一悟,而遂至于弃百事以超之,则吾恐未悟之间,狼狈已甚,又况忽下趋高,未有幸而得之者耶!"朱子很欣赏他的这一段话,说:"此其晚岁用力之标的程度也。"④ 朱子借曹建之口,明确反对"一闻可悟,一超可入"的心学功夫,强调学习应该"循下学之则,加穷理之工"。

这里涉及朱子与陆九渊"论及教人"中的又一个问题。

朱子反对"一闻可悟,一超可入",他认为读书学习是一个由"下学"而"上达"的过程。

朱子给他的学生许升写信,告诉他读《礼》应该要"致详微细","损所有

---

① 这是朱子引用的范祖禹的话。见《论语精义》卷6上,《朱子全书》第7册,上海古籍出版社、安徽教育出版社2010年版,第404页。按,这段话是朱子在讨论"子路使子羔为费宰"章时所引用的范氏语。《论语》原文曰:子路使子羔为费宰。子曰:"贼夫人之子。"子路曰:"有民人焉,有社稷焉,何必读书然后为学?"子曰:"是故恶夫佞者。"朱子在《论语集注》中依然引用了范氏的一段话说:"古者学而后入政,未闻以政学者也。盖道之本在于修身,而后及于治人,其说具于方册,读而知之,然后能行。何可以不读书?子路乃欲使子羔以政为学,失先后本末之序矣。"(《论语集注》卷六,《朱子全书》第6册,上海古籍出版社、安徽教育出版社2010年版,第164页)
② (宋)朱熹:《朱子全书》第15册,上海古籍出版社、安徽教育出版社2010年版,第1335页。
③ 《书语孟要义序后》:"熹倾年编次此书,锓版建阳,学者传之久矣。后细考之,程、张诸先生说尚或时有所遗脱。既加补塞,又得毗陵周氏说四篇有半于建阳陈焯明仲,复以附于本章。"(《朱子全书》第24册,上海古籍出版社、安徽教育出版社第3849页)
④ (宋)朱熹:《朱子全书》第24册,上海古籍出版社、安徽教育出版社2010年版,第4176页。

余，勉所不足"。但是许升回信却说："本末精粗本无二致，何用如此分别？"朱子回信说："此又误矣。若每每如此，则更无用功处、更无开口处矣。子夏对子游之语，以为'譬之草木，区以别矣'，何尝如此儱侗来？惟密察于区别之中，见其本无二致者，然后上达之事可在其中矣。如吾子之说，是先向上达处坐却。圣人之意正不如是。虽至于尧、舜、孔子之圣，其自处常只在下学处也。上达处不可着工夫，更无依泊处。日用动静语默，无非下学，圣人岂曾离此来？今动不动便先说个本末精粗无二致，正是鹘仑吞枣。"①

怎么读书学习，这个问题早在孔子的时代就已提出。《论语·子张》篇记载了子游与子夏的一场论争：子游说，子夏教学生只会教他们洒扫、应对、进退，这都是小事，是"末"不是本，子夏不知道应该先教"本"。子夏回应说，圣人教人，始终本末是一以贯之的，不会因为这是末就优先传授，这是本要后传授而发生倦怠。学生程度、气质是各式各样的，就像大树和小草一样是有大小、品种的区别的，如果"不量其浅深，不问其生熟，而概以高且远者强而语之，则是诬之而已。君子之道，岂可如此？"朱子在集注中引用了程子的几段话：

1. 君子教人有序，先传以小者近者，而后教以大者远者。非先传以近小，而后不教以远大也。
2. 洒扫应对，便是形而上者，理无大小故也。
3. 圣人之道，更无精粗。从洒扫应对，与精义入神贯通只一理。虽洒扫应对，只看所以然如何。
4. 凡物有本末，不可分本末为两段事。洒扫应对是其然，必有所以然。
5. 自洒扫应对上，便可到圣人事。

朱子不厌其烦地摘引了程子的五段话，最后他有一段总结的话："愚按：程子第一条，说此章文意最为详尽。其后四条，皆以明精粗本末其分虽殊，而理则一。学者当循序渐进，不可厌末求本。盖与第一条之意，实相表里。非谓末即是本，但学其末而本便在此也。"②读完了朱子对《论语》这一章的解释，我们再来看朱子给许顺之的信，就可以理解朱子为什么要强调"下学"。所谓"末"，即

---

① （宋）朱熹：《朱子全书》第22册，上海古籍出版社、安徽教育出版社2010年版，第1736页。
② （宋）朱熹：《朱子全书》第6册，上海古籍出版社、安徽教育出版社2010年版，第235页。

洒扫应对进退之类，也就是"下学"。他认为，本和末（本末精粗）"本无二致"（即程子所说的"只一理""不可分本末为两段事"），但还是要加以区别，不能笼统对待。这就是说读书学习还是要有个顺序：由下学而上达。为什么要循这样的次序呢？朱子又指出，如果一上来就"先向上达处坐却"，也就是朱子说的"厌末求本""概以高且远者强而语之"，那么，你就会"无用功处""无开口处"，这是因为"上达处不可着工夫，更无依泊处"。也就是说，下学，是可以着工夫的地方。下学之事做好了，"然后上达之事可在其中矣"。在这里，朱子的为学之道表现出与陆子的显著区别。

在朱子的文集中有书信两通《答刘定夫》。刘止，字定夫，江西南丰人。先后问学于陆象山和朱子。《答刘定夫》一曰："来书词气狂率又甚往时，且宜依本分读书做人，未须如此胡说为佳。"[①]信很短，仅仅三句话，但语气很重，毫不留情。

《答刘定夫》二曰："所喻为学之意甚善，然说话亦已太多。鄙意且要得学者息却许多狂妄身心、除却许多闲杂说话，着实读书。初时尽且寻行数墨，久之自有见处。最怕人说学不在书，不务占毕，不专口耳，下稍说得张皇，都无收拾，只是一场大脱空，直是可恶。细读来书，似尚有此意思，非区区所欲闻也。"[②]这封信口气稍缓和，但批评依然严峻。信中要求定夫"息却许多狂妄身心、除却许多闲杂说话，着实读书"，所谓"狂妄身心""闲杂说话"以及上一封信中的"词气狂率"，恐怕都是有所指的。定夫是陆象山的弟子，他的这种习气朱子不认可，而其气之由来，与环境和所受的教育不无关系。朱子在信中关照定夫要"着实读书"，并强调他最怕的事情是"人说学不在书，不务占毕，不专口耳"，就是不读书，不在文字训诂上下苦功夫，不愿意记诵、风吟。朱子说，读书、占毕、口耳之类的事情"虽不可一向寻行数墨，然亦不可遽舍此而他求"[③]。否则，其结果一定是说得再漂亮，却都是空话。朱子狠狠地说，这种现象"直是可恶"！

行文至此，不能不补充一句话。

读了上文千万不能得出这样的结论：朱子只是要"道问学"而不知道"尊德性"，所以他"支离"。其实大不然。朱子关于"尊德性"的论述，连篇累牍，自

[①] （宋）朱熹：《朱子全书》第24册，上海古籍出版社、安徽教育出版社2010年版，第3733页。
[②] （宋）朱熹：《朱子全书》第24册，上海古籍出版社、安徽教育出版社2010年版，第3734页。
[③] （宋）朱熹：《朱子全书》第22册，上海古籍出版社、安徽教育出版社2010年版，第1919页。

成系统。淳熙三年（1176年）回婺源，他的内弟程允夫以"道问学"名斋，朱子劝他改为"尊德性"，并为作《尊德性斋铭》[①]，可见他对"尊德性"之态度。简而言之，朱子是"尊德性"与"道问学"的统一论者，他认为"尊德性"与"道问学"是一件事情的两个方面，互为表里，互相依存，是不可偏废的。

当然，这是另一个议题，已经超出了本文的主旨，故就此打住，不再赘言了。

[①]（宋）朱熹：《朱子全书》第24册，上海古籍出版社、安徽教育出版社2010年版，第3991页。

陆象山的人心道心之说

田炳郁

(南昌大学人文学院哲学系)

王阳明《象山文集序》说:

> 圣人之学,心学也。尧舜禹之相授受,曰:"人心惟危,道心惟微,惟精惟一,允执厥中。"此心学之源也。中也者,道心之谓也;道心,精一之谓;仁,所谓中也。孔孟之学,惟务求仁,盖精一之传也。迨于孟氏之时,墨氏之言仁,至于摩顶放踵,而告子之徒,又有仁内义外之说,心学大坏。孟子辟义外之说,而曰"仁,人心也","学问之道无他,求其放心而已矣。"又曰:"仁义礼智,非由外铄我也,我固有之,弗思耳矣。"(《王阳明全集》卷7,《象山文集序》)

王阳明的意思是,尧帝传授的"允执厥中"的"中"是道心、仁,"精一"是允执厥中的工夫,也即是求仁的工夫。人能达到"精一"的状态,则是道心,是仁,是人心的本来面目。这是尧舜以来到孔孟的道统观点,而孟子在异端学术的挑战之下更明确指出心学的核心内容:人之心是仁,心即理。理学家都认为,孟子之后,道统熄灭,到了宋朝后才能接续。王阳明也不例外。他接着说:

> 至宋周程二子,始复追寻孔孟之宗,而有"无极而太极,定之以仁义中正而主静"之说、"动亦定,静亦定,无内外,无将迎"之论,庶几精一之旨矣。自是而后,有象山陆氏,虽其纯粹和平若不逮于二子,而简易直截,真有以接孟氏之传,其议论开阖,时有异者,乃其气质意见之殊,而要

其学之必求诸心，则一而已。故吾尝断以陆氏之学，孟氏之学也。(《王阳明全集》卷7,《象山文集序》)

周濂溪和程明道都主张，通过心的精一工夫，以求达到天人合一的圣人境界，而陆象山继承了此道统之绪。引文中的心学是"其学之必求诸心"的意思，尧舜、孔子和周程没有直接说明这一点，而孟子和陆象山则明确指出。王阳明认为，周程的纯粹和平相近于尧舜、孔子，而陆象山简易直截的心即理思想更相近于孟子的心性论。孟子是先秦时期道统的理论家，而陆氏是宋明时期道统的理论家。所以说：陆氏之学，孟氏之学也。

陆象山的著作里面，人心道心的讨论并不多，只是提过一两次而已。但是人心道心之说是宋明理学的核心问题之一。陈北溪批评陆象山学术时主要讨论的问题也是人心道心之说。那么，陆象山哲学思想的框架之下，其人心道心之说的基本想法，值得一谈。

一

北宋的二苏和二程开始注意到《大禹谟》中的"人心惟危，道心惟微，惟精惟一，允执厥中"这一句。苏东坡说："人心，众人之心也，喜怒哀乐之类，是也；道心，本心也，能生喜怒哀乐者也。安危生于喜怒，治乱寄于哀乐，是心之发有动天地，伤阴阳之和者，亦可谓危矣。至于本心，果安在哉？为有耶？为无耶？有，则生喜怒哀乐者，非本心矣。无，则孰生喜怒哀乐者？"(《东坡书传》)能生喜怒哀乐的道心、本心即是喜怒哀乐之未发，即是作为天下之大本的"中"。桀纣也有作为喜怒哀乐之未发的道心、本心，尧舜也有作为喜怒哀乐之已发的人心。对苏东坡来说，道心和人心很像本体与现象之间的关系。可是，一般情况之下，道心虽然是人心的根源，但人心并不是道心的正常发出。道心与人心能不能合一，决定于能不能做到精一工夫。他说："道心即人心也，人心即道心也。放之则二，精之则一。桀纣非无道心也。放之而已。尧舜非无人心也，精之而已。"苏东坡把人心道心说和《中庸》已发未发联系在一起。这种方式对后世影响深远。

二程的人心道心之说则比较简单。他们把人心和道心分别解释成人欲和天理。比如："人心，人欲；道心，天理。"(《二程集·二程外书》卷2)"人心惟危，人欲也；道心惟微，天理也。"(《二程集·二程外书》卷3）二程把人心和道心对立起来，强调灭人欲而存天理，即"人心，私欲，故危殆；道心，天理，故精微。灭私欲，则天理明矣"(《二程集·二程外书》卷24）。此种说法，当然跟苏东坡的观点不同。看来，对他们来说，道心和人心之间不能成立体用关系。他们也用孟子的"放心"来说明人心和道心。（《二程集·二程外书》卷21》）这一点又跟苏东坡有相似之处。

吕居仁（名，本中）的高弟林拙斋（名，之奇），是吕东莱（名，祖谦）的老师。他的著作有《尚书全解》，他继承了苏东坡的观点，更加重视人心道心之说。他跟张九成（1092—1159年）有交流，张九成跟苏东坡一样，主张"道心是未发，人心是已发"（《朱子语类》卷76）。林拙斋最初提出，人心道心这十六字是历代圣贤传授的道学之要。（《尚书全解》卷4）他还说过，人心道心之说就是圣学之渊源、心术之秘，所以不能通过章句、训诂的方式来理解其意义。（《尚书全解》卷4）他也把人心道心说跟《中庸》联系起来讨论。（《尚书全解》卷4）

南宋初期流行的圣传、道统的谈论中苏东坡、林拙斋的观点颇为流行。比如，朱子早年之师武夷三君子的好友浦城人潘殖，著作有《忘筌集》。（《诸儒鸣道》卷59至卷68是《安定忘筌集》）其书中多次论及人心道心，其中《传道》篇说："大道之传，自尧舜以来，前后相乘，若出一人。……人心惟危，道心惟微，惟精惟一，允执厥中，此尧舜以来相传之实。"而"人心者，变体之心也，有思而有为；道心者妙体之心也，无思而无为"。对于变体、妙体，《治乱》篇中有解释："无思无为，寂然不动者，是其体；变动不居，周流六虚者，是其用。"妙体即是"体"，变体即是"用"。那么，道心是体，人心是用。武夷三君子之一刘子翚的著作有《圣传论》。其中《尧舜》篇说："《书》论人心道心，本之惟精惟一，此相传之密旨也。"刘子翚认为尧舜相传的密旨是"一"，即"执一"。[①] 也就是说，他也很重视苏东坡提到的精一工夫。

二

朱子早期人的心道心之说也是在这个南宋初期的基本思路之下所成立的。朱

[①] "执一如天地，此致天下之要术也。能一者，心也。心与道应，尧舜所以为圣人也。一之所通，初无限量，敛之方寸，莹然而已，感之遂通，未尝变异。意兴而忽消，虑发而自绝，泛应而不随，广受而不蓄。此尧舜之心所以常一也。"(《圣传论·尧舜》)

子 39 岁时才开始接受程伊川的人心道心之说,但其解释却倾向于苏东坡、林之奇的观点。(《朱文公文集》卷 40《答何叔京》)他向张南轩提出当时自己的人心道心说:

> 盖心一也,自其天理备具,随处发见而言,则谓之道心;自其有所营为而言,则人心。夫营为谋虑,非皆不善也,便谓之私欲者,盖只一毫不从天理自然发出,便是私欲。所以要得必有事焉而勿正,勿忘勿助长。只要没这些计较,全体是天理流行,即人心而识道心也。(《朱文公文集》卷 32《问张敬夫》38)

道心和人心是同一个心的两个侧面。"营为谋虑",属于"意"的范畴,是人的理性判断作用,朱子对这个"有所营为"的人心,没有做全盘否定。其中有"从天理自然发出"的道心,也有"不从天理自然发出"的私欲。道心是天理的发出,人心会流于私欲。这个解释虽然接受二程的术语来说明人心道心,但其中的思想却跟二程不同。人心是"营为谋虑"的现成意识,而道心是其中的道德本体。"即人心而识道心",意味着现成意识里面存在道德本体。这与苏东坡"道心即人心也,人心即道心也"这个说法有一定的关系。当时朱子认为,人心道心"不可作两物看,不可两处求"(《朱文公文集》卷 32《问张敬夫》卷 39)。也就是说,道心和人心是同一个心的不同状态,心存时是道心,心亡时是人心,此心不存便亡,不亡便存(《朱文公文集》卷 40《答何叔京》26)。

朱子 42 岁时的《观心说》说:"夫谓人心之危者,人欲之萌也;道心之微者,天理之奥也。心则一也,以正不正而异其名耳。"这里,朱子虽然以心的正不正来区分道心和人心,但他开始提出人欲之萌、天理之奥这样的观点,这正是"原于性命之正""形气之私"这个朱子典型的人心道心之说。朱子 56 岁与陈亮答问的时候第一次提到人心道心的不同"起源"。(《朱文公文集》卷 36《答陈同甫》)其后,59 岁时的《戊申封事》和 60 岁时的《中庸章句序》里正式提出他最典型的人心道心之说:

> 夫心之虚灵知觉一而已矣,而以为有人心道心之别者,何哉?盖以其或生于形气之私,或原于性命之正,而所以为知觉者不同,是以或危殆而不安,或精微而难见耳。然人莫不有是形,故虽上智不能无人心,亦莫不有是

性，故虽下愚不能无道心。二者杂于方寸之间而不知所以治之，则危者愈危，微者愈微，而天理之公卒无以胜乎人欲之私矣。(《朱文公文集》卷11《戊申封事》)

人心是形体的感受所引起的意识状态，知觉的主体是心，知觉的对象是形体的感受。比如，饥、寒是形体的感受，而欲饱、欲暖是人心的知觉内容。道心的知觉主体也是心，其知觉的来源是心之内在本性。比如，仁义是心之内在本性，恻隐、羞恶是从这个本性发出的知觉内容。这是从道德心理学的角度来说明人心道心的起源。朱子的这个观点在与蔡元定问答中有最极端的例子。(《朱文公文集》卷44《答蔡季通》)

后来，朱子接受董铢和郑可学的观点，更注意突出意识主体的单一性侧面："人心亦只是一个。知觉从饥食渴饮，便是人心；知觉从君臣父子处，便是道心。……形骸上起底见识（或作从形体上生出来底见识），便是人心；义理上起底见识（或作就道理上生出来底见识），便是道心。"(《朱子语类》卷78)

其后，朱子在分清人心和道心之差别的基础之上，又提出"人心如船，道心如柁"(《朱子语类》卷78)，或者"道心，人心之理"(《朱子语类》卷78)。他说："人心者，气质之心也，可为善，可为不善。道心者，兼得理在里面。"这也是说明跟"气质（即身体）"有关的心里面的道心。所谓"兼得理在里面"会有两个情况：一是自然发生的合乎道德的利己心，二是已经有了人心后再去反省而形成的道德意识。朱子认为后者也是道心。这一点上朱子的人心道心之说里面还保留了苏东坡以来的观点："自人心而收之，则是道心；自道心而放之，便是人心。'惟圣罔念作狂，惟狂克念作圣。'"(《朱子语类》卷78)

三

陆象山有短文《人心惟危，道心惟微，惟精惟一，允执厥中》，收录在《陆九渊集》卷32《拾遗》里面。其内容很简单，如下：

> 知所可畏，而后能致力于中，知所可必，而后能收效于中。夫大中之道，固人君之所当执也，然人心之危，罔念克念，为狂为圣，由是而分，道心之微，无声无臭，其得其失，莫不自我，曰危曰微，此亦难乎其能执厥中

矣。是所谓可畏者也。苟知夫危微之可畏也如此，则亦安得而不致力于中乎？毫厘之差，非所以为中也，知之苟精，斯不差矣；须臾之离，非所以为中也，守之苟一，斯不离矣。惟精惟一，亦信乎其能执厥中矣。是所谓可必者也。苟知夫精一之可必也如此，则亦安得而不收效于中乎！知所可畏，而致力于中，知所可必，而收效于中，则舜禹之所以相授受者，岂苟而已哉！

陆象山把整个人心道心之说分成两个内容：知所可畏、知所可必。人生在世可畏之处有两点：人心之危、道心之微。什么是人心之危？《尚书·多方》说："惟圣罔念作狂，惟狂克念作圣。"陆象山认为，舜帝所说的"人心"有两种状态，即罔念和克念。对陆象山来说，克念是能正常进行理性活动，即"据事论理"的意思。连圣人也一放心，马上变成狂人，可畏之至！这个人心的克念跟道心之微直接联系在一起。他在《与李宰》中说：

> 心于五官最尊。大《洪范》曰："思曰睿，睿作圣"；《孟子》曰："心之官则思，思则得之，不思则不得也"；又曰："存乎人者，岂无仁义之心哉"；又曰："至于心，独无所同然乎"；又曰："君子之所以异于人者，以其存心也"；又曰："非独贤者，有是心也，人皆有之，贤者能勿丧耳"；又曰："人之所以异于禽兽者几希，庶民去之，君子存之。"去之者，去此心也。故曰："此之谓失其本心。"存之者，存此心也。故曰："大人者不失其赤子之心。"四端者，即此心也；天之所以与我者，即此心也。人皆有是心，心皆具是理，心即理也。故曰："理义之悦我心，犹刍豢之悦我口。"所贵乎学者，为其欲穷此理，尽此心也。有所蒙蔽，有所移夺，有所陷溺，则此心为之不灵，此理为之不明，是谓不得其正，其见乃邪见，其说乃邪说。

陆象山大量引用《孟子》里强调理性活动的说法，来反驳李宰无心、平心的要求。对陆象山来说，仁义之心、本心、四端、人之异于禽兽的几希等，全都属于心，这是天之所以与我者。人有仁义之心，心悦理义，所以心具是理，心即理也。那么"心即理"是人有仁义之心的意思。人有所蒙蔽、移夺、陷溺则此心不灵，此理不明。陆象山并不是主张人的任何心理作用都是合乎道理的，而是要强调人人都有本心，所以他说"不由讲学，无自而复"。但是这个讲学不是外在知识的积累，而只有尽此心，才能穷此理。至于"天之所以与我者"，陆象山有时

候说是"此理":

> 《易》曰"闲邪存其诚",《孟子》曰"存其心",某旧亦尝以存名斋。《孟子》曰"庶民去之,君子存之";又曰"其为人也寡欲,虽有不存焉者,寡矣,其为人也多欲,虽有存焉者,寡矣。"只存一字,自可使人明得此理,此理本天所以与我,非由外铄。明得此理即是主宰,真能为主,则外物不能移,邪说不能惑。所病于吾友者,正谓此理不明,内无所主,一向萦绊于浮论虚说,终日只依藉外说以为主,天之所与我者反为客,主客倒置,迷而不反,惑而不解。坦然明白之理,可使妇人童子听之而喻,勤学之士反为之迷惑,自为支离之说以自萦缠,穷年卒岁,靡所底丽,岂不重可怜哉!(《陆九渊集》卷1《与曾宅之》)

引文里的"明得此理"不是通过对事物的研究而认识"此理"的意思,而是尽此心以穷此理的意思。无声无臭的"道心之微"并不是通过读书、讨论来把握的,也不能通过佛老的方式得到,而是自己尽此心,穷此理而体现出来的。陆象山说:"四方上下曰宇,往古来今曰宙。宇宙便是吾心,吾心即是宇宙。千万世之前有圣人出焉,同此心,同此理也,千万世之后有圣人出焉,同此心,同此理也。东南西北海有圣人出焉,同此心同此理也。"(《陆九渊集》卷22《杂说》)宇是跟我联系在一起的四方上下,宙也是跟我联系在一起的往古来今。千古之前或者千万世之后的圣人和我都有同样的此心、此理,东西南北的圣人和我的此心、此理是一致的,所以他说"宇宙内事乃己分内事"。他反复强调"此理塞宇宙,谁能逃之,顺之则吉,逆之则凶",但此理并不是此心之外的存在。每个人都要尽此心而明得此理,以此理为主宰,应付他人的此理、他物的此理。如果先要研究外在事物之此理,则已经失去主宰,主客倒置,迷而不返。

陆象山在以《圣人以此洗心,退藏于密,吉凶与民同患,神以知来,知以藏往》为题的省试程文里说:

> 狎海上之鸥,游吕梁之水,可以谓之无心,不可以谓之道心。以是而洗心退藏,吾见其过焉而溺矣。

道心是无声无臭的,但并不是无心的状态,而是"涤人之妄,则复乎天者,自尔微；尽己之心，则交乎物者，无或累"的境界。该文最后一段说：

> 或曰圣人生知安行，彼其心之酬酢万变者，盖不思而得，不勉而中，而何以洗为？盖不知尧舜不能忘危微之戒，而当时大臣有淫逸游乐之辞、有慢游傲虐之辞，君亦不以为轻己，且乐闻而愿听之。呜呼，此其所以为生知安行，不思不勉者欤！于洗心乎，何疑！

尧舜的不思、不勉并不是无思、无为，而是不忘人心之危、道心之微而得到的自然而然地思考问题、应付事物的境界。"人妄既涤，天理自全"是"尽此心，穷此理"的结果。这是经过讲学才能达到的，而其讲学与朱子的讲学有所不同。朱子警告人们不能相信自己的判断能力，一定要多读书、多闻见，而后才能得到正确的判断能力。陆象山强调人们不能相信别人所说的判断准则，而要自己植立自己的判断主体，不然自己永远不能得到正确判断的能力。

既然人心有克念、罔念的区别，道心有得与失的区别，那么到底人心和道心的关系究竟是什么？陆象山《语录》说：

> 天理、人欲之言，亦自不是至论。若天是理，人是欲，则是天人不同矣。此其原，盖出于老氏。《乐记》曰："人生而静，天之性也。感于物而动，性之欲也。物至知之，而后好恶形焉。不能反躬，天理灭矣。"天理、人欲之言，盖出于此。《乐记》之言，亦根于老氏。且如专言静是天性，则动独不是天性耶？《书》云："人心惟危，道心惟微。"解者多指人心为人欲，道心为天理。此说非是。心一也，人安有二心？自人而言，则曰惟危，自道而言，则曰惟微。罔念作狂，克念作圣，非危乎？无声无臭，无形无体，非微乎？

引文里所说的"指人心为人欲，道心为天理"是程朱的人心道心之说。朱子的人心道心之说虽然很复杂，并不能这么简单地概括，但其中也有这样的内容。而且，陈淳批评陆象山的时候说："象山学全用禅家宗旨，本自佛照传来，教人惟终日静坐，以求本心，而其所以为心者，却错认形体之灵者，以为天理之妙。谓此物光辉灿烂，万善皆吾固有，都只是此一物，只名号不同，但静坐求得之，便为悟道，便安然行将去，更不复作格物一段工夫，去穷究其理，恐辨说愈纷而愈惑。此正告子生之谓性、佛氏作用是性、蠢动含灵皆有佛性之说，乃即舜之所谓人心者，而非道心之谓也。是乃指气为理，指人心为道心，都混杂无别了，既源头本领差错，其于圣贤经书言语，只是谩将来文。"（《北溪大全集》卷23《答黄先之》）陈淳明确区分人心和道心，人心是形气之虚灵知觉，而道心则性命之虚灵知觉，有两个不同知觉。这是违背朱子"心之虚灵知觉一而已矣"的说法的，反正陈北溪这样的高足有这样的想法。所以陆象山由自己的角度，重新提出"心一也"。

朱子的"心之虚灵知觉一而已矣"所强调的是知觉主体的一元性。生于形气之私的人心也好，原于性命之正的道心也好，都是同一个心的虚灵知觉所处理的各种具体意识活动。可是，陆象山的"心一也"则主张，"自人而言，则曰惟危，自道而言，则曰惟微"。也就是说，人心和道心是同一个心从不同方向所起的名称，道心和人心并不是两个不同的心理活动。

综观上说，朱子的人心道心之说是苏东坡和二程理论的批判综合，而陆象山则偏向于苏东坡以来的思想传统。正因为这个原因，陈北溪激烈批判陆象山的人心道心之说。但，陆象山的整个理论体系是尽此心、明此理的成果，并不追崇某一个思想潮流。他的人心道心之说是"心即理"思想的一个表现，"心即理"思想，通过他的人心道心之说的分析，其理论体系会更加明确。也就是说，陆象山所说的"此理"是指道心，跟朱子所说的形而上的理，其内容上有所不同。

从朱熹、陆九渊、吕祖谦的思想互动看"陆学"的确立

赖功欧

（江西省社会科学院）

"朱学""陆学""吕学"之称，不是现代人给出的，而是全祖望在《宋元学案》中就已提出的。事实上，在儒学史上，"陆学"乃至"陆王心学"的建立与确立，都无多大争议。问题是其确立之始的学术依据，不仅有着思想体系本身的渊源，更存在着学人及其思想的持续性的互动关系，没有这种关系或其间的思想交流传播之背景，所谓"某某学"是难以存在或难以持续的。可以说"陆学"的确立，就主要是陆象山与朱熹、吕祖谦等大家之间学术、思想互动的产物。

当代汉学家田浩教授，作为研究宋明理学特别是朱子学的权威学者，在其近期研究中，十分鲜明地凸显了吕祖谦的学术思想及其对朱子的影响。应该说，田浩对吕祖谦的强调是确有洞见的，他是基于对吕祖谦的深入探讨而指出朱子思想是如何受到吕祖谦影响的。此前，我们对宋儒的研究从未有学者提及吕祖谦有可能成为黄宗羲的思想先声，而田浩对此作了深入的探讨；他声称：如果吕祖谦的思想能像朱熹那样影响到整个中国，那么整个中国的政治、文化、历史可能会有完全不同的发展路向。显然，田浩的这一结论对思想史而言，具有颠覆性的指向。而事实上，他的近期研究在学术上仍是值得我们深入讨论的话题。但无论如何，这一话题应已越入中国思想史探讨的前沿话题，尤其启示我们多研究些较有实在意义的历史性较强的话题，以及在学术上能广泛地引起互动的话题。

一 吕祖谦与陆象山的学术交往与思想互动

我们先来看看吕、陆二人的学术交往与思想互动。

据《陆九渊集》卷三十三载:"乾道八年,登进士第。时考官吕祖谦能识先生之文于数千人之中,他日谓先生曰:'未尝款承足下之教,仅得之传闻,一见高文,心开目明,知其为江西陆子静也。'"(《陆九渊集》卷三十三《象山先生行状》)可见,在阅象山考卷之前,吕祖谦就对象山其人其学早有所闻,然后才有阅卷时的"一见高文,心开目明"的兴奋激越状态。此何谓也?此纯然是"心有灵犀一点通",虽未谋面,却心灵相通,心心相印。阅卷当下,正是吕祖谦内心发生激烈涌动之时,这当然是其心灵所持的观念在此时与象山思想深处的观念发生了某种碰撞。这与朱熹在答吕祖谦之弟吕子约书中所言"陆子静之贤,闻之盖久"同一腔调。而象山本人对这次考试的奇缘,似亦心领神会:"辛卯之冬,行都幸会,仅一往复,揖让而退。既而以公,将与考试……糊名誊书,几千万纸。一见吾文,知非他士,公之藻镜,斯已奇矣。"(《陆九渊集》卷二十六《祭吕伯恭文》)这不是超越时空的心灵交流又是什么呢?

此后不久,孝宗淳熙元年(1174年),象山专程到浙江衢州拜访吕祖谦。这次拜访在象山年谱中有专门记载:"淳熙元年甲午,先生三十六岁。三月赴部调官,过四明,游会稽,浃两旬,复至都下,授迪功郎、隆兴府靖安县主簿。五月二十六日,访吕伯恭于衢。"(《陆九渊集》卷三十六《年谱》)显然,这样的一次拜访,是表示对伯乐的敬仰与谢意。然而,一旦相聚,两位学术与思想的巨人,则是交流互动不已。这在象山年谱中同样有记载:

> 伯恭与汪圣锡书云:"陆君相聚五六日,淳笃敬直,流辈中少见其比。"又与陈同甫书云:"自三衢归,陆子静相待累日,又留七八日,昨日始行。笃实淳直,朋游间未易多得。渠云:'虽未相识,每见尊兄文字,开豁轩豁,甚欲相聚。'觉其意甚勤,非论文者也。"(《陆九渊集》卷三十六《年谱》)

两位见识颇同的学人,相见甚欢,相谈甚深;无怪其先约五六日,继又挽留七八日。而从象山《祭吕伯恭文》中,更可见出其深挚之情思:"甲午之夏,公尚居里,余自钱塘,溯江以诣。值公适衢,浃日至止,一见欢然,如获大利。我坐狂愚,幅尺殊侈,言不知权,或以取戾。虽讼其非,每不自制,公赐良箴,始痛惩艾。问我如倾,告我如秘,教之以身,抑又有此。惟其不肖,往往失坠,竟勤公忧,抱以没地。"(《陆九渊集》卷二十六《祭吕伯恭文》)可见,两位学人思想与情感的交流,加深了他们此后的思想互动,从而影响了象山此后学术道路的成长过程。此诚如象山所言:他们是道合志同者。

另一极能表征二人思想共振的文献,是吕祖谦于鹅湖之会后的同年即淳熙二年(1175年)十一月,应好友赵景明之邀而作的《抚州新作浮桥记》一文,其中有言:"予报之曰:桥梁,郡政之一也。予不忍涉者之病。政以时举,亦庶乎长民者之心矣。然城门之近易察也,水潦之害易知也,道路之谤誉易闻也,至于不瞩之地,未形之患弗能自达之,呻吟慨叹昔之君子惴惴焉。惟此之畏尚戒之哉!盖心不在民而固负于师,帅父母之名虑不能固,四封则亦亢一方之任。所存者笃,所综者博,其开塞建着继此,而讲者则有次第矣。""是桥也,特发政之始,邦人将惟子之视焉。无是心而有是政者,否也;有是心而无是政,非制于上而不聘,则壅于下不流也。抚去吾州且千里,孰临于上?孰承于下?吾皆不能知。独以桥役言之,有部使者劝告相欣助,以启厥功;有县令奔走服务,以集厥事,以是而观,子之州上下之际辑矣。为子之所为,其何所惮?亦何所诿乎?邦人非徒子之观,将惟子之望责也。"①此中不仅可透见吕氏"心说"同于象山,更能体现思想共振者,则呈现在象山与吕氏的民心民意等理念上。须知,吕祖谦对象山心说早有所闻,且在浙江金华、上饶鹅湖等地也亲聆象山之说。故此中涉乎"心"者、"民"者,几与象山同调,此熟读象山文集者当知。

从《陆九渊集》中,我们还可看到象山与吕氏及其弟(子约)的信件往来之作,如《与吕伯恭》《与吕子约》等,都集中体现了他们之间的互动,在其有生之年从未停止过。此不赘言。

二 从吕祖谦透视朱、陆的思想互动

南宋之后,朱、陆思想异同尤其是朱陆鹅湖之会的文献汗牛充栋,讨论所及,几乎是应有尽有。本文不就此再作赘言,而是从吕祖谦的视角,来看朱、陆之学。吕祖谦除了牵线鹅湖之会而试图调和朱陆使其"会归为一"外,另有多次

---

① 转引自吴文丁《陆九渊全传》,百花洲文艺出版社1999年版,第209页。

朱、陆之间的学术活动，亦受惠于吕祖谦。如于淳熙五年（1178年）引荐陆门弟子刘淳叟到福建崇安访问朱熹。

《朱文公文集》中，有"答吕伯恭"的诸多信件，此中大可透见他们之间的互动信息，其中甚至可看到陆九龄在学术观点上倾向于朱熹的地方，亦似与吕祖谦有些关系。我们可从朱熹的《答吕伯恭》书中窥其一斑："近两得子寿兄弟书，却自讼前日偏见之说，不知果如何？""每至胜处，辄念向来鹅湖之约，为之怅然。""子寿兄弟得书，子静约秋凉来游庐阜，但恐此时已换主人耳。渠兄弟今日岂易得，但子静似有些旧来意思。闻其门人说：子寿言其虽已转步而未曾移身，然其势久之亦必自转。回思鹅湖讲论时是甚气势，今何止什去七八耶！""子寿相见，其说如何？子静近得书。其徒曹立之者来访，气质尽佳，亦似知其师说之误。持得子静近答渠书与刘淳叟书，却说人须是读书讲论，然则自觉其前说之误矣。但不肯翻然说破今是昨非之意，依旧遮前掩后，巧为词说。只此气象，却似不佳耳。""子寿之亡极可痛惜，诚如所喻。近得子静书云，已求铭于门下，属熹书之。此不敢辞，但渠作得行状殊不满人意，恐须别为抒思，始足有发明也。"①须知，这是朱子给吕祖谦信中的原话，他们通过书信往来的方式充分交流，我们实可从吕祖谦本人来透视他们之间的关系；同时，也可看出朱子是深知吕氏调和之意的。

其实，在《朱子语类》中尤能从吕祖谦来透视朱陆二者的思想互动：

> 先生出示《答孙自修》因言："陆氏之学虽是偏，尚是要去做个人。若永嘉永康之说，大不成学问，不知何故如此。他日用动静间，全是这个本子，卒乍改换不得。如吕氏言汉高祖当用夏之忠，却不合黄屋左纛。不知纵使高祖能用夏时，乘商辂，亦只是这汉高祖也，骨子不曾改变，盖本原处不在此。"②

这里分明是通过吕氏而作出对陆学的基本评判：确认陆学虽偏，但核心在"做人"二字，可见，朱子从伦理学角度，是持积极态度而肯定陆学的。

吕祖谦的胞弟吕祖俭，也是在朱子与陆子文献中常出现的人物，此中亦可

---

① （宋）朱熹：《答吕伯恭》，《晦庵先生朱文公文集》卷34，见《朱子全书》第21册，上海古籍出版社、安徽教育出版社2002年版，第1476、1482、1504、1493、1512页。
② （宋）黎靖德编：《朱子语类》卷122，中华书局1986年版，第2957页。

透视吕祖谦及其与朱陆之关系。据束景南考述:"吕祖俭在张栻、吕祖谦在世时就一面学家兄尊《史记》而务事功,一面学朱熹求经义而寻章句,已经不肯步陆九渊的后尘,陈傅良在给丁子齐信中说:'闻子约见子静陆丈,不受其贬,又是意气未除。子约之凝滞,非陆丈不能剖断得下。'(《止斋集》卷三十六)到吕祖谦死后,他离陆学更远而却同永康学更近了,浙东绝大多数学者都像他这样聚焦到了事功这面旗帜下来。"① 可见,吕氏兄弟与朱陆均有极为密切的学术、思想上的关联与互动。事实上,其时的浙东学人,多倾向于象山,此与吕祖谦有极大关系,吕祖谦对象山,不仅是欣赏,且多有认同。淳熙十五年(1188年)时,象山已为其浙东弟子队伍蔚为壮观而激动不已了。其时朱熹也坦承:今浙东学者多为子静门人。而朱陆之间的互动,虽也有过一时之不快,但从总体看,思想理念的不同,从未对两位伟大的思想家造成过根本的隔阂;论辩过后,互动照常继续,朱子还常称道象山。据陆九渊《年谱》载:朱熹遇一学人攻诋象山时,反替象山极力辩护:"南渡以来,八字着脚,理会着实工夫者,惟某与陆子静而已。"此实可见朱子精神气象之阔大伟岸。

在钱穆看来,吕祖谦之所以能作为朱陆之间的调停人,根本缘由还在吕氏本人的家学渊源造就的学风。钱穆指出:"宋学家都喜排异端,斥俗学。这可说是宋代新兴的平民学派吧!只有吕家是门第旧传统,祖谦还持守着不变。他们一家传统,袭有唐代人遗风,他们心中似乎没有所谓异端与俗学。此因门第家风,重在保泰持盈,喜和不喜争,喜融通不喜矫激。……唐代门第家庭,到宋时也崩溃了,那时则又是另一辈的平民学者在兴起,所以他们也另有一番凌厉无前的锋锐气。他们重理论,不重传统,所以喜讲理学,不喜讲史学。理学要讲出一个最高原理来,史学则只就事论事,卑之毋高论。理学家讲史学,便须讲到唐虞三代去,讲传统,也只讲唐虞三代。其实这气派还是理学的,非史学的;还是革命的,非传统的。祖谦却在深厚的门第气息中熏陶过,因此他的学风,在宋学中,好像不讲最高原理,对现实带有妥协,没有革命的一股劲。"② 钱穆此说让我们理解吕氏学风,有了一个更好的切入点;不过,吕氏之调停朱陆,不完全出自其学风,而是与他的根本观念有关。也就是说,他在根本上并不认为朱陆理念上有可各立门派之价值。陈荣捷就曾颇有见地地指出:"在吕则每言陆氏兄弟之优点,

---

① 束景南:《朱子大传》,福建教育出版社1992年版,第500页。
② 钱穆:《宋明理学概述》,台北:学生书局1977年版,第199—200页。

盖志在调停也。"① 陈荣捷分明看到了吕氏与陆氏兄弟所存的共识,而陈荣捷这一洞见也是立于其对朱、陆、吕三人的考据之上的:"两人书札往复,自然以学术讨论为多。然私事如请祠,出处,刊书,友朋状况之类者亦属不少。鹅湖之会,朱陆不欢而散。与会者自是不能忘怀。故朱吕书札屡屡言及陆氏兄弟。在朱子总以子静自信太过,恐难改易。在吕则每言陆氏兄弟之优点,盖志在调停也。"② 而钱穆的上述说法,则是史学视角的透视,且将理学与史学的关系揭示了出来。今天田浩教授对吕祖谦的看法,倒与钱穆四十多年前的这一说法有些接近了。当然,我们还须知晓的是朱子对吕祖谦的批评,恰在指出其无奋发的意思,他并不赞成吕氏学风。钱穆的《朱子新学案》也从吕氏来透视朱陆,甚至透视陆氏兄弟的异同,如其所说:"信撇去朱陆异同,专论二陆意态,亦自有异。鹅湖会前,复斋告象山,我兄弟先自不同,何以望鹅湖之同。及复斋举诗四句,朱子顾东莱,子寿早已上子静船了,此必东莱在事前已详告朱子二陆意态不同之梗概。及象山欲问朱子尧舜读何书,而复斋止之,此见复斋意态远不如象山之激昂。故东莱事后答邢邦用书,亦谓近已详与子静详细言之,讲贯诵习乃百代为学通法,单提象山,不及复斋,可知鹅湖一会之后,复斋亦不如象山之坚执。"③ 此中所言陆氏兄弟之不同处,亦是透过吕祖谦而言及的。

现代新儒家代表人物多有探讨朱、吕、陆学术关系者,如马一浮虽未从朱、吕、陆三人的互动中见出其学说之确立,但也从派别的相传、相接而认同朱、陆之学,如其所言:"龟山再传为延平,上蔡再传为五峰。朱子亲受业于延平,及见南轩而尽闻湖南之学,晚乃继述伊川,实兼绍杨、谢二脉,故极其醇密。象山独称伯子,其专重察识,实近上蔡。白沙静中养出端倪,亦龟山之别派,下启甘泉,至阳明而益大,复与上蔡、象山相接,弥近直指矣。"④

三 陆学的最终确立

这里笔者想要强调的是,陆学的成立与确立,并非是在阳明之后的事情,而是在南宋时期与朱学、吕学等学派的互动中就已然产生,鹅湖之会只是作为一个

---

① 陈荣捷:《朱子与吕东莱》,见陈荣捷《朱子新探索》,台北:学生书局1988年版,第555页。
② 陈荣捷:《朱子与吕东莱》,见陈荣捷《朱子新探索》,台北:学生书局1988年版,第555页。
③ 钱穆:《朱子新学案》第三册,台北:三民书局股份有限公司1971年版,第301—302页。
④ 马一浮:《通治群经必读诸书举要》,见马一浮《复性书院启讲录》,江苏教育出版社2005年版,第39页。

从朱熹、陆九渊、吕祖谦的思想互动看"陆学"的确立

标志性的学术事件而已。当然，此时已然呈显出陆学的确立征候。

全祖望在《宋元学案》中明确指出：

> 宋乾淳以后，学派分而为三，朱学也、吕学也、陆学也。三家同时，皆不甚合；朱学以格物致知，陆学以明心，吕学则兼取其长，而复以中原文献之统润色之。门庭径路虽别，要其归宿于圣人则一也。（《宋元学案》卷五十一《东莱学案》）

此处所举吕学，即以吕祖谦为代表。虽然，陆学的发扬光大是在明代王阳明的大力推崇之下才得以实现的，但从学术史实际情况看，正如全祖望所指出的，朱、吕、陆三大派的确立，是早在宋代乾淳年之后的事。另一明确提出"陆学"概念的是晚清著名学者刘师培，他不仅倡言"陆学"，且指出陆学优长之处何在。诚如其所言："然陆学擅长之处亦有三端，一曰立志高超，二曰学求自得，三曰不立成心。综斯三美，感发齐民，顽廉懦立，信乎百世之师矣。"[①] 可以断言的是，刘师培提出"赣学"[②]概念，其中重要的支撑之一即为"陆学"，这是他在整理明清以来学术体系时得出的结论。其言："赣省之间，南宋以降学风渐衰。然道原之博闻，陆王之学术，欧曾王氏之古文，犹有存者，故易堂九子均好古文。三魏从王源、刘继庄游，兼喜论兵而文辞亦纵横。惟谢秋水学崇紫阳，与陆王异派。及雍乾之间，李黻起于临川，确宗陆学，兼佽博闻，喜为古文词，盖合赣学三派为一途。粤西谢济世党于李黻，亦崇陆黜朱，然咸植躬严正，不屈于威武。瑞金罗台山早言经世，亦工说经，及伊郁莫伸，乃移治陆王之学，兼信释典，合净土禅宗为一。……至嘉道之际犹有江沅，实则赣学之支派也。"[③] 刘师培此言，不仅作过学术、思想源流的溯源探究，亦深有理据。

现代新儒家代表人物多认可陆学与朱学同样是可确立下来的，此不赘言。但同时亦有主张破除门户者，如马一浮即坚决反对立朱陆门户，亦主张破"儒禅"

---

① 刘师培：《南北学派不同论》，见《清儒得失论——刘师培论学杂稿》，中国人民大学出版社2009年版，第235页。
② 刘师培：《近儒学术统系论》，见《清儒得失论——刘师培论学杂稿》，中国人民大学出版社2009年版，第276页。
③ 刘师培：《近儒学术统系论》，见《清儒得失论——刘师培论学杂稿》，中国人民大学出版社2009年版，第275—276页。

之说。其谓:"后儒不窥古人用处,徒滞名言,乃以小知自私之心求之,安可得邪?知见稠林,碍塞天下,时当衰季,转溺转深。异执纷然,徇人丧己,是丹非素,出主入奴,拘墟笃时,沿讹袭谬,以狂见为胜解,以恶觉为智证,自甘封蔀,无有出期:若此之伦,深可悲愍。何堪更存汉宋今古之争,立朱陆门户之见,辨夷夏之优劣,持禅教之异同,陷身不拔之渊,转增迷罔之过邪?又有一等人,乃谓濂洛关闽诸儒皆出于禅,阳为辟佛而阴实秉之。不悟儒佛等是闲名,自性元无欠少。非惟佛法西来不能增得些子,即令中土诸圣未尝出现于世亦何曾亏却纤毫!若论本分,各自圆成,不相假借:我行我法,岂假他求;惟此一真,何能盖长!然须实到此田地始得,否则承虚接响自欺欺人,所以误解有得之言,良由不识不传之旨耳。两宋诸贤何尝不与诸禅德往复,但谓有资于彼,事则不然,具眼者自能辨之,不能为不知者道也。"①据马氏此论,则陈建《学蔀通辨》批陆子之说,难以成立,其言:"陆象山讲学,专管归完养精神一路,具载《语录》可考,其假老佛之似,以乱孔孟之真,根底在此。而近世学者未之察也。"②在此,笔者特别要提出的是,明代陈建的"朱陆定论"说是对陆学成立的全然否定,且语气强硬:"朱子有朱子之定论,象山有象山之定论,不可强同。'专务虚静,完养精神',此象山之定论也。'主敬涵养以立其本,读书穷理以致其知,身体力行以践其实,三者交修并尽',此朱子之定论也。"这对陆子而言,无论如何也属过激之定论,将陆学界定在"专务虚静,完养精神",尤属偏见。笔者之所以完全认同马一浮不立朱陆门户的意见,还有以下理由:一是门户一立,意气即出;意气一出,徒子徒孙们的歧异纷争则无穷尽。二是对朱陆而言,完全是在道学或理学的旗帜之下,大处即思想的根本之处纯然都在尊德性,即便是在"道问学"方法论上有歧异之处,亦属之于方法论范畴,大可不必立门户。其实,即便在方法论上有些不同,也可从大处看,此亦如马一浮所言:"象山说:'于人情物理上下功夫。'何以贤辈读象山书,竟未着眼及此?只缘一向未能推己及人,便不免遇事隔碍,非独疏也。未曾尽得己,便不能推,推不去时,便是天地闭,触处皆胡越矣。"③可见马一浮确实针对那些既立朱陆门户而读象山书又未能到位者,发出了批评的声音。而唐君毅虽十分重视朱陆之异,甚至将其定位于"朱子与象山

---

① 马一浮:《圣传论》序,《马一浮集》第2册,浙江古籍出版社、浙江教育出版社1996年版,第35页。
② 陈建:《学蔀通辨》,见吴长庚主编《朱陆学术考辨五种》,江西高校出版社2000年版,第113页。
③ 马一浮:《示王星贤二十三则》,见马一浮《尔雅台答问》,江苏教育出版社2005年版,第76页。

之工夫论之异与同"①,但他总体上深以为:"朱子之即物穷理以致知之义,陆王之言,虽未能及,然亦实不能违。"②

实质上,象山的陆学特质如果说首先要用"心学"界定之,那么同时还应以"数理"或"理数"范畴界定之。这是从元理论层面说,在这一层次下,陆学整体上还呈显出"正学"之特质,亦有"治政"的制度特质、风俗"礼学"的特质。这些都是在陆学范畴内极具气质而不可随意弃之的思想特质。

象山"心学"自不待言。而象山"理数"观体现在其《易》学之中,亦属亟待发掘之学。这里稍加提及的是象山"正学":象山极富"正学"之论,他凸显了儒家的"公平正直"(《陆九渊集·语录下》)观,其"正学"的学理则是以正道、正理、正心三大范畴为基础,充分体现了宋代理学接续孔孟儒学之特色。当然,从总体上看,象山的正道、正理、正心此"三正论",又确在孟子"居天下之广居,立天下之正位"(《孟子·滕文公下》)之命题上展开。而朱熹对此亦作出了自己的诠释,且是从仁、礼范畴出发:"广居,仁也。正位,礼也。"这里需要强调的是,在象山的"正学"思想系统中,从心性论到政治观,从修身到治国,从来没有脱离一个"正"字。而这在象山的心学系统中显得尤为突出,在他所留下的为数不多的文献中,"正"作为一概念而出现的频率相当之高。所谓正心、正言、正路、正理、正直、正道、正位、正论、正事、正中、正身、正术、正己、正行、正人、正性、正本、正四方,自正、术正、志正、曲正、邪正、至正、适正、物正、一正百正,等等。象山亦富强调制度的"治政"之学,此在其文集中有极多体现。笔者仅举一例:如象山的"格君心之非"论,就目标十分明确地置于"引君当道"的制度上,他有感于世俗之人所作所为而论道:"今时人逢君之恶,长君之恶,则有之矣,所以格君心之非,引君当道,邈乎远哉!重可叹哉!"(《陆九渊集·与致政兄》)象山此论,甚至显示出偏激的思维倾向:"格君心之非,引之于当道,安得不用其极。此责难所以为恭,而不以舜之所以事尧事君者,所以为不敬其君也。"(《陆九渊集·与郑溥之》)但无论如何,其目标则在"引之于当道"——此"道"乃民本之道也。我们从象山极赞汉文帝"以直言极谏求人",便能见象山的"治道"观与其民本理念有深刻的内在关联。在表彰汉文帝大功的"程文"《孝文帝大功数十论》中,象山就说:"孝文汉之贤君也。

---

① 唐君毅:《中国哲学原论·原教篇》,中国社会科学出版社2006年版,第184页。
② 唐君毅:《中国哲学原论·原教篇》,中国社会科学出版社2006年版,第184页。

晁错大廷之对,枚数其兴利除害变法易故之事,而凡之曰'大功数十',其美亦已至矣,其言亦已夸矣。而后世称文帝之贤君,初不以斯言而增重。盖文帝以直言极谏求人,而错亦以直言极谏充诏,不闻条疏缺失,辅帝不逮,而猥用称述功烈,其辞谆复,骎骎乎佞誉谀谀之风,劳于附会粉饰,而无中情当理之实,其非无足疑矣。"(《陆九渊集·孝文大功数十论》)象山此言确有自己独立的见解,其对晁错的当廷之"对",似有微词;而对汉文帝以"直言极谏求人",则显然是极表赞扬。实质上,此恰能体现象山"治道"政治观下的"谏道"论。要之,从整个象山文献看,其关乎"治道"范畴的政论,在"程文"部分尤显突出;此中可透视出象山的治政之道。

最后,笔者仍要提及田浩教授的结论。田浩教授近期十分明确地提出:"统治者们更倾向于接受朱熹哲学,这在很大程度上是因为朱熹体系下的皇帝有着独特的伦理、哲学和政治优势。与之相反,吕祖谦认为这种伦理价值的过于集中是不恰当的,因为统治机构需要不断改进他们的治理并为皇帝的权力设置约束。吕祖谦在儒者中较早看到仅仅依赖皇帝的自我修养和德性的危险,因此他可谓是黄宗羲及其《明夷待访录》这类思想的先声。如果吕祖谦的思想能像朱熹那样影响到整个中国,那么中国的政治、文化、历史可能会有完全不同的发展路向。"①

他指出,吕祖谦出身官宦世家,博学多识,开浙东学派之先声,创立"婺学";不论是在政治上还是在文学上都有着举足轻重的地位。吕祖谦学生众多,在很长一段时间内,学术地位远远超过朱熹,无可撼动。朱熹事实上常听取吕祖谦的建议与意见,对其十分敬重。但田浩教授又指出,吕祖谦与朱熹的思想也存在着诸多差异。吕祖谦于史书下过极深的功夫,他亦极主利用历史了解历史;而朱熹则主张利用道德来了解历史。此外重要的是,田浩洞察到吕祖谦有着对"皇帝的权力设置约束"的理念,并将其发展关联到黄宗羲的《明夷待访录》,这不能不说是对吕祖谦研究的一个新路向;此前,我们对宋儒的研究从未有学者提到过吕祖谦能成为黄宗羲的思想先声。田浩还指出:吕祖谦治学,确与空谈道德性命的道学家有所不同,吕氏不仅提倡治经史以致用,且极为关注国计民生。晚年的吕祖谦,又与倡导事功之学的陈亮相知并互相切磋,其友情颇深笃。吕祖谦的学术空间颇大,他认为学者应以务实躬行为本,讲实理、育实才、求实用;吕氏对历代学校、赋役、漕运、盐法、酒禁、钱币、荒政、田制、屯田、兵制、马

---

① 田浩:《宋代思想史的再思考》,《复旦学报》2019年第1期。

政、考绩等涉及经济、政治、军事、文化教育等制度，也都做过一番深入的考察与探究，并最终写成《历代制度详说》一书。田浩的探讨似乎传达出：过去我们对吕祖谦研究的广度与深度，都远远不够。

据此，笔者更想说的是：吕祖谦与陆象山亦属心心相印者，而这正基于他们对大多数问题有着很高程度的共识。当然，吕祖谦在提携象山之时，他可能没有意识到：他不仅造就了"陆学"的成立，也为中国思想史推出了一个天才的人物。然而，学术史一贯性的"朱陆"之称，是否也可改变一下，成为"朱陆吕"之称呢？

深喻由乎志习

——程朱与陆九渊对"君子喻于义,小人喻于利"之解释的演进

陈乔见

(中山大学哲学系)

一 "君子喻于义,小人喻于利"解释史上的汉宋之别

《论语·里仁》篇载:"子曰:'君子喻于义,小人喻于利。'"此为孔子千古名言,可谓童叟皆知,妇孺习闻。这也是孔子乃至儒家"义利"之辨最具代表性的一则语录。这则语录文义晓白,对其理解本应无歧义,然而,事实上却并非如此。笔者曾对"君子喻于义,小人喻于利"的诠释史做过一番考察,儒学史上对"君子喻于义,小人喻于利"的诠释存在着"汉宋之争"。[①]兹撮其要如下。

汉儒从位(政治地位)的角度来理解"君子""小人",君子就是在位者、为政者、食禄者,在春秋时代主要是卿大夫;小人即庶民、小民。他们着眼的是"君子"与"小人"之间的关系问题,具体而言就是在位者与庶民之间(或者用阶级分析法的话语讲就是"统治者与被统治者之间")的分配正义问题。西汉大儒董仲舒在上汉武帝的《天人三策》中讲述了鲁国宰相公仪子因其妻织帛而出其妻的故事,公仪子理由是:吾已食禄,又夺园夫红女利乎!然后董子说:"夫皇皇求财利常恐乏匮者,庶人之意也;皇求仁义常恐不能化民者,大夫之意也。"(《汉书·董仲舒传》)董子此语实际上是对孔子"君子喻于义,小

---

① 详参陈乔见《义利之辨与儒家为政之道》,载朱贻庭、施炎平主编《儒学的时代担当》,上海远东出版社2020年版,第160—176页。

人喻于利"的注解，意谓庶人之所作为就是为了追求财利以养家活命，而卿大夫则应当晓喻仁义以化民成俗。这实际上肯定了庶民求利的合理性，意在抑制在位者和食禄者乘富贵之势夺民之利。东汉遍注群经的郑玄也持同样的观点。《诗经·大雅·瞻卬》："如贾三倍，君子是识。妇无公事，休其蚕职。"郑玄《笺》云："识，知也。贾物而有三倍之利者，小人所宜知也。君子反知之，非其宜也。今妇人休其蚕桑织纴之职而与朝廷之事，其为非宜，亦犹是也。孔子曰：'君子喻于义，小人喻于利。'"① 郑玄笺注此诗认为市价宜小人（即小民）知晓，非在位的君子所宜知，然后明确引用孔子此语来佐证。董子和郑玄的说法，应该说反映了两汉经生对孔子"君子喻于义，小人喻于利"的理解，都是从"位"（阶层）的角度来理解君子、小人的。有清一代学者多反理学，他们经常往上追溯到汉代经生的解释，以此来论证理学家的错误。由于理学家颇为重视孔子的"义利"之辨，反对理学的清儒对此章自然不会置之不理，所以，我们发现，清儒有不少对此章的专门解读，要皆在反对理学家的道德学诠释。焦循《君子喻于义小人喻于利解》云："儒者知义利之辨，而舍利不言，可以守己，而不可以治天下。天下不能皆为君子，则舍利不可以治天下之小人。小人利而后可义。君子以利天下为义。是故利在己，虽义亦利也；利在天下，即利即义也。孔子言此，正欲君子之治小人者知小人喻于利。"② 刘宝楠《论语正义》为清儒注《论语》之代表作，他注孔子此章亦采纳汉人董仲舒和郑玄的解释："如郑氏说，则《论语》此章盖为卿大夫之专利者而发，君子、小人以位言。"③ 质言之，汉儒和清儒解释的要旨在于反对为政者（君子）夺民（小人）之利，关乎分配正义的问题。

理学（宋学）的解释与汉学不同。重在从道德人品分判君子、小人，又把"义利"之辨等同于"公私"之辨，然其所谓"公""私"不完全是今人所理解的公共利益与私人利益，毋宁说主要系从心术和精神境界上来考量，因为他们认为有意为公亦是私。如二程说："虽公天下事，若用私意为之，便是私。"④ "人才有意于为公，便是私心。"⑤ 二程此论似乃针对王安石变法而言，后遂成理学家

---

① 毛亨传，郑玄笺，孔颖达疏，陆德明音释：《毛诗注疏》下册，上海古籍出版社2013年版，第1849页。
② （清）焦循：《雕菰集》，见阮亨辑《文选楼丛书》第5册，广陵书社2011年版，第2486页。
③ （清）刘宝楠：《论语正义》上册，中华书局1990年版，第154页。
④ （宋）程颢、程颐：《二程集》上册，中华书局2004年版，第77页。
⑤ （宋）程颢、程颐：《二程集》上册，中华书局2004年版，第192页。

共法，如陆九渊亦说："若有意为之，便是私。"①表面为公（如为天下事），但暗地里却羼杂私意，这无疑是私，因为这是以公谋私或公器私用等；理学家则更进一步，即便吾人有意为公且这个"意"不是私意而是善意诚意，这也是有我之私的表现，这属于程颢《定性书》所谓的"自私而用智"，"自私则不能以有为为应迹，用智则不能以明觉为自然"。可见，理学家所追求的不仅仅是道德世界的有我之境，而是进而希冀臻至《定性书》所谓"廓然而大公，物来而顺应"的"内外两忘"的无我之境；②前者体现了行为选择的自觉与自愿，后者则上升到自然。综上所述，理学家是从道德学的视域来诠释"君子喻于义，小人喻于利"，他们是从道德人品与精神境界来理解"君子""小人"的，又把"义利"之辨等同于"公私"之辨，而"公私"之辨主要是从动机（心术）上看，这就是把"义利公私"之辨等同于诚伪邪正之辨，朱子《答陈同甫》的一句话在此颇具代表性："尝谓'天理''人欲'二字，不必求之于古今王伯之迹，但反之于吾心义利邪正之间。"③明代理学家亦大都从心术辨析义利和剖判君子小人，如汪俊说："君子喻于义，义其心也；小人喻于利，利其心也。方其未形于事，初未有义利之可言，而其为体固已判矣。"④可见，理学家的"义利"之辨是限于主体一己之内（心术）而展开的，实际上是以"喻义"还是"喻利"来区分道德人品的高下，而不是辨析君子与小人之主体间性的关系。

二 程朱：唯其深喻，是以笃好

从"君子喻于义，小人喻于利"整个诠释史和"君子""小人""义利"观念的衍化史看，汉学（汉儒与清儒）属于同一个阵营，宋学（程朱理学与陆九渊心学）属于同一阵营。然而，就宋学家族内部而言，程朱与陆九渊对"君子喻于义，小人喻于利"的理解仍有细微的差别，各具特色，值得探讨。

在理学兴起之前，《论语》的传统注疏如何晏《论语集解》、皇侃《论语义疏》和邢昺《论语疏》对孔子"君子喻于义，小人喻于利"这则语录并没有特

---

① （宋）陆九渊：《陆九渊集》，钟哲点校，中华书局1980年版，第468页。
② （宋）程颢、程颐：《二程集》上册，中华书局2004年版，第460-461页。
③ （宋）朱熹：《朱子全书》（修订本）第21册，上海古籍出版社、安徽教育出版社2010年版，第1582页。
④ （清）黄宗羲：《明儒学案》下册，中华书局2008年版，第1150页。

别的关注,他们把重点放在对"喻"字的训诂上(三者皆训"喻"为"晓",兹不赘引),其外并无过多的思想义理的阐释。高度重视"义利"之辨和剖判"君子""小人"之别始于理学,具体言之肇始于北宋理学大家二程兄弟。程颢说:"天下之事,惟义利而已。"① 程颐说:"义与利,只是个公与私也。"② 理学的集大成者朱熹断言:"义利之说乃儒家第一义。"③ 反对朱子的陆九渊亦说:"凡欲为学,当先识义利公私之辨。"④ 由是可见,自二程高扬"义利"之辨,理学家几乎异口同声地有所响应,都视"义利"之辨为儒家第一义,而对此做出较为系统论述的莫过于朱熹,陆九渊的讲义亦堪称经典。

为了解释陆九渊对"义利"之辨的解释特色,我们有必要先了解程朱的解释。朱子《论语集注》注此章云:

> 喻,犹晓也。义者,天理之所宜;利者,人情之所欲。程子曰:"君子之于义,犹小人之于利也,唯其深喻,是以笃好。"杨氏曰:"君子有舍生而取义者,以利言之,则人之所欲无胜于生,所恶无胜于死,孰肯舍生而取义哉?其所喻者义而已,不知利之为利故也,小人反是。"⑤

要理解"君子喻于义,小人喻于利"这则语录的意涵,必须首先理解其中的三组概念:(1)"君子""小人"之所指;(2)"义""利"之所指;(3)"喻"的意涵,或者如何"喻"。关于(1)不难发现,程朱的解释中,"君子""小人"的道德评价意味十分浓重,实际上是从"喻于义"还是"喻于利"来分判"君子""小人"两种不同的人格形态。

关于(2),朱子与其门人的一些讨论,可以帮助我们理解"义利"之真实意涵。朱子说:"'君子喻于义,小人喻于利',只是一事上。君子于此一事,只见得是义,小人只见得是利。且如有白金遗道中,君子过之,曰:'此他人物,不可妄取。'小人过之,则便以为利而取之矣。'"又说:"喻义喻利,皆是一事上有

---

① (宋)程颢、程颐:《二程集》上册,中华书局2004年版,第124页。
② (宋)程颢、程颐:《二程集》上册,中华书局2004年版,第176页。
③ (宋)朱熹:《与延平李先生书》,《朱子全书》(修订本)第21册,上海古籍出版社、安徽教育出版社2010年版,第1082页。
④ (宋)陆九渊:《陆九渊集》,钟哲点校,中华书局1980年版,第470页。
⑤ (宋)朱熹:《四书章句集注》,中华书局1983年版,第73页。

两段。"① 朱子在此强调"义利"之辨只是在面对一事时的不同选择，君子每遇一事则思量义理，小人每遇一事则思量利害。比如，在面对道路上的财物时，君子遇见便会思量此乃他人之财物，不可妄取，取之即为不义；小人则一心想着利而取之。可见，在面对同一件事时的是非选择便体现了君子、小人的道德品格。朱子又举例说："且如今做官，须是恁地廉勤。自君子为之，只是道做官合着如此。自小人为之，他只道如此做，可以得人说好，可以求知于人。"② 同样是做官勤廉，君子认为这是义理之所当然，合当如此做；而小人则是为了博取他人赞誉。这个例子其实与面对遗失的财物的例子有所不同，在彼处，是非善恶从外在行为即可分判；在此处，外在行为是一样的，但动机却有两般。可见，朱子的"义利"（或"理欲"）之辨不仅涉及外在行为的评价，而且也关乎对心术（即动机）的考量。

前举做官勤廉的例子表明，朱子把"义利"之变在一定意义上等同于孔子所说的"为己"与"为人"之辨。实际上，朱子也确实把二者关联起来，他在训门人时说："自家今且剖判一个义利。试自睹当自家，今是要求人知？要为己？孔子曰：'君子喻于义，小人喻于利。'又曰：'古之学者为己，今之学者为人。'……大凡为学，且须分个内外，这便是生死路头！今人只一言一动，一步一趋，便有个为义为利在里。从这边便是为义，从那边便是为利。向内便是入圣贤之域，向外便是趋愚不肖之途。"③ 在朱子的诠释中，凡事皆有"义利"之辨，"为己"便是喻义，由此即可入圣贤之域；"为人"便是喻利，由此即趋向愚不肖（显然是道德义）之途。

不过，应当指出的是，朱子的诠释并不否定正当的个人利益。《朱子语类》卷27载：

> 问："'君子喻于义。'义者，天理之所宜，凡事只看道理之所宜为，不顾己私。利者，人情之所欲得，凡事只任私意，但取其便于己则为之，不复

---

① （宋）朱熹：《朱子全书》（修订本）第15册，上海古籍出版社、安徽教育出版社2010年版，第1005页。
② （宋）朱熹：《朱子全书》（修订本）第15册，上海古籍出版社、安徽教育出版社2010年版，第1006页。
③ （宋）朱熹：《朱子全书》（修订本）第18册，上海古籍出版社、安徽教育出版社2010年版，第2758页。

顾道理如何。"曰："义利也未消说得如此重。义利犹头尾然。义者，宜也。君子见得这事合当如此，却那事合当如彼，但裁处其宜而为之，则何不利之有！君子只理会义，下一截利处更不理会。小人只理会下一截利，更不理会上一截义。盖是君子之心虚明洞彻，见得义分明。小人只管计较利，虽丝毫底利，也自理会得。"①

弟子所问及其对此章的理解，应当说基本符合朱子的意思，但是，朱子补充说"未消说得如此重"，朱子解释说，义利犹头尾上下两截，君子只是理会头（即上一截义），当做不当做，然后裁宜为之，则利自在其中；小人则只是计较尾（即下一截利），不理会上一截义。总之，君子理会义理而利自在其中，小人则只理会利而罔顾义理。由是可知，朱子所谓不消说得如此重，乃是就弟子所谓君子"不顾己利"而言。可见，朱子的"义利"诠释并不是否定己利。

关于（3）"喻"字。朱子以"晓"解"喻"，对之前的注家并无更多发明。然而，朱子引程子的"惟其深喻，是以笃好"的说法则对以往之解释有所推进。诚如后来吕留良在《四书讲义》发挥程子之说：

> "喻"只是明白，君子只于是非上明白得尽，小人只于利欲上明白得尽。力行在笃好之后，笃好又在深喻之后，程子谓"惟其深喻，是以笃好"，正指已成之君子、小人。"喻"字兼深知笃好而言，然必深知然后笃好。看"深"字"笃"字，皆非恒人之知与好所得而与也。喻利人但将贪活一流罩煞，不知这里面正有人物在。天下颇有忠信廉洁之行，而其实从喻利来者，盖其智慧实晓得如是则利，非然则害，故所行亦复近义。然要其隐微端倪之地，实不从天理是非上起脚，而从人事利害上得力，此之谓喻利之深笃；若贪污之人，止知小利而不知大害，知近利而不知其后之大不利，此并不能喻利者。虽均之为小人，而其等高下悬殊。不能深喻者，其为小人犹浅，至喻之能深笃者，直与君子疑似，后世不察，每为所欺，而此种学术，遂流传于天地之间。如孔孟所指之乡愿，今人竟望为君子不可及之人矣，岂不可恨可

---

① （宋）朱熹：《朱子全书》（修订本）第15册，上海古籍出版社、安徽教育出版社2010年版，第1004—1005页。

痛！喻兼性学，不是漫然便晓，只是入门一岐，一路必造其极。①

吕留良把"喻"字讲得最为通俗明白。他特别引用为朱子所引的程子之说，认为唯有深喻，方能笃好；唯有笃好，方能力行。更为重要的是，他指出程子的解释"正指已成之君子、小人"，换言之，这里的"君子"是成熟之君子，"小人"也为成熟之小人——因其深晓利，故能关注到长远利益，而那些目光短浅之贪利小人，并不能真正意义上做到"喻于利"。可见，在此意义上的"小人"，可谓理性的利己主义者。他之所以能够做一个"理性的"利己主义者，正因为他深晓其真正利益之所在；而那些知近小利益而不知远大利益的愚蠢的或非理性的利己主义者，并不算得上是"已成之小人"。

三 陆九渊：深喻由乎志习

"朱陆之辩"是南宋理学史上一大公案，但两者对孔子此章的理解没有本质区别。纵观理学史，朱子而外，对"君子喻于义"章的解读最有影响的莫过于陆九渊。朱子知南康军时，邀请陆九渊到白鹿洞书院讲学，陆子所讲正是"君子喻于义，小人喻于利"一章，他说：

> 此章以义利判君子小人，辞旨晓白，然读之者苟不切己观省，亦恐未能有益也。某平日读此，不无所感：窃谓学者于此，当辨其志。人之所喻由其所习，所习由其所志。志乎义，则所习者必在于义；所习在义，斯喻于义矣。志乎利，则所习者必在于利；所习在利，斯喻于利矣。故学者之志不可不辨也。科举取士久矣，名儒巨公皆由此出。今为士者固不能免此。然场屋之得失，顾其技与有司好恶如何耳，非所以为君子小人之辨也。而今世以此相尚，使汩没于此而不能自拔，则终日从事者，虽曰圣贤之书，而要其志之所向，则有与圣贤背而驰者矣。推而上之，则又惟官资崇卑、禄廪厚薄是计，岂能悉心力于国事民隐，以无负于任使之者哉？从事其间，更历之多，讲习之熟，安得不有所喻？顾恐不在于义耳。诚能深思是身，不可使之为小人之归，其于利欲之习，怛焉为之痛心疾首，专志乎义而日勉焉，博学审

---

① （清）吕留良：《四书讲义》上册，中华书局2017年版，第172页。

问,谨思明辨而笃行之。由是而进于场屋,其文必皆道其平日之学、胸中之蕴,而不诡于圣人。由是而仕,必皆共其职,勤其事,心乎国,心乎民,而不为身计。其得不谓之君子乎。①

陆氏诠释的特色在于他对"喻"字的解释。陆子以"志""习"释"喻","志"与志向和动机有关,"习"与实践和习惯有关,志向和动机决定了我们的实践,并由此养成我们的习惯,最终形成某种稳定的道德品质,此即亚里士多德所谓美德(arete/virtue)。陆子随后以士子参加科举考试为例进一步阐明此章义理,士子参加科举考试在所难免,其"志"却有所分别:有的整日埋头圣贤之书,志向和动机却盯在将来有可能的高官厚禄;有的则平日就专志乎义,科考则道圣人之学,出仕则尽职恪守,为官则关心国家黎民。陆子的讲演非常成功,"听者莫不悚然动心",盖在于他能够联系实际,"切中学者隐微深痼之病"。②陆子从志向与动机上来分判君子小人,也是把"君子"解作道德高尚之人,把"小人"解作道德卑劣之人。

吕留良在《四书讲义》中引用陆子的解释说:

> 陆子静说志习在此,则喻在此,是从喻字前说。子静谓科举纯是喻利,看来确然如此。今日举业愈趋愈下,即不利亦鹜之,只是妄求耳,并未曾喻,然则求昔日之小人亦不可得。③

吕留良非常敏锐地指出,相对于程子"唯其深喻,是以笃好"乃"已成之君子、小人"而言,陆子以"志习"解"喻","是从喻字前说",换言之,是未成之君子、小人,尚在各自的志、习阶段,尚未形成稳定之品质。无论是就人格养成而言,还是就人物评价而言,陆子所谓的"志、习"都逻辑地先于程朱的"深喻"。如此,我们就不难明白陆子的解释实际上是对程朱理学进一步向前推进,也不难看出他的诠释更好地抓住了整个宋学重视"心术"(动机)的精神。这是陆子"义利"之辨的诠释特色和独到贡献。

---

① (宋)陆九渊:《陆九渊集》,钟哲点校,中华书局1980年版,第275—276页。
② (宋)陆九渊:《陆九渊集》,钟哲点校,中华书局1980年版,第276页。
③ (清)吕留良:《四书讲义》上册,中华书局2017年版,第172页。

朱陆异同的礼学诠释*

殷 慧

（湖南大学）

朱陆异同历来在中国学术史上备受关注，有着深远的影响。以往的学术史在讨论此问题时，常常将朱陆分歧分为方法论之争、无极太极之争以及门户之争等，而很少将其纳入礼学的视角中来进行探讨。实际上，宋代的新儒家们均"致力于教育和社会的重建"[①]，朱陆更是如此，汲汲于思考学术思想与社会政治之间的密切关系，关注社会人心，着力于礼制建设、礼义建构等，致力于培养"礼仪化"的人，以期实现社会的安定有序。本文试图从大礼学的视角来探索朱陆异同的表现、原因及其社会影响，期待方家的批评指正。

一 天理与心性：礼制秩序的新视野

朱陆之前的宋代理学家对礼制秩序已经有比较全面而系统的认识，形成了"礼即理"的思想，基本认同代表人间秩序的礼仪制度和规范确乎就是天理的显现。以张载和二程为代表的理学家在李觏、王安石等礼学思想的基础上为礼创造了新的哲学架构，礼不仅是人道，也是天理，天理为礼制秩序提供了起源的依据。[②] 礼所表现出来的等级秩序正是效仿天地自然之理。张载说："礼亦有不须变者，如天叙天秩，如何可变！礼不必皆出于人，至如无人，天地之礼自然而有，何假于人？天之生物便有尊卑大小之象，人顺之而已。此所以为礼也。学者有专

---

* 本文曾发表于《江淮论坛》2017年第2期。
① ［美］刘子健：《中国转向内在——两宋之际的文化内向》，赵冬梅译，江苏人民出版社2002年版，第8页。
② 肖永明、殷慧：《北宋礼学思想发展的二重路径》，《中韩人文科学研究》2008年总第25期。

以礼出于人，而不知礼本天之自然，告子专以义为外，而不知所以行义由内也，皆非也，当合内外之道。"(《张载集》)"生有先后，所以为天序；小大、高下相并而相形焉，是谓天秩。天之生物也有序，物之既形也有秩。知序然后经正，知秩然后礼行。"(《张载集》)程颐说："《书》言天叙、天秩。天有是理，圣人循而行之，所谓道也。圣人本天，释氏本心。"(《河南程氏遗书》卷二十一上《师说》)原来六经系统中的"天叙天秩"都纳入了"礼即理"的新命题中，代表了宋儒为重振社会秩序的时代呼声，也表明礼学哲学化的进程。

朱陆礼学思想的相同之处，在于他们均认为人间的礼制秩序是天理或天道的体现。朱熹在张载、二程等的基础上继续阐明天秩天叙就是天理之自然。他说：

> 因其生而第之以其所当处者，谓之叙；因其叙而与之以其所当得者，谓之秩。天叙便是自然底次序，君便教他居君之位，臣便教他居臣之位，父便教他居父之位，子便教他居子之位。秩，便是那天叙里面物事，如天子祭天地，诸侯祭山川，大夫祭五祀，士庶人祭其先，天子八，诸侯六，大夫四，皆是有这个叙，便是他这个自然之秩。(《朱子语类》卷七十八《尚书一》)

朱熹通过阐释天叙、天秩都是自然的次序，具有恒久的稳定性和不可抗逆的属性，从而强调人伦关系和礼制等级的天然性。在人间社会实行的典礼，都产生于天叙天秩之下，凡礼文、礼制、礼乐都不是圣人自出机杼制作的，而是天定的。朱熹说：

> "天叙有典，敕我五典五惇哉！天秩有礼，自我五礼有庸哉！"许多典礼，都是天叙天秩下了，圣人只是因而敕正之，因而用出去而已。凡其所谓冠昏丧祭之礼，与夫典章制度，文物礼乐，车舆衣服，无一件是圣人自做底。都是天做下了，圣人只是依傍他天理行将去。如推个车子，本自转将去，我这里只是略扶助之而已。(《朱子语类》卷七十八《尚书一》)

在朱熹看来，礼是天秩天叙的体现，圣人制礼作乐也只不过是发挥天理而已。其他同时代的理学家也倾向于从天秩天叙来论述礼理关系。吕祖谦认为："礼者，理也。理无物而不备，故礼亦无时而不足。"(《东莱外集》卷一)张栻说:"所谓礼者天之理也,以其有序而不可过,故谓之礼。"(《南轩集》卷二十六《答吕季克》)陆九渊也认同"礼即理也"的观点,同时认为"天秩天叙"为"五礼",为"理"。他说:

> 塞宇宙,一理耳。学者之所以学,欲明此理耳。此理之大,岂有限量?程明道所谓有憾于天地,则大于天地者矣,谓此理也。三极皆同此理,而天为尊,故曰:"惟天为大,惟尧则之。"五典乃天叙,五礼乃天秩,五服所彰乃天命,五刑所用乃天讨。今学者能尽心知性,则是知天,存心养性,则是事天。人乃天之所生,性乃天之所命。自理而言,而曰大于天地,犹之可也。自人而言,则岂可言大于天地?乾坤同一理也。(《陆九渊集》卷十二《与赵咏道四》)

只不过陆九渊在论礼理关系时,常常强调明理、行礼均需人心的参与,主张彰显本心,认为心不必外求,主张内向的工夫。他说:"夫子所谓克己复礼为仁,诚能无毫发己私之累,则自复于礼矣。礼者理也。此理岂不在我,使此志不替,则日明日著,如川日增,如木日茂矣。必求外铄,则是自塞其源,自伐其根也。"(《陆九渊集》卷十二《与赵咏道四》)陆九渊认为天理是人心能够认识的,就是"本心"的呈现,而"仁义"就是人的本心。他说:"天之所以与我者即此心也。人皆有是心,心皆有是理,心即理也。"(《陆九渊集》卷十一《与李宰》)"故仁义者,人之本心也。"(《陆九渊集》卷一《与赵监》)如果说孔子以仁释礼是原始儒学实现的哲学突破,那么二程所体贴出来的天理实际上就是宋代新儒学实现的突破,而陆九渊自认为绍述孟子,即在于他据孟子以界定仁、认识仁、体会仁并表现仁,以本心即仁义,仁义即本心,仁义即天理,本心即天理,这可以说代表了宋代礼理沟通的一种新诠释方向。

在陆九渊的论述中,他特别强调自己所言的理,是"一理",他说:"盖心,一心也;理,一理也。至当归一,精义无二,此心此理,实不容有二。……仁即此心也,此理也,求则得之,得此理也,先知者,知此理也,先觉者,觉此理也。"(《陆九渊集》卷一《与曾宅之》)在另一论述中,陆九渊很明显也主张格物穷理,只是他特别强调磨考至"一理"处:"理只在眼前,只是被人自蔽了,因一向误证他,日逐只是教他做工夫,云不得只如此,见在无事须是事事物物不放过,磨考其理,且天下事事物物,只有一理无有二理,须要到其至一处。"(《陆九渊集》卷三十五《语录下》)陆九渊强调一理,一方面是心、理合一的要求,另一方面也是强调道、理能够"一贯"的需要,这也为其实现易简的教人工夫打下了哲学基础。

同时陆九渊也强调自己所论之"天秩天叙"是"实理"。陆九渊所说的实理,大致是心所具有的判断是非的能力,认为这是理中最核心和关键的部分。这可能来自程子的启示:"实理得之于心自别,实理者,实见非也。"因此,陆九渊所言的实理,实际上就是指学者明理的能力,"宇宙自有实理,所贵乎学者为能明此理耳。此理苟明,则自有实行,有实事"(《陆九渊集》卷十四《与包详道》)。"德则实德,行则实行。"(《陆九渊集》卷一《与曾宅之》)"非明实理,有实事实行之人,往往乾没于文义间,为蛆虫识见以自喜而已。"(《陆九渊集》卷十四《与胥必先》)值得注意的是,陆九渊多言"明理",自信"所明之理,乃天下之正理、实理、常理、公理"(《陆九渊集》卷十五《与陶赞仲》)。这是因为在他看来,人心已经具备内在的"恻隐""羞恶""恭敬""是非"的道德能力,不需要再向外求索,只要不遮蔽本心即可。

与陆九渊"心即理"不同,朱熹主要强调"性即理"。朱子在《论语集注》中解释"夫子之文章可得而闻也,性与天道不可得而闻也"时认为:"文章,德之见乎外者,威仪文辞皆是也,性者人所受之天理天道者,天理,自然之本体,其实一理也。"在朱熹看来,孔子的文章、性与天道其实都是"一理",文章威仪实际上就是蕴含了天理、天道的德性。后来朱熹用"天理之节文,人事之仪则"来定义礼,正表明了其合内外、重天人的取向。

朱熹也多言实理①,其实理观实际上是强调"性即理",认为性就是实理,以便与释氏所言性空分别开来。朱熹说:"盖道无形体,只性便是道之形体,然若无个心,却将性在甚处,须是有个心,便收拾得这性,发用出来,盖性中所有道理,只是仁义礼智,便是实理。吾儒以性为实,释氏以性为空,若是指性来做心说,则不可。今人往往以心来说性,须是先识得,方可说。"(《朱子语类》卷四《性理一》)朱熹并非否定心的作用与功能,但他强调仁义礼智均是性,都是实理。"性是实理,仁义礼智皆具。"(《朱子语类》卷五《性理二》)"太极图只是一个实理,一以贯之。"(《朱子语类》卷九十四《周子之书》)然而陆九渊并不认

---

① 参看牟坚《朱子的实理观及其与礼的关系之研究——以朱子〈四书〉学为中心》,博士学位论文香港科技大学,2008年。

同朱熹所言的"一贯"的"实理",他批评道:"我说一贯,彼亦说一贯,只是不然,天秩天叙天命天讨,皆是实理,彼岂有此?"(《陆九渊集》卷三十五《语录下》)陆九渊认为尽心、保持本心是实践礼仪、体悟天理的手段,朱熹则认为礼内含于人的本性,性即理,礼即理,复礼即复性,这是朱熹所理解的实理,两人在此点上分歧较大。那么朱熹如何理解"心"呢?

在诠释《孟子》"尽心知性知天"时,朱熹认为:"心者,人之神明,所以具众理而应万事者也,性则心之所具之理,而天又理之所从以出者也。人有是心,莫非全体,然不穷理则有所蔽而无以尽乎此心之量,故能极其心之全体而无不尽者,必其能穷夫理而无不知者也,既知其理则其所从出亦不外是矣。以《大学》之序言之,知性则物格之谓,尽心则知至之谓也。"朱熹借鉴张载提出的"心统性情"来处理心性关系,性包含仁义礼智,是理。可是心统帅性情,意味着心包含理,可不完全是理,性才是内核。

朱陆在心性与天理上的分歧,来源于对程颐和张载思想的不同理解。程颐曾说:"心也,性也,天也,一理也。自理而言谓之天,自禀受而言谓之性,自存诸人而言谓之心。"张载说:"由太虚有天之名,由气化有道之名,合虚与气有性之名,合性与知觉有心之名。"张程均致力于有效统合心性与天理的关系,以发扬孔孟之道,但朱陆却因为对孔孟之道的理解和体悟有别而出现了分歧。陆九渊强调"心即理",而不太关注性情关系及其作用。

> 伯敏云:"如何是尽心?性、才、心、情如何分别?"先生曰:"如吾友此言,又是枝叶。虽然,此非吾友之过,盖举世之弊。今之学者读书,只是解字,更不求血脉。且如情、性、心、才,都只是一般物事,言偶不同耳。"(《陆九渊集》卷三十五《语录下》)

与陆九渊有意避免心、性、情等概念的分析不同,朱熹主张"性即理",强调礼义中性情如何协调的问题。朱熹认为:"尽心知性而知天,所以造其理也,存心养性以事天,所以履其事也,不知其理,固不能履其事,然徒造其理而不履其事,则亦无以有诸己矣。"(《四书章句集注》)朱熹认为,格物穷理在礼义的认知上具有优先性,这是践履礼仪的前提,同样如果只知礼义,而不知践履,同样无法实现和谐的礼制秩序。有人问朱熹致知格物,朱熹明确地说格致万事万物,"其实只是一个心",都是明心中仁义礼智之理(《朱子语类》卷七十五《大

学二》)。具体说到心与理的关系,朱熹言:

> 理遍在天地万物之间,而心则管之。心既管之,则其用实不外乎此心矣。然则理之体在物,而其用在心也。(《朱子语类》卷十八《大学五》)
> 万理皆具于吾心,须就自家自己做工夫,方始应得万理万事。(《朱子语类》卷一百三十《本朝四》)

朱熹始终认为心具众理,心与理一,但并不认同陆九渊"心即理"的观点。朱熹认为陆学"心即理"的观点由于不察气禀物欲对人心的影响,与释氏明心见性之说无异,朱熹说:"儒释之异,正为吾以心与理一,而彼以心理为二耳。然近世一种学问虽说心与理一,而不察乎气禀物欲之私,故其发亦不合理,却与释氏同病,又不可不察。"(《朱文公文集》卷五十六《答郑子上》)朱熹站在自身的立场,说陆九渊没有关于气禀之说,这是中肯的。因为朱熹主张"性即理"的同时,也认为由于理气的共同作用,性又可分为天命之性和气质之性,气质之性可能杂糅着理气、善恶等种种,人的修养就是不断从"气质之性"回复到"天命之性"的过程。然而陆九渊并没有与之相应的气禀之说,或者说陆九渊并不认同朱熹为礼学建构的气禀说,认为有杜撰的因素。可值得注意的是,朱熹批评陆九渊不察"物欲之私",则不符事实。陆九渊也认同"复性"说,认为人善性的最大敌人可能就是物欲,物欲有可能对本心造成遮蔽和伤害。"人性本善,其不善者迁于物也。知物之为害而能自反,则知善者乃吾性之固有,循吾固有而进德,则沛然无他适矣。"(《陆九渊集》卷三十四《语录上》)他还说:"愚不肖者不及焉,则蔽于物欲而失其本心;贤者智者过之,则蔽于意见而失其本心。"(《陆九渊集》卷一《与赵监》)又说:"愚不肖者之蔽,在于物欲;贤者智者之蔽,在于意见。"(《陆九渊集》卷一《与邓文范》)同时,陆九渊对"己私"也有比较严格的判断:"所谓己私者,非必如常人所见之过恶而后为己私也,己之未克,虽自命以仁义道德,自期以可至圣贤之地者,皆其私也。"(《陆九渊集》卷一《与胡季随》)陆九渊认为能够践履复礼才是真正具备了仁义道德,达到了圣贤的境界,否则就是己私未克的表现。

朱熹继承程颐即物穷理以格物致知的说法,坚决与陆学辨析毫厘之间,批评陆学悬空说心、说理的弊端。据《朱子语类》记载:

> 问:"陆先生不取伊川格物之说,若以为随事讨论,则精神易弊,不若但求之于心,心明则无所不照,其说亦似省力。"曰:"不去随事讨论后,听他胡做,话便信口说,脚便信步行,冥冥地去,都不管他。"(《朱子语类》卷十八《大学五》)

朱熹担心的是陆九渊关于"心即理"的说法,一方面是因为说得过高,过于简易,可能导致学者在以礼修身上出现丧失客观评价标准的现象。陆九渊曾说:"大抵为学,不必追寻旧见。此心此理昭然宇宙之间,诚能得其端绪,所谓一日克己复礼,天下归仁焉,又非畴昔意见所可比拟,此真吾所固有,非由外铄,正不必以旧见为固有也。"(《陆九渊集》卷十三《与李信仲》)朱熹则认为:"此等议论恰如小儿则剧一般,只管要高去,圣门何尝有这般说话!"(《朱子语类》卷一百三十《本朝四》)另一方面,在朱熹看来,陆学同二程后学一样,在不同程度上出现了悬空说理、以理代礼的势头,重克己之说,轻复礼之实,远离了儒学平易、踏实的践履工夫,必须从理论上予以扭转。①

朱熹的格物穷理思想是其哲学体系的重要组成部分及其特色所在。朱熹试图将心与理贯通起来,实现《大学》将知识与道德、内圣与外王结合的要求,形成了具有理学特色的修养工夫论和方法论。然而这一思想自出世以来,学者们就有质疑,据《大学或问》载:

> 曰:子之为学,不求诸心而求之迹,不求之内而求之外,吾恐圣贤之学,不如是之浅近而支离也。曰:人之所以为学,心与理而已矣。心虽主乎一身,而其体之虚灵,足以管乎天下之理;理虽散在万物,而其用之微妙,实不外乎一人之心,初不可以内外精粗而论也。(《大学或问》)

发问者正是陆九渊心学的代言人,他指出朱熹格物致知说不求诸心而求之事物,不求之内心而求之外在天理,有陷入浅近而支离的经验论的嫌疑。朱熹则认为陆九渊"心即理"的主张,实际上与言"心空而无理"的禅学无异,因而力主"心空而万理咸备"(《朱子语类》卷一百二十六《释氏》)。朱熹比较认同心的力

---

① 殷慧:《宋儒以理释礼的思想历程及其困境》,《中国哲学史》2013 年第 2 期;Yin Hui, Hoyt Tillman. "The Confucian Canon's Pivotal and Problematic Middle Era: Reflecting on the Northern Song Masters *and Zhu Xi*", *Dao: A Journal of Comparative Philosophy*, 2015(1): 95-105。

量和地位,"人之所以位天地之中,而为万物之灵者,心而已矣"(《朱文公文集》卷七十七《存斋记》)。"性是理,心是包含该载、敷施发用底。"(《朱子语类》卷五《性理二》)"心之理即太极。"(《朱子语类》卷五《性理二》)然而,朱熹不同意"心即理"的表述,是因为他认为,"《论语》不曾说心,只是说事实。《孟子》说心,后来遂有求心之病",又"如孟子之求放心,已说缓了","今说求放心,说来说去,却似释老说入定一般",因此朱熹对"心"说总有着某些担心,唯恐其导致忽视礼仪践履,落入禅流。

的确,正如有学者指出的,朱陆在宇宙论上的分析可被视为二人不同哲学风格的表现。朱熹强调学术分析的方法,陆九渊强调全盘实践的方法。[①]从礼制秩序的建构来看,两人均致力于从礼到理的"天理论"建构,成就斐然。只不过在吸收、整合经典资源上,两人表现出不同的取径:朱熹吸收张程之说,高举"性即理"和"心统性情"说,为"礼即理"夯实了心性论的基础;陆九渊直承孟子,强调"心即理",强调把握礼仪践履的"血脉"。从现实的教学来看,两人的学说在当时均吸引了蔚为大观的学者,生徒众多、门庭灿然。

二 穷理之要与为学之方:礼如何教

可以毫不夸张地说,宋代理学家思想和行动的重点均在推行礼教。程颐认为,礼教是收拾人心、国家安定的基本制度和手段,"礼教未立,则人心不服而俗乱,国何以安乎?"(《河南程氏经说》卷三)同时,礼也是人用以修身的标准。"礼者,人之模范,守礼所以立其身也。安之而和乐,德之成也"(《河南程氏经说》卷六)。朱陆认同并进一步发展了程颐的这些思想。

1. 朱熹"道问学"背景下的求仁工夫与主敬涵养

朱熹在用天理整合传统儒学的诸多概念和范畴的基础上,仍然坚守仁礼合一、仁礼双彰的思想,其求仁工夫依然以礼作为归宿。[②]首先,朱熹认为仁是天理的统体,礼是天理之节文。朱熹认为理、仁均是事物存在、生发的内在根据。

[①] 黄进兴:《李绂与清代陆王学派》,江苏教育出版社2010年版,第18页。
[②] 钱穆:《朱子新学案》,巴蜀书社1986年版,第237—250、386—414页;陈荣捷:《论朱子之仁说》,《朱学论集》,华东师范大学出版社2007年版,第25—45页;牟宗三《心体与性体》(三),台北:正中书局1995年版,第229—351页;田浩:《朱熹的思维世界》,陕西师范大学出版社2002年版,第76—90页;陈来:《朱熹的〈仁说〉与宋代道学话语的演变》,《中国近世思想史研究》,商务印书馆2003年版,第52—109页;金春峰:《朱熹〈仁说〉剖析》,《求索》1995年第4期。

礼必须以仁为基骨，依托仁才可行。朱熹说："理者物之体，仁者事之体。事事物物，皆具天理，皆是仁做得出来。仁者，事之体。体物，犹言干事，事之干也。'礼仪三百，威仪三千'，非仁则不可行。"(《朱子语类》卷九十八《张子之书一》)这就是说，虽然仁、理都有作为事物本质的特点，但却不能脱离事事物物来论仁，仁必须落实到礼事上才能显出其价值。同样礼仪的施行也离不开仁。

其次，朱熹认为仁包含四德，当然也包括礼。朱熹这一思想继承了程颐的说法，而直接与李觏《礼论》中所言礼包含四德相对，表现出强调内在道德性的特点。朱熹在玉山讲演时说：

> 仁，固仁之本体也；义，则仁之断制也；礼，则仁之节文也；智，则仁之分别也。正如春之生气，贯彻四时，春则生之生也，夏则生之长也，秋则生之收也，冬则生之藏也。故程子谓四德之元犹五常之仁，偏言则一事，专言则包四者，正谓此也。孔子只言仁，以其专言者言之也，故但言仁，而仁义礼智皆在其中；孟子兼言义，以其偏言者言之也，然亦不是于孔子所言之外，添入一个义字，但于一理之中，分别出来耳。(《朱文公文集》卷七十四《玉山讲义》)

程朱之所以这样将"仁义礼智"四德统合于仁的范畴，其实是与以理统合四德一致的，而试图论证"仁即理"的命题。同样朱熹用理一分殊之论来统合孔孟所言仁义，这也是受杨时"知其理一，所以为仁；知其分殊，所以为义"的影响。这是从外在的联系来论证仁的重要性，但仁为什么能够包含四者呢，有什么内在的依据吗？朱熹阐发孟子仁说，认为人只是这一个心，心包含恻隐、辞逊、羞恶、是非四端，而这四端都本之恻隐，因为恻隐是一个"动底醒底"心，就如同推动自然界中春夏秋冬不断循环的"发生之气"一般(《朱子语类》卷九十五《程子之书一》)。朱熹还言："得此生意以有生，然后有礼智义信。以先后言之，则仁为先；以大小言之，则仁为大。"(《朱子语类》卷六《性理三》)这样朱熹就将天地生物之仁与人心之仁紧密地结合起来了，最终是为了强调仁"为先、为大"的地位。王安石曾言："先王之道德，出于性命之理，而性命之理，出于人心。"(《王文公文集》卷三十四《虔州学记》)可以说，朱熹《仁说》中关于"人心"的诠释正与王安石新学遥相呼应，从性命道德的角度将仁、礼及与心的关系界说清楚，也从根本上清算了南宋新学的影响，为理学建构了坚实的心性论基础。

最后，朱熹认为体仁虽然很重要，但履礼却是工夫之本。正如陈来教授所指出的："朱子所运思的方向，显然更注重仁说的道德实践意义，即功夫意义，而不是仁说的境界意义。"① 从程颐开始，就有人试图将孔孟言仁之处聚拢琢磨体会的意向，后来张栻纂辑《洙泗言仁编》体仁，朱熹却一直持反对态度。朱熹认为张栻类聚言仁的不当之处在于，一方面这是一种使"学者厌烦就简，避迂求捷"的学风，如果只将注意力放在圣人说仁处，而没有意识到仁有更为普遍的意义，就可能造成以偏概全的弊端；另一方面容易滋长学者"计获欲速之心，方寸愈见促迫纷扰，而反陷于不仁"的境地（《朱文公文集》卷三十一《答张敬夫》）。朱熹主张正如强调"博文约礼"一样，言仁就必须要言礼，要强调涵养工夫。朱熹提出"主敬致知，交相为助"的办法以救此弊。（《朱文公文集》卷三十一《答张敬夫》）

从致知层面上说，朱熹所论《仁说》正是从"学以明理"的角度来拯救当时言仁之弊端。针对当时出现的异说横生、莫衷一是的各家仁说，朱熹提出以爱、以理、以心言仁，目的都是从"学"的层面让学者们对仁字有一个明晰的认识，为更好地践履求仁打下坚实的知识论基础，这与朱熹"知先行后"的思想也是一致的。就涵养工夫而言，在朱熹看来，仁虽然是可以言说讨论的，但是儒学的精义在于不能悬空谈论仁，只有将其与现实的礼仪规范、礼文制度联系起来，成为落实的工夫才是体仁、得仁。朱熹认为言仁实不得已，而最终的目的仍然是更好地克己复礼，恭敬存养。

因此朱熹强调："仁，学者所求，非不说，但不可常常把来口里说。"（《朱子语类》卷三十六《论语十八》）朱熹认为自己破解的仁字实际上也是不能"该括尽"仁意的，而为仁、识仁最终还要躬行实践，克尽内私，在日用常行之中践履力行。因此朱熹极力主张就个体自家身上体究为仁之方。朱熹在新的时代，在继承程颐提出的"涵养须用敬"的工夫论的基础上，再次强调克己复礼，认为求仁的工夫应当守住一"敬"字。

朱熹将主敬工夫提到很高的地位，认为从尧舜到孔孟，从《大学》格物致知、正心诚意，到程颐发明"涵养须用敬"的工夫，"敬"是贯穿儒家礼学思想的存养要法，是"先立乎其大者"的工夫和本体所在（《朱子语类》卷十二《学六》）。朱熹说：

---

① 陈来：《早期道学话语的形成与演变》，安徽教育出版社2007年版，第218页。

> 如今看圣贤千言万语，大事小事，莫不本于敬。收拾得自家精神在此，方看得道理尽。(《朱子语类》卷十二《学六》)
>
> 敬字工夫，乃圣门第一义，彻头彻尾，不可顷刻间断。(《朱子语类》卷十二《学六》)
>
> 敬之一字，真圣门之纲领，存养之要法。一主乎此，更无内外精粗之间。(《朱子语类》卷十二《学六》)

与先秦儒家关于敬的思想进行比较可以看出，朱熹扩展了敬的使用范围。敬不仅是从事礼事活动的敬畏态度，而且也是贯穿于圣人言语、行为中不可间断的存养工夫。朱熹的弟子黄榦曾这样概括朱熹的思想："其为学也，穷理以致其知，反躬以践其实，居敬者所以成始成终也。谓致知不以敬，则昏惑纷扰无以察义理之归；躬行不以敬，则怠惰放肆无以致义理之实。"(《勉斋集》卷三十六《朱先生行状》)这表明朱熹的主敬思想是贯穿动静、始终、知行的全过程，是致知和躬行不可或缺的条件。

关于敬的内涵，钱穆先生认为朱熹所言敬，"在内若有所畏，在外能整齐严肃，时时收敛此心，专主于一，随事检点，务使此心常惺惺"[①]。陈来先生概括为：收敛，谨畏，惺惺，主一，整齐严肃；并认为朱熹所言主敬最基本的要求就是做到内无妄思、外无妄动。[②]在朱熹看来，敬虽然不能离开外在整齐严肃的约束，但是敬的真正内涵是与心的主宰、存心养性的工夫紧密联系在一起。敬之所以如此重要，在于它是提高道德实践的自主性、自觉性，进行自我改造的根本方法。[③]有学者用"持敬说"来概括朱熹的涵养工夫，有学者用"主敬涵养"来概括，综合分析朱熹强调敬之工夫的主要方面，虽然朱熹"持敬"和"主敬"常常交错运用，但是我们认为用"主敬"来概括更为确切，因为用敬该贯动静的主宰工夫更可强调心的能动作用。[④]

---

① 钱穆：《朱子新学案》，巴蜀书社1986年版，第585页。
② 陈来：《宋明理学》，华东师范大学出版社2003年版，第138页。
③ 蒙培元：《理学范畴系统》，人民出版社1997年，第407页。
④ 侯外庐、邱汉生、张岂之：《宋明理学史》人民出版社1987年版，第403—407页；陈来：《宋明理学》，华东师范大学出版社2003年版，第138—139页；陆九渊就曾批评朱熹的"持敬"说，只是杜撰。因为在先秦经典中"未尝有言持敬者"，说看到这两个字，"可见其不明道矣"。(宋)陆九渊：《陆九渊集》卷一《与曾宅之》，中华书局1980年版，第6页。

2. 陆九渊"尊德性"主张下的礼教

在陆九渊看来,当时南宋社会的主要症结就是人心与礼义的问题。陆九渊重视礼义的发挥,认为礼义是中国之所以为中国的根本和象征。淳熙九年(1182年)陆九渊在太学主讲《春秋》,讲"楚人灭舒蓼略"时说:"圣人贵中国,贱夷狄,非私中国也。中国得天地中和之气,固礼义之所在。贵中国者,非贵中国也,贵礼义也。"(《陆九渊集》卷二十三《大学春秋讲义》)陆九渊讲《春秋》诸章,主要是向学者讲清楚中国作为"礼义之邦"的大义所在,希望听者守礼义之约、立复国之志。

陆九渊认为,人心与礼义之所以会造成隔阂,主要是因为"心先主乎利害",所以会导致礼义沦丧。有门人记录:

> 或劝先生之荆门,为委曲行道之计。答云:"《仲虺》言汤之德曰:'以义制事,以礼制心。'古人通体纯是道义,后世贤者处心处事,亦非尽无礼义,特其心先主乎利害,而以礼义行之耳。后世所以大异于古人者,正在于此。古人理会利害,便是礼义,后世理会礼义,却只是利害。"(《陆九渊集》卷三十四《语录上》)

很明显,陆九渊在"以义制事,以礼制心"上有着很深的体会,也对践履礼仪提出了更高的要求。他认为当时南宋的弊端就在于学者讨论礼义时,首先以利害作为标准,而利害无疑是人心的大敌。他说:"古之学者以养心,今之学者以病心。古之学者以成事,今之学者以败事。"(《陆九渊集》卷十二《与陈正己》)又说:"惟温故而后能知新,惟敦厚而后能崇礼。"(《陆九渊集》卷三十四《语录上》)在陆九渊看来,崇礼先须敦厚,应"尊德性",善养心。

1181年陆九渊受朱熹之邀,在白鹿洞书院讲"君子喻于义,小人喻于利"。在讲演此章时,陆九渊特别强调"切己观省"的方法,并主张学者应首先"辨其志","志乎义,则所习者必在于义,所习在义,斯喻于义矣。志乎利,则所习者必在于利,所习在利,斯喻于利矣"(《陆九渊集》卷二十三《白鹿洞书院论语讲义》)。然后陆九渊以每个学者面临的科举,以及中举后可能面临的"官资崇卑""禄廪厚薄"与"国事民隐"之间的冲突与矛盾等,来辨析时代的义与利。朱熹评价其讲演"切中学者隐微深痼之病",达到了让听者"悚然动心"的教学效果。绍熙三年(1192年)五月,陆九渊在荆门给全体官员及吏卒讲《洪范》,

主讲内容有中道、心正等。荆门百姓约五六百人也自发前来听讲，足见其教学的吸引力。

在"心"的培养上，陆九渊认为："必有大疑大惧，深思痛省，抉去世俗之习，如弃秽恶，如避寇仇，则此心之灵，自有其仁，自有其智，自有其勇。私意俗习，如见晛之雪，虽欲存之而不可得。此乃谓之知至，乃谓之先立乎其大者。"（《陆九渊集》卷十五《与傅克明》）心的彰明是一个艰苦卓绝、痛下决心的过程，也是主体精神道德挺立的过程，只有这样，才能使心昭然若见。

陆九渊善于通过生动可见的行为教授"礼"。一次学生詹阜民向陆九渊请教什么是"礼"。陆九渊突然起身往外走去，詹阜民随即起身，紧跟其后。陆九渊这时反问道："还用安排否？"詹阜民顿时恍然有悟：原来人人心中本有"礼"。（《陆九渊集》卷三十五《语录下》）

在具体教人的过程中，他主张抛弃具体的概念范畴分析，直契本心。

> 王遇子合问学问之道何先？曰："亲师友，去己之不美也。人资质有美恶，得师友琢磨，知己之不美而改之。"子合曰："是，请益。"不答。先生曰："子合要某说性善性恶，伊洛释老，此等话不副所求，故曰是而已。吾欲其理会此说，所以不答。"（《陆九渊集》卷三十五《语录下》）

> 徐仲诚因问："《中庸》以何为要语？"答曰："我与汝说内，汝只管说外。"良久曰："句句是要语。"梭山曰："博学之，审问之，慎思之，明辨之，笃行之，此是要语。"答曰："未知学，博学个什么？审问个什么？明辨个什么？笃行个什么？"（《陆九渊集》卷三十四《语录上》）

陆九渊认为性善性恶，以及心性、性情的辨析并不能为道德的修养带来好处，反而只是徒弊精神。陆九渊告诉李伯敏："若老兄与别人说，定是说如何样是心，如何样是性情与才；如此分明说得好，划地不干我事。须是血脉骨髓理会实处始得。"（《陆九渊集》卷三十五《语录下》）

陆九渊也不太同意程朱关于天理与人欲的分疏，他说：

> 天理人欲之分，论极有病。自《礼记》有此言，而后人袭之。《记》曰："人生而静，天之性也。感于物而动，性之欲也。"若是，则动亦是，静亦是，岂有天理物欲之分？若不是，则静亦不是。岂有动静之间哉？《陆九

渊集》卷三十五《语录下》

> 天理人欲之言亦自不是至论，若天是理，人是欲，则是天人不同矣。此其原盖处于老氏。……《乐记》之言亦根于老氏，且如专言静是天性，则动独不是天性，《书》云："人心惟危，道心惟微。"解者多指人心为人欲，道心为天理，此说非是，心一也，人安有二心？自人而言，则曰惟危，自道而言，则曰惟微。罔念作狂，克念作圣，非危乎？无声无臭，无形无体，非微乎？（陆九渊集》卷三十四《语录上》）

> 谓人欲天理非是。人亦有善有恶，天亦有善有恶，岂可以善皆谓之天，恶皆归之人？此说出于《乐记》。此说不是圣人之言。（《陆九渊集》卷三十五《语录下》）

关于程朱天理、人欲的修身工夫论，陆九渊认为，以动静、善恶、人心道心来进行分疏，存在着"二心"以及天人分隔的问题。这与他主张的"心即理""心为一心论"冲突。

3. 朱陆在礼教上的分歧

徐复观认为，朱陆的差异也表现在由对心性认识的不同而来的修养工夫之各异。[①] 实际上在培养儒家礼仪化的人上，在追求孔孟之道、圣贤气象上，朱陆是一致的。同样在尊德性和道问学上，其实两人都强调尊德性，认为读书是第二义的事。

实际上在教人之方上，朱陆均重视格物致知、正心诚意。陆九渊应试时答"德仁功利"之问时，对"帝王之德之仁，岂但如匹夫见于修身齐家而已"一语，以为不然，而申己意驳之云："夫所谓修身齐家者，非夫饬小廉，矜小行，以自托于乡党者然也；颜子视听言动之间，曾子容貌辞气颜色之际，而五帝三王、皋夔稷契、伊吕周召之功勋德业在焉。故《大学》言明明德于天下者，取必于格物致知、正心诚意之间。"（《陆九渊集》卷三十一《程文·问德仁功利》）朱熹毕生致力于《大学》的格物穷理之学，晚年还试图按照家、乡、邦国的顺序编撰《仪礼经传通解》[②]，去世前还在修改诚意章。只不过陆九渊特别强调人品优先于学问这一宗旨，认为学会做人，完成圣贤人格乃是教人之要义。他说："学者所以为

[①] 徐复观：《中国思想史论集》，上海书店出版社 2004 年版，第 26 页。
[②] 殷慧：《〈仪礼经传通解〉的编撰旨趣和在朱熹学术思想中的地位》，《儒教文化研究》（国际版）17 辑，2012 年；殷慧：《朱熹编撰〈仪礼经传通解〉的缘由探析》，《中国哲学》第 26 辑，辽宁教育出版社 2010 年版，第 306—333 页。

学，学为人而已。"(《陆九渊集》卷三十五《语录下》)"诸处方哓哓然谈学问时，吾在此多与后生说人品。"(《陆九渊集》卷三十四《语录上》)陆九渊注重成德之教，认为"人皆可以为尧舜"，主张"先立乎其大者"，教人知本立志，明义利之辨，力主收拾精神，不使心为事累。

很明显，朱陆在礼教上的分歧主要表现在是否特别需要读书上。朱熹认为应该通过读书穷理、居敬持志而来学礼。朱熹说："为学之道，莫先于穷理。穷理之要，必在于读书。读书之法，莫于循序而致精。而致精之本，则又在于居敬而持志。……圣贤复生，所以教人，不过如此。"(《朱文公文集》卷十四《行宫便殿奏札二》)在朱熹看来读书才能理解礼义、观察礼仪，而明晰礼仪中的礼义，则只能通过读书来完成，读书才能明理。同样，读书明理能够有效地提高认识水平、分析能力，磨炼意志，为更好的、更高层次的践履打下基础。朱熹说："读书所以明理，而明理者，欲其有以烛乎微细之间而不差也。故惟考之愈详则察之愈密，察之愈密则吾心意志虑，戛刮磨砺而愈精。吾心愈精，则天下之理至于吾前者，其毫厘眇忽不齐，则吾必有以辨之矣。"(《朱子读书法》卷一)虽然陆九渊个人也非常重视读书，也并非不要学生读书，但其认为读书并不是德性修养、礼仪践履的必要充分条件，一个字不识的人也能成为品行高尚的人。陆九渊认为："若其心正，其事善，虽不曾识字，亦自有读书之功。其心不正，其事不善，虽多读书，亦何所用，用之不善，反增罪恶耳。"(《陆九渊集》卷二十三《荆门军上元设厅皇极讲义》)这些论述均是陆九渊读得"别些子"的体现。有学者指出，朱熹的读书所涉及的转化是一个必然屈曲的过程，与陆九渊的设想相比较，多了一重由"人心"归向"道心"的转折。[①]

就当时两人对自身的教学方法的自省和观察来看，朱熹自觉在道问学上用力较多，尊德性上着力较少，而且认为陆九渊门徒践履之士更多，对陆九渊的礼教方式颇为肯定。朱熹说："大抵子思以来，教人之法，尊德性、道问学两事，为用力之要。今子静所说尊德性，而某平日所闻道问学上多。所以为彼学者，多持守可观，而看道理全不仔细。而熹自觉于义理上不乱说，却于紧要事上多不得力。今当反身用力，去短集长，庶不堕二边耳。"(《朱文公文集》卷五十四《答项平父》)朱熹认为适当地调整尊德性和道问学的比例就能够"去短集长"，而

[①] 钱新祖：《朱陆的读书之争与新儒家所讲求的知识与道德》，《思想与文化论集》，台湾大学出版中心2013年版，第168页。

陆九渊以为不可，反诘"既不知尊德性，焉有所谓道问学？"（《陆九渊集》卷三十四《语录上》）可见陆九渊对自己教人的方式坚持到底，自信得其根本。

因此同样是教学者学《周礼》，朱熹主张"精细考索"。而陆九渊则认为"不可作聪明，乱旧章"，又说："解书只是明大义，不入己见于其间伤其本旨，乃为善解书。后人多以己意，其言每有意味，而失其真实，以此徒支离蔓衍，而转为藻绘也。"（《陆九渊集》卷三十六《年谱》）有学者往来两家门庭，陆九渊认为从朱熹那儿来的学生"拜跪语言颇怪"。陆九渊教诲这些学生，以一言断之说："胜心。""学者默然，后数日，其举动言语颇复常。"（《陆九渊集》卷三十四《语录上》）

然而，值得注意的是，朱熹实际上已经察觉到，陆九渊的礼教潜藏着瓦解礼教秩序的思想因素，正如陈来先生所指出的："朱熹之尊德性与陆学不同，不是专求发明本心，而是取伊川'涵养须用敬'，强调主敬功夫。在外则庄严齐肃，于视听言动、容貌辞气上下功夫；在内则主一无适，常切提撕，不令放佚。故从朱熹看，陆门学者专求什么顿悟本心，而把人的日常基本行为纳入礼教规范方面却毫无作用，以致'癫狂粗率而于日用常行之处不得所安'成为陆门的一个普遍流弊。"[①]这是因为陆九渊提倡的易简工夫可能容易为更多的民众和学者接受，潜在的受众可能更多，也不需要有特别的礼仪知识或训练。因此如果人人均能通过"剥落"的工夫就能认识天理，与天理融会贯通，那么人心与社会秩序之间的关联就会因此而变得松散，容易出现放浪无序的状况。

朱熹提出的格物穷理、正心诚意、主敬涵养等工夫，无疑为所有立志于以礼修身的人群提供了循序渐进、有章可循的"修养手册"，但也并不能保证每个人都能获得"豁然贯通"的修养体验。在后儒看来，朱熹思想主要的问题在于知识与涵养之间的脱节，王阳明说："纵格得草木来，如何反来诚得自家意？"（《传习录下》）也就是说，礼仪的知识与礼仪的践履之间还存在一条鸿沟，王阳明认为："学者以知识为知，谓人心之所有者，不过明觉，而理为天地万物之所公共，故必穷尽天地万物之理，然后吾心之明觉与之浑合而无间。说是无内外，其实全靠外来闻见以填补其灵明者也。"（《明儒学案·姚江学案》）这也就是黄宗羲所说"纵使合得本体上，已费转手"（《明儒学案·姚江学案》）。然而朱熹所阐发的礼教，虽然在认识上比较繁复，在践履上可能也不一定能立竿见影，但是却有利于

[①] 陈来：《朱子哲学研究》，生活·读书·新知三联书店2010年版，第443页。

收拾人心、维护秩序。有学者研究指出："这两种取径，包含了完全不同的人心秩序治理、社会政治走向或发展趋势：陆九渊以其思想的解放性而具有瓦解政治规则的作用，朱熹以其观念的规范性而有利于维护人心—社会秩序。"[①] 也就是说，在陆九渊看来，朱熹的礼教"揣量模写之工，依放假借之似，其条画足以自信，其节目足以自安"（《陆九渊集》卷三十四《语录上》），陆九渊认为此语切中了朱熹膏肓，而实际上朱熹的礼教思想切中了时代的膏肓。

三 礼仪、角色与背景：朱陆礼学思想分歧的原因

从某种程度上说，人是一个礼仪性的存在（a ceremonial being）[②]，这一点在宋代追寻孔孟之道的儒者们更是如此。在对朱陆异同进行的考察中，我们发现朱陆实际上代表两类中国传统意义上的有着礼学兴趣和修养的学者。接下来我们的观察，将有可能更深入地帮助我们了解儒家的礼学、礼教是如何渗透、熏染士大夫阶层的。

1. 礼仪化的陆九渊

陆九渊出生在一个家法谨严的大家族，这样的家族之所以能够被人们所关注，主要在于家庭礼仪完备而齐整。南宋的罗大经曾记载这个家庭的群居生活：

> 陆象山家于抚州金溪，累世义居。一人最长者为家长，一家之事全听命焉。逐年选差子弟分任家事。或主田畴，或主租税，或主出纳，或主厨爨，或主宾客。公堂之田，仅足给一岁之食。家人计口打饭，自办蔬肉，不合食。私房婢仆，各自供给，许以米附炊。每清晓，附炊之米交至掌厨爨者，置历交收。饭熟，按历给散。宾至，则掌宾者先见之，然后白：家长出见。款以五酌，但随堂便饭；夜则卮酒杯羹，虽久留不厌。每晨兴，家长率众子弟致恭于祖祢祠堂，聚揖于厅，妇女道万福于堂。暮，安置亦如之。（《鹤林玉露》丙编卷五《陆氏义门》）

陆九渊的父亲陆贺"究心典籍，见于躬行，酌先儒冠、昏、丧、祭之礼行于家，弗用异教。家道整肃，著闻州里"（《陆九渊集》卷三十六《年谱》）。陆九渊

[①] 任剑涛：《朱陆之争——宋儒经典解释取向的政治蕴涵》，《原道》22辑，2014年，第61—90页。
[②] ［美］赫伯特·芬格莱特：《孔子：即凡而圣》，彭国翔、张华译，江苏人民出版社2002年版，第14页。

的大哥陆九思具有丰富的治家经验，有《家问》传世，朱熹曾为此书作序，提到《家问》"所以训饬其子孙者，不以不得科第为病，而深以不识礼义为忧"（《陆九渊集》卷三十六《年谱》）。《宋史》介绍其兄九韶时云："其家累世义居，一人最长者为家长，一家之事听命焉。岁迁子弟分任家事。凡田畴、租税、出纳、庖爨、宾客之事，各有主者。先生以训戒之辞为韵语。晨兴，家长率众子弟谒先祠毕，击鼓诵其辞，使列听之。子弟有过，家长会众子弟责而训之；不改，则挞之；终不改，度不可容，则言之官府，屏之远方焉。"（《宋史》卷四百三十四《儒林四》）陆九韶临终前还自撰终礼，戒不得铭墓。他是一整套家规的制定者，这些家规清楚仔细地说明了一个家庭的正确组织与管理以及每一个家庭成员的作用。①

这样一个"聚食逾千指，合爨二百年"的礼义之家，正是宋代推崇"祖宗之法"，重视门内之治的典范，曾受到朝廷的表彰。陆氏家族带着过去世家大族的风范，自然受到新兴起的"小家庭"的青睐与模仿。朱熹对陆氏家族"理会家法"颇有研究，他曾探讨宗法制度下异爨应如何体现宗子意，就以当时陆九渊家为例（《朱子语类》卷九十《礼七》）。

在这样的家庭环境中长大，陆九渊从小重视礼仪，静重守礼，是以礼修身的典范。陆九渊自称："某七八岁时，常得乡誉。只是庄敬自持，心不爱戏。"（《陆九渊集》卷三十五《语录下》）六岁时，侍亲会嘉礼，衣以华好，却不接受。当时比他大七岁的陆九龄举《礼经》以告，这才接受（《陆九渊集》卷三十六《年谱》）。在"合族而食"的大家庭中，陆九渊也曾掌管家庭事务，自称"所学大进，这方是执事敬"（《陆九渊集》卷三十六《年谱》）。在学术上，20岁左右开始精考《周礼》，24岁时秋试以《周礼》乡举。冯元质曾描述陆九渊晚年教学的情景：

> 先生常居方丈。每旦精舍鸣鼓，则乘山轿至，会揖，升讲坐，容色粹然，精神炯然。学者又以一小牌书姓名年甲，以序揭之，观此以坐，少亦不下数十百，齐肃无哗。首诲以收敛精神，涵养德性，虚心听讲，诸生皆俯首拱听，非徒讲经，每启发人之本心也。间举经语为证。音吐清响，听者无不感动兴起。初见者或欲质疑，或欲致辩，或以学自负，或有立崖岸自高者，

---

① 韩明士：《陆九渊，书院和乡村社会问题》，《宋代思想史论》，社会科学文献出版社2003年版，第463页。

闻诲之后，多自屈服，不敢复发。其有欲言而不能自达者，则代为之说，宛如其所欲言，乃从而开发之。至有片言半辞可取，必奖进之，故人皆感激奋励。平居或观书，或抚琴。佳天气，则徐步观瀑，至高诵经训，歌《楚辞》及古诗文，雍容自适。虽盛暑，衣冠必整肃，望之如神。诸生登万丈请诲，和气可掬，随其人有所开发，或教以涵养，或晓以读书之方，未尝及闲话，亦未尝令看先儒语录。每讲说痛快，则顾傅季鲁曰："岂不快哉！"……居山五年，阅其簿，来见者逾数千人。(《陆九渊集》卷三十六《年谱》)

这一段话将陆九渊的圣贤气象与日常教学生活描绘得淋漓尽致，尤其将其动容周旋中礼、庄重严肃、怡然自得的精神风貌展露无遗。

傅季鲁在为陆九渊写的祭文中提到陆九渊"考礼问乐，远稽古制"，足见其学的重心亦在礼乐。有学者来问在家庭礼仪中能否"加礼"，陆九渊回复说："处家之道，古圣人格言具在，《易》之《家人》，《诗》之《二南》是也。今人纵能言，亦何以加也？若情胜礼、恩胜义之说，窃以为未然，处家自有礼，自有义，礼义所在，岂可胜也，此言非但不知处家之道，亦不知礼义矣。"(《陆九渊集》卷四《与周廉夫》)在陆九渊看来，礼义乃是治家之本，不可轻易增损。在日常礼仪规范的制定上，陆九渊主要主张不可轻议礼，而采用切实通用的礼仪范本。他说："丧礼与其哀不足而礼有余也，不若礼不足而哀有余也，此圣人之格言。非天子不议礼，礼亦未可轻议也。欲去其不经鄙俗之甚者而略近于古，则有先文正公《书仪》在，何必他求。"(《陆九渊集》卷十一《与吴子嗣》)"不以前所复书为罪，又下问不肯苟徇流俗，孜孜礼法，以求依据。吾子之志善矣，然事有轻重本末，当知所先后。礼文隳阙，其来久矣，滕文公所问孟子所答，皆其大端，仪节之末，去其甚鄙俗不经者可也。来书谓定之仆手，此尤未宜。"(《陆九渊集》卷十一《与吴子嗣》)陆九渊不主张学者自定礼仪，认为应该去把握大端，不要究心于细节。"如世俗甚不经，裁之可也，其余且可从旧。"(《陆九渊集》卷三十四《语录上》)

2. 礼仪化的朱熹

朱熹一生以礼修身齐家，堪称儒家典范。朱熹少年时多艰辛坎坷。十四岁时，因父亲去世，跟着母亲和妹妹迁到福建北部的崇安县五夫里。从那时起，朱熹已开始在家承担一个成年男子所应承担的责任。朱熹对日常生活的礼仪非常注重，十八岁时，考订家中的祭祀礼仪；二十四岁为同安主簿时，首先整顿的就是释奠礼，并申严婚娶礼仪。朱熹常常与吕祖谦、张栻、陆氏兄弟等讨论丧祭礼仪，已是当时的礼学权威。四十岁时，母亲去世，翌年葬母，筑精舍日居墓侧，朔望归奠几筵。参酌古今礼仪，撰成丧葬祭礼。曾想修订《吕氏乡约》《乡仪》，以及乡冠婚丧祭之仪，未能如愿。所撰的《朱子家礼》对中国以及东亚社会的影响巨大而深远。在南康任内朱熹申请礼部颁降礼书，庶臣民均有礼文可守，并乞增修礼书。戊申（1188年）封事，力辩宦官主管丧事之非。漳州任内（1190年）采古丧葬婚娶之仪，揭而示之，禁男女聚僧庐为传经会及女之未嫁者私设庵舍。绍熙二年（1191年）以淳熙六年己亥（1179年）所颁礼书不备，申请补充施行，五年甲寅（1194年）在朝，奏论孝宗山陵，申请讨论嫡孙承重之服，又争论庙祧。庆元二年丙辰（1196年）撰《仪礼经传通解》，逝世之前一日，还在致书门人托修礼书。整顿礼仪、修订礼书，朱熹的一生都在"礼"中。

黄榦所撰的《行状》中这样描述日常生活中的朱熹："其闲居也，未明而起，深衣幅巾方履，拜于家庙以及先圣。退坐书室，几案必正。书籍器具必整。其饮食也，羹食行列有定位，匕箸举措有定所。……其祭祀也，事无纤巨，必诚必敬。小不如仪，则终日不乐。已祭无违礼，则油然而喜。死丧之戚，哀戚备至。饮食衰绖，各称其情。"（《勉斋集》卷三十六《朱先生行状》）又据《朱子语类》："先生每日早起，子弟在书院皆先着衫到影堂前击板，俟先生出。既启门，先生升堂，率子弟以次列拜炷香，又拜而退。子弟一人诣土地之祠炷香而拜，随侍登阁，拜先圣像，方坐书院，受早揖，饮汤少坐，或有请问而去。月朔，影堂荐酒果，望日，则荐茶。有时物，荐新而后食。"（《朱子语类》卷一百零七《朱子四》）朱熹在日常生活和教学中修身以礼，由此可见一斑。

朱熹以礼为教，对门人、子弟要求甚严。《语类》中有多条提及。有一位学者每相揖毕，辄缩左手袖中。朱熹责问："公常常缩着一只手是如何？也似不是举止模样。"（《朱子语类》卷一百二十一《朱子十八》）朱熹曾在岳麓书院督学，告诫学者，身为书院中人，如果还不如州学中人，如何不惭愧（《朱子语类》卷一百零六《朱子三》）。长子朱塾要去拜吕祖谦为师，关于拜师的言行举止，朱熹均详细指导。

3. 朱陆礼仪之争

朱陆作为新儒家的代表，均主动追求礼仪化的人生，都特别重视礼教，所以长久以来，就社会生活层面而言，人们认为朱陆所讲究的均是礼学。只不过陆九渊因为家庭环境的影响,并不需要特别留心礼仪,因为许多的人生礼仪都已经在潜移默化当中得到了熏染,这使得他的礼学思想有意无意地忽略细微的礼仪,而主要着力于礼仪践履与道德修养的大目标。例如,陆九渊常常将礼义、礼数和实情等融合在一起来理解,"后世将让职作一礼数。古人推让皆是实情。唐虞之朝可见,非尚虚文,以让为美名也"(《陆九渊集》卷三十四《语录上》)。礼义与礼仪常常有浑然天成之感,这样的家庭礼仪教养,也使得陆九渊能够从容地"在人情、事势、物理上做工夫"(《陆九渊集》卷三十六《年谱》)。

而朱熹不同,从青少年时期开始,朱熹就必须通过不断的学习,才能获得传统礼仪的知识和教养,才能跻身于学术思想的主流,因此,朱熹强调的读书明理,实际上是非常适用于"一无所有""从零开始"的新型士人阶层,适合那些力图通过科举考试而获得社会认同的知识群体。礼制、礼仪上得当与否,往往成为学术思想能否站稳脚跟的标志。

《家礼》卷四《丧礼》主张"卒哭而祔",卒哭祭后"祝奉主各还故处",小祥祭后"祝奉神主入于祠堂,彻灵座,断杖弃之屏处,奉迁主埋于墓侧"。这样的仪节乍看起来似乎也没有什么特殊之处,可却是朱熹与陆九韶、陆九渊兄弟思想争辩在礼学上的反映。朱熹1194年在给叶味道的信中说:

> 所谕既祔之后主不当复于寝,此恐不然。向见陆子静居母丧时方力主此说,其兄子寿疑之,皆以书来见问,因以《仪礼》注中之说告之。渠初乃不曾细看,而率然立论,及闻此说,遂以为只是注说,初非经之本文,不足据信。当时尝痛辟之,考订甚详,且以为未论古礼如何,但今只如此,卒哭之后便除灵席,则孝子之心岂能自安邪?其后子寿书来,乃伏其谬,而有"他日负荆"之语。(《朱文公文集》卷五十八《答叶味道》)

从此封信可以看出,朱熹对于当时的祔礼之辩是非常自信的,而且提到后来陆九韶转变了态度,且对朱熹钦佩有加,有为鹅湖之争负荆请罪的意思。这表明朱陆鹅湖之会上的争论对朱熹有着深刻的影响,使得朱熹在礼制礼仪的考索上愈加用力。

1177年夏,陆氏兄弟来书就有关祔礼之事询问朱熹,朱熹回书有两封。来书今无从查证,从朱熹的回信来看,讨论了五个方面:

一是陆氏认为卒哭而祔之后,不应再将神主反于寝。因为在他们看来,"以为既吉则不可复凶,即神事之则不可复以事生之礼接尔"。而朱熹认为:"先王制礼,本缘人情。吉凶之际,其变有渐,故始死全用事生之礼。既卒哭祔庙,然后神之。然犹未忍尽变,故主复于寝而以事生之礼事之。至三年而迁于庙,然后全以神事之也。"这样才可以算是认识到古人吉凶变革之渐,而且能体会到孝子慈孙深爱至痛之情。这与1173年朱熹答复陈旦时所说一致,"不若终丧立主而祔,祔毕,于家庙旁设小位以奉其主,不可于庙中别设位也"。

二是陆氏主张"几筵不终丧",朱熹则据《礼》认为"小敛有席,至虞而后有几筵",周礼"自虞至祔曾不旬日,不应方设而遽彻之如此其速也"。

三是陆氏认为"终丧彻几筵,不闻有入庙之说",朱熹则认为,此礼古已有,但今礼文残缺难以考,但不能因为"偶失此文而遽谓无此礼"。

四是陆氏认为"坏庙则变昭穆之位",而朱熹认为昭常为昭,穆常为穆,昭穆所定,不能因为新主祔庙而变化。主张"昭主祔庙则二昭递迁,穆主祔庙则二穆递迁"。

五是,陆氏认为:"古者每代异庙,故有祔于祖父祖姑之礼。今同一室,则不当专祔于一人。"朱熹认为这不会大害于义理,采用以前之旧说也无妨,正可以体现孔子存羊爱礼之意(《朱文公文集》卷三十六《答陆子寿》)。《家礼》卷四"祔"条正文"卒哭之祭既彻,即陈器,具馔"下小注为:"唯陈之于祠堂。堂狭,即于厅事随便设亡者祖考妣位于中,南向西上,设亡者位于其东南,西向。"从中可以看出,朱熹还是主张祔于祖姑,而非遍祔三世。

应该指出的是,朱熹这些观点也都是建立在对二程和司马光礼学的继承和批判上的。程颐曾说:

> 丧须三年而祔,若卒哭而祔,则三年都无事。礼卒哭犹存朝夕哭,若祭于殡宫则哭于何处?古者君薨三年丧毕吉禘,然后祔,因其祫,祧主藏于夹室,新主遂自殡宫入于庙。《国语》言日祭月享,礼中岂有日祭之礼?此正谓在年之中不彻几筵,故有日祭朝夕之馈,犹定省之礼,如其亲之存也。至于祔祭须是三年丧终,乃可祔也。(《礼记集说》卷二十一)

朱熹肯定程颐的说法甚善,但是认为其考礼文不甚详,混淆了祔与迁的内涵。合乎情理的仪节应是卒哭而祔,三年而迁。《家礼》中祔礼的设计正是与陆氏兄弟探讨后的反映。

四　结论

朱陆都愿意率行"先王之礼",两人终其一生,都是以礼修身的典范。陆九渊出生于家法齐整的家庭,熟稔礼仪,使他对礼教有着更为严格和高深的探求。朱熹少年失怙,很早就担当起维持家庭的责任,后来投身儒学事业,发展学术,他强调读书明理、格物穷理、主敬涵养,这均来自生活的锤炼与体认。从礼制秩序的建构来看,两人均致力于从礼到理的"天理论"建构,只不过在吸收、整合经典资源上,两人表现出不同的取径:朱熹吸收张程之说,高举"性即理"和"心统性情"说,为"礼即理"夯实了心性论的基础;陆九渊直承孟子,强调"心即理",主张把握礼仪践履的"血脉"。在礼学思想的发展上,朱熹建构了精密细致的天理与心性理论,表现出道问学的倾向;陆九渊则采用易简工夫,主张抛却概念、范畴等的分析与建构,强调先立乎其大,辨志明义,保守本心,始终坚持尊德性在道德修养中的优先性。朱陆的教人方式各有特长,也各有弊端。但从实践的效果来看,千余年来,朱学起到了稳定人心、维护安定的社会秩序的作用;陆学经王阳明发扬光大,对宋明学术思想的发展产生了重要影响,从某种程度上也潜藏着解构礼制秩序的可能。

和会朱陆本体论工夫论的阳明心学

何 静

(宁波大学)

朱熹陆九渊在世时有鹅湖之会和无极太极之辩等，彼此围绕着本体论与工夫论等问题进行了论辩。两人相争的话题一直延绵到王阳明生活的年代，在贵州龙场王阳明首次与席书见面时，后者就"问朱陆同异之辨"；王门弟子徐成之和王舆庵也曾为朱子的"道问学"与象山的"尊德性"发生龃龉，相持不下。王阳明则尽可能地在本体论与工夫论上融合朱陆。

一 综合朱陆的本体论

陆九渊持心本论，"心即理"、"宇宙便是吾心，吾心即是宇宙"[①]俱是其心本论命题。他视心为宇宙万物的终极根据，万物皆其发用。他提出心是即本体即主体："心只是一个心，某之心，吾友之心，上而千百载圣贤之心，下而千百载复有一圣贤，其心亦只如此。心之体甚大，若能尽我之心，便与天同。"[②]无论人我、千百年前抑或千百年后的圣贤俱同此心，心是不分你我、弥历古今的绝对存在，是本体也是主体。他强调心能明辨是非："苟此心之存，则此理自明，当恻隐处自恻隐，当羞恶，当辞逊，是非在前，自能辨之。"[③]他还认为心是万物的主宰，故人应先立乎其大。

另外，陆九渊不区分性与心，认为两者"都只是一般物事，言偶不同耳"[④]。还提出性的内涵是道德伦理，性能明是断非："人生天地间，抱五常之性，为庶

---

① (宋)陆九渊：《陆九渊集》，中华书局1980年点校本，第149、273页。
② (宋)陆九渊：《陆九渊集》，中华书局1980年点校本，第444页。
③ (宋)陆九渊：《陆九渊集》，中华书局1980年点校本，第396页。
④ (宋)陆九渊：《陆九渊集》，中华书局1980年点校本，第444—445页。

类之最灵者。""人性之灵，岂得不知其非？"①也正因为他混同心性，所以门生杨简传承和发展了其思想，有云：

> 吾性澄然清明而非物，吾性洞然无际而非量。天者，吾性中之象；地者，吾性中之形。②
>
> 其心通者，洞见天地人物尽在吾性量之中，而天地人物之变化，皆吾性之变化。③
>
> 人性自善，人性自明，人性自具仁义礼智，自具万善，何必他求？④

可见，杨简把性和心直接等同，其笔下的性一如心，是天地人物的存在根据，是本体性，同时也是具仁义礼智的伦理性、能自明的是非性。

朱熹持理本论："理也者，形而上之道也，生物之本也。"⑤申明理是万物存在的终极根源，是天地万物得以产生的形上之道。他把周敦颐的《太极图说》首句句读为"无极而太极"，并以"无极而太极"来形容理："无极即是无形，太极即是有理。周先生恐学者错认太极别为一物，故著无极二字以明之。"⑥谓周敦颐的"无极而太极"即无形而有理的意思。又指出："不言无极，则太极同于一物，而不足为万化之根；不言太极，则无极沦于空寂，而不能为万化之根。"⑦太极前不加无极，太极就等同于一物，就不能成为万物赖以存在的根本；不说太极，无极又沦为空虚寂灭，而不能成为万化之根本。明显地，他说"无极而太极"就是为了强调理的形上性、超验性。

朱熹也是性本论者，宣讲："性是形而上者，气是形而下者。形而上者全是天理，形而下者只是那渣滓。""性只是理。""性是理之总名，仁义礼智皆性中一理之名。"⑧要之，其性其理俱为宇宙本体。朱熹又曰："谓性便是心，则不可；谓心便是性，亦不可。""心与性自有分别。灵底是心，实底是性。灵便是那知觉

---

① （宋）陆九渊：《陆九渊集》，中华书局1980年点校本，第244、383页。
② （宋）杨简：《杨简全集》，浙江大学出版社2015年校点本，第1973页。
③ （宋）杨简：《杨简全集》，浙江大学出版社2015年校点本，第1844页。
④ （宋）杨简：《杨简全集》，浙江大学出版社2015年校点本，第2165页。
⑤ 朱杰人等主编：《朱子全书》第23册，上海古籍出版社、安徽教育出版社2002年版，第2755页。
⑥ （宋）陆九渊：《陆九渊集》，中华书局1980年点校本，第23页。
⑦ 朱杰人等主编：《朱子全书》第21册，上海古籍出版社、安徽教育出版社2002年版，第1560页。
⑧ 朱杰人等主编：《朱子全书》第14册，上海古籍出版社、安徽教育出版社2002年版，第233、195、228页。

底。""灵处只是心,不是理。性只是理。"①强调性与心不同,心具明觉的特质,但性没有,性仅是理而已。

受陆九渊影响,王阳明主张心本论:"心即理。""心外无物,心外无事,心外无理,心外无义,心外无善。""天地万物,俱在我良知的发用流行中,何尝又有一物超于良知之外。"②认为心(良知)是天地万物的存在根据,宇宙万化皆心(良知)之发用流行。王阳明的良知(心)也是即本体即主体:"自圣人以至于愚人,自一人之心,以达于四海之远,自千古之前以至于万代之后,无有不同。是良知也者,是所谓'天下之大本'也。"③谓无远弗届、古往今来,包括圣愚的所有人,其良知(心)相同。这也就是说宇宙本体也即自我精神,二者完全合一。陆王俱把本体和主体等同,归根到底,与其受禅宗的濡染有关。在禅宗那儿,自心、自性和真心、佛性是完全合一的,自心即自性即宇宙本体,自心和本体完全吻合。就像蒙培元先生评说的:"自性既是宇宙精神,又是自我精神,二者完全合一了。……在这里,现实性和超越性、个体性和整体性、相对性和绝对性、自我和佛身的任何对立都完全消失了。"④王阳明也讲:"盖思之是非邪正,良知无有不自知者。"⑤即良知(心)是能知是非正邪的。他还指出心(良知、灵明)是天地万物的主宰:"心者,天地万物之主也。""我的灵明,便是天地鬼神的主宰。"⑥

同时王阳明也讲性本论:"天下无性外之理,无性外之物。"⑦主张性是包括理在内的万物之存在依据。他也说理是性的本质规定,性能明辨是非:"心即性,性即理。""天命之性,灵昭不昧,而万理之所从出也。"⑧显然,其性体即心体;其性本论不是对朱子,而是对陆学尤其是对杨简的传承和弘扬。王阳明的心本论借鉴的是陆学思维,这也是陆王并称的缘故吧。

但在本体之内容上,王阳明对朱熹多有汲取。如他借鉴了朱熹无形而有理的思辨,故此提出:"道无方体,不可执着。""心无体。""夫良知,……安可以形

---

① 朱杰人等主编:《朱子全书》第14册,上海古籍出版社、安徽教育出版社2002年版,第621、511、218页。
② (明)王守仁:《王阳明全集》,浙江古籍出版社2010年编校本,第2、168、117页。
③ (明)王守仁:《王阳明全集》,浙江古籍出版社2010年编校本,第297页。
④ 蒙培元:《中国心性论》,台北:学生书局1990年版,第270页。
⑤ (明)王守仁:《王阳明全集》,浙江古籍出版社2010年编校本,第78—79页。
⑥ (明)王守仁:《王阳明全集》,浙江古籍出版社2010年编校本,第228、136页。
⑦ (明)王守仁:《王阳明全集》,浙江古籍出版社2010年编校本,第83页。
⑧ (明)王守仁:《王阳明全集》,浙江古籍出版社2010年编校本,第16、267页。

象方所求哉！"① 这是说道无具体的方向和形状，不可把捉；心没有具体形相；怎能凭形象、方向和所在去找寻良知？简而言之，他认为道也即心体、良知无形而实有（理），乃"无而未尝无"②。再如，朱熹除"性即理"外，还有条理说："理各有条理界瓣。""理者有条理。"③ 王阳明借鉴了朱熹的"性即理"和条理说，明言："心之体，性也，性即理也。……理也者，心之条理也。""天命之性具于吾心，其浑然全体之中，而条理节目，森然毕具，是故谓之天理。"④ 以为心之体即性即理，理既是心的本质存在，也是心之条理。就这样他把朱子的外在天理扎根于人心。

二 融会朱陆的工夫论

唐君毅先生说："阳明之论良知，有连着《大学》之格物、致知、诚意、正心、修身之说而论者，亦有连着《中庸》之已发、未发、慎独之说而论者。但皆可说由朱子之说转进而成。朱子对已发、未发、慎独之说，亦连于其论存养、省察之工夫论……阳明亦然。"⑤ 诚如唐先生言，朱熹所重的《大学》之格致诚正修、《中庸》之未发已发慎独戒惧等工夫也皆为王阳明所重。当然由于所尊奉的本体不同，朱子是在理本论角度，王阳明则是在心本论角度阐发上述工夫。

朱熹的《大学章句》对《大学》的格物、致知、诚意、正心、修身等分章节予以诠释，认为格物致知是其理论的基石。王阳明的《大学问》则提出格致诚正修等无须分节注疏，并且格致诚正修可合为一个工夫，这就是致良知。

对《中庸》的未发已发，朱子曾与张栻有过辩论，最终乾道五年的"己丑中和之悟"确立了其心统性情、性为未发、情为已发的思想。他说："喜怒哀乐之未发谓之中，性也；发而皆中节谓之和，情也。"⑥"喜怒哀乐，情也。其未发，则性也，无所偏倚，故谓之中。发皆中节，情之正也，无所乖戾，故谓之和。"⑦ 王阳明则云："未发之中即良知也，无前后内外而浑然一体者也。""未发在已发之中……已发在未发之中。"⑧ 意即未发之中就是良知，良知不分前后内外，浑然一

---

① （明）王守仁：《王阳明全集》，浙江古籍出版社2010年编校本，第23、119、68页。
② （明）王守仁：《王阳明全集》，浙江古籍出版社2010年编校本，第279页。
③ 朱杰人等主编：《朱子全书》第14册，上海古籍出版社、安徽教育出版社2002年版，第236、237页。
④ （明）王守仁：《王阳明全集》，浙江古籍出版社2010年编校本，第294、283页。
⑤ 张其昀等：《阳明学论文集》，台湾：华冈出版有限公司1977年版，第52页。
⑥ 朱杰人等主编：《朱子全书》第12册，上海古籍出版社、安徽教育出版社2002年版，第1403页。
⑦ 朱杰人等主编：《朱子全书》第6册，上海古籍出版社、安徽教育出版社2002年版，第33页。
⑧ （明）王守仁：《王阳明全集》，浙江古籍出版社2010年编校本，第69、70页。

体。良知也不分未发已发，未发已发相互圆融。

对《中庸》的戒惧与慎独，王阳明和门生黄弘纲（正之）有以下一段对话：

> 正之问："'戒惧是己所不知时工夫，慎独是己所独知时工夫'，此说如何？"先生曰："只是一个工夫。无事时固是独知，有事时亦是独知。人若不知于此独知之地用力，只在人所共知处用功，便是作伪，便是'见君子而后厌然'。……今若又分戒惧为己所不知，即工夫便支离，亦有间断。即戒惧即是知，己若不知，是谁戒惧？"①

黄弘纲的所问实即朱熹的观点。朱熹曾把《中庸》的戒惧、慎独分别理解为未发的存养工夫和已发的省察工夫。王阳明则主张戒惧也即慎独，它们属同一个工夫。独知（良知）贯穿无事有事未发已发。若把戒惧分为未发时工夫，那么戒惧工夫便支离了，间断了，况且戒惧就是知了，己若不知，那么是谁在戒惧？他认为戒惧和慎独也应贯穿未发已发之始终。在他发明致良知说后，戒惧和慎独都成了致良知的工夫。

此外，朱陆共同崇尚的立志、寡欲、静坐，朱熹的省察克治，陆九渊的先立乎其大、发明本心、改过迁善等工夫也都为王阳明所吸纳。

在此要着重说的是王阳明力图会通朱子的道问学和陆子的尊德性。道问学抑或尊德性，这是朱陆鹅湖之会发生争执的一个焦点。② 正德六年（1511年），王阳明的两个门生，徐成之称美朱熹，谓其"专以道问学为事"；王舆庵赞许陆九

---

① （明）王守仁：《王阳明全集》，浙江古籍出版社2010年编校本，第38页。
② 鹅湖之会上，陆九龄吟诗："孩提知爱长知钦，古圣相传只此心。大抵有基方筑室，未闻无址可成岑。留情传注翻榛塞，着意精微转陆沉。珍重友朋勤切琢，须知至乐在于今。"陆九渊和之："墟墓兴哀宗庙钦，斯人千古不磨心。涓流积至沧溟水，拳石崇成泰华岑。易简工夫终久大，支离事业竟浮沉。欲知自下升高处，真伪先须辨古今。"（《陆九渊集》，中华书局1980年点校本，第427、301页。）当听到陆九龄前四句诗时，朱熹便对吕祖谦曰："子寿早已上子静船了也。"（第427页。）因为这四句诗是说古圣贤相传的心就是从幼至长知爱亲敬兄等的本心，无论是房屋的构筑还是山岳的成形都是先要有基础的。从中表现了陆九龄与陆九渊一样，崇尚心本体及心的主宰。陆九渊的诗说"千古不磨心"，又强调了心体乃永恒的客观存在。陆九龄反对朱子沉迷于传注、文句辨析等道问学，认为其会导致"榛塞""陆沉"，陆九渊还讥讽朱子的道问学进路乃"支离事业"，终究沉浮不定；称扬己之先立乎其大、发明本心的方法是易简工夫。三年后，朱子和诗："德义流风夙所钦，别离三载更关心。偶扶藜杖出寒谷，又枉篮舆度远岑。旧学商量加邃密，新知培养转深沉。只愁说到无言处，不信人间有古今。"（第490页）提倡商量旧学，培养新知，他仍是主张通过读书讲学等道问学来把握天理。同时担心陆九渊等脱略文字、体悟心体的方法会导致虚无主义。

渊，谓其"专以尊德性为主"。前者讨教老师，故王阳明作书《答徐成之》，认为朱陆俱重尊德性和道问学。王阳明谈到朱熹的道问学："夫晦庵折衷群儒之说，以发明《六经》《语》《孟》之旨于天下，其嘉惠后学之心，真有不可得而议者。"①说朱子折衷儒家各派的学说，以发明《六经》《论语》《孟子》的要旨于天下，其惠及后学之心，实是无可非议。他还说：

> 晦庵之言，曰"居敬穷理"，曰"非存心无以致知"，曰"君子之心常存敬畏，虽不见闻，亦不敢忽，所以存天理之本然，而不使离于须臾之顷也"。是其为言虽未尽莹，亦何尝不以尊德性为事？而又乌在其为支离者乎？独其平日汲汲于训解，……而论者遂疑其玩物。又其心虑恐学者之躐等而或失之于妄作，使必先之以格致而无不明，然后有以实之于诚正而无所谬。世之学者挂一漏万，求之愈繁而失之愈远，至有敝力终身，苦其难而卒无所入，而遂议其支离。不知此乃后世学者之弊，而当时晦庵之自为，则亦岂至是乎？②

王阳明例举朱熹"居敬穷理"等言语来说明道问学的朱子也尊德性。此说在理，就像蒙培元先生指出的，朱熹是"尊德性与道问学、涵养与穷理二者兼顾，同时并进，不可偏废，……朱熹并不是只主张道问学而不要尊德性，他很强调格物穷理，但决不是不要涵养本心。……朱熹以读书为穷理的主要方法，但根本目的仍然是明德性"③。王阳明还讲，因朱子平日热衷于训诂解说，有异议者便疑其玩物，贻误正事；朱子又担心学者不循序渐进而或失之于妄作，因此要求他们先格物致知，然后再诚意正心就不会有纰缪。但世上学者挂一漏万，只专注于格物，以致格物愈加繁杂离道反而愈远，甚至有耗尽一生而终无所得者，遂非议朱子之支离。殊不知此乃后学之弊，非朱子所为。

王阳明强调陆九渊并不废道问学："今观《象山文集》所载，未尝不教其徒读书穷理。"④确实陆九渊有言："学者须是有志读书。""束书不观，游谈无

---

① （明）王守仁：《王阳明全集》，浙江古籍出版社2010年编校本，第846页。
② （明）王守仁：《王阳明全集》，浙江古籍出版社2010年编校本，第845—846页。
③ 蒙培元：《理学的演变——从朱熹到王夫之戴震》，福建人民出版社1998年版，第90页。
④ （明）王守仁：《王阳明全集》，浙江古籍出版社2010年编校本，第845页。

根。""大抵读书,诂训既通之后,但平心读之。"① 当然正如郭齐勇先生所指出的:"陆九渊所主张的'道问学'是'尊德性'的'道问学',是'存养本心'的'道问学',是为了成就人之德性人格的'道问学'。"② 朱熹曾指责陆九渊是禅学,③ 受其影响,时人目陆学为禅学。王阳明肯定陆九渊的尊德性,并为其辩诬:"象山辩义利之分,立大本,求放心,以示后学笃实为己之道,其功亦宁可得而尽诬之!而世之儒者,附和雷同,不究其实,而概目之以禅学,则诚可冤也已!"④ 陆象山明辩义利之分,树立人之大本,寻求放失了的本心,指示后学切实为己之道,其功绩怎能全加抹杀!而世儒人云亦云,不去探究真实情况,而一概视陆学为禅学,这实在是冤枉啊!在《象山文集序》中,他又直言:

> 圣人之学,心学也。……有象山陆氏,……简易直截,真有以接孟子之传。……故吾尝断以陆氏之学,孟氏之学也。……夫禅之说,弃人伦,遗物理,而要其归极,不可以为天下国家。苟陆氏之学而果若是也,乃所以为禅也。今禅之说与陆氏之说,其书具存,学者苟取而观之,其是非同异,当有不待于辩说者。而顾一倡群和,剿说雷同,如矮人之观场,莫知悲笑之所自,岂非贵耳贱目,不得于言而勿求诸心者之过欤!⑤

圣人的学问就是关于心的学问。陆九渊简易直截,直指人心,乃孟子学的传人。禅学抛弃人伦,舍却事物之理,要之,其不可以治理天下国家。假使陆学果真如此,那就是禅学了。现在禅学和陆学的书都在,学者若拿来看过,其是非同异毋待辩说。但现在一人说陆学是禅学,众皆附和雷同,犹如矮子看戏,不知悲欢的缘由而跟着附和,这岂不是贵耳贱目,犯了告子"不得于言,勿求于心"的过错!要言之,王阳明认为朱陆俩人既讲尊德性又讲道问学,二者俱是圣人之

---

① (宋)陆九渊:《陆九渊集》,中华书局1980年点校本,第432、419、92页。
② 郭齐勇:《中国哲学史》,高等教育出版社2006年版,第299页。
③ 朱熹曾评说陆学:"只是禅。""陆子静之学,自是胸中无奈许多禅何,看是甚文字,不过假借以说其胸中所见者耳。据其所见,本不须圣人文字得,他却须要以圣人文字说者。此正如贩盐者,上面须得数片鲞鱼遮盖,方过得关津,不被人捉了耳"(见朱杰人等主编《朱子全书》第18册,上海古籍出版社、安徽教育出版社2002年版,第3887页)朱子认为陆学是禅学,即使所说有圣人文字,也不过是遮掩而已。如同盐贩,用数片鱼鲞遮盖私盐,以图蒙混过关。
④ (明)王守仁:《王阳明全集》,浙江古籍出版社2010年编校本,第847页。
⑤ (明)王守仁:《王阳明全集》,浙江古籍出版社2010年编校本,第261—262页。

徒。他还倡导会通尊德性和道问学:"心也者,吾所得于天之理也,无间于天人,无分于古今。苟尽吾心以求焉,则不中不远矣。学也者,求以尽吾心也。是故尊德性而道问学,尊者,尊此者也;道者,道此者也。"① 把尊德性、道问学看成是尽心、充分拓展心体的两种工夫。

正德七年（1512年）十二月，王阳明升任南京太仆寺少卿。在与徐爱返乡省亲途中，他提出"道问学是尊德性的工夫"②，已有尊德性是本体、道问学是其工夫的思想。在揭示致良知说后，他把尊德性和道问学都列为致良知的工夫。与此同时，仍坚持认为尊德性与道问学乃体与用、本体与工夫的关系。

门生南逢吉曾就其《答徐成之》书请教，王阳明云：

> 此书于……尊德性而道问学处说得尚支离。……细详文义，然犹未免分为两事也。……今要尊我之德性，须是道问学。如要尊孝之德性，便须学问个孝；尊弟之德性，便须学问个弟。学问个孝，便是尊孝之德性；学问个弟，便是尊弟之德性。不是尊德性之外，别有道问学之功；道问学之外，别有尊德性之事也。③

认为先前作书时，尊德性和道问学尚有支离、分为两事之弊。现如今意识到道问学是尊德性的工夫，尊德性是道问学的本体。他对另一门生黄以方也表达了相同的意思：

> "道问学"所以"尊德性"也。晦翁言："子静以尊德性诲人，某教人岂不是道问学处多了些子？"是分尊德性、道问学作两件。且如今讲习讨论，下许多工夫，无非只是存此心，不失其德性而已。岂有尊德性，只空空去尊，更不去问学？问学只是空空去问，更与德性无关涉？④

道问学就是用来尊德性的。晦翁言"子静以尊德性诲人，某教人岂不是道问学处多了些子"，这是分尊德性、道问学为两件事了。况且如今讲习讨论，下许

---

① （明）王守仁：《王阳明全集》，浙江古籍出版社2010年编校本，第846页。
② （明）王守仁：《王阳明全集》，浙江古籍出版社2010年编校本，第12页。
③ （明）王守仁：《王阳明全集》，浙江古籍出版社2010年编校本，第1547页。
④ （明）王守仁：《王阳明全集》，浙江古籍出版社2010年编校本，第133页。

多工夫，无非只是存此心，使其不失德性而已。岂有尊德性，只空洞地去尊，不去求学问？求学问也只是空洞地去问学，更与德性无关？王阳明反对朱子分尊德性、道问学，认为尊德性是本体，道问学是其工夫，尊德性必须落实到道问学上，道问学需以尊德性为旨归。

陆王心学中的居敬工夫

——兼论宋明理学的敬论分类和意义

吴亚楠

(南开大学哲学院)

工夫论是所有理学家共同关切的问题,周敦颐首先提出"主静"的工夫思考,后来二程又提出"敬"来代替"静"。二程的做法实有非常重大的意义。因为从《诗经》《尚书》《礼记》《左传》等史料中,我们可以明确看到,"敬"才是儒家从产生以来一直强调的内以涵养德性、外以待人处事的主要方式[①],所以孔子教人以"修己以敬"(《论语·宪问》)、"执事敬"(《论语·子路》);相对的,一些理学家看重的"静坐""涵养未发"等虽然都可以在儒家的立场上被灵活解释和采用,但是确切来说,它们确实受到了佛老两家修养方式的影响,本身并不属于先秦儒家固有的传统。换言之,二程提出"主敬"的思想有两重重要的意义:其一,改变了宋代之前汉唐儒家普遍忽视"敬"的不合理现象;其二,明确"敬"才是先秦儒家养成德性的主要路径。在"敬"的强调中可以打通天人、整肃礼教、融贯动静、成就仁德,体现出儒家思想中深刻的忧患意识、刚健品格和道德关怀。

虽然从程颢起就强调"敬"的重要性,但是因程颐和朱子大倡"涵养须用敬"后,程朱理学似乎成了主敬工夫的主要代表者。但是这种理解很容易带来一

---

① 儒家经典中对于"敬"的发明和强调非常多,以下略举几例:《尚书》:"王其疾敬德","罔不克敬典";《礼记》:"毋不敬","君子无不敬也,敬身为大";《论语》:"君子敬而无失","道千乘之国,敬事而信";《周易》:"敬以直内,义以方外","敬之无咎";《孟子》:"父子主恩,君臣主敬","敬人者,人恒敬之";《左传》:"礼,身之干也;敬,身之基也","礼,国之干也。敬,礼之舆也;不敬则礼不行","敬,德之聚也。能敬必有德",等等。

个疑问,即继承孔孟心性之教的心学,难道可以完全无视儒家中"敬"的精神和传统吗？下文以陆九渊和王阳明为例,对这个问题进行具体分析。在此过程中,一方面呈现心学不同于理学对于"敬"的独特理解,另一方面,也反思敬论对于陆王心学的必要性所在;并通过以上两点分析,总结宋明理学敬论的不同类型和儒家敬论的重要意义。

一 陆王对程朱持敬工夫的批评

象山和阳明分别是宋代和明代心学的主要代表。虽然阳明的学问主要是通过反思和批判朱子学而建立起来的,但是阳明本人对于象山的学说还是颇为熟悉的:一方面,他力驳当时流行的污象山为禅学的世俗之论①,鲜明地定位"陆氏之学,孟氏之学也"(《王阳明全集》卷七《象山文集序》)的本质,高度评价象山为"孟子之后一人"(《王阳明全集》卷五《与席元山》);另一方面,又指出象山在学说上仍有粗疏和未精一之处②,而其境界气质"纯粹和平若不逮于二子(周敦颐、程颢)"③(《王阳明全集》卷七《象山文集序》)。所以陆王虽都在心学的立场上审视朱学的主敬工夫,但二人的观点也是同异并在,故而下文分而述之。

---

① 阳明辨象山非禅的言论有多处,比如:"而世之议者,以其尝与晦翁之有同异,而遂诋以为禅。夫禅之说,弃人伦,遗物理,而要其归极,不可以为天下国家。苟陆氏之学而果若是也,乃所以为禅也。今禅之说与陆氏之说,其书具存,学者苟取而观之,其是非同异当有不待于言说者。而顾一倡群和,剿说雷同,如矮人之观场,莫知悲笑之所自,岂非贵耳贱目,不得于言而勿求诸心者之过欤!"(《王阳明全集》卷七《象山文集序》)"夫既曰'尊德性',则不可谓'堕于禅学之虚空';'堕于禅学之虚空',则不可谓之'尊德性'矣。"(《王阳明全集》卷二十一《答徐成之》)"而独惟象山之学,则以其尝与晦庵之有言,而遂藩篱之。使若由、赐之殊科焉,则可矣,而遂摈放废斥,若碔砆之与美玉,则岂不过甚矣乎？夫晦庵折衷群儒之说,以发明《六经》《语》《孟》之旨于天下,其嘉惠后学之心,真有不可得而议者。而象山辨义利之分,立大本,求放心,以示后学笃实为己之道,其功亦宁得而尽诬之？而世之儒者,附和雷同,不究其实,而概目之以禅学,则诚可冤也已!故仆尝欲冒天下之讥,以为象山一暴其说,虽以此得罪,无恨。仆于晦庵亦有罔极之恩,岂欲操戈而入室者？顾晦庵之学,既已若日星之章明于天下;而象山独蒙无实之诬,于今且四百年,莫有为之一洗者。使晦庵有知,将亦不能一日而安享于庙庑之间矣。"(《王阳明全集》卷二十一《答徐成之》)
② 阳明认为象山之学有失于精微的一面,比如:"致知格物,自来儒者皆相沿如此说,故象山亦遂相沿得来,不复致疑耳。然此毕竟亦是象山见得未精一处,不可掩也。"(《王阳明全集》卷六《答友人问》)
③ 阳明指出这一点只是作为一个客观的评价,从主观上并无贬低之意。相关于此,可以参照他下面一段话:"所养之未至,亦何伤于二先生之为贤乎？此正晦庵、象山之气象,所以未及于颜子、明道者在此。吾侪正当仰其所以不可及,而默识其所未至者,以为涵养规切之方,不当置偏私于其间,而有所附会增损之也。"(《王阳明全集》卷二十一《答徐成之》)

收拾精神，自作主宰

(一) 象山："持敬字乃后来杜撰"

象山虽然不似朱子一般强调"道问学"的重要性①，但是他无论是修养自身还是教授学生，其实都非常看重读书的重要性，比如阳明就曾经指出："今观象山《文集》所载，未尝不教其徒读书穷理。而自谓'理会文字颇与人异'者，则其意实欲体之于身。"(《王阳明全集》卷二十一《答徐成之》) 故而象山当然也熟悉儒家经典中对于"敬"的诸多推重之论。但是也正因为如此，他首先依据经典而指出，"敬"虽是儒家本有之意，"持敬"的说法却没有任何经典依据：

> 《书》言："日严祗敬六德"，又言："文王之敬忌"，又曰："罔不克敬典"；《诗》言："敬天之渝"，又言："敬之敬之"，又言："圣敬日跻"；《论语》言："敬事而信"，又言："修己以敬"；《孟子》言："敬王"、"敬兄"；未尝有言"持敬"者。观此二字，可见其不明道矣。(《陆九渊集》卷一《与曾宅之》)

在二程那里，"持敬"并不是一个常用语，只有程颐在对话中使用过一次："许渤与其子隔一窗而寝，乃不闻其子读书与不读书。先生谓此人持敬如此。"(《河南程氏遗书》卷三) 这句话中的"先生"即指程颐。但是到了朱子，"持敬"却变成一种经常使用的表达，它反复出现在朱子各种语境的表述之中，比如："学莫要于持敬"(《朱子语类》卷十二《学六》)，"持敬是穷理之本，穷得理明又是养心之助"(《朱子语类》卷九《学三》)，等等。陆九渊就首先针对"持敬"，通过验之以经典来驳斥朱子这种用法的合理性。因为虽然对于"敬"的强调反复见之于《尚书》《诗经》《论语》《孟子》等儒家经典当中，但是在各种言说"敬"的材料中，都从来没有见到过"持敬"这种表达，由此来看，朱子以"持"言"敬"乃是个人的发明，并没有直接的经学依据。换言之，陆九渊质疑的关键不在于"敬"，而在于"持"；在他看来，不是"持"而是"存"，才能真正表明圣贤之意：

---

① 经过朱陆之辩，朱子反省早年之论，所以在"尊德性"与"道问学"关系上主张二者并重；但是这种观点依然受到陆九渊的反对："朱元晦曾作书与学者云：'陆子静专以尊德性诲人，故游其门者多践履之士，然于道问学处欠了。某教人岂不是道问学处多了些子？故游某之门者践履多不及之。'观此，则是元晦欲去两短，合两长。然吾以为不可，既不知尊德性，焉有所谓道问学？"(《陆九渊集》卷三十四《语录上》)

> 如"存诚"、"持敬"二语自不同,岂可合说?"存诚"字于古有考,"持敬"字乃后来杜撰。《易》曰:"闲邪存其诚。"《孟子》曰:"存其心。"某旧亦尝以"存"名斋。孟子曰:"庶民去之,君子存之。"又曰:"其为人也寡欲,虽有不存焉者寡矣;其为人也多欲,虽有存焉者寡矣。"只"存"一字,自可使人明得此理。(《陆九渊集》卷一《与曾宅之》)

这段话表面上是在讨论"存诚"与"持敬",但是重点只是"存"与"持"的分辨。理学中"诚""敬"并提始于明道,他曾经在《识仁篇》中说:"学者须先识仁,仁者浑然与物同体。识得此理以诚敬并存,不须防检,不须穷索。"(《河南程氏遗书》卷第二上)但是明道从没有用过"持敬"语,也未将"存诚""持敬"合说。事实上值得注意的是,明道在这句话中本来的说法就是"诚敬并存",换言之,明道所强调的是以"诚""敬"工夫"存"此理,这其实正可以接洽于象山对于"存"之工夫的肯定。象山的依据也有两重:一者,从经典的来源说,《周易》《孟子》都反复言说"存"的必要性和重要性;二者,"存"字揭示了此理此仁我固具有之意。对比之下,"持"的工夫则既没有经典依据,乃是后来"杜撰"之说,而且也不符合义理:

> 中心斯须不和不乐,而鄙诈之心入之,外貌斯须不庄不敬,而慢易之心入之与。告子不动心,是操持坚执做,孟子不动心,是明道之力。(《陆九渊集》卷三十四《语录上》)
>
> 象山与祖道言:"目能视,耳能听,鼻能知香臭,口能知味,心能思,手足能运动,如何更要甚存诚持敬,硬要将一物去治一物?须要如此做甚?咏归舞雩,自是吾子家风。"(《朱子语类》卷一百十六)

"中心斯须不和不乐,则鄙诈之心入之矣"(《河南程氏遗书》卷第二上),"貌不庄不敬,则怠慢之心生矣"(《河南程氏遗书》卷第一),都是伊川对于主敬用功的说明;但是在象山看来,这两种说法根本不同于孟子因为"明道"而收"不动心"的自然之效,而是与告子的"不动心"颇为相似,因为无论伊川作了多少对于"敬"的具体规定,如果没有表明这种工夫是对应于本心的工夫,那么它们都只能是"操持坚执做"的结果,是不顾仁义备足本心的事实而"硬要将一物去治一物"。

所以概括来说，象山也充分认识到先秦儒家存在重"敬"的现象和传统，所以他并没有直接反对"敬"作为工夫的意义；他所反对的是"持"敬的做法，因为在他看来，"持"似乎就等同于"操持坚执"之意，故而"持敬"工夫这种说法已经提示出了程朱不顾本心，外于良知良能的、人为造作的工夫方式。象山所以要从经学上力证"持敬"为"杜撰"之说，无非是要为他这种观点寻找更多的理论支持而已。

（二）阳明："所以居敬，亦即是穷理"

理学关注的所有问题，其落脚点就在于工夫论，即要为所有的人提供一个方法或者路径，使得他们可以借助于此达到变化气质、成具圣贤德性的目标。对于这个问题的思考，程颐和朱熹经过前后相继的细致探索，总结出了"涵养须用敬，进学则在致知"的工夫论。这种对于工夫的理解，其特点在于把"心"的现实存在状态分为动静两种不同情况，与此对应，工夫亦有动静两种，"主敬"即是未发静时的工夫，"致知"则是已发动时的工夫，这样一来，无论处于动静何种情况下，工夫都不会间断而且时刻都有明确的入手之处。但是从心学的立场来看，这种对于工夫的理解存在许多问题，其中尤为重要的一点在于它没有把"本心"作为工夫的原动力，那么，"主敬"和"格物致知"不过只是一种外在的努力，颠倒了先后本末的次序，其带来的具体结果就是"有事时便是逐物，无事时便是著空"（《王阳明全集》卷一《语录一》）。反过来说，应当以"本心"作为所有工夫的根本，不过这样一来，包括"居敬"和"穷理"在内的所有工夫，都变成发明本心的方法，或者说，它们的功效在本质上是相同的：

> 梁日孚问："居敬穷理是两事，先生以为一事，何如？"先生曰："天地间只有此一事，安有两事？若论万殊，礼仪三百，威仪三千，又何止两？……一者天理，主一是一心在天理上。若只知主一，不知一即是理，有事时便是逐物，无事时便是著空。惟其有事无事，一心皆在天理上用功，所以居敬，亦即是穷理。就穷理专一处说，便谓之居敬；就居敬精密处说，便谓之穷理；却不是居敬了别有个心穷理，穷理时别有个心居敬；名虽不同，功夫只是一事。就如《易》言'敬以直内，义以方外'，敬即是无事时义，义即是有事时敬，两句合说一件。如孔子言'修己以敬'，

即不须言义，孟子言'集义'即不须言敬。会得时横说竖说工夫总是一般。若泥文逐句，不识本领，即支离决裂，工夫都无下落。"(《王阳明全集》卷一《语录一》)

对比前文所述程朱对于工夫的理解，阳明的观点有明显的变化：他把在程朱那里按照动静不同所区分的两种工夫统一了起来，这是因为在他看来，工夫没有两样或者千百样之分，所有的工夫都只为了恢复"天理"，也就是"本心"，换言之，只有发明本心一种工夫，所以他说"天地间只此一事"，这样一来，"所以居敬，亦即是穷理""功夫只是一事"就是必然的结论。与此相对应的，"敬""义"之间其实也只是"两句合说一件"。

不过除了上文所说，阳明的理解中还有另外一个非常值得关注的特点，即他虽然承认了肯认本心前提之下居敬、穷理工夫的合理性，但是比之于"礼仪三百，威仪三千"的"万殊"工夫，这一对在程朱理学中具有显著地位的工夫在阳明学中已经没有了其特殊性所在，因为它们都同样是发明良知的工夫；"敬"的重要性被涵摄到"发明本心"和"致良知"当中，这毋宁说是"居敬"思想在阳明学中发生的最大变化。

在以上理解的基础上，阳明对于朱子《大学章句》提出了鲜明的反对意见，这种反对不仅体现在版本、字词的确定上，还体现在不同的思想体系之下对于工夫截然不同的理解上：

> 先生曰："《大学》工夫即是明明德；明明德只是个诚意；诚意的工夫只是格物致知。若以诚意为主，去用格物致知的工夫，即工夫始有下落，即为善去恶无非是诚意的事。如新本先去穷格事物之理，即茫茫荡荡，都无着落处；须用添个敬字方才牵扯得向身心上来。然终是没根源。若须用添个敬字，缘何孔门倒将一个最紧要的字落了，直待千余年后要人来补出？所谓以诚意为主，即不须添敬字，所以提出个诚意来说，正是学问的大头脑处。于此不察，直所谓毫厘之差，千里之谬。大抵《中庸》工夫只是诚身，诚身之极便是至诚；《大学》工夫只是诚意，诚意之极便是至善；工夫总是一般。今说这里补个敬字，那里补个诚字，未免画蛇添足。"(《王阳明全集》卷一《语录一》)

阳明在正式提出"致良知"教之前有一个阶段曾经非常推重"诚意"说，并以此作为理解《大学》的关键[①]。所以阳明认为朱子犯了一个错误，即看重格物致知，但却不以诚意为主，如此一来工夫支离而无所着落，故而必须通过"敬"才能将工夫牵扯到身心上来。

阳明的这段评说，确切来讲，并不能成为对朱学有力的挑战。对此至少可以从三方面来理解：首先，朱子"穷格事物之理"从范围上来说，包括反身察识[②]，故而不能笼统断言这种格物工夫"茫茫荡荡都无着落处"或者与身心不相关涉；其次，朱子当时补充强调"敬"的重要性，主要源于己丑之悟对于忽视未发工夫的反省，而并不是将格物看作身外用工，将居敬看作心内用工，故而从身心内外相配合的角度上另做补充；最后，关于《大学》为何没有提到"敬"的问题，朱子自己对此也有思考，他的解释是"敬已就小学处做了"（《朱子语类》卷十六），而即便朱子的这个说法有不够圆融之处，我们也无法强求所有重要的范畴都要同时出现在某一部经典当中，就比如我们无法去要求"本心""良知"出现在《论语》《易传》中一样。

但是阳明的观点依然是很有意义的，因为他揭示出了这样一个事实，即《大学》如果以"诚意"为本来理解，那么既可以贯通"格物致知"说，又不必补充"敬"来理解：

> 《大学》之要，诚意而已矣。诚意之功，格物而已矣。诚意之极，止至善而已矣。止至善之则，致知而已矣。正心，复其体也；修身，著其用也。以言乎己，谓之明德；以言乎人，谓之亲民；以言乎天地之间，则备矣。是故至善也者，心之本体也。动而后有不善，而本体之知，未尝不知也。意者，其动也。物者，其事也。致其本体之知，而动无不善。然非即其事而格之，则亦无以致其知。故致知者，诚意之本也。格物者，致知之实也。物格

[①] 对此可以参看陈来先生在《有无之境：王阳明哲学的精神》中的相关分析。比如："阳明对《大学》格物致知的理解有一个发展变化的过程。这个过程，简单说来，就是以'诚意'为本转向以'致知'为本的过程。"（陈来：《有无之境：王阳明哲学的精神》，北京大学出版社2016年版，第115页）"江西平藩之前他一直以诚意来统率格物，平藩之后以致知为宗旨，建立哲学体系。"（陈来：《有无之境：王阳明哲学的精神》，北京大学出版社2016年版，第116页。

[②] 比如朱子曾说："'致知'一章，此是《大学》最初下手处……要之，内事外事，皆是自己合当理会底，但须是六七分去里面理会，三四分去外面理会方可。若是工夫中半时，已自不可。况在外工夫多，在内工夫少耶！此尤不可也。"（《朱子语类》卷十八）

则知致意诚，而有以复其本体，是之谓止至善。圣人惧人之求之于外也，而反复其辞。旧本析而圣人之意亡矣。是故不务于诚意而徒以格物者，谓之支；不事于格物而徒以诚意者，谓之虚；不本于致知而徒以格物诚意者，谓之妄。支与虚与妄，其于至善也远矣。合之以敬而益缀，补之以传而益离。吾惧学之日远于至善也，去分章而复旧本，傍为之释，以引其义。庶几复见圣人之心，而求之者有其要。噫！乃若致知，则存乎心；悟致知焉，尽矣。（《王阳明全集》卷七《大学古本序》）

这段话出自阳明的《大学古本序》，阳明明确指出《大学》的关要在于诚意；而诚意与格物致知的关系是，致知是诚意之本，格物是致知之实。在这种理解中，"诚意"显然是作为本心工夫而存在的，"格物"则是这种本心工夫的具体落实；这样一来就不必再在《大学》的基础上另外强调"敬"的重要性，所谓"合之以敬而益缀"。

所以综合以上来看，阳明对于朱子的"居敬"说主要有两个改造：其一，解"居敬"与"穷理"为同一工夫；其二，将"敬"融摄于发明本心、致良知和诚意的工夫当中，一方面将"居敬"明确为一种本心工夫，另一方面也在某种意义上削弱了"敬"的必要性和重要性。

二　心学中的居敬工夫

象山和阳明对于程朱主敬说的反思虽然具体观点不同，但二者的立场是一致的，即他们都强调必须以本心作为所有工夫的前提和根本，反对不同于此的外在的、人为的工夫路径。他们一方面既关注到先秦儒家丰富的敬论思想，另一方面又无法回避程朱敬论的影响，故而以本心或者良知为根据，正面阐发了心学中居敬工夫的具体意涵。

（一）象山："恭敬者，乃保养此心也"

从前文的叙述中我们已经知道，面对程朱理学推重"持敬"工夫的现象，象山也已经留意到先秦儒家经典中存在着许多对于"敬"的发明；在这种情况下，在他的著作中出现许多言说"敬"的文本也就不足为奇了。而象山对于"敬"的理解，与先秦儒家相比，既有继承，又有创新。

收拾精神，自作主宰

首先，从象山对于先秦敬论的继承来看，这主要表现在两个方面：其一，把"敬"理解为（无特定对象所指的）内在或者外在的某种状态，比如：

> 今而未有笃敬之心，践履之实，拾孟子性善之遗说，与夫近世先达之绪言，以盗名干泽者，岂可与二子同日道哉？（《象山集》卷三十《天地之性人为贵》）

> 若无谓闲说话，是谓不敬。（《陆九渊集》卷三十五《语录下》）

在这两句话中，陆九渊并没有解释"敬"的具体意涵究竟是什么，他似乎认为对于"敬"的认知是简单的、直接的、没有歧义或者无甚深意的，于是他将其径直地规定为内心或者行为所具有的某种大家都能心领神会的状态。其二，在此基础上，他进一步把"敬"理解为面对具体对象或者特定事件的某种态度，即突出"敬"的对象性指向的意义。比如：

> 故周公以徽言告成王曰："克知三有宅心，灼见三有俊心，以敬事上帝，立民长伯。"[①]（《陆九渊集》卷十九《宜章县学记》）

> 昔之圣人，小心翼翼，临深履冰，参前倚衡，畴昔之所以事天敬天畏天者，盖无所不用其极，而灾难之来，亦未尝不以为己责。（《陆九渊集》卷二十三《大学春秋讲义》）

> 此责难所以为恭，不以舜之所以事尧事君者，所以为不敬其君也。（《陆九渊集》卷十三《与郑溥之》）

> 作文特吾人余事，从事其间，而又卤莽，是谓执事不敬。（《陆九渊集》卷六《与傅圣谟》）

以上几段文本分别涉及"敬"与不同对象的关系，包括天、上帝、君、事等，类似的发明还有许多；可见象山也认为，"敬"贯穿和体现在政治、道德以及日常生活的方方面面，或者说，在面对任何对象时或者处于任何情境中，都不可缺少"敬"的态度或情感。这样一来，在象山"笼统"的理解当中，他其实不自觉地已经把"敬"理解为无论有无对象，从内心到行为，时刻不可或缺的一种

[①] 这句话虽然是象山转引《尚书》中记载的周公之言，但是也代表他个人的观点。

状态；而这种理解正是从先秦儒家那里继承下来的。

但是象山的重点却并不在以上内容当中，这是因为在他看来，只强调"敬"并没有讲到工夫的真正切要之处："学问不得其纲，则是二君一民。等是恭敬，若不得其纲，则恭敬在外，此心在内；若得其纲，则恭敬者，乃保养此心也。"（《陆九渊集》卷一《与曾宅之》）在象山看来，只强调"敬"是不够的，因为如果用工不对路头，那么这时的"敬"就只是外在的，与涵养本心毫不相干。换言之，象山为真正的"敬"这一工夫明确了它的前提，即本心；"敬"的工夫就是涵养本心的工夫：

> 吾友能弃去谬习，复其本心，使此一阳为主于内，造次必于是，颠沛必于是，无终食之间而违于是。此乃所谓有事焉，乃所谓勿忘，乃所谓敬。果能不替不息，乃是积善，乃是积义，乃是善养浩然之气。真能如此，则不愧古人。（《陆九渊集》卷一《与曾宅之》）
>
> 若能猛省勇改，则天之所以予我者，非由外铄，不俟他求。能敬保谨养，学问、思辨而笃行之，谁得而御？（《陆九渊集》卷十四《与包详道》）

象山之学主要是私淑孟子，所以在理论上他也以《孟子》中的核心概念为自己的核心概念，比如"本心"；不过《孟子》却并没有从工夫的角度过多留意于"敬"。但是象山以程朱理学为自己的理论对手，程朱所推重的"居敬"工夫就是他不能回避的问题；在这种情况下他要为"敬"的工夫正名就需要将《孟子》与"敬"作出关联性的论述。在他的论述中，他认为《孟子》中"必有事焉""勿忘""集义""善养浩然之气"与"敬"都是同义的，它们都是指念念"复其本心"的工夫；所以，"敬"就是指"敬保谨养"本心，这也正对应着前面引文中象山说的："若得其纲，则恭敬者，乃保养此心也。"（《陆九渊集》卷三十五《语录下》）

（二）阳明："居敬"即"慎独"

前文已经提及，在阳明的理解中，"居敬"已经被融摄于"发明本心""致良知""诚意"的工夫当中。这种融摄会带来两个结果：一方面，在本心的前提下肯定了居敬工夫的合理性；另一方面，因为被融摄在"发明本心"等工夫之下，所以又不再需要被特别强调，故而其重要性似乎被削弱。

不过在以上的推理当中其实还有一些至关重要而需要被说明的内容，比如：阳明学中，居敬工夫具体究竟是怎样的？它到底如何发明本心呢？阳明虽然肯定它有合理性，但毕竟"致良知"已经可以涵盖阳明的主要思考，那么居敬在阳明学中到底有没有必要性呢？关于这一点，在与舒国用的一段对话中，阳明有具体的阐发：

> 夫谓"敬畏之增，不能不为洒落之累"，又谓"敬畏为有心，如何可以无心？而出于自然，不疑其所行。"凡此皆吾所谓欲速助长之为病也。夫君子之所谓敬畏者，非有所恐惧忧患之谓也，乃戒慎不睹，恐惧不闻之谓耳。君子之所谓洒落者，非旷荡放逸，纵情肆意之谓也，乃其心体不累于欲，无入而不自得之谓耳。夫心之本体，即天理也。天理之昭明灵觉，所谓良知也。君子之戒慎恐惧，惟恐其昭明灵觉者或有所昏昧放逸，流于非僻邪妄而失其本体之正耳。戒慎恐惧之功无时或间，则天理常存，而其昭明灵觉之本体，无所亏蔽，无所牵扰，无所恐惧忧患，无所好乐忿懥，无所意必固我，无所歉馁愧怍。和融莹彻，充塞流行，动容周旋而中礼，从心所欲而不逾，斯乃所谓真洒落矣。是洒落生于天理之常存，天理常存生于戒慎恐惧之无间。孰谓"敬畏之增，乃反为洒落之累"耶？惟夫不知洒落为吾心之体，敬畏为洒落之功，歧为二物而分用其心，是以互相抵牾，动多拂戾而流于欲速助长。是国用之所谓"敬畏"者，乃《大学》之"恐惧忧患"，非《中庸》"戒慎恐惧"之谓矣。程子常言："人言无心，只可言无私心，不可言无心。"戒慎不睹，恐惧不闻，是心不可无也。有所恐惧，有所忧患，是私心不可有也。尧舜之兢兢业业，文王之小心翼翼，皆敬畏之谓也，皆出乎其心体之自然也。出乎心体，非有所为而为之者，自然之谓也。敬畏之功无间于动静，是所谓"敬以直内，义以方外"也。敬义立而天道达，则不疑其所行矣。（《王阳明全集》卷五《答舒国用》）

这段比较长的话是阳明对舒国用的答疑。舒国用的疑问有两个：一者，他怀疑工夫中的"敬畏"之功妨害洒落的境界，实际上这也正是当时学者当中普遍存在的一个疑问。在阳明的解释中，他认为舒国用的理解犯了"助长"之病；这其中的关键在于，"敬畏"并不是《大学》的"恐惧忧患"，而是《中庸》的"慎独"之说，具体来讲就是"戒慎不睹""恐惧不闻"。阳明指出，心之本体即是天理,天理的昭灵明觉即是良知;但是良知也可能出现昏昧放逸的情况,为了防止这种现象的出现,就需要在每时每刻不间断地保持"戒慎恐惧"的工夫,以此保证本体无所亏蔽的状态。在这种情况之下,良知保持天理明觉的本来情状,所以"无所牵扰,无所恐惧忧患,无所好乐忿懥,无所意必固我,无所歉馁愧怍。和融莹彻,充塞流行,动容周旋而中礼,从心所欲而不逾",这正是"洒落"的实意。从此来看,"敬畏"不仅不是"洒落"的障碍,相反,"敬畏"正是达致"洒落"的必经路径。

二者,舒国用又怀疑,"敬畏"工夫既出自有心,那么也就无法再做到"无心而自然";这同样也是常人对于"敬畏"容易生发的怀疑之一。但是,"自然"或者"无为"并不是无所作为,对此阳明引用了尧舜和文王的例子来加以说明,他指出"尧舜之兢兢业业,文王之小心翼翼"都是"敬畏"的表现,但它们都是出于心体的自然和无为。阳明所说是容易理解的,因为作为圣人,当下就是心体的本然呈现,当下就是"不勉而中,不思而得,从容中道"的,当然也就是"自然"的;圣人既保持"敬畏",又符合"自然",这说明"敬畏"和"自然"本来就同是心体的存在状态,二者并无冲突。

综合以上所说,阳明认为"居敬"就是通过"戒慎恐惧"保持心体明觉,防止心体昏昧、放逸或者亏蔽的工夫,也就是《中庸》中所说的"慎独";故而"居敬"正是保持心体本来状态的必要工夫,通过"敬畏"才可以实现心体的"洒落"和"自然",这也正是对于"居敬"工夫必要性的证明。

三 心学居敬思想的意义

众所周知,陆九渊工夫论的核心思想在于"发明本心",阳明工夫论的核心思想在于"致良知"。但是在每天的日用常行当中,在时动时静的不同情状之下,究竟如何具体发明本心,如何具体致良知呢?工夫既需要清晰的下手处,又不能流于粗疏或笼统;在绵密的工夫实践中,"居敬"说的意义和必要性逐渐体现出来。

(一)象山:"居敬"对静坐和察识工夫的补充

发明本心是象山工夫思想的核心。不过这个"发明"如何具体实现呢?于此象山尤其推重静坐的功效。有一个经常被研究者提及的例子:

> 先生谓曰:"学者能常闭目亦佳。"某因此无事则安坐瞑目,用力操存,夜以继日。如此者半月,一日下楼,忽觉此心已复澄莹。中立窃异之,遂见先生。先生目逆而视之曰:"此理已显也。"某问先生:"何以知之?"曰:"占之眸子而已。"因谓某:"道果在迩乎?"某曰:"然。"(《陆九渊集》卷三十五《语录下》)

从这个典型的事例中可以看到,静坐正是象山平时教授学生发明本心的重要手段之一。事实上,静坐从北宋开始已经成为理学家们广泛采用的工夫路径之一;不过确切来说,这种方式确实受到了佛老两家的影响,因为在先秦儒家的传统当中,并无关于静坐的相关主张和发明。虽然理学家们一致认同静坐作为辅助性的工夫,可以灵活采纳而并不动摇儒家的根本立场,但是一种新的元素添加进来,就必然对于原有学说的特点带来改变:静坐的方式强化了理学注重内在心性体验的特征,也带来了一定的神秘性因素;这与先秦儒家更加刚健有为、更加关注公共生活、不掺杂虚空高妙之谈的特征相比,显示出了明显的距离。

但是陆九渊还提供了另外一种更符合儒家传统的方法,即在动中察识本心:

> 问:"如何是本心?"先生曰:"恻隐,仁之端也;羞恶,义之端也;辞让,礼之端也;是非,智之端也。此即是本心。"对曰:"简儿时已晓得,毕竟如何是本心?"凡数问,先生终不易其说,敬仲亦未省。偶有一鬻扇者讼至于庭,敬仲断其曲直讫,又问如初。先生曰:"闻适来断扇讼,是者知其为是,非者知其为非,此即敬仲本心。"敬仲忽大觉,始北面纳弟子礼。(《陆九渊集》卷三十六《年谱》)

在这个事例当中,陆九渊就是在断扇讼的具体行动当中指点杨简察识和认知本心的;而察识本心正是推扩和落实本心的前提,所以他又说:"苟此心之存,则此理自明,当恻隐处自恻隐,当羞恶,当辞逊,是非在前,自能辨之。"(《陆九渊集》卷三十四《语录上》)陆九渊此处的"指点"其实是有经典依据的,因为孟子早就通过类似的方式指点过如何识认本心。齐宣王不忍视牛觳觫,故而以羊易牛,孟子即以此指点齐宣王察识恻隐之心:"是心足以王矣。百姓皆以王为爱也,臣固知王之不忍也。"(《孟子·梁惠王上》)孟子的这种揭示方式对于后来的理学家有深刻的影响，明道所主张的"学者须先识仁"（《河南程氏遗书》卷第二上）、胡宏所主张的"欲为仁，先识仁之体"（《胡宏集·附录》）都可从此找到源头端倪。

不过虽然这种察识工夫颇有依据，但是在具体的工夫实践中还是可能带来三个质疑：

其一，每一个个体受到气质障蔽的情况不同，私欲侵害的严重程度不同，我们如何确保所有的个体都能在忙乱复杂、利欲交织的日常生活中，有效地捕捉到本心的发见呢？比如，当一个汉奸出卖国家而获得安全财富等私欲时，往往洋洋得意，未必会为自己的行为感到愧疚与羞耻；在这种情况下，他们完全不能自觉本心的发见；

其二，即便我们能够做到及时察觉到本心的发见，我们又如何确认我们以为的"本心"当中有没有掺杂私欲呢？比如，经常被提及的贤者之过。假设一个人的父亲去世了，他悲痛守孝，形销骨立、毁弃自身，那么这种表面符合孝道的真挚的悲痛情感中，其实已经混杂了人欲，但是行为者往往于此很难辨别这种发自内心的悲痛中掺杂着己私；

其三，即便可以做到自觉本心之发见，但是在这之后，又如何保证行为主体能够听从本心的道德指令呢？比如前一段时间在社会上广泛讨论的碰瓷事件：当目睹一个老人被车撞倒的瞬间，旁观者在一般情况下都会感受到内心里油然升起的真切不虚的同情，但是也会同时担心被讹诈的情况发生，所以许多人最终选择了旁观甚至冷漠离去。

以上三个方面都是象山以察识发明本心工夫时，没有能够有效回应的问题。这可能也是朱子批评象山的原因之一："且如陆子静说'良知良能，四端根心'，只是他弄这物事。其他有合理会者，渠理会不得，却禁人理会。鹅湖之会，渠作诗云：'易简工夫终久大。'彼所谓易简者，苟简容易尔，全看得不子细。……易简有几多事在，岂容易苟简之云乎！"（《朱子语类》卷十六《大学三》）

不过象山对于如何发明本心，还有一种容易被忽略的说法，前文中已经引用过一次，为了便于此处的讨论再次引用在这里：

> 吾友能弃去谬习，复其本心，使此一阳为主于内，造次必于是，颠沛必于是，无终食之间而违于是。此乃所谓有事焉，乃所谓勿忘，乃所谓敬。果能不替不息，乃是积善，乃是积义，乃是善养浩然之气，真能如此，则不

愧古人。(《陆九渊集》卷一《与曾宅之》)

若能猛省勇改，则天之所以予我者，非由外铄，不俟他求。能敬保谨养，学问、思辨而笃行之，谁得而御？(《陆九渊集》卷十四《与包详道》)

这两段文本代表了象山对于居敬工夫的主要理解。虽然关于居敬工夫的阐述在象山的整个学说当中并不占有重要的地位，但是从以上两段文本来看，居敬工夫的发明确实包含静坐和察识所没有强调到的重要方面。从象山的表述来看，居敬工夫有四个特点：其一，居敬是一种本心工夫，所谓"使此一阳为主于内"；其二，居敬是一种不分动静、永不间断的工夫，所谓"造次必于是，颠沛必于是，无终食之间而违于是"；其三，居敬说与《孟子》中的观点是相符合的，它正是孟子说的"必有事焉而勿忘""积善"和"养浩然之气"；其四，居敬的具体工夫就是"敬保谨养"天之所予我者的本心，这也正是象山学中言说的存养工夫的落实。

通过以上分析我们可以看到，居敬工夫与静坐和察识的共同点在于它们都是发明本心的工夫，但是又各有不同：一者，比之静坐而言，居敬更带有鲜明的儒家特色，强调对于先秦儒家道德修养方法的继承；二者，比之察识而言，居敬不局限于动中，不局限于本心发用之时，这样一来，对于本心的涵养就可以借助于儒家本有的方法而贯彻到动静始终、无所间断的过程里面。而"敬保谨养"的发明虽然还略显简略，但是工夫既然已经被具体到每个瞬间当中，那么已经得到明显细化了；如果能实地践行这种本心居敬的工夫，那么长久的实践之后，前述的三个问题应该都可以在一定程度上得到对治：因为这种非常细致的涵养工夫后，心会得到系统的训练从而变得更加敏锐，本心的发见更容易、更真实，也更容易得到落实。这是居敬工夫在象山工夫论中的意义和贡献。

（二）阳明："戒慎恐惧是致良知的工夫"

阳明的工夫思考凝聚在他"致良知"的命题当中，不过究竟如何具体"致"此良知呢？陈来先生曾经分析"王守仁的致知的观念也有三个要点，即'扩充''至极''实行'"[1]。其中，"落实"良知的道德命令似乎容易理解，但是究竟

---

[1] 陈来：《宋明理学》，生活·读书·新知三联书店2011年版，第214页。

如何"扩充"良知呢？究竟如何扩充才能达到"至极"呢？又，阳明说"知善知恶"是良知，那么当没有具体事件发生，良知的"知善知恶"功能没有显著发见出来时，这时的"致良知"工夫又要做些什么呢？以上问题对于具体的工夫实践都至关重要，值得我们进一步追问。

在《大学》和《中庸》当中，有一个共用的重要概念，即"慎独"：

> 所谓诚其意者，毋自欺也，如恶恶臭，如好好色，此之谓自谦，故君子必慎其独也。小人闲居为不善，无所不至，见君子而后厌然，掩其不善，而著其善，人之视己，如见其肺肝然，则何益矣？此谓诚于中形于外，故君子必慎其独也。（《大学》）
>
> 道也者，不可须臾离也，可离非道也。是故君子戒慎乎其所不睹，恐惧乎其所不闻，莫见乎隐，莫显乎微，故君子慎其独也。（《中庸》）

按照这两段引文来看，《学》《庸》认为"慎独"就是"诚意"，就是"戒慎不睹""恐惧不闻"。前面对于阳明的讨论中已经介绍过，阳明认为"敬畏"就是"戒慎不睹""恐惧不闻"，也就是"慎独"，所以我们在下文的讨论中，在材料的使用和分析时，皆把以上范畴当作同义来理解和处理。阳明有一个重要的论断：

> 故凡致知者，致其本然之良知而已。《大学》谓之"致知格物"，在《书》谓之"精一"，在《中庸》谓之"慎独"，在《孟子》谓之"集义"，其工夫一也。（《王阳明全集》卷二十七《与陆清伯书》）
>
> 盖不睹不闻是良知本体。戒慎恐惧是致良知的工夫。学者时时刻刻常睹其所不睹，常闻其所不闻，工夫方有个实落处。久久成熟后，则不须着力，不待防检，而真性自不息矣。岂以在外者之闻见为累哉！（《王阳明全集》卷三《语录三》）
>
> 格物即慎独，即戒惧。至于集义、博约工夫只一般。（《王阳明全集》卷三《语录三》）

第一句话为我们提供了一个重要的观点，即阳明认为，"致良知"与"慎独"二者之间"工夫一也"；第二句话则径直告诉我们，"戒慎恐惧是致良知的工夫"，只有戒慎恐惧，"工夫方有个落实之处"。这两句话共同提示了我们，如何具体"致"此良知,答案就在"慎独"和"戒慎恐惧"①当中。

那么"慎独"或者"戒慎恐惧"的工夫具体又是怎样的呢?阳明对此亦有说明:

> 这心之本体,原只是个天理,原无非礼,这个便是汝之真己……便须常常保守着这个真己的本体,戒慎不睹,恐惧不闻,惟恐亏损了他一些,才有一毫非礼萌动,便如刀割,如针刺,忍耐不过,必须去了刀,拔了针,这才是有为己之心,方能克己。(《王阳明全集》卷一《语录一》)

> 必欲此心纯乎天理,而无一毫人欲之私,此作圣之功也。必欲此心纯乎天理,而无一毫人欲之私,非防于未萌之先,而克于方萌之际不能也。防于未萌之先,而克于方萌之际,此正《中庸》"戒慎恐惧",《大学》"致知格物"之功,舍此之外,无别功矣。(《王阳明全集》卷二《语录二》)

这两段话对于"戒慎恐惧"的发挥主要有两个要点:其一,"戒慎恐惧"就是念念存天理灭人欲,具体来说,"天理"就是心体,存天理就是体认本心天理并且落实本心一切好善之意,而违背本心的一切"人欲之私"都要如同对待刀割针刺般求其决去;其二,"戒慎恐惧"的工夫应该贯彻未发已发,不分动静、不局内外,随时随地地具体用功。关于后一点,阳明多次强调:

> 天理即是良知,千思万虑,只是要致良知。良知愈思愈精明,若不精思,漫然随事应去,良知便粗了。若只着在事上茫茫荡荡去思,教做远虑,便不免有毁誉得?人欲挽入其中,就是将迎了。周公终夜以思,只是戒慎不睹、恐惧不闻的功夫,见得时,其气象与将迎自别。(《王阳明全集》卷三《语录三》)

> 独其(指朱子——引者)所谓"自戒惧而约之,以至于至静之中;自谨独而精之,以至于应物之处"者,亦若过于剖析。而后之读者遂以分为两

---

① 阳明对于"戒慎恐惧"有两种用法。除了前文中所提及的把"戒慎恐惧"直接等同于"致良知",阳明还有一种更狭义的使用,比如:"君子戒慎于不睹不闻,省察于莫见莫显,使其存于中者无非中正和乐之道,故其接于物者自无过与不及之差。"(《君子慎其所以与人者》)显然在这里,阳明是把戒慎看作静时的用功,把省察看作动时的用功。但是虽然有广义、狭义不同的两种用法,前者才是阳明更常见的界定。

节,而疑其别有寂然不动、静而存养之时,不知常存戒慎恐惧之心,则其工夫未始有一息之间,非必自其不睹不闻而存养也。吾兄且于动处加工,勿使间断。动无不和,即静无不中。而所谓寂然不动之体,当自知之矣。(《王阳明全集》卷四《文录一·答汪石潭内翰》)

这两段引文分别针对两种不同的对于良知之教的误解:其一,第一段引文中的误解在于,把"致良知"仅仅看作事发之时才要去落实本心的好善恶恶,这样一来,"良知便粗了",甚至"人欲搀入其中",因为在阳明看来,致良知的工夫必须要念念致之,如同周公夜以继日、无时间断的戒慎恐惧,如此才能达到愈来愈精纯的效果;其二,第二段引文的误解在于,把戒慎恐惧仅仅理解为寂然不动的静时存养,这实际上指朱子,而阳明则指出,戒慎恐惧的工夫"未始有一息之间",所以为了克服朱子一类学者的这种偏颇,阳明指出可以直接在"动无不和"中去体会"静无不中",此"中"即是心体、性体。

所以综合来看,阳明认为"敬"正是"致"良知工夫的具体落实,或者说就是工夫真正的下手之处。对它的实践意味着要时刻保持本心"戒慎恐惧"的状态,这是一种高度醒觉的状态,以这种高度醒觉为前提,念念存本心之天理,并果决地除去一切掺杂的私欲;并且这种工夫不分动静,落实在每一瞬间,每一心念,连成一片,这就是扩充良知而至极的意涵。

(三)宋明理学的敬论分类

理学中程颐和朱熹对于居敬工夫的发挥最多。程颐以整齐严肃和主一无适作为居敬工夫的两个要点;后来朱熹在继承程颐的基础上,进一步吸收二程后学,尤其是谢良佐、尹焞的观点,将"敬"的内容扩充为五种基本意涵:收敛、谨畏、惺惺、主一、整齐严肃。[①]

如果将以上程朱的敬论思想对照于陆王心学对于敬的理解,就会发现,仅从内容上来看,两者是有相似相通之处的。以"戒慎恐惧"来说,它本身的含义就接近于"谨畏";而这种"谨畏"的状态,正是高度醒觉,即"惺惺"的表现;而"谨畏"和"惺惺"都以"收敛"为前提才可能实现,同时它们也正是"收敛"的具体落实;而以上三者其实又都是"主一无适"的具体化,并且贯穿在外

---

① 这个概括来自陈来先生。请参见陈来《宋明理学》,生活·读书·新知三联书店2011年版,第138页。

在的"整齐严肃"当中。所以可以下图来表示它们之间的相互关系：

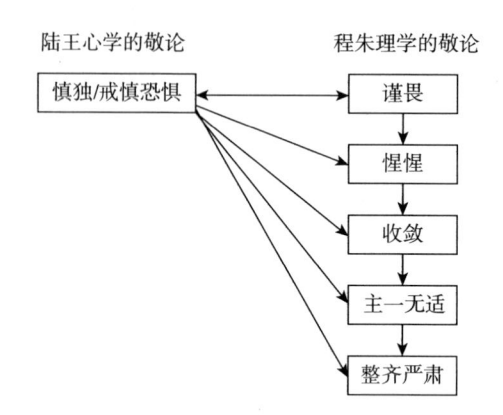

```
         陆王心学的敬论              程朱理学的敬论
         ┌──────────────┐          ┌──────┐
         │慎独/戒慎恐惧  │◄────────►│谨畏  │
         └──────────────┘          └──────┘
                │                  ┌──────┐
                ├─────────────────►│惺惺  │
                │                  └──────┘
                │                  ┌──────┐
                ├─────────────────►│收敛  │
                │                  └──────┘
                │                  ┌──────────┐
                ├─────────────────►│主一无适  │
                │                  └──────────┘
                │                  ┌──────────┐
                └─────────────────►│整齐严肃  │
                                   └──────────┘
```

注：图表中箭头的方向代表充分条件。

通过以上的分析和图示来看，陆王心学与程朱理学对于"敬"之基本意涵的理解颇为相通，二者的区别仅在于是否将本心作为工夫的前提；不过这却是一个非常重要的不同，因为这个差别已经决定了两种工夫截然不同的性质。如此一来，我们就可以把理学的居敬工夫分为两种类型[①]：

A. 习心的持敬工夫。即没有本心为前提的，"心静理明"[②] 意义上的居敬工夫。以程颐和朱熹作为典型的代表[③]；

B. 本心的居敬工夫。即以本心作为前提，发明本心和保养本心的工夫。以

[①] 牟宗三先生最先关注到主敬涵养有两种不同的类型，比如："(程颐）涵养是涵养那'经验地直内'之经验的敬心也，不是如孟子之言存养，是存养那先天的道德本心也"，等等。（牟宗三：《心体与性体》中，上海古籍出版社1999年版，第322页）牟先生的说法对于本文此处的分析有启发作用；只是牟先生对于陆王心学中敬论思想似无甚多留意。

[②] "心静理明"一词来自牟宗三先生对于程朱持敬思想的概括。比如："(朱子）涵养既空头，则察识亦成空头的。其着力而得力处只在'心静理明'。涵养得心静故理明。"（牟宗三：《心体与性体》下，上海古籍出版社1999年版，第192页）

[③] 关于这一点并不是没有争议的：牟宗三先生、吴震先生等都主张朱子主敬为后天的、习心的涵养工夫，而唐君毅先生、杨祖汉先生等则各有异议。比如吴震先生曾经讲："台湾学者杨祖汉发表了《从朱子的'敬'论看朱子思想的归属》一文，打破了以往略于朱熹主敬思想之讨论的局面，而以'敬的形态'来为朱熹思想定位，指出朱熹之言敬亦是'道德心本有之内容'，故可说朱熹的主敬思想'确立了儒家重恭敬这一义理形态，彰明了恭敬之心之道德涵义'……'不会将朱子学归于意志的他律的形态，以其言持敬，只是空头的涵养，也不会忽略朱子重文的部分。'"吴先生并不认同杨先生之见解，故而指出："朱熹由其'心是做功夫处'的心论立场出发，极力反对在心的操舍存亡的功夫论问题上预设'另有心之本体'的前提，与此相应，其主敬功夫也就不是道德本心的直接发动，而是对心的知觉意识等各种功能的控制调整。"［请参看吴震《略论朱熹"敬论"》，《湖南大学学报》（社会科学版）2011年第1期］

程颢、胡宏、张栻、陆九渊、王阳明等为代表。

不过需要我们特别注意到的还有一点，即"敬"在理学中不仅有工夫的意义，尤其是在心学中，"敬"的含义比之其在程朱理学中，具有更加丰富的一面。阳明即对此有过阐述：

> 1. 问："'不睹不闻'是说本体，'戒慎恐惧'是说功夫否？"
> 先生曰："此处须信得本体原是不睹不闻的，亦原是戒慎恐惧的。戒慎恐惧，不曾在不睹不闻上加得些子。见得真时，便谓戒慎恐惧是本体，不睹不闻是功夫，亦得。"（《王阳明全集》卷三《语录三》）
>
> 2. 来书云："……窃又以为《中庸》诚者之明，即此良知为明；诚之者之戒慎恐惧，即此良知为戒慎恐惧。当与恻隐羞恶一般，俱是良知条件。知戒慎恐惧，知恻隐，知羞恶，通是良知，亦即是明"云云。
> 此节论得已甚分晓。…诚明戒惧，效验功夫，本非两义。既知彻动彻静，彻死彻生，无非此物，则诚明戒惧与恻隐羞恶，又安得别有一物为之钦？（《王阳明全集》卷五《与黄勉之》）

在以上两段引文中，阳明提供了一个重要的观点，即居敬或者说戒慎恐惧，不仅是工夫，也是本体。这是因为"戒慎恐惧"如同"恻隐羞恶"一样，都是良知本体自身作用的体现，或者说它们就是本体自身存在的方式。从这个角度上说，"敬"在心学中有本体的意味，"敬体"就是"心体"，就是"良知"①。

以"敬"作为本体，其实在孟子的论述中已经对此有所揭示。孟子有两段非常著名的话：

> 恻隐之心，仁之端也；羞恶之心，义之端也；辞让之心，礼之端也；是非之心，智之端也。（《孟子·公孙丑上》）
>
> 恻隐之心，人皆有之；羞恶之心，人皆有之；恭敬之心，人皆有之；是非之心，人皆有之。恻隐之心，仁也；羞恶之心，义也；恭敬之心，礼也；是非之心，智也；仁义礼智非由外铄我也，我固有之也。（《孟子·告

---

① 关于"敬"的本体意义，牟宗三先生在《心体与性体》中已经有所揭示。以明道为例，比如："明道言存诚，言'敬以直内，义以方外'，却是直通'於穆不已'之体而言。故敬曰敬体，诚曰诚体……"（牟宗三：《心体与性体》中，上海古籍出版社1999年版，第322页）

子上》)

这两段话是我们讨论孟子时常用的文本。不过在以往的诠释和理解中,"四心"当中"恻隐之心"和"是非之心"常常受到更多关注,前者是因为与"仁"的直接关联性,后者则是因为阳明"知善知恶是良知"的强调,相比之下"辞让之心"在其中并未显得尤为重要。按照孟子在此处的解释,"辞让之心"又称作"恭敬之心",它是"礼"的端绪,换言之,孟子此处所言说的"敬"更多的是发明一种对象性的尊敬、礼敬之意,这本是先秦敬论中的重要内容之一;孟子还未能对于"敬"的收敛、谨畏、惺惺等细节意涵有更充分的认识。不过即便如此,他已经首次明确揭示出了"敬"与"本心"的联系;后来陆王心学继承和发挥孟子学,进一步深化对于"敬"的思考,并把"敬"直接理解为"敬体"而与"心体"等同,应该说这个结果的源头其实正是潜藏在孟子学当中的。

故而总结前文的分析,我们可以把理学敬论思想概括为以下表格:

	本体义	工夫义	代表人物
理学敬论		习心的持敬工夫	程颐、朱熹等
心学敬论	敬体	本心的居敬工夫	程颢、胡宏、张栻、陆九渊、王阳明等

四 结语

以往我们对于宋明理学敬论思想的关注往往集中在程朱理学的讨论当中,而忽略了陆王心学中也有丰富的敬论思想。从前文的分析来看,它主要表现在三个方面:

其一,陆王都对程朱敬论作出了反思或批评:象山充分认识到先秦儒家存在重"敬"的现象和传统,但他反对"持"敬的做法,提出"持敬"为"杜撰"之说的观点;阳明认为"居敬"与"穷理"其实是同一工夫,通过进一步将"敬"融摄于发明本心、致良知和诚意中,既肯定了居敬的必要性,又同时在表面上削弱了敬的重要感;

其二,陆王都有对于居敬工夫的正面论述:象山认为"敬"与《孟子》中"必有事焉""勿忘""集义""善养浩然之气"同义,它们都是指念念"复其本心"的工夫;阳明认为"居敬"就是通过"戒慎恐惧"保持心体明觉,防止心体昏昧放逸亏蔽的工夫，也就是《中庸》中所说的"慎独"，通过"敬畏"才可以实现心体的"洒落"和"自然"；

其三，居敬对于心学工夫的发明具有重要意义：在象山的工夫当中，不同于静坐和察识，居敬对于本心的涵养可以借助于儒家固有的方法而贯彻到动静始终、无所间断的过程里；阳明认为"敬"正是"致"良知工夫的具体落实，它意味着时刻保持本心"戒慎恐惧"的状态，不分动静，不局内外，念念存养和落实本心之天理，果决除去所有的私欲。

对于心学敬论的分析，不仅有利于我们加深对于心学工夫本身的理解，而且还具有另外两个重要的意义：

一者，过去学界往往关注理学敬论思想的研究，结合现在对于陆王敬论思想的分析，我们便可以对于宋明理学的敬论实现整体的把握：首先，对比陆王与程朱对于"敬"的阐述，我们可以发现二者之间对于"敬"基本意涵的理解颇为一致，心学强调的戒慎恐惧和理学强调的收敛、惺惺、谨畏、主一等完全可以互通，他们之间的主要分歧只是在于对"敬"与"本心"的关系有不同的理解；其次，以此为标准，我们就可以对于宋明理学的敬论思想进行整体上的分类：主敬工夫在宋明理学中有两种完全不同的路径，即以程朱为代表的习心的持敬工夫和以陆王等为代表的本心的居敬工夫；最后，"敬"不仅具有工夫义，它还具有本体义，后者是导源于孟子，在心学中才具有的独特意涵。

二者，对于"敬"的推重是儒学自诞生之初就存在的古老而深厚的传统，它具有浓重的忧患意识，传达着刚健有为的精神，这是来自佛老两家的静坐工夫中所不具有的气质；且居敬工夫既入手明确、念念入微，又不局动静、不分内外，对于养成德性、成就仁行有显著的效果；居敬在心学中是致良知工夫的真正下手之处，在理学中是格物致知的前提条件，这意味着，无论在理学还是心学中，居敬都是工夫的落脚点和根本点所在，换言之，居敬工夫是整个宋明理学工夫思想的共识和交汇处。

综上，作为本文的研究结论，敬论不仅是陆王心学中的重要内容，同时，它既鲜明地体现和传承着先秦儒家的品格特质和精神传统，又综合反映了宋明理学家群体对于工夫问题思考的共识和结论；故而敬论是先秦儒学、程朱理学、陆王心学共同的理论成果，是儒家工夫论思想的精华所在；意识到这一点，对于今日我们的个体工夫践履和社会道德建设都具有重要的启发意义。

论朱陆治学工夫的异同与冲突

陈永宝

(厦门大学哲学系)

一 前言

陆九渊强调"直指本心",对"读书以求放心"的工夫次第表示出不赞同的态度;而朱熹却一直认为,"本心"的朗现,不可能一蹴而就,需要从经典中汲取养料,因此将"经典"看成是完成"直指本心"的有效且不可缺少的工具。不过,这也只是朱陆在鹅湖之后反馈给后世学者的讯息,它们本身并不能代表朱熹与陆九渊的争论点永远停留在"尊德性"还是"道问学"的维度中。甚至在晚些时候,陆九渊也对"道问学"持有一定的肯定态度,而朱熹对"尊德性"的坚持,更是从未更改。可见这种简单的分法,可能无法成为说服他人的有效证据。陈来认为:

> 鹅湖前后,朱熹主要反对陆学废弃读书讲论的极端主张,而在南康前后,陆九龄改正旧说自不必论,陆九渊也逐步认识到这种主张不可能再坚持,在实践上二陆都改为教人讲学读书,主张"亲书册,就事物"(《陆集》,《与黄元吉》),认为"读书作文亦是吾人事"(《语录下》),赞成"后生看经书,须着看注疏及先儒解释,不然,执己见议论,恐入自是之域,便轻视古人"(同上)。告诫学者"须是有志读书"、"后生精读古文"、"某今亦教人作时文"(同上)。淳熙十年癸卯,陆九渊还对詹阜民说:"某何尝不教人读书,不知此后煞有甚事。"(同上)其他如答包显道书责其以读书充塞仁义等

皆是如此。①

可见，二者在晚期达到了某种程度上的共识。但我们知道，陆九渊逝后，朱陆的矛盾再次激化。陈来指出，虽然"象山死，先生率门人往寺中哭之"（《朱子语类》），但"朱熹并没有因为陆九渊的死去而停止或缓解对陆学的批评，相反，他更可无所顾虑地对陆学进行抨击"。②那么问题便随之产生，既然朱陆在某种程度上已经达成了共识，为什么陆氏逝后会引起朱熹强烈的反对。于是，以下几个问题便需要被进一步解答：朱陆的争议到底在什么地方，朱熹的异同又在哪里，他们的冲突是如何产生的，这便是本文要解决的问题。

二 "易简工夫"与"支离工夫"

（一）治学工夫的背景影射

朱陆之争的开端应该定为鹅湖之会，虽二者之前并未谋面，但二者的治学取向让他们互相心有所往。然而，二者的争论也在这"耳闻"之中产生。朱熹认为陆九渊的治学工夫近禅。他说："近闻陆子静言论风旨之一二，全是禅学，便变其名号耳。竞相祖习，恐误后生。"（《朱子全书·答吕子约》）而陆九渊认为朱熹以书为主的治学方式为"支离"，而这一点也被其兄陆子寿所支持。陆子寿曾赋诗云：

> 孩提知爱长知钦，古圣相传之此心。大抵有基方筑室，未闻无址忽成岑。
> 留情传注翻蓁塞，著意精微转陆沉。珍重朋友相切琢，须知至乐在于今。（《陆九渊集》卷三十五）

这里的意思是说，"读书"对"直指本心"，并不一定是个必要条件。可见陆氏兄弟二人对朱熹、吕祖谦以著书解经为主要的传道治学之法，表示出强烈的怀疑。于是，二陆与朱熹、吕祖谦的争议便在二陆受邀鹅湖寺时就已经开始。

---

① 陈来：《朱子哲学研究》，生活·读书·新知三联书店 2012 年版，第 458 页。
② 陈来：《朱子哲学研究》，生活·读书·新知三联书店 2012 年版，第 457 页。

鹅湖寺中面对朱、吕与陆子寿论辩,陆九渊补充说道:

> 墟墓兴哀宗庙钦,斯人千古不磨心;涓流积至沧冥水,拳石崇成泰华岑。
> 易简工夫终久大,支离事业竟浮沉;欲知自下升高处,便伪先须辨只今。(《陆九渊集》卷三十五)

很显然,陆九渊的诗相较于陆子寿,更加具有挑战性。然而,我们从陆九渊的诗中,也看出了一点年少轻狂的感觉。而陆九渊的"无礼",让朱熹为此感到了很大的不适。陆九渊曾说:

> "易简工夫终久大,支离事业竟浮沉。"举诗至此,元晦失色。至"欲知自下升高处,便伪先须辨只今",元晦大不怿,于是各休息。(《陆九渊集》卷三十四)

陆九渊把朱熹的反应看成是"朱熹为其辨败,而无力还击"之状,这显然是陆九渊的误读。否则,即无陆子寿"他日负荆"之语的表达。很显然,朱熹是为陆九渊当时的"无礼"而无心再言。之后,虽朱陆之间通信频繁,但陆九渊的性格及对"礼"的轻视,最终无法让重视周礼的朱熹对其表达认同。

朱熹在三年后对陆氏兄弟的回应是:

> 德义风流夙所钦,别离三载更关心;偶扶藜杖出寒谷,又枉蓝舆度远岑。
> 旧学商量加邃密,新知培养转深沉;只愁说到无言处,不知人间有古今。(《朱子全书》)《晦庵先生朱文公文集》卷八十七

这或许就是许多后世学者将两者思想界定为完全相反的一个主要原因。从两诗的意思来看,二者在治学的工夫论方面,确实有一定的差异。但对周礼的坚守,却成为朱陆争议的一个隐形线索。

（二）治学工夫的"易简"

陈荣捷指出："（鹅湖之会）讨论主题为简易与支离，正如象山之诗所云易简工夫，支离事业。陆氏以朱子读书解经为支离，而以直发本心为简易。"① 在陆九渊看来，"直指本心"才是孟子思想的本意。从某种程度上说，陆九渊的这种"直指本心"与孟子的"求放心"有一定的相似性。他的这种思想，是在其十三岁讨论"夫子之方简易，有子之言支离"时便已经形成。《象山先生行状》记载陆象山对程伊川思想评价的一段话，云：

> 伊川近世大儒，言垂于后，至今学者尊敬讲习之不替。先生（陆九渊）独谓简（杨简）曰："丱角时，闻人诵伊川语，自觉若伤我者。亦尝谓人曰：'伊川之言，奚为与孔子孟子之方不类。'初读《论语》，即疑有子之言支离。"（《陆九渊集·象山先生行壮》）

陆九渊自己说：

> 年十三时，复斋因看《论语》，命某近前，问云："看有子一章如何？"某云："此有子之言，非夫子之言。"先兄云："孔门除却曾子，便到有子，未可轻议，更思之如何？"某曰："夫子之言简易，有子之言支离。"（《陆九渊集·语录上》）

可以说，陆九渊"心即理"的治学原则，是他从儿时就形成的问题意识。而且他一直反对的"伊川之学"，被朱熹所继承并发扬光大。可见，朱陆的争议，从陆九渊的年少时期便有迹象。② 然而，即使是这样，陆氏兄弟在鹅湖之后均有转意之念，可能是感知到这种"抛弃读书而直指本心"的治学方式，存在一定的问题。陈来指出：

---

① 陈荣捷：《朱熹》，台北：东大图书公司 2003 年版，第 208 页。
② 但是有一点需要注意的是，我们于此不能就下判断说陆九渊十三岁时，朱熹（此时朱熹廿二岁）与其矛盾就已经产生。我们知道，朱熹早期受禅宗的影响很深，此时正其进士及第后三年，赴同安县主簿时期。而此时陆九渊依然在今江西的抚州地区，两地相距千里，朱熹是不可能与尚在年幼的陆九渊有任何争议。朱子四十六岁始见象山，其争议方才凸显。

> 淳熙四年丁酉，二陆遭母丧，在有关丧祭礼仪方面遇到一些问题。两人当即写信向朱熹询问（见《文集》之《答陆子寿》）。朱熹表示不赞成二陆关于袝礼的主张，并详细阐述了他以《仪礼注》为根据的看法，这对不主读书的二陆似乎不无讽刺。经过几次往返论说，"其后子寿书来，乃伏其谬，而有他日负荆之语"（《文集》五十八，《答叶味道一》），"子静终不谓然，而子寿遂服，以书来谢，至有负荆请罪之语"（同上书卷，《答叶味道二》）。陆九龄承认原来主张之误，但陆九渊始终不改其说。①

当然，我们并没有从陆九渊的文集中找到相应的证据，仅是从朱熹与叶味道的两封书信中得到了一面之词，如"其后子寿书来，乃伏其谬，而有他日负荆之语"（《朱子全书·答叶味道》），"子静终不谓然，而子寿遂服，以书来谢，至有'负荆请罪'之语"（《朱子全书·答叶味道》）。但二陆请教朱熹丧礼之事，已证明二陆前言的"易简工夫"，存在着修正的空间。

（三）治学工夫的"支离"

对于陆九渊将朱学工夫定义为"支离工夫"的挑战，朱熹与吕祖谦自然不会认同。陈来曾指出：

> 据朱亨道说，陆九渊本来准备了一个尖锐的问题：如果说只有读书才是认识天理和成圣成贤的道路，那么，人所公认的圣贤尧舜，在他们的时代尚无文字，不是也成为圣贤了吗？②

显然这个问题，让朱熹一时不知如何回答。而今天我们很自然地知道，陆九渊的这个提问本身就是存在着互相矛盾的逻辑的问题：如果说"尧舜之前无书可读他们亦已成圣"这个判断为真，那么陆九渊"知道他们是圣人这个判断"是从何而来？如果不是从书中来，岂不是有凭空捏造的嫌疑？显然，如果朱熹当年想到了这一层，或者他略有准备，也许陆氏的刁难可能就无法形成。而陆氏也在后期意识到，可能他的论断也存在被修补的空间。

---

① 陈来：《朱子哲学研究》，生活·读书·新知三联书店2012年版，第419页。
② 陈来：《朱子哲学研究》，生活·读书·新知三联书店2012年版，第415页。

但关于"支离"的讨论并没有因为鹅湖之会的结束而被遗忘。吕祖谦之后与刑世材的书信中给出一个折中的解答：

> 讲贯诵绎，乃百代为学通法。学者缘此支离泛滥，自是人病，非是法病。见此而欲尽废之，正是因噎废食。（《东莱吕太史文集之别集》卷十）

朱熹数月后致张栻的信中也说：

> 子寿兄弟气象甚好，其病却在尽废讲学而专务践履，却于践履之中要人提撕省察，悟得本心，此为病之大者。（《朱子全书·答张敬夫》）

陆子寿逝后，朱熹的祭文中也有类似的表述：

> 学匪私说，惟道是求。苟诚心而择善，虽异序以同流，如我与兄，少不并游。盖一生而再见，遂倾倒以绸缪。念昔鹅湖之下，实云识面之初。兄命驾而鼎来，载季氏而与俱。出新篇以示我，意恳恳而无余。厌世学之支离，新易简之规模。顾予闻之浅陋，中独疑而未安。始听莹于胸次，卒纷缴于谈端。徐度兄之不可遽以辨屈，又知兄必将返而深观。遂逡巡而旋返，怅犹豫而盘旋。别来几时，兄以书来。审前说之未定，曰子言之可怀。（《朱子全书·祭陆子寿教授文》）

也就是说，被认为是"支离"的读书讲学，在鹅湖之后依然成为东南三贤急需面对的问题。陆氏兄弟，无疑给只"沉迷训诂考据，无视客观实践"的死读书的学者们，提出了一个沉重的警告。这也就是说，二陆兄弟并不是"反对读书讲学"，而是反对将孟子求放心的重点放在"考据训诂"之中。这也是他们在治学中，对伊川学的一个反省。因此，陈荣捷说："凡此皆可以证实支离易简，读书讨论，为当时争辩之中心问题。"[①] 此言非虚。但有一点可能值得商榷，那就是朱、二陆、吕之间的争论是要讨论要不要"读书"吗？

于是，这个问题需要被我们重视，那就是朱陆在此的争论点是什么，是读书

---

① 陈荣捷：《朱熹》，台北：东大图书公司2003年版，第208页。

方法，还是涵养方法。虽然二者在此有一些相似，但存在着较大程度的不同。前者，是朱熹认为的达到涵养工夫的一个必经途径；后者，是朱陆二陆需要达到的直指本心的内在要求。二者对前一种方法，争议应该不会太大。他们的争议点在于"是否有必要一定用前一种方法来过渡到第二种方法"。因此陈荣捷说："（朱陆）此是涵养方法之分歧，与两人之根本思想无关。当然发明本心为顿悟，读书讲学为渐悟，于心之实体，所见不同。"① 陈说可能存在着误导之嫌疑。陆九渊说：

> 朱元晦曾作书与学者云："陆子静专以尊德性诲人，故游其门者多践履之士，然于道问学处欠了。其教人岂不是道问学处多了些子？故游其门者践履多不及之。"观此，则是元晦欲去两短，合两长。然吾以为不可，既不知尊德性，焉有所谓道问学？（《陆九渊集》）

可见朱陆之争，非简单的顿悟与渐悟，也不是"尊德性"与"道问学"，而是"道问学"与"尊德性"的关系及为学次序是如何设定的。冯友兰指出：

> 一般之论朱陆异同者，多谓朱子偏重道问学，象山偏重尊德性。此等说法，在当时即已有之。然朱子之学之最终目的，亦在于明吾心之全体大用。此为一般道学有共同之目的。故谓象山不十分注重道问学可，谓朱子不注重尊德性不可。②

也就是说，四人之间讨论的"支离"问题，不是"读书"是否必要，而是"读书"是否在"涵养本心"方面是多余的问题。如果只是讨论"读书用有无用论"，那陆氏兄弟的治学之举恐怕是难以自圆其说。③ 但对于"读书"能否成为促进世人成为圣贤，达到直击本心的目的，四人是持不同的观点的。只有清晰这一点，才能明白，为什么二陆在母丧后才有"转念"之意，而不是在鹅湖寺中便

---

① 陈荣捷：《朱熹》，台北：东大图书公司2003年版，第208—209页。
② 冯友兰：《中国哲学史》，台北：商务印书馆2015年版，第800—801页。
③ 实际上，陆九渊不反对读书，而且还强调读书要认真。《语录》说："读书之法，须是平平淡淡去看，子细玩味，不可草草。所谓优而柔之，厌而饫之，自然有涣然冰释，怡然理顺底道理。"（《陆九渊集·语录》）可见陆九渊对读书颇有心得体会，断然不会反对读书。

承认这一点。因为,亲人的逝去可能更为有助于人看到"读书"给人心带来的作用。于是,朱熹一直所重视的以读书而"求礼正心",可能是揭开二陆与朱、吕矛盾的真正突破口。

三 朱陆争议的本根和要义

(一)"尊儒"还是"崇老"

陆九渊对孔孟持尊重的态度,但对程伊川的儒学多有不满。因此,对于直接对接伊川的朱子学,也心生排斥。陆九渊说:

> 元晦似伊川,钦夫似明道。伊川蔽固深,明道却通疏。(《陆九渊集》卷三十五)

可见陆九渊对朱熹的定位并不是十分欣赏。同时,对于程伊川朱熹一直所强调的天理人欲之说,他也颇有微词。陆九渊说:

> 天理人欲之言,亦自不是至论。若天是理,人是欲,则是天人不同矣。此其原盖出于老氏。《乐记》曰:"人生而静,天之性也;感于物而动,性之欲也。物至知知,而后好恶形焉。不能反躬,天理灭矣。"天理人欲之言盖出于此。《乐记》之言亦根于老氏。(《陆九渊集》卷三十五)

陆九渊这里有三层意思:一是他反对伊川的理论,认为其"蔽固深";二是他对朱熹的天理人欲说持反对意见,且认为此言出于老子的学说;三是他暗示《乐记》之言有"根于"老子的嫌疑。我们将这三层意思综合起来,可能看出,陆九渊对朱熹的反对,不仅仅是在"道问学"前面是否必须加上"尊德性"这个前提,而是认为朱熹偏离了儒家本意,有滑落到道家哲学的倾向,朱熹可能会存在"见道不明"[①]的问题。

牟宗三曾指出:

---

① 牟宗三:《从陆象山到刘蕺山》,台北:学生书局2000年版,第99页。

> 观二陆之诗，明是本孟子措辞。象山诗尤其警策挺拔。子寿诗:"孩提知爱长知钦"，明是本孟子曰:"人之所不学而能者，其良能也。所不虑而知者，其良知也。孩提之童，无不知爱其亲也。(孩提知爱)。及其长也，无不知敬其兄也。(长知钦)。亲亲仁也，敬长义也；无他，达之天下也。"(〈尽心〉篇)。"亲亲仁也，敬长义也"，"古圣相传只此心"亦并不错。"只此心"即只此仁义之本心。……谓内圣之学，自觉地作道德实践之工夫，首应辨此本心，此是直接的本质相干之第一义。①

也就是说，早期陆九渊对朱熹和程伊川的评价可以概括为"阳儒阴道"。这也就是为什么陆九渊在自己的《语录》中，不只是强调是"尊德性"还是"道问学"，也不只是强调是否"应该读书治学"的问题。因此，我们能清晰地看出朱陆矛盾的第一个深意：儒（陆九渊）、老（朱熹）之争。

牟宗三在诠释二陆的两首诗时，虽并未直接指出朱熹的思想有近老之嫌，但却强调朱熹"非孟学"，实际上也是在某种程度上帮助陆九渊印证了朱陆之间的矛盾为"儒学的正统性问题"。于是，我们沿着这个思路，来看待朱熹后来关于周濂溪的"无极太极"之辨，可能就一目了然了。否则，由鹅湖之辨、铅山之晤一下子过渡到无极之辨，应该是一件奇怪的事情。于是，我们这里做的第一个澄清就是，朱陆之争，表面看起来是"是否读书治学之争"，实为治学背后的思想本根之争。而这个矛盾，在朱陆的"无极太极之辨"中，被充分地暴露了出来。

（二）"禅宗"还是"孟学"

在朱熹看来，陆氏之学之法，多为"禅学"。朱熹常说："陆子静所学，分明是禅。"(《朱子语类》卷一百一十六)因此，在朱熹看来，他与陆九渊的争论，也应该是儒、禅之争，也不是什么"尊德性"与"道问学"之争，更不是什么读书与不读书之争。朱熹曾向弟子说：

> 陆子静分明是禅，但却成一个行户，尚有个据处。如叶正则说，则只是要教人都晓不得。尝得一书来，言世间有一般魁伟底道理，自不乱于三纲五常。既说不乱三纲五常，又说别是个魁伟底道理，却是个甚么物事？也是

---

① 牟宗三:《从陆象山到刘蕺山》，台北：学生书局2000年版，第84页。

乱道！他不说破，只是笼统恁地说以谩人。及人理会得来都无效验时，他又说你是未晓到这里。他自也晓不得。他之说最误人，世间呆人都被他瞒，不自知。(《朱子语类》卷一百二十三)

又说：

圣贤教人有定本，如"博学、审问、慎思、明辨、笃行"是也。其人资质刚柔敏钝，不可一概论，其教则不易。禅家教更无定，今日说有定，明日又说无定，陆子静似之。圣贤之教无内外本末上下，今子静却要理会内，不管外面，却无此理。硬要转圣贤之说为他说，宁若尔说，且作尔说，不可诬罔圣贤亦如此。(《朱子语类》卷八)

朱熹对陆九渊的批评其实并不是毫无道理的。陆九渊的治学之道确实颇似南禅。如：

吾儒头项多，思量着得人头痹。似陆子静样不立文字，也是省事。只是那书也不是分外底物事，都是说我这道理，从头理会过，更好。(《朱子语类》卷一百二十四)

又如：

陆子静，天资甚么高明！却是不道中庸后，其学便误人。某尝说，陆子静说道理，有个黑腰子。其初说得澜翻，极是好听，少间到那紧处时，又却藏了不说，又别寻一个头绪澜翻起来，所以人都捉他那紧处不着。(《朱子语类》卷六十四)

那么，这是否只是朱熹的一面之词呢？我们看看陆九渊自己是如何描述自己的治学之道的。陆九渊说："道理只是眼前道理，虽见到圣人天地，亦只是眼前道理。"(《陆九渊集》卷三十四)也就是说，陆九渊治学较为重视眼下的心观体察。无怪乎他人评价他时说："陆子静每见学者才有说话，不曰'此只是议论'，即曰'此只是意见'。"(《朱子语类》卷一百二十四)同时，陆九渊在评价《论语》时,也曾产过"学苟知本,《六经》皆我注脚"(《陆九渊集》卷三十四)之类的言论,颇有禅风。正因为以上种种,促使朱熹判断陆九渊未能真识伊川之学。朱熹说:

> 陆子静看得二程低,此恐子静看其说未透耳。譬如一块精金,却道不是金;非金之不好,盖是不识金也。(《朱子语类》卷一百二十四)

这实际上便是陆九渊治学之道的为学取向而已。正如其诗中的"易简工夫终久大"之言,伊川烦琐治学之法,难以"达其实",这便也是他对伊川的误解。

(三)误解与相知

朱陆二人对彼此的误解,让二人在鹅湖寺及无极太极之辨中,滑落到对立的两极,而没有形成吕祖谦期望的"兼容并包"。实际上,陆九渊对朱熹的"近老氏之学"的评价,朱熹是断然不会承认自己为学的本根是老氏之学。他在给陆九渊的一封信中辩解道:

> 熹详老氏之言有无,以有无为二;周子言有无,以有无为一,正如南北水火之相反。更请子细着眼,未可容易讥评也。(《朱子全书·答陆子静》)

也就是说,陆九渊在一定程度上有误解朱熹之嫌。同时,朱熹批评陆九渊"近禅",也不会被陆九渊接受。陆九渊曾说:

> 释氏立教,本欲脱离生死,惟主于成其私耳,此其病根也。且如世界如此,忽然生一个谓之禅,已自是无风起浪,平地起土堆了。(《陆九渊集》卷三十五)

可见陆氏对禅宗,也充满着蔑视之言。也就是说,二者对彼此,都充满着大量的误解。这些误解正如陆九渊曾说的一句话:"建安亦无朱晦翁,青田亦无陆子静。"(《陆九渊集》卷三十四)

事实上,两人均从不同的层面对圣人之学进行了探索。陆九渊所主张的,是实践体悟之学。如其所说,"千虚不博一实,吾平生学问无他,只是一实"

(《陆九渊集》卷三十四)。在他看来,与其苦求书本而达道,不如内求本心,让心与理合,不必在外设一个"性",让心空做工夫;而对于朱熹而言,"尊德性"确实是治学的根本,但人的气质的差异,不能一概而论。因此,达道之法还需要借助圣人之言,方可事半功倍。《朱子语类》曾记载一段朱熹与贺孙的问答:

> 贺孙问:"先生向令敬之看孟子。若读此书透,须自变得气质否?"曰:"只是道理明,自然会变。今且说读《孟子》,读了只依旧是这个人,便是不曾读,便是不曾得他里面意思;孟子自是孟子,自家身己自是自家身己。读书看道理,也须着些气力,打扑精神,看教分明透彻,方于身上有功。某近来衰晚,不甚着力看文字。若旧时看文字,有一段理会未得,须是要理会得,直是辛苦!近日却看得平易。旧时须要勉强说教得,方了,要知初间也着如此着力。看公如今只恁地慢慢,要进又不敢进,要取又不敢取,只如将手恁地探摸,只怕物事触了手相似。若恁地看文字,终不见得道理,终不济事,徒然费了时光。"(《朱子语类》卷一百二十)

也就是说,在朱熹看来,由于有"气禀"的差异,一个人能不能达到"尊德性"的程度,可能还存在着问题。在陆九渊看来,只要我们"认识到圣人本心",了解此心、此理,便可与圣人相接。这个"心"即孟子的四端之心,生而有之。所以,陆子寿说"古圣相传只此心",他将其更改为"斯人千古不磨心",也是对这种思想的强调。但是,朱熹看到了,人性本善外的"人欲"的干扰,它让人的气质可能在早期无法达到"尊德性"的程度。可以说,在这一点上,朱熹相比于陆九渊,在"实"的方面进了一步。也正是因为这一点,陆九渊弟子批评朱熹是形而下者。如:

> 或谓先生之学是道德性命,形而上者。晦翁之学,是名物度数,形而下者。(《陆九渊集》卷三十四)

或许我们可以从另一个角度上说,朱陆实际上是从人的不同侧面感知这个世界的。但二者的异与二者的同相比起来,可能"同的"程度更高,这便是理学家(或者说道学家)"共商'国是'"的政治抱负。

收拾精神,自作主宰

余英时在论述朱熹时代的党争时曾论述道:

> 这一党争跨越孝宗、光宗、宁宗三朝,而且自始至终,朱熹及其"道学"都是风暴的中心。……为了深一层理解这一阶段党争的特殊性,我们必须从孝宗朝的"国是"问题说起。在〈国是考〉中,我们已看到孝宗初年锐意"恢复"及符离败后摇摆在和战之间的窘状。①

朱陆自然是这个党争旋涡中的核心人物。陆九渊淳熙九年(1182年)除国子正时,道学一派为救亡图存,希望通过变动"国是"来赢得话语权。与此同时,"临安士大夫社群中正弥漫着一股浓厚的'反道学'气氛"②。如《语录下》记载:"世人所以攻道学者,……程士南最攻道学……"(《陆九渊集·语录下》)可见,反道学之风在朱陆时期已经兴起。虽然陆九渊对部分反道学的说法表示理解③,但朱陆在"捍卫道学"的立场上应该是一致的。因此,我们从这个历史大背景中再来反观朱陆治学之间的差异与一致,可见他们是"实同形异"。无论如何,朱陆治学的最终共同目标在于"共商国是"的改革,而不是"意气相争"。我们只有清晰了这一点,才会明白,二者的"同",是远远高于"异"的。不过,陆九渊于淳熙十三年(1186年)被逐出朝廷,也从侧面论证了他治学的"易简工夫",是无法应对复杂的南宋政治环境的。我们从陆九渊被放逐的官方文书中可见其端倪。《宋会要辑稿》载:

> 淳熙十三年十一月二十九日敕令所删定官陆九渊差主管台州崇道观。九渊除将作监丞,臣僚论驳,谓其躁进强聒,乞赐寝罢。故有是命。(《职官》七二之九)④

其中,余英时总结陆九渊被罢官的"臣僚论驳"和"躁进强聒",正与鹅湖

---

① [美]余英时:《朱熹的历史世界》(上篇),生活·读书·新知三联书店2004年版,第441页。
② [美]余英时:《朱熹的历史世界》(下篇),生活·读书·新知三联书店2004年版,第463页。
③ 如陆九渊说:"世之人所以攻道学者,亦未可全责也。盖自家骄其声名,立门户与之为敌,晓晓腾口实,有所未孚,自然起人不平之心。"(《陆九渊集·语录下》)然言语之中,陆九渊依然是站在捍卫道学的一方。他曾说过:"道可谓尊,可谓重,可谓明,可谓高。"(《陆九渊集·语录下》)
④ 转引自余英时《朱熹的历史世界》(下篇),生活·读书·新知三联书店2004年版,第472页。

之会上的情形十分相近,而反成为他被逐出朝廷的主要原因。不同的是,这次没有朱熹、吕祖谦的退让。

总之,朱陆之间的鹅湖之争,并不代表二人思想的真正决裂。相反,日后二人书信来往密集,也足见朱熹在陆九渊身上看到了"道学复兴"的希望。于是,这便很好地解释了为什么朱熹在淳熙八年(1181年,朱熹52岁)时,邀请陆九渊来白鹿洞书院讲学。也就是说,二人在通过治学以达治世这个角度上,是一致的。然而,陆九渊逝后,朱熹率门人往寺中哭送,但他并没有因为陆九渊的去世而停止或缓解对陆学的批评,相反,他更可无所顾虑地对陆学进行抨击。这又是为何?

四 朱陆的冲突:"敬人"与"敬心"

如果要试图揭开朱陆晚年的矛盾,我们还是应该回到两者的治学工夫及现实效果上来。

(一)陆氏门人的"无礼"

己亥秋,张南轩曾写信给朱熹说:

> 近有澧州教授傅梦泉来相见,乃是陆子静上足,其人亦刚介有立。但所谈所学多类扬眉瞬目之机,又说傅"久从陆子静,守其师说甚力"。(《宋元学案》卷七十七)

陈来认为:"扬眉瞬目是指傅不事辞气容貌修养,带着禅家呵叱的意思。"[①] 这也就是说,陆氏门人给张南轩、朱熹等人的一个整体感觉是:近禅无礼。而朱熹一生中对杨龟山、李延平等先师的批判,都多在"近禅"之说;而他的四十之前的"已发未发"之难题,也是因为无法区分"禅、儒"的工夫次第。同时,他屡次"辟佛"之说,也源于他对"禅灭周礼"的反抗。

于是,朱陆的冲突,明似求学工夫的冲突,实于儒禅之学工夫的辨证。无论是禅门的求静之法与儒学(主要指朱子理学)的主敬之功,还是禅门的顿悟之心与儒学的格物之法,都预示着朱陆之争,实为儒禅之争。也就是说,陆九渊的为

---

① 陈来:《朱子哲学研究》,生活·读书·新知三联书店2012年版,第442页。

学工夫，在"铅山之晤"和"南康再会"的时候，已经向"道问学"方面发生偏斜。①虽不至达到其兄陆九龄"他日负荆"的程度，但陆九渊确实在为学思想上，对书本有了不同于鹅湖之辨时的感悟。朱熹在《答吕伯恭》信中写道："子静近日讲论比旧亦不同，但终有未尽合处。幸其却好商量，亦彼此有益也。"(《朱子全书·答吕伯恭》)可见，此时，朱陆的冲突已经全然不再纠缠在读书次第的问题上了。

朱熹本人也曾于丁未五月二日写信给陆九渊，谈论陆氏门人的无礼不敬。如下：

> 税驾已久，诸况想益佳。学徒四来，所以及人者在此而不在彼矣。来书所谓利欲深痼者已无可言，区区所忧，却在一种轻为高论，妄生内外精粗之别，以良心日用分为两截，谓圣贤之言不必尽信，而容貌词气之间不必深察者。此其为说乖戾狼悖，将有大为吾道之害者，不待他时末流之弊矣。不审明者亦尝以是为忧乎？此事不比寻常小小文义异同，恨相去远，无由面论。徒增耿耿耳。李子甚不易，知向学，但亦渐觉好高。鄙意且欲其着实看得目前道理事物分明，将来不失将家之旧，庶几有用。若便如此谈玄说妙，却恐两无所成。可惜坏却天生气质，却未必如乃翁朴实头，无许多劳攘耳。(《朱子全书·答陆子静》)

这里的"轻为高论""乖戾狼悖"明显说明，陆氏门人完全不同于儒家学者的"修身"。无怪乎朱熹说陆九渊不识《中庸》，也不明《大学》。可见，陆九渊教门人，可能过于注重"心即理"，或者"宇宙即吾心"的形上层面的引导，对其门下弟子行为举止的教导，却不甚严格。也难怪朱熹说陆九渊有"近禅之嫌"。

我们从前面陆九渊被罢免的公文中可以看出，"臣僚论驳"和"躁进强聒"可能是陆九渊的性格特征，却也可能成为陆氏门人弟子仿效的对象。陆九渊难脱管教不严之嫌疑。

而且，朱熹认为，

> 陆子静之学，自是胸中无奈许多禅何。看是甚文字，不过假借以说其

---

① 陈来：《朱子哲学研究》，生活·读书·新知三联书店2012年版，第418—432页。

胸中所见者耳。据其所见，本不须圣人文字得。他却须要以圣人文字说者，此正如贩盐者，上面须得数片鲞鱼遮盖，方过得关津，不被人捉了耳。（《朱子语类》卷一百二十四）

又说："陆子静杨敬仲自是十分好人，只似患净洁病底。又论说道理，恰似闽中贩私盐底，下面是私盐，上面以鲞鱼盖之，使人不觉。"（《朱子语类》一百二十四）朱熹的弟子王过总结说："盖谓其本是禅学，却以吾儒说话撼掩。"（《朱子语类》卷一百二十四）于是，朱熹对陆九渊的这种做法，颇为不满。于是，到这里，我们可以看得出来，不管陆九渊个人的修为如何，其门人弟子多有无礼之状，这在张南轩和朱熹这里，已经达成了一个共识。而儒家以"礼"为主，复兴周礼也是朱熹一直所希望完成的历史使命。面对陆氏门人的狂妄不羁，及陆九渊个人的人生境遇（被放逐），朱熹对陆氏门人的批评进而发展到对陆九渊本人的批评，也就不是什么奇怪的事了。所谓"教不严，师之惰"，陆九渊确实要为此负责。

（二）朱熹的"卫礼"之举

朱熹的辟佛为学界所共识，但朱熹为何强烈地辟佛，学界研究却往往只落到其为学工夫上。这是远远不够的。实际上，朱熹辟佛，实则"卫礼"。朱熹的辟佛实际上是有如下原因的，即禅宗的教旨意在荒废周礼，弱化法度。

首先，朱熹指出禅宗所使用的祭祀方式和治学工夫，于周礼是有所违背的。而禅宗在修行工夫中，虽然孤山智圆、明教契嵩、大慧宗杲等人主张"援儒卫佛"，提倡学众研习《孟子》和《中庸》，但实际上他们的"劝善"方法却与儒家完全不同。儒家的"性善论"在肯定人性本善的同时，对助人为善的"礼"也颇为重视。而佛教的宣传，具有很大的迷惑性，会使百姓放弃周礼。

在朱熹看来，追随孔孟，回到五代，是儒家的最高理想与现实追求，而周礼便是维系这一追求的现实方法。禅宗劝说百姓废除"牲祭"，自然让坚持回归五代理想的朱熹所不容。"夷狄之教入于中国，非特人为其所迷惑，鬼亦被他迷惑。大干庙所以塑僧像，乃劝其不用牲祭者。其他庙宇中，亦必有所谓劝善大师。盖缘人之信者既众，鬼神只是依人而行。"（《朱子语类》卷一百二十六）"牲祭"是自周代以来儒家供养祖先的一个典型标志，也是维护周礼的一个关键环节。在朱熹看来，禅宗劝其"不用牲祭"，表面上是劝其以不杀生为德，实则为尽破周礼之行。……禅宗欲除去"牲祭"的做法，这明显违反周朝的礼法，自然被朱熹所反对。他曾说："释氏之教，其盛如此，其势如何拗得他转？吾人家守得一世再世，不崇尚他者，已自难得。三世之后，亦必被他转了。"(《朱子语类》卷一百二十六）也就是说，朱熹对禅宗的批判，实为卫礼之举。①

朱熹早年喜佛，一生之中与佛寺多有渊源。为何日后对禅宗大加批判？其主要原因应该在于禅宗对儒家礼仪法度的挑战。朱熹曾举一例：

> 今世俗有一等卑下底人，平日所为不善，一旦因读佛书，稍稍收敛，人便指为学佛之效，不知此特粗胜于庸俗之人耳。士大夫学佛者，全不曾见得力，近世李德远辈皆是也。今其徒见吾儒所以攻排之说，必曰，此吾之迹耳，皆我自不以为然者。如果是不以为然，当初如何却恁地撰下？又如伪作韩欧别传之类，正如盗贼怨捉事人，故意攤赃耳。(《朱子语类》卷一百二十六）

对于这个问题，程明道也曾发表相似的言论：

> 释氏自谓识心见性，然其所以不可推行者何哉？为其于性与用分为两截也。圣人之道，必明其性而率之，凡修道之教，无不本于此。故虽功用充塞天地，而未有出于性之外者。释氏非不见性，及到作用处，则曰无所不可为。故弃君背父，无所不至者，由其性与用不相管也。(《朱子语类》卷一百二十六）

于是，我们可以看出，朱熹对禅宗的批判，并不是什么为学正统性之类的通俗解法，而意为捍卫儒家礼仪，通过"正心、诚意、修身"，进而达到"齐家、治国、平天下"的政治宏愿。在这个逻辑系统中，前三者的"内圣"是后三者"外王"的存在基础。也就是说，朱熹对禅宗的批判，是为了匡正儒家修身之路所必要做的工作。无怪乎朱熹说："儒之不辟异端者，谓如有贼在何处，任之，不必治。"(《朱子语类》）显然，辟佛的最终目的在于他维护周礼的决心。"异端之害道，如释氏者极矣。以身任道者，安得不辨之乎！如孟子之辨杨墨，正道不

---

① 参见拙文《论朱熹的"辟佛"思想》，《上饶师范学院学报》2019年第1期。

明，而异端肆行，周孔之教将遂绝矣。譬如火之焚将及身，任道君子岂可不拯救也。"（《朱子语类》）

于是，当我们清楚了这个思想背景，便会理解朱熹为何要对陆九渊大加批判。陆氏门人的做法，在陆氏生前与逝后，均与禅宗相类似。更有甚者会大谈禅学。所以，朱熹说："子静寻常与吾人说话，会避得个'禅'字。及与其徒，却只说禅。"（《朱子语类》卷一百二十四）这足可见朱熹对陆九渊的治学之道充满着强烈的不满。

（三）儒家礼学的坚守

朱陆之间的争议，表现为儒家治学方法"尊德性与道问学"之争，实际上却是儒道、儒佛之争。这一点在朱陆交往的程度密切之后，更为明显。两人的矛盾，也体现为对抗临安守旧士大夫社团中，所表现出来的不同意见。在朱熹看来，陆九渊虽口才尚佳[①]，但修养不足，这样是无法胜任捍卫道学的历史重任的。因为，作为同道中人，朱熹深知有义务来提携后学，为道学的发展夯实后学基础。而在陆九渊看来，朱熹的治学过于"支离"，不见"道"。可以说，陆九渊早期的为政理想，是以孟子为入世标杆的。不过很显然，这种做法并不适合南宋的高宗、孝宗、光宗和宁宗四朝。那他被放逐的命运也就在所难免。然而，陆氏门人并没有从陆九渊的人生境遇中得到反省，反而在其早年所行的为政之路上越走越远，这才激起朱熹再次对陆九渊的批评。

也只有这样，我们才能明白：为何陆九渊逝后，朱熹会哭送，因为道学一脉中少了一名得力的干将；为何陆九渊逝后，朱熹对其大加批判，因为他必不希望陆九渊的命运在道学一脉中重现。

在这个思路下，朱熹评价陆九渊及其门人的两段话，可被很好地理解。其中第一段为朱熹谈"祭礼"中的一段表述：

"陆子静始初理会家法，亦齐整：诸父自做一处吃饭，诸母自做一处吃饭，诸子自做一处，诸妇自做一处，诸孙自做一处，孙妇自做一处，卑幼自做一处。"或问："父子须异食否？"曰："须是如此。亦须待父母食毕，然

[①] 朱熹曾评价陆九渊说："只是这一样说话，只经一人口说，便自不同。有说得感动人者，有说得不爱听者。近世所见会说话，说得响，令人感动者，无如陆子静。可惜如伯恭都不会说话，更不可晓，只通寒暄也听不得。自是他声音难晓，子约尤甚。"（黎靖德编：《朱子语类》，第2459页。）

后可退而食。"问:"事母亦须然否?"曰:"须如此。"问:"有饮宴,何如?"曰:"这须同处。如大飨,君臣亦同坐。"(《朱子语类》)卷九十)

第二段话为朱子与时举的对谈:

"如陆子静门人,初见他时,常云有所悟;后来所为,却更颠倒错乱。看来所谓'豁然顿悟'者,乃是当时略有所见,觉得果是净洁快活。然稍久,则却渐渐淡去了,何尝倚靠得!"时举云:"旧时也有这般狂底时节,以为圣人便即日可到。到后来,果如先生所云,渐渐淡了。到今日,却只得逐旋挨去。然早上闻先生赐教云:'诸生工夫不甚超诣。'时举退而思之。不知如何便得超诣?"曰:"只从大本上理会,亦是逐旋挨去,自会超诣。且如今学者考理,一如在浅水上撑船相似,但觉辛苦不能向前。须是从上面放得些水来添,便自然撑得动,不用费力,滔滔然去矣!今有学者在某门者,其于考理非不精当,说得来置水不漏,直是理会得好;然所为却颠倒错缪,全然与所知者相反!人只管道某不合引他,如今被他累却。不知渠实是理会得,某如何不与他说?他凡所说底话,今世俗人往往有全晓不得者。他之所说,非不精明;然所为背驰者,只是不曾在源头上用力故也。往往他一时明敏,随处理会,便自晓得分明。然源头上不曾用功,只是徒然耳。"时举因云:"如此者,不是知上工夫欠,乃是行上全然欠耳。"曰:"也缘知得不实,故行得无力。"时举云:"惟其不见于行,是以知不能实。时举尝谓,知与行互相发明之说,诚不可易之论。"先生又云:"此心虚明,万理具足,外面理会得者,即里面本来有底,只要自大本而推之达道耳。"先生又谓时举曰:"朋友相处,要得更相规戒,有过则告。"时举应喏。先生曰:"然小过只哓哓底说,又似没紧要相似。大底过失,又恐他已深痼,不容易说,要知只尽公之诚意耳。"又云:"本领上欠了工夫,外面都是闲。须知道大本若立,外面应事接物上道理,都是大本上发出。如人折这一枝花,只是这花根本上物事。"(《朱子语类》卷一百一十四)

两段对比,我们可得出如下的结论:一是陆九渊本人对儒家礼法是较为遵守的;二是陆氏门人豁然顿悟、颠倒错乱的做法颇似禅宗;三是朱熹自觉有纠正陆氏门人之偏的责任。言到于此,我们可清晰地明白,在陆九渊逝后,朱熹对其的批判是意在"其治学之法"而不在"陆九渊其人"。只有这样理解,我们才能找到朱陆二人的矛盾冲突点,而免于滑落到朱陆对立的思想偏见中。

五 结语

朱陆之争多为学者所关注。从冯友兰的《中国哲学史》,到后来的牟宗三的《心体与性体》,再至劳思光、曾春海等稍后的学者,朱陆之辨成为研究中国思想史上不可逾越的高峰。同时,朱陆鹅湖之会被学者广泛重视,这本是一件可喜之事。然学者越往后者,越有扩大鹅湖之辨作用的嫌疑。可以说,鹅湖寺的相会,确实开启了中国思想会讲的一个先河,但这场盛会对于朱陆而言,却只是思想交流的开始。

陆九渊天生聪慧,家学丰盛,无奈难逃"躁进强聒"的弊病。他的这个特点,使其在鹅湖寺中一举成名;同样,也是因为这个特点,让他在党争的复杂环境中,被驱逐出朝廷。陆九渊的治学之路,与中国诸多古人多有相似,如魏晋时期的孔融,明朝时的王阳明、谢晋。他们的共同特征均为才思敏锐,但在风云变幻的官场,这一特征尤为不便。

因此,对于祈望通过"修内圣"在达到"救外王"的朱熹、吕祖谦来说,说服陆九渊放弃单纯的"智力博弈",还原到现实的"安平救世",才是道学家(或者理学家)应该有的正途。吕祖谦邀朱熹与陆九渊于鹅湖寺中,也并非只是为了"调和"两家的思想,而是希望通过朱熹,一起规劝这个天资过人的年轻后辈。这一点,原本陆子寿也在其列,无奈中途被陆九渊说服,故才形成二陆对朱吕的对峙局面。我们从朱熹的一句话中便可以看出这个思路的端倪,即陆九渊亲口所说的"子寿早已上了子静船了也"(《陆九渊集》卷三十四)一句。只不过,陆九渊将其理解为"他的理论说服了陆子寿",是他的"胜利"。因此,当天陆子寿的突然变化是朱、吕所始料未及的,再谈下去也无意义。最后以"元晦大不怿,于是各休息"结束。

即使到了第二天,陆九渊依然没有被说动的迹象,朱、吕选择放弃。可以说,陆子寿的临时变革,让这场本来倾向于朱、吕的治学之法付之东流。因此,朱熹三年后才会有"旧学商量加邃密,新知培养转深沈;只愁说到无言处,不知人间有古今"一句。至于陆九渊所言:"伯恭(吕祖谦)甚有虚心相听之意,竟为元晦所尼"(《陆九渊集》)一句,应该是恩师吕祖谦不愿意如此轻易放弃,而朱熹则认为再谈无望。

收拾精神，自作主宰

只有明白这个逻辑，我们才能明白为什么陆子寿后来有负荆请罪之意。一场普通的学术论辩，不至于让一个学界大儒有如此之举。如无错处，断无负荆之说。而对于陆九渊，随着十四年①的宦海沉浮及入世从政的现实，他的思想也开始有略微的转变。陆九渊说："往时面对，粗神大义，明主不以为非。思欲再望清光，少自竭尽，以致臣子之义。"（《陆九渊集》卷十一《与尤延立书》）可见当时的悲凉之状。然而，陆九渊不可能像陆子寿那样完全接受朱熹的治学之法，故在朱熹作《喜晴诗》②时，依然认为朱熹赞同了自己的想法，如其所说："元晦至此有觉矣，是可喜也。"（《陆九渊集》）

然则陆九渊提出的重视"心性"本根的问题，确实也对朱熹有一定的启发。从治学的角度讲，本心的坚守，应为儒家的第一要务。如果读书而不识本心，那自然也就走入偏离。

可以说，朱陆治学工夫之异，朱陆治世观念之同，朱陆的冲突，可为南宋一朝各种思想混乱局面的代表。而这一切，最终以庆元党争和宋理宗的当政而告一段落。可以说，朱陆二人的人生际遇，是悲凉的南宋一朝士大夫应对内忧外患思想的一个缩影。南宋虽回天无力，但正是因为朱陆等士大夫的心性苦守，才有涯山一战的时代悲歌。而这一现象，宋后再无出现。

---

① 陆九渊于乾道八年（三十四岁）壬辰春试南宫，受吕伯恭祖谦提携，遂中选；淳熙十三年（四十八岁），被驱逐。
② 原诗文为："川源红绿一时新，暮雨朝晴更可人。书册埋头何日了，不如抛却去寻春。"此诗实为朱熹表达对自然的喜欢，是其山水美学思想的一种再现，并不能说明朱熹赞同陆九渊的治学之方。

陆王心学对"敬"的理解与批评

焦德明

（江苏省社会科学院）

"敬"是程朱理学的基本修养工夫。伊川说"涵养须用敬"，朱子说"主敬以立其本"。而陆王心学对于"敬"则有不同的理解，且时常有所批评。以往并不多见有关心学对"敬"的观点的专题性研究，而探究陆王对于"敬"的理解与批评，对于理解陆王心学本身，对于理解理学与心学的关系等问题都会有所助益。

一 陆九渊对"持敬"的理解与批评

在某种程度上，持心学观点的儒者对于"敬"的批评是从敬畏与洒落之辩的角度来进行的。这两个维度的张力在二程那里已经比较充分地表现了出来。[①] 尽管陆九渊也有曾点之志，《年谱》载绍兴二十三年有诗曰："谁言曾点志，吾得与之偕？"（《陆九渊集·年谱》）但他并没有抱怨敬会导致拘谨。这一点他有似于明道，能够在内心的和乐与外貌的庄敬之间找到恰如其分的平衡。《语录》中记载陆九渊曰："中心斯须不和不乐，而鄙诈之心入之。外貌斯须不庄不敬，而慢易之心入之与。告子不动心是操持坚执做，孟子不动心是明道之力。"（《陆九渊集·语录上》）而且，按照他的说法，这种平衡来自明见道理的不动心。或许正因为如此，陆九渊虽然没有以敬为主要工夫，但对于敬的作用还是肯定的。在《敬斋记》

[①] "与程颐相比，程颢虽然也肯定敬，但他对敬的理解与程颐有所不同。程颐主张的敬主要是内心的敬畏和外表的严肃。而在程颢看来，只强调敬畏严肃，难免失于拘谨，不能达到自由活泼的精神境界。"见陈来《宋明理学》，生活·读书·新知三联书店2011版，第94页。

中，陆九渊说：

> 某闻诸父兄师友，道未有外乎其心者。自可欲之善至于大而化之之圣，圣而不可知之之神，皆吾心也。心之所为，犹之能生之物得黄钟大吕之气，能养之必至于达，使瓦石有所不能压，重屋有所不能蔽。则自有诸己至于大而化之者，敬其本也，岂独为县而已？虽然，不可以不知其害也，是心之稂莠萌于交物之初，有滋而无芟，根固于怠忽，末蔓于驰？，深蒙密覆，良苗为之不殖，实著者易？，形潜者难察，从事于敬者，尤不可不致其辨。（《陆九渊集·敬斋记》）

《敬斋记》是陆九渊为贵溪县宰吴博古之"敬斋"所做的记文。按照陆九渊的说法，敬不仅是做县令的基本要求，更是在从"善"到"神"的境界历程中一以贯之的根本。"皆吾心也""敬其本也"，可见敬就是本心的表现。在象山眼中，真正的敬乃是："弃去谬习，复其本心，使此一阳为主于内，造次必于是，颠沛必于是，无终食之间而违于是，此乃所谓有事焉，乃所谓勿忘，乃所谓敬。"（《陆九渊集·与曾宅之》）牟宗三在批评朱子的"敬"的时候，也不能彻底反对敬，也承认有本心之呈现的"先天之敬"，即"浑然是一本心性体亦即敬体之流行，则心即理之本心即得其具体呈现矣"（《陆九渊集·语录下》）。先天之敬指的是"直承本体"的敬，"敬心即理"。

作为本心的表现的敬，在陆九渊的个人工夫实践和学说体系中也时时有所表现。例如，他曾经回忆自己的为学经过，"吾家合族而食，每轮差子弟掌库三年，某适当其职，所学大进，这方是'执事敬'"（《陆九渊集·语录上》）。在日常言行中也有表现，例如"先生曰：某闲说话皆有落着处，若无谓闲说，是谓不敬"（《陆九渊集·语录下》）。我们一般以为只有程朱学者才会在日常生活中时时以敬畏之心要求自己，但是我们看到陆九渊也有类似的观点，认为闲说话即是不敬。象山还说："小心翼翼，昭事上帝；上帝临汝，无贰尔心。战战兢兢，那有闲管时候？"（《陆九渊集·语录下》）"惟精惟一，须要如此涵养。无事时不可忘，小心翼翼，昭事上帝。"（《陆九渊集·语录下》）可见，象山绝非不做小心翼翼、战战兢兢的工夫。

但是陆九渊也强调"从事于敬者，尤不可不致其辨"，也就是说至于如何做敬的工夫，则需要有所注意。而所致辨者，就是本心在物交之时，容易受到蒙蔽，因此要辨何者是本心，何者不是；而且不仅要拔出表面明显的害心者，也要拔出深层潜隐的难察者。蒙蔽本心，就涉及气禀之杂的问题，即所谓"心之稂莠"。朱子批评象山"不知有气禀之杂"（《朱子语类》），而实际上，陆九渊对这个问题有着极其清醒的认识。象山《与吕子约》曰："学者之病，虽其气质，千种万态，何可胜穷。"（《陆九渊集·与吕子约》）；《与诸葛诚之》曰："中人之质，亦恐未能免昏气恶习之间作。"（《陆九渊集》，《与诸葛诚之》）文集卷六《与包详道》尤其详细。当然，朱子说象山不知气禀之杂，或许不是说他不知气禀有驳杂，而是在面对弟子、实际教人的时候，未能对于弟子之不同气质有正确的分辨，未能针对不同的气质而施以正确的教导，未能如孔子做到真正地因材施教。

对于心学来说，敬是本心之流露，因此工夫不在敬上。① 或许正因为这个原因，陆九渊反对"持敬"。当然，表面上来看，象山是认为"持"与"敬"连用，于经典无征。他在《与曾宅之》中说"持敬字乃后来杜撰"（《陆九渊集》，《与曾宅之》），并列举《尚书》《诗经》《论语》《孟子》中的敬字，认为："观此二字，可见其不明道矣。"（《陆九渊集·与曾宅之》）这种说法未免太过。黄宗羲在《沧州诸儒学案》中即回应说，孟子有"持志"。（《宋元学案、沧州诸儒学案》）但若从工夫不在敬上的角度来看，即完全能够理解象山这里的理由。理学对于敬的工夫，一般有三种表述："主敬""居敬"或"持敬"。"主敬"是专主于敬的意思，程颐说"主一之谓敬"；"居敬"出自《论语·雍也》"居敬而行简"；"持敬"，经典虽无原文，但可以溯源至《孟子》赵岐注。② 主是专主，居是自处，持是执持不舍，含义略有不同，但总体上是一致的。但相对于主敬、居敬，持敬似乎有一种把"敬"作为一个对象来执持的意思，也就是说，强力把捉一种恭敬的外貌或内心状态，即告子通过"操持坚执"而达到不动心。这显然就会遭到象山的反对。

若把"敬"理解为告子式的"操持坚执"，程朱显然是不能认同的。但不可否认的是，敬的工夫总是意味着身心的某种整肃，意味着身心状态的某种改变，而程朱认为这种改变与使放伐之心恢复本心或者心的本来状态有关。程朱的敬不仅是外貌的恭肃，而且是内心的谨畏。程朱把敬与存心联系在一起。敬的工夫实

---

① 但敬也并非完全不是工夫。例如："学问不得其纲，则是二君一民，等是恭敬，若不得其纲，则恭敬在外，此心在内；若得其纲，则恭敬者乃保养此心也。"（《陆九渊集·语录下》）
② 持敬二字不见于先秦典籍。根据笔者之考察，此二字联用，最早见于赵岐之《孟子注》："斋，敬；宿，素也。弟子素持敬心来言，夫子慢我，不受我言，言而遂起，退欲去，请绝也。"（《孟子·公孙丑下》赵岐注）见《孟子注疏》，十三经注疏整理本，北京大学出版社2000年版，第146页。"持敬"可以看作这里"素持敬心"的简略版。此后使用此一词汇者不多，仅见于《开元释教录》卷八"爱惜之志过护浮囊，持敬之坚超逾系草"（《大正藏》第55册，第56页中）等几处不甚重要的段落。

际上是存心的工夫。而存心工夫，本身也有一种神秘性，即它建立在心自身的特性之上，即心具有自觉地恢复自身本来状态的能力。因此，敬的工夫也包含两个部分，一个是从非本心的状态回复，一个是对本心状态的保持。朱子对前一个部分也非常乐观，他表示"操亦不是着力把持，只是操一操，便在这里"（《朱子语类》），"才操存涵养，此心便在"（《朱子语类》）。而第二个部分则不免需要有所"执持"。象山虽然不以敬来命名自己的工夫，但他也讲存心，在实质上也有与程朱相一致的部分。例如象山非常得意的"自作主宰"之说，就与朱子所说的操存十分类似：

> 人精神在外，至死也劳攘，须收拾作主宰，收得精神在内时，当恻隐即恻隐，当羞恶即羞恶，谁欺得你？谁瞒得你？见得端的后，常涵养，是甚次第。（《陆九渊集·语录下》）
>
> 请尊兄即今自立，正坐拱手，收拾精神，自作主宰，万物皆备于我，有何欠阙？当恻隐时自然恻隐，当羞恶时自然羞恶，当宽裕温柔时自然宽裕温柔，当发强刚毅时自然发强刚毅。
>
> 有学子阅乱先生几案间文字。先生曰：有先生长者在，却不肃容静听，收敛精神，谓不敬之甚。（《陆九渊集·语录下》）

"收拾精神"，就有一种返本还源的意思。朱子也说"敬只是收敛来"（《朱子语类》），即从功利的攀缘中收回此心，使之专注于此心本有的德性上。这也是一种"主一无适"。因此，收拾精神，自作主宰，在工夫内涵上与敬是相通的。而且，象山此说也与朱子一样有"才操便存"的直接性："吾于践履未能纯一，然才自警，便与天地相似。"（《陆九渊集·语录上》）

但是"收拾精神，自作主宰"还有两个问题需要澄清。首先，无论是朱子还是象山，他们对于操存和收拾精神的乐观都超越了他们对气禀之杂的重视。也就是说，在气禀如此驳杂的前提下，人人还都能够做如此易简的工夫。因此，这种操存与气禀是什么关系呢？操存是能够超越气质，作用于气质，还是只能服从于气质呢？也就说，不同气质的人的操存，是会因其气质之不同而不同，还是反而会达到相同的效果呢？朱子虽然反对象山"直趋本根"，但是对于这种超越气禀现实的操存，却未必不赞同。第二点，朱子反对"非块然兀坐，以守其炯然不用之知觉，而谓之操存也"（《朱子全书·观心说》）。这一点是否与象山有关呢？当然，《观心说》作于淳熙元年（1174年），当时鹅湖之会也还没有发生，朱子与象山还没有直接的接触。而且《观心说》主要是总结淳熙元年的心说之辩，因此其对象主要是湖湘学者。但是，这篇文字中的观点，却不一定没有指向象山的意义，只要象山也落入罗网之中。象山究竟是否以块然兀坐为操存工夫呢？象山当然没有明确的表述，但从有些侧面，我们还是可以窥见其教人之法：

> 先生举"公都子问钧是人也"一章，云："人有五官，官有其职，某因思是便收此心，然惟有照物而已。"他日侍坐，无所问。先生谓曰："学者能常闭目亦佳。"某因此无事则安坐瞑目，用力操存，夜以继日，如此者半月，一日下楼，忽觉此心已复澄莹。中立窃异之，遂见先生。先生目逆而视之曰："此理已显也。"某问先生："何以知之？"曰："占之眸子而已。"因谓某："道果在迩乎？"某曰："然。"昔者尝以南轩张先生所类洙泗言仁书考察之，终不知仁，今始解矣。先生曰："是即知也、勇也。"某因言而通，对曰："不惟知勇，万善皆是物也。"先生曰："然，更当为说存养一节。"（《陆九渊集·语录下》）

此段乃詹阜民所记，即詹阜民自序其"悟道"经历。从"安坐瞑目，用力操存"来看，象山及其门下以静坐为操存之实。后来陈淳说象山弟子只顾静坐，恐怕不是空穴来风。（《陆九渊集·与陈寺丞师复》）但其实，朱子反对象山以静坐为持敬，而自己实际上更多地谈静坐。而象山自己也不是不讲动静一如，例如文集卷三《与张辅之》、卷四《与潘文叔》等。而实际上，如何超越气禀之杂，朱子的方案就是达到"未发"。按照黄榦的口述，朱子曾告诉他，"未发之前，气不用事"①，因此能够超越气禀的现实影响。而在未发中涵养，也是要在静中做

---

① "性固为气质所杂矣，然方其未发也，此心湛然，物欲不生，则气虽偏而理自正，气虽昏而理自明，气虽羸乏而理则无胜负。及其感物而动，则或气动而理随之，或理动而气挟之，由是至善之理听命于气，善恶由之而判矣。此未发之前，天地之性纯粹至善，而子思之所谓中也。《记》曰：'人生而静，天之性也。'程子曰：'其本也真而静，其未发也五性具焉，则理固有寂感，而静则其本也，动则有万变之不同焉。'愚尝以是而质之先师矣，答曰：'未发之前，气不用事，所以有善而无恶。'至哉此言也！"此说目前不见于语类和文集，而只见于黄榦的转述。黄榦的转述在《性理大全》卷二《通书一》、卷五《正蒙一》、卷三十一《性理三》，均有引用。《四书大全》孟子大全卷五、《净明忠孝全书》卷四《朱子学的》卷下《宋元学案》卷十七、真德秀《西山读书记》卷二均有引用。这种说法，得到了饶鲁的认同，然而胡居仁、陆陇其、颜元、应撝谦等人对朱子此句则仍有质疑。

工夫，对于朱子来说，也是要静坐。因此，在这一点上，朱陆或许是一致的。"存养是主人，检敛是奴仆。家兄所闻：考索是奴仆。"（《陆九渊集·语录下》）"既知自立，此心无事时须要涵养，不可便去理事。如子路使子羔为费宰，圣人谓贼夫人之子。学而优则仕，盖未可也。初学者能完聚得几多精神，一霍便散了。某平日如何样完养，故有许多精神难散。"后来王阳明作《朱子晚年定论》，也是选取朱子论涵养的一些书信，以为与象山相合。虽然时间上有错乱，但并非空穴来风。

收敛、收拾精神、操存、涵养未发，这些工夫都指向道德判断力的提升。就像象山所说的那样，当收拾精神以后，当恻隐即恻隐。但静坐，从操作技法上来看，却只是集中精神。收拾精神，可能也只是简单的精神集中。但是这就面临着一个问题，注意力的集中对于道德判断力的提升是否有作用？因为静坐的功法来自佛教与道教的修炼功法，而二者的目的并不以道德判断和道德实践力为主，因此不发生问题。但在儒家内部，这样的疑问却不可避免。但是从另一方面来看，孟子将心之官与耳目口鼻之官并举，心的道德能力与耳目口鼻的感官能力一样，被孟子看作其自然能力。若如此，则看似单纯、形式的集中，也必然地会与道德能力相关。这其中的矛盾，在象山这里还没有明确地加以提出，但在王阳明那里，则已经成为一个明确的问题了。

二　王阳明对"主一"的理解与批评

王阳明反对抽象的、形式的精神集中。主一，是程颐论持敬的一个重要内容。程颐说："主一之谓敬"，"无适之谓一"。一般把主一理解为精神的集中与专一。王阳明曾对"主一"进行了批评：

> 梁日孚问："……且道如何是敬？"曰："只是主一。""如何是主一？"曰："如读书，便一心在读书上。接事，便一心在接事上。"曰："如此则饮酒便一心在饮酒上，好色便一心在好色上。却是逐物。成甚居敬功夫？"日孚请问。曰："一者，天理。主一是一心在天理上。若只知主一，不知一即是理，有事时便是逐物，无事时便是看空。惟其有事无事，一心皆在天理上用功……"（《传习录》上）

按照阳明的说法，只知主于事而不知主于理，则主一没有内涵，完全是一种形式，这样的主一既能读书接事，也能好色好货，不是真正的居敬工夫。但是不得不说，阳明其实并不完全反对"主一"，只是在他看来，有一种好的主一，就是一心在天理上，还有一种不那么好的主一，就是一心在事上。只有主理的主一才是真正的主一，主于事的主一不是居敬。

当然，梁日孚认为敬只是主一，是不错的；但是主一是否只是事上专一则有分别。朱子的确经常提及事上专一："问'主一无适'。'只是莫走作。且如读书时只读书，着衣时只着衣。理会一事时，只理会一事，了此一件，又作一件，此主一无适之义。'"(《朱子语类》)又如："心只是敬。程子所谓'主一无适'，主一只是专一。如在这里读书，又思量做文字，又思量别事去，皆是不专。"(《朱子语类》)又如："'主一之谓敬'，只是心专一，不以他念乱之。每遇事，与至诚专一做去，即是主一之义。"(《朱子语类》)因此不得不说，朱子所说的主一的确有事上专一之义。但是若仅仅将主一理解为事上专一，精神凝聚，似乎真的并不具有道德内涵。有为程朱辩者，如但衡今（1879—1966年）云："好色好货，未可与读书接事并提。一心在好色好货上，此好之不得其正，而非主一之过也。阳明所云，盖用以破陆澄意在逐外之惑。语有偏全者是也。学者幸勿以辞害意。"①只说一心好货好色是人欲，尚未立志为学，无足与道居敬，未能说出主一与好之得正究竟是何关系，因此未能从根本上将好色好货排除出主一之外。还有一种说法，说好色好货尚且能够专一，若移此专一之功于天理，必甚有收效。如此泛泛而论，亦不足以为主一辩。在我们看来，还是要回到主一无适的根本内涵，才能看清此对话对于主一的误解。冯柯《求是编》卷二认为"主一者，不过心有主而不他适之谓"，又说"主一者，其主在我"，几乎将要说破；陈来先生也提到，"程颐讲的主一并不是泛指专心于任何事物，这里的主一是指'只是内'而言，并不是指专心绘画、专心商贾等活动"②，但是为什么读书接事便可以是心有主或只是内，而好色好货却不是，还需要做出精确的区分。

心有主或"只是内"显然不能只是在事上或动中来看，而是动静一如的。程颐说主一是不之东不之西，不之此不之彼，不离于中，不离于内，心无偏倚，才是主一。当然也不能理解为只在无事和静中。无论在动中还是在静中，心都无所

---

① 陈荣捷：《传习录详注集评》，台北：学生书局1983版，第56页。
② 陈来：《宋明理学》，生活·读书·新知三联书店2011年版，第115页。

偏倚，不之东西彼此，始终保持"定"。也就是说，无论动静，心与自身的关系若始终能保持不变，就是做到了"主一"。之东之西，之此之彼，就是改变了当前的心的状态与本心或心的本来状态的关系。也就是说无论静动，始终能够保持实现出来的心，与心的本质之间的关系不变，才是主一。也就是始终保持此心的呈现是本心的呈现，而不是本心的陷溺。

因此，我们认为，好色好货与主一无关。见色，则心偏倚于色，见货，则心偏倚于货，不是中，不是内。无适，心无所偏倚，心无所向，也就是无欲，而好色好货恰恰是有欲，自然也不是主一无适。此处不必多说，只自验于欲动情胜之时，看此心是否湛然纯一，即可。若此心湛然纯一，心不妄动，见色则能以色之理应之，见货则能以货之理应之，更无所谓"好色好货"之事了。以理应之，则必"能推己之心以憯民也"，"其于王天下也，何难之有？"（《四书章句集注》）所以朱子说："天理人欲，同行异情。循理而公于天下者，圣贤之所以尽其性也；纵欲而私于一己者，众人之所以灭其天也。二者之间，不能以发，而其是非得失之归，相去远矣。"（《四书章句集注》）天理人欲，同行而异情，同样是"好色好货"，其能否主一，正是"异情"也。当然，这里也涉及所谓"对境炼心"的问题。好色好货之心不是主一，若以主一之心去接色接货，又如何？佛道二教都有这样的工夫。但儒家学说尽管有时在理论上达到了这样的程度（如王艮、罗汝芳之类），却也不能示现这样的境界。因此这种张力始终是存在着。

因此，也就是说，我们把主一与专一还是做了一个区分，专一的含义更加宽泛，它是一个没有具体内容的形式词。而主一则是本心专一，本体专一，有具体内容的。（当然在佛道二教那里或许就只有形式的意义）因此，从工夫的角度来看，则不能不有所区分。这里又联系到前面的气禀之杂的问题。若只是形式地说专一，那么气禀清明者的专一，与气禀昏蔽者的专一必然就不同。气质清明者，其心离本心不远，其专一就可以主一；而气禀昏蔽者，其心离本心远，就不得不别下一番工夫，才能通过专一而主一。因此阳明说"一者，天理。主一是一心在天理上"，"一心皆在天理上用功"，这样就将主一的内在本质点明出来，也为气禀昏蔽者指明了专一的方向。当然，阳明这里是分殊程朱工夫，因此没有说良知，也没有说本心，而是直接点明天理。

但是，这样又会产生一个问题，就是有了内容的指明以后，形式上又似乎不能合。也就是说，若说主一是主理，似乎将理作为一个对象去存去主，与主一的心的自存自主之意有些许差别。因此有些学者对于阳明的这种说法表示了不满，清代阴承功的《主一无适论》就专门反驳阳明：

> 程子谓"主一之谓敬，无适之谓一"二句，转相解释，朱子合而言之也。程子又谓"不拘思虑与应事者，皆要求一。"朱子谓"主一是专一，无事则湛然安静而不骛于动，有事则随事应变而不及于他。"其义灼然明矣。今《四书明辨录》乃云："一字是一个天理，凡事主于天理而无私欲之适，是之谓敬事。"则设有数事于此，皆是天理，心方主于此事，亦无妨遽适于彼事乎？将意绪纷纭，主宰无定，何能照察事之条理曲折，而合于理乎？其为害于敬事之实功者，甚矣。盖虽数事并至，亦必权其缓急轻重，急者重者在所先，缓者轻者在所后，应毕一事又及一事，身在于此心亦在此，时时照察，然后所应各中其节，可云此皆天理而杂然乱应哉？本文明曰敬事，则其敬亦就道国之事见之耳。如国之大事，在祀与戎，当承祀之时，其心洞洞属属，惟主乎祀之一事而无适于戎；及即戎之时，其心战战兢兢，惟主乎戎之一事而无适于祀，斯为主一无适耳。至细论之，则盟时心一于盟，荐时心一于荐，谋时心一于谋，战时心一于战，无非主一也。若夫存理遏欲，乃平时分别确守，何待至临事始云尔也？道国之事，皆天理所不容已，非私欲所可言。若主于好货色即一定好货色，乃桀纣跖蹻之流、放僻邪侈之事，乌足以拟道国哉？阳明《传习录》好色则心在好色上，好货则心在好货上，可以为主一乎？此说盖承袭其意，是即阳明之徒也。(《清儒学案·主一无适论》)

他的思路是，若说主一无适就是主于天理，那么如果有若干件事都是天理之所要求，难道可以说只要主于天理即可，而"心方主于此事，亦无妨遽适于彼事乎？"可见，在阴承功看来，主一无适，不是以理为对象，恰恰是以事为对象，主一不是主于理，恰恰是主于事。然而他的说法还是太粗。而没有将主一的内在结构的矛盾（即有无对象之辨）揭示出来。主于理，还是主于事，都让主一的敬携带内容而出现。但是携带内容的主一，是否会破坏它本身的无对象性呢？若主一无适的工夫便是专一于理，理便成为所专一的对象，便有能专一者与所专一者的分别，因此在所专一之外尚有能专一者，便是二而不是一。湛若水即持此观点。《湛甘泉先生文集》卷十一《问疑续录》有：

> 问：尊教云无适只是无事，简切简切。又曰主天理则便二矣，此说如

何？岂以天理本心也，又一心以主之，即为二乎？若然，则孔子主忠信之说，一耶？二耶？纯一只是诚，尧舜言一，文王言纯，原非有二义。尊教云：且说一，一到熟处乃纯。则二字当以浅深观乎？（答曰：）天理只是心之生理，如彼谷种，仁则其生之性，仁即是天理也。心与天理何尝有二？程子云"主一之谓敬"是矣，恐人认作主一物则滞①，故又云"无适之谓一"，所以解上主一之说也。心存则天理在，即天理矣。今又云主一个天理，则是适也，适则连主一非一矣。主忠信之主与主一之主略不同，言立重之功全在于忠信为之主也。一字与纯字，固宜有浅深生熟，文王只说纯亦不已。未知是否？（《湛甘泉先生文集》卷十一《问疑续录》）

引文前面是或者之问，后面是甘泉之答。观甘泉之答，显然与阳明对立。但和上面阴承功的说法又不甚相同。可见，即使同样是反对主理，也可以有不同的立场和理由。甘泉认为只要存心，天理就在，因此只需要存心，不需要把天理当作一个对象去存。存心是无适，主一个天理，便是有适了，不能说是主一无适。同样，存心是无适，而主一个事，便也是有适了，也不能说是主一无适。这样就把前面阴承功的说法也推翻了。甘泉虽不认同主理，但他也不认为主一是主于事：

> 敬字宋儒之论详矣……所谓主一者，心本无一物，若有一物即非一矣。又恐人以主一为滞著于物，故又加之云"无适之谓一"。若了悟主一之旨，即不消云无适矣。若以主一无适兼言敬字，不免重赘也。（《泉翁大全集·答黄孟善》）

他所理解的敬是心无一物，主一无适是存心，是心的自身专一，与阴承功所说主于眼前之事自然又不相同。甘泉认为，程子说主一容易让人以为是主于一物

---

① 这里所谓"主一物则滞"，其实朱子也曾讨论过："伊川云：'主一之谓敬，无适之谓一。'又曰：'人心常要活，则周流不穷而不滞于一隅。'或者疑主一则滞，滞则不能周流无穷矣。道夫窃谓，主一则此心便存，心存则物来顺应，何有乎滞？"曰："固是。然所谓主者，何尝滞于一事？不主一，则方理会此事，而心留于彼，这却是滞于一隅。"又问："以大纲言之，有一人焉，方应此事未毕，而复有一事至，则当何如？"曰："也须是做一件了，又理会一件，亦无杂然而应之理。但其不得已，则权其轻重可也。"见黎靖德编《朱子语类》第6册，中华书局1986年版，第2468页。

一事，这样便滞塞了，所以才又说一个"无适之谓一"，否则是不必说的。因此，以"无适"说主一，在甘泉看来是用来排除有对象的专一的。

甘泉虽将专一于事与心的自身专一分开来看，而实际上专一于事，其心理状态也还是心的自身专一。但是甘泉这样的说法又容易陷入另一个问题。倘若不是专一于理，而是心的自身专一，那么这心的自身专一与一理又如何联系？而既然专一于事就是专一于理，专一于事实际上也仍然是自身专一，那么心的自身专一与专一于理也就可以相等同了。若说心与理同一，那么心的自身专一就是理的自身专一，但问题是，恰恰是主张"心即理"的阳明反对这种说法。阳明以心与理同一，说心即理，却主张主于理，遗二之嫌；而朱子不说心即理，却似乎认为此心专一，即能不离于一理。双方正相反对，且似乎采取了对方的某种立场，这里面也许很值得玩味。阳明的"主理"说在服膺阳明的学者心中自是了义，例如方学渐便有"此心主于天理，所谓头脑工夫也"（《心学宗》卷四）之说。而甘泉的说法，上承和靖"其心收敛不容一物"，下启梁溪"心无一事之谓敬"，在理学的脉络中也是重要的一支。无论专一于理，还是专一于事，若不在心的自身专一的意义上来理解，就要么有所"适"，要么有所"滞"，都会因为产生了所专一的对象、产生出了一种有对象的专一而破坏敬的无对象的性质。

三 结语

从陆九渊与王阳明对于程朱"敬"的工夫的相关论述中，我们看到理学与心学在具体问题上相互交融的错综复杂的关系。陆九渊虽然批评"持敬"二字于典籍无征，但还是承认敬在成德过程中具有比较根本性的作用。其"收拾精神，自作主宰"，与程朱论操存工夫有相通之处。陆九渊强调从事于敬，需要辨别对于本心的遮蔽，而这就与工夫实践中所要面对的气禀之杂有很大的关联。在人有气禀之杂的前提下，敬的工夫的有效性便不能不被质疑。王阳明批评以事上专一来说"主一"，强调主一是主于天理，以克服气禀之杂，回应了朱陆工夫论中的问题。但从"主一"真正的内涵来看，王阳明的理解还系误解。真正的"主一"是本心的自身专一。可见，陆王对"敬"的理解与批评，十分有助于我们剖析"敬"的内在逻辑与本质内涵。

李二曲对朱陆的融合何以可能

——以"为学之方"的检讨为视角

王文琦

（陕西师范大学）

李颙（1627—1705年），字中孚，陕西周至人，学者称二曲先生。二曲学在过去很长时间内不受重视，往往被简单认定为"心学余波"，"为旧学坚守残垒"等[①]。事实上在明清之际众多思想家中，不同于顾炎武、黄宗羲和王夫之等从经学、政治制度和历史经验的角度出发，对鼎革之变做深刻总结，李二曲可说是着重从理学得失角度来回应时代以开新的典型代表。他提出了"道学即儒学"[②]的口号，主张宋明理学应从先秦儒学汲取养分以寻求新的突破。

概而言之，二曲学先后形成三大主要理论："悔过自新"说、"明体适用"论与"体用全学"的建构。"悔过自新"说的提出（30岁）标志着二曲在十年自修经历后开始有了自己独立的思想主张；而"明体适用"论的提出（约33岁）则标志着二曲之学开始走向成熟。"体用全学"的建构是与"明体适用"同时提出的，对二者有意区分更多出于逻辑意义的考虑："明体适用"是对程朱陆王之学的总结，对应着"理学终结"的问题；而"体用全学"则是应对现实问题所提出的具体"方案"，包括对"西学传入"的回应。显然，"明体适用"有其逻辑先在性。"明体适用"不仅是对"悔过自新"说的超越，同时是其"体用全学"建构的理论之基。二曲哲学的核心问题正是其"明体适用"的思想，故而，对程朱陆王之学的总结在其学术体系中至关重要。

[①]（清）梁启超：《清代学术概论》，上海古籍出版社1998年版，第4页。
[②]（明）李颙：《周至问答》，《李颙集》，西北大学出版社2015年版，第122页。

所有二曲研究者都会注意到其"融合朱陆"的为学特点，也大都是在"双向吸收与批评"的角度上来肯定二曲。然而对二曲最多的批评也恰恰集中在其"折中两家"何以可能的问题上，这是制约二曲研究的一个关键难题。前辈学者对此多有察觉，但因为很难对此问题的两个方面同时做出考察，也就无法从根本上跨越这一难题了。① 这两方面是：第一，程朱陆王之学本身有没有可能融合？第二，李二曲的融合是两全还是两失，何以断其成功？问题的解决要比问题的提出困难太多，因为涉及对宋明理学的整体把握，笔者亦绝不敢在此做一详论。然而如果我们把融合问题集中在"为学之方"的检讨上，再加上对当时"时代流弊"说法的分疏，笔者不经意间发现其中的一些线索，以此就教于方家。

一 朱陆在为学之方上的分歧与融合

凡主张朱陆不可融合的学者，不仅能从思想史上看到自朱陆本人至今，唯见两学派间"几如冰炭"的关系，却鲜有"融合成功者"；而且能从哲学角度肯定两大传统各自独立的价值，视其为两套理论体系。如清代学人章学诚，他说："宋儒有朱、陆，千古不可合之同异，亦千古不可无之同异也。"② 然章学诚恰恰道出了怀疑论者的底线：所谓的"不可合"正是建立在"不可无"的基础上，因为朱陆两系确实各有成立依据，对为学之路均真有所见，更重要的是他们不可以互相替代。这样一来，我们便不难得出讨论的基点：真正的讨论恰从承认朱陆有分而始，谈"融合"必先面对其"有别"。

诚然，对二曲融合朱陆问题的考察绝不限于对"为学之方"的分析上，单在"朱陆融合何以可能"的问题上，我们就至少需要对"性即理"与"心即理"的关系——理气、心性等问题加以分析；对《中庸》之"尊德性而道问学"的经典传统进行考察；对朱陆之间的相互批评做出疏解，等等。但不可否认的是，所有上述争论最后都必须回归到"鹅湖之会"对为学进路的根本性讨论中来。

首先，众所周知，朱陆在心性问题上的不同看法主要集中在对"心"的不同理解上。然而，做分别说的两种"心"在个体人生中实则只是一个心，两种

---

① 参见《孔子研究》过往期刊：王昌伟：《李二曲调和朱子与陆王的方法》，2000 年第 6 期；孙萌：《李二曲是如何兼取朱子陆王的——与王昌伟先生商榷》，2002 年第 6 期；房秀丽、朱祥龙：《朱子陆王应如何会通？——由清初思想家李二曲引发的对朱陆之辨的再思考》，2009 年第 4 期。

② （清）章学诚：《文史通义校注》内篇三《朱陆》，中华书局 1985 年版，第 262 页。

"心"作为理论落实下来目的还在于对为学之路的探讨。其次,"尊德性而道问学"在《中庸》文本中所讨论的依然是"圣人之道"①,虽然以重"尊德性"还是重"道问学"来区分朱陆在朱子那里早有依据②,但是朱子也绝不敢争取"道问学"的独立意义,否则他将无法面对曾经痛斥陈齐仲的那种现象:"且如今为此学而不穷天理、明人伦、讲圣言、通世故,乃兀然存心于一草木、一器用之间,此是何学问?如此而望有所得,是炊沙而欲其成饭也。"③显然,朱子此处的"道问学"与今天具有中性意义的知识论是有所区别的,这也正是当朱子提出"欲去两短,合两长"时,象山断然以为"不可。既不知尊德性,焉有所谓道问学"④的原因所在。毕竟在《中庸》文本中二者不是并列的关系,其先后顺序是绝不可以倒置的。最后,朱陆对"要不要读书""禅"和"告子"等问题的争论看似互不相关,实则具有内在的一致性。陈来先生指出:"朱熹所谓'禅学意思'即指径易超绝厌弃文字的为学倾向及遗外求内、绝物存心的修养风格。"⑤再加丁为祥先生发现,"告子"与"禅"之混用批评是以朱子对宇宙生化之流的服膺与现实世界中理想与现实两面的巨大落差为背景的。⑥这些认定足以看出三种争论之间的内在关联性,所有的争论也同时返回到了"读书"或为学之方的问题上。

既然朱陆之间的争论都指向了为学进路的异同,这就非常有必要将问题引回朱亨道对"鹅湖之会"的最初记录了:

> 伯恭盖虑陆与朱议论犹有异同,欲会归于一,而定其所适从,其意甚善。伯恭盖有志于此语,自得则未也。……鹅湖之会,论及教人。元晦之意,欲令人泛观博览,而后归之约。二陆之意,欲先发明人之本心,而后使之博览。朱以陆教人为太简,陆以朱教人为支离,此颇不合。先生欲更与元

---

① (宋)朱熹:《中庸》,《四书章句集注》,中华书局2016年版,第36页。
② 朱子说:"大抵子思以来教人之法惟以尊德性、道问学两事为用力之要。今子静所说,专是尊德性,而熹平日所论,却是道问学上多了。"见朱熹《答项平父》,《朱子全书》第23册,上海古籍出版社、安徽教育出版社2002年版,第2541页。
③ (宋)朱熹:《答陈齐仲》,《朱子全书》第22册,上海古籍出版社、安徽教育出版社2002年版,第1756页。
④ (宋)陆九渊:《陆九渊集·年谱》,中华书局1980年版,第494页。
⑤ 陈来:《朱子哲学研究》,华东师范大学出版社2000年版,第402页。
⑥ 丁为祥:《学术性格与思想谱系》,人民出版社2012年版,第213—214页。

晦辩，以为尧舜之前何书可读？复斋止之。①

引文除了说明朱陆之异和互相批评的观点外，另有两点值得注意：其一，双方带着"会归于一"的期待，最关心的问题并不是理气、心性之别，而在"论及教人"处，这说明学以成道可能才是以"超越本体论"为特色的宋明"哲学家"们最为关心的问题所在，这一点并没有与先秦儒学相背离。其二，"尧舜之前何书可读"确是象山准备的一个尖锐问题，但陈来指出：一方面其实"在陆学方面也有一些明显的困难"——讲学乃孔子以来百代通法②；另一方面，在乾道中的《答陈明仲十六》一书中，朱子早从圣贤与中材之人的区分中解决了所谓后来的尖锐难题③。这说明问题的争论其实并不在有没有书，要不要读书上。象山显然不会反对读书，他本人就是"因读《孟子》而自得之"④。他只是认为读书作为"手段"与求道之"目的"之间并不必然直接相关，故他说："田地不净洁，亦读书不得。若读书，则是假寇兵，资盗粮。"⑤读书固无不可，但必须要有一前提——"手段"必须具有合目的性。

朱陆争论的焦点正在于"教人"之先后次第的不同。很明显二者并不是势不两立的关系，甚至从根本上说，他们并不具有针锋相对的意味，完全可能并行不悖。从二陆的发明本心来看，它既是为学的基本前提，又同时包括了为学的总体方向。所谓的"辨志"或"先立乎其大"其实都不是为学入手的具体工夫，而是贯穿整个为学过程的逻辑前提。朱子由"泛观博览，而后归之约"却是实实在在的入手工夫，是包括陆王学者在内的所有人为学的必由之路。二者的区别实际上变成了逻辑前提与具体下手处的区别。正如陈来所分析的："陆之强调心、本心，正是由于陆要极力突出人作为伦理主体的能动性、自主性和意志自由。而朱则更强调伦理关系作为外在规范对人的制约作用，主张人应通过学习、践行来了解伦理规范原则的普遍意义，自觉服从之。"⑥既然二者各自所突出的内容并不针锋相对，更是一种相互补充的关系，他们在要不要读书的问题上其实是一致的，在要

---

① （宋）陆九渊：《陆九渊集·年谱》，中华书局1980年版，第491页。
② 陈来：《朱子哲学研究》，华东师范大学出版社2008年版，第359页。
③ 陈来：《朱子哲学研究》，华东师范大学出版社2008年版，第348—349页。
④ （宋）陆九渊：《陆九渊集·年谱》，中华书局1980年版，第498页。
⑤ （宋）陆九渊：《陆九渊集·语录下》，中华书局1980年版，第463页。
⑥ 陈来：《朱子哲学研究》，华东师范大学出版社2008年版，第417页。

不要经由细微工夫才能真正成圣的判断上也态度相同；只是二陆希望在"泛观博览"之先，加上一为学方向的时刻自觉。此"先"更多乃是一逻辑在先之意，若以一未学之人而论，此逻辑之先确实需要一步步的具体入手尝试来获得，但并不能否定二陆在为学"头脑"意义上加以强调的慧识。

朱陆之学各有传统依据，足以确定各自成立的合理性。然而这两种传统之间并不是非此即彼的对立关系，而是有着相互配合的可能性。我们只能说学者依自己的性之所近、天分与授受机缘在选择为学道路的实然角度上必会有所偏向，但并不能说二者之间存在不可逾越的鸿沟或不存在沟通的可能，相反，二者各自强调的内容是完全存在沟通的可能性的。

二 二曲在为学之方上对朱陆的融合与超越

如果承认为学之方的差别才是朱陆异同问题的核心所在，那么李二曲在为学之方上对朱陆的融合就不无道理了。二曲并没有太多心性理论的建构兴趣，也无法超出时代限制对朱陆问题做特别细致的分疏，然而，二曲却对"要不要融合朱陆"有非常清醒的自觉：

> 问朱陆异同。先生曰："陆之教人，一洗支离锢蔽之陋，在儒中最为徼切，令人于言下爽畅醒豁，有以自得；朱之教人，循循有序，恪守洙泗家法，中正平实，极便初学。要之，二先生均大有功于世教人心，不可以轻低昂者也。若中先入之言，抑彼取此，亦未可谓善学也。然辨朱辨陆，论同论异，皆是替古人担忧。今且不必论异同于朱陆，须先论异同于自己，试反己自勘，平日起心动念，及所言所行，与所读书中之言同耶？异耶？同则便是学问路上人，尊朱抑陆亦可，取陆舍朱亦可；异则尊朱抑陆亦不是，取陆舍朱亦不是。只管自己，莫管别人。"①

二曲对朱陆各自之优长——"初学循序"与"徼切自得"的认定可说是准确的，他主张对朱陆"不可轻低昂"，对任何形式的"先入之言（门户之见）"需保持警惕。他在朱陆异同的争辩之上提出了一个更高层面的问题："试反己自勘，平日起心动念，及所言所行，与所读书中之言同耶？异耶？"直指儒学的"知行

---

① （清）李颙：《靖江语要》，《李颙集》，西北大学出版社2015年版，第48页。

合一"问题,大有超越朱陆之争的意味,故而其能在"尊抑朱陆"的不同态度上保持宽容,入乎其内、超乎其外。那么,李二曲自己的为学主张又是如何呢?在其学成熟期,他的确多次表达过自己的完整主张。例如:

> 先生曰:"学非词章记诵之谓也,所以存心复性,以尽乎人道之当然也。其用功之实,在证诸先觉,考诸古训,尊所闻,行所知;而进修之序,敬以为之本,静以为之基,博学、审问、慎思、明辨而躬践之,一有缺焉非学也。其见于内也,戒慎恐惧,涵养于未发之前;回光返照,致审于方发之际;察念虑之萌动,炳理欲之几先;惩忿窒欲,遏恶扩善,无所容乎人欲之私,而有以全乎天理之正,皆所以养其中也。其见之于外也,足容重,手容恭,头容直,目容端,口容止,气容肃,声容静,立容德,坐如尸,行如蚁,息有养,瞬有存,昼有为,宵有得,动静有考程,皆所以制乎外以养其内也。内外交养,打成一片,始也勉强,久则自然。喜怒哀乐中节,视听言动复礼,纲常伦理不亏,辞受取予不苟,造次颠沛一致,得失毁誉不动,生死患难如常,无入而不自得。如是,则心存性复,不愧乎人道之宜,始可以言学。"①

二曲此段论学的对象是高攀龙之子高世泰,地点则在东林书院。《锡山语要》提到"惟是东林书院一事,不可以不商"②,这说明东林书院的独特历史地位让二曲不得不打起十二分精神,而他们所讨论的正是《论语》首章——"学"的问题,故此段文字的参考价值极高。

二曲这段文字的重要之处,倒不限于对为学操持之"见诸内、外"的详尽论述,而在于各种"为学之要"在二曲"论学"体系中的地位和相互关系。对依博闻自学经历成长起来的二曲而言,其"论学"方式有很多,会给人留下"杂说"的印象。实则这些"杂说"有很强的内在逻辑、主次轻重之别——李二曲对"学"的理解是心思清明而有头脑主意的。首先,二曲对"学"之内涵重新加以确认:他所理解的"学"并非"词章记诵",而是"存心复性,以尽乎人道之当然"。这一点当然朱子也不会反对,但却不会是朱学着意强调的,

---

① (清)李颙:《东林书院会语》,《李颙集》,西北大学出版社2015年版,第100页。
② (清)李颙:《锡山语要》,《李颙集》,西北大学出版社2015年版,第50页。

真正会对之着意强调的恰恰是陆王心学。在明确了"学"之终极目的或逻辑前提后，二曲又从"用功之实"和"进修之序"的"工夫"角度对"学"的过程加以展示："用功之实"是对实修工夫内容的概述，但说到底也仅是对先觉、古训的"尊所闻，行所知"而已；而"进修之序"则是对"为学工夫"之具体进境的说明，其中的"主敬"与"静坐"恰是二曲工夫修养论的重要内容，继之以"学、问、思、辨"而落实在"行"。至于后面的"其见于内"者与"见之于外"者，则不必一一详析，因为它们皆不出"静"与"敬"两种工夫的细致要求。

这段论述成为二曲"融合程朱陆王"思路的一个具体范本。对"学以存心复性，而非词章记诵"的明确，验证了二曲学的心学宗旨；对"敬""静""学问思辨行""戒慎恐惧""复礼"的灵活运用则又显然来自对程朱之学的继承。更让人拍案的还在于，二曲所提出的以"静坐"和"主敬"为主的工夫论，具体内容自然无不合于朱学理论——所谓的"见于内"者正是对应于"静坐"而言；"见于外"者则对应着"主敬"而论。然而，"静坐"与"主敬"、"内"与"外"的统一，恰恰又是阳明的"静处体认"和"动处省察"的完满结合。这样一来，我们就不得不有进一步的思考了：在陆王心学的视域下，程朱理学的工夫论与自己求致本心、求致良知的修养思路可说是基本一致的，所不同者唯在对为学终极目的——存心复性的着意明确并始终明确罢了，庶几这样的融合朱陆才能算是一种为学实践中的真正融合，二曲学的基本规模也由此而见。

如果说朱陆两边皆有先秦儒家的理论基础做支撑，那么二曲的融合并未对朱陆两家之所长有所委屈，故二曲的融合思路乃是向"尊德性而道问学"二者同一并在的回归——并重但又不是简单的"并重"。二曲对两者的融合与现实中的必然有所择取、有所偏向并不冲突；二曲明确取陆王心学所坚持的德性目标或逻辑先在性，来对朱子循序而进的切实问学工夫加以统领和引导。故孙萌先生说："二曲绝不是仅以和会为能事，而是有简择、有批判地推陈出新的，正是这种简择与批判，构成了二曲对程朱陆王的兼取，从而也构成了其自身的思想特质。"①

简而言之，二曲的选择是在"本体论"上以陆王为主，"工夫论"上以程朱为主。一方面，在《体用全学》篇中，二曲明确以象山、阳明等学者之书为"明体类"中的"明体"，以二程、朱子等学者之书为"明体类"中的"工夫"，随后

---

① 孙萌：《李二曲是如何兼取朱子陆王的——与王昌伟先生商榷》，《孔子研究》2002年第6期。

才列举了"适用类"的图书。① 显然,二曲"明体适用"的说法确实至少有两层含义。在为学方面,他将自己对朱陆的融合形容为"体用"关系。另一方面,这一说法看似简单,却包含着二曲对时代问题的深切体悟。二曲学的背景之一就是明清易代之际对"理学终结"问题进行反思,二曲在为学之方上的选择带着很强的时代印记。那么,二曲的选择当如何评价?能否把其定义为个人的体悟或尝试,而质疑其普遍价值呢?

> 往深一层看,这种体用全学的构想明显只是二曲自身成学经验之总结语,是他自证自得、自信的及个人的想法,更有甚者,是二曲完全没有将之提升到理论层面上来考察个中的可能性,……所以二曲这种缺乏理论支撑的体用全学其实正是充分反映出他跟夏峰一样,是体证有余而分解不足的头脑。②

笔者认为,融合朱陆需要更多从实践角度而非理论角度进行探究,郑宗义先生对此确有所见。但因郑先生对"体证"在儒学传统中的意义看得过轻,对"分解"的要求过重,才造成对二曲认识的不当。其"分解不足"的批评显然要比牟宗三③、刘述先二先生对象山之学"分解不足"的要求还要高。所谓的"分解不足"当指"大本虽立,然推拓不开去,体道之艰难困苦、细密精微处均不足",从象山到阳明本就经历了理论之由"粗"④到"精"的进步,更何况二曲对朱学工夫论有近乎执着的追求。而且牟、刘二人的说法是在认定"象山之学先立其大,在作自觉之道德修养工夫上,斩断支蔓,自极有功"⑤的前提下进行的。进退之间,郑先生的说法自然难免过激之嫌。

所谓"体证"若是指二曲十年自学经历和从"悔过自新"到"明体适用"之间十余年的探索,那言二曲"体证自得"亦无不可;但对朱陆问题的继承和超越,二曲显然是以之作为南行论道、重振关学宗风并构建"体用全学"理论之基

---

① (清)李颙:《体用全学》,《李颙集》,西北大学出版社 2015 年版,第 59—64 页。
② 郑宗义:《明清儒学转型探析——从刘蕺山到戴东原》,香港中文大学 2000 年版,第 107—108 页。
③ 牟宗三:《从陆象山到刘蕺山》,《牟宗三先生全集》第 8 册,台北:联经出版公司 2003 年版,第 16—19 页。
④ 对象山学"粗"的讨论正是由阳明提出的。见(明)王守仁:《语录三》,《王阳明全集》,上海古籍出版社 2011 年版,第 104—105 页。
⑤ 刘述先:《朱子哲学思想的发展与完成》,台北:学生书局 1995 年版,第 475—476 页。

的，绝不限于其"个人感受"。先秦儒学理论本身就包含了太多"体证"的色彩：从孔子"天生德于予"（《论语·述而》）的自我肯认到《中庸》辟首论定"天命之谓性"的天人心性结构，再到孟子的"尽心知性知天"（《孟子·尽心上》）的超越指向，无一不具有由"体证"到形成理论，并归于践履的规模特色。笔者不能同意郑先生说："二曲完全没有将之提升到理论层面上来考察个中的可能性"，除了上文所引用到的二曲对融合问题的充分自觉外，更重要的还在于二曲能够吸收宋明理学思想发展的阶段性成果并继续前进。

从朱陆本人起，思想史中确实从未形成过"定论"。自鹅湖之会后，两个学派之间几乎未真正"太平"过，虽然在政治立场上他们一直是互相支持的坚定盟友[①]，但在基本的为学主张上，他们几乎没有一致过。归其根源还在于双方有相互批评的可能性上："朱以陆教人为太简，陆以朱教人为支离，此颇不合"。其实这里的批评并不难理解，世间绝无一种理论能达至绝对的完美，时代的限制不可能让双方把问题抽离出复杂的理论初建年代，只消稍带胜心或略有所偏，便会陷于理论的层层纠缠中。诚然，"会归于一"的尝试以失败告终跟朱子常"若立敌较胜负者"[②]的性格与象山的极度自信不无关系，然只消把他们各自的限制和时代因素考量在内，对二人的"性格偏失"就不当过分苛责了。以双方最纠结的禅学批评为例：在朱陆时代，佛、道挑战的危机依然严峻，以"禅"来批评论敌难免成一时风气；朱子对儒佛之别的自觉已属难得，阳明的"三间房"之喻[③]毕竟出现在三百余年后，禅学的威胁不复当年，朱陆本人皆有"只缘身在此山中"的限制。今天我们固然可以得出结论：儒佛之别根本在于价值观之不同，至于"工夫"实有可会通共用处，而在朱陆时代却是一解不开的"死结"。那么，李二曲又能对类似的"死结"做到何种程度的超越呢？

> 二氏作用与吾道悬殊，而一念万年之实际，亦有不可得而全污者。区区坐化之迹，当非所计；轮回之说，出于瞿昙，吾儒口所不道。君子唯尽其

[①] 余英时：《理学家的政治取向》，《朱熹的历史世界》，生活·读书·新知三联书店2004年版，第423—444页。
[②] 吕祖谦：《与朱侍讲元晦书》二，《吕祖谦全集》第一册，浙江古籍出版社2008年版，第397页。
[③] 王阳明言："后世儒者不见圣学之全，故与二氏成二见耳。譬之厅堂三间共为一厅，儒者不知皆吾所用，见佛氏，则割左边一间与之；见老氏，则割右边一间与之；而己则自处中间，皆举一而废百也。"《年谱三》，《王阳明全集》，上海古籍出版社2011年版，第1423页。

所在己者，三途、八苦、四生、六道，有与无任之而已。若因是而动心，则平日只之砥修，乃是有所为而为，即此便是贪心利心，又岂能出有超无，不坠轮回中耶？积善有余庆，积恶有余殃，报应之说，原真非幻；即中间善或未必蒙福，恶或未必罹祸，安知人之所谓善，非天之所谓恶？又安知人之君子，非天之小人耶？[①]

显然，即便是对佛道的讨论，二曲的着眼点依然是在"平日砥修（为学之方）"上。相比朱子与阳明，二曲对佛道问题的看法更进了一步。他不仅能在根本性质上判断二氏与吾道悬殊，还能对佛家的"一念万年之实际""三途、八苦、四生、六道"等内容有深刻了解，与两宋诸子对佛教的批评方式有明显不同[②]。如果说二曲在对佛道问题上既有肯定（不可得而全污者）又能超越（君子唯尽其所在己者），与阳明的"三间房"之喻有异曲同工之妙；那么，二曲随后由"因果报应"所不能解释的对儒家之君子"德福"不一致之现实的考量，就不是阳明时代需要着重思考的问题，这是时代对二曲提出的新课题。

与其说李二曲的为学特点在有意融合朱陆，不如说，不同的时代课题要求朱子、阳明和二曲等人对之做出不同回应，这才有了所谓"为学之方"的推衍变化。宋明理学对形上建构关注的原因之一就是为了回应唐宋时期来自佛道超越面的挑战，但当儒学的超越面向经由理学和心学的形态逐渐走向极致的同时，由超越向内在的回归也就成为儒学发展自身需要进行的调整了，这也正是明清之际的时代巨变对儒学提出的新要求。

三 时代问题影响下的为学之方

为学进路的选择在很大程度上受时代学术问题所影响。仍旧回到朱陆的相互批评上："朱以陆教人为太简，陆以朱教人为支离，此颇不合。""支离"与"太简"正好指点到双方可能出现的问题上，思想史确实证实了这一先见之明。

---

① （清）李颙：《富平答问》，《李颙集》，西北大学出版社2015年版，第129页。
② 张载、二程与朱熹等人对佛教的批评明显不同于韩愈、欧阳修。朱熹等人主张在"紧要处"，即宇宙心性论或"理"的方面，对佛道展开批评，对儒佛本体性质的区别认定具有进步意义，然而他们对于佛教许多义理内容的了解又是相对肤浅的，这也成为朱子等人无法对佛禅问题进行具体分疏的原因所在。

> 自是（周、程）而后，言益详，道益晦；析理亦精，学益支离无本，而事于外者益繁以难。……世之学者，章绘句琢以夸俗，诡心色取，相饰以伪，谓圣人之道劳苦无功，非复人之所可为，而徒取辩于言词之间。古之人有终身不能究者，今吾皆能言其略，自以为若是亦足矣，而圣人之学遂废。则今之大患者，岂非记诵词章之习！而弊之所从来，无亦言之太详、析之太精者之过欤？①

一般认为，王学是应着朱学的流弊而发，朱学所可能导致的"支离"之弊，在阳明时代已非常突出，在几经尝试践行朱学后，阳明终于走向了"良知（本心）"一边。在提出"良知"说后的七八年间阳明即逝，弟子们根据自己性之所近和对师说的不同理解分化成了"现成派""归寂派"和"修正派"三系，占主流地位的即"现成派"。故黄宗羲说："阳明先生之学，有泰州、龙溪而风行天下，亦因泰州、龙溪而渐失其传。"②王学的流弊也应该主要由"现成派"来负责。刘蕺山在评价阳明后学良知流弊时说：

> 今天下争言良知矣，及其弊也，猖狂者参之以情识，而一是皆良；超洁者荡之以玄虚，而夷良于贼，亦用知者之过也。③

王龙溪对良知理论的"形上思辨化"和泰州学派的"自然明觉化"使得良知理论发生变异。不可否认的是，它们本身确与王学有极为密切的关联，跟朱子所批评的"太简"也难脱关系。然而，并不是所有学者都会如刘宗周一般对王学流弊有清楚的认识和界定，"王学流弊"的说法被一些学者加以放大，几乎要让其来"承担"明王朝的覆亡甚至中国落后的责任。为救王学之偏，朱学也再度博兴。

显然，这里既需要对王学流弊有清楚分疏，也需要对朱子学流弊做准确说明。"太简"与"支离"确然是双方最须警惕的流弊，但实际上在这两种流弊之外，混杂入了所谓的"第三种"流弊——理论与实践之间的统一，或者说是"知行合一""慎独"的问题。朱陆借用"尊德性"与"道问学"所讨论的主要还是

---

① （明）王守仁：《别湛甘泉序》，《王阳明全集》，上海古籍出版社2011年版，第257页。
② （明）黄宗羲：《明儒学案》，中华书局1985年版，第703页。
③ （明）刘蕺山：《刘宗周全集》第二册，浙江古籍出版社2007年版，第278页。

为学次第的问题，但二者在先秦时代还应包括践履实行的内容，这与传统儒学重实践的特点是相一致的。从根本上说，依"尊德性"与"道问学"各有偏重的角度来研究朱陆之争，存在着需要反思之处；仅从为学次第之异来讨论朱陆问题也会遇到相同的尴尬，须对其进行"践履"面向的提升乃可。所谓的"第三种"流弊要加上引号，是因为践履问题的解决非别有他法，仍旧需要落实在陆王一边的"头脑"与程朱一边的"工夫"之上，非真有"第三种"。但是，这"第三种"流弊的提出却具有非常重要的理论辨析意义。试就阳明学的"工夫论"来看：当代许多学者为了避免王学偏弊问题，主张从"工夫论"视角，注重对阳明提出良知说的"工夫"历程进行考察，无疑有非常重要的价值。然而，防止"太简"而重视"工夫"只在朱陆相对应的"为学方法论"领域之内有其价值，仍然需要把良知的问题提升到"知而能行"的角度进行考察，阳明和朱子本人就在"良知说"和"涵养致知论"外另有"知行合一"的各自提法。也就是说：研究者还必须面对究竟自己是在"说工夫"还是在"做工夫"的反思。

朱陆两种学统既然都须面对自己可能出现的"流弊"问题，那么简单地主张"由王返朱"显然不会是最好的选择，以"工夫论"来救王学之弊也依然要警惕工夫论的泛滥而走向另一极端。对此"第三种"流弊，无论是朱子还是阳明，都是其必须加以正视的问题，都需要在理论上向其靠拢。无须讳言，事实上他们都曾在具体的教学实践中感受过此一问题所带来的困惑：

> 此中见有朋友数人，讲学其间，亦难得朴实头负荷得者。因思日前讲论，只是口说，不曾实体于身，故在己在人都不得力。今方欲与朋友说日用之间常切点检气习偏处，意欲萌处，与平日所讲相似与不相似，就此痛著工夫，庶几有意。陆子寿兄弟近日议论却肯向讲学上理会，其门人有相访者，气象皆好。但其间亦有旧病。此间学者却是与渠相反，初谓只如此学渐涵，自能入德，不谓末流之弊，只成说话，至于人伦日用最切近处，亦都不得毫毛力气，此不可不深惩而痛警也。①
>
> 必欲此心纯乎天理，而无一毫人欲之私，此作圣之功也。必欲此心纯乎天理，而无一毫人欲之私，非防于未萌之先，而克于方萌之际不能也。防

---

① （宋）朱熹：《答林择之》，《朱子全书》第22册，上海古籍出版社、安徽教育出版社2002年版，第1983页。

于未萌之先，而克于方萌之际，此正《中庸》"戒慎恐惧"、《大学》"致知格物"之功，舍此之外，无别功矣。夫谓"灭于东而生于西"，"引犬上堂而逐之"者，是自私自利，将迎意必之为累，而非克治洗荡之为患也。今日"养生以清心寡欲为要"，只"养生"二字，便是自私自利，将迎意必之根。有此病根潜伏于中，宜其有"灭于东而生于西"，"引犬上堂而逐之"之患也。①

朱子本人强调涵养进学、持守穷理不可偏废，但也意识到，包括他自己在内的朱学常更偏于穷理致知，以致在性情修养、品格提高方面不甚得力，而逼他做出这一思考的正是后学"讲论只是口说，不曾实体于身，故在己在人都不得力"的现实状况。在阳明这边，陆原静可说是非常有代表性的"问题弟子"，钱德洪以"澄善问，师善答"，"读者皆喜"②故，特将其问学书列入《传习录》中卷，广施借鉴之功，足见阳明在当时是面对许多"知识不长进如何？""看书不能明如何？"③等类似问题的。原静等人虽不免朱学流弊的影响，但更多乃表现为"知行统一"之践履方面的问题。阳明的作答固然十分精彩，然确也能看出其在这一问题上的些许无奈："孰无是良知乎？但不能致之耳。"④

在明末"理学终结"的时代，更为突出的恰恰是所谓"第三种"流弊的问题。正如明初学者薛瑄所说："将圣贤言语作一场话说，学者之通患。"⑤儒学由形上思辨向践履传统的回归是每一个宋明理学家都需要面对的问题，朱陆概不能外，李二曲更是直接面对此时代课题。这也就解释了为什么二曲学中有非常重的践履特色——他总是将为学之方的问题提升到"反身实践"的角度来考察。

再进一步来看，阳明学处处以朱学作为参照，其理论规模、宗旨皆需要凭借与朱学之对反而益显。在此意义下，绝不可说阳明学与朱学全然无关，朱学反是王学之一重要渊源。这一点既可以证之于阳明的自我陈情："平生于朱子之说如神明蓍龟，一旦与之背驰，心诚有所未忍。"⑥也可以参考刘述先的评价："阳明提出问题的

---

① （明）王守仁：《答陆原静书》又，《王阳明全集》，上海古籍出版社2011年版，第74—75页。
② （明）王守仁：《答陆原静书》又，《王阳明全集》，上海古籍出版社2011年版，第80页。
③ （明）王守仁：《语录一》，《王阳明全集》，上海古籍出版社2011年版，第16页。
④ （明）王守仁：《与陆原静》二，《王阳明全集》，上海古籍出版社2011年版，第211页。
⑤ （明）薛瑄：《读书录》卷二，《薛瑄全集》，山西人民出版社1990年版，第1055页。
⑥ （明）王守仁：《答罗整庵少宰书》，《王阳明全集》，上海古籍出版社2011年版，第88页。

方式像朱子,而在精神上则接上象山。"①如果我们把朱子、阳明和二曲拿出来做一比较,那么可以说,二曲所思考的问题是接着朱子、阳明的问题进行思考的。

明清之际的学者不得不对宋明理学做出反思:如果说宋明理学兴于传统儒学需要完成自己形上本体建构的任务,那么到了明清之际儒学出现了新的时代任务。面对时代巨变,儒学必须展现出自己实践方面的效率并拿出应对之道,必须要解决性命之学与现实反差之间的"德福"问题,重为世人安身立命。虽然宋明理学与新时代之间存在隔膜,但它毕竟有功于对先秦儒学的诠释与发展,故而李二曲提出"道学即儒学"的口号,希望在融合朱陆的基础上完成自己"明体适用"之学的重新建构。在对儒学传统的坚守和应对时代以求变的学风关注上,二曲是完全接的上朱子与阳明的。这不仅是二曲融合朱陆的初衷,也是其"明体适用"之学建立的必然选择。

四 结语:对二曲融合朱陆的反思

对于深入宋明理学内部义理的学者来说,朱陆之争的问题所涉及的义理分疏,是一个无法逃避的问题,必须加以正视;而所作的取舍会影响到我们今日的态度,因此并不缺乏现代意义。李二曲也许正是怀着相似的想法来看待其所面对的宋明理学之思想谱系的,他在坚守两方面各自优长的基础上,提出了融合朱陆的设想,并将其应用到"体用全学"或者说由"明道存心"以开出"经世致用"的思路上,展现了其在"传承"与"创新"之间所做的抉择。

在二曲所处的时代,一方面,宋明理学偏于形上思辨的问题被加以重视;另一方面,天崩地解的现实环境对学者们提出安身、经世、效率、科技等方面的问题。李二曲希望以回归先秦儒学、批判地吸收宋明理学的方式来探索儒学新形态的建构,在此意义上,二曲绝不是可以"为旧学坚守残垒"那么简单地进行评价的。沿着对心学流弊、理学(广义)流弊的纠正,二曲重拾"吾儒之学"自可"经世致用"的自信,借助陆王心学的"头脑"来立住儒学的根基;大力倡导程朱学的工夫论,形成了相当复杂而精细的理论体系,近乎严苛的工夫要求更是呼应了关学重视笃实践履的学风,也成就了其"正学术、醒人心"②的教育理念。

---

① 刘述先:《增订版序》,《朱子哲学思想的发展与完成》,台北:学生书局1995年版,第2页。
② 二曲的教育理念大约谓:"天下治乱,由于人心之邪正;人心邪正,由于学术之明晦。"见(清)李颙《匡时要务》,《李颙集》,西北大学出版社2015年版,第106—111页。

最后，我们回到对朱陆融合的问题上来。如果仅仅把朱陆两系视作两套"理论"的话，那它们的融合至多达到《中庸》文本中"尊德性而道问学"即止，不可能有第三条路。李二曲的融合之所以可能，是因为他不但紧紧抓住"为学之方"的先后次第这一朱陆问题的焦点，又以"体用"相统一的模式兼顾了德性价值与工夫实践之两面（此非简单"去短集长"所能概括），而且始终以反身践履的提升来完成对朱陆理论的超越。这就是二曲对时代问题所作出的回应。

从一定意义说，后人了解朱陆完全可能比朱陆自己了解自己还要更清楚。在这里并没有什么神秘可言，说穿了，当事人往往看不见自己思想的理论效果，也分不清自己的客观认识和主观向往，但历史会给出答案。每一个时代都有每一时代不同的朱陆形象，这些形象都不会是完满的朱陆，却也都有其客观性、真实性在；学术的发展永远不会是我们所想象的"均衡"模型，而是在曲折的纠偏与"典范"的替代中带着时代限制与特色前进着。现在我们所定义的各种偏，焉知不是其各自时代相对之全，包括我们自己在内也一定会被后人所超越。依今日来看，现代学术强大的分疏诠释体系能帮助我们认清朱陆各自的问题，也能解朱陆当年似不可解之结，解得好与不好则要看对朱陆本身的理解程度和重建理论与时代之间的适恰程度了。当然，这里绝不是要散播历史相对主义的谬见，解释的手腕自有高下，解释不够善巧也会立即产生误解，融合之初衷与后世之评价皆须面对许多主观意见，我们所能做的也只有尽力拨开迷雾，就自己的角度尝试还原历史的真相。

心学的多元开展

陆九渊象山讲学述略

胡发贵

（江苏省社会科学院）

陆九渊是宋代著名思想家、政治家与教育家，近年来备受关注，目前已成立了全国性的象山心学研究会。已有的国内外研究，论著可谓汗牛充栋，多注重于其心学思想、教育思想、"尊德性"的方法论，关注其与朱熹的诸多辩论，关注其心学思想在古代思想史中的地位与作用，关注象山心学与阳明心学的异同，等等。但是，对于陆九渊心学思想形成的一个重要环节，贵溪象山五年的讲学，则缺乏专门而深入的研究，对此五年的史实，讲学活动，象山心学的熔铸，象山心学的影响等，尚有待于进一步的深入探讨。本文将返本开新，呈现象山心学被淡漠、被遗忘的精神轨迹，勾勒象山心学兴起的真实而生动的历史与逻辑细节。

一 "象山学"得名于贵溪象山讲学

贵溪山水涵育象山心学，应感念并致敬此方水土与人民。

陆九渊自称"象山居士"，而"象山心学"获名也定名于贵溪山水。陆九渊心学标志性的学术符号象山心学，诞生于鹰潭贵溪。贵溪本有山名应天山，因其形势状若大象，陆九渊遂更名为"象山"。登临后，其山川之胜，风景之美，气候之宜人，使陆九渊一见倾心，顿萌讲学终老于此之念。于是从学者云集，讲会不断，书声琅琅，大儒朱熹闻之也心向往之："恨不得一至其间，观奇览胜。"[①]

随着陆九渊在象山讲学影响渐深渐广，士林遂以"象山"标识陆氏之学。象山学俨然已成陆九渊心学的代称，象山仿佛即为陆氏化身。习称之余，学界对象

---

① （宋）陆九渊：《陆九渊集》，中华书局1980年版，第507页。

山与陆九渊心学之关系，不太措意。实际上，符号化的思想"象山"外，更有一座真实的地理名山，那就是鹰潭贵溪的象山（应天山）；因陆九渊中意此山，且在此多年聚徒讲学，心学化成，声名远播，于是"象山心学"大名应运而生。

贵溪不仅贡献了山水，也奉献了几多人情。陆九渊选定精舍以及山间讲学得以开展，许多贵溪人士作出了巨大贡献：或帮助陆九渊勘山定址，或出资，或资粮，或助筑精舍、建学寮、修道路；贵溪县宰，还特别帮助纾难解困，资粮赠款；更多的贵溪学子，则奉束求学，共同推动了"学者成市"，协力营造了象山心学的蓬勃气象。因名思义，溯流追源，贵溪山水，象山灵秀，毓钟心学茁壮；地灵而人杰，人杰而文兴，贵溪象山，哺育心学，功莫大焉。

二　象山讲学嘉惠乡邦

陆九渊象山讲学期间，十分关切和表扬贵溪乡里教化。绍熙元年（1190年）52岁曾为贵溪重修县学，作《贵溪县重修学记》；绍熙二年（1191年）53岁时，又作《武陵县学记》。本着爱民情怀，陆子时时为人民发声，在象山讲学期间，听闻人民苦于苛捐杂税，写信给漕使宋若水，论金溪"月椿之重"，又辨析台郡督积欠困民之弊，建议官府情系人民，宽政薄税，简政利民。

象山讲学彪炳史册。象山讲学史迹，不断为后人所追忆，形成亲切可近的文脉，也成为贵溪等地重要的文化遗产和历史资源。绍熙四年，金溪县令王有大，始建复斋象山二先生祠。宁宗庆元二年（1196年），贵溪县令刘启晦，立先生祠于象山方丈之址。开禧三年（1207年），抚州守刊先生文集。理宗绍定三年（1230年），江东提刑赵氏重修"象山精舍"。绍定四年（1231年），江东提刑袁氏，奏建象山书院于贵溪，袁氏又刊先生文集。绍定五年，释菜祭先生。绍定六年，金溪令陈氏建象山书院于县衙之西。淳祐十年（1250年），抚州守叶梦得，令金溪县令王氏，"更创祠堂"，增修书院。这些有关陆九渊的本土遗迹，有待考察，有待梳理，有待研究，以更好传扬先贤精神，更好弘扬优秀传统文化，以服务于当地经济社会发展。

陆九渊在象山的讲学活动，还留下了许多的人文痕迹：如诗词，如精舍，如题字等。象山书院本身就是史上著名的四大书院之一，清代学者全祖望评价说："岳麓、白鹿、丽泽、陆氏之象山，并起齐名，四家之徒遍天下。"[1] 当然，也是著

---

[1] （清）全祖望：《鲒埼亭集外编》卷45，《四库全书》第143册，上海古籍出版社2002年版，第228页。

名的名胜景点。此外如"象山书院"四字石刻,也是一处著名的历史人文景观,它是明正德五年(1510年),武宗皇帝下诏,刻在西峰峭壁之上的。

上述均为陆九渊象山讲学给当地留下的精神的宝贵遗产,在当今更是重要的旅游文化资源。

三 象山讲学学案意义深远

从学派形成和发展的角度看,陆九渊象山讲学,卓然形成象山心学,有深刻的学案史的意义。陆九渊象山讲学气象宏大,规模空前,影响广泛。其表征有以下诸端。

其一是象山讲学时间长而集中。

在陆九渊不太长的学术生涯中,有五年在此专心潜思论道。据陆九渊年谱,淳熙十四年(1187年)春,他49岁时"如临川","登贵溪应天山讲学";绍熙二年(1191年)6月,53岁时,奉诏疾赴荆门军,离开象山,头尾相继五个年头。当然,若从谋划算起,则"象山讲学"开始得更早。史料记载,门人彭兴宗曾先访问应天山脚下的张氏,后察访山川,终决意建房迎先生讲学。陆九渊很喜欢这里,筑精舍布道,并且以为"精舍"为儒家所固有。文献说,陆九渊一般年首的二月登山,九月底才返城,中间往来无定。显然,他一年中多数时间是在山上与弟子相守论道度过的。

其二是"四方学徒大集",弟子众多。

史称陆九渊讲学时,讲堂弟子众多,生徒往往以年齿为序,"少亦不下数十百"。陆九渊在给侄儿信中也写道:"山间近来结庐者甚众。"① 居山五年,簿书上有名姓者,先后逾数千人。一时间山上学舍林立,仅从下述宿舍斋名之繁多也可想见一斑:有居仁斋,由义斋,养正堂,明行,志道,储云,佩玉,愈高,规斋,蕙林,达成,琼芳,濯缨池,浸月池,封庵,批荆,等等。睹此盛况,当地人士颇为感慨:"非从学象山不得为邑贤";朱熹在远方闻之来信说:"闻象山垦辟架凿之功益有绪,来学者亦益甚,恨不得一至其间,观奇览胜。"②

其三是象山讲学,培养了许多栋梁之材。

据清代学者李绂考证,象山弟子"卓然见于史册地志者亦70余人",考上

---

① 钱穆:《宋明理学概述》,台北:联经事业股份有限公司1998年版,第163页。
② (宋)陆九渊:《陆九渊集》,中华书局1980年版,第507页。

进士者有26人，其杰出者如"甬上四先生"：杨简、袁燮、舒璘、沈焕。更值得一提的是，象山弟子，不仅学问了得，为人更是堂堂正正，用朱熹的话说就是"卓然自立"："今浙东学者多子静门人。类能卓然自立，相见之次，便毅然有不可犯之色。自家一辈朋友，又却觉不振。"并特别夸赞杨简气象："子静之门，如杨简辈，躬行皆有可观。"① 另外，南宋与文天祥齐名的民族英雄谢枋得，明朝著名水利专家徐贞明都是象山先生的数传弟子。

四　象山讲学，心学化成

陆九渊象山讲学，不仅有着突出的学案史的意义，象征着象山学派的横空出世，而且在学术史上，也意义深远，它标志着"象山心学"的诞生，形成了与程朱等"重理"的理学家悬殊的"大心"的理论脉系。可以说，象山讲学，心学化成。这可以从以下几个方面来理解。

其一，确立心学的自觉和自信。绍熙元年，陆子52岁，也是在象山讲学的第四年。在给《与路彦彬》的信中，他写道："切不自揆，区区之学，自谓孟子之后至是而始一明也。"② 大致可以推测，话语间隐含的意思是：唐韩愈所谓的儒家道统，孟子之后断了，不明了；而陆子以为他在象山讲学所辨明、所创立的"心学"，在后世传承并发明了孔孟儒学真义。这句话，从另一个角度来解读，则表明象山之上长时段、密集的讲论与辨析，是陆九渊心学思想成长、成熟的重要时期，使其心学理论更加澄明和飞跃，他也因此更加自信自己的理论体系，切合儒学道统，且超越前哲往贤，为孟子后第一人。

其二，心学成熟。象山讲学，是陆九渊学思想成熟和完善的时期。正是在与众弟子往返讨论、切磋期间，陆九渊发展、深化其早年的"宇宙便是吾心，吾心即是宇宙"的心本论，而且更加突出了心本体和"良知"的道德自主与自足性。他强调为人为学必须收敛精神，涵养德性，他尤其重视启发人的本心，推重自立："先生居山，多告学者云：汝耳自聪，目自明，事父自能孝，事兄自能弟，本无少缺，不必他求，在乎自立而已。"③ 学者于此多有兴起。

其三，凸显"堂堂做人"的人格自主与境界追求。象山讲学期间，陆子极大

---

① 徐复观：《中国总哲史论集》，九州出版社2014年版，第37页。
② （宋）陆九渊：《陆九渊集》，中华书局1980年版，第134页。
③ 牟宗三《从陆象山到刘蕺山》，台北：学生书局1984年版，第35—36页。

发挥了孟子的"良知良能"说，并极致化为"某不识一个字"，但因有心之本体，有良知固有之德性，故必然可以"堂堂正正做人"；其讲学大义就是宣扬明理、志道、为人，将人之为人的内在潜性淋漓发挥出来，并培植、升华至巅峰之境，因而大力宣扬"人人皆可为尧舜"。

其四，丰富学术话题。象山讲学期间，陆子与朱子继续力辩"无极而太极"。双方因立场差异，由此导致对经典文本的理解出现严重分歧，但往返论辩，丰富了象山心学的哲学内涵。

其五，突出了"尊德性"的治学方法。象山讲学期间，陆子更为突出了鹅湖之会所发端的朱陆治学"道问学"与"尊德性"之区别。他强调为学的根本是"复本心"，此为主宰，涵养为要，读书考古只为手段；他推崇读原典，读经注重明大义，不以己意伤经本旨，绝对不可自作聪明，乱旧章；陆九渊轻经注，认为后世之注不可靠。他在象山讲学，没有教材，重论辩与言传身教；他也不主张看先儒语录。史称他偶闻朱子新诗中有这样的句子："书册埋头何日了，不如抛却去寻春"[①]；"先生闻之色喜曰：元晦至此有觉矣，是可喜也"[②]。陆子所以喜，因朱子之诗流露，他有厌烦"埋头书册"的死读书了，而心生"寻春"、与活泼泼自然亲近之念，这在陆九渊看来，朱子有远离"道问学"而近"尊德性"之意了，历来强调"尊德性"的陆子，听说后自然不无欣喜之意。

其六，形成了著名的"血脉上动人"的讲学风格。基于人人有"本心"的认知，他重视启发人的良知与良能，侧重切己自反，惟在激励，全无杜撰，只是"觉得他底，在我不曾添一些"；从而形成了"吾之与人言，多就血脉上感动他"的特殊而感人的教学风采，故而听其讲演，常使人泪崩泣下不已。

其七，留下了大儒风范的永恒记忆。象山布道期间，陆子始终君子彬彬、可风可范可律。讲学时语必限学术，未曾及闲话；讲堂上必衣冠整齐，虽盛暑，衣冠楚楚，望之如神，和气可掬；而且终日讲论不倦，夜亦不困，色粹然，神炯然，音吐清响；讲学时倾情投入，讲到兴起时，常顾谓左右学生：岂不快哉！陆子还注重表扬学生，对话时，学生虽片言可取，"必奖进之"。

象山心学是我国古代思想上的重要学术派别，象山心学的出现，是鹰潭，也是江西对中国古代思想文化发展的重大贡献，更是鹰潭地区极为宝贵的精神文化

---

① （宋）陆九渊：《陆九渊集》，中华书局1980年版，第506页。
② （宋）陆九渊：《陆九渊集》，中华书局1980年版，第494页。

资源。在文化传承上,象山心学继承并发展了孔孟儒学中的"心性之学",尤其是大力弘扬了孟子思想中的"大心"主张,开创了"百世儒学"的新发展阶段,丰富了传统儒学的内涵,推动了孔孟儒学推陈出新,生生不息。在学派构建上,陆九渊创造了不同于程朱理学的新的理论形态——心学,它不仅在治学方法上主张"尊德性"而与朱子的"道问学"相异,更在本体论和宇宙论上与主张"理本"的程朱迥异,而宣扬"心"为世界大本大原,心是世界的主宰;从而创建了一种不同于程朱理学的新的儒学形态——心学,使得宋代出现了双峰并峙的两大学术流派:理学与心学。在学理创新上,陆九渊创造性继承并重构了孔孟的"心性之心",将原始儒家哲学中的主体性和能动性,聚焦升华为"心学":认为心具万理,心涵摄着万千世界,强调"宇宙便是吾心,吾心即是宇宙";强调人的主体性,倡导"先立乎大者",非常重视"收拾精神,自作主宰";强调责任和担当,呼吁"堂堂正正地做个人"。虽然朱子不认可陆九渊的心学主张,但非常佩服陆九渊的学术气象。在治学方法上,他独创了与朱子"道问学"迥异的"尊德性"方法。其"简易直截"和"从血脉上动人"的治学路径,深刻地影响了当时的儒林和学风,也深远地影响了后世王阳明的心学。在学术影响上,陆九渊启迪了王阳明心学,也为阳明心学奠定了深厚而富有启发性的思想资源。阳明曾说:"象山之学简易直截,孟子之后一人。其大本大原断非余子所及也。"[①]而这一切都与象山讲学密切相关,贵溪象山功莫大焉。

[①] (明)王守仁:《王阳明全集》,上海古籍出版社2012年版,第202页。

象山人学思想的心学旨趣

张美宏

（兰州大学哲学社会学院）

探讨"人是什么"是儒家热衷的话题，其中隐含着对人之为人的深沉关切。历史上，儒家先贤们首先注意到人作为人必须把自身从动物的自然存在中抽离出来，与此相关的是，他们对人之为人的本真生存方式展开了规范性反思。无论是孔子惊呼"吾非斯人之徒而谁与"（《论语·微子》），还是孟、荀辨析"人之所以异于禽兽者"（《孟子·离娄下》），都无不折射出人作为人在理论上应该有其本己的生存方式。作为两宋理学的重镇之一，陆象山和同时代的其他先贤一样，在思想上以接续儒家"人道"传统为宗。然而有所不同的是，象山思考人之为人不限于儒家对人之本己生存方式的关切，而是把问题的重心引向"发明人之本心"（《陆九渊集》卷三十六《年谱》）。恰恰应了这重机缘，在宋以后的"道统式"叙事中，象山的人学思想每每被归置于"心学"之列。有鉴于此，本文理解象山思想首先凸显其"人学"要义，在此基础上，然后就其构思"人学"的"心学"旨趣展开相关讨论。

一 即心重提人之为人

人何以为人？在儒学发展史上，这无疑是一个本源性的问题，但对陆象山而言，追问这一问题却具有非同寻常的意义，这一点可从象山写给林叔虎的一封书信中得到验证：

> 世固有甘心为小人者，此无可言矣。有不肯为小人而甘心为常人者，

又未足言也。有不肯为常人,而堕于流俗中力不能自拔,又无贤师友提掖之,此可念也。又有非力不能自拔,其所为往往不类流俗,坚笃精勤,无须臾之闲暇。又有党徒传习,日不暇给,又其书汗牛充栋,而迷惑浸溺,流痼缠绵,有甚于甘心为小人、甘心为常人者。此岂不重可怜哉?上古圣贤先知此道,以此道觉此民。后世学绝道丧,邪说蜂起,熟烂以至今日,斯民无所归命。(《陆九渊集》卷九《与林叔虎》)

由以上文字可以看出,象山之所以重提人之为人,实与其所面对的特殊历史情境相关。具体地说,主要由于当时人们在如何做人、做何种人等问题的认识上普遍存在分歧。当然,对那些自甘平庸的人而言,象山认为,这一切似乎无可厚非;但还有一些人,他们在态度认识上的确不甘平庸,只是碍于不能及时得到"贤师友"的"提掖",致使他们最终在做人方面"堕于流俗中力不能自拔";甚至,有的人在行动上非常努力,他们一边砥砺于学业,"日不暇给",一边在目标方向上却缠绵于"流痼"之中。针对后两种情况的存在,象山显得甚为痛惜,并认为如此困局的出现,是由于"学绝道丧,邪说蜂起"致使普通民众在如何做人、做何种人等方面堕入了"无所归命"的境地。

需要指出的是,象山所谓的"学绝"之"学"系指儒学,"邪说"则是佛教诸说。应该说,这也是两宋时期大多数理学家的洞见。他们普遍把佛教诸说视为异端"邪说"。当然,佛教诸说之所以受到理学家的抵制,在于其思想宗旨和儒学之间存在内在张力,特别是在人之为人的根本问题上,这种张力表现得尤为强烈。关于这一问题,象山曾在写给王顺伯的一封信中有过专门提及:"儒者以人生天地之间,灵于万物,贵于万物,与天地并而为三极。……其教之所从立者如此,故曰义、曰公。释氏以人生天地间,有生死,有轮回,有烦恼,以为甚苦,而求所以免之。……其教所从立者如此,故曰利、曰私。"(《陆九渊集》卷二《与王顺伯》)象山认为,儒、释在人之为人的认定方面存在很大反差,这种反差具体表现为"公"—"私"、"义"—"利"之张力的存在,而这一切同时也深深地触动了象山本人的价值信念。"'人之所以异于禽兽者几希,庶民去之,君子存之。'去之者,去此心也,故曰'此之谓失其本心'。存之者,存其心也,故曰'大人者,不失其赤子之心'"。(《陆九渊集》卷十一《与李宰二》)这里象山论及人之为人并未直抒己见,而是借着阐释孟子的论断展开了自己对此的思考。人何以为人?在象山看来,不能局限于"人是什么"来直接寻求答案,而是要像孟子那样从辨析"人禽之别"开始寻求问题的突破。当然，象山处理问题的方式与孟子也不尽相同，尤其在揭示"几希"为何物时，他并未诉诸类似于"察于人伦，明于庶物"的经验直观，而是强调要必须剖析出主宰人日用常行的内在根据——"心"。

就内在根据而论，象山认为，人之为人不单由于其本己的伦序化关系，更取决于人有其"心"："仁，人心也。心之在人，是人之所以为人而与禽兽草木异焉者也。"（《陆九渊集》卷三十二《拾遗·学问求放心》）这里明确以"心"讲"仁"，旨在强调"心"对于"仁"的决定作用。由于"心"决定了"仁"，而"仁"又是进一步辨析"人禽之别"的重要依据，所以毋宁说，是"心"决定了人只能是人，而非禽兽草木。"心"到底如何决定人之为人？针对这一问题，象山分别从积极面向与消极面向作了说明。在积极的方面，象山提及了"主忠信"的例子，认为"主忠信"对于人之为人具有导向作用，"人而不忠信，何异于禽兽者乎？"（《陆九渊集》卷三十二《拾遗·主忠信》）所谓"主忠信"在具体内涵上是指一种基于"心"的存养工夫，而并非要求人在行动上一味地迎合某种外在的道德训诫："忠信之名，圣人初非外立其德以教天下，盖皆人之所固有，心之所同然者也。"（《陆九渊集》卷三十二《拾遗·主忠信》）在"主忠信"的情境下，由于"心"先行地有了其"所当主"，因此一切"念虑云为"都无从影响到"心"的功能的正常发挥。在消极的方面，象山又举出了"耻"的例子，并认为"耻"的存在可以使人在行动上避免于非人境地："人而无耻，果何以为人哉？今夫言之无常，行之不轨，既已昭著，乃反睢睢扬扬，饮食暖衣安行而自得，略无愧怍之意，吾不知其与鳞毛羽鬣、山栖水育、牢居野牧者，何以异。"（《陆九渊集》卷三十二《拾遗·又》）而要使"耻"能够真正地起到诫勉行动的作用，同样也需要确保"心"的功能的正常运转："人之所当贵者，固天之所以与我者也，而或至于戕贼陷溺，颠迷于物欲，而不能以自反，则所可耻者亦孰甚于此哉？"（《陆九渊集》卷三十二《拾遗·人不可以无耻》）可以看出，在人之为人的探究中，"心"的功能被象山异常放大，它不仅在积极意义上使人持守了做人的"应当"，而且，还在消极意义避免了诸多"不应当"的发生。

基于"心"的这一决定作用，象山强调作为人，一定要确保其"心"之功能的正常运转，如果这一先决条件无法得到保证，那么，探讨人之为人就彻底无从谈起。"周道之衰，民尚机巧，溺意功利，失其本心。"（《陆九渊集》卷九《与杨守二》）这里看似在批评业已完成的历史，但实则是重申"心"对于历史的决定作用。进而言之，要使历史保持良性发展，则一定要确保"心"的功能（决定行动践履的功能）保持正常运行；反之，如果"心"片面地沉溺于功利诉求，那么，不仅历史本身的良性发展无从得到保障，人之为人的问题更是随之亦隐匿起来。所以，在人之为人的课题上，象山认为"心"是唯一的决定性因素。相应于"心"的作用的凸显，关于做人的学问因此也不再是一套空泛的说教，而是主张要必须确保"心"对于人的日用常行的绝对裁断。象山本人对此也是完全认同的："吾之学问与诸处异者，只是在我全无杜撰，虽千言万语，只是觉得他底在我不曾添一些。近有议吾者云：'除了"先立乎其大者"一句，全无伎俩。'吾闻之曰：'诚然。'"（《陆九渊集》卷三十四《语录上》）"先立乎其大者"本是《孟子·告子上》中的一个观点，意在凸显作为"大体"的"心"对于人在行动上的绝对裁断作用，而在象山的使用中，似乎是更多地强调"心"对于探究人之为人的基础意义。

二　心之惟一与人之多样

人之所以为人主要表现为人有其"心"，这意味着"心"是人最根本的部分，凡人皆有其"心"。"心只是一个心，某之心，吾友之心，上而千百载圣贤之心，下而千百载复有一圣贤，其心亦只如此。"（《陆九渊集》卷三十五《语录下》）很明显，象山把"心"在理解上单数化。在这种单数化解释体系下，你的"心"，我的"心"，他的"心"，推而广之，上溯千百年以前、下溯千百年以后的圣贤之"心"，其实就这么一个"心"。"心"由此超越了时间的差异和个体的差别，进而与人之间呈现出某种本然相关。人人皆有其"心"，不存在无"心"之人，也难以想象"心"在不同的主体（人）之间的多样化存在。需要说明的是，象山讲"心只是一个心"，其用意不限于揭示人—"心"之间的本然相关，还映射出"心"在功能上的同一性："人皆有是心，心皆具是理，心即理也，故曰'理义之悦我心，犹刍豢之悦我口'。"（《陆九渊集》卷十一《与李宰二》）关于"心"在功能上的同一性，象山认为主要体现在"心"对于"理""义"等价值观念的裁断上。顺着这一思路，则可以发现，"心即理也"不仅指示"心"对于"理"的承载，还凸显了"心"对于"理"的绝对裁断。相应于对"心"与"理""义"关系的澄清，"人皆有是心，心皆具是理"是说，"心"的存在对所有人而言是普遍的，其裁断"理"的功能也是绝对的。

和人—"心"关系一样，"心"与"理"之间也呈现出一种本然相关，换言之，"心"本然地具有裁断"理"的功能："此心之灵，此理之明，岂外烁哉？……及其明也，乃理之固有，何加损于其间哉？"（《陆九渊集》卷七《与詹子南二》）由于"心"对于"理"的裁断源于"心"本然的灵明，所以，"理"对人而言是顺乎"心"之本然的结果。"汝耳自聪，目自明，事父自能孝，事兄自能弟，本无欠缺，不必他求，在乎自立而已。"（《陆九渊集》卷三十六《年谱》）此处又是对"心"之功能的具体展开。首先，"聪"之于耳、"明"之于目对人而言是完全自足的，因为它们是人的耳目本然的功能，而灵明之于"心"也就类似于这一道理。其次，在事父与事兄情境下，"心"直接参与了对"孝悌之理"的裁断，而且，这种能力的发挥也被象山视为是本然的。稍加分析，则不难发现，象山关于"耳自聪，目自明"的论述是直接的，即耳目本然具有"聪"和"明"的功能，否则，它们就不再是耳目了。映射在"心"的论述上，则表现为"心"的灵明是先天本然的——主宰人的知行领域。至于"心"之灵明对于"孝悌之理"的裁断，显然是第二序列的问题，它把"心"之灵明主宰知行的问题进一步细化到了具体面向，即何种"理"、谁之"理"等方面。以"孝悌之理"而论，它们仅仅是人的知行领域的两个具体方面，在伦序上对应于父子关系和兄弟关系，而且，在不同的历史时期，孝悌往往被赋予相对不同的历史内涵。所以，"事父自能孝，事兄自能弟"，重在肯定人"心"在"理"的意义上具有裁断知行的能力，即"当恻隐时自然恻隐，当羞恶时自然羞恶，当宽裕温柔时自然宽裕温柔，当发强刚毅时自然发强刚毅"（《陆九渊集》卷三十五《语录下》），而并不是要在内容上凸显这一"理"到底是谁之"理"，或何种"理"。

因此，不仅人人都有其"心"，而且不同人的"心"在功能是完全相同的，基于这一前提性条件，象山把"心"的内涵提升到了本体论的高度："宇宙便是吾心，吾心即是宇宙。东海有圣人出焉，此心同也，此理同也。西海有圣人出焉，此心同也，此理同也。南海北海有圣人出焉，此心同也，此理同也。千百世之上至千百世之下，有圣人出焉，此心此理，亦莫不同也。"（《陆九渊集》卷三十六《年谱》）这是一个非常有名的论断，关于这一论断，张岱年先生曾指出："象山谓宇宙便是吾心，吾心即是宇宙，尚非谓宇宙在心内，或万物皆依附吾心而存在，只是谓宇宙之理即吾心之理，万事万物之理莫不备于吾心，吾心之中即含有一切之理。"[1]张先生非常准确地抓住了这一命题尚不具有"心外无物"的要义，但遗憾的是，张先生在理解上却把它和王阳明"心外无理"的观念等同了起来。张岱年先生之后，陈来先生对此命题的明示无疑显得更加切题："'宇宙便是吾心，吾心即是宇宙'，正是用以凸显本心的普遍性和永恒性。"[2]

其实，普遍性（universality）已然包含了永恒性，因为前者既指涉空间层面的无处不及，又含蕴时间意义上的永恒性，所以，后者仅是前者的一个具体面向而已。就此而论，象山所谓"宇宙便是吾心，吾心即是宇宙"在内涵上应当是对"人皆有是心，心皆具是理"的进一步展开。只是相比之下，在"宇宙便是吾心，吾心即是宇宙"的表述中，象山把"人"在外延上扩大到宇宙中存在的维度，这样，无论是"上下四方"之人，也无论是"往古来今"之人，他们都普遍拥有一个在功能上完全相同的"心"。"人能弘道，非道弘人。此理在宇宙间，固不以人之明不明、行不行而加损。"（《陆九渊集》卷二《与朱元晦二》）人有其"心"，所以具有"弘道"能力，而"道"作为引导日用常行的法式，其引导作用的发挥有待于人对它的弘扬。象山认为，"心"裁断"理"的这种功能对于宇宙中的"人"而言是先天具足的，不以某一个体对此"明不明"或"行不行"而改变。所以，就人"弘道"本身而论，不存在能力上的"有没有"问题，而只有行动上的"做不做"问题："士不可不弘毅，譬如一个担子，尽力担去，前面不奈何，却住无怪。今自不近前，却说道担不起，岂有此理？故曰'力不足者，中道而废，今女画。'"（《陆九渊集》卷三十五《语录下》）象山尤其批评那些在"弘道"方面自我设限的平庸之辈，认为不是他们能力不足，而是由于意志脆弱而导致"心"没有发挥功能而已。

而在裁断"理"的功能上，"心"之灵明尽管是本然具足的，但这仅仅是一种能力上的可能，至于这种能力的验证，则必须有待于个人积极的修为："此心本灵，此理本明，至其气禀所蒙，习尚所梏，俗论邪说所蔽，则非加剖剥磨切，则灵且明者曾无验矣。"（《陆九渊集》卷十《与刘志甫》）否则，一旦受到"习尚"和流俗的熏陶渐染，则个人所具有的这个普遍之"心"便无从得以验证。"君子役物，小人役于物。夫权皆在我，若在物，即为役于物。"（《陆九渊集》卷三十五《语录下》）"君子役物，小人役于物"出自《荀子·修身》篇，象山此处

---

[1] 《张岱年全集》（第2卷），河北人民出版社1996年版，第99页。
[2] 陈来：《宋明理学》，华东师范大学出版社2004年版，第151页。

引用荀子的观点,旨在凸显个人之"心"在权度能力方面的普遍具足。"良心之在人,虽或有所陷溺,亦未始泯然而尽亡也。下愚不肖之人所以自绝于仁人君子之域者,亦特其自弃而不之求耳。"(《陆九渊集》卷三十二《拾遗·求则得之》)相应于个体对于"心"的普遍具有,以及其"心"在功能上的绝对统一,"下愚不肖"与"仁人君子"的多样化存在不再是有没有"心"的区别,而是看他们是否由于陷入流俗而使"心"固有的裁断能力遮蔽了起来。具体来说,如果"心"裁断"理"的功能得到完整的发挥,那么,他便是"仁人君子";反之,如果个体受限于流俗而使"心"的功能被遮蔽起来,则他只能是"下愚不肖"。可见,不论是"仁人君子",还是"下愚不肖",他们在"心"上是毫无差别的,所有的不同只是他们在日用常行中能否克除流俗的困扰,体现"心即理也"的本然特质。

关于"心"的唯一性和人的具体多样性之间存在的这种一多对应,象山似乎特别重视。这里不妨以象山《语录》中的一个细节来佐证象山在此问题上的态度:

> 吕伯恭为鹅湖之集,先兄复斋谓某曰:"伯恭约元晦为此集,正为学术异同,某兄弟先自不同,何以望鹅湖之同。"先兄遂与某议论致辩,又令某自说,至晚罢。先兄云:"子静之说是。"次早,某请先兄说,先兄云:"某无说,夜来思之,子静之说极是。方得一诗云:'孩提知爱长知钦,古圣相传只此心。大抵有基方筑室,未闻无址忽成岑。留情传注翻蓁塞,着意精微转陆沉。珍重友朋相切琢,须知至乐在于今。'"某云:"诗甚佳,但第二句微有未安。"先兄云:"说得怎地,又道未安,更要如何?"某云:"不妨一面起行,某沿途却和此诗。"及至鹅湖,伯恭首问先兄别后新功。先兄举诗,才四句,元晦顾伯恭曰:"子寿早已上子静舡了也。"举诗罢,遂致辩于先兄。某云:"途中某和得家兄此诗云:'墟墓兴哀宗庙钦,斯人千古不磨心。涓流滴到沧溟水,拳石崇成泰华岑。易简工夫终久大,支离事业竟浮沉。欲知自下升高处,真伪先须辨只今。'"(《陆九渊集》卷三十四《语录上》)

以上材料是象山关于"鹅湖之会"的回忆,问题主要聚焦于象山兄长复斋先生所作的一首诗上,尤其是第二句"古圣相传只此心"。按照复斋先生的意思,人从小到大所展示的"知爱""知钦"能力,仰仗于古圣先贤对于"此心"的传授。象山对这句诗似乎有些不能认同，于是举出"墟墓兴哀宗庙钦"这个具有情境性的话题来讨论问题。根据象山的观点，人们见到"墟墓""宗庙"时，之所以会油然而生哀伤或钦佩之情，完全取决于他们具有千古不朽的"此心"，这是他们作为人（"斯人"）本然就具有的。因此，象山讲"此心"既不局限于某个既定的伟大人物，又不锁定于某一具体的历史时代，毋宁说，"'此心'是天赋的，每个人生下来都有，并不是'古圣相传'"①。这样，在"心"与人的一多对应关系上，"此心"的唯一性和贤、圣、愚、不肖的多样化存在之间并不构成冲突，象山对此另有非常精辟的论述："天之予我者，其初未尝不同。如'未尝有才焉'之类，皆以谓才乃圣贤所有，我之所无，不敢承当着。故孟子说此乃人人都有，自为斧斤所害，所以沦胥为禽兽。若能涵养此心，便是圣贤。"（《陆九渊集》卷三十五《语录下》）一方面，就"心"而论，人同此心，心同此理，这是一个不可回避的本体论事实；另一方面，人又有贤、圣、愚、不肖等三六九等之不同，这一区分决定于个体对于"此心"之功能的"涵养"程度。

三 思量大做一个人

成为仁人君子是儒家在做人方面提出的最基本要求。理论上讲，人人皆可做君子，但现实生活中，并非人人是君子。象山显然注意到了这一现象的存在，且在一定程度上承认那些不可控因素对做人的影响。"有道无道之人，有才无才与才之高下，为道之幸不幸，皆天也。"（《陆九渊集》卷三十五《语录下》）人能否成为君子？象山认为偶然的不可控因素的影响也不容忽视。然而，承认偶然性因素对做人有影响，不等于说在价值目标的认定方面接受思想的多元化："人之技能有优劣，德器有小大，不必齐也。至于趋向之大端，则不可以有二。同此则是，异此则非。向背之间，善恶之分，君子小人之别，于是决矣。"（《陆九渊集》卷三十二《拾遗·毋友不如己者》）就人的现实存在而言，象山认为，个体生来在"技能""德器"等方面存在优劣、小大之不同，具有很大的偶然性，因为这些对个体来说是不可选择的，所以，要必须无条件地承认此类"不齐"现象的客观存在。但与此同时，承认人生来的"不齐"，并不意味着象山在做人的问题上没有是非立场，相反，在应当或不应当之间（"向背之间"）、为善或为恶之间、做君子或做小人之间，象山强调一定要选择前者，而决不能趋从于后者。

---

① 冯友兰：《三松堂全集》（第10卷），河南人民出版社2001年版，第194页。

关于做人的是非善恶问题，象山曾明确指出："人须是闲时大纲思量：宇宙之间，如此广阔，吾立身于其中，须大做一个人。"（《陆九渊集》卷三十五《语录下》）现实的人尽管是多样的存在，但在做人的是非善恶问题上，象山要求所有人一定要力求"大做一个人"。否则，如果放弃了"大做一个人"的信念，进而甘愿于小格局做人，或是从小处入手，象山认为，那是非常遗憾的事情："大世界不享，却要占个小蹊小径子；大人不做，却要为小儿态，可惜！"（《陆九渊集》卷三十五《语录下》）所以，在人应当成为什么样的人，以及如何使他成为应当的那样等问题上，象山认为无关乎个体生来是什么样子（具有不可选择性），而是和个体选择何种目标、依赖何种路径密不可分。正是由这两个具体面向出发，象山展开了关于何谓"大做一个人"的系统言说。

人应当成为什么样的人？对儒家而言，这是一个常谈常新的问题。从孔孟、《易传》到"北宋五子"，在不同的历史时期，这一问题被赋予不同的思想内涵，但不论怎样，在价值导向上，他们都以成就具有普遍道德胸怀的仁人君子为目标企向。如《论语》讲"惟天为大，惟尧则之"（《泰伯》），《易传》讲"夫大人者，与天地合其德"（《文言传》），邵雍讲"圣人与昊天为一道"（《观物篇五十三》），程颢讲"一天人，齐上下"（《河南程氏遗书》卷三）等，这些都无不强调个体在做人方面必须要有大的格局，像天地那样普遍关爱他人，进而实现关爱他人与成就自我之间的统一。在做人目标的认定方面，象山未尝不是如此："宇宙内事乃己分内事，己分内事乃宇宙内事。"（《陆九渊集》卷三十六《年谱》）这里象山把"宇宙内事"和"己分内事"完全同一化，是"大做一个人"在目标方向上的具体展开，通过这一独特的论述，人应当成为什么样的人的问题于是由隐而显，在内涵上变得豁显起来。做人一定要有人的担当，这一担当不宜限于对"小我"的担当，而是应该把这个"小我"进一步扩大到宇宙之维，实现其对于整个"宇宙内事"（或"天下事务"）的责任承诺："上是天，下是地，人居其间，须是做得人，方不枉。"（《陆九渊集》卷三十五《语录下》）所以，人不能枉为人，更不该甘为小人，而是要以天下人之一份子的态度积极担负自己对于天下的责任承诺。

然而，人大多（包括士君子）毕竟只是一个平凡的个体，对于一个平凡的个体而言，如何真实地参与到自己对于天下的责任担负中去？在这一问题上，象山特别提及了"格君心"的案例："然人之为人，则抑有其职也。垂象而覆物，天之职也。成形而载物者，地之职也。裁成天地之道，辅相天地之宜，以左右民者，人君之职也。孟子曰：'幼而学之，壮而欲行之。'所谓行之者，行其所学以格君心之非，引其君于当道，与其君论道经邦，燮理阴阳，使斯道达乎天下也。"（《陆九渊集》卷二《与朱元晦二》）"格君心"本来指端正君王之心，是就"辅君"而讲的，但在"裁成天地之道，辅相天地之宜，以左右民者"作为"人君之职"的先行论述下，象山认为"格君心"不单是士君子以自己所学端正"君心之非"，而是试图通过"引其君于当道"进而"使斯道达乎天下"。这样，有了正确的目标方向，外加切实可行的路径依赖，下一步便是要回答"大做一个人"何以可能："即今自立，正坐拱手，收拾精神，自作主宰。万物皆备于我，有何欠缺。"（《陆九渊集》卷三十五《语录下》）"万物皆备于我，有何欠缺"，是针对宇宙责任与作为行动主体的"我"之间的关系而讲的，具体来说，即要回答自我在能力上有没有可能担负宇宙责任。不难看出，在自我能力的可能性问题上，象山的态度显然是乐观的，因为对自我而言，确保"大做一个人"得以可能的先行条件是人生来普遍具有一个灵明之"心"："须思量天之所以与我者是甚底？为复是要做人否？理会得这个明白，然后方可谓之学问。故孟子云：'学问之道无他，求其放心而已矣。'"（《陆九渊集》卷三十五《语录下》）于是，关于做人的问题最终落实在"心"上面，为学明理就是要重新检证心灵"自作主宰"的功能。

"心"既然可以"自作主宰"，那么，顺着"心"推扩，则关于"大做一个人"的问题便可迎刃而解："苟志于道，便当与俗趣燕越矣。志向一立，即无二事。此首重则彼尾轻，其势然也。作意立说以排遣外物者，吾知其非真志于道义者矣。所欲有甚于生，所恶有甚于死，死生大矣，而不足以易此，况富贵乎？"（《陆九渊集》卷十二《与赵然道三》）这段论述似乎刻意夸大了"心"所具有的"自作主宰"功能。象山坚信，只要意向真诚，一"心"向善，即便面临生死考验，个体依然可以从容超越，更不用说"大做一个人"的问题。为了把问题说得更加透彻，象山还举出了历史上"大舜践善"的事迹："大舜之所以为大者，善与人同，乐取诸人以为善，闻一善言，见一善行，若决江河，沛然莫之能御。吾人之志当何求哉？惟其是已矣。"（《陆九渊集》卷二《与朱元晦二》）在对"大舜之所以为大者"的分析中，象山指出，由于舜在心灵上完全是"自作主宰"的，所以，在求善的具体情境中，他可以把"闻一善言，见一善行"自觉到满足自我需求的高度（"乐取诸人以为善"），甚至一度在精神上达至"若决江河，沛然莫之能御"的境界。可见，"大做一个人"在象山看来不仅是可能的，而且，它也是人通过"心"的"主宰"在行动上实现自我、满足自我的重要方式。

结语

人学是象山哲学的核心要义。在对人之为人的探讨中,象山接续了儒家通过"人禽之辨"展示问题的传统。然而,在细节问题上,象山不限于人的具体行动思考人之为人,而是把问题纵深到具体行动背后的抽象根据——"心"的裁断作用。人皆有其"心","心"皆具其"理"。在人之为人的可能性上,象山坚信,所有人在"心"的功能上是平等齐一的,你的"心",我的"心",千古圣贤的"心",都具有相同功能;相应于"心"的同一化,人的多样化存在只是"做不做"导致的结果,而无关乎"有没有"的问题。不可否认,在对"心"的功能的认识上,象山的思考是有一定预见性的。在做人问题上,象山既以包容的胸怀认可人生来的多样化存在,但同时也充分肯定了人们对于普遍之善(普遍成就他者)的追求,具有超越时代的进步意义。除了理论自身的建设性之外,象山"即心示人"的思想进路在历史上还具有思想奠基的作用,尤其在宋明理学史上,这一进路在哲学上开创出一种别致的思想格局,为明代阳明"心学"的出现作了重要的理论铺垫。

论陆九渊的世界观与唯心主义

沈顺福

(山东大学)

在陆九渊哲学体系中,心是最重要的概念。他甚至将心视为世界的根基。从横向关系来看,陆九渊称:"宇宙便是吾心,吾心便是宇宙。"[①]世界便是我的心的产物。从纵向关系来看,陆九渊宣称:"《六经》皆我注脚"[②],以为经典文本无非我或我心的作品或产物。等等。这些思想或世界观,与西方的唯心主义十分相似。故,学术界过去曾经将其划归为唯心主义阵营。近年以来,随着研究的深入,学术界反省了以往的分类法。有些学者如周炽成指出:现有的那些文本并"不能成为支持陆九渊是主观唯心主义者或心本论者的证据"[③]。学术界似乎给陆九渊摘了唯心主义的帽子,为其平了反。那么,陆九渊的世界观究竟是怎样的一种世界观呢?或者说,他是否属于唯心主义者呢?这是本文关注的中心问题。本文将指出:陆九渊的世界观属于中国传统生成哲学世界观。在这个世界观中,心无疑是中心,是陆九渊的阿基米德点。但是,这个心的内涵不完全等同于西方唯心主义的心概念。因此,立足于此心所建立的世界观,既有唯心主义的一些特点,也不同于唯心主义。事实上,用唯心主义来界定陆九渊本身就不合适。

一 万物一体之"宇宙"

按照传统天人观,人与天地并列于宇宙之中。陆九渊将这种关系叫作"三

---

① (宋)陆九渊:《陆象山全集》,中国书店1992年版,第173页。
② (宋)陆九渊:《陆象山全集》,中国书店1992年版,第252页。
③ 周炽成:《陆九渊之冤:陆学在宋代非心学》,《广东社会科学》2014年第5期。

极":"儒者以人生天地之间,灵于万物,贵于万物,与天地并而为三极。天有天道,地有地道,人有人道。人而不尽人道,不足与天地并。"[1]人与天地一起形成宇宙,或者说,宇宙由天地人三者共同组成。人与天地并为"三极"。其中,天有天道,地有地道,人有人道。三者各自享有自己的生存之道。"道塞宇宙,非有所隐遁,在天曰阴阳,在地曰刚柔,在人曰仁义。"[2]天道为阴阳,地道为刚柔,人道为仁义。

其中,陆九渊明确提出,天、地等也属于形而下之器:"自形而上者言之,谓之道;自形而下者言之,谓之器。天地亦是器,其生覆形载必有理。"[3]苍天和大地都属于形而下的器物,都遵循理或道。比如天的运行便是天道。陆九渊甚至从天文学的角度解释了天地运行规律:"天体圆如弹丸,北高南下。北极出地上三十六度,南极出地下三十六度。南极去北极直径一百八十二度强。天体隆曲,正当天之中央、南北二极中等之处,谓之赤道,去南北极各九十一度。……秋分交于角,春分交于奎。月有九道,其出入黄道不过六度,当交则合,故曰交蚀。交蚀者,月道与黄道交也。"[4]天即天体包括日月星辰等,它们的运行原理或轨迹便是赤道、黄道等。这些解释,几乎类似于天文学的认识。

和以往的天人观相比,陆九渊不再神化苍天。陆九渊曰:"人乃天之所生,性乃天之所命。自理而言,而曰大于天地,犹之可也。自人而言,则岂可言大于天地?此乃尊卑自然之序,如子之不可同父之席,弟之不可先兄而行,非人私意可差排杜撰也。"[5]天大于人,但是,理又大于天。至此,从宇宙观的角度来看,陆九渊开始将自然界的苍天置于天理、天道之下。陆九渊甚至提出:"谓天理人欲,非是。人亦有善恶,天亦有善恶,岂可以善皆归之天,恶归之人?此说出于《乐记》,不是圣人之说。"[6]天也不乏善恶。天不再是神圣的存在。

与天地相对应的存在体是人类。陆九渊赞同传统说法,认为:"人生天地之间,禀阴阳之和,抱五行之秀,其为贵孰得而加焉。使能因其本然,全其固有,则所谓贵者固自有之,自知之,自享之,而奚以圣人之言为?"[7]人是天地之间最

---

[1] (宋)陆九渊:《陆象山全集》,中国书店1992年版,第11页。
[2] (宋)陆九渊:《陆象山全集》,中国书店1992年版,第6—7页。
[3] (宋)陆九渊:《陆象山全集》,中国书店1992年版,第312页。
[4] (宋)陆九渊:《陆象山全集》,中国书店1992年版,第172页。
[5] (宋)陆九渊:《陆象山全集》,中国书店1992年版,第103页。
[6] (宋)陆九渊:《陆象山全集》,中国书店1992年版,第302页。
[7] (宋)陆九渊:《陆象山全集》,中国书店1992年版,第220页。

宝贵的生灵。人类只有尽人道才可以与天地并立于宇宙间，进而形成一个完整的宇宙。陆九渊将由人类、天地所组成的时空存在体叫作"宇宙"。陆九渊曰："四方上下曰宇，往古来今曰宙。宇宙便是吾心，吾心便是宇宙。千万世之前有圣人出焉，同此心同此理也。千万世之后有圣人出焉，同此心同此理也。东南西北海有圣人出焉，同此心同此理也。"①宇宙是一个广饶的整体，它包括时间与空间中的所有存在物。因此，宇宙似乎是一个空囊，涵括世间的一切，比如"故太极判而为阴阳，阴阳即太极也。阴阳播而为五行，五行即阴阳也。宇宙之间，何往而非五行？"②宇宙间的一切构成了宇宙。在这个宇宙整体中，天地人各司其职："此理在宇宙间，固不以人之明不明、行不行而加损。然人之为人，则抑有其职也。垂象而覆物，天之职也。成形而载物者，地之职也。裁成天地之道，辅相天地之宜，以左右民者，人君之职也。"③天在上，地载物，人君统帅民众在其间。天、地、人一起构成一个整体性的宇宙实体。这个实体之物甚至包括某些超越的存在体，比如理，"此理在宇宙间，未尝有所隐遁，天地之所以为天地者，顺此理而无私焉耳。人与天地并立而为三极，安得自私而不顺此理哉？孟子曰：'先立乎其大者，则其小者不能夺也。'人惟不能立乎大者，故为小者所夺，以叛乎此理，而与天地不相似。"④天理也在宇宙之间，是人类和天地存在的基本原理。故，陆九渊经常用充、塞等词语来表示宇宙的内含性与整体性，如"太极、皇极，乃是实字，所指之实，岂容有二！充塞宇宙，无非此理，岂容以字义拘之乎？……同指此理，则曰极、曰中、曰至，其实一也"⑤。符合天理的万物充塞宇宙，形成一个整体。"仰首攀南斗，翻身倚北辰。举头天外望，无我这般人。"⑥天人一体、别无他者。

　　天、地、人的生存方式便是天、地、人之道。既然天、地、人合成的宇宙是一个整体存在，那么这个整体、有机体一定有自己的生存之道与存在之理。这便是天人同道、万物一理。陆九渊曰："此道充塞宇宙，天地顺此而动，故日月不过，四时不忒；圣人顺此而动，故刑罚清而民服。"⑦天道和人道具有一致性或

---

① （宋）陆九渊：《陆象山全集》，中国书店1992年版，第173页。
② （宋）陆九渊：《陆象山全集》，中国书店1992年版，第179页。
③ （宋）陆九渊：《陆象山全集》，中国书店1992年版，第17页。
④ （宋）陆九渊：《陆象山全集》，中国书店1992年版，第90页。
⑤ （宋）陆九渊：《陆象山全集》，中国书店1992年版，第19页。
⑥ （宋）陆九渊：《陆象山全集》，中国书店1992年版，第299页。
⑦ （宋）陆九渊：《陆象山全集》，中国书店1992年版，第85页。

统一性。陆九渊曰:"圣人贵中国,贱夷狄,非私中国也。中国得天地中和之气,固礼义之所在。贵中国者,非贵中国也,贵礼义也。虽更衰乱,先王之典刑犹存,流风遗俗,未尽泯然也。"①仁义之道源自天地中和之气。天道和人道相贯通。心正则天地庇佑之,必有福报相随。否则便是违天地、逆鬼神,必致灾难。这种原理便是天人贯通。

陆九渊批评了以往的天人观,曰:"天理人欲之言,亦自不是至论。若天是理,人是欲,则天人不同矣。此其原盖出于老氏。"②从天理与人欲的区别来看,天人不同。陆九渊认为这个观点来自老子。对此,陆九渊批评曰:"《庄子》云:'眇乎小哉,以属诸人;敖乎大哉,独游于天。'又曰:'天道之于人道也相远矣。'是分明裂天人而为二也。"③道家以天人为二。对此,陆九渊显然不满意,认为这一做法"是分明裂天人而为二也":这分明是将天与人分为两个东西。在陆九渊看来,天人岂能为二?陆九渊"强调人与天的统一,人心与道的融合,反对将天与人割裂"④。在陆九渊看来,天人应该是一体的,这个一体之物便是宇宙。故,有学者指出:"陆九渊从'心即理'出发,追求天人之间更高层次的'合一',认为'宇宙便是吾心,吾心即是宇宙'(《陆九渊集·杂说》),这同样没有否定天人之间的同一性。同时,心尽管是纯善的,但却容易受到蒙蔽,因此陆九渊也主张人应该通过进修成为圣人,最终达到天人一体。这是从心学的角度对'天人合一'的阐释。"⑤宇宙便是万物一体的世界。既然天人一体,那么,天道和人道便是一个道,或者说,天道与人道不可以相距甚远,天人之道相类似。

二 心即理

宇宙的生生不息,在陆九渊看来,不仅循道,而且依理。和传统理学家的观点相似,陆九渊也将理视为事物生存的最终根据。陆九渊曰:"此理在宇宙间,未尝有所隐遁,天地之所以为天地者,顺此理而无私焉耳。"⑥天地之理是天地万物的所以然者。理是无私的公理,为天地万物所共有:"吾所明之理,乃天下之

---

① (宋)陆九渊:《陆象山全集》,中国书店1992年版,第175页。
② (宋)陆九渊:《陆象山全集》,中国书店1992年版,第252页。
③ (宋)陆九渊:《陆象山全集》,中国书店1992年版,第252页。
④ 邢舒绪:《陆九渊研究》,博士学位论文,浙江大学,2003年,第126页。
⑤ 蒲创国:《"天人合一"正义》,博士学位论文,上海师范大学,2012年,第96页。
⑥ (宋)陆九渊:《陆象山全集》,中国书店1992年版,第10页。

正理、实理、常理、公理,所谓'本诸身,证诸庶民,考诸三王而不谬,建诸天地而不悖,质诸鬼神而无疑,百世以俟圣人而不惑者也'。学者正要穷此理,明此理。"① 儒家所言的公理,乃是正理、实理、常理,即天下公共之理。陆九渊甚至曰:"塞宇宙一理耳,学者之所以学,欲明此理耳。此理之大,岂有限量?"② 宇宙之间只有一个天理或公理。这种"所以然"的公理,陆九渊指出,具有终极性:"极亦此理也,中亦此理也。五居九畴之中而曰皇极,非以其中而命之乎?……同指此理,则曰极、曰中、曰至,其实一也。"③ 理是极、中、至,是终极性存在,是事物生存的最终极的根据。

这种公理超越了时间与空间的限度,因而成为超越的存在体。从时间的角度来看,陆九渊曰:"千古圣贤若同堂合席,必无尽合之理。然此心此理,万世一揆也。"④ 此公理是千古万世不变之理,具有绝对的永恒性。同时,陆九渊曰:"道理无奇特,乃人心所固有,天下所共由,岂难知哉?但俗习谬见不能痛省勇改,则为隔碍耳。"⑤ 道理是天下所有人共同遵循的原理,因此具有空间上的普遍性。因此,天理或公理超越时间与空间,是绝对而超越的存在:"天下有不易之理,是理有无穷之变。诚得其理,则变之不穷者,皆理之不易者也。"⑥ 理是不变而绝对的原理。这种绝对之理,陆九渊曰:"理不可泥言而求,而非言亦无以喻理;道不可执说而取,而非说亦无以明道。理之众多,则言不可以一方指;道之广大,则说不可以一体观。"⑦ 理不局限于语言与表达。绝对的超验之理超越了理智的语言与认识。"自古圣贤发明此理,不必尽同。如箕子所言,有皋陶之所未言;夫子所言,有文王周公之所未言;孟子所言,有吾夫子之所未言。理之无穷如此。"⑧ 理无穷,即不尽限于各种表达。理不可限量,是无穷或无限的。

这个绝对的终极之理,陆九渊认为,乃是宇宙生存的主宰。"天下何尝无势?势出于理,则理为之主,势为之宾。天下如此,则为有道之世。……反是则为无

---

① (宋)陆九渊:《陆象山全集》,中国书店 1992 年版,第 124 页。
② (宋)陆九渊:《陆象山全集》,中国书店 1992 年版,第 103 页。
③ (宋)陆九渊:《陆象山全集》,中国书店 1992 年版,第 19 页。
④ (宋)陆九渊:《陆象山全集》,中国书店 1992 年版,第 173 页。
⑤ (宋)陆九渊:《陆象山全集》,中国书店 1992 年版,第 118 页。
⑥ (宋)陆九渊:《陆象山全集》,中国书店 1992 年版,第 164 页。
⑦ (宋)陆九渊:《陆象山全集》,中国书店 1992 年版,第 52 页。
⑧ (宋)陆九渊:《陆象山全集》,中国书店 1992 年版,第 253—254 页。

道。……当此之时，则势专为主。"① 理是万物生存的主宰。陆九渊曰："此理本天所以与我，非由外铄。明得此理，即是主宰。真能为主，则外物不能移，邪说不能惑。"② 这个天然的主宰能够使自己不为外物所诱惑。那么，这个主宰宇宙万物的绝对之理在哪里呢？朱熹偏重于理的客观性，陆九渊反之，以为理不在别处，正在人自身之心。心即理。

陆九渊赞同孟子的本心说，认为人天生具此"本心"："中人之质，戕贼之余，以讲磨之力，暂息斧斤，浸灌于圣贤之训，本心非外铄，当时岂不和平安泰？更无艰难。继续之不善，防闲之不严，昏气恶习，乘懈而炽，丧其本心。觉之则来复，岂得无艰屯？"③ 本心的内涵之一当为天生本有之心。"盖人受天地之中以生，其本心无有不善，吾未尝不以其本心望之，乃孟子'人皆可以为尧舜'，'齐王可以保民'之义，即非以为其人所为已往者皆君子也。"④ 人天生有此本心、善心。"蔽解惑去，此心此理，我固有之，所谓万物皆备于我，昔之圣贤先得我心之同然者耳，故曰'周公岂欺我哉'？"⑤ 我天生具备此心。

本心不仅天生本有，而且具有规定性内涵，即人的独特属性。它是区别人与禽兽的根据，因而具有属性、规定性之义。这种天生固有、区别于他者的规定性，按照传统哲学的说法，又叫作性。陆九渊之心同时具备这些内涵。这意味着，此心与性指称相同，心即性。故，陆九渊曰："则在天者为性，在人者为心，此盖随吾友而言，其实不须如此。"⑥ 作为规定性，心是人类共有的属性。因此，心是公共的，即古今中外的人都天生此心。陆九渊曰："人之才智各有分限，当官守职，惟力是视。……至于此心此德，则不容有不同耳。"⑦ 人们才智可能有所不同，但是心却是一致的。"心只是一个心，某之心，吾友之心，上而千百载圣贤之心，下而千百载复有一圣贤，其心亦只如此。心之体甚大，能尽我之心，便与天同。为学只是理会此。"⑧ 世人共享同一之心。这里所说的心等同于性，属于一种完全超越的实体。

---

① （宋）陆九渊：《陆象山全集》，中国书店 1992 年版，第 108 页。
② （宋）陆九渊：《陆象山全集》，中国书店 1992 年版，第 3 页。
③ （宋）陆九渊：《陆象山全集》，中国书店 1992 年版，第 33 页。
④ （宋）陆九渊：《陆象山全集》，中国书店 1992 年版，第 98 页。
⑤ （宋）陆九渊：《陆象山全集》，中国书店 1992 年版，第 9 页。
⑥ （宋）陆九渊：《陆象山全集》，中国书店 1992 年版，第 288 页。
⑦ （宋）陆九渊：《陆象山全集》，中国书店 1992 年版，第 97 页。
⑧ （宋）陆九渊：《陆象山全集》，中国书店 1992 年版，第 288 页。

这种天然同一的超越实体又叫理:"人之所以为人者,惟此心而已。"① 心是人的"所以然"者。而"所以然"者,传统理学家称之为理。故,此心即理。"此心本灵,此理本明。至其气禀所蒙,习尚所梏,俗论邪说所蔽,则非加剖剥磨切,则灵且明者曾无验矣。"② 心即理。陆九渊曰:"学者求理,当唯理之是从,岂可苟私门户?理乃天下之公理,心乃天下之同心,圣贤之所以为圣贤者,不容私而已。"③ 圣愚一心、万人一心,也就是公理。陆九渊曰:"古圣贤之言,大抵若合符节。盖心,一心也;理,一理也。至当归一,精义无二。此心此理实不容有二。"④ 心理不容有两样。心即理。这是陆九渊心概念的第一个内涵,也是它的主要所指,但不是唯一所指。

作为理的心,是终极性实体,是超越之心。作为超越性实体的心,仅仅是存在的终极性依据,不生不死、不动不静,超越经验与现实,无所谓思维。正是在这个意义上,笔者曾指出:"理是公理,是客观的,非主观的意识。心是理。心,自然也是客观的,而非主观的。心不是主观意识。这是我们的第一个推理,即,同理之心不是主观意识。"⑤ 作为终极性本原的心并无思维与意识功能,它自然不能够成为唯心论体系中的本原。作为理的心,虽然是宇宙的核心,却不能够思考。它仅仅是一种先天地存在于人身体中的实体。

三 心与事(物):本与末

理是宇宙生存的终极根据与主宰。同时,理即心。因此,陆九渊得出一个结论,即世界生存的最终极的根据是心。心是本。与之对应的宇宙万物的生存与存在(事物与事情)便是末。陆九渊曰:"物有本末,事有终始,知所先后,则近道矣。于其端绪之知不至,悉精毕力求多于末,沟浍皆盈,涸可立待,要之其终,本末俱失。"⑥ 心、理是本。现实中的事与物便是末。

从历时性来看,人类的行为,从开始到结果,是一个完整的整体。其中,心是本,所做的事便是末。陆九渊曰:"此理塞宇宙,所谓道外无事,事外无道。

---

① (宋)陆九渊:《陆象山全集》,中国书店1992年版,第49页。
② (宋)陆九渊:《陆象山全集》,中国书店1992年版,第88页。
③ (宋)陆九渊:《陆象山全集》,中国书店1992年版,第125—126页。
④ (宋)陆九渊:《陆象山全集》,中国书店1992年版,第3页。
⑤ 沈顺福:《也论陆九渊之心的内涵》,《朱子学刊》2015年第4期。
⑥ (宋)陆九渊:《陆象山全集》,中国书店1992年版,第2页。

舍此而别有商量，别有趋向，别有规模，别有形迹，别有行业，别有事功，则与道不相干，则是异端，则是利欲为之陷溺，为之窠臼。"[①]道是本，事是末。由道必然成事。事本于心："见孺子将入井而有怵惕恻隐之心者，此理也；可羞之事则羞之，可恶之事则恶之者，此理也；是知其是，非知其非，此理也；宜辞而辞，宜逊而逊者，此理也；敬此理也；义亦此理也；内此理也，外亦此理也。……此吾之本心也。"[②]爱之情、敬之礼、恶之事、义之宜，都源自本心或理。心本事末。故，陆九渊曰："宇宙内事，是己分内事。己分内事，是宇宙内事。"[③]宇宙之内的事情皆源自自己的本心。本心与事情不可分离。"必至于有诸己，然后为得也。""己"即心，"得"便是事。所作之事即"得"，皆以自己的本心为本。比如"棋所以长吾之精神，琴所以养吾之德性。艺即是道，道即是艺，岂惟二物？"[④]棋、艺是事，却源自德性。故，道与艺不可分为两物。陆九渊曰："学苟知本，《六经》皆我注脚。"[⑤]在这个历时性一体观视域下，六经与我心是一个整体，其中，心是本，六经是末。所以说，"六经"皆我注脚。人们常常将这段话当作一种类似于西方的诠释方法。其实不然。在陆九渊的诠释学中，心是本，作品是末，心与作品之间贯通一体。这一文本观，后来的石涛将其概括为一画论。不过，和传统本末论相比，陆九渊的本末论多了一份思辨性："知道则末即是本，枝即是叶。"[⑥]作为思辨哲学家的陆九渊，意识到本末分别仅仅是一种权宜手段，本末不离、枝叶不分。这种不分关系，也是一种贯通或一体。

从横向空间来看，在宇宙之中，心是本，万物生存是末。"先生言万物森然于方寸之间，满心而发，充塞宇宙，无非此理。孟子就四端上指示人，岂是人心只有此四端而已？又就'乍见孺子入井，皆有怵惕恻隐之心'一端指示人，又得此心昭然。但能充此心足矣。"[⑦]满心而发、充实此心，遂成万物。万物的生生不息源自我心。故，"蔽解惑去，此心此理，我固有之，所谓万物皆备于我，昔之圣贤先得我心之同然者耳，故曰'周公岂欺我哉'？"[⑧]万物皆备于我。我的本心或

---

① （宋）陆九渊：《陆象山全集》，中国书店1992年版，第311页。
② （宋）陆九渊：《陆象山全集》，中国书店1992年版，第3页。
③ （宋）陆九渊：《陆象山全集》，中国书店1992年版，第247页。
④ （宋）陆九渊：《陆象山全集》，中国书店1992年版，第310页。
⑤ （宋）陆九渊：《陆象山全集》，中国书店1992年版，第252页。
⑥ （宋）陆九渊：《陆象山全集》，中国书店1992年版，第282页。
⑦ （宋）陆九渊：《陆象山全集》，中国书店1992年版，第272—273页。
⑧ （宋）陆九渊：《陆象山全集》，中国书店1992年版，第9页。

在我之理是万物存在或生存的终极本源。这个本源主宰了宇宙万物的生存。这便是陆九渊的宇宙观："四方上下曰宇，往古来今曰宙。宇宙便是吾心，吾心便是宇宙。"① 这里的宇宙与吾心的关系，学术界常常将其类比于西方的唯心论。其实不然。陆九渊哲学属于生存论。按照这种生存论，宇宙万物的生生不息，不仅源自本心，而且由本心或理或仁所主导。

既然人心是宇宙之本，是宇宙的主宰，人便自然肩负着主导宇宙的重任。这种肩负主导宇宙之重任的人便是真正的人："人须是闲时大纲思量：宇宙之间如此其广，吾立身于其中，须是大做一个人。"② 真正的人应该能够主导宇宙的生存。对人而言，人心是其本。正心不仅可以正己，而且可以正天下万事万物。这便是大而化之：修身然后与天下万物浑然一体，这便是知天命。知天命便可以主宰世界。因此，立本、正本最为重要。"某闻诸父兄师友，道未有外乎此心者。自可欲之善至于大而化之之圣，圣而不可知之神，皆吾心也。……能养之至于必达，使瓦石有所不能压，重屋有所不能蔽，则至有诸己至于大而化之者，敬其本也。"③ 养心而敬本。立本即尊德性。故，陆九渊曰："吾之学问与诸处异者，只是在我全无杜撰。虽千言万语，只是觉得他底在我不曾添一些。近有议吾者云：除了'先立乎其大者'一句全无伎俩。"④ 他不但强调了尊德性的重要性，而且以此为唯一，即尊德性便够了，无须道问学，无须学习和教育。立本的另一种形态是正本。陆九渊曰："尊所闻，行所知，须要本正。其本不正，而尊所闻，行所知，只成个檐版。"⑤ 立本即正本心。

四 "此道充塞宇宙"

传统儒家将心分为人心和道心。这便是二心说。对此，陆九渊表示反对："《书》云：'人心惟危，道心惟微。'解者多指人心为人欲，道心为天理，此说非是。心一也，人安有二心？自人而言，则曰惟危；自道而言，则曰惟微。"⑥ 陆九渊以为不存在人心和道心两种心，而是只有一个心。这便是"心一也"。一心说仅仅表明：在某种情形下，人心同于道心，在另一种情形下，人心不同于道心。

---

① （宋）陆九渊：《陆象山全集》，中国书店1992年版，第173页。
② （宋）陆九渊：《陆象山全集》，中国书店1992年版，第284页。
③ （宋）陆九渊：《陆象山全集》，中国书店1992年版，第145页。
④ （宋）陆九渊：《陆象山全集》，中国书店1992年版，第255页。
⑤ （宋）陆九渊：《陆象山全集》，中国书店1992年版，第24页。
⑥ （宋）陆九渊：《陆象山全集》，中国书店1992年版，第252页。

人心的内涵产生了变化：心可以内含天理，也可以不含天理。于是，心的内涵便获得了延伸。比如，圣人之心本是人心。由于它先获得了天理，因而成为卓越于世人的圣人之心。此时的心内含天理。这便是陆九渊心理关系的第二种内涵，即此处的心指称人类的气质之心、思维之心。这种气质之心内含天理，因而符合天理。或者说，心中有理。陆九渊曰："故正理在人心，乃所谓固有。"① 正理在人心中。"道理无奇特，乃人心所固有，天下所共由，岂难知哉？"② 心有理。"以理处心，以理论事。"③ 理在心中。心与理的双重关系体现了陆九渊对心的不同所指的认识。在第二种心理关系中，心由天理之心转向气质之心。气质之心内含天理，这便是合理的人心，即道心。道心不仅有天理，而且以气质之心的形式出现。

这个气质之物便是"本心"。陆九渊用"本心"一词，包含了两个内涵。其一，它是本来就有的、合"理"的气质之心。陆九渊曰："人非木石，安得无心。……'人之所异于禽兽者几希，庶民去之，君子存之。'去之者，去此心也，故曰'此之谓失其本心'；存之者，存此心也，故曰'大人者不失其赤子之心'。四端者，即此心也；天之所以与我者，即此心也。人皆有是心，心皆具是理，心即理也。"④ 这种初生之本心本有天理。这便是"具"。它是人类天生固有之心，而非外来的："盖人受天地之中以生，其本心无有不善，吾未尝不以其本心望之，乃孟子'人皆可以为尧舜'，'齐王可以保民'之义，即非以为其人所为已往者皆君子也。"⑤ 本心即人类天生即有的、内含天理的心。由这个善良的本心可以直达仁义。陆九渊曰："仁义道德、本心良知，其乃人所固有，须是自家理会，他人何能与之？"⑥ 本心乃天生本有。顺此而发，便可以仁行天下。这便是仁。仁、心、理三位一致，换一句话说，仁即理即心。由合理的本心而行便是仁。仁即人的本心。"仁，人心也。心之在人，是人之所以为人而与禽兽草木异焉者。"⑦ 心仁同一所指。心即仁。

心是气质之心，且其中内含天理。由此心而为便是仁。这种仁行，陆九渊称

---

① （宋）陆九渊：《陆象山全集》，中国书店1992年版，第95页。
② （宋）陆九渊：《陆象山全集》，中国书店1992年版，第118页。
③ （宋）陆九渊：《陆象山全集》，中国书店1992年版，第108页。
④ （宋）陆九渊：《陆象山全集》，中国书局1992年版，第95页。
⑤ （宋）陆九渊：《陆象山全集》，中国书店1992年版，第98页。
⑥ （宋）陆九渊：《陆象山全集》，中国书店1992年版，第273页。
⑦ （宋）陆九渊：《陆象山全集》，中国书店1992年版，第237页。

之为"满心而发":"万物森然于方寸之间,满心而发,充塞宇宙,无非此理。孟子就四端上指示人,岂是人心只有此四端而已?又就'乍见孺子入井,皆有怵惕恻隐之心'一端指示人,又得此心昭然,但能充此心足矣。"① 这里所说的"满心而发"显然不是指作为理的心。事实上,作为理的心是不可以满心而发的。满心而发之心只能是气质之心。这种气质之心的充满与发行,能够让普天下充满仁气或仁爱。它不仅爱及众生,而且惠及万物,从而以仁爱的气息与万物交相辉映。仁爱皆是本心之"发明"。"本心若未发明,终然无益。"② 发明本心即让善良的本心扩充、光明。陆九渊曰:"自有诸己至于大而化之,其宽裕温柔足以有容,发强刚毅足以有执,斋庄中正足以有敬,文理密察足以有别。增加驯积,水渐木升,固月异而岁不同。然由萌蘖之生而至于枝叶扶疏,由源泉混混而至于放乎四海,岂二物哉?《中庸》曰:'诚者物之始终,不诚无物。'又曰:'其为物不二。'此之谓也。"③ 扩充本心进而与万物融为一体,这便是"为物不二"。陆九渊曰:"诚以吾一性之外无余理,能尽其性者,虽欲自异于天地,有不可得也。"④ 尽性便和天地一体。陆九渊曰:"皇极之建,彝伦之叙,反是则非,终古不易。是极是彝,根乎人心而塞乎天地。居其室,出其言善,则千里之外应之;出其言不善,则千里之外违之。是非之致,其可诬哉?是理之在天下,无间然也。"⑤ 只要心正,便可以贯通天下,从而以善气充满宇宙。故,陆九渊完全赞同孔子的主张:"大丈夫精神岂可自埋没……'为仁由己','有能一日用其力于仁,我未见力不足者',圣人岂欺后世?"⑥ 为仁立足于自身,即仁以本心为基石。

这种扩充本心、顺其自然的方法又叫成己。陆九渊曰:"成己成物一出于诚,彼其所以成己者,乃其所以成物者也,非于成己之外复有所谓成物也。"⑦ 成己即是成物,均立足于诚。诚,按照二程的观点,属于内外兼备之道。在陆九渊这里,内外贯通为一,因此,成己即成物。"和顺积中,英华发外,极吾之善斯足以善天下也。然伐之害德,犹木之有蠹,苗之有螟。骄盈之气一毫焉间之,则善随以丧,而害旋至矣,尚何有于德之博?故有焉而若无,实焉而若虚,功赞化

---

① (宋)陆九渊:《陆象山全集》,中国书店1992年版,第272—273页。
② (宋)陆九渊:《陆象山全集》,中国书店1992年版,第37页。
③ (宋)陆九渊:《陆象山全集》,中国书店1992年版,第1页。
④ (宋)陆九渊:《陆象山全集》,中国书店1992年版,第220页。
⑤ (宋)陆九渊:《陆象山全集》,中国书店1992年版,第171页。
⑥ (宋)陆九渊:《陆象山全集》,中国书店1992年版,第33页。
⑦ (宋)陆九渊:《陆象山全集》,中国书店1992年版,第213页。

育而若虚，智协天地而若愚，消彼人欲而天焉以从，谦冲不伐，而使骄盈之气无自而作，则凡不言而信，不怒而威者，乃所以为德也。"①一切活动或过程全部发自自身，由自身仁气之自然，便可以成就德。这便是成德。成德便是"大而化之"：以仁心为本，扩充而至于天下，便是成德。

这种扩充本心的成己之道便是仁道。在宇宙间，陆九渊认为，只能够存在一个道，这便是仁道。大道即是仁："故夫子曰：'吾道一以贯之。'孟子曰：'夫道一而已矣。'又曰：'道二，仁与不仁而已矣。'如是则为仁，反是则为不仁。"②天下只有一个正道，即仁道。"吾儒之道，乃天下之常道，岂是别有妙道？谓之典常，谓之彝伦，盖天下之所共由，斯民之所日用，此道一而已矣，不可改头换面。"③儒家的仁道乃是天下万物共同遵循的原理，属于天理和公道。

本心不仅是气质之心，而且内含天理。这个内含天理的心不仅是人类正确生存的根据，而且是宇宙万物生存的根据。或者说，宇宙万物，都是我心之所作。《华严经》曰："譬如工画师，不能知自心，而由心故画。诸法性如是。心如工画师，能画诸世间，五蕴悉从生，无法而不造，如心佛亦尔，如佛众生然。应知佛与心，体性皆无尽。……若人欲了知，三世一切佛，应观法界性，一切唯心造。"④心作万物或万相。这是典型的唯心主义世界观。从这个角度来看，陆九渊哲学又属于唯心主义。

结语　陆九渊与唯心主义

天人学是理解陆九渊思想的核心。我们甚至可以这样说，思辨的哲学，在宋明理学家那里，最终是服务于其世界观的。思辨的心学最终服务于对天人关系的解释。陆九渊也完全赞同宋儒的天人学立场，以为天人合一、万物一体。这个一体的世界便是宇宙。宇宙是一个整体。这个整体存在者的终极根据即"所以然"者，传统理学家称之为理。宇宙一理。这个理便是天理或公道。天理具有时间上的永恒性、空间上的普遍性、认知上的无限性，因此是一个不变的绝对存在。它不仅是宇宙的所以然者，作为宇宙的本原，还是宇宙主宰者。那么，理在何处

---

① （宋）陆九渊：《陆象山全集》，中国书店1992年版，第214页。
② （宋）陆九渊：《陆象山全集》，中国书店1992年版，第3页。
③ （宋）陆九渊：《陆象山全集》，中国书店1992年版，第13页。
④ 《华严经》，《大正藏》第10册，第102页。

呢?这便是陆九渊的创新点:天理在心里。至此,生生不息的宇宙,最终立足于人心。或者说,人心或人类才是宇宙万物的最终主宰。这便是陆九渊心学世界观所要表达的宗旨。心是这个宇宙观或世界观的核心。

心,在陆九渊那里,具有四层内涵。其一,心指心脏。这既是心字的本义,也是传统哲学的观点。陆九渊也同样接受了这个传统的看法。心指作为生命之源的心脏,如"深父之身之心"[①]中所说的"心"便指心脏。心或心脏能为生存提供动力。这个动力便是气或气质。从宇宙生存来说,此心不仅是人类生命之源,更是宇宙的生命之元。这便是"宇宙便是吾心,吾心便是宇宙"的本义:心是生生不息的宇宙的本源。我心与宇宙借助生生不息之气而贯通一体。这便是天人一体或万物一体。从人类生存来说,注经立说也是我心的活动,它本源于我心,完成于经典。我心与经典之间借助气质而贯通一体。这便是"六经皆我注脚"的真义。"'六经注我',或者说'六经皆为我注脚',并不是在谈论文本诠释的合理方法,而是倡导一种正确的'为学'与'求道'的路径。"[②]六经为我本心之自然。心是本、经是末。这个本原之心,在儒家看来便是仁。仁即人:"仁,人心也。心之在人,是人之所以为人而与禽兽草木异焉者。"[③]借助此心或仁,人类逐渐成为真正的人并主宰宇宙的生存。

其二,心指能够思维的气质之心。其实,思维之心和生命之心,在古人看来,其实是一个东西,即心脏。古人认为心脏不仅是生命力之元,也是思维器官,具有大脑的功能,即心能够思考。陆九渊曰:"今子渊所谓迁善改过,虽无一旦尽知之心,然观其辞意,亦微伤轻易矣。"[④]尽知之心便是一种能够思考或认知的心。陆九渊曰:"最大害事,名为讲学,其实乃物欲之大者。所谓邪说诬民,充塞仁义,质之懿者,乃使之困心疲力,而小人乃以济恶行私。"[⑤]学习常常使人心困。这个疲乏之心便和思维相关。当然,它依然指心脏。学习使人心脏劳累。

其三,心不仅指思维,而且有时候还用来指称思维的结果即意识。心指意识,比如说"师心":"学者大病,在师心自用。师心自用,则不能克己,不能听

---

① (宋)陆九渊:《陆象山全集》,中国书店1992年版,第22页。
② 彭启福:《陆九渊心学诠释学思想辨析——从"六经注我"与"我注六经"谈起》,《安徽师范大学学报》(人文社会科学版)2011年第1期。
③ (宋)陆九渊:《陆象山全集》,中国书店1992年版,第237页。
④ (宋)陆九渊:《陆象山全集》,中国书店1992年版,第50页。
⑤ (宋)陆九渊:《陆象山全集》,中国书店1992年版,第43页。

言。虽使羲皇唐虞以来群圣贤之言毕闻于耳,毕熟于口,毕记于心,只益其私、增其病耳。"① 记录于心便是保留于心中。这里的心,类似于现代人所说的意识。陆九渊曰:"谁独无是非之心哉?圣人之智,非有乔桀卓异不可知者也,直先得人心之所同然耳。"② 是非之心即道德意识或观念。"记录人言语极难,非心通意解,往往多不得其实。前辈多戒门人,无妄录其语言,为其不能通解,乃自以己意听之,心失其实也。"③ 这里所说的心便是一种意识。不过,古人将心脏视为思维器官,它的活动便是意。意即意识。心有时候便指意。这种意识之心,和能思之心,仅仅是一种理论上的分别。有思维之心进而产生世界万物。这个世界,显然是人类思维活动的结果。从这个角度来看,陆九渊的世界观又属于唯心主义的世界观。

心的第四个内涵,同时也是陆九渊心概念的最主要的内涵,便指理。心即理。这个与理同一的心,属于客观而超越的实在。此心是超越之心,或超越之实体。作为超越的实体,此心,不仅普遍、永恒、无穷,而且是绝对的实体。从这个意义上说,陆九渊心学体系并不是唯心主义体系。

心具有四种内涵。这四种内涵,最终聚焦于同一个心。这个心,从经验的角度来说,是气质之心脏。这个心脏能够思考,产生意识,因此同时成为心意。这便是心的前三个内涵。从这三个角度来看,陆九渊的世界观属于唯心主义。同样,还是这个心,从哲学的角度来看,它又分为形而上者与形而下者。气质之心之所以会产生是非之心,原因在于它具有一个形而上的心体,即我心之中固有天理。这个天理也是心。这个同于天理的心便是超越的实体。它是是非之心产生的终极性根据。这四项内涵合起来,合成了陆九渊心概念的主要内涵。这些内涵的所指是同一个心。由于维度的差异,心呈现为若干个不同的面向或本质。在这四项内涵中,能够成为终极性根据的心其实是一个超越的实体。以超越性实体为基础所形成的世界观,又不属于唯心主义世界观。结合起来说,陆九渊的世界观,既是又不是唯心主义。或者说,我们无非是在用唯心主义概念和范畴来界定陆九渊的思想。

---

① (宋)陆九渊:《陆象山全集》,中国书店1992年版,第23页。
② (宋)陆九渊:《陆象山全集》,中国书店1992年版,第221页。
③ (宋)陆九渊:《陆象山全集》,中国书店1992年版,第2页。

陆九渊的义利之辨及其现代意义

徐建勇

（湘潭大学碧泉书院）

中国思想史上，义利之辨由来已久。孔子以"君子喻于义，小人喻于利"开义利之辨的理论先河。自此以降，义利之辨不绝如缕，各时代的思想家们都曾对这一问题作过自己的阐述。陆九渊则直承孟子本心说，以心论义利，以心、理精义合一的道德本体说而开创宋明心学学派。

一

陆九渊的义利观，首先看重的就是从内心深处端正伦理道德的立场，即辨志。史料记载，他家居槐堂讲学时，就多言辨志。《年谱》中记有："傅子渊自此归家，陈正己问之曰：'陆先生教人何先？'对曰：'辨志'。复问曰：'何辨？'对曰：'义利之辨'。若子渊之对，可谓切要。"（《陆九渊集·年谱》）

志字的金文为🐾，由上面的🜲（之）和下面的🜳（心）组成，本义为心里所向往的目标，隶书误将上面的之写成士，遂变成现在的字型。《辞源》解释为"心之所之也。"可以说是得其本义的。正因为志是心之所之，因此，志字常常与向字组合成志向一词，以表达人们通过理性思考而在内心形成的一种长期的稳定的信念。

人的志向有多种多样，然而对于社会的人，儒家认为主要有两种，即志于义和志于利。利的甲骨文本字是🜶，由🜷（禾）和🜸（刀）构成，本义为用镰刀收割庄稼，引申为利益。儒家进一步将其引申为私利，即超出本分之外的欲求。因为儒家重道德名分，因此，本分既包括本能生活需要，亦包括名分应有之定额。超越本份之外的欲求自然会冲击社会的伦理道德，从而导致社会的动荡，因此历来为儒家所反对。义的甲骨本字是▨，由▨（羊、祥）和▨（武器）组成，本义天意吉祥之战，引申为公认的意思。由于有公认的意思，所以它常常与道结合而组成道义一词，为儒家所提倡。可以说，义本质上也是利，是公利，即大家的利。儒家重视群体，当然是以仁道公利为重，以维护群体的稳定和发展。这样，义利就成了相反相对的两种价值取向和人生定位，从而成为儒家反复强调的对象。《论语》中说"志于道"，这里的道就是指的道义，即内心对于道义的信念。

陆九渊的义利观首重"辨志"，就是因为志向的确立，即确立了人的价值观和人生定位。人在心中树立"义"或"利"的目标和理想，就必然有了坚强的求"义"或"利"的意"志"，而这种意"志"的现实行动化，必然就会对于既有社会的伦理道德产生维持或破坏的结果，使社会关系稳定和谐或动荡不安，因此，志向就成为陆九渊最为看重的观念。他说："志向一立，即无二事。"（《陆九渊集》卷十二）

更进一步，陆九渊继承孟子"四端"说，从心学本体论出发，不仅将义利之辨从外在的价值追求拉入内心的人生定位，而且认为"四端"之心本身就先验地具有伦理道德属性。陆九渊认为义、利皆由心志所定，皆源于人心。只要心中树立了恪守和弘扬伦理道德的理想和目标，则其学习和熟练地实行必然符合传统伦理道德的要求，从而直接维护社会的安定，相反，私欲私利行则会造成社会动荡不安。这样，陆九渊就确立起自己鲜明的义利观，其表现在于：（1）陆九渊认为义利之别源于人心，人心"所当然"地具有先天自然的伦理道德属性，这种伦理道德具有先验的不变特性，为此，他还得出"心即理"的结论。（2）原心定志。突出了道德主体地位，视人心定位最为重要。这样就将外在的价值判断拉入人心，将道德的仲裁权归属个人内在价值判断，从而避免了因外在形式和规范的遵循而制造出大批道貌岸然的伪君子的可能性，使人心与伦理道德合一，从而实现道德本体论向个体实践的转化，使道德本体和实践本体得以完美结合。因此，立志是根本，志向一立，则其思想言行趋向就会截然不同。他说："私意与公理，利欲与道义，其势不两立。"（《陆九渊集》卷十四）

陆九渊通过辨志来确立儒家的道德原则。"志"立义，然而物有迁，习有所染，心为物欲所牵，人们读的虽是圣贤之书，志向却往往与圣贤背道而驰。他说："惟官资崇卑，禄廪厚薄是计，岂能悉心力于国事民隐？"（《陆九渊集·白鹿洞书院论语讲义》)众人趋利而忘义，"见利而不顾义，安然行之，不畏于天，不愧于人。人心之泯灭一至于此。吁！可畏哉！"(《陆九渊集·白鹿洞书院论语讲义》)这样一来，义利之间，常知抉择，固然不容易，大端已明，大志已立，"而日用践履"之，那就更加不容易了。这就说明陆九渊"心学"首重义利之辨自有其救世于溺的苦心隐衷！而要改变这种情况，就要辨明义利，这样振兴社会方可有望。他说："此只有两路：利欲、道义，不之此，则在彼。"(《陆九渊集》卷三十五)如果明白了"义"，就不会以个人得失为念。他说："由是而仕，必皆共其职，勤其事，心乎国，心乎民，而不为身计，其得不谓之君子乎。"(《陆九渊集·白鹿洞书院论语讲义》)

那么，怎样立"志"呢？"志"又如何规范行为呢？陆九渊在《白鹿洞书院论语讲义》中给了一个明确的方法。他说："人之所喻由其所习，所习由其所志。志乎义，则所习者必在于义，所习在义，斯喻于义矣。志乎利，则所习者必在于利，所习在利，斯喻于利矣。故学者之志不可不辨也。"(《陆九渊集·白鹿洞书院论语讲义》)"志"确定在社会伦理道德的义上，那么日常习染的，学习实行的必然在于伦理道德，其所学习的在于伦理道德，就会深深通晓伦理道德。志向在于私利，则所学必然在于私利，所学在于私利，就只能知晓私利了。因此，从"志"到"习"再到"喻"，这就是志对义利行为的规范。志向的确立与否，直接关系到学者的思想行为是否合符于"义"，而其思想行为是否合符于"义"，是学者做人之根本，是学术上的大是大非，与言语辨析大有不同，言语辨析只是枝末，"义"的确立才是根本。这样，陆九渊就用心"志"规范约束所"习"，所"习"又是心"志"的践履，反过来作用于心"志"，所"习"之后才能晓"喻"，晓"喻"之后更加坚定心"志"，如此循环互动，就能使人自觉地惯性地按伦理道德去行为，就能达到"从心所欲不逾矩"(《论语·为政》)。"志"是立心，"喻"是明理。明理、立心，扩充"四端"，自然可以做一个符合封建伦理道德的完人。说到底，辨志就是明辨义利，并由此引发自身的仁智勇，达到知性的高度觉醒。这也就是陆九渊所讲"先立乎其大者"的本意，故陆九渊说："汝耳自聪，目自明，事父母自能孝，事兄自能弟，本无少缺，不必他求，在乎自立而已。"(《陆九渊集·语录上》)

同时，陆九渊还认为"义"与"利"是具体的历史的统一，在一定条件下，义利之间可以互换。首先，"义"和"利"是对立的。他说："梁惠王问'何以利吾国'，未有它过，而孟子何遽辟之峻，辨之力？夫子亦曰'君子喻于义，小人喻于利'，樊迟欲学圃，亦斥以为小人，何也？"(《陆九渊集》卷二十四）陆九渊认为梁惠王问利，是以国为私，从利我出发，是为了侵扰别国，残害天下，所以受到了孟子的抨击。如果人君不主于道，不主于义，不能以"义"制欲，而以欲害"义"，所行之政就不是"善政"。其在私"利"支配下，"利"不合于"心"，其过甚大。樊迟问稼问圃，虽非"志于声色利达"，但也不是志于道，"义"同"利"之间，是君子小人之大分，不明道义，而问稼问圃，也是大过。义利不能相融而行。陆九渊任荆门军守时，在"访民间疾苦"之后，曾写信给漕使薛象先说："某居常深念人不可以自导，义不可以少忘。"(《陆九渊集·语录上》）他甚至还说，圣人"贵中国者，非贵中国也，而贵礼义也"。他把伦理道德原则看成至高无上的规范，把维护这种至高无上的伦理道德原则的行为视作高于一切的美德。

其次，义利又不是绝对分离的，在具体的历史条件下，二者是统一的，"利"就是"义"，两者不可分。陆九渊讲义利，往往是从利国、利民、利天下之处立论。他自认为出于公心，不是腐儒无用的"空言仁义"。他主张"在时之谓善"的"利"，"可欲之谓善"的"利"。他还结合现实生活，作了及时发挥。例如，他在做承奉郎时，"以修宽恤诏令书成"，与枢密使王谦仲语及《孟子》辟土地充府库一事，说："方今正在求世辈而不可得。"（《陆九渊集·语录》）因为当时宋金对峙，河山失半，府库空乏，军需不足，就连南宋半壁江山，尚且难保，何以侈谈复国土？国土未复，何以侈言仁义，复三代之政？所以，陆九渊希望能够有"辟土地、充府库"的求利的人物出现。在当时具体历史条件下，陆九渊将义利结合起来，具有合理因素和积极意义，也说明他从具体的事实中感受到了义和利都是时代具体的要求，不能离"利"而绝对言"义"，也不能离"义"而绝对言"利"。在一定的条件下"利"就是"义"的体现，是"义"的实用，二者统一于具体的历史条件。

二

陆九渊的义利观是为了确立人生准则和为学根基，即是以道义还是以欲利作为社会人生的指导原则。陆九渊站在传统儒家立场，强调以道德理性的表现"义"作为人生的指导原则。具体表现为立志，这样就将外在的道德伦理向内在的"心"演进，从而突出了人的道德主体地位，实现了道德本体向道德实践论的转化，将道德这种内在的价值判断权交给了个体的人，而道德教化最终要落在正人心上，这样就要求作为社会的人的价值判断和作为个体的人的道德判断相统一。前者是实然的，后者是应然的。同时，义利是具体的历史的统一，相互对立的义利在具体的历史条件下是统一的，这对现代社会中人的生活具有重要的指导意义。

现代社会，随着社会的发展，尤其是市场经济的发展，使商品本身所固有的使用价值与交换价值发生矛盾，不时诱发利己主义与拜金主义倾向，引诱"经济人"违背"义"，甚至法律道德原则，以各种手段最大限度地追求自身利益。从而使"义"等同为政治法律制度，一切金钱至上，只要不违反法律，一切都是合理的。这就是将道德和法律制度同一化，用制度代替了"义"。从而使整个社会唯利是求，道德风气为之骤变，依靠激活人欲作为经济改革的动力，反过来人欲成了社会稳定、经济改革、社会进步的阻力。因此，要协调社会稳定、社会进步与社会经济发展之间的关系，要解决在社会发展过程中的个人利益与社会伦理道德之间的冲突，树立健全的义利观，是一个具有理论意义和现实意义的重要问题。为此，我们认为陆九渊对于义利之辨的思想对于当今社会具有一定的理论意义。

第一，陆九渊对于"义"的坚定信念，告诉我们在人类社会生活中，一定要高扬"义"旗，坚定心志，引领人性，升华人情。人是自然的产物，而从本质上言，人也是社会的产物，且人的社会性是其根本属性，而人的社会性决定了人不能完全自由地从事人欲所求的一切活动，他总是要受群体生活规范"义"的节制。可以说，人从一进入社会起，就是不自由的，而个体追求自由的欲望也往往和责任相连，自由是责任的自由，责任是自由的责任。没有责任的自由只能是动物的本能，是自然而非自由。这就决定了作为责任的人必须在伦理道德的指导下规范自己的思想和行为，而这一规范就是义的具体化、条理化。因此，"义"和自由一样是人生不可缺少的，人只有在"义"的支撑和追求中才会在精神而非肉体上永恒。总之，"义"和"利"一起构成了人生存在和前进的基本条件。若不能"以义制事，以礼制心"（《陆九渊集》），徒"为委曲行道之计"（《陆九渊集》），那将是无出路的。

第二，陆九渊认为"义"的确立，又是志、习、喻相互作用的结果。这就要求我们重视教育，百年大计，教育为本。当今社会，教育不但要教授人生技能，更重要的是要教晓事理，凝聚人心，"必也正人心乎"（《陆九渊集》），确立正确人生理想，使人们在建设市场经济的实践中，明白正确的人生理想，从而坚定地为建设更加美好的市场经济而勇往直前，做"刀锯鼎镬底学问"（《陆九渊集》）；使社会众志成城，一心向前，开发人性中固有的创造性，丰富社会的物质财富，开发人性中固有的善端，扩充人性中固有的道德情感资源；使社会道德理性的"义"积淀、转化个体欲求之"利"，反身而诚，引领人生，升华人情；使社会平稳而有秩序地向前发展。

第三，将实然的价值判断和应然的道德判断合一。陆九渊将外在的"理"向内在的"心"拉进，突出了人的道德主体地位，将道德审判权交还个人，这就会产生两方面的问题，一是，它要求个体的人具有极高的道德修养，这就没有看到个体的道德修养是一个逐渐由低到高的完成过程，且没有止境。对于还没有较高修养的个体，这就会出现判断的矛盾冲突，从而产生社会问题，这一点陆九渊没有说明。二是，道德治国主张重人治而轻法治，往往会牺牲道德的自觉性，重视道德教条，这样往往又会产生以理杀人的严重后果，给社会和民族带上巨大的精神枷锁，从而阻碍社会和国家的进步。因此，现代社会应将法治与道德分开，将道德理性判断交还给个人。

第四，应该维护利的积极性。义利同源于心，都是心志的不同表现，从而形成趋向于符合社会要求的"义"，和不符社会要求的"利"。人的自私自利是维持和延续其生命个体生存发展的基础，人只有不断地满足自身需求，才会努力探索获取物质财富的手段方法，才会反观自身以求取。可以说，求取私利是社会发展、人类进步的原动力。恩格斯曾说："在黑格尔那里，恶是历史发展的动力借以表现出来的形式，这里有双重的意思，一方面，每一种新的进步都必然表现为对陈旧的、日渐衰亡的，但为习惯所崇奉的秩序的叛逆；另一方面，自从阶级对立产生以来，正是人的恶劣的情欲——贪欲和权势欲，成了历史发展的杠杆。"[①]承认个体私欲的合理性，对个体通过勤劳和智慧去创造财富，满足自身的利益，对这种利益的肯定无疑会增进社会财富，推动社会进步。因此，承认"利"的自然性、合理性，就会推动当今社会的向前发展，就像陆九渊做删定官时，曾"访知勇士，与议恢复大略"，"博求天下之俊杰，相与举论道经邦之职"。（《宋史》卷一百六十《陆九渊传》）这里都反映了他以"利"为"义"的思想，即利用"利"来实现《春秋》大义，光复河山的思想。"利"的合理的发展不但不会给社

---

① 《马克思恩格斯全集》，人民出版社1972年版，第330页。

会造成灾难，而且是使社会充满活力，推动社会健康有序发展的内质因素。

第五，陆九渊在具体时势中认识义利关系，使我们能够在一定的时势中，认识到义利可以互动，共同发展。义利是具体的历史的统一，会随着时代的变迁而变化。特别是对于当今高速发展中的中国，没有永恒不变的义利观。因为，随着中国社会从以血缘关系为基础的传统社会向以个体为基础的现代社会转型，传统的义利观也会向现代制度社会进化，义利的绝对对立会向协调互动、渐趋一致发展。从历史进步观点看，对社会原有道德准则的破坏，打破人们的心理平衡，对传统秩序的亵渎，往往是个体发展的必然结果，是对原有"义"的破坏，而它又推动社会的发展，符合使社会发展的广义的"义"，但它对传统神圣事物的践踏又表现出利的特征，这种利义的矛盾冲突贯穿于整个人类社会的发展，是义利的二律背反。

在现代社会，我们就应该充分认识义利的这种互动性，在运动之中把握义利的关系，用利推动义，用义规范利。义、利相互制约，互为条件。一起推动社会的进步，义利这种相互制约、相互推动的关系，随着人类社会的进一步发展，会渐趋一致，利的前进和义的进步具有日趋整合的特性。

现代社会是一个以个体为主的充分发展的经济社会。个体的利和群体的利结合起来，互动合作，共同发展，才有可能使整个人类社会在宇宙自然的怀抱中自由平稳地向前发展。"它既把社会个体的充分发展作为社会整体发展的动力，又把社会个体的充分发展作为社会发展的终级目标。它相信只有个体的充分发展才会有社会整体的进步。而个体的枯萎倒势必使整体丧失生气；市场经济视个体为独立自由活动的主体，摒弃无条件的依附，用具有权利义务内容的规范来调整个体与整体之间的关系，它承认个体之间在能力上的差异，肯定个体凭借自己的能力获取正当的回报，并为个体能力的施展创造事实上的条件。"[①]

---

① 王立仁：《市场经济与个体文明》，《光明日报》1998年4月3日。

心的救赎与性的隐略

——论陆九渊心性学说的侧重

王绪琴

（浙江工商大学）

朱陆之辩是学界争讼不已的学案，无极太极之争是一个焦点，我们无意全幅呈现二者的争论。只从心性学说的角度试图管窥一下陆九渊对于"心"与"性"的侧重及与朱子之不同。

一 心的救赎

1. 明心之理

据《宋史》载：

> 陆九渊，字子静。生三四岁，问其父天地何所穷际，父笑而不答。遂深思，至忘寝食。及总角，举止异凡儿，见者敬之。谓人曰："闻人诵伊川语，自觉若伤我者。"又曰："伊川之言，奚为与孔子、孟子之言不类？近见其间多有不是处。"初读《论语》，即疑有子之言支离。他日读古书，至"宇宙"二字，解者曰"四方上下曰宇，往古来今曰宙"，忽大省曰："宇宙内事乃己分内事，己分内事乃宇宙内事。"（《宋史·陆九渊传》）

可见，象山幼时便聪颖过人，闻小程子之言，便觉不合，见古人解"宇宙"二字之义便能悟得"宇宙便是吾心，吾心即是宇宙"（《陆九渊集》卷二十二）之理。这也决定了象山一生皆在让人明心之理。在象山看来，此理非外铄我，乃是我先天本有:"此天所以予我者,非由外铄我也。思则得之,得此也;先立乎其大者,立此者也;积善者,积此者也;集义者,集此者也;知德者,知此者也。同此之谓同德,异此之谓异端。"(《陆九渊集》卷一)这种看法似乎并不新奇,始见于《中庸》《孟子》,其后程颢亦有所发明。然而,固执此一端而彰明者恐怕无过于象山:

> 古圣贤之言,大抵若合符节。盖心,一心也;理,一理也。至当归一,精义无二。此心此理实不容有二。故夫子曰:"吾道一以贯之。"孟子曰:"夫道一而已矣。"又曰:"道二,仁与不仁而已矣。"如是则为仁,反是则为不仁。仁即此心也,此理也。求则得之,得此理也;先知者,知此理也;先觉者,觉此理也。(《陆九渊集》卷一)

天下只此一心,只此一理,只此一德,德者,得也,心得此理也。得此理为仁,不得此理则不仁。在之前儒家之中,似乎没有人能与象山一样把主体、本体与价值"三合一"地捆绑得这么紧密。"天之所以与我者,即此心也。人皆有是心,心皆具是理,心即理也。"(《陆九渊集》卷十一)"心只是一个心,某之心,吾友之心,上而千百载圣贤之心,下而千百载复有一圣贤,其心亦只如此。心之体甚大,能尽我之心,便与天同。为学只是理会此。"(《陆九渊集》卷三十四)此心此理并非我独有,今之天下人人俱有,而古之圣贤亦有,心心相传,千万人同心,古今同心。

2. 为何不得此理

既然古今皆是此心,就应该当下之人皆明此理,"千古圣贤若同堂合席,必无尽合之理。然此心此理,万世一揆也"(《陆九渊集》卷三十四)。而问题在于,今人不可能与千古圣贤"同堂合席",则必有今人不明此心此理者。象山认为造成这种结果的原因大致如下:

> 终日依靠人言语,又未有定论,如在逆旅,乃所谓无所归。(《陆九渊集》卷一)
>
> 今讲学之路未通,而以己意附会往训,立为成说,则恐反成心之蟊贼,道之荆棘,日复一日而不见其进。(《陆九渊集》卷七)
>
> 自周衰,此道不行;孟子没,此道不明。今天下士皆溺于科举之习,

观其言，往往称道《诗》《书》《论》《孟》，综其实，特借以为科举之文耳。谁实为真知道者！(《陆九渊集》卷十一)

王泽之竭，利欲日炽。先觉不作，民心横奔。浮文异端，转相萦惑。往圣话语，徒为藩饰。而为机变之巧者，又复魑魅虺蜴其间。耻非其耻，而耻心亡矣。(《陆九渊集》卷一)

之所以不明此理者，一者读书不明，又多"依靠人言语"，不得要归；二者讲学不通，今之讲师多用己意附会经典，欲成己说，使得道更不明；三者溺于科举考试之歧途，虽所学所用是古之圣贤之书，而为功利之用，不明其道；四者利欲日炽，"浮文异端"横行，亡其心而不知其耻也。

3. 如何明此理

因此，象山感慨曰："故道之不明，天下虽有美材厚德，而不能以自成自达。困于闻见之支离，穷年卒岁而无所至止。"(《陆九渊集》卷一)那么，天下之"美材厚德"该如何重新发明此理呢？象山曰："道心之微，无声无臭，其得其失，莫不自我。"(《陆九渊集》卷三十二)此心此理，隐微不见却实存，无声无臭却实在，得失之间，全取决于自己。"收拾精神，自作主宰"，皆在我一身，何事旁求。蒙培元先生说："从道德实践讲，他（指陆九渊——引者）把主体原则提到了空前的高度，具有主观战斗精神。即使不识字，也能'堂堂正正地做个人'，且有反对权威的成分。"① 确实，从道德实践和道德价值"加持"的角度来看，象山的力度可谓是空前的。

象山曰："塞宇宙一理耳，学者之所以学，欲明此理耳。"(《陆九渊集》卷十二)学者所学无他，只此一理，欲明此理，也必自学。但是，为学之道，必要"知本"和"先立乎其大"：

学苟知本，《六经》皆我注脚。(《陆九渊集》卷三十四)

不为书本文字所迷惑，文以载道，知《六经》之终极意义之何在。并且，象山认为，如果不能"发明本心"，博学亦无益，"本心若未发明，终然无益"(《陆九渊集》卷四)，"夫博学于文，岂害自得？……必曰不在多

---

① 蒙培元：《理学范畴系统》，人民出版社1998年版，第213—214页。

言，问之弗知弗措，辨之弗明弗措，皆可削也"(《陆九渊集》卷四）。如果能够"先立乎其大"而为学，学道亦是"简易"工夫，"学无二事，无二道，根本苟立，保养不替，自然日新。所谓可久可大者，不出简易而已"(《陆九渊集》卷五）。欲明天理，亦非全赖顿悟之功，仍须涵泳磨砺："大抵读书，诂训既通之后，但平心读之，不必强加揣量，则无非浸灌、培益、鞭策、磨砺之功。惑有未通晓处，姑缺之无害。且以其明白昭晰者日加涵泳，则自然日充日明。后日本源深厚，则向来未晓者将亦有涣然冰释者矣。"(《陆九渊集》卷七）

可见，象山之功，主要是在发众人所未发，如当头棒喝，引人深思，令人警醒。对儒家最重要之事予以凸显，"重点突破"，希望人能够"猛省勇改"。

4. 对朱子的批评

象山立足本人之学，多次讥讽朱子之学"支离"。最有名者当属"鹅湖之会"上所赋之诗：

> 墟墓兴哀宗庙钦，斯人千古不磨心。涓流积至沧溟水，拳石崇成泰华岑。易简工夫终久大，支离事业竟浮沉。欲知自下升高处，真伪先须辨古今。(《陆九渊集》)

显然，"易简工夫终久大"是象山标榜自家学问，而"支离事业竟浮沉"则是嘲讽朱子学问，据说当时朱子听闻此句，颜色顿变，大为震惊，气氛也骤然变化，吕祖谦赶紧出面调解，鹅湖之会不欢而散，此诗也开启了朱陆之争的序幕。

象山工夫在"先立乎其大"，而朱子重在"即物穷理"。象山认为，上达于圣人境界，只需在心上做工夫，"穷物理"何以能够"穷人理"而达圣人境界呢？此法显然有隔靴搔痒之嫌。象山曰："某读书只看古注，圣人之言自明白。且如'弟子入则孝，出则弟'，是分明说与你入便孝，出便弟，何须得传注？学者疲精神于此，是以担子越重。到某这里，只是与他减担，只此便是格物。"(《陆九渊集》卷三十五）在象山看来，朱子要人格物，是在给学者加担子，"今日格一物，明日格一物"的层积式做法不可能打通圣人之心。

二 性的隐略

1. 有趣的现象

在《陆九渊集》(约40万)中，用到"心"字有244处，用到"性"字凡32处，"情"字15处，"命"字25处。在《朱子语类》(约200万字)中，用到"心"字约为有7800处，用到"性"字凡3400处，"情"字874处。

当然，这种统计是不严谨的，因为这些字在具体行文中未必全部都是理学义涵的使用，但是，"大数据"的统计可以给我们一种大略的判断，可以看出，在《陆九渊集》中，"心"的使用频率最高，而"性""情""命"等的使用频率与《朱子语类》相比有一个不成比例的严重下降，表明在陆九渊的理论体系里，它们的受关注度明显下降了。

2. 性的隐略

"宇宙便是吾心，吾心即是宇宙"，象山由于过于强调心的本体与主宰意义，对性的客观性和独立性维度有严重的消解。

张岱年先生说："象山虽是心学开山，与朱子之为理学宗师相对立；但象山论心，实不若朱子详备。"[1] 朱子也讲"心具万理""心包众理""心为太极""心是主宰""心外无理"[2]等"本心"，此类表述出现频率之高，可能超出了我们的想象。朱子这些对"本心"的判释，在本体层面上与象山"心即理"并无本质区别，但是朱子还讲作用之心（知觉之心），而象山认为，心只是一个心，不分形上与形下、体和用。这样的好处在于直接明了，当然，基于形上形下和体用关系来论性、情等，必要性也就没那么强烈了。蒙培元先生指出，陆九渊"反对对心、性、情、才等范畴作条分缕析的区分，主张直接体验和实践，即直接从'大本'处入手"[3]。"今之学者读书，只是解字，更不求血脉。且如情、性、心、才，都只是一般物事，言偶不同耳。"(《陆九渊集》卷三十五《语录下》)

3. 多上达而少下贯

象山"心即理""知本"与"先立乎其大"等，皆是力求上达之语，确实简

---

[1] 张岱年：《中国哲学大纲》，江苏教育出版社2005年版，第235页。
[2] 问："天地之心，天地之理。理是道理，心是主宰底意否？"曰："心固是主宰底意，然所谓主宰者，即是理也，不是心外别有个理，理外别有个心。"又问："此'心'字与'帝'字相似否？"曰："'人'字似'天'字，'心'字似'帝'字。"(《朱子语类》卷一)
[3] 蒙培元：《理学范畴系统》，人民出版社1998年版，第213页。

易直截，让人猛醒。但是，象山之学却在具体层面的实践上缺少彻下的灌注，他反对对心、性、情、才等范畴作条分缕析的区分，就必然在具体的形下层面上显得粗疏。朱子曾批评象山之学是"两头明中间暗"。"两头"就是知与行两端，"中间"就是知与行之间。陆王对于知行两端认识得很清楚，但是如何由知到行或知对于行的作用机理却语焉不详。连后来的阳明亦说陆氏之学"粗"。① 在象山看来，只要先立乎其大者，"收拾精神，自作主宰"，进而发明本心，就已达圣贤之境，何须外求。因此，对于"中人之质"之人陆氏尚且劝勉之，而"中人以下"之人则无见顾及。

> 中人之质，戕贼之余，以讲磨之力，暂息斧斤，浸灌于圣贤之训，本心非外铄，当时岂不和平安泰？更无艰难。继续之不善，防闲之不严，昏气恶习，乘懈而炽，丧其本心。(《陆九渊集》卷四)

束景南先生说："心学的拯'心'救赎与性学的拯'性'救赎展现了道学两种封闭的文化心理与文化心态：它们都是以道德为出发点，又最终复归于道德；不同的是，心学心态对道德的追求完全封闭在主观一心之内（以心求），而性学心态对道的追求是从对万物的分殊体认回归天理道德的封闭圈中做着自我的心性修养功夫。"② 站在朱子学的立场去挑剔陆学，陆学之"极高明"乃是以舍弃形而下的世界为代价的，陆学太固守其"大本大源"而不肯下灌，在形上的理论形态上讲，利于保证其圆融和完满，但是，于普罗大众的现实生活世界补益有限。在《陆九渊集》中，可以看出，满篇皆是教人发明本心之法，对现实生活之事几无涉及，而朱子的著作中，则婚丧嫁娶、田亩耕作、军事税赋等，几无一遗漏。因此，朱子学派多指责象山之学"空疏"。当然，朱子学也有其本身的问题，兹不在此处展开论述。

4.道何以传的诘问

甚至，陆王心学还有一个更为致命的"命门"，即如何保证心中本具之理或良知的可靠性，其实在陆王那里默认的前提就是天理或良知的自明性，但是，其实这种自明性恰恰是建立在以往漫长历史长河中人类知识的积累、筛选与层进

---

① 又问："陆子之学何如？"先生曰："濂溪、明道之后，还是象山，只是粗些。"九川曰："看他论学，篇篇说出骨髓，句句似针膏肓，却不见他粗。"先生曰："然。他心上用过功夫，与揣摩依仿、求之文义自不同，但细看有粗处，用功久当见之。"（《传习录下》）
② 束景南：《朱子大传——"性"的救赎之路》（增订版），复旦大学出版社2016年版，第11页。

的基础上的。若借用张载"四句教"来论证,就是历代先贤已经为当下的我们立下了"天地之心",已经给我们留下了往圣前贤所创造的"绝学",此"心"此"学"正是当下学人价值与理念建立的前提,否则只能是无本之末,无源之水。或者,严苛地讲,陆王所做的乃是"承前"而不"启后"的学问,不利于久远地传承。

据《宋元学案》所载,程颢见其弟子谢良佐兢兢业业地整理五经语录,曾讥之为"玩物丧志"(《宋元学案·明道学案》),在大程子看来,人生的首要任务乃是涵养生命,而偏务于书本以穷理则不是"正道"。陆九渊"先立乎其大"之语,其实也隐含了对于涵养生命之外事情的否定,对于这一点陆九渊也并不避讳:"近有议吾者云,除了'先立乎其大者'一句,全无伎俩。吾闻之曰:'诚然。'"(《陆九渊集》卷三十四)当然,自程颢一系下至陆王,在揭蔽儒学乃是"为己之学"之道德生命的学问方面,其功至伟,但是,在另一方面,当扬弃过度,心学又有陷入"自了汉"之嫌,"为往圣继绝学"之事业恐渐旁落。程颢著述不多,有《定性书》《识仁篇》等篇,陆九渊亦不喜著书,《陆九渊集》中所收录者多为往来书信及短篇杂著,如书、表、奏、记、杂说、行状、墓志、墓碣等,并无陆氏独立完整的著作。陆九渊曰:

> 六经既作,传注日繁,其势然也。苟得其实……虽多且繁,非以为病,只以为益。不得其实而蔽于其末,则非以为益,只以为病。(《陆九渊集》卷二十)

后世不明天理者,因传注太盛,反而遮蔽了经之本义。并说:"使生在治古盛时,蒙被先圣王之泽,必无此病。惟其生于后世,学绝道丧,异端邪说充塞弥满,遂使有志之士罹此患害,乃与世间凡庸恣情纵欲之人均其陷溺,此岂非以学术杀天下哉?"(《陆九渊集》卷一)这里隐含了一个逻辑,自圣贤文章之下,皆是"异端邪说",这些中间的学问将是掌握圣贤之理的障碍,因此,天下学人还是不要留下文章来误人为好,至少先从我自己做起,不求著书立说。但是,文以载道,若偏执太过,恐有妨于道之流传也。朱子死后"其徒大盛,其学大明。士大夫皆宗其说,片言只字,苟合时好,则可以掇科取士,而象山之学反郁而不彰"[1]。与心学立意高蹈或有关系。

---

[1] (元)刘壎:《隐居通议》卷一,上海古籍出版社1987年影印文渊阁《四库全书》本。

论陆九渊对异端之批判

李浩然

（中央民族大学哲学与宗教学学院）

作为心学的开创者，陆九渊的思想中包含着南宋时代儒学发展的重要面向。而他对异端的批判则充分反映了儒学在展开自身的过程中对外部异质思想的排拒与对内部歧出观念的警惕。这也说明儒学在理论上的进步不仅需要新学说的创立，也需要不断地厘正并定义自我的反思意识。在以往的研究中，学者们基本上完成了对陆九渊心学体系的还原与阐发，然而对其异端论的探究则呈现出忽视的倾向。[①]这种倾向直接导致了对陆九渊的某些判定上的偏差。比如不少学者容受了朱熹对陆九渊的指摘，认为陆九渊的某些学说表现出近佛似禅的特点，但却没能看到他本人对佛教的否定，这便在根本上误判了陆九渊创立心学的旨意。再如在对朱陆之争[②]的分析中，一些研究认为陆九渊及其后学采取和告子相似的思路论说人性，从而和推崇孟子的朱子学产生了理念上的差异[③]，但这种说法没有注意到陆九渊本人对于告子的反对，这就不仅没能理解朱陆二人在思想上的真正分歧，亦未能理解陆九渊的心学是如何为他在儒学内部拨乱反正提供理论上的支持的。这些问题表明对异端论的考察是探究陆九渊思想不可或缺的一环，如果把他对异端的批判束之高阁，必然会导

[①] 包佳道、谢光前：《陆九渊异端思想探查》，《朱子学刊》2015年第一辑，第175—189页。
[②] 《四库全书》有朱泽澐《朱子圣学考略》之提要说道："朱、陆二派，在宋已分。洎乎明代弘治以前，则朱胜陆。久而患朱学之拘，正德以后则朱、陆争诟，隆庆以后则陆竟胜朱。又久而厌陆学之放，则仍申朱而绌陆。讲学之士亦各随风气，以投时好。"见永瑢等撰，王云五主编《四库全书总目提要》第19册，商务印书馆1937年版，第8页。
[③] 钱穆：《朱子新学案》，台北：三民书局1971年版，第356页。彭永捷：《朱陆之辩：朱熹陆九渊哲学比较研究》，人民出版社2002年版，第167—169页。吉田松平：《陆象山と王阳明》，研文出版社1990年版，第75—76页。

致对其心学理解的错谬。本文正是基于对以上问题加以澄清的目的，拟对陆九渊的异端论进行全面的探析，并试图把这种探析安置在心学乃至南宋学术的整理脉络中。

一 陆九渊对佛老之学的异端批判

有宋一代重文轻武之风颇为盛行，士人多志于科举且喜好论议。至陆九渊时，学风已有虚浮之弊，时人读书立说多为附势之谈，其志只在于利禄功名。[①]对于所处时代的这些问题，陆九渊从两个层面加以总结说："愚不肖者之蔽在于物欲，贤者之蔽在于意见，高下污洁虽不同，其为蔽理溺心而不得其正，则一也。"（《与邓文范》）[②]陆九渊把人分为愚贤两类，并认为表面看上去其弊害有累于物欲和困于学理之分，但实际上二者之患皆源自对天理的遮失与人心的陷溺。在陆九渊的思想中，理是代表正当性的客观法则，心是受此客观法则支配的精神活动，在没有其他要素（如人欲、偏识等）干预的情况下，二者可以看作人践履正当性尤其是道德性的一个整体而不能被分而论之："盖心，一心也；理，一理也。至当归一，精义无二。此心此理实不容有二。"（《与曾宅之》）[③]这便也是其学说以"心即理"为核心命题的原因所在。在这样的理论基础上，陆九渊认为一切与理相违背的学说都是邪说，一切影响人心认识天理的行为都是谬行，并把这些邪说谬行统称为"异端"。陆九渊对"异端"最全面的一段描述来自其语录中的一段话："此理塞宇宙，所谓道外无事，事外无道。舍此而别有商量，别有趋向，别有规模，别有形迹，别有行业，别有事功，则与道不相干，则是异端，则是利欲为之陷溺，为之窠臼。说即是邪说，见即是邪见。"（《语录下》）[④]在这段话中，我们可以看到陆九渊进一步以理为价值标准，把欲望的累溺与学问的邪僻一并归为异端，这不仅使得异端被当成当时社会各种弊病的原因，更让"异端"成为陆九渊整个学说的批判对象。从这个意义上说，匡正学统、规诫世风的对异端的批判即是陆九渊心学的出发点所在。

"异端"这个概念出自《论语》，孔子曾言："攻乎异端，斯害也已。"（《论语·

[①] 对此，陆九渊曾批评说："今时士人读书，其志在于学场屋之文以取科第，安能有大志？"见陆九渊《陆九渊集》卷十五《与傅克明书》，中华书局1980年版，第196页。
[②] （宋）陆九渊：《陆九渊集》，中华书局1980年版，第11页。
[③] （宋）陆九渊：《陆九渊集》，中华书局1980年版，第4—5页。
[④] （宋）陆九渊：《陆九渊集》，中华书局1980年版，第474页。

为政》)其中"攻"字大体有"专治"和"攻伐"两种解释①,从定州汉墓竹简《论语》中"攻"作"功"来看,前者应接近本义。"异端"本指物之两端,后或引申为他技小道或异己之见②。本来孔子原意中对异端未必有绝对之贬斥,但从陆九渊本人的解读来看,"异端"已经含有负面的意蕴:"天下之理但当论是非,岂当论异同?况异端之说出于孔子,今人鲁莽,专指佛老为异端,不知孔子时固未见佛老,虽有老子,其说亦未甚彰著。"③陆九源明确指出异端之"异"并非见解上的差异而是是非价值之分别。把异端赋予否定的价值,就必然在实践上要求对异端的脱离与拒扞。这也证明陆九渊的异端论相比于先秦语境中的"异端"概念更具有批判的意味。在这里他虽然强调了"异端"并非专指佛老之学,但从其本人对后者的反感来看,他的异端批判中不可能不包括有动摇儒学地位之危险的佛老之学。

老子之学起于先秦,至汉成教,佛家之言汉时西来,经六朝而盛,二者与儒学在两宋时代已经形成了三教鼎立之结构。陆九渊概括其时之学术格局时曾说道:"大抵学术有说有实,儒者有儒者之说,老氏有老氏之说,释氏有释氏之说。天下之学术众矣,而大门则此三家也。"(《与王顺伯》)④这表明他并不否认佛老之学在思想体系的健全性与合法性上与儒学并存,但对十二者所宣扬的埋论实质("实"),陆九渊则给出了负面的评价:"仙佛之徒、拘曲之士,亦往往优于断弃,而弗顾视之。彼既自有所溺,一切断弃,亦有何难?但一切断弃,则非道也。知道之士自不溺于此耳,初未尝断弃之也。"(《与赵然道》)⑤他认为佛老之学的思想实质是对现实生活的舍离,并指出这种对现实生活的舍离并不是难事,但追求超越世俗、断弃一切的行为本身已经偏离了"道"的要求。这里陆九渊所强调的"道"不是别的,而正是百姓日用之伦常,即与现实生活相关的道德实践原则:

---

① 何晏注:"攻,治也。善道有统,殊途而同归,异端不同归也。"邢昺疏:"正义曰:此章禁人杂学,攻,治也。异端,谓诸子百家之书也。"见邢昺《论语注疏》,阮元编《十三经注疏》,中华书局1980年版,第2462页。朱熹注:"范氏曰:攻,专治也,故治木石金玉之工曰攻。"见朱熹《四书章句集注》,中华书局1983年版,第57页。此为"专治"义之注家代表。孙奕注:"攻如攻人恶之攻。"张凤翼注:"攻击异端则害可止。"见程树德《论语集解》,中华书局1990年版,第106页。此为"攻伐"义之注家代表。

② 戴震:"凡事有两头谓之异端。"此为"异端"之本义。钱坫《论语后录》:"异端即他技,所谓小道也。"此为"异端"之引申义。以上见《论语集解》,中华书局1990年版,第104页。《后汉书·延笃传》:"观夫仁孝之辩,纷然异端,互引典文,代取事据,可谓笃论矣。"见范晔《后汉书》,中华书局1965年版,第2104页。

③ (宋)陆九渊:《陆九渊集》,中华书局1980年版,第177页。
④ (宋)陆九渊:《陆九渊集》,中华书局1980年版,第16页。
⑤ (宋)陆九渊:《陆九渊集》,中华书局1980年版,第157页。

"吾儒之道，乃天下之常道，岂是别有妙道？谓之典常，谓之彝伦，盖天下之所共由，斯民之所日用，此道一而已矣，不可改头换面。"(《与王顺伯》)① 按照陆九渊的理解，这种实践原则必须在具有普遍性的同时具有指向日常的实践性，与之相比，断弃一切的佛老之学则不具有应用于实际的性质。

道家对于世俗的超越有其深厚的人性论基础，在《老子》中就有不少如"致虚极，守静笃"这种要求人恪守虚静、摒除好恶的论述。陆九渊在讲到《乐记》中"人生而静，天之性也"这句话时，便把这种对于人性之静的崇尚归于老子："《乐记》之言亦根于老氏，且如专言静是天性，则动独不是天性耶？"(《语录上》)② 只不过他认为人之天性中动静并存，老子专言虚静则有所偏颇。所以陆九渊以老子之学未见道之全体而批判其为异端："老氏者，得其一，而未得其二，圣学之异端也。"(《智者术之原论》)③ 在人性论之上，对于与守静一以贯之的道家存在论，陆九渊也仍然表达了不认同的态度。在老子看来，人性的根本之所以是虚静的，是因为万物在时间的起点上没有任何内容，这种初始的存在状态被其称之为"无"。但陆九渊并不同意把万物的存在之初设定为"无"，因为这样一来，"理"便不具有超越经验的绝对价值了："老氏以无为天地之始，以有为万物之母，以常无观妙，以常有观窍，直将'无'字搭在上面，正是老氏之学，岂可讳也？惟其所蔽在此，故其流为任为数术，为无忌惮。此理乃宇宙之所固有，岂可言无？若以为无，则君不君、臣不臣、父不父、子不子矣。"(《与朱元晦》)④ 在陆九渊的心学体系中，"理"在天地之始便已然存在，它既是宇宙固有的价值，又是人类社会必须遵守的先天法则。这些法则的核心内容便是上述"道"所代表的道德伦常，即"君君、臣臣、父父、子子"(《论语·颜渊》)的伦理秩序。换句话说，陆九渊之所以视老氏之学为异端，是因为后者对"无"的论述在理论上消解了儒家伦理秩序存在的终极根源，这是儒者无论如何也无法接受的。⑤

---

① (宋)陆九渊:《陆九渊集》，中华书局1980年版，第20页。
② (宋)陆九渊:《陆九渊集》，中华书局1980年版，第395页。
③ (宋)陆九渊:《陆九渊集》，中华书局1980年版，第350页。
④ (宋)陆九渊:《陆九渊集》，中华书局1980年版，第28页。
⑤ 也正是由于这个原因，陆九渊不接受当时某些儒家学者(如朱熹等)用"无极"来形容"太极"，他认为"无极"之"无"出于老氏之学，以"无"来形容"太极"则有消解太极存有之危险："'无极'二字，出于《老子》'知其雄'章，吾圣人之书所无有也。《老子》首章言'无名天地之始，有名万物之母'，而卒同之，此老氏宗旨也。'无极而太极'，即是此旨。老氏学之不正，见理不明，所蔽在此。"(《与朱元晦》)见(宋)陆九渊《陆九渊集》，中华书局1980年版，第24页。

与老氏之学对儒家伦常的危险相似，主张出世的佛教同样有否定儒家义理的性格。所以陆九渊对佛教的批判同样源自后者对于伦理秩序的破坏："今习释氏者，皆人也。彼既为人，亦安能尽弃吾儒之仁义？彼虽出家，亦上报四恩。日用之间，此理之根诸心而不可泯灭者，彼固或存之也。然其为教，非欲存此而起也，故其存不存，不足为深造其道者轻重。"(《与王顺伯》)[1]彼时佛教初入中原，其离情弃世之教义与重视纲常礼教之儒学颇有抵牾，儒道两派便展开激烈论争，而后二者互有和容之意，纵使佛教徒亦承认君主之威与感念父母之爱。故所谓"报四恩"者，指除三宝之外，亦须对君亲及众生怀有恩情。陆九渊正是抓住这一点，指出人之为人当怀有仁爱之情，此情为天理在心中之表现，即使出家亦不能根绝。佛教虽承认"四恩"，但对儒家四端之学则未抱有接纳之态度，于是陆九渊认为释氏之学仍然没在根本上肯定日常人伦之意义。在与王顺伯的书信往来中，陆九渊曾举维摩居士对须菩提讲法的例子来说明佛教欲断一切心念情感之极端："维摩使须菩提置钵欲去之地，乃其极则。当是时十地菩萨犹被呵斥，以为取舍为忘，染净心在，彼其视吾《诗》《礼》《春秋》，何啻以为绪余土苴。唯其教之所起者如此，故其道之所极此。故某尝谓儒为人中，释为人偏。"(《与王顺伯》)[2]维摩居士与须菩提的这段故事原被记载在《维摩诘所说经》中，讲的是须菩提去维摩诘居处化缘，但却因为有分别心而被维摩诘趁机点教传法。陆九渊认为佛教戒除俗情之意已至偏激，就连身有十地菩萨之果位的须菩提都没有做到，还落得被人呵斥的下场。如果以此标准检验儒学所倡之种种，佛教当然不会容忍赞同，所以二者有天壤之异，出世之佛教视入世之儒学亦不过为泥草般不值一提。陆九渊据此称忽视天性且废黜人伦的佛教为"大偏"之异端。他还进一步分析了佛教"大偏"之根本原因乃是源自个人解脱之私意。"释氏以人生天地间，有生死，有轮回，有烦恼，以为甚苦，而求所以免之。"(《与王顺伯》)[3]这就是说，佛教提倡出世是为了避免生死轮回之苦，但这种对苦的解脱只是站在个人角度追求自我的利益，这就让佛教的核心教义成为一种关乎私利的学说，这显然与看重成人之德的儒学大相径庭。于是陆九渊直接指责佛教说："以释与其他百家论，则百家为不及，释为过之。原其始，要其终，则私与利而已。"(《与王顺伯》)[4]

---

[1] （宋）陆九渊：《陆九渊集》，中华书局1980年版，第17页。
[2] （宋）陆九渊：《陆九渊集》，中华书局1980年版，第20页。
[3] （宋）陆九渊：《陆九渊集》，中华书局1980年版，第17页。
[4] （宋）陆九渊：《陆九渊集》，中华书局1980年版，第20页。

从以上陆九渊的批判来看，他把释老之学斥为异端的主要原因便是由于二者理论上的超越性有破坏儒家伦理秩序的危险。公允地说，他对释老之学的反对基本上可以归纳为一个坚守立场的儒家学者对儒学地位的捍卫。不过值得注意的是，这种捍卫并未使陆九渊与两宋大多数儒者站在一起，对于儒家内部的不同理论，他同样给出了反思性的意见。而后者亦是其异端论中不可或缺的重要内容。

二　陆九渊对儒门内部的异端批判

儒学在北宋时已有气学与理学之分，至陆九渊时又出心学一门。其时各学派互有论辩，而学派内部又时有相异之论说。在持续的讨论中，各方难免会根据自己之观点来批评对方之意见不合儒学之正统。陆九渊的学问亦被当时的闽学之首朱熹视作儒门内部的旁出之学。"象山死，先生率门人往寺中哭之。既罢，良久，曰：'可惜死了告子！'"（《朱子语类》卷一百二十四）[1] 向来儒学以孔孟之学为正宗，而与孟子观点多有不合的告子则被历代儒者视为左道。这段记录说明朱熹即使在为陆九渊盖棺定论之时，仍把后者的思想评价为与告子类似的儒门歧论。学界有学者便沿用朱熹的这种判断，认为告子对人性"无善无恶"的表述影响了心学的发展（也包括陆九渊之后的王守仁）。（《陆象山と王阳明》）而陆九渊本人也有看似为告子背书之论："告子湍水之论，君子之所必辨。荀卿性恶之说，君子之所甚疾。然告子之不动心实先于孟子，荀卿之论由礼、由血气、智虑、容貌、态度之间，推而及于天下国家，其论甚美。要非有笃静之心，有践履之实者，未易至于此也。"（《天地之性人为贵论》）[2] 这些证据似乎表明陆九渊的心学本身确实面临着如何自证学统的问题。

不过如果深入了解陆九渊的异端论，就会发现他从来没有同意过告子的观点。就像承认佛老之学有其学术地位一样，陆九渊也肯定了告子和荀子等人发明新义的思考与实践，但这不意味着他同样同意他们的理论内容。事实上即使是在对告子和荀子表达过某种肯定的《天地之性人为贵论》这篇文章中，陆九渊也不留情面地指出二者的思想仍然是属于失其正道之学，并警示儒者不可不辨："故必有二子之质，而学失其道，此君子之所宜力辩深诋，挽将倾之辕于九折之坂，

---

[1] （宋）黎靖德编：《朱子语类》第八册，中华书局1988年版，第2979页。
[2] （宋）陆九渊：《陆九渊集》，中华书局1980年版，第347—348页。

指迷途而示之归也。"(《天地之性人为贵论》)① 在这里仍然可以清晰地看到,陆九渊把告、荀之说比喻为倾辕、迷途的判断标准仍然是"道"。不过值得深思的是,告子、荀子毕竟与佛老不同,身为儒家的二人不可能像后者一样有意超越或放弃现实社会的伦理秩序。所以陆九渊批判二人所说的"失道"就不是指"丢弃儒学所关注的日用伦常",而是指"丢弃了儒学关注日用伦常所应有的方法"。换句话说,陆九渊认为儒者们需要辩诋的不是告、荀二子的立场,而是他们在学术上的方法和理路。在一段与学生李伯敏的对话中,陆九渊道出了他认为做学问的方法在于"求放心"和"立志":

> 伯敏云:"先生常语以求放心、立志,皆历历可记。"
> 先生云:"如今正是放其心而不知求也。若果能立,如何到这般田地?"
> 伯敏云:"如何立?"
> 先生云:"立是你立,却问我如何立?若立得住,何须把捉。吾友分明是先曾知此理来,后更异端坏了。异端非佛老之谓。异乎此理,如季绎之徒,便是异端。孔门惟颜曾传道,他未有闻。盖颜曾从里面出来,他人外面入去。今所传者,乃子夏子张之徒外入之学。曾子所传,至孟子不复传矣。"(《语录下》)②

"求放心"和"立志"之辞,出自《孟子》③。在这段对话的结尾处,陆九渊构建了一个孔子到颜、曾再到孟子的传承系统,陆九渊虽说儒学之真义在孟子之后不复存在,但从其本人之思想多沿用孟子之说辞来看,他确有继承孟子、发扬儒学道统的慨然之志。如上所述,在陆九渊的思想中"心"是与客观法则相关的精神活动,"志"则是特指这种精神活动中能够发动行为的意志。陆九渊认为人之所以在现实中的行为有趋义与趋利之分,便正是由于意志的落脚点有所不同,只有志于合宜之义理,其行为才会具有善的价值,反之如果志于不当之私欲,其行为亦只会追求营营一己之利,所以他强调读书人应该立其正大之志:"人之所

---

① (宋)陆九渊:《陆九渊集》,中华书局1980年版,第348页。
② (宋)陆九渊:《陆九渊集》,中华书局1980年版,第443页。
③ 《孟子·告子上》:"仁,人心也;义,人路也。舍其路而弗由,放其心而不知求,哀哉!人有鸡犬放,则知求之;有放心而不知求。学问之道无他,求其放心而已矣。"《孟子·万章下》:"故闻伯夷之风者,顽夫廉,懦夫有立志。"另外在《孟子·公孙丑上》的第二章中亦有关于"心"与"志"关系的讨论。

喻，由其所习；所习，由其所志。志乎义，则所习者必在于义；所习在义，斯喻于义矣。志乎利，则所习者必在于利；所习在利，斯喻于利矣。故学者之志，不可不辨也。"(《白鹿洞书院论语讲义》)① 从陆九渊与李伯敏的对话来看，如果想立志于义的话，还需要从根本上寻回自己的本心，即如果能整顿心性②，充分接受心中之理的作用，其立志与所行自然合乎公义。从这段对话的记载看，李伯敏还想进一步知道求心立志的方法，而陆九渊则认为每个人都有适合自己的方法，不能一概而论，但唯独有一点需要注意的便是，不能从心的外部把握理而必须通过心本身对理去进行直接的、当下的感知。在陆九渊看来，理与心有着绝对的连接，如果放弃了在精神活动中感受证实天理而试图外在地通过繁复的字句之学进行知性地学习的话，理一定无法彰显。这种内外之别也成为他判定正统与异端的第二条标准。陆九渊在对话中特别指出，儒门内部的异端与佛老之为异端不同，前者由于不重视由心求理而丧失了证会孔孟之道的可能性。在这种标准下，勇武如子张、文才如子夏者，亦被陆九渊判定为从事"外入之学"的异端。

按照陆九渊评判儒门内部各学派的这个标准，告子的学说也只能是异端。陆九渊虽然承认告子提出"不动心"先于孟子，但认为二人对此概念的阐发有着云泥之别："盖孟子当时与告子说。告子之意，'不得于言，勿求于心'，是外面硬把捉的。要之亦是孔门别派，将来也会成，只是终不自然。孟子出于子思，则是涵养成就者，故曰'是集义所生者。'集义只是积善，'行有不慊于心则馁矣'，若行事不当于心，如何得浩然？"(《语录下》)③ 在这段对告子"不动心"的评价中，陆九渊仍然使用了"外面硬把捉"这种一致的描述来说明告子之学亦是没有由心求理的"孔门别派"。"不得于言，勿求于心"是孟子本人对告子"不动心"的转述，这句话的意思是："如果在言语中未能获得正当之理，就不要在心中去求寻正当之理。"所谓在言语中获得理，即是说通过文字所记载的知识来理解行

---

① （宋）陆九渊：《陆九渊集》，中华书局1980年版，第275页。
② 与提倡"性即理"的程朱学派不同，陆九渊认为"心"是可以囊括性情的一切精神活动，所以只需认识到本心中包含天理，便可随心依理而行。在另一则与李伯敏的对话中，陆九渊明确指出"心""性""情"等概念都是从不同侧面对人精神活动的描述，在本质上没有差别："伯敏云：'如何是尽心？性、才、心、情如何分别？'先生云：'如吾友此言又是枝叶。虽然，此非吾友之过，盖举世之弊。今之学者读书，只是解字，更不求血脉。且如情、性、心、才，都只是一般物事，言偶不同耳。'"(《语录下》) 见（宋）陆九渊《陆九渊集》，中华书局1980年版，第444页。
③ （宋）陆九渊：《陆九渊集》，中华书局1980年版，第445页。

动的道德原则以及事物的运行规律，它说到底仍然是子张、子夏所推崇的那种章句记问之学。从这个意义上看，告子所说的"不动心"就不是"保持内心不被外物动摇从而体证天理"，而是"在理解天理之前防止外物触动内心"，后者正是陆九渊所说的"外入之学"。[①]

在告子的这种诠释中，外在的"言"成为比内在的"心"更重要的要素，一个人如果不能在知识上充分掌握理的内容，就不能在精神活动中获得对理的感受。但主张"人心至灵，此理至明，人皆有是心，心皆具此理"（《杂说》）[②]的陆九渊则认为，心与理之间并不需要言语知识上的过渡，后者的渗入反倒容易影响本心对理的直接感知。更重要的问题是，如果像告子一样，把"言"看成通向理的先决条件的话，理就成为在人之外存在的法则，人的内面之中也便没有了道德的根源。这也是为什么在《孟子》中，告子与孟子几番论辩都主张人"无善无恶"（《孟子·告子上》："告子曰：'性无善无不善也。'"），这是主张善性先天存在于人心之中的陆九渊无论如何也不能同意的，孟子当初亦批判告子的这种思路为"义外"，即把正当性的根源放在了人心之外。孟子认为人天生具有善的根种，通过后天的涵养成就，此善根便可不断积累茁壮，这也便是他所说的"是集义所生者"。在这个过程中，本心必须时时刻刻被发显而不能有一丝的怠慢或疏忽，于是孟子又说："行有不慊于心则馁矣。"陆九渊完全继承了孟子这种积善集义、以心求理的论述，他说："此天所以予我者，非由外铄我也。思则得之，得此也；先立乎其大者，立此者也；积善者，积此者也；集义者，集此者也；知德者知此者也。同此之谓同德，异此之谓异端。"（《与邵叔谊》）[③]在这里他再次强调了天理内在于人心，无需经任何言语之外铄，只要时时调动心志去集义，便可直达善德，而与之相反的行为则被毋庸置疑地认定为异端。所以，通过这些论述便可以确定，陆九渊的心学不仅和告子的理论有着重大差异，他本人也把告子之学定义为异端而加以批判。

这样说来，对于朱熹把陆九渊比作告子的说法，起码陆九渊本人是不能同意的。不仅如此，对于朱熹本人的观点，陆九渊也多有批评。同样是对告子"不得于言，勿求于心"的解释，朱熹给出了一个和陆九渊十分不同的说明："告子只

---

① 关于陆九渊对告子讨论的详细分析，可参见［韩］张元泰《朱熹的告子与陆九渊的告子》，《儒教文化研究》第27辑，2017年，第113—136页。
② （宋）陆九渊：《陆九渊集》，中华书局1980年版，第273页。
③ （宋）陆九渊：《陆九渊集》，中华书局1980年版，第1页。

是硬做去，更不问言之是非，便错说了，也不省。"①在这里朱熹把"不得于言"说成是"不理会言语中的错误"，把"勿求于心"说成是"失言之后不在内心反省。"在这样的解读下②，言语知识仍然是一个需要谨慎对待的要素，而心则有沦为归正言语的工具的危险。这就走向了陆九渊所强调的用本心直接连接天理的观点的反面。在上述与李伯敏的对话中，陆九渊提到了朱季绎（"如季绎之徒"），并直接把他归为异端。朱季绎本是陆九渊的学生，后来转投朱熹门下。从这个评价也能看出，陆九渊似乎也有把朱熹的学问归为"孔门别派"的倾向，只是碍于朱熹其时的地位没有直接斥其为异端而已③。这些证据表明，对于立场相同的儒门内部的不同观点，陆九渊同样给出了自己的反思，并通过对本心的强调给出了分别正统与异端的标准。陆九渊对于告子、朱熹等人的批评虽然在某种程度上加剧了儒学内部的理论分化，但亦为儒学朝着多元方向发展提供了思想上的支持。

三 结语

从以上的分析可以知道，陆九渊的异端论是分成两个层面得以展开的。在第一个层面上，陆九渊对当时有动摇儒学地位之危险的佛老之学进行了批判。他认为佛老之学不加分辨地对日用伦常的忽视与超越会直接破坏社会的伦理秩序。这种对儒家立场的维护，也是当时理学家的共识。除陆九渊之外，像北宋的张载、二程，南宋的胡宏、张栻等，皆对佛老有过批判。④这些反对的声音说明了儒者

---

① （宋）黎靖德编：《朱子语类》，中华书局1986年版，第1707页。
② 除此之外，朱熹也另外做过一个相似的说明："此是告子闻他人之言，不得其义，又如读古人之书，有不得其言之义，皆以为无害事。"见（宋）黎靖德《朱子语类》，中华书局1986年版，第1709—1720页。
③ 陆九渊曾评价朱熹的学问说："晦翁之学，自谓一贯。但其见道不明，终不足以一贯耳。"（《语录上》）见《陆九渊集》，中华书局1980年版，第419页。所谓"见道不明"者乃是由于未用心直接求理，这完全符合陆九渊在儒门内部判定异端的标准。而在另外一个例子中，陆九渊也对朱熹苛求于文字的教学方法表现出反对态度："胡季随从学晦翁，晦翁使读《孟子》。他日问季随如何解'至于心独无所同然乎'一句。季随以所见解，晦翁以为非，且谓季随读书卤莽不思。后季随思之既苦，因以致疾。晦翁乃言之曰：'然读如雍之言然之然，对上同听、同美、同嗜说。'先生因笑曰：'只是如此，何不早说于他？'"（《语录上》）见《陆九渊集》，中华书局1980年版，第423—424页。而对言语文字的陷溺正是他把子夏等人列为"外入之学"的原因。
④ 张载批判佛教说："释氏妄意天性，而不知范围天用，反以六根之微因缘天地，明不能尽，则诬天地日月为幻妄，蔽其用于一身之小，溺其志于虚空之大。"（《正蒙·大心》）见张载《张载集》，中华书局1978年版，第26页。程颐批判佛、老说："杨墨之害，甚于申韩。佛老之害，甚于杨墨。杨氏为我，疑于义。墨氏兼爱，疑于仁。申韩则浅陋易见，故孟子只辟杨墨，为其惑世（转下页注）

在当时已经自觉地形成了对异质文化的警惕以及对儒学主体性发展的期望。这种期望在陆九渊的思想中则体现为他的异端批判没有止步于佛老，而是进一步在儒门内部针对不同的理论做出了反思与批评。于是在第二个层面上，这个反思与批判的主要内容便是考察其他儒者的思想中是否把心作为直接与天理相连的核心范畴。他说："今之学者，只用心于枝叶，不求实处。孟子云：'尽其心者知其性，知其性则知天矣。'心只是一个心，某之心，吾友之心，上而千百载圣贤之心，下而千百载复有一圣贤，其心亦只如此。心之体甚大，能尽我之心，便与天同。为学只是理会此。"（《语录下》）[1]

陆九渊以孟子的心性之学作为孔门正统，他认为心作为内在于人的可以直接受天理影响的要素，不仅具有价值上的唯一性，也具有存在上的普遍性，凡人之心与圣贤之心没有本质上的区别，任何人在发明本心上用功，都可以证会天理。在这样的思路下，陆九渊主张对本性的直接涵养，而反对把学问的重点放在记问之学等枝叶之处。他对于告子乃至朱熹的批评，也都是由于他们重视外在的言语章句而忽视了对本心的直接发显。从陆九渊这两个层面的异端批判中，我们既可以看到当时文化格局下儒者力图维护儒学地位的努力，也可以看到儒学内部心学与理学交锋的激烈。从这个意义上说，陆九渊的异端论亦可以看作南宋整个时代学术的缩影。

（接上页注④）之甚也。佛老其言近理，又非杨墨之比，此所以为害尤甚。"（《河南程氏遗书》）见程颢、程颐：《二程集》，中华书局1981年版，第138页。胡宏批判佛教说："释氏有适而可，有适而不可，吾儒无可无不可。人能自强于行履之地，则必不假释氏淫遁之词以自殆矣。"（《事物》）见胡宏《胡宏集》，中华书局1987年版，第22页。张栻批判道家说："若淫遁之说，则列御寇、庄周之书具矣。"（《南轩先生孟子说》）见张栻《张栻集》，岳麓书社2010年版，第214页。

[1] （宋）陆九渊：《陆九渊集》，中华书局1980年版，第444页。

本末先后：象山学阐释之纲要*
——兼论其心学依据与特色

邓国坤

（贵州大学哲学与社会发展学院）

    象山学向来以难诠释闻名学界，因而象山学之建构实为艰难。学界阐释象山学之大成者，或者如牟宗三先生以孟子学为参照阐释象山学之纲要，或者以西方哲学之体系构建象山学之体系，或者选取象山学中几个重要问题展开论述。此三者为象山学之构建做出了巨大的贡献，不必待言。然而缺点也不用讳言，或者依附他学，忽视了象山学自己的思想体系；或者以他者体系阐释象山，丧失象山学的本来面目。更有甚者，他们构建象山学时往往局限于哲学领域，而难以兼顾政治、文学、艺术等其他领域。但是最严重的问题是，学界忽视了陆九渊对自己学术的概括与阐释。在象山文献中，陆九渊常以"本末先后"来概括与阐述自己的学术，此乃象山学阐释最贴切、最真实之话语。以此与当下的象山学阐释相互参正，能够让象山学的阐释与构建更为全面与客观。因此，对"本末先后"这一象山学阐释模式应当予以重视与研究。

    陆九渊著作中常有"本末先后"相关之语，然而此语罕为学人所注意与研究，其实际内涵与理论意义也未能为学界所完全知晓。其实此"本末先后"在象山学体系中占有极为重要之地位，乃至处于核心之位置。因为"本末先后"之"本末"乃是指象山思想之"体用问题"，其"先后"乃至象山学术之工夫与方法，两者融会贯通，连为一体，便是"本末先后"。因此"本末先后"一语几乎可以涵盖象山学之基本问题与理论，同时足以证明象山学既关乎体用，也重视进

---

* 本文曾发表于《管子学刊》2022 年第 4 期。

学之工夫，自有完备之体系，成一家之学。因此对于象山"本末先后"内涵的考证与发明，对于陆九渊思想理论的构建与创新具有极为重要之意义。此外，对于"本末先后"内涵的研究，还能对当下象山学研究之热门问题提供新思路与答案。近年为学者所关注者，乃象山学之"体用"及其"工夫"问题，且两者常相提并论。如屠承先的"本体工夫论"：以"简易工夫发明本心"。[1]又如沈顺福的"有体无用论"："忽略了此本或体的发用，表现为简易工夫的偏好。"[2]此类解释的问题实质上是，象山学是否有体有用？其工夫又是如何？两者之关系又是如何？毋庸置疑，这些问题乃是象山学研究的关键问题，关乎象山学的根本建构，不可忽之。今以象山"本末先后"为中心之考察[3]，似乎能够解决上述之问题，因为"本末先后"不仅关乎体用，且关系工夫，正好回应上述之问题。因此，对于"本末先后"之考辨，不仅对于陆九渊思想体系构建具有重要意义，而且能够为解决当下象山学研究之热门问题提供思路。

一 本末先后：自述、述人与被述

与其他宋明理学家不同，陆九渊罕用"体用"的话语，其只在陆九渊早年省试文章之中出现过一次，所谓"内外合，体用备"是也[4]，或许体用在唐宋以后，更多为佛教所用，带有许多异域色彩。[5]陆九渊喜欢使用"本末先后"的概念。本末先后源自本土《大学》之话语，"物有本末，事有始终，知所先后，则近道也"；在《陆九渊集》中，多次出现"本末先后"相关的话语，达五十多次。或者以"本末先后"的形式出现，如《与詹子南》认为"为学有本末先后，其进有序，不容躐等"，并以孔子一生为学之经历为例说明之。同时指出"明其本末，知所先后"，乃"由于学"，但是"理之固有"在人。[6]《与饶寿翁》提出"本末先后之序，切不可使倒置也"[7]。或者以"本末"的形式出现，或者以"先后"或者"始终"的形式出现，如《武陵县学记》申明良知之扩充为本，格物致知不过致此知也。学者应当"知所先

---

[1] 屠承先：《陆九渊的本体工夫论》，《文史哲》2001年第5期。
[2] 沈顺福：《陆、王心学异同论》，《哲学研究》2017年第10期。
[3] （宋）陆九渊：《陆九渊集》，中华书局1984年版，第165页。
[4] （宋）陆九渊：《陆九渊集》，中华书局1984年版，第341页。
[5] ［日］岛田虔次：《朱子学与阳明学》，蒋国宝译，陕西师范大学出版社1986年版。
[6] （宋）陆九渊：《陆九渊集》，中华书局1984年版，第96页。
[7] （宋）陆九渊：《陆九渊集》，中华书局1984年版，第165页。

后，如木有根"，不能"易物之本末，谬事之始终"，更不能"操末为本"。①陆九渊常常以"本末先后"阐述自身学术或他人学术，其内涵包括为学、为文、为政、为教育、为艺术等领域，此可为陆九渊阐释自身学术的最好见证。此外，"本末先后"也是宋代官方与陆子后学阐释象山学的经典话语，例如《文安谥议》，因此也可为后人阐释象山学术的重要话语。本末先后这一话语集自述、述人与被述于一体，实乃是陆九渊思想中之极为重要的概念与结构，应当引起学界重视。

陆九渊常常以"本末先后"来阐释自己的学问，例如陆九渊认为自己"大端大旨则久有定论"，但是"枝叶条目"则常有错漏。②《与邵叔谊》提出："教以向来为学本末。"③《与李信仲》提出："与邵机宜书，本末备矣。"④《与朱子渊》自称："畴昔所闻，颇有本末。"⑤在评论他人学术时，陆九渊也使用"为学本末"之言。如在《杨承奉墓碣》提出："平生为学本末，无不为余言。"⑥《葛致政墓志铭》中，陆九渊提出向葛致政"欲求疑晤，以究本末"⑦。陆九渊批评曹立之未能知为学"本末"，"以为有序，其实失序，以为有证，其实无证"⑧。在评价圣贤学术之时，陆九渊同样以"本末先后"来阐释，如陆九渊以颜渊闻孔子三转语为例，阐释"学有本末"，先明纲目，所谓"知道"，然后问其细目，所谓"勿视、勿听、勿言、勿动"，并论述"本末之序盖如此"，并且指出后世学者颠倒"本末先后"，正是"躐等"。⑨子夏曾见"本末无间之理"。⑩《与曾宅之》强调圣贤之学"传授之间自有本末先后"，但是朋友向其问学者，多有"未明本末先后之序"。⑪"颜子之学，本末甚明。"⑫综上可见，"本末先后"实乃陆九渊评价自身与他人学术的重要概念与思路，是陆九渊阐释自身学术的大纲大要。

更为值得注意的是，陆九渊的思想学术也被时人以"本末先后"阐释，例

---

① （宋）陆九渊：《陆九渊集》，中华书局1984年版，第238页。
② （宋）陆九渊：《陆九渊集》，中华书局1984年版，第133页。
③ （宋）陆九渊：《陆九渊集》，中华书局1984年版，第137页。
④ （宋）陆九渊：《陆九渊集》，中华书局1984年版，第173页。
⑤ （宋）陆九渊：《陆九渊集》，中华书局1984年版，第174页。
⑥ （宋）陆九渊：《陆九渊集》，中华书局1984年版，第325页。
⑦ （宋）陆九渊：《陆九渊集》，中华书局1984年版，第238页。
⑧ （宋）陆九渊：《陆九渊集》，中华书局1984年版，第42页。
⑨ （宋）陆九渊：《陆九渊集》，中华书局1984年版，第397—398页。
⑩ （宋）陆九渊：《陆九渊集》，中华书局1984年版，第402页。
⑪ （宋）陆九渊：《陆九渊集》，中华书局1984年版，第139页。
⑫ （宋）陆九渊：《陆九渊集》，中华书局1984年版，第143页。

如袁甫曰:"先生立言,本末具备,不堕一偏,万世无弊。"①然明确以本末先后评论象山之文献当属官方性质的《文安谥议》。关于象山学之本,如"其学穷究本原","盖谓此心之良人所均有,天所予我,非由外铄,先立其大者,则其小者不能夺",在明大本以后,则是"大端既立,趋向既定,明善充类以求之,强力勇敢以行之","加以涵养践履之功",终至"此理之明,将焕然释,怡然顺,真有见夫居广居,立正位,行大道"②,于此,象山学之大本及其工夫与方法皆已完备。论述象山学之本后,又阐述象山学之末,"由其推是学以为文,则辞达而不争乎雕镂,理胜而无用乎缭绕,无意于文,而文自公",此乃为文之事。"施是学于有政,则视吾民如子弟,遇僚属如朋友,诚心所孚,自有不言之教",此乃为政之事。③可见,宋人这一"本末先后"之评价模式是较能完备地阐述象山学的,有重点、有次第地展现了陆九渊的思想特色。

"本末先后"这一《大学》话语其实具有非常博大的内涵,而陆九渊非常重视之,认为其对于修道悟理及工夫至关重要,更是多次直接引用之,并且运用在各种场合与领域进行阐释,例如《与饶寿翁》指出"物有本末,事有始终,知所先后,则近道矣"④,并且认为"本末先后之序,切不可使倒置也"⑤。甚至以此为据,著有《本斋记》。⑥更为重要的是,陆九渊以"本末先后"为基础,构建自己的学问系统,涵盖与贯穿为学、为文、为政、为教育、为艺术等领域的本末关系,以及其各自领域的本末关系;还有从事为学、为文、为政、为教育、为艺术等的具体工夫与顺序。以"本末先后"论述象山学,不仅符合陆九渊本人的意思,而且符合象山学的主体宗旨。总而言之,本末先后是一贯的,有本末即有先后,先后所以先本后末也。然而本末与先后大体可分为两类。下文详述之。

二 本末:学、文、政、教、艺之序

大体而言,"本末"是指为学、为文、为政、为教育、为艺术等领域的本末关系,以及其各自领域的本末关系。陆九渊认为为学,以及为圣人之学乃是学问

---

① (宋)陆九渊:《陆九渊集》,中华书局1984年版,第524页。
② (宋)陆九渊:《陆九渊集》,中华书局1984年版,第385—386页。
③ (宋)陆九渊:《陆九渊集》,中华书局1984年版,第385—386页。
④ (宋)陆九渊:《陆九渊集》,中华书局1984年版,第164页。
⑤ (宋)陆九渊:《陆九渊集》,中华书局1984年版,第165页。
⑥ (宋)陆九渊:《陆九渊集》,中华书局1984年版,第239—240页。

的根本所在。在《武陵县学记》中他提出,"彝伦在人,维天所命,良知之端,形于爱敬,扩而充之,圣哲之所以为圣哲也。"并且认为此乃为学之本,"先知者,知此而已;先觉者,觉此而已",乃至切磋讲明,格物致知也只如此而已。因此陆九渊认为学者"知所先后,则如木有根,如水有源",否则便是"易物之本末,谬事之始终"。① 至于为学之本,陆九渊晚年《与邵叔谊》中讨论了"为学本末",即讨论为学之根本,屡屡强调"先立乎其大者","仁以为己任"。② 后一年的《与郑溥之》又专门提及"去年与邵机宜一书,颇究为学本末",此后又以朱子学为例,讨论为学本末,强调此心之虚灵不昧,而物乃是心之验,可以随物致"反求之功",而不必在书册,可以随时随地因物反心也。③ 可见,陆九渊以圣人之学为本,而以反心立大为学之本。其中,"心"的价值至为关键,而恢复本心也刻不容缓。"心之本然,无适而不正,无感而不通。"④ "天锡之《洪范》,出于温洛之水,则天地之心,于此甚白,而道之大原,吾于此而见之矣。"⑤ 面对"心本体虽未尝不存"的说法,提出"若言虽未尝不存,则与操存舍亡之说亦不相似矣",又认为学问德行"本末舛逆"之事,非天赋之罪,而是人为懈怠也。⑥ 因此强调"因其本然,全其固有"⑦。

关于为学的目的,陆九渊指出学贵明理,"宇宙间自有实理,所贵乎学者,为能明此理耳"⑧。又指出:"为学无他谬巧,但要理明义精,动静皆听于义理,不任己私耳。"⑨ "学无二事,无二道,根本苟立,保养不替,自然日新。"⑩ 陆九渊的为学本末思想在解释经典时有突出的影响,例如其著名话语"学苟知本,六经皆我注脚",⑪ 因为陆九渊提出"末不害本,文不妨实","常令文义轻而事实重,于事实则不可须臾离,于文义则晓不晓不足为轻重,此吾解说文义之妙

---

① (宋)陆九渊:《陆九渊集》,中华书局1984年版,第238页。
② (宋)陆九渊:《陆九渊集》,中华书局1984年版,第137—138页。
③ (宋)陆九渊:《陆九渊集》,中华书局1984年版,第178—179页。
④ (宋)陆九渊:《陆九渊集》,中华书局1984年版,第342页。
⑤ (宋)陆九渊:《陆九渊集》,中华书局1984年版,第343页。
⑥ (宋)陆九渊:《陆九渊集》,中华书局1984年版,第91页。
⑦ (宋)陆九渊:《陆九渊集》,中华书局1984年版,第347页。
⑧ (宋)陆九渊:《陆九渊集》,中华书局1984年版,第182页。
⑨ (宋)陆九渊:《陆九渊集》,中华书局1984年版,第83页。
⑩ (宋)陆九渊:《陆九渊集》,中华书局1984年版,第64页。
⑪ (宋)陆九渊:《陆九渊集》,中华书局1984年版,第395页。

旨必先"。①《赠二赵》提到六经注释日益繁杂,"苟得其实,本末始终,较然甚明,知所先后,则是非邪正知所择矣",如果"不得其实而蔽于其末,则非以为益,只以为病"。②

在讨论学术与为文、为政、为教育、为艺术等领域时,陆九渊也会点明本末先后之序。陆九渊提出,"知道则末即是本,枝即是叶","有根则自有枝叶",③以及以道为本,为学、为文、为政、为教育、为艺术等为末,或者以为学为本,为文、为政、为教育、为艺术等为末。但是本末二者不能简单区分,如有根后有叶,有源后有流,因此应该一以贯之,如面对"先生之学,是道德、性命,形而上者;晦翁之学,是名物、度数,形而下者"的说法,陆九渊回应曰"一贯",其意在自许也。然晦翁未见道,未得一贯。④在《与郑溥之》中,陆九渊又反复提出"其本末偏重,实为一贯"⑤。

但是在为文、为政、为教育、为艺术等领域又自有其本末。在治国理政时也应当重视"本末先后"之序。例如针对格君行道之事,他批评郑溥之虽然"既举纲目,又详其条目,使立可施行",但是"本末偏重,实未一贯",而强调"万物并育而不相害,道并行而不相悖,小德川流,大德敦化,必纲举领挈,然后能及此也"。⑥陆九渊指出,"德成而上,艺成而下,行成而先,事成而后",所谓"仁义忠信,乐善不倦"乃是德行事,射、御、书、数等事皆艺术事,陆九渊批评学者"不辨本末","不知高下",因此常常颠倒德行与艺术的位置,"陋日益甚"。⑦

明确了为学、为文、为政、为教育、为艺术的本末关系,以及其各自关系后,陆九渊针对各自领域的修养工夫与致用方法的先后顺序,展开了一定的论述。例如除了为学之外,陆九渊对为文、为政、为教育和为艺术领域都提出了"先后"的工夫与方法。例如陆九渊认为为政之事,"业是事而不知本末,则浪为之而已"。⑧且曾作《本斋记》,论述为学与为政之本,一以《大学》之"物有

---

① (宋)陆九渊:《陆九渊集》,中华书局1984年版,第186页。
② (宋)陆九渊:《陆九渊集》,中华书局1984年版,第245页。
③ (宋)陆九渊:《陆九渊集》,中华书局1984年版,第435页。
④ (宋)陆九渊:《陆九渊集》,中华书局1984年版,第419页。
⑤ (宋)陆九渊:《陆九渊集》,中华书局1984年版,第179页。
⑥ (宋)陆九渊:《陆九渊集》,中华书局1984年版,第179页。
⑦ (宋)陆九渊:《陆九渊集》,中华书局1984年版,第193页。
⑧ (宋)陆九渊:《陆九渊集》,中华书局1984年版,第293页。

本末,事有始终,知所先后,则近道矣"为格言。陆九渊认为唐虞之朝,君臣治国,学人自信,成就雍曦之治,皆是由于他们能够清楚为学本末先后,此与后世口耳之学不大相同。① 他认为王安石变法失败,在于"不造本原",而是"毕力于其末"。② 王安石"本原皆因不能格物,摸索形似,便以为尧舜三代如此而已"③。于是提出:"人者,政之本也,身者,人之本也,心者,身之本也。不造其本而从事其末,末不可得而治矣。"④ 在具体的治国理政上也应当重视"本末先后"之序。例如在《策问》中,他提到治国理政"为天下以人为本",但同时强调知人的地位,"使终于不能知,则天下亦重不可为矣"。⑤ 针对格君行道之事,强调:"君之心,政之本,不可以有二。"⑥《与辛幼安》提及时局政治,议论宽仁之事,也以"洞照本末"评论之。⑦ 同时提出"节俭检尼之方","施舍已责之政",以求"宽民力","厚国本"。⑧ 强调"民为邦本",同时指出"财赋之匮,当其根本",主张惩治污吏,不能压榨百姓。⑨ 讨论礼法之事,认为"事有本末,当知所先后",而对孟子答滕文公所问,当识其大端,去其"仪节之末"。⑩

此外,关于为文本末,陆九渊提出为文者,"实者、本也,文者、末也"⑪。例如《与曾敬之》提出,"有其本必有其末","读书本不为作文,作文其末也"。⑫ "作文特吾人余事。"⑬ 讨论江西诗派,认为虽然未能"极古之源委",但是"植立不凡",乃是"宇宙之奇诡"。⑭ "雅颂固已本于道,风之变也,亦皆发乎情,止乎礼义,此所以与后世异。"⑮ 讨论作文之事,批评伯敏"不理会根本,只理会文字",文字与学问相分离。⑯ 关于教育,陆九渊提出:"凡物必有本末,且

---

① (宋)陆九渊:《陆九渊集》,中华书局1984年版,第239—240页。
② (宋)陆九渊:《陆九渊集》,中华书局1984年版,第121页。
③ (宋)陆九渊:《陆九渊集》,中华书局1984年版,第442页。
④ (宋)陆九渊:《陆九渊集》,中华书局1984年版,第233页。
⑤ (宋)陆九渊:《陆九渊集》,中华书局1984年版,第294页。
⑥ (宋)陆九渊:《陆九渊集》,中华书局1984年版,第356页。
⑦ (宋)陆九渊:《陆九渊集》,中华书局1984年版,第71页。
⑧ (宋)陆九渊:《陆九渊集》,中华书局1984年版,第72页。
⑨ (宋)陆九渊:《陆九渊集》,中华书局1984年版,第98页。
⑩ (宋)陆九渊:《陆九渊集》,中华书局1984年版,第144页。
⑪ (宋)陆九渊:《陆九渊集》,中华书局1984年版,第145页。
⑫ (宋)陆九渊:《陆九渊集》,中华书局1984年版,第58页。
⑬ (宋)陆九渊:《陆九渊集》,中华书局1984年版,第78页。
⑭ (宋)陆九渊:《陆九渊集》,中华书局1984年版,第104页。
⑮ (宋)陆九渊:《陆九渊集》,中华书局1984年版,第220页。
⑯ (宋)陆九渊:《陆九渊集》,中华书局1984年版,第443页。

就如树木观之，则其根本必差大。吾之教人，大概使其本常重，不为末所累。"①关于艺术，《示象山学者》强调道艺之分，认为道不远人，而"艺之进不进，亦各视其才，虽无损益于其道"。②"德成于上，艺成而下"，例如"独业相人之艺术"，艺虽精，下矣。③认为德为先，引用皋陶之言强调"事不可不观，然毕竟是末"④。"棋所以长吾之精神，瑟之所以养吾之德性。艺即是道，道即是艺，岂为二物。"⑤

值得注意的是，象山学重视本体，同时重视发用，尤其是强调对人生日常、家国天下有切实的功用。因此陆九渊提出，"圣人教人，只是就人日用处开端"。必须指出，此处之用乃是日常意义上的"用"，人为意义上的用。学界常常强调陆九渊的超越层面，发挥其"本心"，或者"宇宙之心"的概念，以此追溯人类本源，或者终极趋向。此论诚然高明，然而不免有脱俗离世之感，有意无意地掩盖了象山学的现实意义。事实上，陆九渊是一个非常追求实用的学者，毕生都在寻求经世致用的道路。他身体力行以践道，为时人后世之楷模；孜孜不倦以讲学，造就了一大批学人君子；呕心沥血以为政，创造彪炳史册的荆门之政。这些事迹皆可为象山学经世达用之最佳诠释。

日用践履之功，小则为己，大则为人。就自身而言，陆九渊发明道体本心，是为了个人日常生活的践履。而在日常生活之间，"起居食息，酬酢接对，辞气、容貌、颜色之间，当有日明日冲之功，如木之日茂，如川之日增，乃为善学"⑥。若论家国而言，陆九渊以日用践履以明道行道。陆九渊以道分三世，一则明道行道之世，二则行道之世，三则明道之世。陆九渊期愿复古返本，就是回复明道行道之世。陆九渊曾立志"穷则与山林之士，约六经之旨，使孔孟之言复闻于学者，达则与庙堂群公，还五服之地，使尧舜之化复于斯民"，也就是明道行道：著书立说、兼济天下。因此早年陆九渊立志雪靖康之耻，十六岁时学习弓马骑射，后习治国为政之道。象山晚年稍有行道之机，便要注经立说，推荆门军政。此两者皆是外王事业。陆九渊五十岁在象山讲经，论著书之心得与方法，"更定图书，与今世所传者不同，所以复古书之久也"⑦；五十一岁时"始欲著书，尝言诸儒说《春

---

① （宋）陆九渊：《陆九渊集》，中华书局 1984 年版，第 407 页。
② （宋）陆九渊：《陆九渊集》，中华书局 1984 年版，第 248 页。
③ （宋）陆九渊：《陆九渊集》，中华书局 1984 年版，第 246 页。
④ （宋）陆九渊：《陆九渊集》，中华书局 1984 年版，第 466 页。
⑤ （宋）陆九渊：《陆九渊集》，中华书局 1984 年版，第 473 页。
⑥ （宋）陆九渊：《陆九渊集》，中华书局 1984 年版，第 63 页。
⑦ （宋）陆九渊：《陆九渊集》，中华书局 1984 年版，第 510 页。

秋》之谬尤甚于诸经,将先作传。值得守荆之命而不果"①。因为陆九渊有感于"后世学绝道丧,异端邪说充塞弥满,遂使有志之士罹此患害,乃与世间凡庸恣情纵欲之人均其陷溺,此岂非以学术杀天下哉?"也就是说,离经叛道之学说盛行,许多人不能真切地领悟圣人之经学,为异端邪说所戕害。

退而注经实乃无奈之举,进而经济天下方乃宏愿。晚年陆九渊因受命知荆门军,他终于有机会实现自己的经世之愿。陆九渊五十岁作《荆国公王文公祠堂记》,象山自认为其乃"明道"之文,万世不易。此文实乃明道行道的政治文章,与其理学思想是一致的,依循"心—身—家—国"的进路,厌支离重简易。在荆门时,他为荆门军民讲《尚书·洪范》中的"皇极"之义,也强调首先要发明本心,自求多福。陆九渊以"本心"为政,强调以本心出发,因地制宜、因时制宜,推行简易平实之政,又要"须是下及物工夫,则随大随小有济"②。陆九渊处理荆门军政时,简化诉讼程序、简化衙会礼仪、减免税收、修建荆门城墙等,这些举措无不践行了其行道观念与政治思想。此正乃陆九渊深通"本末先后"之明证。

三 先后:修炼工夫与致用方法

在《大学》中已经阐明,物有本末,事有先后,欲要求得本末,必须有所先后之序。因此本末不离先后,通过先后而求得本末。关于先后,是指象山学中的求学悟道的修炼工夫,以及经世致用的践行方法。关于经世致用的践行方法,上文已述,下文主要讨论陆九渊的修炼工夫。事实上,象山为学工夫内容丰富,包括辨志、明心、格物、读书、践履等。如能抛开先入为主之见,客观、全面地研读象山文献,自然不难发现象山工夫的多样性。然而其难处在于如何构建象山的工夫论,因为象山学工夫繁复多样,而且陆九渊随人说教,没有"定本",自身也没有系统地整理其工夫论,因此给学界留下争议的空间。然而陆九渊论及工夫时,点出了其最为关键的线索"先后之序"。因此"先后"就是构建象山工夫论的纲要。

众所周知,陆九渊有强调"本"的方法,他注意到"本"的重要性,强调修炼工夫以"本"为先,此已为学界高度重视。先有本后有末,本心立后,诸事顺

---

① (宋)陆九渊:《陆九渊集》,中华书局1984年版,第506页。
② (宋)陆九渊:《陆九渊集》,中华书局1984年版,第436页。

遂。如陆九渊教育时指出，"正人之本难，正其末则易"，例如指教其视听言动，则容易遵从，但是同时，要立根本却非易事，简易只是相对而言，因为要"动他根本所在，他便不肯"。① 正本是如此重要，陆九渊提出"先立其乎其大者"②，"尊所知闻，行所知，要须正本"③。因为"既不知尊德性，焉有所谓道问学"④。"诸处方晓晓然谈学问时，吾在此多与后生说人品。"⑤

但是立本以后，仍需有末，有先之后，不可无后，此须注意之。例如在《与邵叔谊》中，他强调"先后本末"，认为要先立其大者，然后求"人情物理之辨"，此乃"启助之益，需于后学"。⑥ 陆九渊强调为学之本末先后，"欲明夫理者，不可以无其本"，而此本则是"得之于天者未泯灭，而所以为学之本者见诸日用"，此后可以"切磋穷究，次第而讲明之"。⑦ "大抵学者且当大纲思省"，平时可以"涵养磨砺"，若有闲暇，则"可亲书册"。⑧

可见，象山学工夫固有重"本"之义，然而并没轻"末"。

学界大多数人认为象山学只有"先立其大"，或者"发明本心"，只此一路工夫。其实这是对陆九渊为学工夫的巨大误解。须知象山是大教育家，如孔子一样，因材施教，因人发言，所以研究象山须全面来看。例如象山又云："吾所发明为学端绪，乃是第一步，所谓升高自下，陟遐自迩……此只可谓之第一步，不可剧谓千里。"⑨ 可见第一步先立其大之后仍然有许多工夫，还有一千里要走，如"大端既明，趋向既定，则明善喻义，当使日进，德当日新，业当日富"⑩；"大端已明，大志已立，而日用践履，未能常于清明刚健，一有缓懈，旧习乘之，捷于影响"⑪。此正象山学易简工夫之后续工夫，"涓流积至沧溟水，拳石崇成泰华岳"正是此意。故"先立其大""简易工夫"不过象山教学之"方便"语。历史上还有对象山学工夫的许多误解，如詹子敏的"静坐"说，事实上两者之话语

---

① （宋）陆九渊：《陆九渊集》，中华书局1984年版，第399页。
② （宋）陆九渊：《陆九渊集》，中华书局1984年版，第400页。
③ （宋）陆九渊：《陆九渊集》，中华书局1984年版，第36页。
④ （宋）陆九渊：《陆九渊集》，中华书局1984年版，第400页。
⑤ （宋）陆九渊：《陆九渊集》，中华书局1984年版，第400页。
⑥ （宋）陆九渊：《陆九渊集》，中华书局1984年版，第1—2页。
⑦ （宋）陆九渊：《陆九渊集》，中华书局1984年版，第378页。
⑧ （宋）陆九渊：《陆九渊集》，中华书局1984年版，第38页。
⑨ （宋）陆九渊：《陆九渊集》，中华书局1984年版，第405页。
⑩ （宋）陆九渊：《陆九渊集》，中华书局1984年版，第76页。
⑪ （宋）陆九渊：《陆九渊集》，中华书局1984年版，第158页。

尚存疑问，一是孤例，没有其他旁证；二是自身学问已非纯儒，有走火入魔之嫌，徐复观先生《象山学述》已质疑之。[①]诸如此类，此不待言。又有学者认为象山学与阳明学相比，阳明学有体有用，象山学有体无用，其根据则是阳明学"格物致知与学习、践行的重视"，而象山学没有阳明的这种重视，只有简易工夫，因此说象山学有体无用。但是此种观点有待商榷，因为象山学文献中存有数量极多的"格物致知与学习、践行"的话语，至少不下六七十处。兹列举其重要者，如格物致知，有强调读书接物"有理会不得处，却加穷究理会"，乃至"见其底蕴"，[②]"欲明明德于天下是《大学》标的。格物致知是下手处。《中庸》言博学、审问、慎思、明辨，是格物之方"[③]。如读书学习，有"若事役有暇，便可亲书册"，[④]"好之不好学，则各有所蔽"，[⑤]"古人之多形容叹咏者，固皆吾分内，然戕贼陷溺之未免，则亦安得不课其进。……如《中庸》、《大学》、《论语》诸书，不可不时读之"，[⑥]"得勉之读古书以涵养此志，幸甚"[⑦]。如践行，有"为学有讲明，有践履"，讲明乃格物致知，践履乃笃行，[⑧]又曰"若夫未有笃敬之心，践履之实，而剧为之广性命之说，愚切以为病而已耳"，[⑨]又曰"在人情、事势、物理上做些工夫"[⑩]。朱熹也不得不承认陆门"多践履之士"。诸公若能平心观象山之文，自能明辨，不须多费口舌。包恢《三陆祠堂记》，已经为学界对于象山学的谬误，有理有据地进行辩解，包括读书、践履等。[⑪]然而朱陆门户已成水火，包恢的话语被淹没在反对的意见之中。

纵观象山学之为学工夫，自有一套独特的进学之路，即所谓"先后"之序也，如陆九渊常常提及《大学》工夫："格物—致知—诚意—正心—修身—齐家—治国—平天下"的进学途径。[⑫]此外，在朱陆之会中，陆九渊曾解释九

[①] 徐复观：《中国思想史论集》上海书店出版社2004年版，第1—43页。
[②] （宋）陆九渊：《陆九渊集》，中华书局1984年版，第84页。
[③] （宋）陆九渊：《陆九渊集》，中华书局1984年版，第411页。
[④] （宋）陆九渊：《陆九渊集》，中华书局1984年版，第38页。
[⑤] （宋）陆九渊：《陆九渊集》，中华书局1984年版，第54页。
[⑥] （宋）陆九渊：《陆九渊集》，中华书局1984年版，第63页。
[⑦] （宋）陆九渊：《陆九渊集》，中华书局1984年版，第142页。
[⑧] （宋）陆九渊：《陆九渊集》，中华书局1984年版，第160页。
[⑨] （宋）陆九渊：《陆九渊集》，中华书局1984年版，第348页。
[⑩] （宋）陆九渊：《陆九渊集》，中华书局1984年版，第400页。
[⑪] 李修生等编：《全元文》（第七册），凤凰出版社2004年版，第173—175页。
[⑫] （宋）陆九渊：《陆九渊集》，中华书局1984年版，第440页。

收拾精神，自作主宰

卦以发扬修养德性之工夫与进路。陆九渊十分重视进学工夫，提出"进学工夫不甚纯一，未免滞于语言"①。大体言之，陆九渊以立大、新德、富业以明体；以日用、注经、经世以达用，非仅仅以"简易工夫发明本心"而已。

大本已立，大端已明，此只是第一步而已，为学工夫并未就此完结。"大端既明，趋向既定，则明善喻义，当使日进，德当日新，业当日富。"此处所谓新德富业出自《易经》《大学》等经典，即陆九渊四十四岁《与刘深父》所谓的进德修业，②言异而意同。所谓新德，乃指孟子之集义、积善，与《易》之"宽居仁行"，③因为陆象山认为"《易》所云'善不积不足以成名'，荀子积善成德之说亦不悖理"④。也就是让人在生活中，在言谈举止、待人接物中，时时处处能够做善事，行善举，加强自己的道德修为，成为日新之人。所谓富业，乃指《中庸》之"博学、审问、慎思、明辨、笃行，皆圣人之明训"，⑤又曰"夫博学于文，岂害自得"⑥。曾有学生询问为学之法，陆九渊提出"格物是下手处"，所谓格物就是"研究物理"。⑦又曰："后生看经书，须着看注释及先儒解释，不然，执己见议论，恐入自是之域，便轻视古人。"⑧在提出"非假外物"的同时，强调"开卷读书"和"训诂章句"。⑨也就意味着，除了尊德性以外，陆九渊还有道问学之工夫，此与朱熹教人无异。同样重视格物穷理、重视读书考辨。

此外，陆九渊的学问固有得于道问学，更是从实践中磨炼出来的。陆九渊家族聚族而居，每三年选派子弟执掌族事。陆九渊在父兄的言传身教中，在处理族事中得以历练，其学问越加符合实际，越加融贯于日常生活之中。陆九渊早年就坦言"人情、事势、物理上做些工夫"，讲求实用。但是陆九渊的实用讲究内外合一、体用一源之旨。所谓"日用常行"是在"能知天之所予者至贵至厚"处下工夫。⑩象山学的进学工夫，乃先立其大，然后日新其德，日富其业。先尊德性而后道问学，两者不可废。古人评论象山，多有门户之见，难免有朱子学派等

---

① （宋）陆九渊：《陆九渊集》，中华书局1984年版，第34页。
② （宋）陆九渊：《陆九渊集》，中华书局1984年版，第34—35页。
③ （宋）陆九渊：《陆九渊集》，中华书局1984年版，第76页。
④ （宋）陆九渊：《陆九渊集》，中华书局1984年版，第77页。
⑤ （宋）陆九渊：《陆九渊集》，中华书局1984年版，第76页。
⑥ （宋）陆九渊：《陆九渊集》，中华书局1984年版，第54页。
⑦ （宋）陆九渊：《陆九渊集》，中华书局1984年版，第440页。
⑧ （宋）陆九渊：《陆九渊集》，中华书局1984年版，第431页。
⑨ （宋）陆九渊：《陆九渊集》，中华书局1984年版，第34—35页。
⑩ （宋）陆九渊：《陆九渊集》，中华书局1984年版，第440页。

人批判的只有静坐澄心。今人评论象山，尝尝只强调陆九渊之特点，尤其是不同于朱子的地方，而有意无意忽视象山学的其他工夫，因而不能全面、整体地研究象山学。陆九渊一生之思想学术自有演变之过程，尤以晚年之思想学术为大全无偏。[①] 若单单以某时某地之话语，而掩盖象山学之整体面貌，实为可惜，也不可取。

四 象山心学的依据与特色

陆九渊的本末与先后实为一体，以"本末先后"言之。本末决定工夫，工夫成就本末。两者相互依存，不可分离。因此"本末先后，一元贯通"乃是象山学之最大特色，陆九渊以此为基构建了其心学思想。陆九渊以本末贯通了为学、为文、为政、教育、艺术五个领域，并且构造了先后次第的修炼工夫与致用方法。从根本而言，陆九渊的宇宙观与人生观是一元贯通的，其各领域内部也是一元贯通的。就宇宙论而言，理或道乃是宇宙生延之法则，万物顺之而有其性，随之而繁衍生息。从宇宙观转而为人生观，人被天赋之性，形而为人心，从人心推而至修身、齐家、治国、平天下。其内部都是一元贯通的，并没有理气，道器的二元分歧。

因为陆九渊从根本上主张"本末先后的一体"论，理气为一，心性为一，体用与工夫也是如此。陆九渊之"天理人欲不可分"，"阴阳已是形而上者"，"道器不分"均为此种思想的体现。陆九渊认为"性、心、才，都只是一般事物"，[②] 在天为性，在人为心，故"仁义者，人之本心也"，[③] 又曰"仁，人心也"[④]。须注意"人心，只是大凡人之心"[⑤]。象山这种存在论上的一元论，衍生出了其心性论的一元论。值得注意的是，此乃象山学之思想特色。此外，朱子强调性，但是其性是无做作的，无行迹的，自然也是不能自身发动的，而需要通过人为去发用的。而陆九渊强调心，因为象山之本心本身兼体用而言，既有不动之性，也有发动之情，感通之知，此其精妙处。而相较于朱子居敬穷理格物致知的两轮思想，陆九渊的修炼工夫与致用方法也是一以贯之的，只有本末先后之序。

但是朱子提出"理与气"的分与合是有其依据以及一定合理性的，因为它不

---

① 邓国坤：《陆九渊早中晚思想演变考》，《中州学刊》2018年第12期。
② （宋）陆九渊：《陆九渊集》，中华书局1984年版，第444页。
③ （宋）陆九渊：《陆九渊集》，中华书局1984年版，第9页。
④ （宋）陆九渊：《陆九渊集》，中华书局1984年版，第373页。
⑤ （宋）陆九渊：《陆九渊集》，中华书局1984年版，第462—463页。

仅涉及物质层面的问题，例如世界构成的问题，还涉及"人性之恶"等问题。因为从形而上层面下落到形而下层面必须牵涉到"气"，这其实皆是宇宙论中不可忽视的问题。相比而言，陆九渊虽然有不少谈论"气"的话语，但没有将其放在核心地位上。其原因有二：一者陆九渊之重心不在于宇宙论，而在于人生论。二者陆子更强调"心"，因为心是贯穿体用、沟通理气、联结内外的特性与价值，能够较好地解决上述问题。徐复观先生曾提出"心之文化"，认为心乃是贯通形而上与形而下的中介，并且认为象山学乃是"心之文化"的杰出代表，是最为"中正无弊"之学，这是符合象山学的特质的。

为了解决从性到情，或者从体到用，以及理气的关系问题，陆九渊强调"心"的价值与地位。陆九渊以心为中介，贯穿体用，沟通理气，联结内外。朱子要解释宇宙以及现实人性，但是他主性而不主心，认为心只是形而下之物，并非一个贯穿体用、沟通理气、联结内外、打通本体界与现象界的结合点或者场所。而陆九渊强调的"心"就是这么一个结合点或者场所。相对于体用思想的有体必有用，陆九渊的本末主要通过"心"来发动，例如"本心之发"，[①]"实德之发"，[②]"感而必应"，[③]"来以神知，往以知藏"，[④]"良知之端"，[⑤]"无适而不正，吾感而不通"[⑥]。在心中，天赋之性可以转发为情，理在心而有良知，能思虑、感通、辨是非等，能够展现人的能动性，例如陆九渊强调孟子的"从其大体与从其小体，亦在人耳"[⑦]此乃说明人性之善恶，在于人心之选择，强调心的能动性。上述所举，均为象山"道体"或者"心体"的发用，能发、能感、能知，均在人心之中。阳明学之"良知"也兼体用，良知本属天理，天理乃本体也；而此良知又能"知"，知善知恶，知是知非，此"知"乃是"发用"也。阳明学的"良知"发端于孟子，中间沉寂，经象山而重新发扬，而后阳明更阐明之。当然，从道体落实到日用，不能离开"人"的修炼工夫与致用方法，如要修得"道体"或者"心体"，必须有一段为学之工夫；而由明"体"达"用"，自然也需要一番致用之工夫。

---

① （宋）陆九渊：《陆九渊集》，中华书局1984年版，第102页。
② （宋）陆九渊：《陆九渊集》，中华书局1984年版，第145页。
③ （宋）陆九渊：《陆九渊集》，中华书局1984年版，第57页。
④ （宋）陆九渊：《陆九渊集》，中华书局1984年版，第340页。
⑤ （宋）陆九渊：《陆九渊集》，中华书局1984年版，第238页。
⑥ （宋）陆九渊：《陆九渊集》，中华书局1984年版，第342页。
⑦ （宋）陆九渊：《陆九渊集》，中华书局1984年版，第183页。

更为重要的是，通过本心，体可以转化为用，儒家之心性道德可以落实为政治、文学、艺术等不同的现实功用。通过的心的功用，陆九渊希望达到内外兼修，本末两全。通过强调心的内涵与价值，陆九渊构建了自身的一元贯通论，也就是本末先后论。在陆九渊眼中，世界没有对立和排斥，只有一心、一性、一理，通过本末先后，人心与人为，达到内外兼修，本末两全的境地。而要做到这一点，必须依靠心的作用，将体用与工夫结合起来。因此"心"在象山学中的地位与价值非常重要。正因为心如此重要，象山学的工夫首先从"心"入手，例如发明本心，先立其大等，通过把握这个贯通体用、联结内外之处，人上通于道，下达于用，可谓切中要害，直抓中心，自然简易直截，事半功倍。

五 结论

为了阐释与建构真实、完善之象山学，必须重视陆九渊"本末先后"的概念与思想。因为"本末先后"乃是陆九渊评价自身学术、他人学术的重要概念与阐释范式，也是其自身对于儒家思想学术的心得与体会，最能体现陆九渊的思想特色。宋人以"本末先后"阐释象山学也是对于陆九渊思想的真实概括与最大尊重，因而其能够最大限度地反映象山学的思想特色。如今在西学泛滥的状况下，重新关注中国思想家的本真话语与思想特色尤为可贵与有意义，而"本末先后"这一中国本土话语尤可为象山学阐释与建构的大纲大要。具体而言，陆九渊的"本末先后"主要是指为学、为文、为政、教育、艺术等领域的源流干枝之序，以及其次第有序的修炼工夫与致用方法，其中包括求学悟道的为学工夫，以及致以日用的政治方法等。"本末先后，一元贯通"乃是象山学的最大特色，而"心"作为贯穿体用、沟通理气、联结内外的场所与中介，被陆九渊赋予了重要的价值与地位，并且以此为基础构建了其心学思想。象山学自有其体用与工夫，不可以"有体无用"说象山，也不可单以"简易工夫"论象山。今人若能关注象山之"本末先后"论，或许能够解决象山学研究的一些问题，以及建构更为真实的象山学。

陆九渊君子人格思想述论*

周接兵

（上饶师范学院）

自孔孟创立儒家学派，成德成圣成君子即为儒家思想的核心要义。宋儒以前，历代儒家思想家对君子人格是什么，如何养成，均有精到的阐述。而为何要成君子，其天道根源、人性根基是什么，却语焉不详。及宋明理学兴起，建立起以本体、心性、工夫、伦理、政治理想为逻辑架构的理学思想体系，君子人格思想的诠释也随之获得了更为广阔的意义世界。宋明理学中的各大学派，无论是濂、洛、关、闽，还是理、气、心、性，都以各具特色的道德形上学对成德成圣成君子作出过多角度的理学诠释，其中突出而最具特色者，一是湖湘学派代表人物张栻南轩先生，再者当数下面将论述之陆九渊象山先生。

象山之学，学界关注较多者，要数其心学本体论及朱陆异同论，而关于其君子人格之养成思想，学界罕有论述。事实上，与宋代其他学派一样，象山之学实际上亦是一精致的成德成圣之道德形上学。其关于君子人格之论述，散见于其文集各篇章之中，虽然散乱，不够系统，但并非无章可循。与张栻、朱子等人一样，象山论君子，亦不离其心学本体论、心性论、工夫论、价值论乃至其伦理政治理想，甚至于朱陆异同论中，亦可见其君子思想之分殊、发越。系统爬梳、阐发其君子思想，对于吾人减少对象山之误会，深入理解象山及其心学思想，无疑是一莫大之助益。

一　循理明道，不失本心——君子人格的本体之境

说象山是心学，人皆能言之；说象山是理学，人将皆以为非是。事实上，象

---

* 本文曾发表于《集美大学学报》2019年第2期。

山固然常言本心，然并非舍弃"理"与"道"。与朱子一样，象山之"理"与"道"，亦具有不以人的意志为转移的客观性。象山曰："道在天下，加之不可，损之不可，取之不可，舍之不可，要人自理会。"(《陆九渊集》卷三十五）又曰："此理在宇宙间，固不以人之明不明，行不行而加损。""理"与"道"客观自在，不可加损，不可取舍，但并非隐而不显，不可体认。象山曰："道塞宇宙，非有所隐遁，在天曰阴阳，在地曰刚柔，在人曰仁义。故仁义者，人之本心也。"(《陆九渊集》卷一）阴阳、刚柔、仁义，乃是道在自然界与人伦界之分殊显现，各具特点。而体认之道，在于"本心"之发明。与朱子不同，象山在如何体认天道的根本思想上，提出"宇宙便是吾心，吾心即是宇宙"这一命题。象山曰："心，一心也，理，一理也，至当归一，精义无二，此心此理，实不容有二。"(《陆九渊集》卷一）又说："天之所以与我者，即此心也，人皆有是心，人皆具是理，心即理也。"(《陆九渊集》卷十一）象山强调心即理，将心与理或道直接同一，这是一种关于人的内在本质的伦理学观点，亦是将客观性之"理"与"道"纳入"吾心"自觉体认之中，是儒家"天人合一"观的心学表述。象山继承孟子"万物皆备于我"之思想，以"宇宙之理即吾心之理，万物之理莫不皆备于吾心"之阔达胸怀与气度，销理入心，使得其本体论乃至认识论消融了主客观世界的本质关系或"心"与"物"的本质关系，获得一种道德形上之境界。

象山此种心即理的本体框架为其君子人格思想提供了价值根源。在君子人格的建构上，象山一方面认为君子当顺理，"乐循理，谓之君子"(《陆九渊集》卷三十五）。如何循理？象山认为，除了深刻体察天道之阴阳，地道之柔刚，人道之仁义外，还应该将理应用于日常事务之中。他说：

> 君子论理势，势出于理为有道之世，反之则为无道，以理论事，以理处心。(《陆九渊集》卷十二）
>
> 古之君子，知固贵于博，然知尽天下事，只是此理。但是贵精熟，知与不知，元无加损于此理。若以不知为慊，便是鄙陋。……君子虽多闻博识，不以此自负。(《陆九渊集》卷三十五）

此"理"圆融自足，贯穿于万事万物之中，君子固然要博学万事万物之知识，但若仅仅满足于此，便是"鄙陋"之儒。对君子而言，除了博学多闻，更为重要的是明了、遵循万事万物背后的那个永恒不变的根本规律"理"，以"理势"来衡量一切，以理论事，以理处心。君子如何明理，象山认为：应该"从师亲友，读书考古，学问思辨，以明此道也。故少而学道，壮而行道，士君子之职也"(《陆九渊集》卷二)。值得注意的是，象山强调从师亲友，读书考古，学问思辨，实际上与朱子的治学路向并无二致。

另一方面，象山认为君子应更重视"本心"。这不仅是因为本心与天理直接同一，能够直接体现天理，"人受天地之气以生，其本心无有不善"。而且本心也是"我固有之，非由外铄我也"。那么，本心到底是什么？象山继承了孟子的四端说，认为本心就是孟子所说的仁、义、礼、智"四端"："仁义者，人之本心也。"(《陆九渊集》卷一)，而且仁义礼智"四端皆我固有，全无增添"(《陆九渊集》卷三十五)。本心与天理合一，无有不善，且为我所固有。那么，为什么人会有君子小人、上智下愚之别呢？象山认为，这是因为人们放失了"本心"，戕害了"本心"，从而导致了"本心"的丧失。他说：

> 人孰无心，道不外索，患在戕贼之耳，放失之耳。古人教人不过存心、养心、求放心。此心之良，人所固有，人惟不知保养而反戕贼放失之耳。(《陆九渊集》卷五)
>
> 人有所蒙蔽，有所移夺，有所陷溺，则此心为之不灵，此理为之不明。(《陆九渊集》卷十一)

被物欲、意见、好胜、自私等因素所蒙蔽、移夺、陷溺，遮蔽了、放逐了或者放失了圆融自足本心，导致出现"心不灵""理不明"的局面，所以就成了小人、愚人。但这并不意味着小人、愚人没有本心，他说：

> 小人假圣人之言以文过饰非，但本心不坏，只是陷溺而不能自返，加以开导即可回心向道，成为君子。(《陆九渊集》卷十二)
>
> 良心正性，人所均有，不失其心，不乖其性，谁非正人？(《陆九渊集》卷十三)

这就是说，小人和愚人也有本心，而且本心"不坏"，只要通过教育、引导，使之尊德重道，恢复本心，进而"发明本心"，发现并使本心明亮起来，做类似孟子的"求放心"工夫，那么，小人和愚人也可以成为圣贤君子。

对于君子而言，应该在保持本心不失的基础上，扩充本心，他说：

> 君子不失本心，俯仰浩然，进退有路，在己润身，辉光日新。（《陆九渊集》卷九）

> 彝伦在人，维天所命。良知之端，形于爱敬。扩而充之，圣哲之所以为圣哲也。先知者，知此而已；先觉者，觉此而已。（《陆九渊集》卷十九）

将仁义礼智四端不断扩充，日新日日新，乃是君子所当为者。不过，象山同时提醒指出，君子在扩充本心时，应该注意不要出现"不及"与"过"的现象，他说："愚不肖者不及焉，则蔽于物欲而失其本心；贤者智者过之，则蔽于意见而失其本心。"（《陆九渊集》卷一）这就是说，小人容易蔽于物欲，自不待言，君子虽然能在物欲引诱方面保持清醒，却容易陷入傲慢与偏见的泥潭，从而失去君子所应有之风骨，这本质上也是一种本心放失的行为。

二 闲邪存诚，志于正道——君子人格的心性之源

君子循理明道，不失本心，除了有客观性的天道根源作保障，还需要君子心中自求。如何自求，象山曰："君子闲邪存诚。"（《陆九渊集》卷二十七）闲邪存诚源自《易传》和《中庸》的诚学思想。《中庸》认为，诚乃天之道，是宇宙万物生成运行之自然法则，亦是人之为人之法则，诚者天之道；诚之者，人之道。人使自己做到诚，则是做人的法则。换言之，一个人从诚心到明白，是出于天性；从明白到诚心，这是由于教化。"诚"的目标就是"成己成物"。做到诚，非唯成就自己，亦须成就别人。然而，只有圣贤君子之诚，天性圆满，"不勉而中，不思而得，从容中道"，自然合于天道，自然合于人道，至于小人和愚人，则需要圣人之教化。象山在继承《中庸》诚学的基础上，将自己的心学本体论融入"诚"中。他说：

> 诚者自诚也，而道自道也。君子以自昭明德。人之有是四端，而自谓不能者，自贼者也；暴谓自暴，弃谓自弃，侮谓自侮，反谓自反，得谓自得。福祸无不自己求之者，圣贤只道一个自字煞好。（《陆九渊集》卷三十四）

在象山看来，诚是天道的体现，天道之"诚"体现在人的生命中便是人心之"诚"。正因为每个人心中都存有诚性，不假言说。因此，"诚者自诚也，而道者自道也，何尝腾口说？"（《陆九渊集》卷三十五）人不必心外求诚，也不必诚明两进，经过思诚，由内向外，"反身而诚"，实现与天道合一。"诚者自诚"，诚之自身，即是由自我所成就的，即"不期存而自存"。这样一来，求"诚"在象山那就演变为"存诚"。而要做到"存诚"，则需要"自己"去自昭明德。怎样自昭明德？就是要自觉扩充仁义礼智四端之本心，而不自暴自弃，自贼自侮，在出现自暴自弃、自贼自侮情况的时候，要懂得自我反省，自求放心，求则必有所得，关键在于一个"自"字，就是说关键要看一个人的自觉能否符合"诚"，体现"诚"。

象山进一步指出，"存诚"除了自觉扩充四端之外，还有一个关键在于"闲邪"，即防止异端邪说、远离异端邪说。在这里，象山着重发挥了《易传》"闲邪存诚"的观点，认为"闲邪存诚"必须从两条不同的路径切入：一是去心蔽，一是信言谨行。象山认为，心不离诚，诚不离心，而人心本灵，心灵则诚存。但人心容易受到物欲、意见的蒙蔽，一旦丧失了本心，人心之诚也就不复存在。象山痛心地指出，人心不正、人心之蔽有两种情况：

> 愚不肖者之蔽在于物欲，贤者智者之蔽在于意见，高下污洁虽不同，其为蔽理溺心，而不得其正，则一也。（《陆九渊集》卷一）
> 愚不肖者不及焉，则蔽于物欲而失其本心。贤者智者过之，则蔽于意见而失其本心。（《陆九渊集》卷一）

象山认为，"心蔽"有"物欲"和"意见"两种。愚者不思做圣贤君子，为追求物欲，疲于奔命，失却本心，离"诚"越来越远；贤者智者虽思做圣贤君子，但因固执己见，自以为是，失却本心，亦离"诚"越来越远。二者皆是"蔽理溺心""自作艰难"。

所以要做一个圣贤君子，必须做去心蔽存诚的工夫。关于存诚，象山还有一段话说得很明白：

> 《易》曰："闲邪存其诚。"孟子曰："存其心。"……只"存"一字，自

可使人明得此理。此理本天所以与我，非由外铄。明得此理，即是主宰。真能为主，则外物不能移，邪说不能惑。所病于吾友者，正谓此理不明，内无所主。一向萦绊于浮论虚说，终日只依藉外说以为主，天之所与我者反为客，主客倒置，迷而不反，惑而不解。……学绝道丧，异端邪说充塞弥满，遂使有志之士罹此患害，乃与世间凡庸恣情纵欲之人均其陷溺，此岂非以学术杀天下哉？（《陆九渊集》卷一）

可以看到，在象山那里，此理在吾心中，非由外铄，不假他求，只需"存"之即可。若只炫目于种种"外说"、浮论虚说，乃至于异端邪说，以为如此便是明理存心，则只能被"物欲"和"意见"迷惑，造成主客倒置，迷而不反，惑而不解之严重后果。不宁唯是，存心存诚与否亦是君子和小人的根本区别。君子心蔽去除之后，还应做到心中明理，明理则心有主宰，心有主宰则异端邪说不能迷惑。反之，则不仅会使人沦落为小人，整个社会也会学绝道丧，异端邪说充塞弥满，甚至于"学术杀天下"的地步。象山又说：

> 所贵乎学者，为其欲穷此理，尽此心也。有所蒙蔽，有所移夺，有所陷溺，则此心为之不灵，此理为之不明，是谓不得其正。其见乃邪见，其说乃邪说。……溺于声色货利，狃于谲诈奸宄，牿于末节细行，流于高论浮说，其智愚贤不肖，固有间矣。若是心之未得其正，蔽于其私，而使此道之不明不行，则其为病一也。（《陆九渊集》卷十一）

毫无疑问，声色货利，谲诈奸宄，末节细行，高论浮说都是陷溺人心、蒙蔽人心的"邪"，必须去掉这些邪才能存得诚，必须去掉邪说才能使人之心"得其正"。何为"正"？象山进一步指出：

> 志于善与正，君子之徒也。……彼狃于习俗，蔽于闻见，以陷于恶而失于本心者，不可遽谓之小人，闻善而慕，知过而惧，皆君子之徒也。（《陆九渊集》卷三）

> 正身行四方，修己安百姓，极吾之善以善天下，由乎言行之细而至于善世，由乎己之诚存而至于民之化德，则经纶天下之大经者，信乎其在于至诚，而知至诚者，信乎非聪明睿知达天德者有不能也。（《陆九渊集》卷

二十九）

这里，象山把心得不得其正与君子人格关联在一起，君子闻善而慕，知过而惧，心必得其正；小人狃于习俗，蔽于闻见，心必迷失者多矣。不宁唯是，君子之正，非唯一己之正，正己者推而广之，必有所以正人之念，君子闲邪存诚者大而化之，必有修齐治平、家国天下之念。因此，象山由君子自身的"心诚"推广扩展为化民之德，经纶天下，让人人都成为心诚心正之圣贤君子，则是逻辑之必然，亦是象山思想为儒家而非阳儒阴禅之确证。

三 剖剥磨切，学造本源——君子人格的工夫之方

要做到循理明道，不失本心，闲邪存诚，志于正道，殊非易事，需要下一番工夫。象山在工夫论方面除了众所周知的"先立其大者"之外，尚有一番剖剥磨切工夫。诚如象山所说："本心为气禀所蒙，习尚所梏，俗论邪说所蔽，须加以剖剥磨切。"（《陆九渊集》卷十）

如何剖剥磨切？一是剥落，象山曰：

> 人气禀清浊不同，只自完养，不逐物，即随清明，才一逐物，便昏眩了。人心有病，须是剥落。剥落得一番，即一番清明。后随起来，又剥落，又清明。须是剥落得净尽方是。（《陆九渊集》卷三十五）

二是减担。象山曰：

> 且如"弟子入则孝，出则悌"，是分明教你入便孝，出便悌，何须得传注？学者疲精神于此，是以担子越重。到某这里，只是与他减担，只此便是格物。（《陆九渊集》卷三十五）

剥落是去除各种逐物的妄意，也就是如前所述之各种欲念和意见；减担是针对各种"传注"，也就是各种烦琐的知识建构，知识建构越多，就越会让人迷失在知识的汪洋大海，从而无法得道，无法明了本心。基于此种理念，象山在朱陆鹅湖之会上，激烈批评朱子的所谓"支离事业"，实际上指的就是他所从事的各

种烦琐的"传注"以及由此带来的纷繁芜杂的"格物致知"活动。在象山看来，朱子的此种活动，实际上就是其一贯批判的"外说"和浮论虚说，如此从事，只能被"物欲"和"意见"迷惑，造成主客倒置，迷而不反，惑而不解，而无法真正达到明理存心之境界。职是之故，象山以为君子应该"不汩于利欲，蔽于异端，荒废于章句无用之地"（《陆九渊集》卷十二），而应该"一意实学，不事空言"（《陆九渊集》卷十二）。何为实学，何为空言？以讲学为例，象山指出：

> 为空言以滋伪习，岂唯无益，其害又大矣。……日用践履，未能常于清明刚健，一有缓解，旧习乘之，捷于影响，应答之际，念虑之间，阴流密陷，不自省觉，益积益深，或遇箴药，胜心持之，反加文饰，阴不能自还者有矣，甚可畏也。况其大端未尝实明，大志未尝实立，有外强中干之证，而无心广体胖之乐者，可不深至其思，以省其过，求其实乎？……苟为大言以盖谬习，偷以自便，嚣以自胜，岂唯不足以欺人，平居静虑亦宁能以自欺乎？（《陆九渊集》卷十二）

可见，在象山那里，学者讲学，志气要大，格局要高，践履要实，否则，要么留情传注，荒废于章句无用之地；要么毫无真才实学，日日从事于夸夸其谈、自欺欺人的空言讲章，无益于自身德行修为之进益。象山以为，这二者皆非实学。不宁唯是，在象山看来，所谓实学，必须在"实"字上下切实工夫，唯有真正做到了剖剥磨切，一意实学，不事空言，方能达到"学造本源"的境界。

何谓"学造本源"？还是以朱陆鹅湖之会为例，象山在鹅湖之会上，除了众所周知的批评朱子的"支离事业"，还讲了《易经》。他在诠释《易经》之《复卦》时指出，《复卦》之"复"乃是复归本心，本心既复之后，若坚持不懈，即可以达到"私欲日以消磨而为损，天理日益澄莹而为益"之境界，亦即达到此心卓然不动，而又左右逢源的地步。（《陆九渊集》卷三十六）此即是学造本源之境界。而此境界唯有圣贤君子方能做到。至于小人因其"固于私见，学不至道，不耻不仁，不畏不义"（《陆九渊集》卷十），故而无法达到学造本源。以王安石为例，象山认为王安石在变法中不顾当时之实际情况，将一切皆指斥为流俗，其为人又刚愎自用，目空一切，从不"折之以至理"，以至激起党争，此乃典型之"其学不造本源，而悉精毕力于其末"的短视行为，因此变法失败是在所难免的。

达到学造本源之境还须正确处理德行和才艺的关系。在象山看来，君子"德成而上，艺成而下，行成而先，事成而后"，不以艺加人；小人则反之，不修德行，自恃才高，"以其艺加人，珍其事，秘其说，以增其价，真所谓市道"，从而造成世风日下，久而久之，"艺之实益不精，而眩鬻之风反更张大，学者不辨本末，不知高下，未有不被此辈所眩者"。（《陆九渊集》卷十五）这种学术界之悲哀，堪称古今同慨！

当然，象山在如何对待圣贤君子人格问题上并非求全责备、吹毛求疵之理想主义者，这是因为在人类社会之现实生活中，君子人格之养成，殊非易事，德行也好，才艺也罢，欲达一定之境界皆非朝夕之功，且即便已经成为君子，亦并非完美无缺，因此对于君子不可求全责备，亦不可"铢铢而称，寸寸而量"，象山以为，若铢称寸量，即便是圣人亦有"不可胜诛之罪"，何况君子！何况常人！（《陆九渊集》卷十七）

四　辨别义利，为善为公——君子人格的价值之维

义利之辨是儒家讨论之中心问题。自孔子倡议"君子喻于义，小人喻于利"，孟子倡议"何必曰利"，董仲舒倡议"正其谊不谋其利，明其道不计其功"以来，"义"与"利"即成为辨别伦理道德领域的君子与小人、政治领域王道与霸道之重要标准。及宋代诸儒兴起，义利之辨被提升到判别君子、小人、王道、霸道的"第一义"的高度，并被赋予本体论、心性论、工夫论之诠释，又借助天理人欲之辨，引入"公私之辨"这一命题，使得义利之辨既具备了形而上之天道价值根源，又具备了指导士大夫日用生活洒扫应对乃至修齐治平之现实功用；既成为士大夫修为君子人格之现实标准，又成为政治上平治天下、文化上批判佛道之理论武器。宋儒之佼佼者如陆象山、朱熹、张栻辈，既继承了孔孟以来之儒家道统，又以丰富之义理内涵、缜密之理论体系将义利之辨发扬光大。

象山提倡义利之辨之典型事件即是其在白鹿洞书院所作之《论语讲义》。事在南宋淳熙八年（1181年），象山赴江西访朱熹，朱熹请其在白鹿洞书院作了一次讲演，主讲《论语》"君子喻于义，小人喻于利"章。象山开示诸生曰：

> 窃谓学者于此，当辨其志。人之所喻由其所习，所习由其所志。志乎义，则所习者必在于义；所习在义，斯喻于义矣。志乎利，则所习者必在于利；所习在利，斯喻于利矣。故学者之志不可不辨也。

科举取士久矣，名儒巨公皆由此出。今为士者固不能免此。然场屋之得失，顾其技与有司好恶如何耳，非所以为君子小人之辨也。而今世以此相尚，使汩没于此而不能自拔，则终日从事者，虽曰圣贤之书，而要其志之所向，则有与圣贤背而驰者矣。推而上之，则又惟官资崇卑、禄廪厚薄是计，岂能悉心力于国事民隐。以无负于任使之者哉？从事其间，更历之多，讲习之熟，安得不有所喻？顾恐不在于义耳。诚能深思是身，不可使之为小人之归，其于利欲之习，怛焉为之痛心疾首，专志乎义而日勉焉，博学审问，慎思明辨而笃行之。由是而进于场屋，其文必皆道其平日之学、胸中之蕴，而不诡于圣人。由是而仕，必皆共其职，勤其事，心乎国，心乎民，而不为身计，其得不谓之君子乎？（《陆九渊集》卷二十三）

象山在此谈了两个意见：一是为诸生提供了一个辨别君子与小人之标准，即辨其志向，志向在于道义，并且平时之行为习惯亦符合道义者，即是君子；志向在于私利，并且平时之行为习惯亦在追求私利者，即为小人。关于此点，象山在另一个场合也有过强调，象山曾言：君子行不贵苟异。害义违礼，乃世俗之弊端，非君子之道，君子须敢于同害义违礼之小人行径作斗争。（《陆九渊集》卷四）象山又言："君子不求名声，不悖才智，不矜功能，通体皆是道义。"（《陆九渊集》卷七）此皆表明象山注重君子之出处志向，不在苟且偷堕，务必正大光明而后可。二是以士大夫参加科举考试为例，阐明科举考试之目的是否正当亦是判别君子小人之重要标准。小人参加科举是为了升官发财，所在乎者乃是官位之大小尊卑，俸禄之多少厚薄；君子则不计较个人官位权力之大小，名位之得失，日日勉力为学焉，博学审问慎思明辨笃行于学问德行之间，且又心乎国，心乎民，不为一己之私计，悉心力于国事民隐之间，为国为民，鞠躬尽瘁，死而后已。

这场演讲以"公私义利"四字深刻揭示了君子小人之别，讲得很成功，在座诸生听完后皆很感动，甚至有感动得落泪者。朱子则既很受感动，又深感惭愧，再三言曰："某在此不曾说到这里，负愧何言！"（《陆九渊集》卷三十六）于是将此篇讲稿刻石纪念，且为之作跋。朱子在跋中盛赞此篇《讲义》"发明敷畅，则又恳到明白，而皆有以切中学者隐微深痼之病，盖听者莫不悚然动心焉"（《晦庵先生朱文公文集》卷八十一）。

由此言之，小人必为利为私，君子必为义为公。那么，君子何以必须为义为公呢？其理据何在？象山从其心即理之心本论出发，认为："理乃天下之公理，心乃天下之公心。"(《陆九渊集》卷七)由此,君子无论是循理而行,还是发明本心,抑或是闲邪存诚,科举入仕,都离不开一个"公"字和一个"义"字。象山在多个场合皆有此种言论,象山曰:

> 士大夫议论,先看他所主,有主民而议者,有主身而议者,邪正君子小人,于此可以决矣。(《陆九渊集》卷七)
> 君子义以为质,得义为重,失义为轻,由义为仁,背义为辱,轻重荣辱,惟义与否,科甲名位,何加损于我?(《陆九渊集》卷十三)
> 君子为善为公,和协辑睦,小人为恶为私,乖争陵犯。(《陆九渊集》卷二十)

五 抑恶扬善,顺天休命——君子人格的从政之道

君子义利公私的价值之维即明,还须将其付诸实际行动,表现为参加科举前须做到如前所述的端正志向,动机纯正,而入仕为官从政后,进入国家政治治理领域,则应恪守克己奉公、抑恶扬善之为官理念,此即涉及象山之政治理想。

象山于南宋乾道八年(1172年)中进士,历任靖安县主簿、崇安县主簿、台州崇道观主管、荆门军知军等职。他为官清廉、不喜空谈、务求实干。象山实际从政时间不长,但为百姓做了很多实事,而且政治思想极为丰富,其大端有二:一是继承发展了孔孟仁政、民本思想,二是认为任贤、使能、赏功、罚罪是医国去弊的"四君子汤"。对象山之政治思想,不拟全面论述,这里仅从君子人格的角度阐释一二。

象山认为,君子为政,首先要让一国之君成为君子。为政在人,君主系家国治乱安危之重,责任重大,故昔之圣人,尧舜禹汤文武周公等,皆小心翼翼,临深履冰,所以事天敬天畏天者,盖无所不用其极。(《陆九渊集》卷二十三)因此君主应是善行仁政之君子,厚德养民。从"心"而论,象山认为,"君之心,政之本"(《陆九渊集》卷三十),但是君主也是人,也会有所蒙蔽,有所移夺,有所陷溺,进而迷失本心,危及国家人民,为使君主能不偏离仁义之道,沦于"人欲横流"的小人之境地,此时君主身边的士大夫必须以君子之风,发挥"格其君心之非"之功用。象山曰:

盖君心未格，则一邪黜，一邪登，一弊去，一弊兴，如循环然，何有穷已。及君心既格，则规模趋向有若燕越，邪正是非有若苍素，大明既升，群阴毕伏。(《陆九渊集》卷十)

如若君心未格，则邪弊难除，任何政策措施只能治标。唯有真正格除君心之非，君心一正，其余问题必将随之迎刃而解。故"格君心之非"乃士大夫之根本职责所在。象山曰：

孟子曰："幼而学之，壮而欲行之。"所谓行之者，行其所学以格君心之非，引其君于当道，与其君论道经邦，燮理阴阳，使斯道达乎天下也。所谓学之者，从师亲友，读书考古，学问思辨，以明此道也。故少而学道，壮而行道者，士君子之职也。(《陆九渊集》卷二)

除了学道行道，格君心之非，象山还认为，君子为政，以宽大仁厚、勤政爱民为本怀，但只是宽大为怀，会导致奸邪之人肆无忌惮，伤害良善百姓，其结果就会产生孟子所说的"徒善不足以为政"。象山曰：

君子之德宽，如农夫去草，不是宽容奸邪，宽纵即是伤善，长恶，悖理，不顺天，非先王之政也。(《陆九渊集》卷五)
善恶之习，如阴阳消长，无两大之理，君子抑恶扬善，顺天休命。(《陆九渊集》卷九)

象山继承孔子德、礼、刑、政思想，强调五刑之用，以弼五教，从而达到抑恶扬善的目的。他曾写了一篇《政治宽猛孰先论》的文章，专门谈了如何抑恶扬善这一问题。在该文中，针对唐宪宗提出的政治宽与猛哪个在先哪个在后这一问题，象山论述指出，宽与猛只能以美恶论，不能以先后论，对于那些顽嚚、嫉狠、傲逆、不逊等不可"诲化怀服"之人，必须"刑而治之"，刑罚是一种"天讨"，讨伐那些罪有应讨的恶人，刑法在所难免。不过，应该在"用刑之际而见其宽仁之心，此则古先帝王所以为政者"。如舜帝诛杀四凶，孔子诛杀学术流氓少正卯，都是"以至仁之心，恭行天讨"，以达到"斯民无邪匿之害，恶惩善劝"的善治境界。同时，象山还强调，君子抑恶扬善，刑法难免，但如何用刑，得有法度，不可太少，亦不可太过。如果一味严刑峻法，滥杀无辜，实际上也是一种"失其本心"的行为，非君子所当为。(《陆九渊集》卷三十)

基于此，象山认为，士大夫为官之职责在于采取非常之手段，惩治邪恶，除暴安良，"禁民为非"，去民之"不善不仁"而"成其善政仁化"(《陆九渊集》卷五)，使君主之恩德善意直贯于下民百姓，维护良好的社会秩序，以保护生民。

六　结论

通过上述分析，可以看到，象山君子人格思想涉及本体、心性、工夫、价值及其政治理想，可谓体系博大，独具特色。而象山本人，"少而慕古，长欲穷源，不与世俗背驰而非，必将与圣贤同归而止"(《陆九渊集》卷三十六)，其平生志向行动，无论是为学教学，还是为官行政，皆以圣贤君子人格之养成为鹄的，不仅影响了象山生前门人弟子，也为后世树立了完美君子人格的楷模。尤其是教学育人，可谓春风化雨，润物无声：

> 士民会听，沉迷利欲者惕然改图，蔽惑浮说者翻然就说，胶溺意见者凝然反正，莫不知足自知。(《陆九渊集》卷三十六)
> 先生深知学者心术之微，言中其情，或至汗下，有怀于中而不能自晓者，为之条析其故，悉如其心。(《陆九渊集》卷三十六)

朱熹曾高度评价象山的这种影响："子静门人，类能卓然自立，相见之次，便毅然有不可犯之色。"(《朱子语类》卷一一三)象山弟子袁燮也评价道："象山先生以深造自得之学，师表后进，其道甚粹而明，其言甚平而切，凡所以启告学者，皆日用常用之理，而毫发无差，昭晰无疑，故天下翕然推尊。"(《陆九渊集》卷三十六)

大转型背景下的北宋哲学：兼论中国思想的第二期轴心时代

张广保

（北京大学）

德国哲学家雅斯贝尔斯（1883—1969年）在总结了古希腊、以色列、印度、波斯及中国文明发展的历史后，创造性地提出了"轴心时代"这一重要概念，用以解释人类文明发展的历史。在《历史的起源与目标》一书中，他说："人类一直靠轴心时代所产生、思考和创造的一切而生存，每一次新的飞跃都回顾这一时期，并被他重新燃起火焰。自那以后，情况就是这样。轴心期潜力的苏醒和对轴心期潜力的回忆，或曰复兴，总是提供了精神力量。"[1] 对于中国生活于轴心时代的思想家，他特别举出孔子与老子。不过我们注意到与世界上其他各大古老民族例如古希腊、希伯来、印度不同，从中国文明发展的实际历史看，在轴心时代之前中国文明还有一个经典时代。诚然，在轴心时代之前，世界其他文明古国也都曾产生自己的经典，像古希腊的荷马史诗《伊利亚特》《奥德赛》，犹太民族的《旧约全书》，波斯的《吉尔伽美什》及印度的四《吠陀》等，然而这些民族在前轴心时代产生的经典与中国的经书相比，都属于神话或宗教圣典，关注的核心问题是解脱或救赎。而中国的经书则主要由夏、商、周三代的政典、礼典及史传构成，其中的人文色彩特别浓厚，主要讨论现实世界的政治、道德问题。之所以有这种差异，我认为与中国文明的早熟有直接关系。因为根据《国语》的记载，早在五帝时颛顼时代，经由"绝地天通"，中国文化就完成了由神性传统向人文传统的重大转向，从而确立了德性传统。中外经典构成的这一差异直接影响到各自

---

[1] ［德］卡尔·雅斯贝尔斯：《历史的起源与目标》，魏楚雄、俞新天译，华夏出版社1989年版，第14页。

轴心时代思想突破的进路及此后文明演进的途径。与其他民族轴心时代因思想突破而引发的文明传统由神性传统向人文传统之转向有所不同，中国轴心时代的思想突破显得更为温和，其与传统之间维持着顽强的延续性。这当然是因为中国文明的这种转向早在经典时代之前就已完成。中国轴心时代的思想家虽然也有像道家学派的老子那样，对传统的仁义礼乐价值体系进行犀利的批判和再诠释，但诸子百家中更多的却是像孔子那样述而不作，对传统更偏重于传承。因此，从世界文明的大视野看，中国传统思想文化的发展似可区分为三个较大的历史时段，它们分别是：经典时代（或原典时代）、轴心时代、复兴时代。

经典时代文化创造的成就主要体现在诸种经书中，它们支配着中国政治、社会生活达两千五百年以上。直至今天，仍然对我们社会生活产生深刻影响。表面上看来，经书中的《尚书》《易经》《诗经》，不过是夏、商、周三代有关政治、宗教、文学文献的汇编，其中似乎没有包含什么深刻的思想。然而，五经之所以被尊为经，并不纯粹因为它们出世年代的古老，而是由于它们承载着我们这个民族深层的政治文化理念，此亦即先秦诸家所指的"先王之道"。经书之所以被抬到经的位置，完全是因为它们承载着根本的、至上的人道。自春秋战国始，一代代儒家学者之所以沉醉于注经明经活动，目的也是彰明、传续先王之道。按照儒家学者的理解，经典时代实际上是道化流行的黄金时代。在这一时代中，先王之道完全显现于现实的时间、空间之中。因此，在这一时代不容易发生对道本身的追询。随着经典时代的结束，道也随之退隐于后。道之退隐也就意味着"学"的出现。因此，旨在辨彰先王之道的经学，顺理成章地发生于经典时代终结之后。对于中国历史上经典时代的持续时期，笔者认为至少应从尧舜时代算起，因为按照儒家传统的看法，这一时代确立了中国理想政治的典范。儒家的创始人孔子就是将复现尧舜之治作为毕生追求的目标。

中国文明史上，继起于经典时代的轴心时代以对经书的创造性诠释作为根本特征。轴心时代在中国历史上约当于春秋战国时期。这一时期产生了一批开宗立派的思想文化宗师，其中道家有老子、庄子；儒家有孔子、孟子。其他如墨家、法家、名家、兵家、农家、阴阳家等也都纷纷面世，并且一无例外都是人才辈出，群星闪烁。这一时期的文化创造无论是自深度，还是从广度上都极大地丰富了中国传统文化的内蕴，在某种意义上可以说奠定了中国传统思想文化的基本格局。正是因为这一成就，雅斯贝尔斯将中国的春秋战国时期纳入其所谓世界文明历史的轴心时代范域中。不过，他显然没有注意到中国的轴心时代与其他民族例

大转型背景下的北宋哲学：兼论中国思想的第二期轴心时代

如古希腊的轴心时代并不一样。它在思想文化方面的丰富创造性乃是通过诠释传统而实现的。之所以如此，正如上文所述乃是因为在中国的轴心时代之前还存在一个经典时代，而这在其他文明中例如古希腊是不存在的。古希腊自然在轴心时代之前也有它的古老史诗《伊利亚特》《奥德赛》，因此有时人们又称这一时代为史诗时代。然而，古希腊的史诗并不具有经的地位，对以后古希腊文明的发展之影响也无法与中国的五经相提并论。论及于此，也许有人会提出疑问：中国轴心时代出现的儒家、墨家二支固然具有很强的述而不作的特征，孔子、墨子均以推阐先王之道作为毕生追求的第一目标，然而道家、农家、法家、兵家、名家等其他诸家思想家，在发展他们的学说时并没有先王之道的影子伴随着，他们各自的思想体系应该具有独创性。这一疑问表面看来颇为深刻，实际上却是因为对先王之道缺乏整全的认识。诚然，上述诸家较少从正面谈论先王之道，然而它们其实并没有完全脱离这一主题。道家、法家都从不同的角度批评先王之道，道家思想家通过对先王之道的批判来复兴他们自己心目中的古道，此即将先王之道进一步追溯至更为古远的伏羲、神农时代。而法家则转而提出法后王，至于其他各专门的思想流派也都莫不力图推阐其先王之道的一端来确立本派的宗旨。因此先王之道并非仅归属于儒家，而是包括道家在内的诸子百诸家之共同归依。《庄子》就认为诸子百家都是发源于先王之道，只不过是各自执其一端以立说。不过《庄子》将这种现象描述为道之灭裂与分化。其《天下篇》对之有很精彩的概述，其云："天下大乱，圣贤不明，道德不一，天下多得一察焉以自好。譬如耳目鼻口，皆有所明，不能相通。犹百家众技也，皆有所长，时有所用。虽然，不该不通，一曲之士也。判天地之美，析万物之理，察古人之全，寡能备于天地之美，称神明之容。是故内圣外王之道，暗而不明，郁而不发，天下之人各为其所欲焉以自为方。悲夫，百家往而不反，必不合矣！后世之学者，不幸不见天地之纯，古人之大体，道术将为天下裂。"而司马迁则认为诸子百家是殊途同归，《史记·太史公自序》说："《易大传》：天下一致而百虑，同归而殊途。夫阴阳、儒、墨、名、法、道德，此务为治者也，直所从言之异路，有省不省耳。"这都是以为诸子百家仅得古代道术之一端，是整全道术灭裂、分化之后的产物，而在这之前是存在一个浑全的道的。很显然，诸子都采取向源初道的回溯来阐发各自的思想。思想的生成就是在这种回返原初的运动中实现的。

从文化体系比较的角度看，中国文明总体上是一种以现世主义为导向的礼乐文明。依据经典时代留存的经典文献，这一文化体系在"前三代"即尧、舜、禹就已定型，而在"后三代"即夏、商、周时期则臻于成熟。孔子的"郁郁乎文哉！吾从周"的感叹就是表述对西周礼乐文明的向往。儒家也正是因为继承中国传统文化的礼乐精神，才使其成为中国传统文化的主干。而道家则在究明天道、体察天人关系方面成绩显著。春秋、战国时期诸子争鸣，百家竞起，实际上都是对礼乐文化进行批评、反思，而没有就这一文化的根基予以质疑。因而我们可以说，百家的论争只是在同一文化体系范围内部的争论，无论是道家对儒家的批评，还是墨家与儒家的争衡，都只是在同一价值体系中展开的，而没有从根本结构上对中国传统文化有所突破。直到随着后汉之后佛教的传入，以及由之引发的三教论争，才使中国传统文化直接面临着另一成熟文化——印度文化的挑战。由于印度文化具有浓厚的出世主义色彩，这对中国文化来说相当陌生。因此佛教宣传的三世轮回、因果报应、缘起性空、涅槃寂灭等观念在当时对中国人产生了极大的震动。因为以礼乐文化为特色的中国文化关注现实人生，关注此世生活。这无疑具有其特别的优势。不过与周边其他文化相比，它的弱点也是很明显的，其中尤可注目者就是它的精神视域相对狭窄，其对生存的理解具有平面化的倾向。相对的，道家对此有所纠偏，但仍然难以扭转中国文化过于强调现世的整体倾向。不少论者都指出在中国文化中对来世学的探讨相当薄弱，日本著名印度学家中村元认为中国人没有实践深刻的宗教反省，孔子的学说中欠缺诸如"原罪""拯救"等观念，而这在印度和西方宗教中都是基本观念。[①] 关于中国文化的这一弱点，早在魏晋南北朝时期三教论争中，就有不少论者予以指出。例如东晋高僧慧远就说：

> 原其所由，由世典以一生为限，不明其外。其外未明，故寻理者自毕于视听之内。此先王即民心而通其分，以耳目为关键者也。（《弘明集》卷5《三报论》）

这就很明确指出中国文化讨论范围局限于此生，而对此生之外则未涉及。对此刘宋僧人慧琳在其名著《白黑论》中，于比较佛教与周、孔之教之优劣时，引

[①] 中村元指出："在印度与中世纪欧洲一样，生活于现世是为了更好的来世作准备的思想非常强烈。然而在中国，这种思想并不常常抬头，在这方面或许可以说，中国人没有实践深刻的宗教上的反省，那就是说，中国人没有很深的罪障意识。人们常常指出，在孔子的教说中没有'原罪'或'拯救'的观念。"《东方民族的思维方法》，林太、马小鹤译，浙江人民出版社1989年版，第172页。

时人的观点，更是予以充分展开，其云：

> 周孔为教，正及一世，不见来生无穷之缘。积善不过子孙之庆，累恶不过余殃之罚，报效止于荣禄，诛责极于穷贱。视听之外，冥然不知，良可悲矣。释迦关无穷之业，拔重关之险。陶方寸之虑，宇宙不足盈其明；设一慈之救，群生不足胜其化。叙地狱则民惧其罪，敷天堂则物欢其福。指泥洹以长归，乘法身以遐览，神变无不周，灵泽靡不覃。(《宋书》卷97《白黑论》)

这是以佛教的天堂、地狱、报应、泥洹、法身等具有出世主义色彩的观念对中土周孔学说进行批评。由于这些高僧本来对中国本土文化就很精通，因此他们的批评确实切中中国文化的弱点。的确无论是儒家孔子的"未知生，焉知死"，还是道家《庄子》的"六合之外，圣人存而不论"，中国文化整体来说是一种现世中心导向的文化。难怪当他们碰到以佛教为代表的印度文化开张三世，究极幽冥，超迈生灭，体证涅槃等显示立体多维的思想视域时，则精神为之震撼。

我们注意到在魏晋南北朝的三教论争中，崇佛者在比较儒释道三教的宗旨之后，对三教的优劣予以了整体价值评判。于是我们在中国历史上第一次看到对传统文化进行公然贬斥。例如活跃于刘宋时的谢镇之就认为中土孔、老之教"乃为尽美，未为尽善"，孔、老无法与释迦比肩。其《重与顾道士书》云：

> 假令孔老是佛，则为韬光潜导，匡救偏心，立仁树义，将顺近情。是以全形守祀，思接六亲，摄生养性，自我外物。乃为尽美，不为尽善。盖是有涯之制，未鞭其后也。何得拟道菩提，比类牟尼？(《弘明集》卷6)

隋代彦琮在《通极论》中也说：

> 纵使周公之制礼作乐，孔子之述《易》刊《诗》，子赐之言语，商偃之文学，爰及左元放、葛孝先、河上公、柱下史，并局之于方内，何足道哉！(《广弘明集》卷62)

这显然都是责难孔老之教只局限于现世，不讲来世，不讲终极了证。一般说来在南北朝时期扬佛教抑儒道的风气相当浓烈。活跃于东晋至刘宋时的宗炳认为佛典宣说的思想无论较儒家的《五经》，还是较道家的《老子》《庄子》，都更为精妙。其《明佛论》说：

> 彼佛经也，包五典之德，深加远大之实；含《老》、《庄》之虚，而重增皆空之尽。高言实理，肃焉感神。其映如日，其清如风，非圣谁说乎？（《弘明集》卷2）

这是说佛经不但涵摄儒书、道典的优点，而且还远较二家更为殊胜。正是因此，魏晋南北朝的崇佛者又称释迦牟尼为"众圣之王，四生之首"（《广弘明集》卷1《宋文帝集朝宰论佛教》）、为"大圣"（《广弘明集》卷1《归正篇序》）。这种独崇佛教、贬抑儒道的态度在佞佛皇帝梁武帝身上达到顶峰。他在《敕舍道事佛》一文中，竟然将中国传统的儒、道二教都斥为邪教，并号召臣下反伪就真，舍邪归正：

> 老子、周公、孔子等，虽是如来弟子，而为化既邪，止是世间之善，不能隔凡成圣。公卿、百官、侯王、宗室，宜反伪就真，舍邪归正。（《广弘明集》卷4）

考虑到魏晋南北朝时普遍将印度称为西方、西土，因此萧衍这种对待中国传统文化的否定态度，似乎可以视为中国历史上最早的一种全盘西化、印化的主张。这对长期以来习惯于"夷夏之辨"，执持华夏文化优越论的中国士大夫不啻晴天霹雳，其引发的震撼也许只有鸦片战争时期由于泰西文化的大规模传入而对中国文化造成的挑战，差可比拟。

不过从中国思想文化发展的历史看，鼎盛于魏晋南北朝时期的儒、释、道三教大论争，对于中国传统思想文化吸收外来思想文化的优点，重新铸造中国思想文化之传统，具有至关重要的意义。自此之后，以儒、释、道为整体格局的中国思想文化传统就牢固确立了起来。而这也为中国文化在宋代的全面复兴奠定了牢固的根基。

大转型背景下的北宋哲学：兼论中国思想的第二期轴心时代

中国历史上思想文化发展的第三个时代始于晚唐时期，历宋、明转入其发展的高峰。这一时期由韩愈撰《原道》《原性》发其端，至明代王阳明心学思想体系的完成而达至终结。对此笔者将其称为中国传统思想文化的复兴时代。因为这一时期的思想文化创造是在复兴传统的旗帜下进行的。至于其创造的方式乃是通过借鉴、融会佛、道二教的精致义理而达成的。其中由佛教中主要接纳其般若学空论、修养论，由道教中主要吸纳其宇宙论、形上论及工夫论的有关思想，因此是一种典型的三教合一的产物。在此我们要特别提请注意复兴时代的产生与佛家、道家的关系。这是因为从汉末开始，印度的佛教开始传入中国。从中国思想文化整体发展的历史看，佛教的传入及由此引发的三教论争是中国文化发展过程中的一件大事。它乃是中华文明首次遭遇印度文明这一异质的、高度成熟的文明体系的挑战。对此中村元曾评论说："从后汉至唐宋，儒教、佛教、道教这三教之间展开了激烈的争论，这在文明史上具有非常重要的意义。"[①] 因此，我们不能仅把佛教传入中土看成是一种宗教的植入，而且还应注意佛教所承载的印度文明之核心价值观念，诸如因果报应、三世轮回以及以出世主义为导向的终极解脱境界等，都是印度各大宗教诸如婆罗门教、印度教、耆那教等共同信奉的。因此从文明传播的角度看，佛教传入中土及由之引发的绵延八百年以上的与中国传统思想儒、道之间的争辩，乃是当时世界上两大主要文明体系首次大规模交锋。

我们看到在这一时期以佛教东传为契机，中、印两大古老文明第一次在文化思想层面上相遇并展开激烈的交锋。由于印度文明以宗教出世主义为导向的文化对中国以现世主义为中心的伦理本位文化具有一定程度的互补性，因此中国人在初次遭遇这种异质文化冲击时的确感到心灵的巨大震撼，以至在一定范围内出现了对本土文化全盘矮化的声音。这无疑是中国文化遭遇的首次挑战。然而值得注意的是，中华文明在应对印度文明主动挑战的过程中，对佛教采取的开放、接纳、改造的系列姿态，使得印度佛教为适应中国社会的特殊土壤而做出适度的修改，从而最终造就了极富思想创造性的中国佛教。尤为值得一提的是：此后佛教以中国为基地对东亚各国进行全面辐射，最终成为一种世界性的宗教。12世纪之后，佛教在印度由于种种原因而绝迹，中国反而代之而起成为宣播佛教的主要中心之一。就中国文化来看，佛教及其所承载的印度思想的传入，大大拓展了中国文化的精神视域，提高了中国思想的思维抽象能力，弥补了中国文化现世主义

---

① ［日］中村元：《比较思想史论》，吴震译，浙江人民出版社1987年版，第83页。

导向过于强烈的俗世主义弊端。而这对宋学的形成有着重大的影响。

复兴时代的关键时期是北宋。北宋王朝继承唐代思想多元、三教并重的文化政策，对来自外族的异质文化佛教及源于本土的非正统思想道家、道教均一视同仁、加以扶植。在这种宽松、自由的思想环境的孕育下，宋代尤其是北宋的思想文化领域再度呈现出学派林立、百家争鸣的新气象。从全部中国哲学史、思想史发展的历史看，这一时期乃是继春秋、战国之后第二轮思想创造集中迸发的时期。对此，我们如果称之为中国思想史上的"第二个轴心时代"，也毫不为过。正是通过宋代各派思想家的创造性努力，确定了中国历史中后半段即第二个千年社会发展的思想基础，而为此后的元、明、清所因袭。对此，历史学家陈寅恪高度评价说："华夏民族之文化，历数千载之演进，造极于赵宋之世。后渐衰微，终必复振。"[①] 而日本不少著名汉学家例如内滕湖南等也提出"唐宋变革论"，认为中国历史从北宋始已进入崭新的近世时期。

与春秋战国轴心期思想创造期相比，宋代思想发展也呈现出学派林立、思想多元、自由议论、经世致用及怀疑传统等相似特点。仅就北宋而论，其时出现的成熟学派既有雄霸宋代六十年之久的"官学"——荆公新学，也有在野之学如邵雍的易学先天之学、周敦颐的濂学、司马光的朔学、张载的关学；既有理学的重要代表二程的洛学，也有与之针锋相对的以三苏为代表的蜀学。此外南宋又有朱熹开创的闽学，陆九渊创立的心学，以及以崇尚经世致用为特色的功利学派例如永嘉学派、永康学派。与朱熹闽学形成呼应的张栻的湖湘之学、吕祖谦的金华学派在社会上也有较大影响。

在北宋产生的上述学派中，无论是从政治、社会影响，还是从对先秦儒家内圣外王精神的复归来看，荆公新学及其先驱者范仲淹、欧阳修等人的思想都是北宋思想学术的主流，只有他们才是宋学的代表者。著名历史学家、宋学研究专家邓广铭在评价王安石思想之贡献及其在北宋的地位时说："从其对儒家学说的贡献及其对北宋后期的影响来说，王安石应为北宋儒家学者中高踞首位的人物。""王安石是真正内圣外王之学。"[②] 因此，从北宋哲学发展的实际历史看，王安石及其创立的荆公新学乃是北宋哲学的最重要学派。这一学派在学理上直接与范仲淹开创的高平之学内在相通，而胡瑗、孙复、石介等宋初三先生都是围绕高

---

① 陈寅恪：《宋史职官志考证序》，《金明馆丛稿二编》。
② 邓广铭：《王安石在北宋儒家学派中的地位》，《北京大学学报》（哲学社会科学版）1991年第2期。

平之学而运思。至于以二程洛学为代表的理学仅是北宋儒学众多学派之一，其与关学、濂学、百源之学一样都是其时儒学内部的不同学派。值得注意的是，这一时期思想发展的主脉乃是经由学派争辩及与之密切相关的古文运动而达成的。从思想资源看，其中尤为重要的是儒、释、道三家互相交融、互相资取。应该说儒、释、道三家的混融是宋代哲学发展的内在动力。这点从宋代各派哲学家无论是公开尊崇佛老的王安石、苏轼，还是排斥异端的张载、二程等，在其一生中都有漫长的出入佛老的思想经历也可印证。此外宋代理学的基本概念、范畴从思想渊源看差不多都可以溯及佛家、道家、道教哲学。

在北宋产生的荆公新学、邵雍的易学先天之学、周敦颐的濂学、司马光的朔学、张载的关学、二程的洛学及以三苏为代表的蜀学等七大学派，虽然各自开派宗旨互异，社会、政治影响也有很大差距，但他们统合释道、出入百家都是相同的，尽管有的学者像张载、程颐等人对此并不公开承认。首先我们来看以王安石（1021—1086 年）为代表的荆公学派。该派的主要人物除王安石之外，还有陆佃、吕惠卿、王雱、蔡卞、陈瓘等人。他们大多博通三教，出入百家。其著述既有注经之作，也有解老疏佛之文。例如王安石就撰有《老子注》《庄子解》《庄子论》《楞严经解》其子王雱则撰有《老子注》《南华真经新传》，吕惠卿撰有《道德真经传》与《庄子义》。对于佛家、道家的学说，王安石吸收了其天道论、心性论相关思想。对此，朱熹评论说："王氏之学，正以其学不足以知道，而以老释之所谓道为道，是以改之而其弊反甚于前日也。"（《朱文公文集》卷34《与东莱论白鹿书院记》）他的哲学思想的精华主要体现在其性命学说。北宋王门后学，活跃于哲宗、徽宗朝的陈瓘在其《尊尧集》之《序》中评论说："臣闻'先王所谓道德者，性命之理而已矣'，此安石之精义也。有《三经》焉，有《字说》焉，有《日录》焉，皆性命之理也。蔡卞、蹇序辰、邓洵武等用心纯一，主行其教。所谓'大有为'者，亦性命之理而已矣；其所谓'继述'者，亦性命之理而已矣；其所谓'一道德'者，亦以性命之理而一之也；其所谓'同风俗'者，亦以性命之理而同之也。"当代著名宋学研究专家邓广铭先生也说："在北宋一代，对于儒家学说中有关道德性命的义蕴的阐释和发挥，前乎王安石者实无人能与之相比。"① 而王安石性命学说正是儒、释、道三教性命理论融合的产物。此外，他并没有像程朱那样视老庄为代表的道家为异端，而是认为道家可以纠儒家之偏。

---

① 邓广铭：《王安石在北宋儒家学派中的地位》，《北京大学学报》（哲学社会科学版）1991 年第 2 期。

他在评论庄子时说:"昔先王之泽,至庄子之时竭矣,天下之俗,谲诈大作,质朴并散,虽世之学士大夫,未有知贵己贱物之道者也。于是乎弃绝乎礼义之绪,夺攘乎利害之际,趋利而不以为辱,殒身而不以为怨,渐渍陷溺,以至于不可救已。庄子病之,思其说以矫天下之弊而归之于正也。其心过虑,以为仁义礼乐皆不足以正之,故同是非,齐彼我,一利害,而以足乎心为得,此其所以矫天下之弊者也。"(《王文公文集》卷27《庄子上》)这是认为庄子批评传统仁义礼智乃是一种纠偏之举,对当时病态社会而言可谓是一副解毒剂。王安石对庄子学说的这一估价是极有见地的。这说明道家与儒家一样是构成先王之道的两个不同的向度。荆公学派固然是以回归孔孟原始儒家为理想,以经世致用、富国强兵为目的,以礼乐刑政相结合为手段,一句话以统合内圣外王为开派宗旨。但该派却有容纳百家,广采佛、道的气度,并没有像程朱一系理学家那样执持正统、异端之辩,排斥佛、老。正因为荆公新学以内圣外王为归依,而不拘拘于向内诉求,以统合三教为方法,而没有狭隘的门户之见。因此笔者认为只有荆公新学才是宋学的典型代表。值得特别提及的是,荆公新学虽然以王安石为杰出代表,然而其理论先驱则可溯至范仲淹、欧阳修等人。正是王安石和他的学派接续庆政新政的火炬,在中国历史上进行了一次庄严而伟大的政治实践,这就是北宋时期的熙丰新政。王安石的改革一方面固然是为了富国强兵,从根本上改变北宋王朝"积弱""积贫"的萎靡局面,另一方面其实也是儒家试图由内圣开出外王的尝试。构成王安石熙丰新政理论基础的乃是他的荆公新学。钱穆先生曾评论说:"安石新政,虽属失败,毕竟在其政制的后面,有一套高远的理想。……这一种理想,自有深远的泉源,决不是只在应付现实,建立功名的观念下所能产生。因此在王安石新政的后面,别有所谓新学。"①

其次我们看周敦颐(1017—1073年)创立的濂学。周敦颐作为二程的前辈,与王安石活动时期大抵相同。从宋代理学发展的历史看,濂学的主要贡献乃在于提出一整套理学常用的概念范畴,诸如太极、无极、理、性、命、情、诚、主静等。尽管这些概念范畴先秦儒学早已使用,但把它们结合起来,构筑成一个思想体系,这在北宋仍属开倡新风气。周敦颐创立的濂学是否吸收了道家、道教的宇宙创生论,迄今为止虽然学术界仍在争论,然而,《宋史·儒林传·朱震传》记载了穆修以太极图传周敦颐,而穆修之学乃是上承种放,其直接渊源却是北宋初

---

① 钱穆:《国史大纲》上,商务印书馆1994年版,第597—580页。

年著名高道陈抟。其云："(朱)震经学深醇,有《汉上易解》云:陈抟以先天图传种放,放传穆修,修传李之才,之才传邵雍;放以河图洛书传李溉,溉传许坚,许坚传范谔昌,谔昌传刘牧;穆修以太极图传周敦颐。"朱震是活跃于两宋之际的学者,他博观群书,学问渊博。他上述有关太极图的传承当有所本,在没有实质性反证材料出现之前,我们不能轻易怀疑他的载述。冯友兰先生说:"周濂溪取道士所用以讲修炼之太极图,而与之以新解释,新意义。其解释此图之《太极图说》为宋明道学家中有系统著述之一。宋明道学家讲宇宙发生论者,多就其说推衍。"① 周敦颐太极图与《太极图说》以图式揭示的自太极经阴阳再历五行至万物这一产生过程,正是唐代中期内丹学派宣示的顺逆两途中顺的一途。这在唐至北宋中期内丹典籍中已是常识,尤其是五行图中以土居中,唐代内外丹典籍在论及内外丹的合炼时,除铅汞二药之外都极重视土的媒合作用。其意乃是以土居中为真阴真阳交合之媒。关于道教有关这方面的经书,可参看与朱震同时的曾慥所撰《道枢》。此书主要辑集北宋之前的道教经书,以内外丹经书为主。其次周敦颐《太极图说》以天道论贯通人性论的论述理路,显然也是受到道家、道教的影响。再者濂学主要侧重于《易》《庸》之学,其《太极图说》使用了"无极"这一概念,显然也可溯及老子的"无极"。至于其工夫论中的"寡欲""主静"之论,则显然受到道家与佛学的影响。更为重要的是周敦颐追求的生命境界与老庄道家内在相通,他雅好山林,人品高洁,蜀学后人北宋黄庭坚称他"人品甚高,胸怀洒落,如光风霁月"(《周子全书》卷19《濂溪词并序》)。

冯友兰先生在谈及宋代道学家中引入道教思想者时,特别列举周敦颐、邵雍两人。② 邵雍(1012—1077年)或许是中国哲学史上少数具有神秘色彩的思想家之一。他创立的先天学在宋学中显得颇为异类。虽然不少学者都将他的先天学归为易学领域,属于象数学中的数学。然而,邵雍自己却喜好用"物理性命之学"来称呼。实际上他的易学先天学乃是借用传统易学的概念、图式以表达自己对宇宙造化及人类社会历史演进的独特理解。值得注意的是他提出的这套概念体系诸如"元会运世""皇帝王霸""日月星辰""先天后天"等都是极为特别的。邵雍的理论似可区分为物理之学与性命之学两大部分。其物理之学重在"观天地之消长,推日月之盈缩,考阴阳之度数,察刚柔之形体;故经之以元,纪之

---

① 冯友兰:《中国哲学史》下,中华书局1984年版,第820页。
② 冯友兰:《中国哲学史》下,中华书局1984年版,第820页。

以会，始之以运，终之以世"（《宋元学案·百源学案》），主要讨论天道造化问题。而性命之学则主要是"穷言意象数之蕴，明皇帝王伯之道"（《宋元学案·百源学案》），讨论人类社会历史演进的规律。对此，他的弟子张岷又将其概括为尊天理、重人伦。这是非常贴切的。邵雍的物理性命之学对南宋朱熹、蔡沈父子影响很大。关于邵雍思想与道教的关系，我们前文所引《宋史·儒林传》转引朱震《汉上易解》所述，再结合程颢所撰《邵尧夫先生墓志铭》，应该可以断定其学渊源于陈抟。为了便于读者理解，我们不妨再引一次："（朱）震经学深醇，有《汉上易解》云：陈抟以先天图传种放，放传穆修，修传李之材，之材传邵雍。"除此之外，邵雍的"观物"工夫论及理想圣人人格都打上了道家、道教印迹。例如《皇极经世·观世篇》述观物功夫云："夫所以谓之观物者，非以目观之也，非观之以目，而观之以心。非观之以心，而观之以理也。"而他心目中的圣人就是能"以一心观万心，一身观万身，一物观万物，一世观万世者焉。又谓其能以心代天意，口代天言，手代天工，身代天事者焉。又谓其能以上识天时，下尽地理，中尽物情，通照人事者焉。又谓其能以弥纶天地，出入造化，进退古今，表里人物者焉"。这种所谓圣人显然与儒家传统圣人形象有很大差距，乃是注入了道家真人人格之因素，系一种儒道结合之新圣人形象。其实这也是邵康节之夫子自道也。的确现实生活中的邵雍，其生活情趣、理想追求与其说是一位谨厚儒者，倒不如说更接近一位道者。他心胸开阔，性情达观，与世无争，偏好以隐者自居。例如《安乐窝中吟》吟道："安乐窝中不甚贫，中间有榻可容身。儒风一变至于道，和气四时长若春。日月作明明主日，人言成信信由人。唯人与日不相远，过此何尝更与真。"（《击壤集》卷10）又其述自己的隐士生活云："一枕晴窗睡初觉，数声幽鸟语方休。林泉好处将诗买，风月佳时用酒酬。"（《击壤集》卷8《岁暮自贻》）他还常喜好着道装出游，其《道装吟》："安车麈尾道衣装，里巷过从乃是常。闻说洞天多似此，吾乡殊不异仙乡。"（《击壤集》卷13）

总之，邵雍的思想与人格都涂抹着一层浓厚的道家色彩，可谓是北宋学者中儒道结合的典型代表。难怪《正统道藏》将其主要著述《击壤集》《皇极经世》都收入藏内。

至于以张载（1020—1077年）为主要代表的关学，虽然张载并没有解老注佛之作，但据《宋史》卷247《道学一》张载本传记载，张载曾"访诸释、老，累年究极其说"，又其弟子吕大临在为张载所撰《行状》中也称张载广访释老之书，累年尽究其说。从张载思想体系全体看，在其天道论、性命论、功夫论等思想中，道家思想的印迹都很深。众所周知，张载在北宋理学发展中的一个重要贡献是在《正蒙》一书中提出天地之性、气质之性一对概念。这种二元一体人性概念的提出，在中国人性论发展史上具有重要意义，因为它在儒家人性论发展历史中首次打通前此存在的形上与形下、本体与现象两橛的分离。对此，朱熹评论说："此起于张、程。某以为极有功于圣门，有补于后学，读之使人深有感于张、程，前此未曾有人说到此。"（《朱子语类》卷4）朱熹在追溯这对概念之理学渊源时，之所以张、程并举，乃是因为后来二程，特别是程颐在其理学体系中接纳这对概念，并以之作为其理学建构的基础，而程颐的思想在南宋较张载更有影响。然而，朱熹显然没有考究这对概念产生的历史渊源。实际上这对概念是张载在吸收北宋著名内丹学家张伯端（984—1082年）思想成就的基础上，加以改造而提出的。对此学界已有不少论述。① 虽然有学者仍然对张伯端的《玉清金笥青华秘文金宝内炼丹诀》一书之真伪提出疑问，但张伯端的先天之性、气质之性一对概念早在其名著《悟真篇》中就已提出。《悟真篇》之《神为主论》云："夫神者，有元神焉，有欲神焉。元神者，乃先天以来一点灵光也。欲神者，气质之性也。元神者，先天之性也。形而后有气质之性，善反之，则天地之性存焉。自为气质之性所蔽之后，如云掩月，气质之性虽定，先天之性则无有。"值得注意的是张伯端《悟真篇》区分先天之性、气质之性乃是为了展开对元神、欲神的论述，这种两两相对的概念在其内丹学中还有先天气、后天气及元精、后天精。其意乃在论述如何通过对后天精、气、神的修炼以返归先天本元。对此唐宋内丹学还提出一套系统的三关修炼程序，此即炼精化气、炼气化神、炼神返虚。因此经由后天精、气、神的修炼而返归先天精、气、神乃是唐宋内丹学的根本目标。职此之故，张伯端在《悟真篇》提出先天之性、气质之性绝非偶然之举，而是与其内丹学体系有着内洽性。更为重要的是张伯端的这一思想在道教内丹学中远有端绪，乃是继承唐、五代内丹学派的思想特别是钟吕内丹道思想之后提出的。在《钟离传道集》《灵宝毕法》《西山群仙会真记》等唐、五代出世的道书中，就有真性、识性、真气、元气、气、精、元精、阳神、阴神等两两相对的概念（《道枢》卷37至卷40）。

此外，张载哲学体系的核心概念太虚也早见于《庄子·知北游》。总之我们

---

① 侯外庐、邱汉生、张岂之主编：《宋明理学史》上，人民出版社2004年版，第112页；孙以楷主编：《道家与中国哲学》，人民出版社2004年版，第205页。

研究张载哲学如果不着眼于佛、道二家对他的深刻影响，就很难理解他的思想成就及理论特色。

值得注意的是，张载不少重要哲学思想是通过对佛、老思想的辨析形成的。他对关学太虚、天理意义的界定就是通过对佛、老最高本体概念空、无的分疏而完成的。其云："浮屠以心为法，以空为真，故《正蒙》辟之以天理之大，又曰：'知虚空即气，则有无、隐显、神化、性命通一无二。'老子以无为为道，故《正蒙》辟之曰：'不有两则无。'至于谈死生之际，曰'轮转不息，能脱是者则无生灭'，或曰'久生不死，'故《正蒙》辟之曰：'太虚不能无气，气不能不聚而为万物，万物不能不散而为太虚。'夫为是言者，岂得已哉！"（《张载集·正蒙·太和》）"知虚空即气，则有无、隐显、神化、性命通一无二，顾聚散、出入、形不形，能推本所从来，则深于《易》者也。若谓虚能生气，则虚无穷，气有限，体用殊绝，入老氏'有生于无'自然之论，不识所谓有无混一之常；若谓万象为太虚中所见之物，则物与虚不相资，形自形，性自性，形性、天人不相待而有，陷于浮屠以山河大地为见病之说。此道不明，正由懵者略知体虚空为性，不知本天道为用，反以人见之小因缘天地。明有不尽，则诬世界乾坤为幻化。幽明不能举其要，遂躐等妄意而然。不悟一阴一阳范围天地、通乎昼夜、三极大中之矩，遂使儒、佛、老庄混然一途。语天道性命者，不罔于恍惚梦幻，则定以'有生于无，为穷高极微之论。'入德之途，不知择术而求，而多见其蔽于诐而陷于淫矣。"（《张载集·正蒙·太和》）《张载集》张载在此站在哲学本体论的高度对儒、释、道三家学说的根本精神进行分疏，他以气为本，来消解有无、隐显、神化、性命等的对立，这就抓住了中国哲学彻上彻下、贯通形上形下的独特精神，当然对于这一通贯的落脚点到底是气，还是道，抑或是理，诸家的看法并不一致，但各派都强调中国思想的最高实体存在乃是连续性而非断裂为二橛，这是大家都赞同的。然而像张载在《正蒙》内表达得这样明确而精练的，却并不多见。当然我们也应看到张载对道家的批评有失公允，因为道家最高实体概念道，同样也是通贯形而上与形而下的，并没有背离中国哲学的根本精神。张载以空无来解释老子哲学的虚、无概念，从而对老子的"有生于无"进行批评，乃是出于正统意识的有意误读。其实无正是道进入混沌而无象的一的状态，是存在的原初形式。而张载用于驳斥道家的气的哲学概念，正是取之于道家。

至于他批评佛教以人见之小因缘天地，显然是针对佛教以唯识宗为代表的唯心论，这是相当有见地的。因为佛教尤其是印度佛教并不像中国思想那样强调

大转型背景下的北宋哲学：兼论中国思想的第二期轴心时代

天人一体，形而、形下的贯通。因为包括佛教在内的印度思想思考之中心问题是解脱论，精神的彻底解脱是印度各派思想家追求的最高目标。值得注意的是，对物质世界来说，印度思想也像西方思想那样采取一种极端漠视的态度，世界、形体在印度思想中只有负面的、消极的意义。因此印度思想总的来说接近于西方思想，与西方思想所不同之处在于印度思想传统完全以心来包容物，以至取消物的问题。

> 智圆《中庸子传》："儒者饰身之教，故谓之外典；释氏修心之教，故谓之内典也。蚩蚩生民，岂越于身心哉！嘻！儒氏、释氏，岂共为表里乎？世岂有限于域内者，故厚诬吾教，谓弃之可也；世有滞于释氏者，自张大于己学，往往以儒为戏。岂知乎非仲尼之教，则国无以治，家无以宁，身无以安。"（《闲居编》卷19）

再看以苏轼（1037—1101年）、苏辙（1039—1112年）兄弟为代表的蜀学。该派主要人物还有苏洵、晁补之、秦观、黄庭坚、张耒、陈师道等人。其中苏辙撰有《老子解》，苏轼撰有《养生论》《龙虎铅汞论》。朱熹曾经讥讽苏氏之学为杂学，因其得之于佛、老为多。他说："二苏之学得于佛、老。于这边道理元无见处，所以其说多走作。"（《朱子语类》卷130）朱熹看出二苏之学与佛、老的关系固然不错，但贬低蜀学，看不到其对儒学的独特贡献就是一种学派偏见。其实蜀学是通贯儒、释、道三家之学的一种新型儒家学派。不过，道家、道教思想在其中占有很重要分量。这或许与苏轼、苏辙少时皆从道士张易简接受启蒙教育有关。道是蜀学思想体系中的最高概念，二苏对道的理解上承老子，显然是在延续老子思路的同时，又糅入佛教思想。苏辙云："道非有无，故以恍惚言之，然及其运而成象，著而成物，未有不出恍惚者也。方有无之未定，恍惚而不可见。及夫有无之交，则见其窈冥深妙，虽未成形，而精存乎其中矣。"（《老子解》卷上）此以恍惚一语对道进行诠释显然是接续《老子》文本，走的仍然是生成论的思路。与苏辙一样，苏轼在讨论道时，也是通过生成论来铺陈道，不过他更偏好以老子再三致意水来把握道。《东坡易传》云："阴阳一交而生物，其始为水。水者，有无之际也。始离于无而入于有矣。老子说之，故其言'上善若水'，又曰'水几于道'。圣人之德，虽可以名言而不囿于一物，若水之无常形。此善之上者，几于道矣，而非道也。"（《东坡易传》卷7）这是认为水近于道，但又不等于道。这一看法显系源于《老子》文本。不过他又认为道超绝于有无,乃是宇宙万物创生之前的状态:"若夫水之未生,阴阳之未交,廓然无一物,而不可谓之无有,此真道之似也。阴阳交而生物,道与物接而生善,物生而阴阳隐,善立而道不见矣。"(《东坡易传》卷7)总之,蜀学对道的理解接近于先秦道家。

蜀学最有特色的思想是苏轼的情本论,这应当是受到道家尤其是庄子思想的启发而提出的。与二程为代表的洛学尊性抑情的性情观决然相反,蜀学执持性情统一的主张,认为性、情、命三者是一个连续体,情与命都是性的不同存在状态,由性上溯则至于命,而性之下行则为情。值得注意的是蜀学认为性与情并没有善恶的分别,相反圣人之道都是缘于人情,因此其性命之学是以其情为依托构建起来的。苏轼云:"情者,性之动也,溯而上,至于命,沿而下,至于情,无非性者。性之与情,非有善恶之别也,方其散而有为,则谓之情耳。命之与性,非有天人之异也,至其一而无我,则谓之命耳。"(《东坡易传》卷1)"夫圣人之道,自本而观之,则皆出于人情。不循其本,而逆观之于其末,则以为圣人有所勉强力行,而非人情之所乐者。"(《东坡易传》卷1)蜀学的情本论在北宋诸家中是颇有独创性的。近年郭店简的出土,使学者们发现先秦儒家也有重情的思想传统。由此可见,蜀学的情本论与洛学尊性抑情相比更接近于儒学传统。不过苏轼提出情本论却是受到道家庄子思想的直接启示。盖东坡于庄子之为人、为文均情有独钟,宋人李光曾评论说苏轼之为文,其源流血脉多化自庄周书(《庄简集》卷7)。苏辙在《东坡先生墓志铭》一文中,称东坡:"既而读《庄子》,喟然叹息曰:'吾昔有见于中,口未能言,今见《庄子》,得吾心矣。'"

最后我们讨论一下以程颢(1032—1085年)、程颐(1033—1107年)为代表的洛学及其与道家、道教的关系。洛学形成的年代略与蜀学相当,但晚于荆公新学。至于其在社会上产生广泛影响则是宋室南渡以后的事。众所周知,洛学向以维护儒家正统,攻击佛、老异端著称。然而二程于佛、老均系阳斥阴援,其理学体系之建构得益于二家者良多。程颐记其兄明道先生曾"泛滥于诸家,出入于老、释者几十年,返求诸《六经》而后得之"(《程氏遗书》卷六)。而他自己对释、老之学也多有择取。二程理学最高概念理就是渊源于庄子,其在道家一系的思想传承脉络是庄子经由唐代重玄学再至北宋,尤其在唐初道教重玄学家成玄英思想中阐述最为充分。请参看汤一介师为强昱唐代重玄学著作所撰之序。而绝非如大程所说由其自家体贴出来。此外洛学以道释理,重视道的创生功能,功夫论强调主静涵养等也都与释、道两家思想直接相关。就是对于道家,二程虽然儒家正统观念很强，但也表示一定程度的肯定。例如对庄子，程颐评论说："其学无礼无本，然形容道理之言，则亦有善者。"（《程氏粹言》卷二《圣贤篇》）又说："庄生形容道体之语，尽有好处。老氏'谷神不死'一章最佳。"（《程氏遗书》卷三）

以二程为代表的洛学虽然承认内圣外王的统一是圣人之学的主旨，但在实际的思想阐发过程中却表现出重视个人存心修性、重视讲学著述的倾向。从北宋儒学全面复兴看，洛学的贡献主要在于通过借鉴佛、道心性论、形上论的有关思想而补充传统儒家一向薄弱的超越层面的人性论及形上论。二程洛学的主要建树乃是拓深了传统儒家的"内圣之道"，通过他们的努力，传统儒家的圣人思想既具有超越的境界，同时也有切实可循的修养之途。不过，由于他们过分强调内圣，而在外王方面努力不够，因而使先秦儒家秉持的通经致用、内圣外王之道出现了断裂的危险。程朱之后，儒家的形象越来越向"讲学之儒"靠拢，而与原始儒家治国致太平的形象相背离。如果顺其发展，原始儒家的真精神势必发生蜕变，而最终成为一种纯粹的专门之学。然而，洛学却经由南宋大儒朱熹的建构而在后世儒学谱系中一跃成为北宋儒学的主流。

以上我们对北宋各大学派与道家、道教思想的关系进行了简单梳理。我们发现在这些学派中，无论是在北宋中后期充当官学的荆公新学，还是作为在野之学诸如濂学、关学、洛学、蜀学及邵雍的易学先天学等，都在建构其思想体系时大量吸收道家、道教思想（其实各大学派同样也吸收不少佛教思想，对此我们将另撰文讨论），因此，从宋学的整体发展看，佛、道两家乃是构成宋学的重要组成部分。正是三教合一才促成了宋学的勃盛，因此三教思想的融通是宋学发展的内在动力，而宋学也不折不扣是一种三教思想混融之学。然而长期以来，由于程朱一系理学家执持所谓正统意识，特别是南宋的大思想家朱熹通过编辑《伊洛渊源录》，人为构造了一套北宋思想传承的谱系。这一谱系以北宋五子为中心，特别突显洛学即理学的核心地位，而对同期出现的在北宋居于官学地位长达六十多年之久的新学及有着重要社会影响的蜀学，都忽略不论，更遑论佛道两家。由于朱熹思想在南宋之后长期居于主流地位，因此他构造的这一思想谱系在后世不断得到强化，直至今天仍然在学界有着重要影响。长期以来，中外学术界对宋代哲学的研究都存在以偏概全的简单化倾向。首先是在学派上，漠视宋代哲学流派的多样性，人为地虚构出一条以程朱理学贯穿始终的思想发展主线。对此，近来研究宋学的学者已在一定程度上做了不少矫正。其次更为重要的是对佛、道两家思想对各派哲学家的影响，缺少正本清源的深度分析，这就直接导致对两家思想在宋代哲学中的地位估价严重不足。因此目前我们研究宋学各学派时，必须特别重视对佛、道两家思想影响的研究，尤其应重视其时思想家在三教合一思想大背景下的多元思想创新，从而走出理学家囿于狭隘的道统意识而人为建构的思想传承谱系，以客观展示宋代思想的多元性、创造性与视野的开阔性。

"鹅湖之会"的文化意义

许 宁

(陕西师范大学哲学系)

一 "鹅湖之会"与朱陆异同

唐君毅指出,朱陆异同是中国儒学八百年的一大公案。朱陆异同凸显了宋明时期理学与心学的内在矛盾和理论张力,成为理学思潮发展流变的基本线索。朱陆异同的第一次论辩即"鹅湖之会",朱陆把手晤谈,主旨是"为学之方",即儒家道德修养的具体途径和方式,关涉工夫论,"朱陆之异遂显";第二次论辩是"无极"和"太极"之辨,书信往返,朱陆就周敦颐《太极图说》而展开学术辩难,涉及形上学,"朱陆之异益甚"。

(一)"鹅湖之会"的机缘

"鹅湖之会"发生在宋孝宗淳熙二年(1175年),今年适逢"鹅湖之会"844周年。由吕祖谦(1137—1181年)主持邀集,朱子(1130—1200年)和陆九渊(1139—1193年)、陆九龄(1132—1180年)兄弟与会,在信州铅山县鹅湖寺,就"为学之方"所进行的一次哲学思想辩论活动。

吕祖谦与朱陆过从甚密,对二人的学术思想非常熟悉,也格外推重。吕祖谦是陆九渊的座主,陆九渊34岁中进士,吕祖谦是主考官,他对陆九渊的考卷青睐有加,击节叹赏,认为超绝有学问。吕祖谦与朱熹则是一师之徒,均曾师从著名学者胡宪,只是同门不同时,二人相交莫逆,论学书信有百余通,朱子还让长子朱塾拜吕祖谦为师。

淳熙二年(1175年)四月初,吕祖谦由浙江金华往福建,与朱熹相聚于寒泉精舍。二人研读周敦颐、二程、张载著述，相聚四十余日，取周、程、张之书关于大体而切于日用的内容，编为《近思录》一书，分十四卷，总六百二十二条。五月十六日，朱熹师友一行送吕祖谦往江西。此时，陆九渊与其兄陆九龄也应吕祖谦的约请，来江西铅山鹅湖寺与朱熹相会。

与会学者正值盛年，处于学术思想建构的成熟阶段，尤其是朱子的理学和陆九渊的心学颇有建树。吕祖谦邀集并主持"鹅湖之会"，本意是调和朱陆二人哲学思想的矛盾，希望他们相与讲其所闻之学，通过辩论弥合分歧，会归于一。但经过旬日讲论，陆子以朱学为"支离"，朱子以陆学为"禅学"，观点针锋相对，于六月八日不欢而散。是年吕祖谦39岁，朱熹46岁，陆九渊37岁，陆九龄44岁。

（二）"鹅湖之会"的过程

"鹅湖之会"属于大规模的书院会讲，邻近郡县官吏、学者百余人列席，会期从五月底至六月上旬计十余日。

首先，陆九龄吟了一首《鹅湖示同志》诗表明哲学立场："孩提知爱长知钦，古圣相传只此心。大抵有基方筑室，未闻无址忽成岑。留情传注翻榛塞，着意精微转陆沉。珍重友朋勤切琢，须知至乐在于今。"①指出古来圣人相传之道心，即是人从孩提之时就具有的良善之本心。强调发明本心，尊我德性，确立自我主体是根本；如果忽视这个基础，而把精力放在古人的传注之学上，就会荆棘丛生阻塞正道；刻意追求精微反而会被隐没，不会有什么好结果。虽然朱熹和陆氏均反对汉唐传注之学而提倡义理，但朱熹对陆氏的心学倾向表示不满。所以当陆九龄此诗只读到第四句时，朱子就对吕祖谦说："子寿（陆九龄——引者）早已上了子静（陆九渊——引者）舡了。"

继而，陆九渊接着吟了一首《鹅湖和教授兄韵》诗做补充："墟墓兴哀宗庙钦，斯人千古不磨心。涓流滴到沧溟水，拳石崇成泰华岑。易简工夫终久大，支离事业竟浮沉。欲知自下升高处，真伪先须辨古今。"②人见墓墟则兴哀心，见宗庙则起敬心，皆出于自然，若欲下学上达，须发明此心即本心方是正途。涓流终可以汇成大江，小块的石头终可以垒成泰山和华山那样高，因此，如果把注意力

---

① （宋）陆九渊:《陆九渊集》卷三十四，中华书局1980年版，第427页。
② （宋）陆九渊:《陆九渊集》中华书局1980年版，第427—428页。

放在传注而忽视立乎其大,就会沉溺于支离事业而与世沉浮,属于伪学。陆氏昆仲的这两首诗揭示了抑朱扬陆的思想宗旨,批评朱子"留情传注""着意精微",属于"支离事业";而陆子强调吾心千古不磨,提倡"发明本心"的易简功夫,认为朱子学的弊端不仅在于方法上的繁复,而且在于没有找到道德价值的根本——人之本心。所以,朱子听后颜色更变。

朱子当下没有回应。三年后,朱子从福建崇安往南康军(今江西星子县),途经鹅湖寺,陆子寿又专程从抚州赶来会晤。朱子才以一首《鹅湖寺和陆子寿》诗回应了"鹅湖之会":"德义风流夙所钦,别离三载更关心。偶携藜杖出寒谷,又枉篮舆度远岑。旧学商量加邃密,新知培养转深沉。只愁说到无言处,不信人间有古今。"[①]朱子指出,你的道德修养倜傥风度我一向仰钦,别离三载我时刻把你系挂在心。我偶然扶着手杖走出冷落的山谷,你却屈尊乘竹轿翻山越岭远道前来。旧学问相互商量更加精密,新知识经过切磋培养愈益深沉。当我们讨论到非常精深的地方时,精神同古人贯通真令人高兴。谁说古今有别无法感应?对这一点我决不相信!

他批评陆氏心学之本体乃不依文字而立,忽视了平时即物而穷其理的工夫,终究徒劳无益。朱熹主张熟读精思、循序渐进的为学进路:"天下后世之人自非生知之圣,则必由是以穷其理,然后知有所至而力行以终之,固未有饱食安坐、无所猷为而忽然知之、兀然得之者也。"(《朱熹集》卷七十八《徽州婺源县学藏书阁记》)既然天下后世之人并非生而知之的圣人,就须学而知之,即通过后天的学习而穷其理,致知力行以终之,而有所得。朱熹主张通过读书求道以"尽心",读书的目的是求道,"尽心"必以读书求道为阶梯。这可以看作朱子对"鹅湖之会"二陆心学宗旨的回应。说明"鹅湖之会"后,朱陆都已意识到,在工夫问题背后,还隐含着关于本体问题的分歧,工夫论与本体论是相互纠缠在一起的,埋下了后来关于"无极"与"太极"之辨的伏笔。

(三)"鹅湖之会"的朱陆之异

据与会的朱亨道总结:"鹅湖之会,论及教人。元晦之意,欲令人泛观博览,而后归之约。二陆之意,欲先发明人之本心,而后使之博览。朱以陆之教人为太简,陆以朱之教人为支离,此颇不合。"下文就"鹅湖之会"上围绕"为学之方"

---

① (宋)陆九渊:《陆九渊集·年谱》,中华书局1980年版,第491页。

所展开的若干朱陆思想差异略作分疏。

1. 博与约

朱子让人从泛观博览入手，扩大知识面，逐步积累，而后归之约。二陆则要求先挺立道德主体，悉其大端，识其宗趣，明其扼要，重其根本，而后再博览群书，培养学殖。朱陆争论的焦点不在于博与约的抉择，而在于博与约的次第，即到底是先博后约，还是先约后博。

2. 繁与简

博与繁对应，约与简对应。陆子认为，在不明全体的情况下，从博览入手容易导致繁琐支离，知识是碎片化、零散化、不成体系的；朱子则认为，追求所谓的扼要简约缺少必要的铺垫和准备，会造成认知上的迷失放逸，主张多读书，多观察事物，再根据经验加以分析、综合与归纳，指出居敬存养有赖于"格物致知"的循序渐进。朱子批评了陆子的简易工夫。《语类》载："问：'欲求大本以总括天下万事。'曰：'江西便有这个议论。须是穷得理多，然后有贯通处。今理会得一分，便得一分受用；理会得二分，便得二分受用。若一以贯之，尽未在。陆子静要尽扫去，从简易。某尝说，且如做饭：也须趁柴理会米，无道理合下便要简易。'"（《朱子语类》卷一一五）

3. 外与内

朱子主张从格物致知到穷理尽性，一事物有一事物之理，久而豁然贯通，格是格外物，穷是穷天理，这是一条由外而内的认识路线；陆子从"心即理"出发，认为"格物"就是体认本心，学贵知本，若能发明本心，六经皆我注脚，这是一条由内而外的认识路线。陆子举一学者诗加以论证："读书切戒在荒忙，涵泳工夫兴味长。未晓莫妨权放过，切身须要急思量。自家主宰常精进，逐外精神徒损伤。寄语同游二三子，莫将言语坏天常。"[1] 他主张："学者读书，先于易晓处沉涵熟复，切己致思，则他难晓者涣然冰释矣。若先看难晓处，终不能达。"[2] 如果说，只有读书才是成就圣贤的唯一途径，那么，尧舜以前有何书可读呢？

4. 道问学与尊德性

"尊德性而道问学"出自《中庸》，在"鹅湖之会"后遂演变为朱陆的分判。朱子自道："大抵子思以来，教人之法，惟以尊德性、道问学两事为用力之要。

---

[1] （宋）陆九渊：《陆九渊集·语录上》，中华书局1980年版，第408页。
[2] （宋）陆九渊：《陆九渊集·语录上》，中华书局1980年版，第407页。

今子静所说专是尊德性事,而熹平日所论,却是问学上多了。"(《朱文公文集》卷五十四《答项平父一》)自认是"道问学"一脉。

陆九渊回应道:"观此,则是元晦欲去两短,合两长。然吾以为不可,既不知尊德性,焉有所谓道问学?"① 显然,陆九渊并不认为二者相互补充,相互促进,而是认为"尊德性"具有根本意义,不能"尊德性"就无所谓"道问学"。

陈来先生指出,朱陆对"尊德性"的理解是有差异的。"陆以尊德性即是存心、明心,是认识真理的根本途径,道问学只是起一种辅助巩固的作用。而在朱熹看来,尊德性一方面要以主敬养得心地清明,以为致知提供一个主体的条件;另一方面对致知的结果加以涵泳。"②

总之,朱陆二人为学宗旨相同,为学取径和方法不同。黄宗羲比较二人学术理路的不同,认为他们各有所侧重,陆子尊德性,也有功于学古笃行;朱子道问学,也致力于反身修德。"先生之学,以尊德性为宗,谓先立乎其大……同时紫阳之学,则以道问学为主,谓格物穷理,乃吾人入圣之阶梯……于是宗朱者诋陆为狂禅,宗陆者以朱为俗学。……先生之尊德性,何尝不加功于学古笃行,紫阳之道问学,何尝不致力于反身修德……二先生同植纲常,同扶名教,同宗孔、孟。即使意见终于不合,亦不过仁者见仁,知者见知。"③

梁启超肯定"鹅湖之会"的重大意义,认为其在中国学术史上极有光彩,极有意义。下面从三个方面简论"鹅湖之会"的文化意义。

二 "鹅湖之会"的理学文化意义

"鹅湖之会"既开创了书院会讲的先河,也形成了一个密切联系的学术共同体。一方面,"鹅湖之会"不欢而散,没有达到吕祖谦所希望的消弭分歧、会归于一的会讲目的;另一方面,"鹅湖之会"又取得了极大的成功,朱陆双方进一步明确了思想立场,并吸收了对方的某些理论观点,其历史影响深远,远远超过了吕祖谦的预期。

"鹅湖之会"六年后,陆九渊邀请朱子为陆九龄撰写墓志铭,朱子邀请陆九渊到白鹿洞书院讲"君子喻于义,小人喻于利"章,而且大加赞赏,自愧不如。

---

① (宋)陆九渊:《陆九渊集·语录上》,中华书局1980年版,第400页。
② 陈来:《朱子哲学研究》,生活·读书·新知三联书店2010年版,第460页。
③ (明)黄宗羲原撰,全祖望补修:《宋元学案》第三册,中华书局1986年版,第1884页。

"鹅湖之会"中凸显的"道问学"与"尊德性"构成了儒学发展的内在张力,朱陆所推动的理学与心学思潮极大地影响和塑造了南宋以后的思想文化发展走向。

龚自珍指出:"孔门之道,尊德性、道问学二大端而已矣。二端之初,不相非而相用,祈同所归;……入我朝,儒术博矣,然其运实为道问学。"(《江子屏所著书序》,《龚自珍全集》第三辑)从先秦儒学的渊源而言,陆九渊更具有孟子"尊德性"的精神气质,朱子则立足于荀子重视知识、强调经验的"道问学"立场。王阳明、全祖望都认为陆子近于孟子,牟宗三、李泽厚提出"荀子与朱子类似""朱熹是荀学"的论断。

余英时先生从中国古代学术的内在理路上对"尊德性"与"道问学"进行梳理,提出了宋代是"尊德性"与"道问学"并重的时代,明代是以"尊德性"为主导的时代,清代可以说是"道问学"独霸的时代。①

"鹅湖之会"确立了"道问学"与"尊德性"并立的基本思想格局,朱陆二家的理论互相辩难、不断丰富,彼此构建了具有划时代意义的理论体系。元代在赵复以后实现了理学北传,元帝尊崇儒学,册封孔子为"大成至圣文宣王",明确了理学的官学地位。这一时期的特点是以"和会朱陆"为主,许衡力求弥合朱陆,吴澄宗朱而崇陆,郑玉则"合会朱陆",认为二先生同植纲常,同扶名教,本源于一流。"况同是尧舜,同非桀纣,同尊周孔,同排佛老,同以天理为公,同以人欲为私。大本达道,无有不同者乎?"(《宋元学案·师山学案》)

明代心学思潮昌明,以"尊德性"为主导。程敏政将朱熹学说分为早中晚三段,认为朱熹早年对陆象山是势如水火,中年疑信参半,到晚年则是完全相符。②阳明有《朱子晚年定论》,认为朱子"晚岁已大悟旧说之非",极力辨明朱子与心学之同,引朱子为同调,"予既自幸其说之不谬于朱子,又喜朱子之先得我心之同然"。③

清代朴学注重文字训诂、文献考据,以"道问学"为主导。朴学家讲求辨章学术,考镜源流,事必有据,言必有征,批判王学末流"束书不观""游谈无根",考据训诂风气盛行,将清代理学扭转到"道问学"的学术方向。

李泽厚描述20世纪八九十年代文化景观时说,思想家淡出,学问家凸显,颇有从"尊德性"转进为"道问学"的意味。

---

① [美]余英时:《文史传统与文化重建》,生活·读书·新知三联书店2004年版,第203页。
② 程敏政:《道一编序》,载吴长庚编《朱陆学术考辨五种》,江西高校出版社2000年版,第509页。
③ (明)王守仁:《朱子晚年定论》卷3,《王阳明全集》,上海古籍出版社2011年版,第240页。

三 "鹅湖之会"的三教文化意义

佛教东传之后,就开始了佛教中国化的进程。佛教所宣扬的缘起性空、三世因果、六道轮回、涅槃解脱在中土固有的儒道中引发了极大的冲击和持续的论争,儒释道三教在辩难、冲突中不断趋向合一,三家实现了心性论基础上的融通与重构。因此,"三教合一"既体现为儒释道冲突中融合、并立中发展的历史进程,又体现为三家各自思想立场上彼此吸收、相互借鉴的理论重构。

三教合一的第一个标志性成果是慧能的新禅学。慧能实现了禅宗思想的革命性转向,反对神秀的"渐修",提倡明心见性、顿悟成佛,这是以佛教为基本立场、融合儒道思想而形成的新佛学体系。

三教合一的第二个标志性成果是宋代的新儒学。以"北宋五子"为代表的理学家出入释老,返归六经,既援佛入儒,也援道入儒,极大地拓展了传统儒学的理论思辨和形上境界,濂、洛、关、闽诸学就是以儒学为基本立场、融合佛道而形成的新儒学体系。

三教合一的第三个标志性成果是金元时期的新道教。王重阳创立的全真道汲取儒佛思想,主张三教同流合一,以《道德经》《心经》《孝经》为经典,注重内丹修炼,提倡性命双修,这是以道教为基本立场、融合儒佛思想而形成的新道教体系。

因此,"鹅湖之会"应当从三教合一的视域下加以审视和把握。"鹅湖之会"这一场儒学思想的交流活动在鹅湖寺这座佛寺举办,颇显涵义深微;今日的鹅湖书院即在当年的鹅湖寺遗址上改建,更显兴味悠长。鹅湖书院中尚存一个匾额,上书"顿渐同归"四字,显然题匾者有意将儒学阵营里的朱陆比拟为佛教里的神秀、慧能,"尊德性"与"道问学"之辩无非是顿渐之辩,而且殊途同归。从"鹅湖之会"来看,朱陆"为学之方"的工夫论取向确然有顿渐之妙,陆子强调的"简易工夫""发明本心"近于顿悟,朱子肯定的"旧学商量""新知培养"类似渐修。

从思想性格和精神气质上看,朱陆都有汲取佛道的一面,各有特色。清初学者潘平格曾经评价"朱子道,陆子禅",批评朱子接近于道家,而陆子更倾向于禅学。朱子对道家道教比较了解,曾化名撰写《阴符经考异》《周易参同契考异》,对两部道教经典进行了较为详细的研究考证。陆九渊十分熟悉佛教之说,与禅僧交往比较密切,其心学思想体现出明显的禅学特征,朱子当时因陆子"脱略文字,直趋本根"的易简学风就讥讽其为"禅学",以致"天下皆说先生是禅学"。不管是朱子的类"道",还是陆子的近"禅",从三教的视域都可以做出合理的阐释。朱陆在儒学的思想立场上,不同程度地借鉴吸收了佛道理论思维成果,从而推进了宋代新儒学的转进与提升。

四 "鹅湖之会"的世界文化意义

从世界哲学视域看,"鹅湖之会"彰显了中国哲学独特的内在超越的向度,与西方文化外在超越的向度大异其趣。基督教传统强调此岸世界与彼岸世界的区分,人是带着"原罪"而生的,此岸世界的沉沦和罪孽需要借助于上帝的拯救,才能进入天国。佛教中某些派别认为人生如苦海,三界犹火宅,只有往生西方极乐世界才能获得彻底解脱。按照外在超越的路向,人无法自己实现超越,必须依赖上帝或佛陀来救度。

儒学所选择的是内在超越的路向,它找到了一种独特的精神生活方式,即在现世人生中寻求价值安顿、信仰依归和意义追求。牟宗三强调:"天道高高在上,有超越的含义。天道贯注于人身之时,又内在于人而为人的性,这时天道又是内在的(Immanent)。因此,我们可以康德喜用的字眼,说天道一方面是超越的(Transcendent),另一方面又是内在的(Immanent 与 Transcendent 是相反字)。天道既超越又内在,此时可谓兼具宗教与道德的意味,宗教重超越义,而道德重内在义。"[1]

余英时认为,中西两种文化都具有超越性,"仅从价值具有超越的源头一点而言,中、西文化在开始时似乎并无基本不同。但是若从超越源头和人间世之间的关系着眼,则中西文化的差异极有可以注意者在"[2],他肯定与西方文化"外在超越"的价值系统相对照,中国文化价值系统的特征在于"内在超越"。

西方文化主张"外在超越",因此强调两个世界的划分,人生的价值意义就在于从此岸到彼岸的超越。中国文化主张"内在超越",因此论证一个世界,人不必向外寻求,或向神乞怜,表现为既内在又超越,内在性原则和超越性原则统一在一起。

---

[1] 牟宗三:《中国哲学的特质》,台北:学生书局1963年版,第20页。
[2] 余英时:《从价值系统看中国文化的现代意义》,《文史传统与文化重建》,生活·读书·新知三联书店2012年版,第449页。

宋志明指出:"所谓'内在',是指肯定人生的价值,在人性中存在着自我完善的内在根据,因而不必否定人生的价值,不必寄希望于外力的拯救与超拔;所谓'超越',是指设定理想的价值目标,以此作为衡量自我完善的尺度,作为意义追求或形上追求的方向。"①

孔子作为儒学的创始人,其思想既包括了内在性原则,又包括了超越性原则。一方面,他强调"为仁由己","我欲仁,斯仁至矣"(《论语·述而》),指出人的价值与境界取决于主体的理性自觉,这是一种内在的向度;另一方面,他又提倡"杀身成仁","朝闻道,夕死可矣"(《论语·里仁》),为了践行和实现仁道不惜牺牲个体生命,这是一种超越的向度。

宋代理学家接着先秦儒学讲,吸收了佛道哲学的理论成果,讲出了"性与天道"的内在超越内涵。理学家认为人无须脱离日用伦常,不用企慕虚幻渺茫的彼岸世界,在现实的人生实践中就可以达到超越的目标,他们倡导"为天地立心,为生民立命""孔颜之乐""居敬穷理""发明本心""常惺惺""活泼泼""致良知",这些都是关于儒学价值安顿及内在超越的具体表述,其实质是相同的。

朱陆在"为学之方"上存在分歧,但在贯彻内在超越上却高度一致。朱子基于"性即理",从"天理"的超越性论证人之所以为人的内在性。"未有天地之先,毕竟也只是理。"(《朱子语类》卷一)"此理亦只是天地间公共之理,禀得来,便为我所有。"(《朱子语类》卷四)"天理"不是隔绝于天地之外,也不是凌驾于天地之上,而是就在天地之中。"天理"逻辑上的在先,确立了其超越性的向度,"天理"在人与万物之中,决定了其内在性的向度。陆子基于"心即理",从"本心"的普遍内在性论证超越的天理。"人皆有是心,心皆具是理,心即理也。"②"万物森然于方寸之间,满心而发,充塞宇宙,无非此理。"③"本心"是人之所以为人的普遍抽象的本质,既是内在的,又是超越的,呈现为从内在到超越的价值指向。由此看来,朱陆在内在超越上殊途同归,彰显了中国哲学与中国文化的核心精神。

---

① 宋志明:《论中国哲学的精神》,《中国矿业大学学报》(社科版)2007年第1期。
② (宋)陆九渊:《陆九渊集·与李宰》,中华书局1980年版,第149页。
③ (宋)陆九渊:《陆九渊集·语录上》,中华书局1980年版,第423页。

从《陆氏家制》看陆氏家风

罗伽禄

（抚州市社会科学界联合会）

至陆九渊兄弟时代，金溪陆氏家族发展到了一个高峰时期，成为名门望族。这得益于他们的家族治理，而他们的家族治理是按照他们的家族之法进行的。陆氏家族有严格的家训家规，据《西江陆氏家乘》（七修）[①]之《著述》所录入的陆氏先人著述目录看，与家族家风相关的是陆贺的《陆氏家法》，其次是陆九思的《九思先生家问》，然而这两者都已散佚了。不得其详。而今能见到的仅有陆九韶的《居家正本》与《居家制用》，两者合称《陆氏家制》。

一 家制内容

在陆九韶看来，一个家族首先要重视家族里人的学习问题。陆九韶认为，古制是八岁就得入小学学习，学习的是礼乐射御书数，也就是"六艺"；而学习满七年之后，到了十五岁，可以从事农工商贾之业，而优秀者则可以升到更高一级的大学学习，他们入大学学习的目的是参加国家的取士考试，以夺取功名。但是在他看来，如果仅是这一目的，就可能导致学习目的不纯正，其结果也很悲催，"糊名考校，礼义廉耻绝灭尽矣"，"是驱而入争夺倾险之域也"。那么学什么呢？陆九韶明确地说："愚谓人之爱子，但当教之以孝弟忠信。所读之书须先《六经》《语》《孟》，通晓大义。明父母君臣夫妇兄弟朋友之节。知正心修身齐家治国平天下之道。以事父母，以和兄弟，以睦族党，以交朋友，以接邻里。使不得罪于尊卑上下之际。次读史，以知历代兴衰。究观皇帝王霸，与秦汉以来为国者，规

[①] 《西江陆氏家乘》七修于1994年。以下简称《家乘》。

模措置之方，此皆非难事。功效逐日可见，惟患不为耳。"① 首先是要教育孩子们学习"孝弟忠信"，这是为人之本，学习这些内容，就是要让人懂礼明道，知道如何"事父母""和兄弟""睦族党""交朋友""接邻里"。这是人生的奠基工程，必须从小明确，必须得学习。其次是学习历史，因为以史为鉴，知兴衰。

其次，要正确对待名利富贵。在陆九韶看来，"贵"则是一家的安宁和睦，如何才能使一家"贵"呢？这就在于家族里的人孝悌谦逊，重仁义，轻名利。他说："一家之事贵于安宁和睦悠久也，其道在于孝悌谦逊。重仁义而轻名利。夫然后安宁和睦可得而享也。"而时风却不然，人们追名逐利，口里说的、昼夜想的、相聚讨论的、朝夕做的都名利之事，而对于孝悌仁义之事一点兴趣也没有，他说："言及于名利，则津津然有喜色。言及于孝悌仁义，则淡然无味。"依陆九韶的观察，谋利谋名能成功的人也是极少的，人生苦短，怎能痴迷于此一件事。他说："夫谋利而遂者，不百一。谋名而遂者，不千一。今处世不能百年，而乃徼幸于不百一、不千一之事。岂不痴甚矣哉？"而重要的是明仁义，光门户，这也是他长久以来深思熟虑的事。他说："就使遂志临政，不明仁义之道，亦何足为门户之光耶。愚深思熟虑之日久矣，而不敢出诸口。"同时，在陆九韶看来，追求名利，也是颠倒了本末的一件事，他说："夫事有本末，知愚贤不肖者本也，贫富贵贱者末也。得其本，则末随。趋其末，则本末俱废。此理之必然也。"同时，在他看来，得其本则为贤者，为人尊仰；反之，非贤者，为人鄙贱，不可趋末而废本。他说："何谓得其本则末随？今行孝弟，本仁义，则为贤为知。贤知之人，众所尊仰。虽箪瓢为奉，陋巷为居，已固有以自乐，而人不敢以贫贱而轻之。岂非得其本，而末自随乎？夫慕爵位，贪财利，则非贤非知。非贤非知之人，人所鄙贱。虽纡青紫，怀金玉，其胸襟未必通晓义理。亦无以自乐，而人亦莫不鄙贱之。岂非趋其末，而本末俱废乎？"

以上是《居家正本》的主要内容，阐述的是治家之本，是治家之目的与要求。而其下则是如何治家的问题，治家重在如何处理"用"。一个国家，"用之大小，视年之丰耗"，还要备灾荒，这样"虽有凶旱水溢，民无菜色"。一家当如一国，量入而出，丰俭得中，才能保得家庭的安宁与延续。他说："家亦宜然。故凡家有田畴。足以赡给者。亦当量入以为出。然后用度有准，丰俭得中。怨讟不生，子孙可守。"对于田畴收入的支配，他本着量入而出、丰俭适宜、合理

---

① 《陆氏家制·居家正本上》。

合情的原则，作出了详细可操作的安排，也提出告诫，特别提出"毋以妄施僧道""免至于干求亲旧"。他在《居家制用》里说：

> 今以田畴所收，除租税及种盖粪治之外，所有若干，以十分均之。留三分为水旱不测之备，专存米谷，不可变易银钱轻货，但当逐年增置仓廪。一分为祭祀之用，祭祀谓先祖中溜社稷之神。六分分十二月之用，闰月则分十三分月之用。取一月合用之数，约为三十分，日用其一。茶饭鱼肉，宾客酒浆，子孙纸笔，先生束修，干事奴仆等，皆取诸其间。可余而不可尽用，至七分为得中，不及五分为太啬。盖于所余太多则家益富，不至僭侈无度而入于罪戾矣。其所余者，别置簿收管，以为伏腊裘葛，修葺墙屋，医药，宾客，吊丧，问疾，时节馈送。又有余，则以周给邻族之贫弱者，贤士之困穷者，佃人之饥寒者，过往之无聊者。毋以妄施僧道。盖僧道本是蠹民。况今之僧道，无不丰足。施之适足以济其嗜欲，长其过恶，而费农夫血汗勤劳所得之物，未必不增我冥罪，果何福之有哉？其田畴不多，日用不能有余，则一味节啬，裘葛取诸蚕织，墙屋取诸蓄养，杂科蔬果，皆以助用。不可侵过次日之物。一日侵过，无时可补，则便有破家之渐。当谨戒之！
>
> 其有田少而用广者，但当清心俭素，经营足食之路。于接待宾客，吊丧，问疾，时节馈送，聚会饮食之事，一切不讲，免至于干求亲旧，以滋过失，责望故索，以生怨尤，负讳通借，以招耻辱，家居如此，方为称宜。而远吝侈之咎，积是成俗，岂惟一家不忧水旱之灾，虽一县一郡，通天下皆无忧矣。其利岂不博哉！

陆九韶在《居家制用》（下）专门对于节俭作出要求，丰时要撙节用度，不要养成无节制的不良习惯。他指出，使家庭破败有两种情况，即居家的七种病和贫薄而务周旋。他说："居家之病有七：曰呼，曰游，曰饮食，曰土木，曰争讼，曰玩好，曰惰慢。有一于此，皆能破家。其次贫薄而务周旋，丰余而尚鄙啬。

他再次强调丰余之时一定要注意节存赢余，正常情况下，应存余十分之三，如果存不了三成，存二成，如果二成也存不了，存一成，如果这些都做不到，那就应该"撙节用度，以存赢余"。只要这样"家可长久"，不然"一旦有意外之事，必遂破家矣"。对婚丧之费也应依礼而行，可依《礼记》之"丧用三年之仂"为标准，吊丧不以货财为礼，"如吊丧，则以先往后罢为助；宾客，则樵苏供爨清谈而已"。这样"礼不废而财不匮"。婚礼也参照这一标准办理，做到："丰约亦似得中"。对于日常开支，也要有计划，"其间用度，自为赢缩"。他说"以其六分为十二月之用。以一月合用之数，约为三十分者，非谓必于其日用尽。但约见每月每日之大概。其间用度，自为赢缩。惟是不可先次侵过，恐难追补。宜先余而后用，以无贻鄙啬之讥。"

在陆九韶看来，治家如治国，居家也应有法度，不能丰俭、侈吝无准则。他在《居家制用》最后强调说："世皆谓用度，有何穷尽，盖是未尝立法。所以丰俭皆无准则。好丰者，妄用以破家；好俭者，多藏以敛怨。无法可依，必至于此。愚今考古经国之制，为居家之法，随资产之多寡，制用度之丰俭。合用万钱者，用万钱，不谓之侈；合用百钱者，用百钱，不谓之吝。是取中可久之制也。"

二 家制的实施

在陆九韶父亲一代，其父陆贺为家长，管理家族的事务，虽然陆贺对于发展生产没有多大的成绩，但是他"以学行为里人所宗"，对于家族的家风建设还是着力不少，也起到一定成效，使陆氏家族闻名于州县。在清代同治《金溪县志》的人物志《陆贺》里说："累世义居，择长者为家长，家事皆禀命焉。又择子弟分任之，凡田畴租税出纳宾祭庖厨之类，名有主者，条理井然。尝采司马氏冠昏丧祭之礼，著为家法，家道之整，著闻州里。素贫无田，蔬畦不盈十亩，而食指千余，皆遵约束，安贫乐义。"从中可以看到，陆贺通过建立家法，对家族成员进行教育约束，从而使一个有百余人吃饭的大家庭安贫乐义，和乐融融。陆贺"晚岁用是得与族党宾客，优游觞咏，从容琴弈，裕然无穷匮之忧"。后把家长的权力交给陆九叙等兄弟。陆九渊在《全州教授陆先生行状》里也说："先考居士君贺为次子，生有异禀，端重不伐，究心典籍，见于躬行，酌先儒冠、婚、丧、祭之礼，行之家，家道之整，著闻州里，六子。"[①] 这里说的是陆九叙，乃陆贺的次子，"善治生，总药寮以给家用，诸弟有四方游旅者，为治行具。人有论事未决，出一语折衷之，无不允当。时人高其行义，称为五九居士"。

陆九韶亦致力于家族管理，清同治《金溪县志》说："陆九韶，字子美。贺四子，性宽和凝重，重读书，必优游讽咏，学问渊粹，书之言行，夜必书之。其家累世义居。九韶以韵语为训词，告诫子弟。晨兴家长每率众谒先祠。毕，击鼓

---

① （宋）陆九渊：《陆九渊集》，中华书局1980年版，第312页。

诵之，使列听。有过则集众子弟责而训之，不改则挞，终不改，言诸有司，屏于远方。故门内雍肃，久而益盛。尝曰：学之要，孝弟之外，无余道。又曰：义利易见，惟义中之利隐而难明。与朱熹相敬爱。"这里侧重介绍了九韶致力于对家族子弟的训导，要求他们讲孝道。而罗大经《鹤林玉露·陆氏义门》里就讲得更细致具体，他说：

> 每晨兴，家长率众子弟致恭于祖祢祠堂，聚揖于厅，妇女道万福于堂。暮，安置亦如之。子弟有过，家长会众子弟，责而训之。不改，则挞之。终不改，度不可容，则告于官，屏之远方。
> 晨揖，击鼓三叠，子弟一人唱云：
> 听听听听听听听，劳我以生天理定。若还惰懒必饥寒，莫到饥寒方怨命。虚空自有神明听。
> 又唱云：
> 听听听听听听听，衣食生身天付定。酒肉贪多折人寿，经营太甚违天命。定定定定定定定。
> 又唱云：
> 听听听听听听听，好将孝弟酬身命。更将勤俭答天心，莫把妄思损真性，定定定定定定定，早猛省。
> 食后会茶，击磬三声，子弟一人唱云：
> 凡闻声，须有省，照自心，察前境，若方驰骛速回光，悟得昨非由一顷，昔人五观一时领。①

罗大经（1196—1252年）字景纶，号儒林，又号鹤林，南宋吉州吉水（吉水县）人。宝庆二年（1226年）进士，历仕容州法曹、辰州判官、抚州推官。虽然比陆九渊小将近六十岁，但因在抚州工作，对抚州的人文世事还是有一定的了解的。在以上引文及县志所载中，可以看到陆氏对教育，很注重仪式感，早晚各举行一次唱听活动，既要列队，还要作揖、恭听、唱喏，仪式十分庄重。使族中子弟在仪式之中感受到教育的必要，从而对家法产生敬畏，进而遵守之。如果这种教育不能约束某位弟子，而有犯错者，就要召集弟子们一起开会训诫；如果

---

① 罗大经：《鹤林玉露》第五卷，王瑞来点校，中华书局1983年版。

训诫无效再犯，则鞭挞犯错者；鞭挞无效，那么就只好送官府治罪了。在陆九韶《家制》之前，陆九思担任家长，为了管好这个大家族，教育子孙，他"训饬子孙，著为家诫，深以不识礼义为忧"。著成《家问》，也许里面就有相关的教育仪式、程序与内容，只可惜《家问》已失传。

他们为了把《家制》落实到位，也注重职责分工。罗大经《鹤林玉露·陆氏义门》中说："一人最长者为家长，一家之事听命焉。""逐年差选子弟分任家事，或主田畴，或主租税，或主出纳，或主庖爨，或主宾客。"而其他事务也有分工，"阖门百口，男女以班，各供其职"。[①] 既有总管，又有分工，也有合作，大家齐心协力把家族事务做得井井有条，因此一直维系着数百人"饔飧合爨"的局面。

其一，他们自己种粮食，还改良耕作方法，即所谓的"深耕易耨"之法，大大增加了粮食产量。陆九渊说："吾家治田，每用长大镢头，两次锄至二尺许。深一尺半许外，方容秧一头。久旱时，田肉深，独得不旱。以他处禾穗数之，每穗谷多不过八九十粒，少者三五十粒而已。以此中禾穗数之，每穗尚百二十粒，多者二百余粒。每一亩所收，比他处一亩不啻数倍。"[②] 其二，则是办学，收取费用，补贴家用。如陆九皋"授徒家塾，以束修之馈补其不足"[③]，陆九渊自己也创办书院教授诸生。乾道八年（1172年）秋，陆九渊得第后回家候职，将自己的东房屋"槐堂"改造成书院，授徒讲学。而办学有没有收入，未见明确记载，如有也应是用来补贴家用。淳熙十四年（1187年），陆九渊登贵溪的应天山讲学。次年，陆九渊改应天山为象山，精舍也改名为象山精舍。前后五年，外来求学者成百上千。但是办学经费也很紧张，以至于其妻吴爱卿把自己的嫁妆拿出来卖了，以解燃眉之急。这时要补贴家用可能就难了。其三，以经商所得补贴家用。陆九叙经营药铺，其所得用于一族衣食开支。陆九渊在《宋故陆公墓志》里说："家素贫，无田业，自先世为药肆以养生。兄弟六人，公居次。伯叔氏皆从事场屋。公独总药肆事，一家之衣食百用，尽出于此。""后虽稍有田亩，至今计所收，仅能供数月之粮。食指日众，其仰给药肆者日益重。公周旋其间，如一日也。"[④] 其四，让家族子弟在自家创办的书院里学习，接受教育。本家族的弟子

[①] （清）李绂撰，杨朝亮点校，《陆子学谱》卷五《家学》，商务印书馆2016年版，第89页。原文为："阖门千指，男女以班，各供其职。"
[②] （宋）陆九渊：《陆九渊集》，中华书局1980年版，第424页。
[③] （宋）陆九渊：《陆九渊集》，中华书局1980年版，第332页。
[④] （宋）陆九渊：《陆九渊集》，中华书局1980年版，第322页。

在学堂学习的也不少。如九思、九叙、九皋、九韶、九龄、九渊在书院亦师亦兄弟，可查的本族弟子先后就学的有16名，如九思子焕之，九渊子持之、循之，九叙子麟之，九韶子浚之，九思孙深甫、冲、泓，等等。

三　家制作用与影响

陆九韶的《陆氏家制》是陆氏繁衍发展的结晶，对后世产生了深远影响。陆氏家族一直保持着"义居"数百年，也得到了朝廷的旌表。淳祐二年（1242年）九月，理宗皇帝赵昀颁旨旌表陆氏义门，敕说："青田陆氏，代有名儒，在谥典籍。聚食逾千指，合爨二百年，一门翕然，十世曩微。惟尔能睦族之道，副朕理国之怀，宜特褒异，敕旌尔门，光于闾里，以励风化。钦哉！"（《全宋文》卷七九七一）

旌表下达之后，陆冲向理宗皇帝上了《青田义门谢恩表》。此时的陆冲正是管理家族事务的家长。他在表中说："十世义居旌表已颁于廊庙，九天申命敕书复畀于门闾，乾坤之露泽新承。……既以千余指宗支之众聚于二百年古屋之间，诗礼相传，饔飧合爨，祇谓闾阎之共处，讵期纶綍之昭垂？郡邑争先而快睹，室家相庆以腾欢。"（《江西通志》卷一百十四）

包恢专门写有《旌表陆氏门记》一文。包恢是陆九渊弟子包扬的儿子，他曾担任过金溪县主簿，此时包恢已为台州通判。文中包恢历数历朝共居情况，认为至六世者已极稀少，而陆氏十世共居共爨，则是天下独有的。包恢说："今陆氏自德迁以来，以迄于今乃十世，二百年如一日，阖门三千余指如一人，共居共爨，始终纯懿。此非他们之所可及者一。"（《全宋文》卷七三三四）

《宋元学案》转引南宋黄震（1213—1281年）的话说："梭山坚苦立学，言治家不问贫富，皆当取九年熟必有三年蓄之法，常以其所入，留十之二三，备水旱、丧葬、不测，虽忍饥而毋变。宗族乡党有吉凶事，敬财不足以助之，惟助以力，如先众人而往，后众人而归，有劳为之服之，毋毁所蓄，以变定规，如此力行，家不至废，而身不至有非理之求。其说具有条理，殆可推之治国者也。江西并子美又号三陆。"[①] 黄震对于陆九韶及其《家制》给予了高度评价。

清代学者李绂也认为《家制》是一部修身齐家大备的书，他说："《梭山老圃》四十卷，见《宋史·艺文志》。明季内阁尚有之，今购求不可得。止从其家

[①] （清）黄宗羲原著，全祖望补修：《宋元学案》，中华书局2013年版，第1868页。

谱录出《居家正本制用》四篇，而修身齐家之要已大备矣。若见全书，岂不当与证明孟并传也哉。"(《象山先生全集·陆梭山公家制》)

清代官员、学者陈宏谋将《陆氏家制》辑入《五种遗规》之《训俗遗规》中。并在其前面加了按语《五种遗规·训俗遗规》："门内之地，至性所关。虽极愚顽之人，岂无天良之动。而有时视门内如路人，非礼犯分之事，悍然不顾者，名利之心夺之耳。于名利上看得重一分，即于天伦轻一分矣。梭山先生论居家而先之以正本。其言正本也，以孝弟忠信，读书明理为要，而以时俗名利之积习为戒，其警世也良切。至于制用之道，不过费以耗财，亦不因贫而废礼，随时撙节，称家有无。尤理之不可易也。陆氏十世同居，家法严肃。高风笃行，可仰可师。读此，亦足以知其所由来矣。"按语既对陆九韶的《家制》作了极简要的介绍，也对陆氏由此形成的家风做一肯定，认为"家法严肃"家风"可仰可师"。

这么一个维系了两百多年共居共爨的大家族在宋末元初也瓦解了。据《家乘》载："至宋元鼎革，室庐焚毁，然后荡析。"

《家制》持之以恒的贯彻实施，为陆氏家族人才辈出打下了坚实基础，也为象山之学的形成和弘扬打下了坚实基础。自陆贺始，金溪陆氏渐渐进入了兴旺发达时期，陆九渊兄弟并时为显，如陆九渊之兄九思、九叙、九皋、九韶、九龄皆名闻一时，而又以陆九渊为最。他们的子孙如陆九思之子陆焕之，陆象山之子持之、循之，陆九叙之子麟之，陆九韶之子陆浚之，陆九思之孙陆深甫、陆冲、陆泓，陆象山之侄陆筠皆一时之人物。象山之学又称"陆学""心学"，也称"江西之学"，主张"心即理"，指出"宇宙便是吾心，吾心即是宇宙"，是我国古代思想史上重要的学术流派。经明代王阳明继承和发展，成为"陆王学派"，也称"陆王心学"，对后世影响极大。然而这一学派凝聚了陆氏学人的大量心血。全祖望在《宋元学案》中说："三陆之学，梭山启之，复斋昌之，象山成之。梭山是一朴实头地人，其言比切近，有补于日用。"[①] 梭山即陆九韶，复斋即陆九龄。陆九渊子侄及后裔也不遗余力地传播其学说。

陆氏家族不断地延承其家风，弘扬《陆氏家制》之精神，结合现实而制定出相关的家规条文，如鹰潭龙虎山有一支陆九渊之子陆循之后裔，他们的《西源陆家家谱》里就有《陆氏家规十八条》，即祠墓当葺、祭祀当肃、谱牒宜重、学校宜裕、职业宜务、节俭宜讲、闺门宜肃、邪教宜禁、名分宜正、宗族宜睦、姻里

[①] （清）黄宗羲原著，全祖望补修：《宋元学案》，中华书局2013年版，第1862页。

宜厚、赋役宜急、家法宜守、族正宜立、友爱宜笃、立身宜敬、封蓄宜密、桥路宜修。①

陆九韶的《陆氏家制》自问世，就对陆氏家族产生了重要影响，在其家族里形成了独具特色的家风，使其家族成为天下闻名的"金溪陆氏义门"，为象山之学的形成发展产生了重要影响。扩而广之，在古代家族文化中也产生很大影响，为古人崇尚的"修身齐家"注入了重要内容。

---

① 本段内容为陆象山先生第三十世嫡系裔孙陆小春提供，在此表示感谢。

陆九渊政治思想探析

吴牧山

(中共抚州市委宣传部)

陆九渊(1139—1193年)及其创立的心学体系一直是后人讨论和研究的重要课题,然而研究者对他的政治思想却关注不多,尤其是对陆九渊政治思想和实践及其当代价值的探讨更显得薄弱。陆九渊一生虽然没有做过大官,可他同样有着宋代许多士大夫那样忧国忧民的思想。他对国家政事的关心和对民生疾苦的关切,显示出了他的平民思想家本色。而且,陆九渊还有着足以称道的仕宦实践:晚年出任荆门军知军,在任期间修城墙、严保伍、训练军士、改革税制、敦促教化,革新勤政,尽心竭力,使荆门的面貌有了一个全新改观,取得了出色的效果,赢得了朝野上下的许多赞誉,时任宰相周必大也称赞他道:"荆门之政,于以验躬行之效。"[①]这些都体现了他对政治的积极投入和关心。而且他从心学的立场出发,也形成了具有自己特点的政治思想,但是前人的研究却对此有所忽略,没有将他的这些思想独立地加以解剖、分析。即使有研究,也是从某一角度进行阐述,缺乏系统的研究和评价。本文尝试围绕陆九渊对南宋的政治观察和深刻思考留下的丰富政治思想,对其在朝廷担任删定官和在地方担任荆门知军的政治实践进行多方面的探究、分析,认为他将心学与政治思想高度融合意义非凡,付诸实践后成效卓著;他不仅是思想家、教育家,也是一个"爱民主民""爱国报国""德法并治""改良变革""布道行道"和"勤政践行"的政治家,以此请教方家。

---

① (宋)陆九渊:《陆九渊集》卷三十三《谥议·象山先生行状》,中华书局1980年版,第387页。

一 推崇"三代"的政治理想

受先秦儒家思想影响，尤其是受汉代司马迁在《史记·五帝本纪》记述的黄帝、尧和舜等帝王们的事迹中，用美化的态度和赞美的笔调记述上古时代的政治管理秩序的影响，长期生活在农耕经济环境下的陆九渊非常崇尚我国上古时代的夏商周，尤其是传说中尧和舜时期的政治清明。在他心目中，"三代"的政治如传说一样大公至信、道义流行，是人类历史上最完美、最值得称颂的，是人类政治的目标和理想，也是他所崇尚的政治理想。他赞美"三代"之政治，把它理解为一个风俗淳美、人心向道、制度完善的标杆，认为这是后代社会应效法的榜样。在他眼里，"三代之时，道行乎天下"[1]。似乎那时人人都知礼义，天下为公，社会生活安定而和谐。他认为，那时人君的出现，是为了辅佐上天完成"信"和"义"的"彝伦"大业，开启和恢复人们被蒙蔽的天性良知，以维护人心为公的礼义之道，而并非将天下看作自己的一姓之私。那时公卿百官的设置，则是为了帮助天子完成教化人民和维护礼义的责任，其职责在于"承流宣化"，[2]而不是为了自己的权势富贵。因此，他认为"三代"时期人君与臣下的关系，是互相信任、共担职守，而没有互相之间的猜忌，君臣之间言以其实，事为其理。人君对臣下信用而不疑，专一不二，臣下都能悉心尽力，自觉分担"代天理民"的重任。在他看来，"三代"时期"道"流行于天下，人人知"道"，即天赋于人的本心良知还没有被后世的利欲私心所蒙蔽，所以能够人人为公，天下为公，人君和百官都能尽力于自己为天、为民的职守。陆九渊还认为，"三代"虽然也有赏罚之法，但刑罚的设立是为了惩奸扶善，维护道义天理，是为了"纳斯民于大中，跻斯世于大和者也"[3]，是为了实现无害天理道义的理想生活，而不是为了掌刑罚者以获得自身的权势富贵。总之，他认为"三代"时期的一切建制设施，都是为了维护"道"的流行，维持人本性的天理良知，从而使人类生活处于一种纯善纯美的境界，而这正是他孜孜以求的心学最高理想境界。陆九渊在确立了心学思想后，就把"求道""存道"作为心学的目标，将恢复人的"本心"作为心学教育的目的，这种思想反映在政治上，就是他对"三代"之政的向往。所以他屡次强调"三代"之政，提倡以

---

[1] （宋）陆九渊：《陆九渊集》卷十九《记·荆国王文公祠堂记》，中华书局1980年版，第231页。
[2] （宋）陆九渊：《陆九渊集》卷八《书·与苏宰》，中华书局1980年版，第112页。
[3] （宋）陆九渊：《陆九渊集》卷十一《书·与吴子嗣六》，中华书局1980年版，第142页。

"三代"为法,恢复"三代之治",他的愿望就是建立这样一个政治社会:"所愿上而王公大人,下而奔走服役之人,皆不失其本心,以信大义、成大业,则吾人可以灌畦耕田,为唐虞成周之民,不亦乐乎?"[①] 在这里,陆九渊提出了他理想社会的标准,即在这个社会中"自天子至于庶人",人人都怀有一颗克除私欲、纯然至善的道德之心,所有的政治设施、行为都是为了维护这种美好的德行。这正是其心学思想在政治理想上的反映。

二 君臣同德的共治思想

由于陆九渊认为传说中上古"三代"君与臣的关系,是互相信任、共担职守,君臣之间言以其实,事为其理,没有互相之间的猜忌。因此,他主张君臣关系要效仿"三代"同德同治、各履职责。在陆九渊看来,君主在国家政治中的地位是至高无上的,"国以君为主,则一国之事,莫不由君而出"[②]。在君权几乎不受限制的专制社会中,君主的德行和治国才能对国家会产生重大影响,甚至决定国家的前途和命运,"君之心,政之本"[③]。延续这一思想,陆九渊于淳熙十一年(1184年)上书皇帝,集中表达的君道思想就是"君臣共德","相与尽诚","格君心之非","诚能识人","不亲细事"等。"君臣共德""相与尽诚"就是君臣之间应该同心同德,以诚相待,"相与论辩,各极其意,了无忌讳嫌疑"[④],而不应拘于君臣之礼而着于形迹。只有君臣之间以诚相待,臣下才能放开手脚去做事,而不用诚惶诚恐地去揣摩君主的心思,君主才能真正了解国家的真实情况。关于"格君心之非",陆九渊则说:"今陛下独卓然有志于道,真所谓任大而守重。道在天下,固不可磨灭,然人能弘道,非道弘人。今陛下羽翼未成,则臣恐陛下此心亦不能以自遂。陛下此志不遂,则宜其治功之不立……愿陛下益致尊德乐道之诚,以遂初志。"[⑤] 陆九渊认为,君心是实施仁政之根本,"君之心,政之本"[⑥]。如果君心不正,则"治功不立",因此,对帝王来说,正心是根本:"为政在人,取人以身,修身以道,修道以仁。仁,人心也。人者,政之本也,身者,人之本

---

① (宋)陆九渊:《陆九渊集》卷二十《序赠·邓文苑求言往中都》,中华书局1980年版,第255页。
② (宋)陆九渊:《陆九渊集》卷三十二《拾遗·主忠信》,中华书局1980年版,第375页。
③ (宋)陆九渊:《陆九渊集》卷三十《程文·政之宽猛孰先论》,中华书局1980年版,第356页。
④ (宋)陆九渊:《陆九渊集》卷十六《书·与张元善》,中华书局1980年版,第221页。
⑤ (宋)陆九渊:《陆九渊集》卷十六《书·与张元善》,中华书局1980年版,第222页。
⑥ (宋)陆九渊:《陆九渊集》卷三十《程文·政之宽猛孰先论》,中华书局1980年版,第356页。

也,心者,身之本也。不造其本而从事其末,末不可得而治矣。"① 而臣子也应该尽到"格君心之非"之责,否则就是"不敬其君":"格君心之非,引之于当道,安得不用极。此责难所以为恭,而不以舜之所以事尧事君者,所以为不敬其君也。"② 关于"诚能识人",陆九渊说:"臣尝谓事之至难,莫如知人,事之至大,亦莫如知人。人主诚能识人,则天下无余事矣。"③ 在《删定官轮对札子三》中,陆九渊举了桓公之用管仲、刘邦之用韩信、孙权之用陆逊、刘备之用诸葛亮四个事例来说明怎样才算知人。这些人在未发迹之前,与凡人无别,但他们之能被起作用,是因为起用他们的人具有非凡的识人能力。因此,陆九渊认为,君主必须具备识人之识。如何增长识人之识呢?陆九渊说:"人之知识若登梯然,进一级则所见愈广。上者能兼下之所见,下者必不能如上之所见。陛下诚能坐进所见,使古今人品了然于心目,则四子之事岂足为陛下道哉?若犹屈凤翼于鸡鹜之群,日与琐琐者共事,信其俗耳庸目,以是非古今,臧否人物,则非臣之所敢知也。"④ 对于为君之道,陆九渊还说:"臣闻人主不亲细事。"⑤ 陆九渊认为,君主应以求道明志为目标,而不应碌碌于具体事务,如果沉迷于具体事务,就会迷失心志,而且君主干涉具体事务,会导致官员"上下推诿""互相牵制"。陆九渊指出,具体事务是末,心才是本,君主不知在心上下功夫,而碌碌于琐事中,是不可能治理好国家的,"不造其本而从事其末,末不可得而治矣",君主应该抓住根本,正心诚意,知人善任,这样"虽垂拱无为,而百事详矣"⑥。

三 主民为正的判别思想

在先秦时期的政治中,儒家提倡政治的伦理化,《论语》和《孟子》中用了很多篇幅谈政治伦理。陆九渊自谓他的心学是"因读《孟子》而自得之于心也"⑦,在政治思想方面也如出一辙,继承了孟子的"民贵君轻"思想,强调"民

---

① (宋)陆九渊:《陆九渊集》卷十九《记·荆国王文公祠堂记》,中华书局1980年版,第233页。
② (宋)陆九渊:《陆九渊集》卷十三《书·与郑溥之》,中华书局1980年版,第179页。
③ (宋)陆九渊:《陆九渊集》卷十八《奏表·删定官轮对札子》,中华书局1980年版,第222页。
④ (宋)陆九渊:《陆九渊集》卷十八《奏表·删定官轮对札子》,中华书局1980年版,第222页。
⑤ (宋)陆九渊:《陆九渊集》卷十八《奏表·删定官轮对札子》,中华书局1980年版,第222页。
⑥ (宋)陆九渊:《陆九渊集》卷十八《奏表·删定官轮对札子》,中华书局1980年版,第222页。
⑦ (宋)陆九渊:《陆九渊集》卷三十五《语录下》,中华书局1980年版年版,第471页。

为邦本"说。在《与舒元宾》中,他说:"民为大,社稷次之,君为轻。民为邦本,得乎丘民为天子,此大义正理也。"①这里表述出他的观点:在君主与人民的关系上,人民是国家之根本,而君主只有得到人民的拥护才能成为君主。陆九渊认为,设立君主和政府机构的目的是更好地为民众服务,"天生民而立之君,使司牧之,张官置吏,所以为民也"②。君主只是"代天理物"③。陆九渊判断,自三代以来没几个君主能够明白这个道理,他们把天下当作自己可以任意处置的家当,完全没有尽到君主应尽的职分。陆九渊警告说,对于那些视帝王之位为私物而不知为民的君主,民众随时可以通过聚众讨伐的方式将之赶下台,他曾直言:汤放桀,武王伐纣,即民为贵,社稷次之,君为轻之义。陆九渊还提出了"宽民力,厚国本"的具体政治主张。由于贪官污吏的横征暴敛,老百姓日益贫困。官吏搜括老百姓的借口是财赋匮乏,而这些搜括来的财赋,是"官未得一二,而私获八九矣"④。陆九渊认识到,这已经成为影响政权稳定的重要因素,他说:"居计省者诚能推支费浮衍之由,察收敛渗漏之处,深求节约检尼之方,时行施舍己责之政,以宽民力,以厚国本,则于今日诚为大善。"⑤他希望主管财政的人研究支出多的原因,查查赋税方面存在的问题,一定要注意节约,宽民力,厚国本。最值得注意的是,陆九渊以士大夫议政是"主民"还是"主身"作为判断士大夫人格和区分君子、小人的标准。陆九渊说:"大抵今时士大夫议论,先看他所主。有主民而议论者,有主身而议论者,邪正君子小人,于此可以决矣。""主民"就是一切为老百姓着想,把老百姓的利益放在第一位,这种思想为"正"。"主身"就是以自己利益为出发点,明哲保身,这种思想为"邪"。陆九渊认为:"议论主民者,必将检吏奸而宽民力,或不得已而缺于财赋,不为其上所亮,则宁身受其罪。若其议论主身者,则必首以办财赋为大务,必假缺乏之说以朘削民,科条方略,必受成于吏,以吏为师,与吏为伍,甚者服役于吏。"⑥"主民主身"论,是陆九渊将他以义利判别君子与小人的心学向政治思想的逻辑延展,直至今天,陆九渊这一政治思想仍熠

---

① (宋)陆九渊:《陆九渊集》卷五《书·与舒元宾》,中华书局1980年版,第69页。
② (宋)陆九渊:《陆九渊集》卷五《书·与曾宅之》,中华书局1980年版,第6页。
③ (宋)陆九渊:《陆九渊集》卷三十五《语录下·荆州日录》,中华书局1980年版,第473页。
④ (宋)陆九渊:《陆九渊集》卷四《书·与赵宰》,中华书局1980年版,第55页。
⑤ (宋)陆九渊:《陆九渊集》卷五《书·与赵子直》,中华书局1980年版,第72页。
⑥ (宋)陆九渊:《陆九渊集》卷七《书·与吴仲良》,中华书局1980年版,第99页。

熠生辉，有着极高的时代价值，在全世界都具有十分积极的现实意义。这一点，陆学研究者却很少注意到。

四　民为邦本的民本思想

陆九渊以继承孟子思想自居，在发展孟子心性论思想的同时，亦继承了孟子"民为贵，社稷次之，君为轻"的思想，倡导"民为邦本"的社会政治思想。在许多篇章中，陆九渊都表达了"民为邦本"的政治思想。《与徐子宜》："天生民而立之君，使司牧之，张官置吏，所以为民也。'民为大，社稷次之，君为轻'，'民为邦本，得乎丘民为天子'，此大义正理也。"[①]《与苏宰》："天以斯民付之吾君，吾君又以斯民付之守宰，故凡张官置吏者，为民设也。无以厚民之生，而反以病之，是失朝廷所以张官置吏之本意矣。'无君子莫治野人，无野人莫养君子。'"[②]《与辛幼安》："今日邦计诚不充裕，赋取于民者诚不能不益于旧制。居计省者诚能推支费浮衍之由，察收敛渗漏之处，深求节约检尼之方，时行施舍己责之政，以宽民力，以厚国本，则于今日诚为大善。若未能为此，则亦诚深计无虑者之所异。"[③]陆九渊把"民"作为"邦本"，认为"天生民"而后"立之君"，"君"是由"民"产生的，是为民治理国家的，所以"君"所做的"张官置吏"都是为了"民"。如果不能"厚民之生"，"反以病之"，则君主或朝廷就丧失了它"张官置吏"的用意了。所以陆九渊引用了《孟子·滕文公上》中的"无君子莫治野人，无野人莫养君子"一句来概括说，没有君主，就无法治理百姓；而没有了百姓，就不能养活君主。相比之下，民为本，君为末，"民"在政治活动中起到了根本的作用，既是国家的基石，又是国家的服务对象；而"君"只起到治理国家的作用。可以说，"民为邦本"的思想是陆九渊政治思想的立论基础，它直接决定了其所进行的政治实践活动。

五　忧国忧民的责任意识

陆九渊生活的南宋，处于封建社会的衰弱期。国家衰弱的直接原因是受到来自北方的民族的侵扰，因此，民族矛盾为主要矛盾。生活在积贫积弱时代的陆九

[①]（宋）陆九渊：《陆九渊集》卷5《与徐子宜二》，中华书局1980年版，第66页。
[②]（宋）陆九渊：《陆九渊集》卷7《书·与苏宰》，中华书局1980年版，第102页。
[③]（宋）陆九渊：《陆九渊集》卷5《书·与辛幼安》，中华书局1980年版，第71页。

渊，从小就胸怀忧国忧民之志，据《年谱》载：他少时闻靖康间事，慨然有感于复仇之义，至是访求智勇之士，与之商榷，益知武事利病，形势、要害。他16岁时听到父辈谈论靖康之耻后，义愤填膺，立志报仇雪耻，寻访抗金志士，研究医国要领，共谋施政方略，并在其治荆的施政实践中付诸行动。赴荆门上任前，当听说金人有南侵之意，他不畏艰险，携家同去。上任后，他率领该地军民做了许多防御金兵南下的基础性工作。如修筑城墙、整顿军队等。针对当时官场腐败、刑狱淹延等弊端，陆九渊把司法作为治荆的侧重点，并取得实效。陆九渊曾主管台州崇道观，这一闲职对于一个关注现实、积极用世的儒者来说，本是一大打击，然而他没有泄气，而是另辟蹊径，创办书院，聚徒讲学，光大心学，以此报效国家。其儒者建功立业、积极用世的思想十分显著。陆九渊出身于底层社会，自幼了解民间疾苦，民本思想较强。知荆门军前，即能从"民为邦本"的思想出发，提出评价官吏优劣的标准。如当时贵溪、余江、金溪等县吏胥为非作歹，有的县吏根本不管，惟贵溪县吏陈宰措施得力，吏胥的嚣张气焰得到打击，民受其惠。陆九渊对此给予高度评价；并要求继任官不必督过。江西宜黄县尉何坦，因护民与县令意见不合，上司竟然不分是非，一并予以免职。陆九渊对此事愤愤不平，临别时以文慰勉何坦。他得知金溪县要将农民耕种的田拿去买卖，当即写信给金溪县令，指出这项措施"上失朝廷之体，下为良农之苦"，请他向上据理力争，以收回成命。在荆门，他率领官民修筑城墙，不计个人得失，多次向上申述，要求罢免铜钱输纳赋税；还派出官吏调查，根据不同灾情，从实减租，体现出关心民瘼的思想。

六 积极用世的报国思想

陆九渊家族世代尊儒。他自己也因他留下的思想和功业，被后世尊为百世大儒。源流于春秋时期、成熟于汉代的儒家思想，高扬"积极入世"的实践精神，倡导"富贵不能淫、威武不能屈、贫贱不能移"的健康人格，提出"舍生取义"的人生最高道德标准，试图构建民族的强健精神支柱和浩然正气的民族性格，构建全民族完整的道德体系。因此，儒家士大夫非常推崇"德治爱民"的政治文化、"孝悌和亲"的伦理文化、"文质彬彬"的礼乐文化、"远神近人"的人本取向。作为"百世大儒"的陆九渊，其儒学立场是坚定的，儒家情怀始终如一。他信奉儒者的使命就是"修身齐家治国平天下"。这些，在他15岁时写作的《郊行》诗中，以及后来随兄习武、掌库三年、参加科举考试、鹅湖之会、白鹿洞讲学和象山开山建舍传道的人生轨迹中，特别是在他出知荆门军的作为中都体现出来了。

陆九渊得诏出知荆门军后，于绍熙二年（1191年）七月四日携带家眷由家乡出发，一路风尘，赶赴荆门。经过一番水陆辗转的艰难跋涉，陆九渊一行于九月三日到达荆门。陆九渊到荆门之初，荆门的情况并不乐观，在他的书信中是这样描述的："自外视之，真太平官府。然府藏困于连年接送，实亦匮乏，簿书所当整顿，庐舍所当修葺，道路当治，田莱当辟，城郭当立，武备当修者不少。"①面对如此困乏的地方，陆九渊到任当天后，在任短短一年零三月又十一天，不空谈，做实事；在除弊安良、移风易俗、修城固防、便民兴农等方面施行八政：除弊风、罢三引、蠲铜钱、建保伍、强法治、严边防、堵北泄、勤视农。丞相周必大收到他的上司荆南帅府章森反映陆九渊的政绩后曰："荆门之政，如古循吏，躬行之效至矣。"②

七 "四物八字"的治国思想

陆九渊曾任朝廷删定官，创建并主持了五年象山书院事务，后来又担任荆门知军。作为学者和中下级官吏，陆九渊关心时事，关注民生，对国君和百官责任提出了自己的观点，并逐渐形成他的治国理政思想。在他看来，国君是上天道德与礼义的承载者和传播者，主要任务是宣扬道德礼义、教化人民，维护天理的公正推行。为君在德，德在善政，政在养民。为完成推行善政职责，国君的另一重要任务就是选拔天下德才兼备的英才担任公卿百官。而这些官员的职责就是辅佐国君施行上天所赋予的重任。他说："内建朝廷，由公卿至于百司庶府，外部邦邑，由牧伯至于子男附庸，则亦惟天子是承是助……是故任斯民之责于天者，君也；分君之责者，吏也。"③淳熙十一年（1184年），陆九渊在敕局任删定官，有人问他："先生见用，何以医国？"你现在朝廷做官，有什么妙计治国呢？先生曰："吾有四物汤。"问："如何？"曰："任贤、使能、赏功、罚罪。"④

---

① （宋）陆九渊：《陆九渊集》卷十五《书·与罗春伯》，中华书局1980年版，第197页。
② （宋）陆九渊：《陆九渊集》卷三十六《年谱》，中华书局1980年版，第512页。
③ （宋）陆九渊：《陆九渊集》卷十九《记·宜章县学记》，中华书局1980年版，第226—227页。
④ （宋）陆九渊：《陆九渊集》卷三十六《年谱》，中华书局1980年版，第496页。

八 公利苍生的民生思想

象山之学，是心学，是人学，更是实学。因为是人学，所以他深刻思考社会伦理问题的同时，也深刻思考社会经济问题。是实学，就离不开经济问题，解决包括经济问题在内的各种社会问题才是真正的实学。认真研究他的经济思想，就会发现，陆九渊有着丰富而深厚的经济思想，其最突出的特点是强调"公利观"，主张损上益下，藏富于民。在南宋时期，土地兼并、掠夺现象十分严重，"郡县之间，官户田居其半"。土地高度集中的结果，是自耕农户在纷纷破产后，被逼沦为佃户、佃客，流离失所，生活日益穷困。他的家乡金溪也是如此，生活在基层的陆九渊对此历历在目，常有思考和不满。作为士子，他在南宫春试廷对时，受孟子"制民之产"思想的影响，提出用"授田"的办法即"耕者授其田"来抑制土地兼并。他说："然连阡陌者，难于行削夺之法；厌糟糠者，无以为播种之资、削夺之法不行，则田亩孰给？播种之资既乏，则租课孰供？……然授田之制不行，则府卫之制不可复论。"① 他为官后，看到农民生活日益艰苦、"侵耕冒佃之讼益繁"的现象后，更加坚持"授田"的观点，并极力争取同僚支持。在《与陈教授书》中，他说："所谓农民者，百佃客庄，即佃官庄，其为下户自有田者亦无几。所谓客庄，亦多侨寄官户，平时不能瞻恤其农者也。当春夏缺米时皆四出告籴于他乡之富民，极可怜也。"当他感到主政者对日益严重的土地兼并现象熟视无睹时，他急迫地疾呼："失今不救，又将遍于天下矣。"② 陆九渊还常常从上下利益整体考虑，主张兼顾上下时，应当倾斜下层平民。他认为老百姓富足了，君国自然也会富足。陆九渊说："百姓足，君孰与不足？损下益上谓之损，损上益下谓之益，理之不易者也。"③ 损，暂时"损上"，减少一点国赋收入，其实是放水养鱼，从长远看，有益于民富国强。相反，如一味向下搜刮，民室空虚，国家就可能埋伏着危机，那将是长期的"损"，而弱国弱民。这种"以民为心""藏富于民"的思想，反映出陆九渊兼顾上下，重点益下，从而缓冲上下经济矛盾，是其经济思想的特色。陆九渊还

---

① （宋）陆九渊：《陆九渊集》卷三十一《程文·问唐取民制兵建官省试》，中华书局1980年版，第368页。
② （宋）陆九渊：《陆九渊集》卷八《书·与苏宰》，中华书局1980年版，第115页。
③ （宋）陆九渊：《陆九渊集》卷五《书·与赵子直》，中华书局1980年版，第70页。

积极提倡"理财",在荆门,他改革税收,赈济灾民,鼓励休养生息,促进农业的积极生产。

九 重视教化的德治思想

儒家思想到了汉代,政治主张发生了一定的变化,主要是伦理的政治化。南宋时期的陆九渊则进一步将自己的心学进行了政治和伦理的融合,认为道德教化在社会治理方面起到了很关键的作用,而社会的治理在某种程度上来说,也是要对世道人心起到一定引导作用,因此政治与儒家伦理是一个相互统摄、相互关联的过程。作为大儒,陆九渊主持治理一方,十分重视思想道德的宣教。绍兴二年(1191年),陆九渊受命任荆门知军。有学者问他,荆门之政何先?他说:"必也正人心乎。"认为首要的任务是正人心。上任伊始,他花了大量时间对郡学贡院、客馆官舍进行修葺,把基础设施修建整齐,致力于大兴教育。《年谱》记载:"郡学、贡院及客馆、官舍,众役并兴。""朔望及暇日,诣学讲诲诸生。"[1]他还改变了荆门州县每年正月十五日上元节请道士打神醮、作法事,拜神驱鬼,禳灾祛邪,求福降喜,祈祷风调雨顺、国泰民安的习俗。但陆九渊不信这一套,他带病撰稿《上元代醮讲义(荆门军上元设厅皇极讲义)》,在荆门蒙山讲经旧址,以"讲义代醮",向荆门官民讲学传道,讲《尚书·洪范》"敛福锡民"一章,以此来引导官民树立正确的幸福观。这是陆九渊针对当时不断受北方少数民族侵扰、只剩半壁江山、朝野思想十分混乱、士大夫纷纷放弃儒家思想甚至投敌叛国、卖身求荣的情形,以心学大师的思维方式提出的治理主张。针对荆门迷神信鬼盛行,他还通过封闭妖洞、讲学教化等措施引导民众破除迷信。

另一方面,民众和官吏,其实是一个上下流动的过程。当时民间的风俗日趋败坏,那么民间的读书人一旦作为官吏,会怎样治理百姓是可想而知的。官吏不去省察自省,只是刻意强调百姓的风俗败坏,难以管理,再加上以苛捐杂税去逼迫他们,更加激化了矛盾。陆九渊在民间修立县学,努力改变民间的风俗。在同时严格治理官吏的双重作用之下,使社会状况得到缓解,促进政治的清明和健康有序。在《贵溪重修县学记》中,陆九渊提倡他的本心之学,"先王之时,庠序之教,抑申斯义以致其知,使不失其本心而已。尧舜之道不过如此"[2]。在《武陵

---

[1] (宋)陆九渊:《陆九渊集》卷三十六《年谱》,中华书局1980年版,第509页。
[2] (宋)陆九渊:《陆九渊集》卷十九《记·贵溪重修县学记》,中华书局1980年版,第237页。

县学记》中,他提到了政治和教育的关系。"彝伦于是而敦,天命于是而悖,此君师之所以作,政事之所以立。"①陆九渊所强调的是教育对政治的促进作用,他为政治培训了人才,改化了当地的风俗等。政治的合法性就在于使得人民安居乐业,社会和谐有序。一旦失去了这种面向,政治的合法性也就不再存在。陆九渊的这种思想具有一定的先进性,也能够提高统治者认识到重民、爱民的意识。但当时的社会政治,使得这种教育思想其实很难得到实行。

十 整肃胥吏的史治思想

陆九渊政治思想中一个突出的特点,就是他对地方胥吏的危害认识得非常深刻,因而十分重视对胥吏的治理。陆九渊曾任过朝廷中央删定官这样的小官,也任过荆门知军这样中下级地方官吏,对官场运作模式比较了解,对当时的吏治腐败和不良胥吏深恶痛绝,尤其是对地方胥吏的危害认识非常深刻,非常痛恨地方胥吏的不作为和乱作为。在家乡金溪居住期间,他写有多封书信给金溪甚至江西的地方长官如辛弃疾等人,指斥地方胥吏为害一方,分析他们的为害之由,主张对这些人深察痛惩,严加防范。他通过多年的体察,精细分析了地方官场"熟烂败坏"的"三人现象"。这"三人现象"是指一个地方官府存在"官人、公人、中人"三种人。在施政中,这三种人各谋其利、祸害百姓。陆九渊将朝廷任命的如郡守、提刑、监司、漕吏、县令、倅官(副职)等这些外籍官吏划分为"官人",这些人中有有才和不才的,有善良和不善的。他将在官府中多为当地人的胥吏、僚属们划分为"公人"。陆九渊认为这些"地头蛇"是所谓的"豪吏猾胥",长期在地方为非作歹、坑害百姓。他将"无以自立",遇事没有主见,处事"从风而靡,随波而流"的做代写文稿之类事务的儒生划分为"中人"。对于这三种人在地方事务中发挥的作用,他有过很具体的描述。他说:"官人者异乡之人,吏人者本乡之人。官人年满者三考,成资者两考;吏人则长子孙于其间。官人视事,则左右前后皆吏人也。故官人为吏所欺,为吏所卖,亦其势然也。""吏人自食而办公事,且乐为之,争为之者,得在焉故也。故吏人之无良心、无公心,亦势使之然也。""官人常欲知其实,吏人常不欲官人之知事实,故官人欲知事实甚难。官人问事于吏,吏效其说,必非其实,然必为实形。欲为实形,亦必稍假于实。盖不为实形,不能取信。官人或自能得事实,吏必多方乱之;纵不能尽乱

---

① (宋)陆九渊:《陆九渊集》卷十九《记·武陵县学记》,中华书局1980年版,第238页。

之，亦必稍乱之。盖官人纯得事实非吏人之利也。故官人能得实事为难，纯以事实行之为尤难"①"公人世界，其来久矣，而尤炽于今日。"②他指出这种现象会长期盛行，而且当下猖獗，是因为官人无才无德，有的还与公人同流合污，"十数年来，公人之化大行。官人皆受其陶冶，沉涵浸渍，靡然一律"③。在地方上一班"中人"中，有的书生腐儒"以经术为之羽翼，为之干城，沮正救之势，塞惩治之路，潜御其侮，阴助其澜"④。就这样，一个地方因为官人、公人、中人，都不把民众利益放在心上，他们中朝廷任命的官人为享乐常常躲懒，胥吏、僚属这些"地头蛇"为谋利常常使奸，书生腐儒代写文稿随波逐流不用心，有的地方甚至官人、公人、中人狼狈为奸，鱼肉百姓，将一个地方搞得怨声载道，冤案林立，民愤沸腾，"奸猾之谋，无不得逞，贿赂所在，无不如志"⑤。他还以一狱讼为例，说明因这三种人把持，搞得一个地方民有冤情，无法上诉；狱吏横行，屈打成招；乌烟瘴气，暗无天日。陆九渊还分析不良官吏为害的原因，指出他们狐假虎威、盘剥百姓的根源，在于为利欲所驱使。借官名而谋私利，是豪吏猾胥们的惯用伎俩，他们互相勾结，沆瀣一气，对百姓进行残酷的欺压剥削，最终成为百姓的大害。陆九渊进一步说，豪吏猾胥们所以能肆无忌惮地公行不法，还在于他们上下勾结，形成群党之势以互相包庇，蒙蔽官府。他们用横征暴敛来的金银财物贿赂上级官府的走卒猾胥，与其交结合盟成为朋党，互通消息，狼狈为奸，共为不法又互相掩盖，包藏奸宄。在这种勾结串通下，便出现了他们压榨百姓，饱奸济私，却使官府不得闻其罪，百姓受到欺凌却无处申诉的悲惨局面。他对这种现象痛心疾首。

陆九渊还认为，胥吏们所以如此妄为不法，与当时的官僚制度也有关系。他认为一个地方的郡守县令等多是异乡人，豪吏猾胥们却都是本地人；为官者在一地任职最多两任、三任，胥吏们却世代生长其间；再者，"官人视事，则左右前后皆吏人也"⑥。在这种情况下，为官者被豪吏猾胥们隐瞒欺骗，也就很正常了。即使为官者想了解事情的真相，豪吏猾胥们也会千方百计做手脚，所以为官者很

---

① （宋）陆九渊：《陆九渊集》卷八《书·与赵推》，中华书局1980年版，第110页。
② （宋）陆九渊：《陆九渊集》卷五《书·与徐子宜二》，中华书局1980年版，第66页。
③ （宋）陆九渊：《陆九渊集》卷五《书·与徐子宜二》，中华书局1980年版，第66页。
④ （宋）陆九渊：《陆九渊集》卷五《书·与徐子宜二》，中华书局1980年版，第66页。
⑤ （宋）陆九渊：《陆九渊集》卷八《书·与赵推》，中华书局1980年版，第110页。
⑥ （宋）陆九渊：《陆九渊集》卷八《书·与赵推》，中华书局1980年版，第110页。

难了解到真实情况，处理起来也就难以公正。此外为官的无能也是豪吏猾胥非法妄为的一个重要原因。陆九渊指出为官者才智浅陋，昏耽不明，或者刚愎自用，优柔寡断等，也都是豪吏猾胥得以放肆胡为的原因，因为这给了他们为非作歹的可乘之机，客观上放纵了他们的卑鄙恶行。

对豪吏猾胥为奸作恶的种种情状，陆九渊看得十分清晰透彻，这正说明了他的爱民思想，以及对社会现实的关心，而这种关注也正是他强烈政治责任感的反映。陆九渊以为对于担负着教化和保养人民职责的地方长官来说，要想做到明于职守，不辜负上天的重任所托，使百姓生活安宁和谐，则严治豪吏猾胥，禁绝其害就是为政的关键所在。因此，他认为，保民养民的职守和治理政事的方略，就多体现在对地方豪吏猾胥的处置上。他从自己道德思想和修养方式的心学特点出发，提出了治理豪吏猾胥的方法。陆九渊所言治吏的方法，一言以蔽之，就是"深察、痛惩"。只有对那些豪吏猾胥严加防范、严厉惩处，才能阻塞其为害之路，杜绝其作恶之迹。如何对豪吏猾胥之奸加以防范，陆九渊说："要在于不厌详复，不忽卑近，相与就实，以讲求至理，研核其实……"①即为官者要不惧烦琐，公听并观，对事务持求实的态度，最后再落实到实处，不要被那些含糊其辞的解释所蒙蔽，这样才能弄清楚事情的真谛所在，而使那些巧借名目、假公济私等的恶行无计可施。比如会计账目等"簿书名数"之事，士大夫从来不屑关心，甚至以此为耻。但陆九渊却以为"此奸贪寝食出没之处"，不仅不可鄙视，反而对此还要"精熟"。他批评那些自视清高却不通事务的士大夫，说当今所以出现"官吏日以贪狠，弊事日以众多"的局面，这些人应负很大责任。他主张为官者要在这类事情上下功夫，如此才能有效地防范豪吏猾胥为奸作恶。他自己就曾经把家乡抚州赋税的名目、数量及变革来源等详细地列出来，寄给时任抚州知州的赵汝愚以为参考，这反映了陆九渊注重实际的踏实作风。

十一 依法而讨的法治思想

面对一些地方官人、公人、中人，都不把民众利益放在心上，特别是盘踞一方的"地头蛇""豪吏猾胥"，长期在地方为非作歹、坑害百姓，陆九渊认为对应的治理方法，就是依法用严刑加以"痛惩"。陆九渊认为要想治理豪吏猾

---

① （宋）陆九渊：《陆九渊集》卷五《书·与徐子谊二》，中华书局1980年版，第66页。

胥害民作恶这种现象，就要对那些恶吏施以严惩，这样才是去恶扬善的圣贤宗旨。在《政之宽猛孰先论》中，陆九渊写道："宽者，美辞也。猛者，恶辞也。"对于豪吏猾胥之间勾结联盟，以宽仁为托词，在试图察治其同党的守宰官员面前巧言游说以互相包庇、开脱罪行的现象，陆九渊敏锐地观察到了，他对此尤其气愤，认为这种行为是"以不禁奸邪为宽大，以纵释有罪为不苛"，简直就是助纣为虐。因此他强调对于那些罪行昭然的豪吏猾胥，就应当严惩不贷。刑罚的施用并不违背先王宽仁的宗旨，去不善不仁者而成就善政仁化，这是陆九渊以严刑治豪吏猾胥的根据所在，也是他对"先王之政"理解的又一个解释。以严刑治豪吏猾胥，体现出陆九渊依法而讨的法治思想，这与宋代士大夫普遍法制观念不强的现象形成强烈对比，也显示了陆九渊法治思想的可贵之处。宋代，在政治上受到重用、掌握着各级司法大权的士大夫们法制观念极其淡薄，他们受重儒轻法传统思想的影响，轻视法制，也轻视法吏。在这一思潮下，宋代士大夫们决狱断事出现了两种情况：一种是主张法意与人情并行，以个人感情好恶为执法标准，即所谓"刑之宽猛，系乎其人"，执法过程中掺杂个人感情，其结果必然发展为滥用人情徇私枉法，甚至以人情超越法律，以至破坏法律的正确实施。第二种情况，即宋代士大夫提倡"忠恕"，以弛刑为贵。他们普遍提倡在执法时要讲"仁政"，量刑越轻越好，严格依法办事则被视为"亏仁缺德"之举。在此情形下，大量诸如贪赃枉法、奸淫掳掠等罪犯，量刑比法律所定都要轻，甚至杀人之罪，也可获得宽待。而这种所谓的"忠恕"和"仁政"，只能使那些贪官污吏等不法之徒依然得以横行霸道、肆无忌惮，广大下层民众却更加含冤受辱、灾难深重。陆九渊与这些士大夫不同，他主张用法来惩治那些罪恶奸宄之徒，并认为这才真正是先王的为政之道。他强调刑罚的正确作用，说："五刑之用，谓之天讨，以其罪在所当讨而不可以免于刑，而非圣人之刑之也。"[①]触犯法律而受到严惩是上天给予的惩罚，是天经地义的。以法律作为实施刑罚的准绳，这正是陆九渊的可贵之处。与此同时，陆九渊在这里同样没有忘记对心学的发挥和运用，在主张以刑罚治奸恶的同时，他强调要先存"遏恶扬善，顺天休命"之心，即刑罚的目的不是为政的根本，只是一种不可或缺的手段，为政的根本还在于培养和贯彻仁义礼智等封建伦理道德，只有这样，才能最终达到教化行而风俗淳的清明世界。

---

① （宋）陆九渊：《陆九渊集》卷三十《程文·政之宽猛孰先论》，中华书局1980年版，第356页。

十二　主张改良的变革思想

陆九渊青少年时期精读过《易》经，科举考试也因解《易》取得不凡的成绩，后来在《易》学研究中也颇有见解。中晚年，他吸收《易》经之理，认同"变"的道理，并将这一思想引入了他的心学和政治主张。淳熙十一年（1184年），陆九渊在朝廷敕局任职，上殿见孝宗、轮对上五札时就婉转地表述了自己关于变革的思想。他说："凡事不合天理，不当人心者，必害天下，效验之著，无愚智皆知其非。然或智不烛理，量不容物，一旦不胜其忿，骤为变更，其祸败往往甚于前日。后人惩之，乃谓无可变更之理，真所谓惩羹吹齑，因噎废食者也。自秦汉以来，治道庞杂，而甘心怀愧于前古者，病下坐此。"① 他常说："变动不居，周流六虚，上下无常，刚柔相易，不可为典要，唯变是适。"② 这种见解反映到他的政治思想中，形成的观点在他撰写的《荆国王文公祠堂记》中有了充分体现。淳熙十五年（1188年），陆九渊应重修王安石祠堂的抚州知州钱伯同的邀请，写下了自称是"了断百余年公案"的《荆国王文公祠堂记》，从心学角度，对王安石及其新法作了剖析和评判，表达了陆九渊主张改革的思想。北宋到了徽宗时代，任谩骂变法的蔡京为相，朝廷侈靡成风，腐朽透顶。在金兵压境下徽宗退位，钦宗即位。为稳住政局，钦宗在政治思想上转移视线，发动百官总结所谓"历史教训"，把国家危机的原因硬牵扯到王安石改革上面去，于是，掀起了一场反王、骂王浪潮，并批准了程颐得意门生杨时罢去王安石孔庙配享、改为从祀的提议。南宋高宗赵构为开脱父兄的历史罪责，把"国事失图"由蔡京上溯至王安石，修改《神宗实录》把王安石作为北宋亡国元凶。到了南宋淳熙十五年，统治者已习惯将北宋灭亡的责任推向王安石，朝野流行骂王、诋毁变法。就是在这种政治环境下，陆九渊写下了《荆国王文公祠堂记》。在文中，他赞扬王安石的高尚品格："英特迈往，不屑于流俗，声色利达之习，介然无毫毛得以入于其心，洁白之操，寒于冰霜，公之质也。扫俗学之凡陋，振弊法之因循，道术必为孔孟，勋绩必为伊周，公之志也。"③ 在这篇记文中陆九渊赞扬了王安石的高尚品格，高度评价了王安石变法的政治愿望。陆九渊文中对政治改革持赞成的态度，同情并支持王安石变法，认为王

---

① （宋）陆九渊：《陆九渊集》卷十八《奏表·删定官轮对札子》，中华书局1980年版，第223页。
② （宋）陆九渊：《陆九渊集》卷三十四《语录上》，中华书局1980年版，第412页。
③ （宋）陆九渊：《陆九渊集》卷十九《记·荆国王文公祠堂记》，中华书局1980年版，第232页。

安石变法会富国强兵。同时，他以心学的标准，认为王安石新学"见道"，肯定了王安石变法即"熙宁之事业"合道，表达了他主张和支持改革的思想。同时，他对王安石变法思想也有许多不同观点。比如他认为王安石变法也有很多的弊端，他将"祖宗之法不足畏"作为改革的口号，徒然增加改革的阻力。陆九渊还认为王安石的变法是在聚敛，是只重利而不言义。王安石的思路在于藏富于国，在效果上没有做到维护民众的利益。但不论变革结果如何，陆九渊还是主张变法的，他说道"后人惩之，乃谓无可变更之理，真所谓惩羹吹齑，因噎废食者也。"这也可见当时人民与统治阶层的矛盾已经十分尖锐，到了不得不改革的地步。

与王安石同时代的程颢认为王安石变法过度信赖法治的绝对作用，而忽略了德治的作用。这也是程颢一度劝说王安石以致分歧的原因所在。陆九渊则认为"法"当然重要，但他看到了王安石改革的弊端，即信法而不信人。为了扭转这种弊端，陆九渊重视官吏的榜样作用，试图以官员的诚心来感动其下。强调要发挥人在变法中的作用，主张变法要在"正人必先正人心"即德治为先的前提下将人治与法治、特别是将德治与法治结合起来。

陆九渊还认为，王安石变法中的用人导向也有问题。他认为人才的选拔、官吏的任用十分重要，否则很多社会积累形成的流弊是一时难以改革的。陆九渊认为，对于风俗、法度只能徐图渐治。变革是一个循序渐进的过程，这也是政治改革家经常忽略的地方。不把握循序渐进，则本意在于为民谋利，结果反而侵害人民的利益。陆九渊也认识到："虽大舜周公复生，亦不能一旦尽如人意。"圣人也没有如此大的在一夕之间改天换日的能力，何况准备不足，用人不当。在《问赈济》中，他说："诚使今之县令，有倪宽爱民之心，感动乎其下，则富民之粟出，而迩臣散给之策可得而施矣。"① 陆九渊基本赞同王安石改革，他在赈济的具体事项中，也依照王安石的思路即青苗法，在青黄不接之际，由公家贷款给百姓，以渡过艰难时期。

十三 勤政爱民的执政思想

陆九渊具有勤政爱民的执政思想，在治荆门时，其思虑之勤，可谓"宵衣旰食"。早在任职之初，他就满腔热情，决心"固愿鞭其绵力，以自效于昌时"②。他

---

① （宋）陆九渊：《陆九渊集》卷三十一《程文·问赈济》，中华书局1980年版，第367页。
② （宋）陆九渊：《陆九渊集》卷十八《奏表·荆门到任谢表》，中华书局1980年版，第224页。

认为:"人之才智各有分限,当官守职,惟力是视。"①表示要以"商之三仁"(即箕子、微子、比干)来勉励自己去利国利民,不能像沮、溺、接舆那样,逃避现实,对国家对人民不负责任。陆九渊思想渊源于先秦孔孟儒学,他提倡摆脱经典传注的束缚,重视直截简易地治学和做人,具有授徒讲学、教书育人的教育实践,这使他的施政实践和为政思想带有匡正人心、重视教化的特色。陆九渊知荆时,曾有学者问:"荆门之政何先?"对曰:"必也正人心乎!"②正人心、重教化,被他视作为政的先决条件。因此坚持对士民进行教育,在抓改革弊政的同时,又抓兴学讲道,并产生了显著的成效。他带领官民筑城墙、整顿军务、改革货币和商品流通制度、兴修水利和学校、讲义代醮等。荆门经陆九渊一年又三个月的治理,"闾巷熙恬,讼争衰息,相安相向,不替有加。同官协力,举无异志,职事过从,无非讲习"③。陆九渊在此留下了许多感人的事迹,他最终也因积劳成疾死于任所。

十四 仕当行道的践行思想

陆九渊不仅有丰富的政治思想,也是一个知行合一的实践家。陆九渊从青少年时代起,就接受儒家思想教育,胸怀大志,沿传统的科考道路踏上了仕途。儒家的传统思想主张积极入世,它要求一个人通过学习和实践完成德行修养并具备治家经验后,就积极用自己的努力去实现儒家的政治理想。陆九渊的施政实践与思想,表现出儒家积极进取的人生价值观,体现出以天下为己任、"仕以行道"的理想追求。绍熙二年(1191年)九月三日到任知荆门军后,在短短一年零三月又十一天,不空谈,做实事,在修城固防、除弊安良、搞活流通、移风易俗、便民兴农等方面取得显著的成效。

其一是除弊风。原来荆门下级官员和百姓要见知军,要按等级流品逐层接见。他取缔这个陈规,宣布:只要是来反映下情的,不分等级、流品,无论早晚,他会立即接见,而且让大家"皆得展所怀,辩争利害"。"太守唯默听"——我只洗耳恭听,不打断大家的陈述。过去荆门大小官吏"执役为耻,吏为好衣闲观",官吏衙役都不愿参加劳动。他在筑城过程中,带领一家老小亲自劳动,又

---

① (宋)陆九渊:《陆九渊集》卷十一《书·与王顺伯》,中华书局1980年版,第152页。
② (宋)陆九渊:《陆九渊集》卷三十《语录上》,中华书局1980年版,第395页。
③ (宋)陆九渊:《陆九渊集》卷十五《书·与章茂献》,中华书局1980年版,第152页。

督促同事和下级官员参加,一时,军县官吏、四千驻军一律和百姓欢快地劳动。

其二是罢"三引"。三引是指陆九渊上任前荆门官府对商贩的三卡:一是通道卡,即派小官小吏在各重要通道日夜把守商贩、清点货物、办理入城的批准手续;二是税卡,商贩凭入城的货运批准单到税务机关纳税;三是稽查卡,即在市场上派小吏对货物和交税进行复核,有漏则补和罚。看起来制度设计很完备,但实施起来由于奸吏狐假虎威,借机敲诈图利,导致弊端横生,商贩叫苦不迭。奸商贿赂关卡小吏,大肆逃税;老实小商小贩因规费繁苛,只好改走山路绕过关卡,但一旦被获,罚款入狱是常事。因此,许多商贩不来荆门做买卖,弄得市场十分萧条,官府实际得税不多。陆九渊得知实情后,立即下令"罢三门引"。并贴出告示:商贩只要直接到指定地点纳税,便可自由交易。之后,大小商贩感激涕零,纷纷结伴来荆门做生意。当年,市场繁荣,税收不减反增。

其三是蠲铜钱。南宋荆门官府曾规定,边防地区,为防止铜钱流向敌占区,一律禁用铜钱,但农民纳税认捐又必须交铜钱,向驻军交纳马草钱也必须交铜钱!平民因铜钱难得,只有用铁钱兑换成铜钱,而在兑换时又要加交百分之几的"贴纳",官吏从中盘剥渔利,实际上成为一种变相的苛捐杂税。陆九渊一到荆门,知此情况后以为这种做法扰民甚深,"断然因民之请而尽罢之,气愤地说:"既禁之矣,又使之输?不可!"① 随即下令蠲免。

其四是建保伍。为了防盗固边,陆九渊大胆地采取王安石的保甲法这一有益形式,在荆门建立烟火保伍队,五家为一保,二保为一甲,六甲为一队。队设总首、副总首。遇有盗贼或外敌入侵,队甲保一呼百应,形成合力。"贼盗之少,多赖其力",保境安民的效果十分明显。

其五是重法治。他相信民心,"易简"司法。凡是告状的,不需烦琐的手续,只要直接到军治衙门向他面陈即可,他不分早晚,亲自处理。一般民事案件,常嘱原告手持批字盖印的文书,自己去通知被告。审理时,双方往往能按时前来听审。这时,陆九渊会让双方充分陈述,然后断案,其中多以调解为主,直至双方都无怨言。他断案既简又快且准。他曾嘱咐长林县令,贴出布告,晓喻奸民,官府治事,"行法以防微"。

其六是严边防。荆门地处第二前线,条件艰苦、战事常有,导致兵员逃走不少。陆九渊一方面改善官兵生活,另一方面,"信捕获之赏,重奔之刑",联合邻

---

① (宋)陆九渊:《陆九渊集》卷三十三《谥议·象山先生行状》,中华书局1980年版,第392页。

郡，从严治军。经常练兵，并亲自到场，有时还参与骑马射箭，其娴熟的箭法经常博得将士阵阵喝彩。1191年春，上司章德茂大帅派路分官赵良弼、副帅孟道将军到荆门大阅兵，一致认为，陆九渊统领的荆门驻军军威最佳，"驰射精熟"。因此，他受到传令嘉奖。

其七是堵北泄。由于荆门的北面敌方缺粮，价格自然抬得很高，粮商北泄牟利，屡禁不止，威胁荆门民心军心。陆九渊先是将官方收粮的价格提高以促进市价，然后让买卖双方在市场上公开交易。这样，买卖双方都很满意，大米北泄问题便得解决。绍兴三年，荆门大旱，陆九渊一方面从官府仓库中拿出几千石米来赈济灾民，另一方面劝阻本地米谷外运，"今所谓泄米，非泄于南之患，泄于北之患也"①；同时打击强豪大量囤积，并趁机买进大批粮食进仓，以备来年赈济，从而缓和粮食紧张，平民非常高兴。

其八是勤视农。陆九渊曾有三年"掌库"即管理家事、农事的经验。他也曾带着所辖的两县官员走乡串村，大兴"兴农、视农、劝农"之风，分别解决天旱无水和水多成灾的问题。他曾到襄水西乡东乡独山、沿江乡、南乡及当阳乡村，并在工作日志中作了详细记录。在有旱情时，他下乡组织筑陂、修堤、建坝，解决实际问题。当他将和军佥判、军教授、两知县一起下乡调查到的实情、劝农的结果及对荆门老百姓饱受旱涝之灾的疾苦上报给上司荆南府帅章德茂时，章被感动得热泪盈眶！

他通过十五个月将政治思想付诸荆门实践，荆门面貌得到了很大的改观，政通人和，成效惊人："既逾年，笞竹垂不施，至于无讼。相保相爱，闾里熙熙，人心敬同，日以加厚。吏卒亦能相勉以义，视官事如家事。识者知其为郡，有出于政刑号令之表者矣。"②后来，湖广道总领张体仁称赞他："儒者之仕，信道行志，人言荆门，如古循吏。有修其绠，汲深未既，有恢其规，游刃余地。词流滔滔，寿考日遂，岂伊斯人，而俾憔悴。"③随着他在荆门施政、改善人民生活的同时，他的施政理念也深得人心，以至于800多年来荆门人民一直深深地怀念他。

综上所述，立足于陆九渊十分丰富的政治思想和政绩空前的实践，完全可以得出一个结论：陆九渊不仅是思想家、教育家，他还将他的心学与政治思想高度融合并努力践行，且成效非凡，因此，他还是一个"爱民主民""爱国报国""吏治法治""改良变革""布道行道"和"勤政践行"的政治家。

---

① （宋）陆九渊：《陆九渊集》卷十六《书·与章德茂》，中华书局1980年版，第208页。
② （宋）陆九渊：《陆九渊集》卷三十三《谥议·象山先生行状》，中华书局1980年版，第393页。
③ （宋）陆九渊：《陆九渊集》卷三十六《年谱》，中华书局1980年版，第513页。

陆象山的"主民"思想及其对晚明"觉民行道"的开启*

单虹泽

(南开大学哲学院)

自先秦以降,多数儒者的政治学说都体现出对"民"的关注,而君主与民众的关系也逐渐成为讨论的重心。这种君民关系实际上包含了儒者对民权的理解。广义地看,"民"指的是独立于君主并构成社会整体结构的人格概念,其往往被视为国家或"天下"的政治基础。在儒家传统中,民权具有天赋的合法性,它与君权不是截然对立的,却始终代表着后者的最终目的。民权最核心的内容就是以民众生存和发展的权利为社稷之根本,故称"民本"。如孟子说:"民为贵,社稷次之,君为轻。"(《孟子·尽心下》)荀子也讲:"天之生民,非为君也。天之立君,以为民也。"(《荀子·大略》)可以说,在儒家看来,自"天"以至君臣的全部目的都是"民"。

对于宋明儒者而言,"民"既是政治的主体,也是历史的主体,其担负了推动社会历史发展的重要使命。宋明时期的民论往往围绕"民本"观念展开,而陆象山即为一例。过去对陆象山的研究大多集中在心性思想方面,对其政治历史学说则不免有所忽视,故学者往往认为象山之政论不甚突出。事实上,象山虽罕言政治,却未尝遗忘对"民"的关注,而"民本"也正是象山心学的重要内涵,"他也是孟子民本思想的发扬者,尤其是他重提了孟子的民贵君轻之说"[①]。象山民论的纲领即是"主民"。"主民"思想实际上涵盖了三个层面:一是官员为政应以

---

* 本文曾发表于《学术探索》2020年第3期。
① 韦政通:《中国思想史》,台北:水牛出版社1980年版,第1198页。

利民、保民为先；二是将民众视为社稷的基础和治国的根本；三是使民众能够为自己作主。而后，这种"主民"说在中晚明"觉民行道"的思想与实践中得到了进一步深化，使"民"的主体性地位更为突出。如果我们将"觉民行道"的思想渊源上溯到象山，就会发现后者的民论中包含了从心性开出"民本"的向度，这种以内在性、世俗性、个体性为特征的探索与实践正是宋明儒学在政治范畴内的总体趋势。

一 象山的"主民"思想

熙宁变法失败之后，尽管宋廷在北方外族的觊觎和裹挟下仍能艰难维持，但社会民众的生活却日益陷入水深火热之中，乃至"君之剥削于民而至于尽，犹人之侵伐林木以致薪蒸者也"[①]。在这一时代背景下，部分儒者对民众给予了更多的关注，而尤以陆象山为著。象山的政治思想，一言以蔽之，即为"主民"。在他看来，为政是否以民为主是衡量士人心之公私的重要标准，他说：

> 大抵今时士大夫议论，先看他所主。有主民而议论者，有主身而议论者，邪正君子小人，于此可以决矣。(《陆九渊集》卷七《与陈倅二》)

可以看到，"主民"与"主身"之间，包含了明确的价值评判。象山认为，作为精英知识分子的士人阶级，应以民众的利益作为为政的根本目的。当地方财赋与民众利益相冲突时，则必以后者为先：

> 议论主民者，必将检吏奸而宽民力，或不得已而缺于财赋，不为其上所亮，则宁身受其罪。若其议论主身者，则必首以办财赋为大务，必假缺乏之说以朘削民，科条方略，必受成于吏，以吏为师，与吏为伍，甚者服役于吏。(《陆九渊集》卷七《与陈倅二》)

在当时，由于土地兼并、战乱频繁，大量农民或流离失所，或备受盘剥。象山依此告诫士人，为政当首"宽民力"而次"办财赋"。所以，"主民"的第一层含义便是官员的政治生活应以利民、保民为中心。

[①] (宋)王安石:《诗义钩沉》，中华书局1982年版，第167页。

"主民"的第二个层面是把民众当作社稷的基础和治国的根本。中国古代已有"民惟邦本，本固邦宁"的观念，即以民为国家的基础，这一观念奠定了后世很多儒者的政治立场。对于象山而言，"主民"还意味着民众应为统治阶层之"主"。他说："天生民而立之君，使司牧之，张官置吏，所以为民也。'民为大，社稷次之，君为轻'，'民为邦本，得乎丘民为天子'，此大义正理也。"（《陆九渊集》卷五《与徐子宜》）这种"张官置吏，所以为民"的说法，乃是直承孟子"民贵君轻"观念而来。象山自谓其学乃是"因读《孟子》而自得之"，阳明作《象山文集序》亦称"陆氏之学，孟氏之学也"，足见象山民论与孟学的理论亲缘性。自秦汉以来，儒者即多以君权与"天命"并举，较少将"民"之地位置于君主之上，"尊君思想自申商见诸实行，至秦更变本加厉，风靡天下，而贵民思想几成绝学"[①]。如董仲舒说："天生民性有善质，而未能善，于是为之立王以善之，此天意也。"[②]这种说辞虽强调君位之予夺由天，有限制君主专制之义，却也将君权的合法性让渡给了"天命"，使民权成为君权的衍生物。汉唐以来的儒者多持上说，而象山再申孟子贵民之义，将君权之基石由"天"改易为"民"，对当时的尊君之风有着突破之功。故象山云："君者，所以为民也。……行仁政者所以养民。"（《陆九渊集》卷二十二《杂说》）可见，象山"主民"的另一个重要内涵，就是把"民"视为"君"与社稷之主，确定了民众的基础性地位。

"主民"的第三个层面是使民众能够为自己作主。这一层的内容以往学界关注较少，却实为象山"主民"思想最重要的成分。若使民众能够自主，则必使其获得人格尊严的自觉，即意识到人我在社会上的平等。象山虽未直接指出民众的人格平等，但其学说中已暗含此义。象山心学将"心"作为宇宙的终极本体，而落实到个体身上，则人皆具此心，且有着涵养、发显此心的能力。所以他说："人皆有是心，心皆具是理，心即理也。"（《陆九渊集》卷十一《与李宰》）又说："心只是一个心，某之心，吾友之心，上而千百载圣贤之心，下而千百载复有一圣贤，其心亦只如此。"（《陆九渊集》卷三十五《语录下》）象山所论之"心"既是超验的精神本体，又是个体所禀有之人格，统而观之，"并不是指人心各自具

[①] 萧公权：《中国政治思想史》（上），商务印书馆2016年版，第285—286页。
[②] 苏舆：《春秋繁露义证》，中华书局1992年版，第303页。

有的感觉、知觉、分析、综合等认识能力及其内容，而是指人心共同具有的伦理道德属性"[①]。克就感觉等经验内容而言，则人心各不相同，然若取心之超验的自觉能力观之，则可说人同此心、心同此理，而心的普遍性意义亦据此成立。依此逻辑，则普通民众之心与君王、圣贤之心同为一个心，实已蕴含着某种平等的观念。象山心学之全部工夫也围绕此心而展开，尤其主张"简易""自然"，正与一般民众之心理相契。象山论工夫云："收拾精神，自作主宰，万物皆备于我，有何欠阙？当恻隐时，自然恻隐；当羞恶时，自然羞恶；当宽裕温柔时，自然宽裕温柔；当发强刚毅时，自然发强刚毅。"(《陆九渊集》卷三十五《语录下》) 进学成德的工夫，不过是使主体性得到呈现，而这一过程却是自然、自在的，"内无所累，外无所累，自然自在。才有一些子意，便沉重了"(《陆九渊集》卷三十五《语录下》)。较之程朱理学那种格物致知的艰难烦琐，这种"简易""自然"的工夫路径显然更能够为凡俗之人所接受，不但为一般民众找到了成德的自信，更极大地提高了他们在社会中的主体地位。所以，象山不仅继承了孟子以来的"贵民"说，更有着独到的发挥，他通过"人同此心"的观念确立了民众的主体性地位，赋予了后者在社会实践上的自主权。这一思想虽然与西方现代的民主概念仍存在着很大的距离，但就人格平等这一点来看，象山的"主民"说无疑又具有某种近代性的特征。

除以上三个层面之外，象山更是在自己的仕宦生涯中表现出了"主民"的观念。光宗绍熙二年，象山奉诏知荆门军，在任期间无不以安民、利民为务，"教民如子弟，虽贱隶走卒，亦谕以理义。接宾受词无早暮，下情尽达无壅。故郡境之内，官吏之贪廉，民俗之习尚，忠良材武与猾吏暴强，先生皆得之于无事之日"(《陆九渊集》卷三十三《象山先生行状》)。象山的政治实践包括了两个方面，一是使民向善，二是厚民之生。象山初赴荆门之际，有人问荆门之政当以何为先，答曰"必也正人心乎"(《陆九渊集》卷三十四《语录上》)。在象山看来，"正人心"是全部政务展开的基础，"若是心之未得其正，蔽于其私，而使此道之不明不行，则其为病一也"(《陆九渊集》卷十一《与李宰》)。故象山赴任之后即大兴民学，整饬当地之遗风流俗。其地有设醮祈福传统，象山即为官民宣讲，"发明人心之善，所以自求多福者，莫不晓然有感于中，或为之泣"(《陆九渊集》卷三十六《年谱》)，最终使民自求福祉以代醮事。他在给侄儿的信中说道："此

[①] 侯外庐等主编：《宋明理学史》(上)，人民出版社1984年版，第562页。

间风俗，旬月浸觉变易形见，大概是非善恶处明，人无贵贱皆向善，气质不美者亦革面，政所谓脉不病，虽瘠不害。"（《陆九渊集》卷三十六《年谱》）在移风易俗的基础上，象山推动荆门的经济发展，使民众摆脱胥吏掊敛造成的穷困，他说："天以斯民付之吾君，吾君又以斯民付之吾宰，故凡张官置吏者，为民设也。无以厚民之生，而反以病之，是失朝廷所以张官置吏之本意矣。"（《陆九渊集》卷八《与苏宰》）综合这两个方面，可以看到象山将"主民"的观念切实地施用于为政之中，并取得了成效，丞相周必大赞曰："荆门之政，可以验躬行之效。"（《陆九渊集》卷三十六《年谱》）

由上所述，则知象山之政论虽少，却有着明确的"主民"观念，且将其施用于政治实践之中。象山的贡献即在于继承并发展了孟子以来的贵民思想，确定了"民"的主体性地位。唐宋以来的很多学者同样重视"民"的地位，但他们其实仍是从精英知识分子的视角去讲论的，而象山民论却往往显露出底层民众的立场。可以说，"主民"的观念暗含了某种近代性意义上的民主与平等意识，旨在点出民众自主的品格。有学者指出，作为中国近代思想的胚芽，阳明心学中蕴含了某种西欧式的"近代精神"或"近代原理"。[①]这一论断出自王阳明及"激进派"的王门学者使"自我"的主体性精神得到了发展，进而推动了平民阶层在社会运动中的作用。然而，如果仅仅以民众主体意识的深化作为近代性的萌芽，我们未尝不能将这种个体能动性的渊源追溯到象山心学那里。在"君道"观念颇为盛行的南宋时期，象山的"主民"思想开出了一种新的政治理念：民众不仅是社会历史的主体，更有潜质作为某种政治力量参与到政治实践中来。这一理念最直接的反映就是中晚明的"觉民行道"运动，而这一运动的开启与象山心学有着紧密的联系。

二 象山民论与"觉民行道"的理论关联

在中国思想史上，我们一般将阳明学视为象山心学合乎逻辑的发展，这是因为前者标明的良知本体的特质与后者强调的"心即理"存在着理论的相似性，故此二者往往合称为"陆王心学"。这样的一种认识奠基于心学本体论发展的内在理路。实际上，象山的民论与阳明学中的政治思想同样存在着这样一种内在理路：中晚明时期"觉民行道"运动的出现不是偶然的，而是象山的"主民"思想

---

① ［日］岛田虔次：《中国思想史研究》，邓红译，上海古籍出版社2009年版，第108页。

陆象山的"主民"思想及其对晚明"觉民行道"的开启

在当时社会历史环境下的必然发展。

从政治理念与时代思潮来看，宋明儒学之间的最大差别就是"得君行道"与"觉民行道"。余英时先生认为，相较于宋代儒家士大夫那种"得君行道"的政治取向，中晚明时期阳明学者的政治取向更倾向于"觉民行道"：

> 阳明"致良知"之教和他所构想的"觉民行道"是绝对分不开的；这是他在绝望于"得君行道"之后所杀出的一条血路。"行道"而完全撇开君主与朝廷，转而单向地诉诸社会大众，这是两千年来儒者所未到之境，不仅明代前期的理学家而已。①

按照余先生的看法，"觉民行道"的理念完全出自阳明被贬龙场后的觉悟，"在上封事之前，由于程、朱的影响，他多少还抱有'内圣外王'或'得君行道'的意识，到龙场以后，这个意识已彻底破碎了"②。我们丝毫不怀疑从阳明到尔后泰州学派在民间讲学、联结士庶等的努力，但是，如果把中晚明政治取向的转型仅仅归因于阳明弹劾刘瑾所遭受的挫折，则难免失之武断了。必须指出，包括阳明被贬龙场在内的明代士人在仕宦生涯中的挫折只是一种"助缘"，真正激发"觉民行道"运动的因素应该是某种自宋以来即潜藏在士人心中的思想观念，而后者的形成实与象山的"主民"思想有着密切的关系。

两宋的政治理念一般被认为是奠基于"君道"之上，而士大夫的政治实践也得之于君主的信任与支持。这是所谓"得君行道"的思想内涵。的确如此，无论是程伊川提出的"帝王之道也，以择任贤俊为本，得人而后与之同治天下"（《河南程氏经说》卷二），还是王安石在神宗授意下的变法，都可视为"得君行道"的政治尝试。直至南宋末期，君臣通过"经筵赐坐"等方式共议朝政仍是十分普遍的行为。举例而言，楼钥曾在为其舅汪大猷写的行状中，述及汪氏于乾道年间兼权给事中时，与宋孝宗对坐议政之情形：

> 孝宗厉精民事，访问不倦。宿直玉堂，夜宣对选德殿，赐坐，从容导公使言。……公首以一言移主意。自尔每遇夜时，上多访以时事。尝曰：

---

① ［美］余英时：《宋明理学与政治文化》，吉林出版集团有限责任公司2008年版，第195—196页。
② ［美］余英时：《宋明理学与政治文化》，吉林出版集团有限责任公司2008年版，第179页。

"卿为侍从，天下之事无所不当论。朕每厌宦官女子之言，思与卿等款语，正欲知朝政阙失、民情利病，苟有所闻，可极论之。"公悉进所欲陈者，奏对明白，曲尽情伪，上多耸听而行之。(《攻媿集》卷八十八《汪公行状》)

若仅从这些现象来看，宋代的政治主体是君主与精英士大夫，其政治取向当然是"得君行道"。但是，韩明士（Robert Hymes）通过对南宋抚州地区士人的考察，却发现了迥异于"得君行道"的政治生态。在韩明士看来，南宋部分精英阶层的兴趣不再是获得君主的青睐，反而将精力转向了地方问题，并引导农村的民众参与政事，"南宋时期，人们普遍接受了农村的精英阶层可以（甚至是应当）干预地方政务，一旦这种干预得到了实现，民众会弹冠相庆"①。可见，在南宋时期，庙堂并不是士人推行政治理念的唯一场所，很多士人已经将注意力转向了民众阶层。尽管我们不能据此直言作为抚州人的陆象山深受这种"区域政治"的影响，但可以确定的是，南宋部分士人的政治取向已经有所偏转，而象山即为一例。此外，一些中下级官员上呈奏本的"言路"往往也并不顺畅，"政争中控制言路，封锁消息；灾伤时'递相蒙蔽，不以上闻'；日常事务中大事化小，敷衍应对……利益驱动使得官员们瞒报虚报的动力从来不曾缺乏；君王态度的好恶，更成为群僚窥伺的焦点"②。这种困境可能也会迫使一些官员将实现政治理念的途径转向民间。这样一来，很多南宋士人的为政举措即便不会直接让社会大众获得某种政治素养，也极可能使后者逐渐形成政治主体的身份自觉。

由是观之，象山的"主民"思想便具有某种"觉民"的效验。上文已详，"主民"思想内在地蕴含了对个体人格的肯定，这意味着心体内含的个体之维得到了展开和强化。在这一理论预设下，民众不仅成为道德实践的主体，更成为政治参与的主体。也正是在这个意义上，以象山为代表的儒者士大夫的政治取向发生了改变，"儒家知识人政治诉求的对象由'君'转换为'民'，与此相应，'行道'的主体便不再是儒家知识人和君主的结合体，而是无形中转换成了儒家知识人和广大民众的结合体"③。可以说，心学学者的"觉民行道"观念，显然在某种

---

① Hymes, Robert P., *Statesmen and Gentlemen: The Elite of Fu-chou, Chiang-hsi, in Northern and Southern Sung*. Cambridge: Cambridge University Press, 1986, pp.129.
② 邓小南：《信息渠道的通塞：从宋代"言路"看制度文化》，《中国社会科学》2019年第1期。
③ 彭国翔：《阳明学的政治取向、困境和分析》，《深圳社会科学》2019年第3期。

程度上受到了象山的影响。除此之外，两种"行道"观下所行之"道"也发生了转变。对于伊川、朱子等理学家而言，"道"就是天理，落实在人间事务上就是家国的伦理、政治秩序，而对这一秩序的整饬正是君臣上层结构的历史责任。但是，在象山及中晚明的心学学者那里，"道"却成为某种世俗化的理念，其神圣性展开于普通民众的生活世界之中。比如象山说："若某则不识一个字，亦须还我堂堂地做个人。"（《陆九渊集》卷三十五《语录下》）这仅仅是含蓄地表达了凡夫成德成圣的可能，到了自然主义高涨的中晚明时期，"即凡成圣"的话语则更为显著。如阳明诗云"不离日用常行内，直造先天未画前"（《王阳明全集·别诸生》），王心斋更是直言"圣人之道，无异于百姓日用"（《明儒学案》卷三十二《泰州学案一》）。诚然，在象山和阳明那里，"道"更多地展现出伦理道德的内容，尚不具备直接引导民众参与政治实践的现实条件，但是以泰州学派为代表的王门后学却能够将政治理念的实现诉诸社会大众，在民众的日常生活中发挥政治力量。牟宗三先生论儒家之"德治"时指出，儒者能"视人人自身皆为一目的，由其德性的觉醒即可向上愤发，完成其自己。故其极致，即是各正性命。故此德化的治道，自始至终，即是落足于具体的个人人格上"①。从象山的"主民"到中晚明王门学者的"觉民行道"，无不是从目的之维来定位和理解"民"，这已超越了孟子以来将民视为国家存在之基础的"民本"思想，而在一定程度上把民众作为实现"道"的政治主体。

从思想观念上看，象山的民论乃是从两个方面开启了"觉民行道"。首先，象山的"心即理"对个体之维给予了极大的重视，而中晚明的良知学进一步深化了民众的主体意识。象山说："'诚者自诚也，而道自道也。'……圣贤道一个'自'字煞好。"（《陆九渊集》卷三十四《语录上》）又说："人精神在外，至死也劳攘，须收拾作主宰。收得精神在内时，当恻隐即恻隐，当羞恶即羞恶。"（《陆九渊集》卷三十五《语录下》）正因"心"可以落实在不同的个体之上，故象山尤重"自"或"精神"，即个体化的本心。这种"发明本心"的内在化转向将一般民众的"心"提升到了圣贤之心的高度。到了明代心学那里，这一进路又得到了更激进的发展，阳明学者直接肯定了愚夫愚妇成圣的可能。比如阳明称"自己良知原与圣人一般，若体认得自己良知明白，即圣人气象不在圣人而在我矣"（《传习录》中）。可见，愚夫愚妇成圣之关键处即在"致良知"，这就使心学视域

---

① 牟宗三：《政道与治道》，吉林出版集团有限责任公司2010年版，第30页。

下的世界成为个体的世界，而个体的成德、成圣乃至参政成为应有的题中之义。无论阳明晚年的讲学，还是泰州学派以"现成良知"开启的为学进路，都将个体的自觉作为道德与政治实践的必然前提，"既然道德理性已经完全落实到个体主体的层面，而个体又已经彻底绝望于'得君行道'的传统政治，那么本来以主体性著称的心性之学在'完全撇开君主与朝廷'之后，也就只能'转而单向地诉诸社会大众'了。所以说，从'自觉觉他'到'觉民行道'，也就成为明代心学的主要选择了"①。质言之，象山以"心即理"为理论支撑的"主民"思想包含了对个体价值的肯定，而中晚明"觉民行道"对个体之维的理解正是象山民论可能和必要的展开。

其次，从"作用是性"的角度看，中晚明王学对"民"的认识也与象山民论一脉相承。朱子弟子曾祖道尝述象山之语："目能视，耳能听，鼻能知香臭，口能知味，心能思，手足能运动，如何更要甚存诚持敬，硬要将一物去治一物，须要如此做甚？咏归舞雩，自是吾子家风。"（《朱子语类》卷一一六）这种过于重视心灵知觉的妙用，而不顾穷理、持敬的进路被朱子称为"作用是性"。在朱子看来，象山与佛教相近，"便认知觉运动做性……只认那能视、能听、能言、能思、能动底便是性"（《朱子语类》卷一二六）。此语虽是朱子对象山的批评，却准确地点出象山之学的特色，即将个体的身心知觉机能视同于人的本质。其实象山拈出"心即理"，便将情感、理性、知觉等全部内容收于一心之中，故一般民众的日常生活姿态也被认作此心的发显。这无形中降低了"理"的地位，却使穷理等工夫成为生活化、自然化的活动，同时也为民众的"行道"提供了理论上的可能。到了明代，这种"作用是性"的思想趋势得到了加强，如泰州学派声称"即事是学，即事是道"（《明儒学案》卷三十二《泰州学案一》）。这个"事"中不仅包含了道德践履，更是掺和了人的知觉及身体活动。阳明学者普遍认为，良知如得其正，则任何活动无不是良知的自然流行。按此逻辑，在日用笃行上，百姓所行与圣人所行是没有本质差别的，"泰州学派反对为饰名夸善而工于戒严，并以出于内在良知为道德行为的特征……这一看法同时也从另一个侧面将道德践履的主体性原则具体化了"②。可以看到，从象山到王门学人，都倾向于把身心的流行发动领会为性理的展现，而这恰恰使民众的主体能动性得到了提升。"觉民

---

① 丁为祥：《从"得君行道"到"觉民行道"——阳明"良知学"对道德理性的落实与推进》，《学术月刊》2017年第5期。
② 杨国荣：《王学通论——从王阳明到熊十力》，华东师范大学出版社2003年版，第100页。

行道"运动中那种"当下即是""自然现成"的理念,无疑是对象山民论的更为激进的表达。

要而言之,朱明王朝严峻的政治生态确实使明代士人对"君道"的态度有所偏转,但从政治取向上看,这未必是决定性的因素。冈田武彦先生认为,从宋迄明的思想史的展开即是由二元论到一元论、理性主义到抒情主义,并明显地转向了一种内在化、个体化的追求。① 这种自然主义、个人主义的风潮推动了阳明学的发展,而后者在探索方向上把象山心学当作了适宜的思想资源。而象山心学及"主民"思想,在严肃端整的宋元时期虽非主流,却深契于明代精神文化的风貌。就此而论,象山民论与中晚明的"觉民行道"同属一个思想谱系,二者有着内在的亲缘性。然而问题在于,如果说象山民论和"觉民行道"运动使政治主体的构成发生了变化——形成了民众政治主体的概念,那么为何民众并未在实质意义上发挥政治主体的作用,也未形成近代民主政治的制度与结构?这其实与民众政治主体所包含的内在困境相关,而对这一困境的解决,则构成了晚明以来政治实践的重要向度。

三 民众政治主体的内在困境及其突破

如前所述,象山的"主民"思想并不是一个孤立的命题,它深化了孟子以来对"民"的认同,并形成对"君、臣(士)、民"这一政治结构较为系统的理解,而这种理解则以对民众自身价值的肯定为前提。这一命题对"觉民行道"构成了深远的影响,并在此过程中逐渐形成了民众政治主体的概念。这一概念的形成,标志着政治主体的构成不再为君主或士大夫所独揽,社会大众中的任一个体都具备了承担政治主体角色的作用。然而,从历史上看,无论是"主民"思想还是"觉民行道"都没有使民众在实质意义上获得参政权力,并限制君主在政治等级结构中的主导性,反而使君权在晚明时期日益强化。这固然与当时的政治结构仍以君权为主导有关,但我们无法否认民众政治主体内在的困境。这其中又包含两个方面,一是伦理的层面,二是政治的层面。

首先,"主民"思想与"觉民行道"都极易导致社会大众伦理意识的欠缺,而政治意识也未能获得充分的自觉。朱子曾批评象山之学云:"从陆子静者,不问如何,个个学得不逊。只才从他门前过,便学得悖慢无礼,无长少之节。"

---

① [日]冈田武彦:《王阳明与明末儒学》,吴光、钱明、屠承先译,重庆出版社2000年版,第2—4页。

（《朱子语类》卷一二四）这是说象山过于追求工夫的"简易"，一味把捉此心，终使情性放肆，伦常失序。深究象山之学，确实存在着某种泛伦理与反智识倾向，这种"简易"的工夫进路虽使社会大众易于接受，却无形中降低了成德成圣的标准。所以，象山"主民"说既提升了民众的主体性，也暗含致使后者蔑视道德实践的危险。而这一张力在中晚明王学那里又被扩大化了。阳明虽重视心的作用，主张"致吾心良知之天理于事事物物，则事事物物皆得其理"（《传习录》中），但后儒的关注点却更多在凡俗性的"事事物物"，甚或以自然情感之流露为良知之发显，致使"狂禅"现象屡出。在此基础上，不仅民众的道德能力没有得到提升，很多士大夫也一味放纵性情，"复非名教之所能羁络矣"（《明儒学案》卷三十二《泰州学案一》）。在中国历史上，政治主体意识与伦理主体意识往往未能获得清楚的区分，伦理道德教化的失败关联着政治社会实践的挫折。一个缺乏伦理意识的主体很难形成对现实政治的自觉，即便主张"觉民"的儒家知识人赋予了民众以政治主体的地位，后者也难以在道德理性缺失的情况下真正发挥政治主体的作用。

其次，虽然象山及尔后的王学都在一定程度上肯定了民众的主体性地位，但是他们又无法真正突破社会政治结构中的等级次序，而民众政治主体即便能够在一定程度上"行道"，也势必将让位于"君道"。人与人之间的关系，在儒家视域下表现出等级性质。与此相应，在社会政治结构中，君、臣、民三者之间也蕴含了某种以不对称性为特征的等级差异。因此，儒家礼制包含了对社会成员之间不对等性的规定，亦即"不在其位，不谋其政"（《论语·泰伯》）。象山"主民"思想及"觉民行道"仅仅从政治取向上肯定了民众政治主体的地位，却并未赋予后者冲破"君道"的权力，而这也是出于象山与王门学人的儒者立场的必然结果。所以，余英时等学者会认为，"觉民行道"进路的出现正是基于"得君行道"的困难，而士人内心寄托的民众政治主体所行之"道"也早已不是君主政治主体所能行的"政道"，只不过是日常生活世界内的伦理实践或此心之"自然流行"而已。

上述两层困境决定了民众政治主体难以在政治领域内发挥作用，而对这一问题的解决则构成了晚明以来的重要课题。中晚明时期的很多儒者，实际上已经对民众政治主体的困境有了充分的认识，他们不会直接发动民众来挑战"君道"，故往往选择"以学干政"的进路。阳明之后，泰州、东林学者之讲学，尤重深入民间，"他们普遍看重与底层民众的结交互动，以致在民间形成一股社会运动的力量"①。尤其是当时盛行的"讲会",已不单纯是讲学的组织,更有着议政的功能。然而,所谓"以学干政"很多时候也只是士人借民众力量来行他们心中的"道",而几乎从未开拓出民众心中的"道"。晚近以来,在西学的刺激下,很多学者立足于"中体西用"的模式自觉汲取西方的思想资源,以期实现"民主"与"民本"的对接,从儒家重民的传统中开出现代民主的新局面。他们这种努力正是基于象山以来儒者对"民"之主体性地位的肯定。正如有学者指出的:"如果从'民权'、'平等'的角度看儒家的理论体系,儒家本有的思想资源不仅与现代民主制度的思想基础是相融的,而且还可以呈现出一种更积极的样态。……在此基础上展开的民意即天命的思想可以进一步落实为对民权的强调和保护,而民权本身就包括民众的政治治权。"②现代新儒家的"内圣开外王"之说,即认为儒家重民的传统包含着某种近代的民主理念,这一认识既表现出对"主民"之政治取向的认同,又包含了以西学突破"君道""治道"以彰显民权的尝试。

梁启超曾经指出,中国的民治理论与实践是非常薄弱的,"中国人很知民众政治之必要,但从没有想出个方法叫民众自身执行政治。所谓 By people 的原则,中国不惟事实上没有出现过,简直连学说上也没有发挥过"③。梁氏之说略显偏颇,从象山的"主民"到中晚明的"觉民行道"皆具有挺立民众政治主体的理论倾向,实不可谓"学说上也没有发挥过"。然而,"主民"终究没有走向近代式的民主。民主政治的基本原则即在于合乎法定要求的每一社会成员都具备参与社会政治决策的权利,而这势必以承认社会成员在政治结构中的地位平等为前提。从这一意义上讲,象山以来的心学学者已经通过"人同此心""愚夫愚妇皆可成圣"等观念表达了一般民众在成德进路上的平等性,而这无疑可以引申出民众在政治身份上的平等。不过,这种民众政治主体的内在困境使其无法超越自身的局限性,最终不能在实质上发挥民治的作用。从晚明到近代,很多学者尝试突破这一困境,其关键之处在于如何使民众认识到自身在社会政治结构中的权利。"以学干政"显然是走不通的,而"内圣开外王"的进路虽然有其理想的一面,但从近代"启蒙"的意义上看,又不失为一种合理的尝试。如何更深入地理解象山心学及晚明"觉民行道"以民众为主体的政治取向,并实现这一思想传统的现代性转化,将成为民主政治思想架构下儒学研究的必然趋势。

---

① 单虹泽:《以友辅仁:论儒家的友伦与政治传统》,《理论与现代化》2018 年第 6 期。
② 袁大勇:《民权与平等:论"儒家式民主"的理论开展》,《理论月刊》2014 年第 2 期。
③ 梁启超:《先秦政治思想史》,中华书局 1986 年版,第 192 页。

四 余论

历史地看，南宋的中晚期可谓"弊政丛生"，不仅韩侂胄灾难性的对外政策使国力日渐衰落，朝廷内部的派系斗争纷繁复杂，而文人官员的懦弱与不忠更是表现得淋漓尽致。[①]在当时的社会中，能够真正为民着想的士大夫微乎其微，故象山极为愤慨："今时郡县能以民为心者绝少，民之穷困日甚一日。抚字之道弃而不讲，掊敛之策日以益滋。甚哉！其不仁也。民为邦本，诚有忧国之心，肯日蹙其本而不之恤哉？财赋之匮，当求根本。不能检尼吏奸，犹可恕也，事掊敛以病民，是奚可哉？"（《陆九渊集》卷七《与陈倅》）在当时的历史环境下，象山明申"主民"之说，尤为可贵。象山为政时间虽不长，但荆门之政足以验其志："民益相安，士人亦有向学者，郡无逃卒，境内盗贼绝少，有则立获，讼牒无以旬计。"（《陆九渊集》卷十七《与邓文范》）象山"主民"思想之重要意义，不仅继承了孟子以来民贵君轻的传统，更在当时的政治压力下挺立了民众的主体性地位，并依托"心即理""心同理同"之说肯定了个体在社会政治结构中的平等，这种观念事实上构成了中晚明"觉民行道"运动的理论先导。从儒学的演变来看，"主民"思想在某种程度上促成了民众政治主体概念的形成，有着独特的价值意蕴。依此而观，象山的政治思想对作为"正统"的"君道"观念有着重要的突破作用，其学虽至弟子袁燮、杨简之后渐失其传，但阳明学人之重民思潮不可不谓象山之余响，毋怪有学者言，"其与朱学对峙，如晋楚之争霸中原者，则象山而已"[②]。

不过，象山虽然能够从理论层面下启"觉民行道"，却无法在现实层面使民众发挥政治主体的作用。其一，在君权至上的历史条件下，处于权力边缘的政治家仅能在地方政务上发挥职权，而鼓动民众直接参与政务，几无可能。况且，象山本人也认为，民众在很大程度上仍不具备参政的素质，仍需士人来"启民之智"："常人固不能备道……然上无教，下无学，非独不能推其所为以至于全备，物蔽欲汩，推移之极，则所谓不能尽亡者，殆有时而亡矣。"（《陆九渊集》卷二十一《伦语说》）可见，对于民众参与社会政治事务之能力，象山是有着保留态度的。其二，象山以"心即理""心同理同"立论，虽然底层民众易入其学，

[①] ［德］库恩：《儒家统治的时代：宋的转型》，李文锋译，中信出版社2016年版，第80—93页。
[②] 吕思勉：《理学纲要》，商务印书馆2015年版，第105页。

但无形中也降低了成德的标准,终使作用为性乃至伦常失守。而这一情况,也在中晚明王学那里发展为"狂禅",不仅民众未能挺立道德理性与政治理性,其至一些学者士大夫也逐渐疏离现实的伦理规范了。然而,现代新儒家自信能从重民传统中开出民主政治的新局面,也固然有其根据,即陆王心学传统对民众政治主体性地位的确立。尽管"主民"与民主仍有较大的距离,但立足政治视域对象山心学的考察,无疑对于儒学在现代的自我转化有着重要的意义。

从中国文化的此岸取向看心性儒学的境界论

——为纪念陆象山先生诞辰880周年而作

方朝晖

（清华大学人文学院）

20世纪新儒家学者，包括冯友兰、牟宗三、唐君毅等人几乎无一例外地讲生命境界，尤其是冯友兰的人生四境界说和唐君毅的心灵九境说，牟宗三的存有论本质上也建立在心灵境界上。境界论并非始于当代，在儒家传统中，它始于孟子，发扬于象山，光大于阳明，臻极于阳明后学。境界论并非儒家独有，在诸子学说中也时或可见（比如《庄子》）。如果论境界论发展史的话，那么，陆象山作为从孟子至阳明的关键人物，尤其在孟子死后一千多年，唤醒了一个沉寂已久的话题，使之再次成为显学，并在此后近千年岁月里长盛不衰，象山先生的功劳可谓大矣。本文试图从中国的基本文化预设即此岸取向的角度来看中国文化中为何盛行境界论，境界说为何会成为中国文化中人追求生命终极存在或最高理想的重要方式之一。

一 文化预设

在2011年出版的《角色伦理学：一个新术语》中，安乐哲（Roger T. Ames）先生这样说：

> 我在本书第一章要说明的是，正是在时间中积淀形成、在自然语言中得以保存的深层[文化]结构（substratum），在不断复原中创造了独特的

文化传统；承认此一现象，是进行富有成效的文化比较的必要起点。①

他又指出，"一种持存的深层文化结构（deep stratum）通过多个世纪积淀在人们的思维和生活方式中；并作为一种持续的内驱力支撑着许多表面的变化"；它变成人们的"共识"，虽然此"共识""总是难免有变化过程，但相对来说，又总是能复原和持续的"。②

这种"深层文化结构"③，安乐哲又时常称其为"文化预设"（the cultural assumptions or presuppositions④），认为在中国文化传统中它不是别的，正是中国人独有的、以关联性思维为特征的世界观。这一世界观早在商朝可能就已形成，后来在中国人的语言内容和结构中以一种强大的历史延续性保存了下来，造就了中国文化和中国文明区别于人类其他文明的独特所在。

安乐哲进一步提出，是否可以说，中西方文化各有自己的深层结构，保存于各自传承的语言中，形成各自特有的文化预设，而柏拉图、亚里士多德、孔子等都不过是其各自深层文化结构的表达者？正是由于一直到今天为止，西方学者仍然不自觉地站在自身的文化预设中而不能自拔，导致他们无法正确地理解中国思想？⑤ 而笔者则认为，这并不仅仅是西方学者的问题，同样是中国学者的问题。

如果说西方学者至今难以跳出自身的文化预设，是否可以说：中国学者同样无法跳出自身的文化预设，是导致他们今天无法在全球文化的广阔视野中理解自身文化传统的主要原因之一？至少在笔者看来，极少有人真正超出现代学科的界限，认识到我们与我们的祖先数千年来对于天下、国家和人生真谛的探

---

① Roger T. Ames, *Confucian Role Ethics：A Vocabulary*, HongKong：The Chinese University of Hong Kong, 2011, p.41.
② Roger Ames, *Confucian Role Ethics：A Vocabulary*, HongKong：The Chinese University of Hong Kong, 2011, p.43.
③ 他称为 this deep stratum（p.44），the deep cultural stratum（pp.45，47），a persistent deep stratum（p.43），等等。
④ 我一开始并非由于他人启发而发明此词，后发现安乐哲也常用此术语，甚为惊喜。安乐哲所用术语有如 the cultural assumptions（p.219），its underlying cultural assumptions（p.24），the cultural presuppositions（p.24），the deep cutual assumptions（p.47），these underlying assumptions（p.47），etc.。
⑤ Roger Ames, *Confucian Role Ethics：A Vocabulary*, HongKong：The Chinese University of Hong Kong, 2011, pp.41-49.

索，多半是在下述几种共同的前提或文化预设下进行的；这些前提或预设，今天仍深深主宰着我们的心灵，在我们开展学术研究时常常对它们缺乏明确认识，也不知道它在多大程度上影响着我们的心灵，塑造着我们的立场；如果我们能对这些前提性预设有真正的反思，认识到它们的武断性，认识到它们的影响力，也许对于儒学以及许多中国文化传统会有更好的反思和研究。在这些文化预设或深层结构之中，笔者认为最重要的至少有三个——即此岸取向、关系本位和团体主义，只有在与其他人类伟大文化比较的时候才能真正发现其存在和力量。

不妨界定一下：所谓"文化预设"，笔者借以指一个文化中人可能不自觉地形成的那些思想或看法，它们被人们不假思索地信以为真、不言而喻地视为当然，而实际上是一种武断但却被普遍接受的前提性共识。正由于这些共识普遍被当作一切思想及活动的前提，文化中人通常缺乏对其深刻反省的能力。严格说来，"文化预设"无所谓对错与好坏，它们是在漫长生活经验中、经过无数代人无意识地形成的；它们不是基于理性的加工、思辨的推理或哲理的演绎；它们无关乎意识形态的需要，不是为了现实指导原理的需求，并非出于哲学体系的建构。相反，它是后者的前提或基础。从某种意义上说，它反映了人类特定群体的无意识，故笔者认为是一种"文化无意识"。[①]这并不是说人们对其全无意识，而是指它们通常以不言自明、不加反省的方式对多数人发挥支配作用。

最早认识到此一现象的可能是一批文化人类学家。早在20世纪40年代，人类学家本尼迪克特（Ruth Benedict，1887—1948年）、克鲁克洪（Clyde Kluckhohn，1905—1960年）等人在文化研究中即提出了文化无意识问题。[②]后来，结构人类学家列维-斯特劳斯（Claude Levi-Strauss，1908—2009年）也讨

[①] 所谓"文化无意识"，英文或可译为 the cultural unconsciousness 或 the ethnic unconsciousness，也可称为一种 group unciousciousness，笔者指一种文化在漫长发展过程中慢慢形成的、文化中人广泛具有的"集体无意识"。这与荣格（Carl Gustav Jung，1875—1961年）的"集体无意识"指全人类共有的无意识不同。（荣格观点参见［瑞士］卡尔·古斯塔夫·荣格《原型与集体无意识》，徐德林译，国际文化出版公司2018年版，第5—6、36—38页等）

[②] 本尼迪克特认为文化内部有一种"无意识选择原则"，把大量的行为转化为某种一致的模式。（本尼迪克：《文化模式》，华夏出版社1987年版，第37页）克鲁克洪则认为可将文化区分为显型（overt）与隐型（covert）两个层面，其中显型文化指人们可以有意识地把握的内容，隐型文化则是人们通常自觉不到的背景性观念，由一系列无意识的文化预设构成。（克莱德·克鲁克洪等：《文化与个人》，高佳等译，浙江人民出版社1986年版，第3—34页）

论到了文化无意识的问题。① 到了 70 年代年末，在心理学界形成了一门新兴学科，即文化心理学（cultural psychology）。② 文化心理学运用心理学方法开展文化比较研究，对于人类不同文化特别是东西方文化差异的认识有突出贡献。文化心理学所发现的不同文化的思维方式特征，深刻地揭示了文化无意识的强大力量。

在中国，20 世纪 70 年代末以来，李泽厚先生可能受荣格、本尼迪克特等人启发，曾提出有名的"文化积淀"和"文化—心理结构"说③。与他约略同时而稍晚，美籍华裔学者孙隆基曾提出"中国文化深层结构"说。孙隆基借用结构主义的观点，来研究中国文化的深层原理。他把深层的文化心理结构比喻成河流的河床，认为这是一个文化中最难改变或者改变最慢的部分，所以对文化大传统的影响至深至广。④

---

① 参 Claude Levi-Strauss, *Structural Anthropology*, translated from French by Claire Jacobson and Brooke Grundfest Schoepf, New York: Basci Books, Inc., Publishers, 1963. 根据译者在"Translator's Preface"中介绍，本书第三章比较了一些亲属系统的结构与当地语言的基本特征，并揭示亲属系统及婚姻原则与语言的同构；如果这一比较成功的话，则无疑促进了人们"进一步理解那些支配社会生活以各种方式展开的无意识过程"（an understanding of the unconcious processes which underlie the various manifestations of social life）的理解。（p.xii）应该说，作者关心的主要问题还是人类普遍的无意识结构，而非特定文化的无意识。该书中译本有陆晓禾、黄锡光等译《结构人类学——巫术·宗教·艺术·神话》（文化艺术出版社 1991 年版）；俞宣孟等译《结构人类学》（第二卷，上海译文出版社 1999 年版）；以及张祖建译《结构人类学》（两卷本，中国人民大学出版社 2006 年版）。
② 文化心理学介绍参见 Richard A. Shweder, "Cultural Psychology—What is it?", in: Stiger, James W., Richard A. Shweder & Gilbert Herdt, eds., *Cultural Psychology*: *Essays on Comparative Human Development*, Cambridge, New York, et al: Cambridge University Press, 1990。
③ 李泽厚认为："'积淀'的文化心理结构（Cultural-Psychological Formation）既是人类的，又是文化的，从根本上说，它更是个体的。"（见李泽厚《历史本体论·己卯五说》，生活·读书·新知三联书店 2003 年版，第 124 页）他强调"积淀"有广狭义之分，广义的积淀是全人类共有的，而狭义的积淀则是文化或个体特有的，"专指理性在感性（从五官知觉到各类情欲）中的沉入、渗透与融合"（第 119 页）。据安乐哲先生面授，李泽厚所用的"积淀"在英文中当译为 sedimentation。文化积淀说，参李泽厚《批判哲学的批判——康德述评》（修订本）（人民出版社 1979/1984 年版），第 56—57、415、435—437 页等；氏著《美的历程》（中国社会科学出版社 1984 年版），第 30、32、35、59、265—266 页等；氏著《中国古代思想史论》，第 7—40 页（《孔子再评价》），第 295—322 页（《试谈中国的智慧》）等。相关学者评述参：黄杨《"积淀说"社会历史成因刍议》，《延边大学学报》（社会科学版）1996 年第 4 期；黄杨《"积淀说"的历史嬗变轨迹及其内在矛盾的逻辑规定性》，《南通职业大学学报》2000 年第 4 期；侯新兵《"积淀说"述评》，《社会科学家》2003 年第 1 期。李泽厚论"（中国）文化—心理结构"参李泽厚《人类学历史本体论》，天津社会科学出版社 2008 年版，第 39、48—49、152—156、203 页等。
④ 孙隆基：《中国文化的深层结构》，"新千年版序"，广西师范大学出版社 2004 年版。据孙在第 1 版序及再版序中介绍，此书最早出版于 1983 年。此书最早当于 1983 年出版于香港台山出版社，后曾在香港、台湾多次再版。而在大陆，1988 年由西安华岳文艺出版社出版过节本，至 2004 年才由广西师范大学出版社在大陆出版全本。由于华岳本之局限等原因，此书在大陆 20 世纪 80 年代"文化热"及其后影响有限。

这种通过漫长历史积淀而成的深层文化结构，安乐哲先生将其描述为 a resilient substratum sedimented over time，[①] 笔者想这大概是这个词在英文中最好的说明了。

本文所谓"文化预设"，与李泽厚、孙隆基、安乐哲所说的文化—心理结构或深层文化结构含义相近，是一种文化无意识。借用安乐哲的观点，文化预设或文化深层结构是历史"积淀"出来、蕴藏于日常语言的语法结构和术语中，因而在特定文化中代代相传，它让一文化形成区别于其他文化的自己独有的特征。

在本文中，笔者只讨论那些在诸子百家兴起之前即已形成、形塑了诸子之学且一直到今天也未改变的三种文化无意识或文化预设。本文认为，过去数千年来，此岸取向、关系本位和团体主义这三重"文化预设"深深影响了中国文化的内容和方向，决定了中国社会的整合方式，也相应地决定了儒、道、释在中国文化中的主导地位，决定了中国文化的核心价值系统。笔者在过去的研究中试图证明这一点。[②]本文将试图说明，从这一文化心理作为文化无意识发挥作用的方式，可以在很大程度上解释儒家治道的内容和特征。下面将重点分析一下中国文化的基本预设——此岸取向。

二 此岸取向

首先，笔者认为，一个几千年来支配中国文化方向的世界观可称为"此岸取向"。所谓"此岸取向"（英文可称 this-worldliness，或 this-worldly orientation），也可称为"一个世界"假定（李泽厚语），即以人的感官所及的这个世界——它以天地为框架，以"六合"为范围——为唯一真实的世界，同时不以死后世界或鬼神居住的世界为目标或指导原则。数千年来中国人的世界基本上就是这一个世界，鬼神即使有也存在于这个世界上，只是其居所与人有别而已。

中国文化的"此岸取向"，可通过与希腊文化、犹太—基督文化、伊斯兰教文化、印度文化的对比得到说明。希腊文化的彼岸取向性质可从希腊哲学区分现象世界与本质世界——柏拉图称为可感世界与可知世界——得到说明。

[①] Roger Ames, *Confucian Roge Ethics: A Vocabulary*, HongKong: The Chinese University of Hong Kong, 2011, p.41.
[②] 方朝晖：《文明的毁灭与新生》，中国人民大学出版社2011年版；方朝晖：《"三纲"与秩序重建》，中央编译出版社2014年版。

史华兹认为,古希腊从第一批哲学家即米利都学派对于始基(本原)的探索,就正是基于现象与实在的区分,而其基本思路是一种还原主义,即一切日常可见事物皆可还原为若干极为简单的粒子或原则,"还原主义则必定要包含这一观念:在'实在'和'现象'之间存在着某种偏离;人们会在恩培多克勒、巴门尼德(Parmenides)和德谟克里特那里发现这一观念。在这些人的宇宙观中,世界通过我们的感官经验呈现的状态,在某种意义上并不是实在的世界。……然而,大多数相关性宇宙论中,我们日常经验中相互关系到一起的'具体'实在,是我们自然环境和人事环境的真实内容,它们依然是不可还原的。……古希腊米利都学派沿着还原主义方向前进,他们的关注显然会不同于中国的相关性宇宙论者。"[1]按照古希腊哲学家柏拉图的说法,可感世界即人的感官所及的这个世界属于现象范围,而哲学家的永恒任务是超越现象世界,通过灵魂的转向去发现现象背后的那个可知世界即本质世界。本质世界与现象世界的区分在于它的永恒不变性。[2]史华兹认为,中国人早期的阴阳五行思想,与希腊哲学家关于宇宙本原的理论只有表面上的相似性,而从实质上是不同的,因为希腊哲学家宇宙本原的思想是以"还原主义"为特点的,而中国人的思想则不然。[3]按照这一观点,则中国人所谓的"天地"也罢,"六合"也罢,皆属于可感世界。不仅如此,无论是九重天外还是九泉地下,无论是蓬莱仙境还是昆仑之巅,皆属于可感世界范围,因而皆不应当作为人们追求的理想世界,而追求与这个世界合一(所谓"天人合一")至少在希腊哲学家看来是非常不可取的。

在犹太—基督文化中,灵魂不死以及对于死后世界的设定,是以一种末世论世界观为基础的。末世论(eschatology)相信这个世俗的世界迟早有一天将化为乌有,在那一天到来之时,每一个曾经活过或正在活着的灵魂都将根据其罪孽大小接受审判。末世论实际上是以道德眼光对世俗世界的彻底否定,这种世界观实际上在伊斯兰教中也得到了共享。按照这种世界观,人活着的目的是要摆脱这个

---

[1] [美]本杰明·史华兹:《古代中国的思想世界》,程钢译,江苏人民出版社2004年版,第372页。所谓"相关性宇宙论"(correlative cosmology)是史华兹、葛瑞汉等许多西方学者对中国古代宇宙论的描述,以阴阳五行为基础,认为宇宙万物皆相关联,人事与自然一致(参该书第363—394页)。
[2] 郝大维/安乐哲对此有精彩分析,参 Hall & Ames, *Thinking from the Han*, Albang: State University of New York Press, 1998, pp.189-218.
[3] [美]本杰明·史华兹:《古代中国的思想世界》,程钢译,江苏人民出版社2004年版,第368—379页。

世界，活着的方向目标或最高原则也来自另一个世界。末世论世界观认为这个世界从本质上只是短暂的瞬间，注定了要从整体上消亡。按照这种世界观，任何把这个世界本身当作目标、当作最高理想或原则并追求与之和合（如天人合一）的观念，都是彻底堕落或无望的。

在以婆罗门教—印度教—佛教为代表的印度文化中，对现实世界的否定是通过"六道轮回"等信念而确立的，每个人的生命都是无限的，众生都生活在充满罪恶的生命轮回中，而宗教修行的根本使命无非是解脱——最高的解脱就是从六道轮回中解脱出来。印度人的世界想象比中国人丰富得多，他们认为世界不只有一个，也许有三千大千世界，也许相当于恒河沙粒一样多的世界；但是有这些世界，无不是虚幻不实的，也都是需要彻底摆脱的。这种"四大皆空"思想与中国人把天地之内的这个世界当成唯一世界、唯一真实的来源、一切法则的根源，差别实在太大了。

相比之下，数千年来中国人的"世界"是比较简单的，世界只有一个，那就是以天地为框架、以六合为范围的这个世界是一切生命与非生命、活着的与死了的事物共同且唯一的家园。中国人也相信鬼神，不过并不认为鬼神生活在这个世界之外，天堂与地狱都是这同一个世界的一部分。不仅如此，中国人的多神观念让这个世界的真实性得到了加强，因为每一个神是一个自然物的主宰，是它的保护者。山神是保护山的，海龙王是管理海的，日月星辰也都有管理它们的神。有了这些神的保护或管理，其他力量就不能侵犯它们。万物亦然。另一方面，中国人并不认为鬼神代表什么值得凡人向往的理想世界。就人而言，他们死后变成了"鬼"。按照《易传》等的说法，鬼只是一些游荡于这个世界上的云气而已。①亦可以说是魂离魄而后的飘散状态，故有"孤魂野鬼"之说。所以，鬼的世界是恐怖可怕的，是人需要竭力逃离的。也正因如此，汉语有关"鬼"的术语都是负面的：鬼头鬼脑、鬼哭狼嚎、鬼鬼祟祟、鬼迷心窍、鬼东西、见鬼

---

① 《易·系辞上》："精气为物，游魂为变"。张载："鬼神者，二气之良能也。……鬼神之实，不越二端而已。"（张载《正蒙》）《春秋左传》有"鬼犹求食"（宣公四年）、"鬼犹有归"（昭公七年）、"鬼神乏主"（桓公六年）之说。《左传》多次指出，活人如被夺"魄"，即预期死亡将至（见宣公十五年、襄公二十九年、昭公二十五年）。这似乎主张，人活时魂魄结合，死后魂魄离散，故变为鬼。昭公七年，赵景子问子产："伯有犹能为鬼乎？"子产曰："能。人生始化曰魄，既生魄，阳曰魂。用物精多，则魂魄强，是以有精爽至于神明。匹夫匹妇强死，其魂魄犹能冯依于人，以为淫厉。况良霄……其取精也多矣，其族又大，所冯厚矣，而强死，能为鬼，不亦宜乎！"大意是伯有虽死，鉴于其生时取于物之精华甚多，家族又可依凭，故死后魂魄还能以其他方式再现，即是鬼。

了、鬼话……这样的鬼的世界，怎么可能是人所追求的呢？又怎么可能成为我们生活原则的来源呢？

很多学者尤其是一大批西方汉学家都注意到了上述问题。

例如，当代西方汉学的重要开拓者葛兰言（Marcel Granet，1884—1940 年）认为，中国古代宇宙观的一个重要特点是没有完全独立于现实世界之外的"超验存在"（transcendent realities ouside the human world）。① 他指出，中国人的宇宙观以阴阳、五行为基础，把整个世界当作一个连续体，且以这个连续体本身为万物的最高原则，因而不需要坚定的彼岸信仰，对于鬼神的崇拜也不是建立在彼岸信仰之上，因而"天人合一"是所有中国人信仰的基础。②

美国汉学家牟复礼（Frederick Mote，1922—2005 年）一再论及并强调，中国古代没有创世神话（creation myth），中国人自古并不真正相信一个外在于宇宙的独立的神或其他超验存在，这一事实对中华民族后来的发展具有的意义不可估量。他引用卜德（Derk Bodde，1909—2003 年）说到，盘古开天地的神话严格说来并不代表中国人的宇宙形成观（cosmogony），它是直到公元前 3 世纪才形成的，可能是来自印度或中国南方苗族的思想。③ 他分析没有彼岸神话的宇宙观对中国人生活方方面面的影响巨大，并从 7 个方面（鬼神、制度、恶/原罪、权威、和谐、时空等）进行总结，包括对中国人的信仰、权威、制度等的影响。比如他说中国人因为没有彼岸的明确观念，所以鬼神也与人生活于同一世界上，导致无法形成一神论。而这个倾向，又导致中国人的权威不是来自彼岸的无上造物者——上帝（a supreme creator God），而是来自世俗的人间，因而法律不可能获得来自超理性的、不可挑战的上帝的至上权威。事实上，在中国人的世界里，同时存在着妖、怪、神、仪式人物、饿鬼等一切东西。他举例说，欧洲中世纪的基督徒理论上可以逃脱父母权威的束缚，宣称自己接受上帝的领导；他可以离开家庭而变成牧师，但在中国，这是完全不可能的。④ 由于中国人生活在一个完全世俗的世界（即使宗教也是世俗的），于是相

---

① Marcel Granet, *La pensé chinoise*. Paris: La Renaissance du Livre, 1934. 转引自 Michael J. Puett, *To Become A God: Cosmology, Sacrifice, and Self-Divinization in Early China*, Cambridge, Mass. & London: The Harvard University Asia Center of the Harvard-Yenching Institute, 2002, pp.8-9.

② [法]葛兰言:《中国人的信仰》，汪润译，哈尔滨出版社 2012 年版，第 12、87、106 页等。

③ Frederick W. Mote, *Intellectual Foundations of China*, second edition, New York, etc.: McGraw-Hill, Inc., 1971/1989, pp.14-15.

④ Ibid., pp.22-23.

应地，人与人的关系成为直接而首要的事物（the relationship of the one to the other is direct and primary）。①

当代学者史华兹（Benjamin I. Schwartz，1916—1999年）虽然借用雅斯贝斯"超验存在突破"来解释中国古代思想，但同时认为，中国古代思想的一个"广泛共享的文化预设"就是"以整体主义的'内在论'（immanentist）为特色的秩序观念"。②他在另一篇文章中以道家为例指出，中国古代的伦理思想是此岸取向的（at the 'this-worldly' pole）。中国古代的理性主义与希腊的理性主义最大的区别在于，它所面对的不是希腊的城邦（polis），而是整个宇宙，人类秩序与宇宙秩序不分；中国人的秩序世界还包括鬼神，中国人从未从秩序观念中排除鬼神而是以之为其中的一部分，这与希腊神话中鬼神的"彼岸性"（otherworldliness）不同；换言之，中国人的世界观从未经历过所谓"除昧化"（disenchantment）过程。③"正如西方产生的'有机论的自然主义'思潮一样，中国的'有机论的自然主义'中也不存在任何'世界灵魂'（world soul）或天界统治者（Heavenly rulers）的痕迹。"④

郝大维和安乐哲（David Hall & Roger Ames）在其三部重要论著中系统、全面地阐述了其对中国宇宙观的看法，特别强调了不可用西方文化传统中具有特定含义的 transcendence 一词来理解中国古代宇宙观。他们认为，中国人的宇宙是一个完全"内在的宇宙"（immanent cosmos），而 transcendence 是一个在希腊文化和基督教传统中根深蒂固、在严格意义上指独立于此世之外、完全不受此世影响且作为此世的绝对法则或终极原因。他专门批评了史华兹、牟宗三、白诗朗（John Berthrong）、李明辉等人仅仅从"超越于现实"这一宽泛的意义接受 transcendence 这一术语用于解释中国传统，其负面影响包括会强化人们对东方传统的西方式误读，让中国年轻一代误以为中西方传统有共同基础，低估中国哲学

---

① Ibid., p.23.
② ［美］本杰明·史华兹：《古代中国的思想世界》，程钢译，江苏人民出版社2004年版，第425页。他特地指出，在理解中国古代"秩序"概念时千万不能用西方人的秩序概念来衡量，因为在西方传统中，"'秩序'直接意味着一种将诸神和鬼神从自然驱逐出去、只和抽象的'理性实体'（entes rations）打交道的还原主义的理性主义态度"（第31页）。然而，"在中国古代兴起的秩序观念能够包容甚至还能保存鬼神、诸神以及各种各样的'超自然'（在我们的意义上）现象"（第32页）。
③ Benjamin I. Schwartz, "Transcendence in Ancient China", *Daedalus*, vol. 104, no. 2, "Wisdom, Revelation, and Doubt: Perspectives on the Millennium B.C.", Spring, 1975, pp.57-68（主要pp.58-60）.
④ ［美］本杰明·史华兹：《古代中国的思想世界》，程钢译，江苏人民出版社2004年版，第420页。

在代替西方主流传统方面对世界文化可能有的贡献，忽略 transcendence 传统在西方衰落的重要意义。①

张光直（Kwang-chih Chang，1931—2001 年）先生通过对春秋以前（前 2200—前 500 年）的中国青铜时代的考古研究，得出中国宇宙观的特点是：无论是人还是神，有生命还是无生命，活的还是死的，都共存于同一个世界之中；这些存在物一方面按照一定的层次存在，另一方面又彼此互动着；所有的层次中最重要的两层是天地之分；巫、觋可以穿越各层次，此外人们还发明其他各种方式沟通天上与地下。②张光直也把这种宇宙观直接称为"天人合一"的宇宙观，并认为"中西方文明为不同的原则支配"。他说："我作为一个考古学者，相信数千年来，人们对宇宙和对人间秩序的安排，一直有两种不同的方式，而我并不相信这两种方式中，有一种完全胜于另一种。"③

杜维明在谈论中国古代宇宙观时采用了"存有的连续体"（continuity of being）这一说法，他在《存有的连续性：中国人的自然观》一文中对这个问题作了全面、系统而深刻的论述，认为中国人的宇宙观有连续性、完整性和动态性三个重要特点，即整个宇宙是一个完整而有机的整体，在它之外不存在什么创造者或主宰者，这个整体具有深刻的动能，本身就代表最高原则，其各个部分处在密切关联和动态作用之中。杜先生还认为，儒家的理想是每个人在对家庭、社群直到天地的参与中不断趋向终极的自我转化，由此成为君子或圣贤。儒家世界观中的最高存在是"天"，但这个"天"并不是完全外在于人的僵死存在，而是内在于每一个人的生命中，每个人因此也是天的共同创造者。④这种世界观无疑建

---

① David L. Hall & Roger T. Ames, *Thinking from the Han: Self, Truth, and Transcendence in Chinese and Western Culture*, Albany: State University of New York Press, 1998, pp.189-285, "负面影响"见 p.228。两人合作之另两部著作为：David L. Hall & Roger T. Ames, *Thinking through Confucius*, Albany: State University of New York Press, 1987; Hall & Ames, *Anticipating China: Thinking through the Narratives of Chinese and Western Culture*, Albany: State University of New York Press, 1995. 同样的思想安乐哲在 2011 年版的 *Confucian Role Ethics*（Honolulu: University of Hawai Press; Hong Kong: Chinese University Press, 2011, pp. 211-255）第五章作了更完整的阐述。.
② Chang, Kwang-chih. *The Archaeology of Ancient China*. 4th ed. New Haven and London: Yale University Press, 1986, p.414-415。另参张光直《考古学专题六讲》，文物出版社 1986 年版，第 4—13 页等。
③ 张光直：《考古人类学随笔》，生活·读书·新知三联书店 1999 年版，第 51、48、49 页。
④ 刘诺亚译，《世界哲学》2004 年第 1 期，第 86—91 页。参杜维明《中庸：论儒学的宗教性》，段德智译，生活·读书·新知三联书店 2013 年版；Tu Wei-ming, *Way, Learning, and Politics: Essays on the Confucian Intellectual*, Albany: State University of New York Press, 1993, pp.1-12, etc.

立在对此世的高度肯定之上。

在中国学者当中，张岱年（1909—2004年）先生应当是对中国文化此岸取向较早有明确认识的人之一。在其早期著作《中国哲学大纲》中分析中国的宇宙论时，他认为其重要特点之一就是，虽谈本根（事物之根源）和大化（事物之演变），但不以现象世界为假象；相比之下，印度哲学和西洋哲学"以现象是假是幻，本体是真实"，"这种观念，在中国本来的哲学中，实在没有"；因为"以本体为唯一实在的理论，中国哲人实不主持之"。①

李泽厚先生也许是当代中国学者中对中国文化此岸取向最早有自觉认识的唯一一人。他早就指出，"中国文化及其审美的情理结构是以此世人生为根基、为极限"②，并称其为"以'一个世界'为根基，以'乐感文化'、'实用理性'为特色的华夏文化心理结构"③。他后来又将其"一个世界"与"实用理性""乐感文化""情感本体""儒道互补""儒法互用"等对中国文化传统特色的概括，一起纳入"巫史传统"的大框架中，认为"巫君合一"（亦即政教合一）消除了"超验的客观存在的上帝观念"出现的可能，"没有独立、至上的人格神观念"，从而形成中国思想史的根本特色。④他从巫史传统的角度重新解释了"一个世界"观念的形成过程。这就与其早期主要从儒学来解释"一个世界"观念产生的过程有很大区别。⑤他指出："中国人也不是完全没有'超越'的'天'和另个世界，但在观念、情感和思想上都很不明确、很不确定。与希伯来的上帝之城、柏拉图的两个世界很不一样。所谓生死的两个世界不过是以生的世界为范本来模拟想象死后世界，所以，所谓另一个世界不过是这个世界的伸延、复制、美化和理想化罢了。"⑥

美国哈佛大学东亚语言与文明系 Michael Puett 教授系统全面地考察了自从马克斯·韦伯以来，西方汉学界两种相对立的关于中国古代宇宙观（或世界观）的解释：一是从马克斯·韦伯、雅斯贝斯（Karl Jaspers，1883—1969年）、冯友兰、史华兹到罗哲海（Heiner Roetz）等人所代表的普遍主义路径，这是一种进

---

① 刘鄂培主编：《张岱年文集》第二卷，清华大学出版社1990年版，第41页。
② 李泽厚：《历史本体论 己卯五说》，生活·读书·新知三联书店2003年版，第120页。
③ 李泽厚：《历史本体论 己卯五说》，生活·读书·新知三联书店2003年版，第281页。
④ 李泽厚：《历史本体论 己卯五说》，生活·读书·新知三联书店2003年版，第156—188页。
⑤ 李泽厚：《历史本体论 己卯五说》，生活·读书·新知三联书店2003年版，第269—287页。
⑥ 李泽厚：《由巫到礼 释礼归仁》，生活·读书·新知三联书店2015年版，第133页。

化论解释框架，即倾向于认为人类所有文化的宇宙观均遵循大致相同的发展路径，大约是从神话到理性，从宗教到哲学，从巫术、有神论、泛灵神到人文主义、理性主义和自然主义的发展。其中雅斯贝斯主张所有文化在轴心期均经历了一个出现"超验存在"（transcendence）的突破，在中国、印度、古希腊均有。

另一种路径影响似乎更大，即以葛兰言、牟复礼、张光直、葛瑞汉（A. C. Graham）、李约瑟（Jesoeph Needham）、郝大维和安乐哲等所代表的特殊主义路径（作者本人未用普遍主义/特殊主义这一术语，不过意思十分明显），即一种文化本质主义框架（cultural-essentialist model/contrastive model），倾向于认为中西宇宙观存在根本差异，中国宇宙观大抵是一种有机的、关联性宇宙观（correlative cosmology, organism），认为宇宙是一个内部相互关联、自我生长、自我调节的有机总体，神不在世界外而是世界的一部分，而且人的世界与神的世界基本一致或缺乏张力。有的学者更指出中国人没有提出"超验存在"（或以为好、或以为坏），或者说中国式宇宙观是 non-transcendent。

Michael Puett 认为，这两种相反的对于中国早期宇宙观的解释都有问题。他通过对青铜时代到汉代早期人、神（spirits）和宇宙（the cosmos）关系的研究提出新的解释。认为要抛弃认为中国古代缺乏人与神紧张的先入之见，中国古代"人神一致"（continuity between humanity and divinity，后者包括 spirits or heaven）的说法是不成立的。在中国早期宇宙观中，人与神之间的张力非常明显，"天人合一"最多到战国晚期才出现。[①]需要指出，虽然他一再强调中国古代人神紧张，其所谓普遍主义和特殊主义的差异也是事实，但不能否认中国古代宇宙观的几个重要方面的确存在，其中包括：有机主义、总体主义、内在主义、关联性宇宙论。事实上，持普遍主义立场的史华兹也是承认内在主义（接近于此岸取向）、有机主义和总体主义的中国古代宇宙观的。

这里要指出，有机主义、总体主义、关联性宇宙观以及内在主义（此岸取向）四者之间的关系，一般学者只是停留在说它们之间是密切相关的。但本文要指出，此岸取向在一定程度上可以理解为总体主义、关联性宇宙观（甚至有机主义）等的更基本源头。因为正如后文所说，总体主义其实是文化团体主义的放大（有机主义乃是总体主义的另一种形式），而关联性宇宙观正好可以理解为关系本位的一种形式。

---

① Michael J. Puett, *To Become A God: Cosmology, Sacrifice, and Self-Divinization in Early China*, Cambridge, Mass. & London: The Harvard University Asia Center of the Harvard-Yenching Institute, 2002, pp.1-29.

正因为中国人只相信一个世界，他们也把这个世界从整体上神秘化、崇高化，把它当作一种崇拜的图腾。他们相信，这个世界蕴含着一切原则、原理，一切事物的秘密终将可以在这个世界中找到。所以中国人相信所谓天道、天理、天则、天命、天意、天性……哲学家思想家的宏伟使命就是发现天地之道，人间最高级的存在就是与天地法则一致。所谓"与天地合其德，与日月合其明，与四时合其序"（《周易·文言·乾》），所谓"天何言哉？四时行焉，百物生焉"（《论语·阳货》），所谓"致中和，天地位焉，万物育焉"以及"与天地参"（《中庸》）皆表达了中国人对于天地的无限崇拜。

如果说儒家的理想就是把这个世界本身当作最高目标来造就，从未把任何脱离这个世界的其他世界当作人类的理想，因而是高度入世的；道家也从未脱离这个世界来追求生命的理想。道家一方面以长生不老的方式来让人们摆脱对死亡的恐惧，因而它对死后世界其实也是极力回避的；另一方面，它的理想世界诸如昆仑之巅、蓬莱仙境之类也不过是这个世界的一部分。庄子"庖丁解牛"的养生之道，是提示人们延长此生生命或扩充此生生命意义的一种活法，实际上建立在对这个世界、当下生命形态的肯定之上。庄子"以天地为棺椁，以日月为连璧，星辰为珠玑，万物为赍送"（《庄子·列御寇》）的说法，正是建立在中国文化的一个共同假定之上：天地是最大的现实，每一个人都生来自它，死回归于它。与其消极地面对这个现实，不如积极地参与这个现实，与之融合无间，从而不再惧怕死亡。这就是中国文化中对于个人生命意义的最高理解：天人合一。

三　境界何来？

现在我们试图来解释境界说为何在中国文化中盛行。

今按："境界"一词，在古汉语中本指疆域之界[①]，其后佛教以境界说修行成功所入之国[②]。盖佛教有所谓上界、下界之说，修成正果，可入上界。境界后来进一步引申为指人的精神状态，可能是为了适应中国文化此岸取向的特点，将彼岸目标此岸化，因此将涅槃后所入之理想国描述成纯精神状态。因此，"境界"一

[①] 例如，《毛诗》卷18《江汉》"我疆我理"郑笺："于有叛戾之国，则往正其竟界修其分理。"《尔雅·释诂》"疆、界、边、卫、圉，垂也"郭璞注："疆场、竟界、边旁、营卫、守圉，皆在外垂也。"
[②] 例如，《广弘明集》卷1："佛经说天地境界，高下阶级悉条贯部分，叙而有章。"卷二十九上："闻一音之常韵，睹极圣之恒存。三九于兹绝听，二七自此亡魂。斯甚深之境界，亦何易而详论。"《无量寿经》上："比丘白佛，斯义弘深，非我境界。"亦有很多佛教文献以"境界"为名。

词在后世日益变成一种纯粹主观的心理状态。此一变化始于何时，尚待检索。从王国维《人间词话》以境界说词，可知此种用法至清末已甚流行。与此相应，古代儒家虽不用"境界"一词，但其所述之主观状态，今人多认为指示某种（精神）境界。甚至今人有理由认为，孟子、象山、阳明等所达到的圣人境界，指向生命最高存在状态，代表中国文化中个人修炼的最重要方向之一，这种看法在熊十力、牟宗三、冯友兰、唐君毅等人的论著中不难发现。在英文中，严格说来，没有与汉语中作为一种主观精神状态的境界相对应的准确译称，这本身就非常能说明中西文化的重要差别。

首先笔者想说的是，境界说对西方学者来说是相当陌生的，甚至会被轻蔑地称为宗教神秘主义。从西方哲学传统看，中国人所说境界是通过心理体验所感到的东西，它与人的情感及心理密切相关。这种东西在整个西方哲学传统中严格说来是被排斥的，因为希腊以来的西方哲学传统的重要特点之一是理性主义，其寻求事物的根据必须诉诸人人可以接受的逻辑论证方式。希腊哲学中的理性主义到近代以来，通过笛卡尔、斯宾诺莎、莱布尼茨，直到康德、黑格尔发展到登峰造极。即使是英国经验论，它们反对欧洲大陆的理性主义，直到后来反对一切形而上学，其立论的方式同样是理性主义的，绝不会主张诉诸也不会接受神秘的直觉作为立论的方式。经验论与唯理论的主要区别并不在此，而在是否相信人的感官经验，是否以感官经验为知识的起点或基础。德国哲学家自康德以来谈直观（intuition），然而康德的感性直观是绝不包含个人的情感或心理因素的，胡塞尔的本质直观也是如此。胡塞尔甚至指出：

> 自古希腊哲学诞生起欧洲人就具有的理想目标（Telos）（即从哲学的理性出发去做人的目标，它只有在无穷无尽的从隐到显的理性运动中，在通过理性为自己制定规范和寻求人的真理和真实性的无限努力中，才有可能实现）……哲学和科学本来应该是揭示普遍的、人"生而具有"的理性的历史运动。①

在当代哲学中，分析哲学根本反对把不具有确定性的心理因素当作知识的基

---

① ［奥地利］胡塞尔：《欧洲科学的危机和超验现象学》，张庆熊译，上海译文出版社1988年版，第17页。

础，即使大陆存在主义哲学家如海德格尔等人，也不是如我们理解的那样，以感官心理因素为生命价值的基础。海德格尔的存在论，至少就其在《存在与时间》一书中所提供的内容来看，也只是在寻找更好地理解日常生活世界的先验基础。其中对于所谓此在（Dasein）之各种情绪、心理成分的描述，是针对传统理性主义哲学对于日常生活世界之超验基础的认识之不足而发（这与现象学如出一辙），并不是在主张让人通过神秘的直觉体验来追求超验存在或最高存在（Sein）。海德格尔并没有把存在（Sein）描绘为一种"境界"，在整个几千年的西方哲学史中也基本上没有此一现象。海德格尔对老子之"道"感兴趣，也可能与其从少量文字出发而不了解道家哲学的真精神有关。如果中国学人以海德格尔为同道而欣喜，可能是出于某种误解。

其次，境界论所诉诸的心理活动和个人体验，其背后预设了此世界为真而非幻。在中国文化的此岸取向世界观支配下，人们找不到死后灵魂不朽的充分依据，并依此摆脱死亡的恐惧感；如能找到不朽，只能是与宇宙同在。这就是《左传·襄公二十四年》中的"三不朽"说。德、功、言之所以能不朽，是因为它们永远能被这个世界上的人们所记住或传颂。因为这个世界是不朽的，所以能与此世界同在，自己就可不朽。今日国人喜用"永垂不朽"，其中"垂"有传于后世的意思。

然而，除此之外，还有一种不朽的方式，就是在神秘的直觉中产生不朽的感觉，伴随着神圣感或崇高感，在短暂的瞬间里人变得视死如归，当然同时也感到自己与天地合一。这是以一种非理性的方式"感到"不朽。当不朽的感觉到来时，人有一种无惧生死的感觉。这种不朽感，不仅在西方哲学中，即使在基督教传统中，也不可能太被当真。因为基督教认为真正的不朽是由上帝所保证的，人不能自己保证自己不朽。如果仅靠自己的感觉就能实现不朽，则人就把自己等同于上帝了。这是有罪的想法。基督教教义中的灵魂本身已经是不朽的，因此能否不朽不再成为人们最强烈的担忧，而真正的担忧是以怎样的方式保持不朽。

那么，为什么在中国文化中，个人的心理感受、神奇直觉如此被当真呢？因为在此岸取向世界观下，先已预设了此世界为唯一真实，结果是：人作为此世界之一部分，他的肉身及心理感受也是真实的，不是有罪或需要否定的。因此，中国人有足够的理由把自己的心理感受当真。既然一个同时包含着心理、情感、欲望、知觉的活生生的生命本身，就是最大的实在，那么它的自我转化，使这一身心交融之躯在神圣感和崇高感中升华，即产生超越生死的不朽感，当然也就是生命的最高理想，因为这一转化可能使得生命因此找到了终极价值。

因此，在中国文化中，人们关注的重心在于探讨如何来实现这种转化。原始儒家的做法是诉诸可见的成就，即立德、立功、立言的方式。然而，这种追求不朽的方式，比起那种诉诸主观感受所实现的、具有无限丰富体验的不朽体验来说，对于视心理感受为生命真实存在之不可少的一部分中国人来说，就显得苍白或无力。孟子讲"浩然之气，至大至刚，充塞天地"（《公孙丑上》），"上下与天地同流"（《尽心上》），以及"大而化之之谓圣，圣而不可知之谓神"（《尽心下》），毫无疑问是指通过道德修养来唤起某种存在体验，让人建立起一种心理状态，在直觉中获得不朽感。这种存在体验就其实际内容而言，无法客观地用语言来描述，因为它是纯心理、纯感受性甚至非理性的。而孟子所以能发明此路，是因为他比其他儒家更重视心灵修炼。当人的心灵通过自我转化可以实现不朽，从而实现生命的终极价值时，这无疑开创了一条极有希望的全新的修炼之路。于是有了一条从孟子到象山、进一步到阳明的回到本心的道路被不断开辟。这条道路在牟宗三《心体与性体》被发挥到极致；所谓朱子歧出说，证明了他从根本上是走在更近象山而非朱熹的路径上。

象山先生说：

宇宙便是吾心，吾心即是宇宙。（《陆九渊集》卷二十二《杂著》）
宇宙之间，如此广阔，吾身立于其中，须大做一个人。（《陆九渊集》卷三十五）
宇宙之间，典常之昭然，伦类之灿然，果何适而无其理也。（《陆九渊集》卷三十二《拾遗》）

这包含一种特殊的存在体验。即个体在自己的纯主观感受中找到了与宇宙联结的渠道。这一渠道、这一感受严格说来是无法用客观方式复制的，根本没有一个明确的、可精确衡量的标准，也没有一套客观的、可保证实现的方式，只能诉诸每个人自己的实践和体验。后来牟宗三的"即存有即活动"，也是如此，是人通过修行实现了自我精神的转化之后，在心理上感受到的东西，不是客观存在的经验事实，是常人在日常生活中决不能感受到的。象山又云："宇宙内事乃己分内事，己分内事乃宇宙内事。"（《陆九渊集》卷三十三《象山先生行状》）这一说法孤立地看不是在描述心理境界，但如果从象山的修炼方式看，则可以说，象山有此观点乃是其重视心理体验的结果。象山独特的修行方式,把个人心理感受和体验看得特殊重要,甚至以其为衡量个人生命成功程度、成功与否的标志,这一特点导致他比其他儒家更多地体验到个人与宇宙的紧密关系,所以他才能说出这种话来。相比而言,张载的"为天地立心",可能建立在不同的修行方式之上。

孟子、象山、阳明至牟宗三所指示的人生境界,以及中国人过去在无数文学及其他作品中所阐发的人生境界,其意义不能用西方哲学的理性主义和基督教、印度教以及佛教中的来世国来衡量。即便在彼岸取向的文化中,人生境界当然也在事实上存在,只不过人们不赋予其可实现终极价值的崇高地位,所以长期得不到重视。随着当今世界日益走向世俗化,中国文化中的人生境界思维或会日益彰显其意义。

心学与国人的信仰哲学[*]

彭彦华

(中国孔子基金会学术部主任)

一 "为天地立心":心学的旨归

中国人一向讲究要活出一种境界来。何为精神境界?从哲学上讲,人作为有自我意识的理性存在,不仅要在人伦道德关系及实践活动中反思自我实现的方式,而且还要把自我本身当作一个精神性的存在而加以反思,以寻求精神出路或灵魂的安顿之所。这个问题即通常所说的精神超越或精神境界问题。精神超越或精神境界,说到底,不过是主体对宇宙人生真谛的体悟以及觉解后所获得的一种精神状态。但这一过程不是逻辑的知识的,而主要是情感上的体验和经验上的印证;这一过程的结果也不是侧重于获得关于对象的具体知识,而是觉解宇宙人生真谛后的一种心理性的精神感受。主体对天道的体验过程,同时也就是体验人道的过程;主体对宇宙本质的认识过程,同时也就是证悟人的自我本质的过程。这一过程,是主体不断地超越自我而接近、趋向及至与宇宙本体合一的过程。从结果上说,主体对宇宙人生真谛有了完全的觉解,在思想上就会发生飞跃,产生一种超越有限而达到无限的解放感,获得一种至高无上的幸福和快乐。这是一种精神境界。在此境界中,天道与人道、感性与理性、此岸与彼岸、思想与现实获得了统一,主体的自我价值得以实现。

中国传统哲学的根本精神是要确立人的价值和人生的意义。这就发生一个问题,其根据何在?任何一种主张,如果缺乏足够的形而上的理论作为根据,它就必然会失去令人信服的精神力量。中国先哲寻索的结果,把这一根据归为天道。

---

[*] 本文曾发表于《东岳论丛》2019年第2期。

这一以人观天、以天证人的思维模式，用中国传统哲学自己的术语表述，可以称为"为天地立心"和"人为天地之心"，"为天地立心"，就是以人心作为天地之心，以人道的意义规范作为天道的意义。"人为天地之心"，说明人为宇宙的心、天地的灵魂，也同时说明天道的意义就是人道的意义。

张岱年先生在谈到中国传统哲学的特点时，认为中国哲学是"重了悟而不重论证"[①]。这一"了悟"的对象当然是形而上的"道"，只有经验的"了悟"才能达到对道的把握。只有对形上之道的觉悟才可以说是形而上之学，也才可以达到形而上的境界，这正是中国传统形而上学的特点。《易传·系辞上》言："形而上者谓之道，形而下者谓之器。"这里的"形而上"，不仅仅是某种观念或原理，而且是一种本体存在；不仅仅是一种外在的对象世界的本体，而且是内在于人性的本体；不仅仅是一种理性存在，而且也是一种不离感性或现象的存在。中国古代哲学家习惯于从人的存在的角度或立场，理解和规范天的存在，或说以人道理解和规范天道，反过来又以天道来解释证明人道，以天的存在作为人的存在的根据。这里，天与人、天道与人道不是二元的。天道始终统一于人道，服务于人道，目的是确证人道。其思维倾向不是指向天道，而是指向人道本身。在中国传统哲学中，人或人道始终是逻辑和问题的出发点，又始终是逻辑和问题的终点和归宿。天道在严格的意义上并没有独立的地位与意义。这种理论思维的特点，不仅决定了中国传统哲学思维是一种内向性的自反思维，而且决定了它是一种以精神境界为目标的价值思维，必然是立足于现实追求精神超越，以及主张内在的自我超越，而不是脱离现实到彼岸天国去追求外在精神超越。

进一步讲，中国传统哲学不是从认识论的角度理解天道，而是从价值论、主体论的角度理解天道。中国古代哲学家往往采取以人观天的思维方式，把天道看作内在于人的存在。中国传统哲学并不否认天道的实在性，但强调天道与人道本质上是一个东西。它站在人道的立场上观察天道，又立足于人的自身需要和人的自身属性来规定天道，赋予天道以人道的意义。按照中国传统哲学这一观点，不是在人道之外另有一个天道，天道只不过是人道的体现，离开人道，即无天道；或者更为确切地说，离开了人道，天道也就失去了它应有的意义。在中国传统哲学中，天道完全被人化了，自然变成了人化的自然。可见，中国传统哲学虽然提出了天道问题，但其真正的、根本的目的不在于把握自然界的本质和规律性，而

---

① 张岱年：《中国哲学大纲》，中国社会科学出版社1982年版，第8页。

是以天道的必然性来证明人道的必然性，以天道的合理性来确定人道的合理性。

中国传统哲学视天道为人道，视形而上与形而下是一个东西，因此，就对"精神境界"的追求而言，中国传统哲学根本无须求助于上帝对灵魂的拯救，也无须到彼岸的茫茫天国去寻找幸福乐土。"上帝"就是主体自我，天国就在主体自我的心中。中国先哲所常说的"人皆可以为尧舜""满街都是圣人"和"佛在心中"，就涵盖了这层意思。

在中国传统哲学中，不论是儒家、道家，还是佛家，都属于这一思维类型。

先说儒家。早期儒家的天人合一论，以精神境界作为主体的价值目标，具有内在超越的思维特点。《论语·学而》中记载，曾子曾提出"吾日三省吾身"。这里的"省"可理解为省察，当然省察可以是理性的，也可以是悟性的，即要在"三省"中觉悟到自己的为人处世之道。曾子这一思考问题的方式在孟子那里得到了发展，即发展成为"尽心、知性、知天"，以及"思诚"。孟子所讲的不是认识论的问题，而是价值论的问题，在内容上是精神境界的问题。性如朗月，心若澄水。性是天赋予人心者，它与天是一个东西，本质上是纯善的。所谓"尽心"就是一种悟性的直觉思维，无须概念，不涉言路，觉悟本心。由"尽心"而"知性"，"知性"就是对自我的反省和认识，了解自我存在的价值和意义。"知天"乃是一种境界，是境界的形而上学。南宋陆九渊不仅"发明"出"本心"，更重要的是他对此体作了大致的描述："心之体甚大。若能尽我之心，便与天同"[①]，"此理塞宇宙"[②]，"此道之明，如太阳当空，群阴毕伏"[③]。进而言之，对天道的觉解也就是对人之本性的觉解，属于超越感性自我而达到理性自我或道德自我的精神升华过程。后期儒家基本上持同样的看法：人不仅是血肉之躯，更是形而上的理性存在和本体存在。

再说道家。老子提出"复归于无极"（《老子》第二十八章）的哲学命题。"无极"之道不仅是宇宙的本体，同时也是人的本性或人的形而上的存在。因此，万物"复归于无极"的过程，即主体向宇宙本体靠拢的过程，即主体复归于自我本性的过程。这一过程的结果，是主体与客体的合一，自我进入一种本体境界，获得了一种理想的精神状态。庄子把"道"解释为"无为无形"的存在。"无为无形"指事物未经开化的混沌未分的状态，它是事物的"真性"，即事物的本性、

[①] （宋）陆九渊：《象山语录》，上海古籍出版社1992年版，第33页。
[②] （宋）陆九渊：《象山语录》，上海古籍出版社1992年版，第16页。
[③] （宋）陆九渊：《象山语录》，上海古籍出版社1992年版，第4页。

本质。庄子与老子一样，以自然为尚，因此，他也主张把事物的自然之性同时视为人的"真性"。他说："古之真人，以天得人，不以人入于天。"（《庄子·徐无鬼》）这是说，应该从"天"，即自然方面看待人性，而不是相反。在这一观念支配下，庄子反对"以心捐道，以人助天"（《庄子·大宗师》），即反对把天与人对立起来，而主张超越物我、天人的对立。其间界限的消失，便是"真人""至人""神人"独有的精神境界。这种境界乃是心理上或主观精神上的混沌、无差别状态。这是自我与自我价值的真正实现，但不是向外追求，而必须复归到天人的"真性"轨道上来。

佛家也不例外。佛教哲学很重视"心"，认为宇宙万物都是"心"的外现，所谓"一切唯心所现"。佛教哲学又很重视"实相""真如"，把"实相""真如"看作宇宙形而上的本体。按照佛学的看法，"实相""真如"并不是外于"心"的存在，"心"即是"实相""真如"，心体就是形而上的宇宙之心。佛学主张解除"法缚""我缚"，使自我获得超越和解脱。但这种超越和解脱，仍然是内在的超越和解脱，而不是来生来世，也不是超越现实的彼岸世界，因为心体即是佛性，即是宇宙本体，它就在众生心里，不在众生之外。中国化的佛教哲学——禅宗的这一思维倾向就特别典型。禅宗很重视"本心"，认为本心既是自我之心、众生之心，同时也是宇宙本体。他们直接把佛性本体称为"自性""自心"。正因为如此，禅宗主张："菩提只向心觅，何劳向外求玄！"（《坛经·疑问品》）把自识本心和自识自性看成是证成佛境的根本方法。这种观念，内在超越的倾向特别鲜明。

可见，儒、道、释三家无不主张通过内在精神超越的方式克服主体自身的局限，在天人合一的理想境界中寻找人生的意义和归宿。这是中国传统哲学有异于西方哲学而特有的一种价值观念模式。

二 "圆而神"的人生智慧：心学的宗教精神

从根本上讲，中国文化是一种追求人生"内在超越"的生命文化。在中国文化看来，"心"蕴涵了所有的生命潜能和宇宙奥秘，"内求于心""反求诸己"式的修行，乃是实现人生价值的根本途径，即通过个体的内在修行，实现精神与人格的彻底转化，在古人那里称为变化气质、超凡入圣或明心见性。无论是从目的、内容还是方法上看，中国文化都可以说是一种心学或"心文化"。下面以儒家心性学为例加以说明。

心学的源头就是古代治国的十六字诀,"人心惟危,道心惟微,惟精惟一,允执厥中",相传由尧、舜、禹历代相授。正如王阳明在《象山文集序》中所写:"圣人之学,心学也。学以求尽其心而已。尧、舜、禹之相授受曰:'人心惟危,道心惟微,惟精惟一,允执厥中。'此心学之源也。"① 儒家心性论的最初建构者是思孟学派,传承谱系是:由孔子到曾参,由曾子到子思,由子思到孟子。其学术传承孔子有《论语》,曾参有《大学》,子思有《中庸》,孟子有《孟子》。

孔子率先发现了人的自我,创立了以"仁学""礼学"为核心的原始儒学,提出了"心安"与不安的心性问题。曾子每日坚持反省,毫无疑问,亦是在诚恳、积极地与他人的日常交往中考察、评价、检讨自己的观念、行为,希望在道德上求得完善。《论语·里仁》中有这样一段记载:子曰:"参乎!吾道一以贯之。"曾子曰:"唯。"子出。门人问:"何谓也?"曾子曰:"夫子之道,忠恕而已矣。"《论语·卫灵公》中亦有类似的子贡与孔子的对话:子贡问曰:"有一言而可以终身行之者乎?"子曰:"其恕乎!己所不欲,勿施于人。"那么,若是一个"恕"字可以贯穿整个儒学之教义,可见其意义之非凡。汉字"恕"的构成,乃包含了"如心"之寓意,即如同一心,如同本心,在此可从这个"恕"字领略孔子儒学之心的传统。正所谓"惟精惟一""天人合一"。孔子所表达的"恕",实乃十六字心传的精义。如此我们便能理解孔子为什么强调"吾道一以贯之","恕"之一言可以终身而行之。因为其中包含着文化的精髓,传递着文明的精神。

《大学》之精义,"格""致""诚""修",要在一心;《中庸》之关键在于戒慎恐惧,在于"率性""尽性",皆需用心。孟子继承发展了孔子学说,比孔子更为突出地把心性之体表露出来,最先注意到心的作用。认为孔子所谓"仁",归根结底是人之心:"仁,人心也。"(《孟子·告子上》)"性"根源于"心","君子所性,仁义礼智根于心"(《孟子·尽心上》)。根源于人心的性,只要尽心便能知性:"尽其心者,知其性也;知其性,则知天矣。"(《孟子·告子上》)由此确立了儒家心性之学的基本理念。

心性之学到了宋代,由北宋程颐开其端,南宋陆九渊大启其门径,不仅"发

---

① (明)王守仁:《王阳明全集》卷七《象山文集序》,上海古籍出版社1992年版,第245页。

明"出"本心",更重要的是他对此体作了大致的描述:"心之体甚大。若能尽我之心,便与天同。"① "此理塞宇宙。"② "此道之明,如太阳当空,群阴毕伏。"③ 于是,仍是一个"心",传递着儒家的精神,维系着儒学的根基。心学集大成者王阳明,精通儒家、道家、佛家,首度提出"心学"二字,"至先生始拈'致良知'三字,以泄千载不传之秘。一言之下,令人洞彻本面,愚夫愚妇,咸可循之以入道,此万世功也"④。阳明心学的经典表述,即是著名的四句教:"无善无恶心之体,有善有恶意之动,知善知恶是良知,为善去恶是格物。"⑤ 至此心学开始有了清晰而独立的学术脉络。

心学或心文化不是一种典型的宗教,却处处闪耀着神圣的光辉和终极关怀的宗教精神,流露出一种极高明而道中庸、即入世而出世的超越气质。这种寓神性于人性的内向品格和还彼岸于此岸的自觉意识,正是中国文化绵延千古而不绝的重要原因。

在中国文化的视野中,人就是一个具体而微的宇宙,人的内在心性是一个无尽的宝藏。通过反求诸己、内求于心的修养,人可以觉悟到这一点并臻于"天地与我为一,万物与我并生"的境界,这就是传统文化的一个基本理念:天人合一。所以孟子说:"万物皆备于我。反身而诚,乐莫大焉。"(《孟子·尽心上》)孟子将"心"作为人性之根源:"君子所性,仁义礼智根于心",因为仁义礼智都可以在"心"中找到其萌芽形式即"四端"。所以,在孟子看来,仁义礼智作为人性的主要内涵是"心"所固有的,人的使命就在于保持、扩充和竭尽本心,通达本性,进而上合天道:"尽其心者,知其性也。知其性,则知天矣。存其心,养其性,所以事天也。"(《孟子·尽心上》)这就实现了心、性、天的贯通合一。但在现实生活中,一般人却往往受外界引诱而迷失了本心,这就需要把它重新找回来,孟子称之为"求其放心":"学问之道无他,求其放心而已矣。"(《孟子·告子上》)这个"求其放心"的过程事实上也就是一个"内求于心"的修养过程。阳明心学的经典表述,即著名的四句教:"无善无恶心之体,有善有恶意之动,

---

① (宋)陆九渊:《象山语录》,上海古籍出版社1992年版,第33页。
② (宋)陆九渊:《象山语录》,上海古籍出版社1992年版,第16页。
③ (宋)陆九渊:《象山语录》,上海古籍出版社1992年版,第4页。
④ (明)李颙:《二曲集》,中华书局1996年版,第49页。
⑤ (明)王守仁:《王阳明全集》卷三《传习录下》,上海古籍出版社1992年版,第117页。

知善知恶是良知，为善去恶是格物。"① 良知是心之本体，无善无恶就是没有私心物欲的心，是天理，是无善无恶的，也是我们追求的。当人们产生意念活动的时候，把这种意念加在事物上，这种意念就有了好恶，符合天理者善，不符合天理者恶；良知虽然无善无恶，但却自在地知善知恶，这是知的本体；一切学问、修养归结到一点，就是要为善去恶，即以良知为标准，按照自己的良知去行动。发动良知是为了发现良心，确立本体；发现良心，是为了发挥良能；发挥良能，是为了重建世界。所以，中国文化讲"人最为贵"，但其真正看重的并不是人之"身"或"形"，也不是那些"生不带来，死不带去"的身外之物，而是作为人内在本性和生命真宰的"心"及其内在超越的潜能。事实上，这也是儒道佛和整个中国文化所共同具有的心学特质。中国文化主张修己安人、内圣外王、自觉化他，但不管是什么样的外在事功，其前提都是首先通过"内求于心"式的修心养性工夫来成就自己。

我们知道，宗教的意义在于终极关怀，给人提供精神家园与心灵慰藉，以满足人的归属与超越需要，进而解决人生当中的有限与无限、当下与永恒以及此岸与彼岸的矛盾问题。人是一种矛盾性的存在，在其有限的此生当中总会去追问和追求永生与不朽。与哲学、艺术、道德、科学相比，宗教在实现生命安顿方面可以说是别具一格。宗教一般是以信仰的方式，也就是通过对至高无上的神或救世主的崇拜皈依，祈求其护佑与恩典，以获得现世幸福或死后的拯救。人是无助或注定有罪的，只能向神顶礼膜拜，等待他的救赎。在人与神之间永远有着一道不可跨越的鸿沟，神处于彼岸，无所不知、无所不能、宰制一切，也主导着我们的命运。

然而在中国文化中，无论是儒家、道家还是佛教，都不存在一个全知全能的救世主，人与神、此岸与彼岸之间也没有一条不可逾越的界线。所以，中国文化之中并不存在一种典型或传统意义上宗教。但这并不意味着中国文化没有对于神圣与终极关怀的追求，恰恰相反，中国文化蕴含着深厚的宗教精神和圆融的超越智慧。因为在中国文化的视野中，神性就寓于人性之中，彼岸就存在于此岸世界。人若迷失了自己的真心本性，就是一个凡夫俗子，而一旦返归此真心本性，他就是神圣。在中国文化的语境中，无论是圣人、真人、神人，还是佛菩萨，就其本义而言，乃是人性所能达到的一种至高圆满境界，而不是什么神秘莫测、高

---

① （明）王守仁：《王阳明全集》卷三《传习录下》，上海古籍出版社1992年版，第117页。

不可攀的救世主。正如孟子所描述的："可欲之谓善，有诸己之谓信，充实之谓美，充实而有光辉之谓大，大而化之之谓圣，圣而不可知之之谓神。"(《孟子·尽心下》) 所谓的善、信（真）、美、大、圣、神，不过是修行的不同阶段或境界而已，而且每个人都可以经由自己的修行而达到。每一个凡人，都怀有圣胎道种，都怀揣无尽宝藏。这正是人之可贵的根源。人在本性上不必崇拜任何偶像，那些古圣先贤只是给我们树立了一个榜样，指明了一个方向，而最终的成就还是要靠自己的努力。

这样，中国文化就打破了凡圣之间、人神之间的绝对界限，也抹平了世俗与宗教、此岸与彼岸、出世与入世之间的裂隙。人可以也应该去追求神圣和不朽，却不一定要去出家或隐居，因为对于真正的修行人来讲，处处是道场，时时在修行，饮食起居、接人待物，都可以成为修道成道的契机。这就是《中庸》所说的"道不可须臾离"，老子讲的"和光同尘"（《老子》五十六章）、"被褐怀玉"（《老子》七十章），也是禅宗所谓的"不离世间觉""平常心是道"。这就赋予了日常生活以神圣的意义与诗意的光辉。每一个人，无论他多么卑微和贫贱，都可以过一种有尊严有意义的生活，都可以生活在庄严、安详与平和之中。处于什么样的位置做什么样的事并不重要，重要的是以什么样的"心"去做人做事。这就是中国哲学所讲的本体、工夫与境界的圆融或"惟精惟一"。王阳明回答其学生关于"惟精惟一"的提问时，曾说："博学、审问、慎思、明辨、笃行者，皆所以为惟精而求惟一也。"[①] 这就是阳明说的领悟道心要精益求精、专一其心。中国文化非常看重"一"的境界，"一"就是一体、完整性，就是《周易》所说的"一致而百虑，殊途而同归"。无论是天人合一、体用不二，还是此岸与彼岸的圆融，其实都折射出中国文化的一个基本理念：这个世界在其最深刻的根源处是完整一体的。这既是可以亲证的宇宙人生真相，也是所有价值、道德和人生幸福的源头，真善美圣在这里相遇。这是智慧的领域，是一条内在超越的道路，而且注定要自己走完，没有任何神明、权威可以依赖。这样，中国文化因其对偶像崇拜和"一神教"意识的淡化，就避免了封闭与僵化，也完全可以超越宗教与文化之间的对立。体现在现实中，就是要人过一种完整、自在、逍遥的生活，做到无入而不自得，而不应把修行与日常生活割裂看来。

所以，中国文化推崇神圣却不盲目崇拜鬼神，包含宗教精神却不执着于信仰

[①] （明）王守仁:《王阳明全集》，上海古籍出版社1992年版，第13页。

的形式。所谓的鬼神，即使有也是不究竟的，人可以通过修行而达到与其相通甚至超越其上的境界。《易》云："夫大人者，与天地合其德，与日月合其明，与四时合其序，与鬼神合其吉凶。先天而天弗违，后天而奉天时。天且弗违，而况于人乎？况于鬼神乎？"（《易·文言》）《中庸》也期许人可以达到"赞天地之化育，与天地参"的境界。这既超越了各种宗教与意识形态之间的冲突，也超越了人与神之间的隔膜，化解了宗教教条可能给信众带来的恐惧与压抑。

三 "人心"返"道心"：心学修行的本质

在中国文化中，"心"指的是人独有的灵明觉性和生命主体，具有哲学、心理学、伦理学、宗教学等多方面的含义，其内涵比现代心理学所讲的"心理"要深广得多。而且，"心"在中国文化中还有浅深、表里之分，所以就有深心、真心、道心、妄心、虚心、机心等非常多的表述。现代心理学的研究也证明，"心"包括了意识、潜意识、集体潜意识、心灵等不同的层面。《尚书·大禹谟》中有这样一段论述："人心惟危，道心惟微，惟精惟一，允执厥中。"这就是后来儒家所说的"十六字心传"，其中包含着儒学的真谛。《易经·复卦》，亦有惟精惟一之意象，李光地对此有案语："'天地之心'，在人则为道心也，道心甚微，故曰：'《复》，小而辩于物。'惟精以察之，惟一以守之，则道心流行，而微者著矣。"他断言："尧舜相传之心学，皆于《复》卦见之。"（《周易折中》卷九《象上传》）王阳明在《重修山阴县学记》中阐述道："夫圣人之学，心学也。学以求尽其心而已。尧、舜、禹之相授受曰：'人心惟危，道心惟微，惟精惟一，允执厥中。'道心者，率性之谓，而未杂于人。无声无臭，至微而显，诚之源也。人心，则杂于人而危矣，伪之端矣。见孺子之入井而恻隐，率性之道也；从而内交于其父母焉，要誉于乡党焉，则人心矣。饥而食，渴而饮，率性之道也；从而极滋味之美焉，恣口腹之饕焉，则人心矣。惟一者，一于道心也。惟精者，虑道心之不一，而或二之以人心也。道无不中，一于道心而不息，是谓'允执厥中'矣。"[①] 一般人看王阳明《心学》，只知道"人心"而忽略了"道心"。因此，光从"人心"去看待事物，肯定无法圆满。而王阳明真正关心的是"道心"。以"道心"反观"人心"，以教化"人心"入手，但始终以"道心"一以贯之。

简单地讲，"道心"是指得道、体道、合道之心，系与天地万物相通相合之

[①] （明）王守江：《王阳明全集》卷七《重修山阴县学记》，上海古籍出版社1992年版，第256页。

心，也就是"道"在人"心"中的落实与贯通。"人心"是指人受后天环境熏习而形成的浅层意识之心，它在现实中表现为人的感知、思虑、情欲、拣择等心理活动。儒家讲"性相近，习相远"，"性"相当于人与生俱来的本性或"道心"，人人相同且本善；而"习"却是后天形成的习性或"人心"，其善恶智愚交杂且人各有别。其实，关于"道心"与"人心"，传统文化还有许多类似的说法，比如道家、道教以及中医所讲的"元神"与"识神"，佛教所讲的"真心"与"妄心"、自性与禀性等。

道为万物之源，相应的，"道心"就意味着人所能达到的最高境界，证得"道心"，就意味着领悟宇宙人生的真相，获得人生的自由与解放。相对于内隐、完整和纯洁的"道心"而言，"人心"是肤浅、割裂和有染的，是要减损和超越的对象。一般人之所以是凡夫俗子，就是因为其"道心"被"人心"所覆，本性被习性所染，因此修行的主要目的就是要减损这种覆染，最终使得道心成为生命的真宰并回到生命的自由、自然和自发，这就是老子所谓的"为学日益，为道日损，损之又损，以至于无为。无为而无不为"（《老子》四十八章），也是孔子所谓的"从心所欲而不逾矩"，佛家的"理事无碍""解脱自在"。总之，人的所作所为皆从"道心"或真心本性中自然流露，没有丝毫的勉强与造作，无不体现出人道与天道的圆融。所以成圣成道绝不是外求的结果，而是"内在超越"，回归人性的本来面目。这就是儒家所讲的"复性""明明德"或"穷理尽性以至于命"；道家所讲的"归根复命""返璞归真"，佛教所谓的"明心见性""妄尽还源"，也是十六字心传所谓的"惟精惟一，允执厥中"，因为天与人、道与心、体与用本来就是一体的。

由此，中国文化则立足于"心"或"道心"，体现出内圣外王的心学特质。《易》云："易无思也，无为也，寂然不动，感而遂通天下之故"（《易·系辞上》），老子讲"心善渊"，庄子主张"心斋""坐忘"，孟子强调"尽心知性"，慧能在传统佛教"戒定慧"三学基础上进一步提出"但用此心，直了成佛"，中国的圣贤们正是借由某种心灵修炼方法，潜入精神世界的深处，突破心与道、人与天、此岸与彼岸的界限，实现个体生命与宇宙终极本源的融通冥合。从这个意义上讲，中国文化乃是一种注重"心"的功能与意义的心学或"心文化"，也是一种将"心"的本体论、工夫论和境界论融为一体的体验式形而上学思想体系。

人内在的生命价值必须通过个体的修行才能得以实现，这就是中国文化的一个重要特点，即强调实践，强调知行合一或本体、工夫与境界的融合。它是一种带有东方"神秘"色彩的修证实践，试图通过某种身心体验活动实现生命的转化和对宇宙真理的领悟。中国文化注重的不是逻辑推演或理论体系的建构，而是对天地大道的直觉与亲证。作为东方独特的实践方式，修行的本质是通过一系列内心证验的方式达到以心契道、天人合一和超凡入圣的境界。大道玄微，隐于形上，无相无迹、无声无臭，超越感官经验和言语名相，非"人心"所能及，唯有冥心内求、回光返照，才能对其进行直接心证。儒、道、佛等各家的修证方法尽管多样，但有一个共同的要领，那就是由"人心"返归"道心"，用古人的话讲就是"人心死，道心活"或"心死神活"。以下略举几例加以说明。

《大学》经文中提出的"三纲八目"，被看成是儒家思想体系和个人进德修业的指导纲领。其中的三纲"明明德""亲（新）民""止于至善"将本体、工夫和境界融为一体。"明德"是指人人本具的光明德性即"道心"，但其受到后天习气的蒙蔽，所以要经过修养工夫恢复其本有的光明，这就是"明"明德。在此基础上，还要推己及人，引导更多的人日新其德，革新其心，彰显其固有的明德，是为"新民"。这其实也就是儒家推崇的修己安人、内圣外王，"明明德"是由"修己"的工夫而达到"内圣"的境界，"新民"则是由"安人"的德行而达到"外王"的功业，如果这两者都做到了圆满并实现统一，就是最高的"止于至善"境界。在"三纲"之后，《大学》接着说："知止而后有定，定而后能静，静而后能安，安而后能虑，虑而后能得。物有本末，事有终始，知所先后，则近道矣。"这个知止、定、静、安、虑的修养过程，其实就是一个返观内照、由"人心"返"道心"的过程。然后《大学》又阐述了"格物、致知、诚意、正心、修身、齐家、治国、平天下"的"八条目"，明确提出了儒家的修行次第与目的。最后总结说："自天子以至于庶人，壹是皆以修身为本。"这里的"修身"，从上下文的阐述来看，其实质是"修心"，是一种精神涵泳与人格养成的过程。"修身为本"理念的提出，既强调了儒家修学的重点和基础，也显示出其对于实践精神的重视。所有的理论知识、学问，最后都必须落实在行动中加以运用和体验，都要沉淀为学者的人格。与此相应，《中庸》也将为学的阶段与层次概括为："博学之，审问之，慎思之，明辨之，笃行之"，同样把"笃行"作为修学的最后阶段，就是在学有所得之后还要努力践履之。其实，后来孟子的"养浩然正气"和王阳明的"知行合一"，都可以看作这一理念的继承与发展。阳明说："君子之学，惟求得其心。"① 王阳明深受道家、佛家的影响，但其终究不离儒学本质，他继承陆九渊强调"心即理"之思想，提倡"致良知"，主张从自己内心中去寻找"理"，"理"全在人"心"，"理"化生宇宙天地万物，人秉其秀气，故人心自秉其精要。在知与行的关系上，强调要知，更要行，知中有行，行中有知，"知行合一"，二者互为表里，不可分离。知必然要表现为行，不行则不能算真知。对四句教的解释也是一样。"无善无恶心之体"中的"心"指的是"道心"而非"人心"。而所谓"道心"就是天理，所以王阳明先生说"心即理"。"有善有恶意之动"指"人心"而非"道心"，是指人心对于天理的感知和判断，"心之所发便是意"；"知善知恶是良知"中的良知，实质是通过"人心"的修为而达到对于"道心"的感知，此即"致良知"的本义。"为善去恶是格物"讲的是"知行合一"，既有认知，必然有与认知相一致的行为。

道家把"道"看作天地万物的本源与归宿，人生的最终目的与意义就是证道返道。这就需要体认大道并勤而行之。为此，老子为我们指出了两种途径，一种是以致虚守静、营魄抱一、专气致柔、涤除玄鉴等为心要的修证工夫；另一种则是将修行融入日常生活之中，以无知无欲、释智忘言、柔弱不争、无私无执、俭啬含藏、为道日损等为主要内容。而这两种途径从根本上讲都是要效法道的自然无为精神，做到无私无为，"人心死，道心活"，最终达到无为而无不为的境界。在老子的基础上，庄子进一步丰富了"心"的内涵与修"心"的实践方法，其中"心斋""坐忘""吾丧我"等最为后人津津乐道。

佛教向来以善于言心、治心著称，作为"心宗"的禅宗继承了这一传统并体现出明显的中国特色。以六祖慧能为代表的禅宗所开创的"担水砍柴无非妙道"的生活化修行实践为佛法在中国的传播开辟了广阔空间。在慧能所著述的被称为禅宗之宗经的《坛经》中，"心"是使用最多的范畴，有本心、自性、直心、心悟、心迷、净心、染心等多种说法。在慧能看来，本心或自性是人固有的佛性，它"本自清净""本不生灭""本自具足""本不动摇""能生万法"。因此，禅宗提出"即心即佛"的理念。在其看来，学佛成佛的目的就在于开悟或见性明心："前念迷即凡夫，后念悟即佛。"这样，禅宗就为中国佛教徒开辟了一条"不离世间觉"的方便法门，慧能将其概括为"三无"修行工夫："无念为宗，无相为体，无住为本。"根据《坛经》的解释，此"三无"就是行住坐卧都可以安住的禅定，

---

① （明）王守仁：《王阳明全集》卷七《紫阳书院集序》，上海古籍出版社1992年版，第239页。

由此则可恢复本心固有的清净而不被任何外境所扰。由此方法，人人可以自修自证、自成佛道。这就将佛法实践融入日常生活之中，将原本深奥难懂的佛教转化成人间佛教、人生佛教，提出"人成即佛成"，其不但直接启发了宋明理学，对现代社会也产生了深远影响。

现代新儒家唐君毅、牟宗三、徐复观、张君劢四人于1958年联名发表《为中国文化敬告世界人士宣言》，《宣言》突出的内容，便是关于心性之学在中国文化中的价值，认为心性之学是中国学术思想之核心。指出心性之学是道德形上学，这种道德形上学，向内追究人的道德行为在心性上的根据，而不是向外追究客观宇宙的终极本体。在这种形上学看来，人的道德实践不仅仅是在行为上遵从应有的伦理规范，而且是人的内在本性的要求。"天人合一"思想的精义是"内在超越"；而心性之学是"天人合一""天人合德"思想的根据，是道德实践的基础。《宣言》以全人类文化发展进步为出发点，指出西方文化要解决在其发展过程中所面临的种种问题，需向东方文化学习，学习东方"当下即是，一切放下"的精神，学习东方圆而神的智慧，即不执于抽象，注重对特殊性的关注与理解；要学习在热情与爱之上融入东方的温润、悲悯之情，还要学习东方强调文化悠久的智慧，即注重积蓄从容，保存延续；此外，西方人还要学习东方人天下一家之情怀。现代新儒家肯定了中国文化尤其是心性之学的积极意义，体现出他们弘扬传统、关注现实的古道热肠和深远识见。

心学或心文化一向是中国传统文化的核心理念，内含着关于世道人心的深邃洞见，体现着崇高生命境界的实践智慧，是祖先留给我们的最重要的精神遗产之一。它促使中国人对客观世界和人类自身表现出全面的关注和旺盛的热情；使人们的视域从人类社会虑及天道自然，又从天道自然回顾人类社会，最后把思维的重心落实在人身上。它相信人和天道自然本来存在着一致性，主张人遵循天道自然努力发展自己，创造自己，自强不息；与时俱进，求变求新，革故鼎新。可以说，这种优良传统如黄河长江一直流淌在中华民族的血液里，成为中国人的基因，成为一种促进民族生存图强的内在力量。

心学的比较研究

论陆九渊心学的思想史地位*

谢遐龄

（复旦大学）

本文评价陆子心学的思想史地位，依据的是黑格尔的两个观点。一是陆子既然有着重要的历史地位，足见他的思想有代表性和影响力，因而对应着一个哲学概念，这个概念存在于思想史逻辑中。二是历史是概念演变之显现，因而中国历史有着与之对应的概念演绎。确定陆九渊思想的历史地位，就转换成了确定陆子心学对应的概念在中国历史之概念史中的位置。

一 程朱陆王是中华民族启蒙时代的标志

何谓启蒙？西方思想认为启蒙的意义乃是理性之觉醒[①]——明白要用理性看待一切事物。按笔者理解，或可解释为人意识到自身是自由的，即人是理性存在体。

把启蒙概念用于评价中国思想史出现的困惑是：人们不知不觉地把这个概念解释为西化，也就是说，启蒙意味着向西方人转化，或者说，觉醒为西方人。所以中国的启蒙起于何时，多半以"睁开眼睛看世界"为标志。改革开放以来有过一阵子"新启蒙"思潮，基本上沿袭这个思路，且把权利自由作为启蒙的基本判据。无疑这个目标是应有的。然而它一不完全，二须讲究途径。权利自由须以道

---

* 本文曾发表于《中州学刊》2020年第5期。
① 按照康德在《什么是启蒙？》一文中的说法，人们实现精神自由、敢于用自己的理性评判一切是非，就是启蒙了，那么，中国人早在，至少在，先秦时代就提出了启蒙的要求。孟子论仁义礼智，主张是非之心乃是人生而具有的潜能"是非之心智之端也"，就是在激励人们，至少是君子们，敢于自己判断是非。

德自由为前提和基础，否则不可能实现。由于忽视道德自由这个前提，途径自然而然就沦落为"争取"，即诉诸暴力运动。人们很奇怪何以理想总是不能实现，何以一批又一批的先行者斗争来斗争去结果总是回到原点——那些主张权利自由的人士一旦自己坐上领导岗位就忘记了初衷。其实从他们采取的途径就可以预知结局。以暴力争得的权利实质上不是权利，而是自己使用暴力的权力。

所以，笔者诠释启蒙特别凸显其道德觉醒意义。启蒙就是启迪人们意识到自己是人；人之基本条件是有道德。用德国哲学的术语讲，就是：纯粹实践理性，或曰意志自由。即使主张权利，也须以德性为前提。其鲜明的标记就是尊严，不仅自尊为人，且尊重他人为人。黑格尔的权利哲学（或译为法哲学），开始就讲抽象人格（以尊严为核心意义），而后才确立权利［他的论法是辩证地进展为所有权（另一译名是财产），再进展到其他权利］。

可见，论及道德，要抓住其核心意义人的尊严。

古人已有道德尊严概念。孟子曰："有天爵者，有人爵者。仁义忠信，乐善不倦，此天爵也；公卿大夫，此人爵也。古之人修其天爵，而人爵从之。今之人修其天爵，以要人爵；既得人爵，而弃其天爵，则惑之甚者也，终亦必亡而已矣。"又曰："欲贵者，人之同心也。人人有贵于己者，弗思耳矣。人之所贵者，非良贵也。"（《孟子·告子上》）孟子所谓天爵、良贵，即本己的道德尊严。而所谓启蒙，则在普及尊严意识，让更多的人觉醒。

尊严之觉醒，第一步在于知耻。儒家就是先驱之一。是时思想家多强调人不可无耻。《管子》称"礼义廉耻，国之四维；四维不张，国乃灭亡"，把知耻列为核心价值。孟子四端说含羞恶之心，把知耻看作人的天性；并提示其脆弱，稍不呵护即废，须存养扩充之。其说至宋获广泛传播，遂成为启蒙运动标志之一。

西方文献中有代表地位的《旧约·创世纪》记载了亚当、夏娃在伊甸园偷吃智慧果的故事，此为"原罪"。这被某些哲学家看作"性恶论"。其实，偷吃智慧果开启了亚当、夏娃的智慧，即道德意识——他们有了羞耻心。原罪之罪是什么？是道德开化，还是违抗神的命令（偷吃）？按《旧约》的记载，神是担心后果——人与神一样有智慧（知善恶）；把两名罪人赶出伊甸园的理由却是他们违背命令。连带的，他们是非善恶之判断，也被剥夺。被奉为智慧王的所罗门，传布智慧的《箴言》，首列"敬畏耶和华是知识的开端"，让人们把是非善恶的判断，交给神，也即交给神在人间的仆人。由此可知，西方思想史上启蒙之意义，乃是启迪民众不再听任神甫代替自己判断是非善恶，解放自身精神，由自己思想。

宋儒代表性言论当属张载宣言"为天地立心，为生民立命"，与西方基督教对比，精神迥异。天不言；天垂象。圣人代天立言。张子所说乃圣贤之事。而宋明大儒认定人之道德性乃天赋，其说为：解释《中庸》"天命之性"为仁义礼智；又称仁义礼智为天理。也就是说，把人之本性解释为天生的神性（为求通俗，这里使用了西方思想之词语"神性"）。即所谓"人之初，性本善"。人们自己思考是不言而喻的事实，无须鼓励敢于自由思考；要求人们做到的是按照上天赋予的本性思想和行动，即要求民众以"神性"标准思考。可见讲述中国思想史时，启蒙一词义涵有明显的中西差异。

提出天理概念在中国思想史上是一件大事。大程子的一句话很有代表性，他说天理是自己体贴出来的，也就是说，这个说法由他首次揭出。把理提到与天同等高的地位，是天命、天道观念的一次重大提升和发展。这种提法引发诸多理论问题。例如，天理被说成形上；天理又被等同于仁义礼智。也就是说，仁义礼智成了形上。然而，仁义礼智当在既有形质之后，也就是说，当属形下。又：阴阳被说成气，属于形下。

尽管天理说引起很多理论困难，其积极意义却十分明显。理字被提到如此高的位置从未有过。无疑，做事总要给出个理由，即使欺侮小国也要给出个借口。然而把理提到天理，与天齐，却是重大进展。试问天大还是理大？尽管朱子讲理在天地之前，意思是理比天地还大。在人们心目中仍然是天大于理，故而称作天理，意思只是理很大，大到与天齐——毕竟天之至高无上是不可动摇的。

同样重要的是把"讲理"提到至高无上位置。世间道理最大；凡事都要讲道理。这在中国社会恐怕早已普及。今日世界，各种文明、各个国家，也都认定必须讲道理。宋儒揭出理字同时就把讲理提高为基本原理。这在中国思想史上有划时代意义。至今仍然是全体中国人的共识、对话基础。

余下的问题就是：讲什么理？中国社会恐怕只能以本土传统的道理为基本判据。

在这样的思想背景中观察程朱陆王思想，即可确定他们主张的天理大体上能代表本土传统。宋儒之创新在天理。汉儒讲天道，天垂天、地、日、月、四时之象，且涵有德性，天道与王道一致。宋儒发展天道说，始讲天理，阐释为天命之性——仁义礼智，即天赋人性。无论心即理，抑或性即理，天理为人得之于天之本性则无疑。程朱陆王表现出来如此高度的自觉性，可以认定，他们的思想体现了中华文明的启蒙,他们标志的是启蒙时代。

二 天命之性:确认天理与人之文化存在之同一性

天命之性引自《中庸》,其说托之于孟子,是宋明理学的重大创说,意义十分重要。不过,以今日眼光看,理论疏漏也很明显。当代论儒学绕不开这些问题,弥补这些疏漏是必须做的事情。本文限于论题,只能讨论这个学说的部分内容。

程朱陆王虽有理学、心学之别,在确认人与生俱来地备有天理这一基本点上,没有分歧。以今日视角看,这是对人之存在的理论设定。换句话说,他们认定,仁义礼智是人的存在体之组成部分,是生而备有的。现在要做的是,对天理与人之存在之关联,确认其有效性,并做好其与当代思想相合的阐释。

启蒙一词源于西方思想。这个说法用于解说中国思想史,有必要辨明中西思想差异所在,以免忽视启蒙在两种文明中之不同。盖同称启蒙,途径、内涵各异也。

(一)天理之客观性

1.划清天理与真理之区别

与天理相当的西方概念,当属真理。二者之异当先予辨别。

真理是西方哲学概念,此处要指出的重要特性是:真理是个纯粹概念。起源是苏格拉底追问"真是什么?"柏拉图理念论确立真为理念,故称真理(真理,意思就是真之理念)。亚里士多德追问事物之第一原因是形式还是质料,理念遂纯粹化。经两千多年发展,由黑格尔逻辑学确认其为纯粹思维规定。

"纯粹"是西方哲学重要概念。自康德出版《纯粹理性批判》凸显纯粹一词,黑格尔称逻辑学是研究纯粹思维规定的纯粹学问,纯粹思辨就成了西方哲学的基本标志。不能说中国哲学中没有纯粹概念、纯粹思辨,然而说中国哲学中它们没有成为优势则无可质疑。直至今日哲学界仍然未把纯粹性确立为哲学基本判据,以致经验命题与经验思考充斥哲学文献。

中国哲学最高概念,道,并非纯粹概念。善,也非纯粹概念。《大学》"止于至善",中和义也,可称纯粹中正。然而此纯粹非彼纯粹——非西方思想之纯粹形式也。吾华之至善是众心之所同然,可随时代变迁。其恒定义为众心同然——

此时代之众心与彼时代之众心或不同，无碍；必不可移的是各时代都必须为当时的众心共同认可。亚里士多德之至善是超越时代的唯一者，是诸时代同趋的终点、万事万物之共同归宿。

天理，仁义礼智，都属恰到好处义，同至善。按孟子，仁义礼智乃恻隐之心、羞恶之心、辞让之心、是非之心存养扩充至恰好处。仁义礼智显见非纯粹概念。理义，众心之所同然。以今日话语表述，乃社会的普遍同意。天道与人心由天人合一思路紧密关联，所以社会的普遍同意也即天意。这里全然没有西方哲学那种超越人情、物质欲望的纯粹性义涵。也就是说，天理概念与真理概念各在两种不同思想系统中，不可互译。直白地讲就是：天理不是真理。更透彻地说，中国思想不认真理，只认天理。

另一要点：亚里士多德思路的特征是抽象。形式、质料本是分析某物时使用的概念；不能脱离对方单独取得意义。顺便说，质料也是概念，是个与形式同等的概念。亚里士多德的抽象思路推理到极致，使形式与质料分裂开来、对立起来，并且成为可以独立存在的、实质化了的事物。这个思想在西方思想史上影响深远、后果繁多，例如，形式为第一原理抑或质料为第一原理，在西方思想史上争论不休两千余年，至今仍有一定影响。形式质料这一对概念在中国思想史上却未曾发挥如此巨大影响。语曰：形而上者谓之道、形而下者谓之器。形在此为一分界概念；形兼形质而言，实则"形质而上者谓之道、形质而下者谓之器"，可见并不凸显形质之分——意即形质未分谓之道，形质既分谓之器。形、质则归入形而下者。一阴一阳之谓道，阴阳非形质义。此中西思想之分叉处。中国思想未走上抽象化道路。真理概念为抽象化产物，属于纯粹形式。天理当为形质未分之天道义。

2. 天理之存在性

真理是客观存在。以当代汉语叙述，天理也是客观存在。

存在是西方哲学术语；天理是中国思想。讲"天理存在"，有语病。这就是说，哲学面临着困难。用西方哲学术语讲说中国思想不可避免地会遭遇这种困境。用存在概念去讲述天理，实在是风马牛不相及。然而，这是无可奈何的事情。哲学怎能不讲述？讲述一事必不可免。无疑，人们认为，有天理，且流行不息。我们使用半西方哲学半中国哲学的句子"天理存在"，表达的就是这层意思。何况"存在"这类词语已经融入当代汉语，已是活着的当代中国概念；只要使用时不堕入西方思想即可。天理有确定意义，只是不可说明白——叫作"无方体"

（此语源于"神无方易无体"），就是说，天理之意义不可知解，只可悟解。悟解的意思是：使用的心智能力非理论理性，而是判断力。

讲到存在，连带出的问题就是：天理存在于哪里？显然不可能存在于（作为纯粹感性直观的）空间。天理不可感知；不可能以感性直观描述。这里须引进一个新概念：第三世界。天理存在于第三世界——客观知识、客观精神的世界。

3. 第三世界

一向通行的主观世界（精神世界）、客观世界（物质世界）的"两个世界"模型，对知识之客观性无法解释。知识被归入精神世界，即主观世界。客观性仅仅被归于物质世界，因而知识之客观性似乎成了悖论。

第三世界概念突破"两个世界"模型的局限性。第三世界指客观知识、客观精神的世界。把客观世界与物质世界等同是浅薄的望文生义。要辨明其谬误，须考索客观、物质两个概念之本义。在此简略叙述"客观"之本义。这是一个西方哲学概念。究其词源 object，拆分前缀与词干，得 ob-，意为"对面"等，与 ject，意为投射、抛出等。合之，object 意为"抛到对面为一个体"。抛到什么的对面？抛到认识主体对面。这就是说，object 是我的思维活动抛出、投射出的东西（某个"体"）。中译"客体"甚好。客，意思是"主"之对面；体，意思是某个东西、某个事物。中译"对象"也不坏。对，意思在对面，在我这个认识主体对面；象，意思是由我的思维活动创造的象。"客观的"意思就是"观作客体的"。由此看来，客观一词有两个基本意义：一是由思维活动建构的；二是关联到一个东西（体）上的。

目前流行语中"客观的"一词其意义多半指"独立于意识、思维、语言的"，远离其本义。"客观的"本义是脱离主体，看作独立于主体亦可；产生于思维活动、"存放"在语言中，因而并非独立于意识、语言。误解或许起源于把"独立于主体"（从而脱离产生它的主体之意识）等同于"独立于意识"（一般性地切断与意识的关联，连带把产生于意识活动也否定了）。殊不知会有由意识生产并抛出、脱离认识主体这回事。

举两个客观知识的例子。一是直线。现实世界中没有直线。直线是思维创建的。有一种学说认为：直线由归纳得出。归纳以存在经验的直线为前提。然而，所有"经验的直线"走近看都不直，甚至不是线。经验时观察到的直线其实已经是想象的产物——一个思想物。想象活动使用的心智能力为判断力。直线其实是判断力之产物，是个概念。可见直线是一个知识。"直线客观存在"这句话意思是："直线作为知识存在于第三世界中"。

二是物理学。物理学之由思维创建、脱离创建者（某个认识主体）而独立、是个存在物，比直线容易理解。物理学是知识，且是成系统的知识。它存在于哪里？或曰：存在于物理课本中、物理学论著中。然而那些印刷品或电子产品只能说是某种物质载体。不会解读的人，只看到纸张及其上以油墨涂抹的线条；看不出物理学。任何人要从这些书中读出物理学，还须经过长时间的学习。退一步可以说，物理学存在于语言中。那么，语言存在于哪里？存在于语言、语法课本中？还是文学作品中？物理学作品、经济学作品、哲学作品等，其中也有语言，不也是语言之载体？我们又迷茫了，找不到语言存在的处所。我们知道这些精神产品存在着，只是说不出它们存在的处所。

既然存在着，就必定有其存在的处所。既不在主体中，而是客观的，却又不属于物质，那么就另外划个世界作为其存在处所——第三世界。第三世界是客观地存在着的知识、思想、精神构成的世界。知识等产生于个人的认知活动；在这一步，或可说成"主观的"。说出给他人听，经由传达，达成共同的理解，遂成为"客观的"。第三世界产生于交往，遂又成为交往前提；同时又是交往途径、交往场所。第三世界还是构成社会的前提和基础。【道理很简单：人们不交往，何来社会？】

4. 天理客观地存在于第三世界中

作为价值体系的仁义礼智（或仁义礼智信），以及其总称天理，被看作知识体系及其内涵的精神。前贤开口即称其流行于"天下古今"，如朱子《中庸章句》："达道者，循性之谓，天下古今之所共由，道之用也。""达道者，天下古今所共由之路，即书所谓五典，孟子所谓'父子有亲、君臣有义、夫妇有别、长幼有序、朋友有信'是也。""谓之达德者，天下古今所同得之理也。"又，阳明曰："天下古今之人，其情一而已矣。先王制礼，皆因人情而为之节文，是以行之万世而皆准。"[①]其言天下古今共由之路、同得之理，至"行之万世而皆准"，论其客观存在也，也即归属于"客观精神"。因而我们说，天理客观地存在于第三世界中。

就原典论，《周易》亦内含此义。"乾，元亨利贞。"《文言》释曰："元者善之长也，亨者嘉之会也，利者义之和也，贞者事之干也。"元亨利贞四字，论天

---

① （明）王守仁：《王阳明全集》，上海古籍出版社1992年版，第202页。

之德。天有四时，春夏秋冬。万物春生，"善之长"，故以元配春，仁也；夏时万物通畅繁茂，"嘉之会"，故以亨配夏，礼也；秋时物成，物各和其宜，"义之和"，故以利配秋，义也；冬时收藏，事皆干了，贞为"事之干"，配冬，信也。又四季对五行：春，木；夏，火；秋，金；冬，水。"土则分王四季，四气之行，非土不载，故不言也"，土以对智，盖"行此四事，并须资于知"。① 以上所论，以仁义礼智信皆天道。所谓天道，皆"物质""自然"；而仁义礼智信皆"物质自然"本有之性。天恒存，故而仁义礼智信亦永恒存在、客观存在。可见，自远古起仁义礼智信就已被看作"客观精神"了。

（二）人的文化存在

1. 人的存在之多重性：引进文化存在概念

人是个复杂概念。一些论者主张人是哲学的出发点，把人当作了至简概念。此说简陋肤浅。哲学建立体系一般要求起始概念是最简单的概念。所以当说出"人是起点"时，就悄悄地把"简单性"赋予了人概念。实际上，人是复杂概念。按马克思政治经济学的分析，作为商品的物有二重性，既是自然存在体，又是社会存在体。同样，人也有二重性。马克思说人的本质是一切社会关系之总和，换个说法，把本质改译为本体，就是：人之本体即其社会存在体。细细体会马克思这一论断，就可以知道，不了解人的存在二重性，只看到人的自然存在，属于未完全理解马克思。

为了说明中国人不同于英国人，也不同于德国人、意大利人等，须引进人的存在中的文化存在体之维。也就是说，认定人的存在有三重：自然存在、社会存在、文化存在。**与各国人之文化区别类似，一国各地人之间的差异也可归结为文化存在之区别。** 文明之间的差异，须从价值体系看；价值体系又分为道德价值与审美价值两个方面。价值差异规定了人的文化存在差异。

2. 程朱陆王心性论确认了人的文化存在

《中庸》"天命之谓性"，朱子注曰："命，犹令也。性，即理也。天以阴阳五行化生万物，气以成形，而理亦赋焉，犹命令也。于是人物之生，因各得其所赋之理，以为健顺五常之德，所谓性也。"（《中庸章句》）朱子又曰："心者，人之神明，所以具众理而应万事者也。性则心之所具之理，而天又理之所从出者也。"（《孟子集注·尽心上》）此为心性论之基本设定——主张人生而备有天理（仁义

---

① 《周易正义》，卢光明、李申整理，北京大学出版社2000年版，第14—15页。

礼智），称作天命之性。朱子此说为程朱理学、陆王心学之共同基点。笔者本人不认为这种说法能成立。但其思想史意义无疑极为重要。无论人心抑或人性是仁义礼智，都确认人的存在中内含着它们。这就是说，仁义礼智是人的存在中的一部分。它既不是自然存在，也不是社会存在，因而是第三种存在。其命名不妨与存在理论相联，称作文化存在，应当能成立。这就是说，人之存在中有作为文化存在的仁义礼智是宋明理学的发现。这是思想史上的伟大发现！虽然关于其来源的论证有理论缺陷，但不掩其在思想史上的辉煌。

宋明理学在发现和确认人的文化存在上比西方思想先进很多。

我们接受宋明儒学关于人的存在中有文化存在体之说，不接受其只是主张其为人与生俱来的、生而备有的；我们接受孟子的主张，须在四端基础上存养扩充。孟子四端说表明，孟子认为仁义礼智不是与生俱来的，而是需要经过存养、扩充才能养成。因而程朱陆王心性乃天命之性并不合于孟子思想。这样理解，较容易与当代知识融会。

（三）人的文化存在与天理一致性之当代证明

按传统思想，人之本性源于天。人之本性依阴阳五行确定。阴阳五行各有其道德性质：甲乙木【甲，阳木；乙，阴木。余仿此】，仁；丙丁火，礼；戊己土，智；庚辛金，义；壬癸水，信。每个人由于出生时配比的阴阳五行不同而有善恶智愚之别。阴阳五行配比即气禀；配比不同即人性不齐。此即先儒人之本性乃气禀之学说。人性源于天，故称天性——天命之性。依上述，天命之性即气禀。此古说也，宋儒不能弃之不顾。宋儒为主张天命之性乃天理，仁义礼智信，每个人同等禀有，人性齐一，就必须把气禀说成天命的另外一种性质，故曲说为气质之性，取消其天命之性称号。于是，天命之性之称号给了仁义礼智信，又名之曰天理。这样一来，天命之性成二本矣。

宋明理学确实有伟大发现——人之存在中有仁义礼智信，即天理。而在说明其来源时遇到困难。天理流行天下，客观地存在着；人之本性齐一地是仁义礼智信。说成仁义礼智信由天禀赋最为简捷明快。解决方案也便捷——直接把《中庸》"天命之谓性"中的性字说成天理。人之文化存在与天理之一致性在整个理论体系中是作为设定呈现的。其一致性由"天命之性"一语表述。当代思想不承认此乃与生俱来、生而备有，因而其一致性是个必须证明的课题。

天理既然是第三世界中的存在体，是精神的、文化的存在体；而人的存在有文化存在之维。那么，就需要建立客观存在着的天理怎样成为人这种主体其存在的组成部分的理论。这个证明完成即随之确立了人的存在与天理之一致性。

需要证明的是主体这个部分（文化存在体部分）来源自客观存在着的天理。

这个证明有待做出，笔者只能提出思路：一，确认天理之客观存在（这是个实证研究题目，须做大范围调查、统计分析）；二，确认人的存在中有仁义礼智（也须做实证研究）；三，证明人的社会化过程中经由直感接受客观存在的天理并积淀为自身的文化存在体（这项研究难度最大。须道德哲学、社会学、社会心理学、伦理学等学科综合研究）。例如人的教养其实就是第三世界中的价值体系化为人之文化存在体。圣贤的活动又启动、丰富、发展天理。圣贤或许可以"完整地"内含天理；常人必不能完整地备有天理。——这些论断皆须经由实证研究证明。

（四）陆子相关学说

陆子曰：

> 人非木石，安得无心？心于五官最尊大。《洪范》曰："思曰睿，睿作圣。"《孟子》曰："心之官则思。思则得之，不思则不得也。"又曰："存乎人者，岂无仁义之心哉？"又曰："至于心，独无所同然乎？"又曰："君子之所以异于人者，以其存心也。"又曰："非独贤者有是心也，人皆有之，贤者能勿丧耳。"又曰："人之所以异于禽兽者几希，庶民去之，君子存之。"去之者，去此心也，故曰"此之谓失其本心"。存之者，存此心也，故曰"大人者，不失其赤子之心"。四端者，即此心也；天之所以与我者，即此心也。人皆有是心，心皆具是理，心即理也。故曰："理义之悦我心，犹刍豢之悦我口。"（《陆九渊集·与李宰》之二）

这段话极具代表性。先说心为官能（亦有器官义），是五官中最重要的官能。接着一转，增加一存在体义，似有一物可存放、保存者，且实指为"仁义之心"，随即名之曰"本心"、释之曰"赤子之心"（亦本心义，亦纯粹义，又：确认其与生俱来）。又曰其为四端，乃"天之所以与我者"。接着是极有名的论断：

> 人皆有是心，心皆具是理，心即理也。

这一论断读之会令人感到困惑：心具是理，联合前引孟子"心之官则思"，似乎心是个存放及运思理的容器；一下子跳到"心即理"，甚感突兀。

凡感到古人难解，先须检讨是否得法。今日学术之大病，多在以当下西化了的语言及思维框架割裂古人。庄子讲了个很有趣的故事，曰："南海之帝为儵，北海之帝为忽，中央之帝为浑沌。儵与忽时相与遇于浑沌之地，浑沌待之甚善。儵与忽谋报浑沌之德，曰：'人皆有七窍，以视听食息，此独无有，尝试凿之。'日凿一窍，七日而浑沌死。"（《庄子·应帝王》）古义"天"既有今日大自然义，又有统领百神之大君义。盖西方思想分裂为神与自然，吾华未分也。今论古人所说的"心"一词多义，盖亦儵、忽给浑沌凿窍之举也。今日我辈解读古书，不得不用西化中的汉语，故而必须注意把割裂古义处提示给读者。

更重要的是，要从今人或许会感觉到古人思维混乱、强词夺理处，反省自己的读法是否得当，同时，仔细体味他们发言时的感悟。要问：陆子悟到的是什么？答曰：他直观到了自身的文化存在体。这是一个伟大的发现——文化存在之发现。而且，他发现，每个人的文化存在都与天理一致。

陆子又曰："心只是一个心，某之心，吾友之心，上而千百载圣贤之心，下而千百载复有一圣贤，其心亦只如此。心之体甚大，能尽我之心，便与天同。为学只是理会此。""在天者为性，在人者为心。"（《陆九渊集·语录下》）这是把心客观化。"心只是一个心"，可有两种解读。一是只有一个心映射到各人。这样读不甚通。再一则是诸心皆一样，乃至有时用孟子语"同然"代换，意即上文"人皆有是心，心皆具是理，心即理也"。而心客观化趋向甚为明显。再者更进一步，把孟子"尽其心者知其性也，知其性则知天矣"解说为"能尽我之心，便与天同"。

曰："道塞宇宙，非有所隐遁，在天曰阴阳，在地曰刚柔，在人曰仁义。故仁义者，人之本心也。"（《陆九渊集·与赵监书》）仁义，对应在天之道阴阳也。天人合一至此通透矣。

这一论断的缺点在于，陆子以为这是普遍人性，不明白此说仅仅适于中华民族。彼时没有中西比较，虽有佛学可用作参照系，尚未醒悟其中有文明差异。

三 陆子开启了自身意识觉醒之路

行文至此，所述乃程朱陆王的共同贡献。下述陆子独有贡献。

收拾精神，自作主宰

黑格尔《精神哲学》有段话甚为精妙：

> 在亚细亚种族中精神当然已经开始觉醒，开始使自己与自然东西分离开。可是这种分离还不是分明的，还不是绝对的分离。精神还没有理解它自己的绝对自由，还不知道自己是自为存在着的具体普遍东西，还没有使自己的概念在思想的形式中成为自己的对象。因此精神就还实存在与它相矛盾的直接个别性的形式中。神虽然成了对象性的，但还不是以绝对自由的思想的形式，而是以某种直接实存着的有限精神的形式。
>
> 精神在这里一方面与自然界分离，另一方面却又重新陷入自然性，因为精神还不是在自己本身里，而只是在自然东西里达到现实性。在精神和自然的这种同一性中真实的自由是不可能的。人在这里还不能达到对自己人格的意识，在自己的个体性里还没有任何价值和任何权利。①
>
> 黑格尔认为印度人、中国人同样如此，特别举中国人毫不犹豫杀婴为证。

不得不佩服黑格尔评论的精准和深刻。他这段话的要点是神与自然关系。黑格尔讲"精神已经开始觉醒，开始使自己与自然东西分离开"，讲的是中国和印度的思想完全能够区别精神、自然为两个概念。黑格尔讲"这种分离还不是分明的，还不是绝对的分离"，说明他看到中国、印度思想中强大的去执势用。先哲们时时提醒"神无方易无体""良知无方体"，即此义也。黑格尔讲的"精神在这里一方面与自然界分离，另一方面却又重新陷入自然性，因为精神还不是在自己本身里，而只是在自然东西里达到现实性"，正是精准地点出中国宗教神祇与基督教上帝之区别。《旧约》宣称不得为神造像，《新约·约翰福音》宣称上帝是逻各斯，堪称纯粹精神；中国宗教神祇体系中诸神皆有"物质的"形象，而统领诸神的至高无上的、唯一的（太一，即唯一义）上天，也不是"超越的"、纯粹的精神，而是自然与精神未分化的浑然一体——黑格尔清楚地了解到这种"精神和自然的同一性"。

佩服的同时也须指出其局限性。黑格尔分析中国宗教状况，甚为透彻，但有失误——他对中国宗教崇敬的上天似乎了解不够。上帝有像，如东岳大帝、南岳

---

① ［德］黑格尔：《精神哲学》，杨祖陶译，人民出版社2015年版，第52页。

大帝等都可塑像。上天则无像。若有设像，则属概念不清。天与上帝之区分为中国宗教一大要点。至于精神与自然不分离，本来就不应看作中国宗教的毛病。上天本来就是精神、自然未分的，即所谓形而上者。形而上，意思就是形质未分。形质不分，哪会有割裂而来的精神与自然界？

黑格尔全然不知有陆九渊心学！如果说，黑格尔认为在中国宗教和神学（经学，对应基督教神学的中国学问）中"精神不在自己本身里"是精准的；那么，他的论断对宋明理学却不适用。陆子堪称首开精神理解自身自由者——他论心的诸说，在显示天理意识到自身。在这个意义上，不妨用德国哲学的话语称他开启了精神自由。

这是理学与经学的区分之一。

黑格尔说中国人"不能达到对自己人格的意识"也不适用评论陆九渊思想。

不妨把对自身人格的意识划分为两个阶段——道德觉醒与权利觉醒。那么，陆子在道德上已经意识到自身的自由，也即有了人格意识。当大程子称自己体贴出天理二字时，宋儒已经领会到自己个体性之价值。也就是说，当宋儒称天命之性为天理，或曰仁义礼智时，他们已经看到人的高贵性。人的价值是内在的、与生俱来的，因为人天赋有仁义礼智。人有这样的文化存在，就有天生的高贵。

陆子高过程朱的，在于他从这种高贵意识升华为人格意识。这在中国思想史上有着划时代意义——笔者称之为开启了自身意识觉醒之路。这一觉醒后来由王阳明完成。阳明学有助于理解陆学价值——由完成形态反溯，能更清楚地了解开端之意义。

本文从阳明学核心概念心、良知入手。

阳明称心有本体，意即心概念含"体"义，如曰"至善者，心之本体也"（《传习录》）。虽然阳明一再称心无方体，然而"神无方易无体"之义，阳明之解并非指没有"体"，只是说不要执着、拘滞于文义[①]，用今日语言叙述，就是不可定义。

心之本体即天理（《传习录》）。心在通常意义上被看作身之主宰，以今日语

[①] 阳明原话："道无方体。不可执着。却拘滞于文义上求道远矣。如今人只说天。其实何尝见天？谓日月风雷即天，不可。谓人物草木不是天，亦不可。道即是天。若识得时，何莫而非道？人但各以其一隅之见认定，以为道止如此，所以不同。若解向里寻求，见得自己心体，即无时无处不是此道。亘古亘今。无终无始。更有其同异？心即道。道即天。知心则知道知天"。（《传习录》第66条）

言述说即行为之主体。而依"吾心之良知"句法，良知似是心之功能或部分存在体；却又说良知为天理（《传习录》）。良知即心之本体乎？抑或心之主要部分？于此当坦言：勿拘滞于字义，体味其意旨可也。

总之，心为主宰，其本体，或其良知，为天理，是至善。

然而四句教之首句明确宣称：无善无恶是心之体。或曰：心之本体是至善，心之体则是无善无恶。意即，心之体并非心之本体。我曰：如此解说颇为牵强。且观当时对话语境，体即本体，无差别。因而，心体既是至善，又无善无恶，怎样解释是个大关节。

阳明语浑沌圆淳，我辈不妨用当代语句分为两端述说。曰"心之本体是至善，是天理"，指称人的文化存在体；无善无恶是心之体，主宰义也。套一句前贤的话：一面是存有；一面是活动，或活动能力。主宰，活动之维也。活动能力，自是无善无恶。活动，亦无善恶可言。

何以主宰关联到活动能力？

作为活动能力看的心体，用康德术语说，纯粹实践理性也。纯粹实践理性实则即自由意志，或简称自由。意志自由归根到底为心智能力，未可称体。然则此活动能力既可决定身体之行动，亦可反观自身。反观则成体。康德称之为智思体（Intelligenz，牟宗三译），即成人格（Person）。此体吾名之曰道德主体，即先儒所说主宰。故而活动能力反观（使活动能力自身）成主宰。可见其无善恶可言。主宰无善恶可言；决定行动则依天理（良知）知善知恶。

"无善无恶是心之体，有善有恶是意之动"，似源于《通书》"诚无为，几善恶"。诚，心体；无为，既不为善，也不为恶。善恶在动机。几，意念初萌动，微哉。成善成恶，视此机之动。阳明四句教出自周子《通书》，吾此说能否成立，要点在诚可否看作心体。

按《大学》，诚意，诚字为动词。诚意，用功于意念初萌动，存善念、去恶念也。按《中庸》，"诚者，天之道也"。朱子注谓："诚者，真实无妄之谓，天理之本然也。"所释的诚字，作名词用，直接等同于本然之天理。此处诚字纯然天道（亦即纯然天理）之义，也即至善。讲的是人的修养。"诚身有道；不明乎善，不诚乎身矣"句，当指"诚之者，人之道也"。这就区分了圣人与一般君子——圣人本身即是至善；一般的君子须先明乎善，而后才能诚乎身。综合上述意思，诚应当理解为本然天理或至善，总之，有存在体之义。又："诚者自成也，而道自道也。"朱子注："诚以心言，本也；道以理言，用也。"直指诚之义为心。"诚者非自成己而已也，所以成物也。成己，仁也；成物，知也。"诚者须成己、成物——外、内须全面顾及。不过本文关心的是"成己"之义。可以理解为修仁德。然而细细参之，成字含活动义，即心之活动。自成，反观义现矣！孟子"反身而诚"解释作"诚者自成"即"成己"。诚，心体乎？

孟子、《中庸》，诚之义或难明。楚简出土，令我们惊异当时哲人思考之精细，也令我们感叹资料遗失太多，难以尽知当时丰富的研究成果。再多些资料，孟子相关思想当有更清晰的理解。而这些关于诚的论述，结合《通书》所论，无善无恶之心体，主宰，纯然指心之活动能力反观所成焉。吾臆，《中庸》未发之中即此无善无恶之心体。既曰"未发之中"，则涵此"中"能发，即有"发"之能力。既曰"发而皆中节"，则涵其能节制，亦即有决定力（按：判断力），故而隐涵其为主宰。未发之中，主宰也。细思之，这一发现何等伟大！若有简帛进一步出土，新资料可证明当时论者已有充分自觉性，则其意义更加显明。

道家有内视说，佛家重观想，当为人们熟知。类皆属心智能力反身自照。照，观照，心智能力也。理学有传承。阳明《答陆原静书》曾借用照心说，称"良知者，心之本体，即前所谓恒照者也"（《传习录》）。观照，能力也；照心，或说为有这种能力的心体。心之本体即所谓恒照者，是也。能照，则能进至返照——反身自照。"无善无恶是心之体"标明阳明思想中已成人格概念。朱、陆是否进至此境，则须辨明。

笔者的臆断是：朱子尚未明，陆子则已明了。陆胜于朱，在此处。

对这一论点，不认同者想必不少。有人会认为，朱子心性理论辨析极为精细，必定已经达到这一境界。论及观照，朱子对天理的阐明，已经相当透彻；而且明确揭示人的本性就是天理。朱子对人的文化存在看得这样深切，观照得很好，难道算不上"自照"吗？

对这样一种认识，要辨明，用宋明理学的话头说，就是：朱子主张的是性即理，并不认可心即理。

人们或许认为："性即理"观照性，是观照人的文化存在（天理）；"心即理"观照心，也是观照人的文化存在（天理）。说法不同，实质一样。陆子说何以胜过朱子说？

上述二说区别明显：朱子说以心观性；陆子说以心观心。以心观性不能说是心观照自身，也即并非"自照"。

人们或许进一步诘问：心，天理；性，也是天理。以心观性，类乎以天理观天理。称作"自照",怎会不可?

其实,朱子恰恰未以心为天理。心之"自照",意指心智能力反观自身。观照是心之活动;观照能力是心智能力。天命之性,解释为天理之为人的文化存在体。以天理观照天理,即以体观照体,说不通。以心观性,是活动能力观照存在体;以心观心,含活动能力观照活动能力自身义(当然也可解释为活动能力观照天理)。唯有观照自身才叫作反观——即返照。反观方能成完成自己。当然,心学说法有其固有的含糊处:心有二义,既是活动能力,又是天理(天命之性)。如那个"即活动即存有"的诠释。二义兼备,容易引出多种歧义。然而陆子之说以心观心,触及心智能力之自照,较朱子说义长。这是其重要性所在。

再与西方思想史对比。西方近代哲学由笛卡儿启其端,标志性说法之一为"我思故我在"。此语康德以自身意识释之。所谓自身意识,意识反观自身义也。自身,selbst,返回义,也即活动义。意识从事反观自身的活动,成一体,主体现矣。前已述自由意志反观自身成道德主体(主宰),即此自身意识之一义。由此观之,陆子论心,显现的是自身意识觉醒。当然,自身意识充分觉醒要等到王阳明揭出四句教。故而,陆子所成为开启之功——开启了自身意识觉醒之路。

自身意识觉醒之第二阶段,权利意识觉醒,陆子未达到。黑格尔论断的一半对陆子能成立。中华民族的权利意识要到现代才充分觉醒。即使当代学者也未必个个都清晰,就不必去苛责古人吧。

象山学在日本*

邓　红

（北九州市立大学文学部）

一　序言

南宋开禧元年（1205年），陆象山去世后第十三年，其子陆持之编成《陆象山文集》，号称"《文集》二十八卷，《外集》六卷"，门人杨简为之作序。（《四库全书总目提要》推测"《文集》六卷"是误将"四"错抄成了"六"）。两年后的开禧三年（1207年），陆象山门人高商老刊行于抚州的郡庠，通称"高氏刊本"。这个高氏刊本欠缺很多，陆持之又收集遗文并加以增益，编成了三十二卷，加上外集四卷，共三十六卷，嘉定五年（1212年）由象山门人袁燮作序，刊行于江西的常平司，通称"袁氏刊本"或"袁燮本"。绍定四年（1231年），袁燮之子杨简弟子袁甫重刊了袁燮本。至此，宋代的《象山文集》编辑基本完成。

与此相近的1211年，即南宋嘉定四年日本建历元年，日本和尚僧俊芿（月轮大师，1166—1227年）归国，携带了2000余卷书籍。其中佛教经典1200余卷（律宗经书327卷、天台章疏717卷、华严章疏175卷），汉籍719卷。汉籍中杂书有463卷，儒书有256卷。①儒书中包括新版的朱子《四书集注》乃至和程朱学相关的书籍。至于新出版的高氏刊本《陆象山文集》是否在内，便不得而知了。

俊芿携带当时最新出版的儒家经典回日本，意味着宋学正式传到了日本。

---

* 本文曾发表于《汉籍与汉学》2021年第2期。
① [日]西村天囚：《日本宋学史》，明治四十二年（1909年）初版，东京：朝日新闻社昭和26年（1951年）翻刻，第12页。

到 1600 年德川幕府建立，日本处于镰仓幕府时代。根据日本的史书记载，这是一个佛教占强势地位的时代。神道也开始兴起发展，以"本地垂迹"和佛教结合在一起。儒教作为文章道，仅以教养的形式在文化界得以延续。新传进来的宋学，也只是在佛教界得以流传和研究。譬如玄慧（1269—1350 年）曾读过司马光的《资治通鉴》，并作为侍读给后醍醐天皇进讲过《通鉴》。当时的公卿北畠亲房也受玄慧的影响，熟读《通鉴》，思考大义名分，著述了《神皇正统记》。特别是五山的僧侣对宋学进行了新的研究，他们吸收程朱性理学并进而试图对中国古典进行新的解释，也出版了许多被称为"五山版"的汉籍图书。因而这一时代被称为到达江户儒学时期的"转移期"。

有迹象表明，这一时期陆象山的著作被传入了日本，并被人诵读过，人们也知晓朱陆之辨，譬如在江户时代初期，被称为近世儒学之祖的藤原惺窝早就阅读过《象山文集》。但陆学在当时的学问界基本上没有什么影响。

二 藤原惺窝和林罗山的朱陆之辨——"惺窝问答"

从宏观思想史的发展来看，陆象山和朱熹在生前虽然有争辩，但只是同一思想（宋代理学）内部在一些枝节问题（求学方法、太极无极等）上的分歧而已，"心即理"和"性即理"的思想对立未能完全展开并呈现出积极的意义。陆象山在世时，只是提出了"心即理"和"求本心"的心学原旨，还没有形成一套独立的思想体系，这使得他的学生们无所适从，不知继承什么才好。自从程朱理学在思想界占据主流地位以后，特别是杨慈湖去世以后，陆学没有得到多大发展，"心即理"的思想本质在王阳明出现之前未能得到继承，只是在朱陆调停、朱陆同异等方面有一些进步。

到了明代，王阳明以"心即理"为核心，发展出"致良知"和"知行合一"的道德意识的自觉性和践履实践性，形成了一套独立的心学思想体系。当人们信奉这一套体系以后，才感知到心学始祖陆象山创始之功的伟大；知晓了朱陆之辨，才能理解王阳明开陈的"朱子晚年定论"，才能体会到当年陆象山和朱熹辩论的深远意义。所以人们开始陆王并举，时而将陆象山和王阳明的学问统称为"陆王心学"。至此陆象山的学问才得以彰显。

王阳明去世后，后学张狂，心学泛滥，引起正统程朱理学一派的攻击。梁启超说：

> 王阳明是主张陆学的人，但他千不该万不该做了一部书，叫做《朱子晚年定论》。这部书大意说，朱子到了晚年，也觉得自己学问支离，渐渐悔悟，走到陆象山同一条路上去了。朱子学问是否免得了支离两个字，朱陆两家学问谁比谁好，是另一个问题。但是他们俩的出发点根本不同，这是人人共见的。……晚明时候，有一位广东人陈清澜（建）著一部《学蔀通辨》专驳他，朱王两派交换炮火自此始。后来顾亭林的《日知录》也有一条驳《晚年定论》，驳得很中要害。而黄梨洲一派大左袒阳明。[①]

也就是说，虽然朱陆之争在宋代就已存在，但是还不激烈。陆象山的学问在王阳明那里得到发展，朱陆之争也从此被卷入了朱王之争。到了王阳明之后，这种争论日益尖锐起来。随着明末清初大量的汉籍输入日本，这种争论也就传到了日本。

刚才在序言里我们已经提到，宋学虽然在镰仓时代传到了日本，但是镰仓时代的意识形态是佛教，宋学只是在佛教界得以流传和研究，注重的问题也集中在历史理论，以及宋学和佛教的关系方面。进入江户时代以后，德川幕府吸收了镰仓时代乃至战国时代宗教势力泛滥威胁到政权存在的教训，颁布了一系列的法律条文来对各个阶层实行约束统治，这些法律条文大多数属于中华法系，渗透着宋学主要是程朱理学（也即后来的"朱子学"）的精神。后来宋学逐渐成为德川幕府的官方意识形态。在这一过程中，两个从和尚还俗的学者起了关键作用，这就是被人们称为日本朱子学派始祖的藤原惺窝和他的弟子林罗山。

关于藤原惺窝和林罗山的事迹以及江户时期朱子学兴起的原因，学术界论述甚多，这里不再赘述，只想论述藤原惺窝和林罗山之间的一段受到明末清初影响的"朱陆之辨"。

藤原惺窝（1561—1615年，元和元年至永禄四年），名肃，字敛夫，号惺窝，又号紫立子，播磨国（今兵库县）三木郡细川村人。惺窝早年削发为僧，名宗蕣，号妙春院，曾与五山僧徒相往来。后因读到宋儒有关性理学的书籍，又与儒者相交，约在三十岁时，放弃佛教信仰，皈依儒学。受南浦文（1555—1620年）《四书朱注和训》的启发，闭门研究《四书朱注》，终于彻底放弃佛教，成为

[①] 梁启超：《中国近三百年学术史》，东方出版社1996年版，第125页。

日本朱子学的开创者。著述有《惺窝文集》（十二卷）、《惺窝文集续集》（三卷）。

林罗山（1583—1657年，天正十年至明历三年），名忠，又名信胜，字子信，又号三郎，出家时名道春，号罗山。加贺国（今石川县）人，后移居纪伊（今和歌山县）。根据《年谱》记载，林罗山于文禄四年十三岁到庆长二年（1595—1597年）入京都五山之一的东山建仁寺学书。15岁时因不想成为禅僧而逃出寺庙回家。志向经学，开眼宋儒，精读六经四书，到18岁还学习了朱子《章句》《集注》。

庆长八年，即1607年，林罗山21岁时，藤原惺窝当时已是一代儒学宗师。林罗山通过手下一个叫吉田玄之（号素庵，角仓了以之子）的人给惺窝写了一封信，希望拜倒惺窝门下。在信中，林罗山赞扬惺窝退出寺庙还俗后的排佛态度，但是对惺窝说陆之学不以为然，认为陆象山和朱子水火不相容，说：

> 向者先生专言陆氏之学。陆氏之于朱子，如薰莸冰炭之相反，岂同器乎？同炉乎？

他还提及了朱陆之间关于"无极而太极"的论争，说：

> 其无极太极之论，问答甚多。陆氏遂塞。陆氏之问莛也，朱子之答钟也。朱子不回头，有如寸莛撞巨钟。其事详见《朱子集》及《经济文衡》。若夫论太极，则有周子之志可也，有陆氏之志不可也。古者夫子没而千有余岁，逢掖之者几多。独濂溪擅兴继之美，于是乎依《易·大传》以作《太极图》，以授之程子。朱子之于程子，犹如孟子之于子思。陆氏却以老庄之见测之，岂可也乎？夫陆氏之知围棋之出于《河图》，而不知其之太极；知"无极"二字出于老子书，而不知其身之入于老也。若又论顿悟，则陆氏却当得禅录。

认为陆子引用老子的"无名天地之始，有名万物之母"的话来加以解释，说太极之前还有无极，而朱子轻视"而"字，说无极是形容太极之无形无方的语言而已。陆象山根据老庄之见解释"太极图"，讲"心即理"，陷入了说"顿悟"之禅。

对此，藤原回答道：

> 足下所辨者，诸彦排陆之绪余也，我亦阅焉。……在皇明者，儒门一代巨擘，皆有冤陆之疑，故余亦疑其所疑而已，非信而学。唯见罗整庵、霍渭厓、陈清澜等，党同伐异，排陆之绪编，未见金溪家乘文集、语录、年谱，及门人故旧之手录。故曰：未敢信者，疑而未决者……紫阳质笃实而好邃密，后学不免有支离之弊。金溪质高明而好简易，后学不免有怪诞之弊，是为异者也。人见其异，不见其同。同者何哉？同是尧舜，同非桀纣，同尊孔孟，同排释老，同天理为公，同人欲为私。然则如何？学者各以心正之，以身体之，优柔餍饫，圆机流转，一旦豁然贯通，则同欤异欤？非见闻之智，而必自知然后已矣。①

认为朱子有自己的优点，那就是"质笃实而好邃密"；陆子也有自己的长处，那就是"质高明而好简易"。只是后学们只见异而不见同。自己对朱陆并不偏执。你们只是看见朱陆后学之异，没有看见朱陆本身之同。所谓同者，以尧舜为是桀纣为非，尊孔孟而排释老，公天理而私人欲。如果你一旦"豁然贯通"的话，便会懂得朱陆之同。

是年八月，林罗山在吉田玄之的介绍下，终于见到了藤原惺窝。在初次见面的座席上，林罗山便开始向惺窝提出了许多关于学术上的疑问，惺窝作了一一解答，这就是著名的"惺窝答问"。在这个问答中，二人对朱陆的态度也显然不相同。譬如：

> 又问：《说卦》曰"穷理"，《大学》曰"格物"，其立言不同何？
> 曰：圣贤千言万语，只要人理会得，故所示不同，所入即一也。且古人各自有入实处，如周子之"主静"，程子之"持敬"，朱子之"穷理"，象山之"易简"，白砂（沙）之"静圆"，阳明之"良知"，其言似异而入处不别。②

认为圣贤们学术上的分歧只是"入实处"不同，也就是切入点不同、着重点

---

① ［日］藤原惺窝：《答林秀才，代田玄之》，收入《日本伦理汇编》卷之七，《日本朱子学派之部》（上），东京：育成会1901—1903年版，第25—26页。
② ［日］林罗山：《惺窝答问》，《罗山林先生文集》，载《日本思想大系》28，《藤原惺窝·林罗山》，东京：岩波书店1975年，第228页。

各异而已，在本质上没有什么区别。这里惺窝对宋明儒的评价，和对朱陆异同的看法是一致的。这里的"理会得"，和前面所说的"豁然贯通"都是同一个意思。就是在这一点上，显示了他和林罗山的不同之处。

这种不同，和藤原惺窝与林罗山的出仕态度不同有关。惺窝还俗后，闭门讲学，授徒著述，潜心于学术，因而有包容之心。他是受到了明代末期传到日本来的学术争论风气的影响。与之相反，罗山进入惺窝之门后，学问大进。后在惺窝的介绍下出仕幕府，担任过将军的侍读，一生服务于家康、秀忠、家光、家纲四代将军，参与幕府制定律令、起草文书的工作。后来又建立了幕府的藩校"昌平簧"。处于官方立场，林罗山则以朱学为正统，自然对陆、王之学加以排斥。

这种不同也和时代以及个人教养有关。相对后起的林罗山，惺窝由于生活在明末的阴影下久一些，广读诸家之学，不仅学习过朱陆，还涉及明学。姜沆记载：

> 其为学也，不由师道，不局小道……因千载之遗经，绎千载之绝绪，深造独诣，旁搜远绍。自结绳所替，龙马所载，神鬼所负，孔堂所藏，濂洛关闽，紫阳金溪，北许南吴，敬轩敬斋，白沙阳明等性理诸书，摩不贯穿驰骋，洞会晓析，一切以扩天理收放心为学问根本。①

正因为有"不由师道，不局小道"，才能出入佛老，涉猎陆王，取得学术上的自主自由境界。而林罗山基本上是独学。且《罗山先生集附录》卷1"既见书目"中，列记着罗山22岁时，即庆长九年（1604年）以前亲眼所见之书目，共440余部，大多是程朱理学的书籍。可见在见到惺窝之前，林罗山已经倾倒于程朱学了。

三　朱舜水与朱陆之辨

明代中期心学的崛起，只意味着宋明理学内部的分化和发展，所以明末清初传到日本去的有关中国儒学的信息，并非后来"日本阳明学"强调的简单、尖锐的程朱·陆王对立。前述的惺窝罗山的"朱陆之辨"，也只是一些关于儒者习性、有没有包容心之类的毛皮之争，也就是集中于尊德性和道问学层面的东西，没有涉及无极太极问题，更何况"心即理"和"性即理"这样的核心问题。

---

① ［韩］姜沆：《惺斋集》，载《藤原惺窝集》，东京：国民精神文化研究所1938—1939年版，第16页。

同样，在明末清初亡命日本的朱舜水和日本学者的学术交往中，也基本上看不到所谓朱陆、朱王势不两立的对立。他在和日本学者的谈话中，在日本的讲学教育中，力辨二者之间没有什么根本矛盾，只不过是方法论或习气方面的分歧。

朱舜水（1600—1682年），名之瑜，字鲁屿，号舜水，出生于余姚城内。自幼好学，为江苏松江府学的秀才，因明朝末年政治腐败，慨然断绝做官之念。1644年清兵入关，占领北京。明朝崇祯帝自杀，福王在南京即位后，曾屡次征诏朱舜水，但他见奸臣马士英当道，力辞不就，不料因此受到迫害，只得避走海外，1645年首次东渡日本。以后多次东渡日本，最后终因抗清复明无望，又不愿做清朝的顺民，流寓日本二十余年，讲学以终。朱舜水的德行、学问，受到日本学者的礼遇和敬重，被尊为"胜国宾师"。下面笔者介绍朱舜水在日本讲授儒学时，是怎样处理朱陆之辨的。

1. 朱陆之别只是宋儒之口角

朱舜水和近江水口藩主加藤明友（1615—1683年）曾有如下对话：

> 问：赤子之心何形象？
>
> 答：又是宋儒口角。赤子之心，"不识不知，顺帝之则"，浑然天真，绝无一毫私伪。唯知父母为当爱，兄长为当敬而已。若问其形象，昔人有问王阳明先生曰："良知形色何如？"阳明答曰："是赤的。"良知岂是赤的来？
>
> 问：仆素宗宋儒，故平生之说话，往往效之，请莫讶。至若阳明之学，陆氏之裔，我党之所不雅言。
>
> 答：宋儒之学可为也，宋儒之习气不可师也。至若阳明之事，偶举其说"良知是赤的"，以为笑谈耳。故曰"良知岂是赤的来"，仆宗阳明也，幸勿深疑。①

当朱舜水向加藤解释"大人者，不失赤子之心者也"这段话时，引出了加藤的朱陆观。加藤认为他只遵从程朱一派的宋儒，对陆王之学深恶痛绝。对此朱舜水对他解说道，朱陆宋儒的学问都可以学习，连明儒王阳明的"良知"之说也有可取之处。学习宋儒的学问时，不要受他们那种互相攻击的"习气"所影响，那只是"口角"，也就是文人吵架而已。

---

① （明）朱舜水：《答加藤明友问》，朱谦之校注：《朱舜水集》上册，中华书局1981年版，第382页。

朱舜水还告诫过一名日本学者说：

> 岂有君臣、父子、夫妇、昆弟、朋友之道，而与濂、洛、关、闽之学有异焉者？濂、洛、关、闽五先生研精穷理，宁有疑贰？晦庵先生得力于"道问学"，尚与"尊德性"者分别顿渐。朱陆之徒遂尔互相抵牾。凡此皆实理实学，与浮夸虚伪岂不风马马牛不相及乎？浮夸虚伪以文其奸，以售其术，此小人无行之尤者，而谓君子为之乎？足下何一误至此？浮虚夸三者，故不辨自明矣。①

认为朱子的"道问学"，与陆子的"尊德性"的区别只在顿（悟）渐（悟）之间，都不是浮虚夸的东西。连朱陆之徒互相抵牾，和浮夸虚伪也是不相干的，只是门户之见，观点不同而已。双方在儒学的根本原理，也即"君臣、父子、夫妇、昆弟、朋友之道"方面，是没有什么分歧的，且双方的学问都是"研精穷理"的结果。

2.教授安东省庵以朱子学

可以说，作为朱子的族裔，又是传统的儒生，朱舜水的学术立场偏向于程朱理学。② 他首先的朱子学教授弟子安东省庵。

安东省庵（1622—1702年）初名守正，后改为守约、字鲁默、子牧，号省庵、耻斋。筑后国柳川人（今福冈县柳川市）。柳川藩士，曾在江户（今东京）师从藤原惺窝的弟子松永尺五学习儒学。朱舜水1658年第六次去日本，来到长崎，当时一般日本人还不知道他的学问，唯独省庵前往求教，执弟子礼。舜水去日本时非常贫穷，省庵慨然把自己俸禄的一半赠给他，一时传为美谈。著作有《省庵文集》《耻斋漫录》等。

安东省庵和朱舜水还未见面之前，朱舜水便在书函中教他读经书，点拨他要多写文章：

---

① （明）朱舜水：《答安东守约问三十四条》，朱谦之校注：《朱舜水集》附录三，中华书局1981年版，第394页。
② "日本阳明学"的创始人井上哲次郎认为朱舜水不是阳明学者。他说："还有人以朱舜水为阳明学者，这也甚为可疑。朱舜水曾对安东省庵说：'我无他长，只一诚而已'，虽然近似于良知说，并不其然，因为致诚出于《中庸》。且他曾明确地指出过阳明的弊病，不可能是阳明学者。"见［日］井上哲次郎：《日本阳明学派之哲学》，邓红、张一星译，山东人民出版社2021年版，第325页。

> 所贵乎儒者，修身之谓也。身既修矣，必博学以实之；学既博矣，必作文以明之。不读书，则必不能作文，不能作文，虽学富五车，忠如比干，孝如伯奇、曾参，亦冥冥没而已。①（《朱舜水集·答安东守约问三十四条》）

文中说明了修身、博学、作文三者之间的关系。认为修身是成为儒者的大前提，博学则是成为儒者的本钱，作文则是表现自己的学问、阐明大道理的方式。如果修身是"立德"的话，作文便是"立言"，文不作则名不显。而这些都是朱子学式的东西。

安东在给朱舜水的信中写道：

> 守约虽昏愚，而非无志者，不幸未闻君子之大道，汲汲乎求先生长者之教，犹饥寒于衣食。先生之来，岂非平生之愿乎！设有程、朱来日本，不师事之，宁谓之有识见者哉？今先生之来，即程、朱之来也。守约幸儒其业，而不往见，不如彼曲艺小技之人，寻师不远千里，将谓之志于道乎？②（《朱舜水集·上朱先生二十二首》）

感激之情洋溢信间。安东省庵不但从朱舜水那里学到了正统的程朱理学知识，还学到了如何分辨朱陆之别。安东曾向朱舜水请教过他对陆王学说的态度。朱舜水在此全面地展开了他对陆王学的看法。

> 孔子生知之圣，其一生并不言生知，所言者学知而已。如曰："好古敏求"，"我学不厌"，"不如丘之好学也"等语，可见圣人教人之法矣。陆象山、王阳明之非，自然可见矣。不论中国与外国，皆不当以之为法也。③（《朱舜水集·与安东守约书二十五首第十九首》）

这一段话，从根本上否定了陆王心即良知之说，认为孔子虽然是"生而知之"的圣人，但一生并不言生而知之，所言者学而知之。且在教育中提倡好好学

---

① 朱谦之整理：《朱舜水集》上册，中华书局1981年版，第394页。
② 朱谦之整理：《朱舜水集》附录三，中华书局1981年版，第747页。
③ 朱谦之整理：《朱舜水集》上册，中华书局1981年版，第166页。

习，从而也否定了陆象山和王阳明的人皆生而有良知之说。

但是朱舜水也不希望他的日本学生染上学习程朱理学可能会出现的迂腐空谈性理的毛病。所以他说："宋儒辨析毫厘，终不曾做得一事，况又于其屋下架屋哉？"①(《朱舜水集·与安东守约书二十五首第十首》)指出了宋儒不讲实用，注重细枝末节的弊病。所以朱舜水在日本教授的儒学，主要是古学和实学方面的东西。

3. 教安东辨明朱陆之异

当安东省庵提出"朱陆同异，不待辨说明矣。……然尊德性、道问学，陆氏之说亦似亲切，奈何"的问题时，朱舜水答道：

> "尊德性"，"道问学"，不足为病，便不必论其同异。生知，学知，安行，利行，到究竟总是一般。是朱者非陆，是陆者非朱，所以玄黄水火，其战不息。譬如人在长崎往京，或从陆，或从水。从陆者须一步一步走去，由水程者一得顺风，迅速可到。从陆者计程可达，从舟非得风，累日坐守。只以到京为期，岂得曰从水非、从陆非乎？然陆自不能及朱，非在德性问学上异也。②(《朱舜水集》卷二十二)

这段话，说明朱学和陆学的区别，就在于朱子重"道问学"，陆子重"尊德性"。这只是为学的方法问题而不涉及儒学的根本。涉及"究竟"也即根本之处则都是一样的。犹如不管是"生而知之"，还是"学而知之"，抑或是"困而学之"，不管是"生知安行""学知利行""困知勉行"，涉及儒家伦理道德处也即"达道达德"，"总是一般"。所以《中庸》才说：

> 天下之达道五，所以行之者三。曰君臣也，父子也，夫妇也，昆弟也，朋友之交也：五者天下之达道也。知、仁、勇三者，天下之达德也，所以行之者一也。或生而知之，或学而知之，或困而知之，及其知之一也；或安而行之，或利而行之，或勉强而行之，及其成功一也。子曰："好学近乎知，力行近乎仁，知耻近乎勇。知斯三者，则知所以修身；知所以

---

① 朱谦之整理:《朱舜水集》上册，中华书局1981年版，第160页。
② 朱谦之整理:《朱舜水集》上册，中华书局1981年版，第396页。

修身,则知所以治人;知所以治人,则知所以治天下国家矣。"

朱舜水认为,在涉及儒家道德伦理的根本方面,"然陆自不能及朱",朱子比陆子强得多。

在朱舜水的熏陶下,安东省庵的朱陆论发生了很大的变化。

安东省庵在见到朱舜水之前,曾学习过明代朱子学者陈建(号清澜,1497—1567年)的《学蔀通辨》,这是一部具有强烈的批判陆王学术倾向的著作。陈建的批评矛头主要指向陆王的学说类似禅学,"援儒言以掩佛学之实"。安东受其影响,曾写过一篇《学蔀通辨》序文,如下攻击陆王:

> 如陆氏顿悟,王氏简易直截,乃释氏不立文字机轴,似以六经为附赘悬疣,且其言曰六经注我,六经亦史,是作后世废学俑也。彼乃阴剿佛说阳附吾儒,人不觉其自入禅尔。①

但在和朱舜水见面、听朱舜水讲朱陆之别之后,安东省庵的立场已经有所改变。他在《朱陆辨》中写道:

> 然本末元非二,况其师尧舜,尚仁义,去人欲,存天理,则其心同,其道同。是知其支离禅寂也,特末流之弊尔。……是心迹同异,不害于道也。……是学术同异,不害于道也。苟析圣征心,则同异之嫌无容于喙矣,学者其平心察之。
>
> 朱陆之同异,其说纷纷,终为千古未了之谈。余尝不自揣,作其辨曰:天下之水一,其支分派不同者,流之然也,其源未尝不一也。其分支派别不同,流使之然。然其源未尝不一,圣贤之道亦然。其立教或由本达末,或溯末探本,其所入不同,而其所至一也。②

安东省庵认为朱子和陆子在根源部分,也即"师尧舜,尚仁义,去人欲,存天理"方面,则"心同""道同",只是在"支离禅寂"方面有所区别,不碍大

---

① [日]安东省庵:《学蔀通辨跋》,《安东省庵集》卷二,柳川:安东省庵显彰会1971年版,第332页。
② [日]安东省庵:《朱陆辨》,《省庵先生遗集》卷一,安东省庵显彰会影印本1971年版,第401—402页。

事，不害于道。这些不同，也可以说是方法问题。有的从本到末，有的溯末探本，"其所入不同"而已。可见安东省庵的学术立场，已经从极端的厌陆好朱，转移到了朱陆同本。

1668年，即安东省庵第一次见到朱舜水的十年后，他编了一本《初学心法》，里面汇集了宋、元、明三代十八名儒者的名言，分立志、存养、省察等十个项目，三十九篇文章。其中朱子八篇、薛敬轩六篇、王阳明五篇，罗整庵、陆象山、杨龟山、真西山、李延平各二篇，其他的儒者各一篇。可见十年后的安东省庵已经超然于儒教内部的门户之见以上，达到了求同存异、达本归源的境界。取名"初学心法"，则意味着初步接触到了"心学"。

四　陆象山文集在日本的传播、翻译与研究

1. 陆象山文集的出版翻译情况

从明代开始，大量明版的汉籍输出日本，成为中日对外贸易的大宗出口商品。里面包括《象山文集》。

日本最先翻刻《象山文集》是在宽永年间（1624—1628年）。根据《内阁文库汉籍分类目录》，其中有"《象山先生全集》三六卷附《学问则辨》一卷、宋陆九渊（附）明徐阶［宽永］刊［古活］"。同样在江户时代，出现了"室町鲤山町田中清左卫门刊版"的八卷和刻集要本，具体出版年代不详，但庆应大学斯文堂的目录里记载有元禄九年（1696年）、宝永六年（1709年）、正德五年（1715年）、享保十四年（1729年）版本。这些版本都还没有施加训点。[①]

文久三年（1863年），佐藤一斋门人桑原忱（鹫峰）从明代李绂的评点本选出一百一十二篇，刊行了《陆象山文钞》十二卷全三册（浪花书林群玉堂制作），施以了日语训点、句点和旁点，时而有头注。半页十行二十字，四周单边，白口，单鱼尾。书口上刻"陆象山文抄"，题"美浓桑原忱抄录"。前有文久三年桑原忱序。（笔者所藏）

昭和四十六年（1971年），为了纪念王阳明诞辰500周年，以九州大学的学者为中心，荒木见悟（1917—2017年）、宇野哲人（1875—1974年）、安冈正笃（1898—1983年）为主编，编辑成了《阳明学大系》十二卷（明德出版社，1971—1974年）。其中第四卷为《陆象山》。该书在讲解了陆象山的生平事迹及思想之

---

① 以上根据福田殖译注《陆象山文集》"解说"，明德出版社昭和四十七年（1972年）版。

后，将《陆象山文集》翻译成了日语。翻译者为名古屋大学教授山下龙二和九州大学教授福田殖。

2. 福田殖编译的《陆象山文集》

1972年，福田殖译注的《陆象山文集》，由明德出版社（昭和四十七年，1972年）单独出版。该书分为《文集》和《语录》两个部分。

《文集》由十九个部分组成，目录如下：

1. 此心此理一——心即理
2. 儒释之辨
3. 无极太极论争（一）
4. 无极太极论争（二）
5. 读书法——排除苦劳
6. 求道于心
7. 本心的存养——学简易
8. 工夫与本体的相即
9. 工夫的切至与实地之要
10. 读书法——平心而读
11. 吾学之大端大旨同
12. 理为人心固有之物——心即理
13. 宇宙充塞一理
14. 本心的丧失——心之病
15. 王安石论
16. 学校教育的方法——人应固守之不变之道
17. 宇宙之事乃分内事
18. 义利之辨——白鹿洞书院《论语讲义》
19. 诗四首

《语录》由十个部分组成，目录如下：

1. 心即理
2. 学问的本领

3. 实学

4. 易简之道

5. 读书之法

6. 义利公私之辨

7. 天理人欲论

8. 朱子论

9. 鹅湖之会——朱陆论争

10. 异端论

每一部分选陆象山的一篇文章或者一封书函，讲解这一部分主要阐述什么思想。譬如"《文集》1，此心此理——心即理"，选择的是《与曾宅之》。首先对这封书函的汉文施以训点，然后对照原文加以训读，再对难解的字词和熟语加以注释，最后对通篇文章的历史背景、义理思想进行了详细的解说和分析。而《语录》的"1，心即理"部分，则从《陆象山全集》中找出关于"心即理"的16条语录，逐条训读翻译后，加以了绵密的解释。

所以说这本《陆象山文集》与其说是注释翻译书，还不如说是福田殖先生通过文本的注释翻译，对陆象山的思想进行解读研究的成果。也就是说，该书分别从二十九个方面，对陆象山思想体系进行了全面的整理、分析和研究。当然其中也有重复。

福田殖（1933—2016年），山口县下关市人。九州大学文学部中国哲学专业毕业，师从楠本正继、山室三良、冈田武彦、荒木见悟。曾任九州大学教养部助教授、教授，1997年九州大学退休后任久留米大学教授。著有《福田殖著作选》全二卷。编译《陆象山文集》，明德出版社中国古典新书1972年版；《王阳明全集第9卷年谱》，明德出版社1986年版；《陈白沙文集》，明德出版社中国古典新书续编，1991年版。编辑《走向世界的陆象山心学》（张立文、福田殖编，人民出版社2008年版）等。

3. 日本的陆象山研究著作

尽管在江户时代便有陆象山文集的传入和翻刻，各家学者的"朱陆之辨"也很热闹，但是这一时期的学者对陆象山鲜有真正的研究。

进入明治时期，特别是1877年东京大学成立后，以东京大学哲学科的师生为中心，出现了第一批近代中国哲学史研究意义上的陆象山研究。

甲：建部遁吾《陆象山》（哲学书院 1897 年出版）

1897 年（明治三十年），建部遁吾（1871—1945 年）出版了一本题为《陆象山》的著作，前面有东京大学哲学科两个最早的毕业生井上哲次郎和三宅雪岭的序。在《后序》中，建部写道，该书撰于明治乙未年即 1895 年（明治二十八年），即是其在东京大学文学部哲学科时的作品。

全书分为以下几章。

"序论"，从人生本有的问题、儒学的起源，一直讲到宋学，梳理了到陆象山为止的儒学的发展。

"传"，讲陆象山家的系谱、年谱、时代、生涯、死后，为陆象山的传记。

"教学"，首先讲述了陆学的起源，然后讲陆学的结构，再次讲陆象山的哲学。

"教育""政治""法律""经济"几章，根据西方的学术分门别类，系统论述了陆象山各方面的思想。

"历程"分为四个部分。"第一先驱"，讲述了宋学的起源到陆象山的家学。"第二紫阳"，从太极、理、心性、一元和二元论、善恶、已发和未发等方面，讲述了朱陆学术的异同，可谓新时代的"朱陆之辨"。"第三后继"，讲陆象山的弟子和陆学后续人物。"第四余姚"，讲王阳明对陆象山的继承发展。"第五日东"，讲陆王心学在日本的发展，描述了日本阳明学派的概要。

"结论"，从希腊、印度、中国三大哲学思潮的发生发展，讲述世界文明的多头起源。提出陆象山哲学的地位，在于其思辨性、对理心性关系的思考，接近于费希特的唯心论，专注人生的道德心性。其"求本心"则是对善恶论的说明和解决方策。他的学问和佛学相似，但没有溺于禅学，特别是力主太极而排斥无极，和佛学划清了界线。

从以上内容来看，建部的《陆象山》一书对陆象山生平事迹学说的论述面面俱到，四平八稳，对原著的引用和解释很少，在今天看来没有什么新观点，似乎是讲课的笔记整理而成。

建部遁吾（1871—1945 年），号水城，新潟县人。1896 年东京帝国大学文学部哲学科毕业，后留校任讲师，1898 年去法国留学，留学期间被任命为东京帝国大学社会学教授，1903 年创立东京大学社会学研究室，1914—1922 年创办《日本社会学院年报》，为日本社会学界第一人。1922 年退休后，曾任日本众议院和参议员议员。

从建部遯吾的简历来看，他的陆象山知识是在东京大学读哲学科本科时获得的，他在《后序》中也说此书是应付"支那哲学"（也就是"中国哲学"）这门课的习作。那么，这个"支那哲学"课是谁开的呢？

据史载，"日本阳明学"的创始人井上哲次郎1880年7月从东京大学毕业后，10月份先去了文部省编撰"东洋哲学史"的教材。一年后辞去文部省的职务，回东京大学担任助教授。在编撰"东洋哲学史"的教材告一段落后，1883年开始在东京大学讲授东洋哲学史的课程，到1887年去德国、法国留学中断。1891年井上从德国留学回来后，他的东洋哲学史课程又重新开始。[①]井上的东洋哲学史分成三大部分。一是中国哲学部分，也即建部提到的"支那哲学"课程；二是日本哲学史，这部分的讲稿后来出版成了《日本阳明学派之哲学》（1900年富山堂）、《日本古学派之哲学》（1902年）、《日本阳朱子学派之哲学》（1906年）；三是印度哲学部分，这部分讲稿也没有单独出版，一部分于1897年出版了《释迦种族论》（哲学书院），1902年出版了《释迦牟尼传》（文明堂）。[②]

所以，井上哲次郎亲自为建部的书写《序》，说："叙述象山之学，委曲周到，而附以阳明学派之梗概，其事历历如掌而示之"[③]，表扬该书在听课笔记的基础上有所发挥展开。

乙，高濑武次郎撰《陆象山》（内外出版社1924年出版）

1924年，同样是东京大学文学部哲学科毕业的高濑武次郎撰写了一本研究象山哲学的专著《陆象山》，内外出版社大正13年版。全书共276页，分为四章。

"第一章陆氏略传"，论述了陆象山其人以及家学。

"第二章陆象山的学系"，考察了从周濂溪、程明道、谢上蔡、杨龟山到林艾轩的陆象山学问的渊源。

"第三章陆象山的学说"，分别从性说、心即理说、道说、宇宙即吾心说等方面论述了陆象山的学问，并论述了朱陆异同。

"第四章陆子的后继"，论述了杨慈湖到陈静明对象山学说的继承，认为象山

---

① ［日］井之口哲也：《井上圆了听过的井上哲次郎的［东洋哲学史］讲义》，《井上圆了中心年报》27卷，2019年3月。
② 关于井上哲次郎的生平事迹，可参见拙文《井上哲次郎与〈日本阳明学派之哲学〉》，《贵阳学院学报》2018年第5期。
③ ［日］建部遯吾：《陆象山》序，哲学书院1897年出版，卷首。

门下虽然人才不少，但将陆学发扬光大的并非及门诸士，而是王阳明。

高濑武次郎（1869—1950年），号惺轩，香川县人，日本近代著名阳明学者，在中国哲学史的其他领域也有一定的成就。高濑也是东京大学文学部哲学科的学生，1898年30岁从东京大学文学部汉学科毕业，进入东京大学大学院（研究生院）学习中国哲学史。1905年11月，37岁时在东京大学取得文学博士学位，博士论文的题目为"先秦诸子哲学"，指导教师即井上哲次郎。他的名著《日本之阳明学》[①]也是在井上的指导下写出来的。《日本之阳明学》有个《序论》部分，先讲了陆象山和王阳明的生平事迹；其次介绍了阳明学的基本理论，这两个部分的设立，使得他们讲述的江户时代的"日本阳明学派"有了中国根基而不是无源之水。

丙，三岛复著《陆象山的哲学》（东京宝文馆1927年出版）

1927年，又一名东京大学文学部哲学科毕业的三岛复出版了《陆象山的哲学》一书。全书目次内容如下：

"绪论"，简单地叙述了到明代为止儒家的发展小史。

"第一章事迹"，从陆象山的祖先、修学、仕官、教育、施政等方面，讲述了陆象山的生平事迹。

"第二章学风"，讲述了象山学理论和工夫的大致概况，将陆象山学问的特点总结为务本尚实、平正简易、不立门户、寂静独悟等四个方面。

"第三章学统"，分家学、读书省察、师友三个方面，讲述了陆象山学派的承传。

"第四章学说"，分宇宙论、心理论、伦理论、工夫论、教育说、政治论、异端（老佛）论等方面，论述了陆象山哲学的内容。

"第五章家学及门人"，讲述了陆象山的家学和门人。"家学"部分主要讲述陆象山的诸兄及子孙的学问；门人讲了从杨慈湖到胡季随七个门徒的学问。

"第六章学系"，为"象山学系略表"和"象山学派一览表"两个表格。

"第七章朱陆的论辩及异同"，分七个方面论述了朱陆之辨。

"第八章遗著及有关书籍"。

三岛复（1878—1924年），字一阳，号雷堂。冈山县人。著名阳明学家三岛中洲（名毅，1831—1919年）的三男。明治三十七年（1904年）毕业于东京大学文学部，进入研究生院学习。明治四十二年（1909年）写成毕业论文《陆王

[①] ［日］高濑武次郎：《日本之阳明学》，铁华书院明治三十一年（1898年）出版。

之哲学》七卷。毕业后进入其父创建的二松学舍大学执教，并担任第二任校长。大正十二年（1923年）将《陆王之哲学》的前二卷以《陆象山的哲学》为题准备出版。也就是说，如果该书顺利出版的话，可能比高濑的《陆象山》更早问世。但那一年9月日本发生关东大地震，三岛交给出版社的稿件遗失殆尽，他本人则于1924年47岁英年早逝。去世后，人们从他的遗物中找到了当年出版社的校正稿，于是由后人校正在1927年出版了此书。[①]1934年，剩下的五卷由二松学舍大学校长、著名阳明学者山田准（号济斋，1867—1952年）整理校正，以《王阳明的哲学》为题出版。

三岛中洲、山田准和三岛复是日本二松学舍学派复古式陆王学研究的系列人物，这一学派的研究注重原典，在对汉文进行精细训读的基础上展开哲学史式的研究。该书是这一学派陆象山研究的代表作品。由于著者经过了东京大学的正规学院派训练，他的研究运用西方哲学方法对陆象山的学问进行了详细的分析。

顺便说一句，山田准是江户时期著名阳明学者山田方谷（1805—1877年）的孙女婿，他在1943年出版了一本题为《陆象山·王阳明》的著作（岩波书店昭和十八年版）。其中前篇《陆象山》分绪论、生涯、学系、学说、朱陆论争、陆王异同、王子观察七章。

日本其他的陆象山研究专著还有：

安冈正笃著《哲人陆象山》（人物研究丛刊，第一），金鸡学院1927年版。

秋月胤月著《陆王研究》，东京：章华社1935年版。

吉田公平著《陆象山和王阳明》，东京：研文出版1990年版。

小路口聪著《"即今自立"的哲学——陆九渊心学再考》，东京：研文出版2006年版。

五 结语——时代呼唤"象山学"

本文提到了宋学、程朱学、朱子学、阳明学以及象山学等术语，都带有日本味道，其内涵和外延有些混淆，有必要加以澄清。

"宋学"有广义、中义、狭义之分。广义的"宋学"一词本义为宋代的学问，但自从宋学传到日本以后，"宋学"一词的内涵逐渐变得狭窄，出现了中义和狭义。西村天囚[②]《日本宋学史》说：

---

① ［日］滨隆一郎《跋》，载三岛复《陆象山的哲学》，东京宝文馆1927年出版，卷尾第1—2页。
② ［日］西村天囚：《日本宋学史》上编（二）《宋学的由来》，东京：朝日新闻社朝日文库版，第8—9页。

> 宋学者宋人的学术也。犹如称汉人的学问为汉学。汉学虽是汉土之学的总称，但汉学宋学对称时，又指其时代。……宋代的学者中，天分甚高，禀气极厚者，不甘于训诂之学，欲穷天理之微，开始了省察工夫的学风。……宋元学案云，庆历之际，学统四起。当时学者竞起，各立门户，其说纷纭，多混佛老。世之道学独醇粹乎者，为周濂溪（濂）、程明道程伊川兄弟（洛）、张横渠（关）、朱晦庵（闽）五子。五子虽有小异，学说相似。濂溪直继孟子……故所谓宋学，指此五子之学，而后人最尊崇奉为家法者亦程朱学也。①

按照西村的说法，广义的"宋学"指宋代人的学问，中义的"宋学"指"穷天理，省工夫"的性理学。而狭义的"宋学"即为性理学中最醇粹的"程朱学"，和明治时期出现的"朱子学"一词同义。《日本宋学史》描述了狭义的"宋学"即程朱学传入日本以后的发展轨迹。

"朱子学"一词出现得很晚，19世纪末作为"阳明学"一词的对立语问世。如果说1896年（明治二十九年）第一本《阳明学》杂志的创刊，标志着"阳明学"这一近代学术用语正式诞生的话，②明治三十年（1897年）4月，同人学舍发行的一本名为《朱子学》（有斐阁出版）的杂志，则标志着"朱子学"一词作为近代学术用语被创造出来，而1906年井上哲次郎《日本朱子学派之哲学》一书的出版，标志着"朱子学"一词得到了学术界的话语权。大概在20世纪80年代后，"朱子学"一词传到了中国，为中国学者所接受。关于这一段历史，这里点到为止，还待进一步挖掘。

本文的研究对象陆象山的学问是中义的"宋学"的一个重要分支。为了和朱子学和阳明学齐头并进，本文特称陆象山的学问为"象山学"。希望大家今后喜欢并爱用这个词汇，呼吁以后广泛使用这个名称。

---

① ［日］西村天囚（1865—1924年），名时彦，号天囚、硕园。鹿儿岛县人。1880年进东京大学文学部古典讲习科学习。毕业后就职于朝日新闻社当新闻记者。《日本宋学史》最先以《宋学之首倡》为题，从明治四十二年（1909年）1月1日开始在《朝日新闻》连载，9月结集由大阪的杉本梁江堂出版。当时井上哲次郎《日本朱子学派之哲学》一书已经出版，但只是描述江户时期日本汉学家中的所谓朱子学派的学案，而没有对日本儒学的发展进行追根溯源。《日本宋学史》则描述了宋学传入日本以后的发展轨迹。

② 关于"阳明学"一词的诞生，请参见拙著《日本的阳明学与中国研究》（广西师范大学出版社2018年版）中的《何谓"日本阳明学"》一文及其关联文章。

儒家的知性传统与象山心学的知性

潘朝阳

(台湾师范大学)

一 儒学不是哲学性的心性学而是经史合一的王官百家意义之学

中国古代传统儒家,是结合"四统"而形成一个整体的人生志业之实践及其完成的体系,牟宗三先生揭橥"三统"论,即"道统""政统""学统"[①],实则宜再列入"社统"[②],而整合成为"四统"。儒家实践完成"四统",即指儒家在其心性、生命、生活中,同时具有"天道信仰""仁政理念""内圣外王之学"以及"社会关怀和参与",此四者既有思想体系,亦同时是一种上下纵贯和四面横通的实践。

因此,儒家的性质,是具有形而上形而下的体用道器之思想,同时也有横通个人、家国、天下的理想和理念的践成,有政治、社会、教育、文学、艺术、学术、宗教等各种的、多元的领域。

五四新文化运动以来,西方意识形态和观念系统东渐,影响中国现代知识分

---

① "三统"之说,创自牟宗三先生,他说:"道统之肯定,此即肯定道德宗教之价值,护住孔孟所开辟之人生宇宙之本源;学统之开出,此即转出'知性主体'以融纳希腊传统,开出学术之独立性;政统之继续,此即由认识政体之发展而肯定民主政治为必然。"见牟宗三《道德的理想主义·序》,台北:学生书局1978年版,第6页。牟先生此文实含传统的"三统"和他主张的新开出的"新三统",特别是新的学统即"科学"和新的政统即"民主"。

② "社统"是指传统儒家的社会关怀和参与,在传统时代的中国,中国人民以家族组织、村庄共同体推展其自治,儒者常起引领的作用,他们规划乡约、族规进行了中国的乡治。在广大的中国传统社会中,实施"经济治理"和"文化与道德教育",也建立了庶民的民俗宗教信仰以及医疗卫生体系。这一层面扩及全部平民城乡社区,是为"小传统"。这方面的相关论著不少,譬如费孝通和梁漱溟两位先生的书可读之。

子之思维取径，他们习惯依据西人的学术、知识的分类方法来观照传统中国古人及其经典，就儒家来说，"当代新儒家"（取广义的范围）多家以西方哲学形态，用西方哲学家的方法论理解、认识、诠释古代儒学，包括先秦儒家、汉儒家、宋理学、明心学以及明清之际的遗民型儒家乃至于清朝儒家。

由于"哲学底儒学研究和诠释"，五四新文化运动以降的百年，蔚为显学，所以，有一种趋势和变异，成为很重要的儒家诠释认识论的现象，那就是"哲学家化底当代新儒家将传统儒家窄化成哲学家形态的儒家"，在他们的大量重要著作中，孔孟荀以及汉宋明儒，几乎都变性成为等同于西方形态的"中国儒家哲学家"。

诚然，若根据哲学方法论取径来看，中国儒家的思想心灵之中，亦有心性观、本体宇宙观、知识论、形而上学等，究诸《五经》和《四书》以及其他重要大儒著作，均有丰富的哲学义蕴，譬如，《荀子》《春秋繁露》《张子正蒙》《二程集》《太极图说》《通书》《象山语录》《朱子语类》《传习录》《船山周易内外传》《新唯识论》等，在历代大儒的专论或话语中，均能学习体证他们的天道论、心性论、宇宙论、本体论等哲理性的思想体系。

但是若追究中国儒家本质，则他们显然不是西方式的专业形态的哲学家。以孔孟荀而言，他们的人生使命和生命实践不是纯学究式的哲学思维，他们的学问、智慧、道德等修为和素养，是为了经世济民以及治国平天下，孔孟之道不是玄虚抽象的想象构划之玄学、宗教，而是实然切然的具体确定之实学。又譬如再以象山、阳明两位心学大儒而言，他们的思想从孔子的仁心和孟子的良知而来，肯定"先立乎本心"以及"致良知"，所以在《象山语录》和《传习录》中，可以体证领悟本心良知的清澈明透而直指生命本真的心性观之睿智。但我们更须明白，不能只停留在"心性论心学"之象山和阳明，因为他们不只是心学家而已，他们是大儒，有其经世济民的实学，而此实学之实际架构及客观性内容，不从本心良知的"德性理性"来，而是从本心良知的"知性理性"发用而徹向定着于事物得出者。再者，他们不是有如现代学院中的学究，而是做事功的儒家，亦即他们除了道统之论述和修练，成就其学统撰述和创新，他们亦同时具备政统与社统之参与和实践，此即象山、阳明两位大儒的另一个重要性质和面向，此内容须追索《陆九渊集》和《王阳明全集》之有关文本，才能周全掌握，此掌握才是完整的中国儒家，而不是被现代西方学术分类的方式割裂的中国儒家之变形、窄化的形象和内容。

应该依据中国传统的概念来说明中国儒家及其经典、著作之性质。我们现代熟习的中国学术分类是魏晋以下而为唐人习用流通的"经史子集"四部分法,所以唐以后,"四部"分法遂取代了两汉以前的《七略》分类,经、史、子从此截然分隔,久而习之,遂以为经就是经,史就是史,子就是子。① 后世学者,乃有经史子隔山隔海互不相通之弊,且甚至以此各自标榜门户。发展到清朝,如曾国藩,把国学区分为"义理、词章、考据、经济"四科,而乾嘉学者则视国学为"考据、训诂、词章、义理"。清儒更加严重地分隔割裂了中国传统学术。西学东渐之后,我们更是对传统精神疏离,而用现代的系统来分类学术,即科学、哲学、文学、艺术等,譬如人文和社会部门,有哲学、文学、史学、政治学、经济学、社会学、人类学、地理学等,学者专家是一曲之士,而甚少博雅通儒,且以专一为尚,反而鄙薄轻视博通。

钱宾四先生指出两汉之前的上古,中国人不如此分隔学术。古代学术是"王官学",它是国家的文书档案,也是治国理民之经典,而同时,它又是中国历代传承发展的历史文化;随着周室衰弱而诸侯国分立强大,"王官学"散而之天下,遂于诸侯国之中,发展而渐渐形成私家讲论发挥的"百家学",因此,上古除了经和史之外,亦产生了诸子,换言之,就有了经、史、子意义的学术思想,它们并非各自独立分化,而是整合为一,就以孔子著《春秋》而言,其性质既是经,亦是史,更是子。换言之,孔子著作的《春秋》,就其演叙历史,提出经世济民之微言大义而言,它是"王官学",而若就孔子之私人著此《春秋》而言,它非官府公文典册,而是一位民间思想家的思想之创造,所以乃是"百家学"。②

清儒章学诚论古代经史合一,曰:"《六经》皆史也,古人不著书,古人未尝离事而言理,《六经》皆先王之政典也。"③ 章氏之意思是说《六经》是历史文献,也是上古时代夏商周累积相传而形成的"先王政典",亦即上古为政者的经世济民之蓝图方策,此种体系其实就是"王官学"。章氏所说"古人不著书",是指孔子之前。但孔子开创了私家著述,虽然孔子说过"述而不作,信而好古,窃比于我老彭。"(《论语·述而》)但并非泛泛陋儒误以为的孔子没有创作,其所谓"不作",是指不从玄思空想构划一种纯粹抽象的哲学、玄理;此正是许多西方哲学

---

① 钱穆:《孔子与春秋》,《两汉经学今古文平议》,台北:东大图书公司2003年版,第256页。
② 关于钱穆的这个论述,请参阅《孔子与春秋》,《两汉经学今古文平议》,台北:东大图书公司2003年版。
③ (清)章学诚:《文史通义》,台北:史学出版社1974年版,第1页。

家以及现代中国儒学者和哲学者最倾向的治学之路；而是依具体的事物来建立阐扬其道术、学术。而他依据的就是"古"，这个"古"，就是孔子前面的三代"王官学"，也就是章学诚这里所说的具有经史同体之义的《六经》，亦即"先王之政典"，孔子所谓"述"即"经典诠释学"之取径。基于此观点，我们试以章氏阐释"易教"为例来探明其中的中国传统学术理念之义，章氏曰：

> 《周官》太卜掌《三易》之法，夏曰《连山》，殷曰《归藏》，周曰《周易》，各有其象与数；各殊其变与占，不相袭也。然《三易》名有所本，《大传》所谓庖牺神农与黄帝尧舜是也。……夫子曰："我观夏道，杞不足征，吾得夏时焉；我观殷道，宋不足征，吾得坤乾焉。"夫夏时，《夏正》，书也；坤乾，《易》类也。夫子憾夏商之文献无所征矣，而坤乾乃与《夏正》之书同为观于夏商之所得，则其所以厚民生与利用者，盖与治宪明时同为一代之法宪，而非圣人一己之心思，离事物而特著一书，以谓明道也。①

上古经典，如《易》有夏、商、周的历史传承，"夏时"即夏及其之前的上古、远古时期的气候节令及其相关环境生态农业之记录载籍，称为《夏小正》。章氏于此特别指出孔子感喟亦且不忍王官文献、先王政典逐渐失落，乃依据相关史料而整理诠释《易》与《书》。章氏特别强调孔子之诠释创述，不离三代的具体史事来述释之，而非凭空想象构划地创作虚玄抽象的专论。孔子是以"六经诠释学"来彰明儒家之道，也即先王之道；原有之《六经》，是"王官学"，是"先王传统"，而孔子的"《六经》诠释体系"，则是"百家学"；孔子之道，既是史亦是经，亦是在文化历史大流之中，为中国新创的礼法弘规。

章学诚又再申论曰：

> 夫悬象设教与治宪授时，天道也；礼、乐、诗、书与刑政、教令，人事也。天与人参，王者治世之大权也。韩宣子之聘鲁也，观书于太史氏，得见《易象》、《春秋》，以为周礼在鲁。夫《春秋》乃周公之旧典，谓周礼之在鲁可也。《易象》亦称周礼，其为政教典章，切于民用而非一己空言，自垂昭代而非相沿旧制，则又明矣。……夫子生不得位，不能创制立法以前民

---

① （清）章学诚：《文史通义》，台北：史学出版社1974年版，第1—2页。

用，因见《周易》之于道法，美善无以复加，惧其久而失传，故作《彖》、《象》、《文言》诸传以申其义蕴。①

在此段，章实斋阐述了《六经》其实本即周公制礼作乐以延续夏商文化历史而发展出来的"周文"之典章制度及其观念系统、价值核心，周之这套文明礼制和经典，存于鲁国，韩宣子观礼于鲁，大加称颂。孔子在鲁遂得以据"周文"的文献、典册，加以"即传统即创造"的诠释，乃有孔子之后的新意义的《六经》。于此，我们其实可以看出孔子之道、儒家之学，一方面是经，一方面是史，同时又是孔子的大义和微言之所寄。其精神是重视中国上古传承延续而下的"三代先王经世济民之政典"的内容，用后世之话语，即实学，它既具个人礼乐道德修为，亦重家国天下之政治治理的蓝图方略之客观架构性。换言之，儒家的学术，并非如宋明儒家的很多主要文章或语录，只着重"内圣"之教化，凸显的是君子本心的内证工夫和境界，此面向是"心性之在其自己"的德性之当下即是，很有点佛门道家的禅悦心和虚静心之意味，而显然相对隐没了"外王"的外延性客观性架构性的必以事物之理、事物之成为其主旨，此面向则是心性之发用定着于外在的事物而具有的知性认知事物的本有之理性功能。要言之，亦即古代儒家即经即史的孔子创述之本义，反而隐没。虽然，后代近世之宋明清大儒不必然皆是如此，包括朱子、象山、阳明、梨洲、亭林、船山皆甚重事功和实务的实学性践履，他们既是道德操持高贵之君子，同时亦是经史知识体系深厚渊远的学者，可是他们在当代儒学学者只偏重哲学的诠释之观照下，在学术光谱中多有偏移至形上学、心性学和本体宇宙论、天道论的色谱之一端的倾向，所以我们习于以"理学家"定位伊川、朱子，以"心学家"定位象山、阳明，或以"气学家"定位横渠、船山，洎至于甚是忽略他们的本质不是今人用西哲名相界定的此种"家"，他们都是中国之儒者，他们具有"王官学"和"百家学"的悠久博大的中国传统经史合体的性格。我们宜返归于中国本位的观点来认识历代儒家，方是稳健周全的态度。

二 以《中庸》为例说儒家积极肯定心之知性

本文谨以《中庸》一经尝试讨论儒家之学的知性之着重义。儒家自古以

---

① （清）章学诚：《文史通义》，台北：史学出版社1974年版，第1—2页。

来同时重视"德性"和"问学",《中庸》所言"尊德性"和"道问学",不是分析命题的关系,而是综合命题的关系,两者同等独立,一样重要,但又互有联结。

《中庸》大致源自子思,而成书于孟子之前。其曰:"大哉圣人之道,洋洋乎发育万物,峻极于天,优优大哉;礼仪三百,威仪三千,待其人而后行,故曰:'苟不至德,至道不凝焉。'故君子尊德性而道问学,致广大而尽精微,极高明而道中庸,温故而知新,敦厚以崇礼。"① 朱子注释此章的"尊德性"和"道问学",如此说:"尊德性,所以存心而极乎道体之大也;道问学,所以致知而尽乎道体之微也。"② 依朱子,则德性之尊,是存此天命之心而至乎道体与天道合一;学问之道,则是尽致知性之功能而明彻天道的精微。前者属于心之德性体证之路,后者则属于心之知性的认知逻辑之路。显然,朱子对《中庸》的理解,是"德性之知"和"见闻之知"一样平等正视的。王船山诠释"道问学"之义,有曰:

> 吾之有学,以审大经,而不遗乎事理之微者也。欲循其常,则必道焉;欲通其变,则必道焉。故其以学问致其知者,不得任意营为,而必遵古之所制,酌今之所宜。③

依此,船山指出治学是究明大经常规,穷索至事理物理之极微之细节,其目的是遵循理则之恒常而明通事物的变化;治学须依客观并依据学术领域从古至今的典范而行,不可逞自己主观上的偏执。

王船山在此彰明了儒家的"见闻之知"亦即"知性理性"之传统。从古儒至今儒,显然是看重心性依据其知性而追求探索事理物理的知识系统的建立的。今儒蒋伯潜说:

> "尊",是恭敬奉持之意,"德性",即"天命之性",吾心之理;"道问学"就是"讲学问"。汉儒清儒章句训诂之学,是"道问学";宋明诸儒心

---

① 朱子说此句是第二十七章。依徐复观先生,则此章属于《中庸》之下篇,出于子思之后学,成于孟子之前。见徐复观《从命到性——〈中庸〉的性命思想》,收入氏著《中国人性论史》,台北:商务印书馆1994年版,第103—160页。
② (宋)朱熹:《四书集注·中庸章句》,台北:世界书局1997年版,第48页。
③ (明)王夫之:《四书训义·中庸》,《船山全书》第七册,岳麓书社1996年版,第209页。

性义理之学是"尊德性"。"尊德性而道问学",则是合汉宋学之长,广大精微,各臻其极;但虽极高明之境,而仍由乎中庸。①

蒋氏此句将"尊德性"和"道问学"两重对举,以明《中庸》同时发用两者,亦即古代儒家不会重此而轻彼,乃是德性学问并重。"道问学"就是今天习惯说的"讲学问",亦即"知识、学术研究"的意思。但蒋氏举汉宋之儒而二分独立地以章句训诂之学为学问,以宋明学为德性,这个提法,实有错误。古儒的学问之道的那个学问,不止字纸书本的训诂考据而已,"知性理性"的作用,亦即知性之作用于见闻,是吾人之本心外延于事物而追究其客观性、架构性之内容和规律,此即我们平常所说的知识以及进一步的科学的取径。再者,两汉的经学岂仅止乎章句训诂?汉儒注重经世济民,以《六经》(《五经》)治国,此实践,不能光是抽象地谈说德性,而必须具有实学性的知识和专业。②宋明儒家亦是一样,他们学问思辨之主轴,固然首出心性论、道德论、本体宇宙论等,但宋明儒的大家君子,没有只玩弄心性本体的光景的,他们讲论这类的"儒学哲学"虽然非常高明玄远,但他们同时也懂实务之学,尒即具有客观性的知识乃至于科学见识,而能够实践实务。

同时重德性与知性,《中庸》即是表现此种德知双彰。就其"道问学"这个领域而言,其章句例子多有,如:子曰:"好学近乎知,力行近乎仁,知耻近乎勇。"这就是儒家的"三达德";好学之工夫用以表显、践成人之本有的"知性理性",此即"智",这条路,是历程亦是结果,得到的是关于人、事、物的内容、结构、理则以及意义的认知,循此发展成为体系,就是科学。由此证明孔子绝不轻忽"知性理性",也就是不轻忽"见闻之知",其所重视的"问学",也就是"学问",乃是所以治国的基础。就《中庸》成书之时代来说,其主要是给君子阅读的,即是提供在位者治国平天下的重要思想指南。所以,其章句中载有"九经"之论,谨引于下:

> 凡为天下国家有九经,曰:修身也,尊贤也,亲亲也,敬大臣也,体群臣也,子庶民也,来百工也,柔远人也,怀诸侯也。

---

① 蒋伯潜:《广解语译四书读本·中庸》,台北:启明书局(未注明出版年份),第39页。
② 钱穆在《两汉经学今古文平议》中有深入精辟之论述。见钱穆《两汉经学今古文平议》,台北:东大图书公司2003年版。

> 修身则道立，尊贤则不惑，亲亲则诸父昆弟不怨，敬大臣则不眩，体群臣则士之报礼重，子庶民则百姓劝，来百工则财用足，柔远人则四方归之，怀诸侯则天下畏之。(《中庸》)

此段章句阐释"治国平天下"的"九经"，是由己身推拓出去，就似同心圆的涟漪一般，乃以仁政王道来逐圈推恩，修身以仁，所以尊贤，再则亲亲，再则敬臣、体臣，又推拓之而子民，来工，柔远，最后则是怀天下诸侯，进至天下平。

若没有更细致思索，容易轻率地以为儒家只是"德性教条主义"或"泛道德主义"的政治观。但是古代儒家的德性与知性之作用，不是分开独立的，儒家不是佛门，佛只要求信众返归本心佛性，体悟清净心，当下即立地成佛，所以，遍读佛典，多只内向求证而在心中自肯自明即可完成人格。[①] 但儒家非是，儒家内圣须在外王中成就，所以仁心必得外推实践而为客观性的仁德和仁政，于是在此外推实践过程中，必须以"知性理性"之作用来保证人、事、物之客观性和结构性之内容之合理性，换言之，从修身齐家一路到治国平天下，仁心一方面以仁光照明，一方面是以仁的智慧外延而推拓出去，转化为智，而依实学来经理国家天下，实学是客观之理的知识和科学体系。"九经"的必要条件是仁心之德性，德性是有所觉悟之开端，但其充分条件则是仁心的知性，在操作践履时，须依知性操持运作的知识和专业，这点方是完成。

《中庸》的作者担忧士人君子未能树立信心之清明和工夫之次第，所以提出很明确简要的"知行顺序合一论"，曰：

> 博学之，审问之，慎思之，明辨之，笃行之。
> 有弗学，学之弗能弗措也；有弗问，问之弗知弗措也；有弗思，思之弗得弗措也；有弗行，行之弗笃弗措也。人一能之，己百之；人十能之，己

---

① 佛家禅门只重般若本心的自我本来清净，所以说"心净则国土净"，"即心即佛，即佛即心"，"净土在本心"，"当下即是"，"念句阿弥陀佛消万劫罪业"等，皆是重心性内证其本来的清净本质，而不重外延的客观的治国平天下之实学实务。儒家不如此，宋明儒家末流受禅之影响，逐渐忘了儒家本来的外王义的积极性和必要性，而多有"掉入禅去"的儒者，特别是心学家。理学家则较无此弊，但因为朱子鼓励士子多读书，从书中体悟天理与性理，末流买椟还珠，成为啃书虫，堕落成无用的莨苕琐碎废物。

千之。果能此道矣，虽愚必明，虽柔必强。(《中庸》)

此段章句的主旨正是劝勉士人君子应该以刚健勇毅的意志，发用振起自己本有的心之知性，就学问之路而能自强不息、学习不倦。此中的意志之提起，是德性之功，但持续向前的学习，则是知性负责之理性知识建构。《中庸》以正面的积极的话语表显了古代儒家不轻忽乃至重视人之知性，它亦是本心之天然作用，在实践上，不可或缺。

此种知性客观实践力行的精神，后儒亦能掌握，如王船山就甚清楚。他说：

> 专心于事，则纷杂之念不生，而清明自启，执持之已定，则惰归之气不乘，而强固日生。况乎学问之益其见闻，而修能之利乎进取哉！此虽困知勉行之事，而成功之一，且将与圣人同焉。①

船山此段乃着眼于本心之徹向事物而依据本心本有的知性之理性功能来"增益见闻"；"增益见闻"就是通过认知来增进知识；知识是使用在事物之结构性内容的，亦即认识、理解事物之结构性客观性之理则、质、量，此即"博学、审问、慎思、明辨、笃行"一路下来的习得和力行之目的和效用。此是心之知性之所行的工夫和境界。

奉元书院山长、先师爱新觉罗·毓鋆先生说：

> 博学之，有弗学，学之弗能弗措也，无所不学，一事不知，儒者之耻。学，必学到一境界，不能中途而废。但"博学于文"，仍必"约之以礼"，亦即克己复礼，非礼不动。②

儒者必得"博学于文"，其理想是"一事不知，儒者之耻"，但并非指不加拣择，什么邪说歪道皆加以学习吸收，必须"约之以礼"。博学是知性之功，但须"立乎其大"，明义利之辨，此端绪则发于德性。又说：

---

① （明）王夫之：《四书训义·中庸》，《船山全书》第七册，岳麓书社1996年版，第184页。
② 爱新觉罗·毓鋆：《毓老师讲学庸·1999》，陈絅笔记，台北：中华奉元学会2014年版，第280页。

> 审问之，慎思之；切问而近思，思而不学，则殆；思之思之，鬼神通之。①

博学之功，必续之以切问、慎思。问与思，又必须以博学为基础，以学识为基础的问思，不会陷于虚玄，其入路不堕落不暂息，而能刚健恒常，如此通达于鬼神幽明，也就是贯透乎天地宇宙的表显的或潜隐的法则而得到真理之认知。又说：

> 明辨之，履霜坚冰至。从履霜到坚冰，其所由来者渐矣，由辩之不早辩也，故驯致其道，至坚冰也。做事要"视其所以，观其所由，察其所安"。广博吸收，但是必须审慎，不粗心大意以求真知。②

人之学习及其追问而探索，接着深刻谨微地思维，用以辨明自然人文一切事物的类别异同及其性质，而能予以正确笃实的运用，这就是研究探索事物之原理、法则、结构的次第工夫，它是积渐推衍归纳而得到结论的，此即客观知识以至于科学的取径。《中庸》明明白白地表达了古代儒家同时重视心之德性和心之知性的主张，而且，凡是事物的理则之了解、认识，不是"德性理性"来担当的，而是"知性理性"之责任，也是它的能力。

《中庸》既已如此，《五经》亦莫不相同。换言之，中国儒家之学，就其王官经史合一的传统而言，从身心出发而达乎家国天下的经世济民之践履，心之德性是开端，不学而能，即孔子所言："仁远乎哉？我欲仁斯仁至矣"（《论语·述而》），或孟子所言"万物皆备于我矣，反身而诚，乐莫大焉。强恕而行，求仁莫近焉"（《孟子·尽心》）。本心或良知，其"德性之知"，或称"德性心"，是自反而当下即是的，不假外求；其"见闻之知"，或称"知性心"，则须是向外延，依着事物，求其主因和条件而得其结果并究其后续发展演变，根据此因缘果报而得到客观性架构性之内容和规律而推衍出知识体系，最后形成典范，此即科学。儒家以德性心，于本然之处端正其人格和生命，但以知性心的作用而具备客观性知识，并且在各种事物之领域中，身体力行之。譬如儒士若是出仕，或是京官或是地方大员，其心必以发政施仁、勤政爱民为念，而在实务上，则须熟悉一切政策

---

① 爱新觉罗·毓鋆：《毓老师讲学庸·1999》，陈絅笔记，台北：中华奉元学会2014年版，第280页。
② 爱新觉罗·毓鋆：《毓老师讲学庸·1999》，陈絅笔记，台北：中华奉元学会2014年版，第280—281页。

之方向、内容以及其操持运作的过程，同时，知人善用，使一个政府机构，如首脑之灵活指挥其耳目感官和身体四肢而行动有效。又譬如医生，必具备仁慈之医德，同时又熟习医学和医术；前者是本心之德性的肯定，后者是本心之知性的发用，两者合一而行，则良医济世之功可成。

三　陆象山学术着重实务践履

基于上面的论述，我们明晰中国儒家并不是西方式哲学家形态的知识分子，而是中国本位的人物，他们体证天命本心之理，但也参与实际政治和社会，用传统的话语来说，即是既有其"内圣"，亦有其"外王"，其治学，是合内外一致而论述，其事功亦合内外一体而实践。应该将所谓心学大师陆象山放在这个中国儒家的传统脉络结构之中，才能周全观照象山之学的真实性。

陆象山成为一位开创一种儒家大宗风的大儒，此与其成长的家庭环境甚有关系。其学术的实践性，是从此种家族人文环境中培养形成的。

徐复观先生说：

> 陆九渊，字子静。江西抚州金溪人。晚年讲学于贵溪的应天山，经他改为象山，自称象山居士，又称象山翁。他出身于一个九世同居的贫穷大家庭。而象山这一代是第五代。全家千余人，除了"二百年古屋"之外，只有"蔬畦不盈十亩"。治理这样的一个大家庭，确是一件难事，而且也是一件大事。这是陆氏一门学问的起点。所以他曾说："吾家合族而食，每轮差子弟掌库三年。某适当其职，所学大进。"朱子谓陆氏兄弟"专务践履"。我想这和他的家庭也有关系。①

陆象山成长生活也学习在这种千余家人的大家庭里面，他学问的开端和长进，的确具有实学实务之践履施行的精神。一般世俗之以为象山之心学堕于空疏或掉入禅去，此类讥讽皆是轻忽了陆氏家族必须务实的客观经济环境而率尔生出的歧视。徐先生又说：

> 象山的祖父"好释老言，不治生产"。父亲陆贺字道乡，"酌先儒冠昏

---

① 徐复观：《象山学述》，《中国思想史论集》，台北：学生书局1979年版，第12页。

丧之礼行之家，弗用异教"。朱元晦曾谓："自佛教入中国，治丧者一用其法。在唐唯姚文献，在本朝则司马公程张君子，近世张忠献，始斥不用。"所以"弗用异教"，在当时是一件难能可贵的事。①

陆氏的家礼全不用佛道，而依先儒之礼仪，徐先生特别指出于南宋当时士庶的礼仪形式而言，难能可贵，于此，可以证明陆家，当然也包含了象山自己，他们是践履儒家礼乐文化的家族；礼仪不是存放在心思中，而是在生活和生命的实际状态情形中具体地加以实践。因此，象山的学术必重礼之理，亦重礼之行。礼仪外成，不是内证可得，纯粹的心性思维和哲学，不可能显示家礼。

陆道乡有子六人，象山最小。下文据《象山年谱》予以叙述，以明陆象山在其五位兄长之学风和人格影响薰习之下，有其务实践履之人生态度，而非空虚地玄论心性。

> 考讳贺，字道乡，生有异禀，端重不伐，究心典籍，见于躬行。……生六子：
>
> 长九思，字子强，与乡举，封从政郎。……有《家问》，朱子为跋，略云："《家问》所以训饬其子孙者，不以不得科第为病，而深以不识礼义为忧。其殷勤恳切，反覆晓譬，说尽事理，无一毫勉强缘饰之意，而慈祥笃实之气蔼然。……"
>
> 次九叙，字子仪，公正通敏，时贤称曰处士。善治生，总药肆以足其家。
>
> 次九皋，字子昭，少力学，文行俱优，与乡举。晚得官，终修职郎，监潭州南岳庙。名斋曰"庸"，学者号庸斋先生。有文集。
>
> 次九韶，字子美，不事场屋，兄弟共讲古学，与朱元晦友善。首言《太极图说》非正。又因其奏立社仓之制，行于乡，民甚德之。与学者讲学于近地，名梭山，梭山在金溪陆氏义门之东是也。号曰梭山居士。诸司列荐，以居士应诏，举遗逸。……有文集曰《梭山日记》，中有《居家正本》及《制用》各二篇。
>
> 次九龄，字子寿，生而颖悟，能步移，则容止有法。少有大志，浩博无涯涘。尝与乡举，补入太学，已负重名，知名士无不师尊之。登进士第，授

---

① 徐复观：《象山学述》，《中国思想史论集》，台北：学生书局1979年版，第12页。

桂阳教授，……改兴国教授，……授全州教授，未上而卒。为时儒宗，道德系天下重望。……名斋曰"复"，学者称复斋先生。有文集行于世。

次则先生，与复斋先生齐名，称为江西二陆，以比河南二程。①

关于象山二哥九叙经营药肆，徐复观先生征引《陆九渊集》之象山其他文章而补述曰："一家之衣食百用，尽出于此。"关于三哥九皋，徐先生补曰："吏不得以其权牟利。"又关于四哥九韶，徐先生引黄东发之言而补曰："殆可推之治国。"而关于五哥九龄，徐先生则引象山之文章而补曰："时方摈程氏学，先生独尊其说。""文辞近古，有退之子厚之风；道学造微，得子思孟轲之旨。"②通过《年谱》以及徐复观先生的补述，我们发现陆氏从陆贺开始及象山的五位兄长之风范、学问、人格、行事，均属实学实务之传统儒家，彼等德性高尚，而且能推教化，能实践乡治，亦能任官治民，更有治国之能力。所以，象山父兄之学既然是从孔孟经典之"古学"涵养而来，陆氏门庭当然不属于释老之风，而是上追两汉与先秦的传统儒家之道。象山成人之后，虽然因应宋时喜谈性命天道之潮流，在心性义、本体宇宙义上，多有慧识和体悟而能抉发北宋诸大儒形而上学的内容和精蕴，上探孟子良知本心之学，成就他的心学开山之祖的崇高地位，惟象山学术和践行，何止是一位在精舍书院里透辟地畅论心性、本体、宇宙的形上哲学型儒家。

象山心学，在现代的儒学研究中，由乎哲学之取径而予以诠释，多能明其关键要义，如"心即理性即理""辨志""先立乎其大""复其本心""宇宙即吾心吾心即宇宙"以及"义利之辨"等。而这些论述，多就象山心学的本心之德性，亦即"德性心"加以发挥。说来说去，就是那一套心性论诠释。然而对于象山学术之中所着重的本心之知性如何外延徼向于事事物物而展开架构性、客观性的实学践履，则无所措意。譬如当代新儒家牟宗三先生至蔡仁厚先生之象山心学诠释即是如此。兹引蔡先生文加以说明。其曰：

> 象山云："宇宙自有实理，所贵乎学者，为能明此理耳，此理苟明，自有实行，自有实事，德则实德，行则实行。"

---

① （宋）陆九渊：《陆九渊集·年谱》，中华书局2012年版，第479—480页。
② 徐复观：《象山学述》，《中国思想史论集》，台北：学生书局1979年版，第12页。

儒家的知性传统与象山心学的知性

> 象山所谓实理，亦即阳明所谓"良知之天理"。这天所与我，心有所本的理，是有根的、实在的，故曰"实理"；实理显发为行为，即是"实行"；表现为人伦日用家国天下之事，即是"实事"；得之于心而凝为孝弟忠信等等，即是"实德"。象山……自称其学为"实学、朴学"，并说"千虚不搏一实，吾平生学问无他，只是一实"。由实理流出而为实行实事，此便是陆学精神之所在。①

上引一段正是一个例证，就是凡以哲学取径而在儒家之学术思想中只抽出其心性观而说其心性论者，如哲学家的儒学学者蔡仁厚先生（其实，牟宗三先生亦是）论述象山心学之心义，皆变成一种抽象的孤立的心性说，如同禅门之当机参话头，然而，在哲学形式的此种心学诠释系统里，多只细论德性之本心义，即内面孤明证成地论本心之天命德性，然而实则德性心，即本心之德性，原本自证自肯，当下即是，本来就不须文字和思虑上缠绕铺张，这样一来，正好就是象山所讥的"议论、意见"。我们应该明白，象山学术须以整体性来掌握了解，象山所言一大段实理、实事、实德、实行之所谓"实"，须外延地定着于象山学术的知性之层面和外延来加以认知才行，亦即应注重象山的"知性心"之发用是发用在外在的事物，追究其事物的客观之理则规律，②再者，亦必须就象山一生行事中的话语、文章和实行之记录，整全地掌握之后，才能得其真正了解和认识。

象山最重视"义利之辨"，判分义利在乎辨志。其思想源自《论语》。象山曰：

> 子曰："君子喻于义，小人喻于利。"……窃谓学者于此，当辨其志。人之所喻由其所习，所习由其所志。志乎义，则所习者必在于义，所习在义，斯喻于义矣；志乎利，则所习者必在于利，所习在利，斯喻于利矣。故学者之志不可不辨也。③

---

① 蔡仁厚：《中国哲学史大纲》，台北：学生书局1988年版，第235页。
② 徐复观先生点出一个很重要且关键性的关于象山对于"理"之观点，象山固然强调"心即理、性即理"，但象山并无"心外无理、性外无理"的说法，换言之，心固然是理，事物亦有其本身的理，是有外延性、架构性、客观性的。我们是依靠本然有理的心去追索探究认知外在世界的事物之自己本然的客观性、架构性的理。见徐复观《象山学述》，《中国思想史论集》，台北：学生书局1979年版。
③ （宋）陆九渊：《陆九渊集·白鹿洞书院论语讲义》，中华书局2012年版，第275—276页。

此处象山指明君子所习在义，小人所习在利，由此分出君子之志在于择义，而小人之志在于择利。所以，汝之心究竟是在义或在利，就是义利之辨及君子小人之分。此种点醒，是孟子所说的"四端"，也是孔子所说的"道二，仁与不仁"。这即是德性心之启示，它不需长篇大论的述说，本来就具足于自身。

象山又接着拿科举一事来加以说明，他先说道："科举取士久矣，名儒巨公皆由此出，今为士者固不能免此。然场屋之得失，顾其技与有司好恶如何耳，非所以为君子小人之辨也。"[①]他指出科举考试是一种取才抡官的制度，其本身是无记的，不能从制度来分辨君子小人，亦即场屋得失，不能决定君子小人。但象山又曰："而今世以此相向，使汨没于此而不能自拔，则终日从事者，虽曰圣贤之书，而要其志之所乡，则有与圣贤背而驰者矣。推而上之，则又惟官资崇卑、禄廪厚薄是计，岂能悉心力于国事民隐，以无负于任使之者哉？"[②]此段说出一般陋儒拼命读圣贤典册，其动机其实是为了通过考试而得到官位，从此可以飞黄腾达、荣华富贵，心中计虑的是官要愈大，财要愈多，岂有对于其专司之职分的专责为何加以关心习得，并且依之而践成？最后，象山才道出君子对义之抉择，须摆脱追求私利的小人习染。那么，应如何而为呢？他说：

> 诚能深思是身，不可使之为小人之归，其于利欲之习，怛焉为之痛心疾首，专志乎义而日勉焉，博学审问、慎思明辨而笃行之。由是而进于场屋，其文必皆道其平日之学、胸中之蕴，而不诡于圣人。由是而仕，必皆共其职，勤其事，心乎国，心乎民，而不为身计。其得不谓之君子乎？[③]

此段话语，可分两节，前一节是期许听其讲演的儒子能够"以诚而反身深思"，莫令私欲薰习污染了本心，自己认真痛切省察，而日日以仁心义行劝勉为君子。这一节是德性心的唤醒，依象山的用语，就是"辨志""先立乎其大""复其本心"，这节所言的工夫，是孔子所说的"克己"，孟子所说的"自反"，皆是本心的德性理性之自己的当下肯定和警觉。然而，象山的心学工夫次第，此节才是一个基本开端而已。而下一节所说的引自《中庸》的"博学→审问→慎思→明辨→笃行"，则是君子既已立乎其大，其中既有一清净明洁的本心良知为主人翁，

[①]（宋）陆九渊:《陆九渊集·白鹿洞书院论语讲义》，中华书局2012年版，第276页。
[②]（宋）陆九渊:《陆九渊集·白鹿洞书院论语讲义》，中华书局2012年版，第276页。
[③]（宋）陆九渊:《陆九渊集·白鹿洞书院论语讲义》，中华书局2012年版，第276页。

则此同一个本心就须外延扩展而徼向定着于事物，此运作就是心之"知性理性"的工夫，它使君子学习、明白事物的结构、状态、演变和结果，此即君子经世济民、齐家治国平天下时，他必须拥有具足的客观性知识。基于此节的意思，象山亦鼓励儒子参加科考，一旦儒子具有了孔孟圣人之《五经》的涵养，其科举考试的答文，必然不会是空疏虚饰的无用废文，而必是"言之有物、论之是实"的经国弘邦的伟构，若君子出仕为官，他的治道，当然就是此种踏实的具有架构性和客观性的实学建立的蓝图，而不会只逞口头之道德教条但本质上却又空疏虚无。

我们宜从钱宾四先生所言的"王官学"和"百家学"的观点来掌握陆象山学术的整全性，"百家学"的意思是象山从孟子良知说而来的立乎本心之"德性理性"以唤醒时代人心的启蒙，一般世儒多集中于此而论象山心学之义，其等所述倾向于以哲学的心性论观点来突出象山心学之特色；"王官学"的意思则是象山何止是牟宗三先生强调的传承孟子，何止于心性形上学的那层意思，象山之学术思想是一种"古学"，也就是重视《五经》古义，此古义即重经世济民之实学及其实践。通读《陆九渊集》，象山多有举《五经》来阐释并且教导儒子以及君王的例证，他不会像禅门佛子或心学末流之仅仅说说此心之空灵光景。象山是遵从"古学"的大儒。其依儒家古经之论说，皆是实学之实说。象山曰：

> 古先圣贤，无不由学。伏羲尚矣，犹以天地万物为师，俯仰远近，观取备矣，于是始作八卦。夫子……自谓："我非生而知之者，好古敏以求之者也。"《中庸》称之，亦曰："祖述尧舜，宪章文武。"尧舜相继以临天下，而皋陶矢谟其间曰："朕言惠可厎行。"武王缵太王、王季、文王之绪以有天下，未及下车，访于箕子，俾陈《洪范》。高宗曰："台小子旧学于甘盘，既乃遁于荒野，入宅于河，自河徂亳，暨厥终罔显。尔惟训于朕志：若作酒醴，尔为曲糵；若作和羹，尔为盐梅。"人生而不知学，学而不求师，其可乎哉？①

象山提揭儒家君子必须有学，学什么？就是学《五经》；亦必求师，何者为师？就是古圣先王。于此，象山提出了古圣先王的孔子以及伏羲、尧舜文武皋陶等，究其实，他的要义是要求儒子须从《五经》来学习古圣先王的思想、道义、学术以及治国爱民之方略。象山在此篇书文中，除了《中庸》，他亦提及《易经

---

① （宋）陆九渊：《陆九渊集》，中华书局2012年版，第14页。

传》和《书经》。

他在其他文章中又说:"世儒耻及簿书,独不思伯禹作贡成赋,周公制国用,孔子会计当,《洪范》八政首食货,孟子言王政亦先制民产、正经界,果皆可隐乎?"① 此段反映了南宋一般俗儒将实学实务视为鄙贱之事而耻闻计量之簿册,象山予以斥责,告诉儒子必须反顾古经,看看大禹的《禹贡》或《尚书》中周公制定的国家政经大业,又提到《洪范》中首重经济食货的"八政",更说及孟子的仁政王道亦从先王之政治理念而来,为民制产、重视井田经界等实际的农业经济之养民大政。象山于此引了《书》和《孟子》,其精神和方向皆重实学,而非哲学地、孤立地或抽离地论心性。

《书经》记载上古中国天文历算之实学,其实亦是中国古代科学之古典,象山显然熟此,他说:

> 淳熙已酉孟秋,中气在月之初,填星复顺入龙氏,直二大星之间,比下星如心大星之于前星。二日之夕,微出其西;三日之夕,微出其东。四日,益东。如朔之在西,则其正隐于三日之朝矣。
>
> 古羲和之官甚重,《尧典》独详其职。后世星翁历官,为贱有司,人庸识暗,安能举其职哉?因循废弛,莫董正之。②

象山述说孝宗淳熙十六年(1189年)的天文星历之官的天文星象之观测记录。这就是中国历史悠久的天文科学。象山对此科学是明了且肯定的,由此乃知其岂是朱子或理学家后学之讥讪之"禅"?象山此段话语分明彰显了他的"知性理性"的积极性和运作性,而能够把握天文星象历法之知识。再者,他说明《尚书·尧典》所载"羲和之官"的地位之崇隆而反衬了后世譬如其当时的南宋,朝廷和士大夫均贱视主司天文历法之职位,象山于此慨叹一个古代既已开创的优良实学专业的传统,后世之为政者却加以轻忽。虽然如此,象山本人却是熟习天文观测以及星象历法之科学的,他接着说:

> 是月也,余将视吾外姑之兆于东漕之龙冈,朔之夕,发象山,三日而抵余

---

① (宋)陆九渊:《陆九渊集·与赵子直》,中华书局2012年版,第70页。
② (宋)陆九渊:《陆九渊集·赠疎山益侍者》,中华书局2012年版,第250页。

家,四日之夕发余家,次夕抵大原观,六日抵龙冈。事既,遂抵疏山,与同行昭武吴大年、里中胥必先言:"五纬次,舍,有经宿可准如此者,得之于所见,不可不记之。治历须积候以稽合否。官之不宿其业,为日久矣。……"[①]

依此,象山进行了"野外考察"以及"户外观星",大概花了一周时间,为了观察天文星象而追踪观测之,并从而治历,他认为治历必须"积候"才能求事实与理论是否相合,此须牵涉观测、计量以及转换为质性语言,才能建立历书。显然,象山懂实际操作此种古老传下的科学技能,而此领域是《尚书》重视的,传延而下,太史公纂修有《历书》《天官书》,即此古代重实测而计量的科学传统。象山也是十分在意且力行的。

象山亦通《诗》,他说:"三百篇之诗,《周南》为首;《周南》之诗,《关雎》为首。《关雎》之诗,好善而已。兴于《诗》,人之为学,贵于有所兴起。"[②]依其言《诗》,可见是从孔子之"诗教"而来,譬如孔子说:"《诗》三百,一言以蔽之曰:'思无邪。'"(《论语·为政》)又曰:"小子何莫学乎《诗》?《诗》可以兴,可以观,可以群,可以怨。迩之事父,远之事兄。多识于鸟兽草木之名。"(《论语·阳货》)象山之诠释儒家诗义或诗心,明显从"无邪"和"兴、观、群、怨以及孝事于父、忠事于君,且进一步可多识自然生物生态"体认。如此体认人心之本来好善,由心之善端乃能对人文价值和自然存在皆有所兴发感奋,而此取径,是需要通过学习,并非仅仅本心内在的体证之功而已,乃是君子从德性出发而依据知性使心性和宇宙的"真"和"善",皆得以实现。

孔子晚年依鲁史而著《春秋》,寄托其太平世的微言大义,后来《春秋三传》以及《春秋繁露》有所传承,特别是《春秋公羊传》盛弘孔子"存三统"和"张三世"的外王思想。北宋因承五代危局,深痛于夷狄之祸害,所以振兴起《春秋》经理邦国、安定天下之实学,后世称为"宋初三先生"的孙复、石介、胡瑗都深究《春秋》大义,伸张"君子小人之分、华夏夷狄之辨、圣君贤臣之义"。在此文化道统的传承之下,有宋一代的大儒均注重《春秋》的节义和名分,兴中国拒胡虏,是他们的道统之信念也是政治之践履。

于此背景之下,陆象山深熟《春秋》,以"春秋教"教化弟子,并有相关的诠

---

① (宋)陆九渊:《陆九渊集·赠疎山益侍者》,中华书局2012年版,第250页。
② (宋)陆九渊:《陆九渊集·语录上》,中华书局2012年版,第407页。

释收入集中。这是经世济民之学，非空疏或烦琐的心理性理之玄学。兹举其中一例明之。《经》曰："九年六月，晋人、宋人、卫人、曹人伐郑。"象山诠释曰：

> 左氏谓郑及楚平，诸侯伐郑，取成而还。诸侯伐郑而称人，贬也。晋楚争郑，为日久矣。《春秋》常欲晋之得郑，而不欲楚之得郑；与郑之从晋，而不与郑之从楚，是贵晋而贱楚也。晋之所以可贵者，以其为中国也。中国之所以可贵者，以其有礼义也。
>
> 郑介居二大国之间，而从于强令，亦其势然也。今晋不能庇郑，致其从楚。陈又有弑君之贼，晋不能告之天王，声罪致讨，而乃汲汲于争郑，是所谓礼义者灭矣，其罪可胜诛哉？书人以贬，圣人于是绝晋望矣。①

象山既能论说、诠释《春秋》之经文的史事，并依仁道大义而批判之。可谓若不熟《春秋》及《左传》和《公羊传》，则不可能有所论评。此处显示象山的外王学之深切著明，也看出其深富古学义的"王官学"与"百家学"合而为一的精神与内容，若以章学诚之言而言，则象山学术是"即经即史、即史即经"之经世济民的实学，他岂止如一般世儒以为的狭窄之哲学型心性学者？

此引文可区分为两段，第一段即是表彰"中国之所以为中国"之大义大节，乃是以其有仁义礼乐道德。基于这个原则，晋之可贵，是因为晋实践中国之道，亦即施行礼义于诸国之际，因此，圣人肯定赞美之。第二段则是由于晋丧失了护持实践中国礼义之道而使自己沦落成夷狄，因为晋之堕落，不能维护华夏之道，反而在诸国之间推展其诡诈纵横之谋略，是以圣人贬斥之。

象山生逢金人南逼宋室的时代，抗金与北伐，是当时的《春秋》大义。而在当时，主和投降派却占了朝廷的主流，宋帝为保帝王的极宠之位，遂无光复华北失土而归还帝座于徽钦二宗之志。宋室是护卫中国礼义的晋或是堕落而下沉为夷狄的晋？象山亲眼所见，岂不昭然明著？

由上所述，象山的"春秋诠释学"，就是一种呼应且批判他的那个"当代"的外王之学，是经世学，是实学。我们的当代呼应和批判，宜效法象山这个依据《春秋经传》的"即经即史即史即经"的"知性理性"，亦可就两岸目前的分治状况而究明之，两岸皆应行中国礼义之道，而皆不可自甘为夷狄，而今之夷狄，是

---

① （宋）陆九渊：《陆九渊集·大学春秋讲义》，中华书局2012年版，第281页。

在外不在内，即侵华之各种帝国主义，以目前而言，大陆大可实践礼义中国之道，而台湾则千万不可堕落沉沦为帝国主义的附从前驱，愚蠢痴骏地被夷狄所贱使，则自己亦以微小岛屿而异化为夷狄，若自甘为夷狄之奴才而搞"台独"，依据《春秋》之判准，未有不溃亡者也。

四 结论

陆象山从《五经》传承并建立了自己的内圣外王之学，具有"王官百家之学"的合一传统，也具有"即经即史、即史即经"的内涵和精神，他不只以哲学性的心学而缔造了其学术地位，他的学术之实体，乃是经史子整合一体者。他实践实学；实学的实践，须有实事。兹依《陆九渊集》之关于象山关怀并践履农耕之实事为例作为本文简要结语。

中国自古以来就是农业文明和科技发达之国，到宋朝，农业已经非常进步成熟，农田、农作、农器以及作物品种，多方面均表现了高度的科学和技术水平。[1]再者，宋朝特别是南宋的农业经济、农村生态和农民生活又是阶层剥削而土地兼并且农民艰困的时代。[2]但是，南宋的朝廷和官员，仍多有儒家恤民养民的仁政之道，所以，他们仍然相当努力地减缓农村经济的不平等，尽可能改善水利和农田，也努力提高农民的生活条件。[3]

在《易传》中有很多关于天地环境之自然生态之叙述，因此亦正面叙说了先民的农业文明，如曰："古者包牺氏之王天下也，仰则观象于天，俯则观法于地，观鸟兽之文，与地之宜，近取诸身，远取诸物，于是始作八卦。……包牺氏没，神农氏作，斲木为耜，揉木为耒，耒耨之利，以教天下，盖取诸《益》。"(《周易·系辞下》)《易传》此段说出了神农氏时期中国古代的农耕开始发展。此种论述，正面积极地诠释了中国的农业文化，且农耕活动是建立在对于自然环境的观察与认知之上，此中没有幻想如希伯来的伊甸园或印度的极乐净土的宗教想象式神话，而是踏实地就客观性架构性的自然和环境之肯定与了解为基础来说明农业文明。其实对于农业文明及其有关的外在环境条件之叙述内容，在《尚书》的《尧典》《禹贡》《洪范》等篇章中，甚为重视，也呈显了上古儒家实学实务的实

---

[1] 祖慧：《沈括评传》，南京大学出版社2006年版，第271—276页。
[2] 梁庚尧：《南宋的农村经济·前言》，台北：联经出版事业公司1984年版。
[3] 梁庚尧：《南宋的农村经济·前言》，台北：联经出版事业公司1984年版。

践性。①陆象山曾经参与政事，他的实学践履的儒家传统，思想上应该是源于古代儒家经典，如《易》与《尚书》，是象山甚为熟习的，这使他十分关心并参与了对农业情况的认知和改善。

我们谨举一二例证用以指出象山娴熟农业文明以作为本文的结束。象山之熟悉关心介入农耕之事，乃是一种中国儒家的发政施作必有的知性理性之实践，是依据农业思想和知识而有的。象山曰：

> 江东西田土，较之此间，相去甚远。江东西无旷土，此间旷土甚多。江东西田分早晚，早田者种"占早禾"，晚田种"晚大禾"。此间田不分早晚，但分水陆。陆田者，只种麦豆麻粟，或莳蔬栽桑，不复种禾；水田仍种禾。此间陆田，若在江东西，十八九为早田矣。水田者，大率仰泉，在两山之间，谓之"浴田"，实谷字俗书从水；江东西谓之"源田"，潴水处曰"堰"，仰溪流者亦谓之"浴"，盖为多在低下，其港陂亦谓之"堰"。江东西陂水，多及高平处，此间则不能，盖其为陂，不能如江东西之多且善也。②

此段引文，几乎是象山对于江东西平原之田和山地区域之田的"农业考察报告"。若不在两区进行实地实察，是不可能写出这篇文章的，换言之，象山是依据田野和农业科学而作了两个区域的农田及其作物的观察，才撰述了这篇报告。在其中，他提出了两地的"田地使用率""田地的分类""稻禾品种"。同时，也就两地的水利设施和功效，如"浴田""源田""堰""陂""浴"提出说明：所谓"堰"就是筑得较低的储水坝、拦水坝，可蓄水亦可控制水之流灌；所谓"陂"，同"埤"，即蓄水的池塘，而筑造有一种分水堤堰可以控制流灌；所谓"浴"就是蓄积储存从河源流来的水或雨水而成的池塘。总之，象山是在描述两个区域的农田水利灌溉设施，这是水利专业话语。

上述显示了象山身为地方上的儒与仕，他何止于讲心性之道，他也通过本心之"知性理性"对事物和实务进行学习，并获得知识乃至于专业科学。在德性和知性双重同行的本心发用上，象山是真正而完全的人格崇高博厚的实践型大儒。

---

① 关于《尚书》以及其他儒家经典之这方面的论述，请参阅潘朝阳：《由地理学观念系统看〈尚书〉的地理识觉》以及其他相关论文，收入氏著《心灵·空间·环境：人文主义的地理思想》，台北：五南图书出版公司 2005 年版。
② （宋）陆九渊：《陆九渊集·与章德茂三》，中华书局 2012 年版，第 205 页。

从 knowing that 与 knowing how 看知与德之辩

——以陆象山思想为考察中心

刘悦笛

(中国社会科学院哲学所)

2019年第八届嵩山论坛的会议主旨里谈道:"人若无良知,不成其为人;若无理性,则无法生存。良知让理性具有方向性,不至于堕落为工具主义;理性让良知具有可行性,不至沦为空虚无用。"这便涉及良知与认知之间的重要关联。实际上,良知与认知不分,恰恰是中国哲学智慧的优长与短板所在,既是独到之处也是缺憾所在,这就涉及——"以真导善"与"以善启真"——及其互动关系。

在中国思想当中源远流长的知与德互通,乃是符合当今"德性认识论"的最新发展的,这种理论认定"认知德性"与"道德德性"是内在关联的,所谓认知德性:"(a)是以天性才能为基础获得的一种品质;(b)它令一个人在理智上变得出类拔萃,并带给他与天性相符的快乐;(c)它激励人去发现理智活动的对象本身,也就是发现真理;(d)它保证人成功达到目标。"[①]这就是我们所说的"以善启真"。与此同时,道德还要限制认知,要给认知以人性化的方向,就像如今的伦理学为克隆技术和人工智能设定限度与规范一样。"以真导善"与"以善启真"恰为真善关联的两个基本维度,中国古典哲学更倾向于在"以真导善"上逡巡反思,本文就用比较哲学的方法,以陆象山思想为考察中心,来试图重思知与德之辩。

---

① [法]罗杰·布伊维:《美学实在论》,何红梅译,中国社会科学出版社2017年版,第73—74页。

一 "知什么"（knowing that）与"知如何"（knowing how）的四种模式

从海外到本土，对于中国道德之为"知"的研究，引用较多的西方哲学家思想，来自英国分析哲学大家吉尔伯特·赖尔（Gilbert Ryle）。这位日常语言学派代表人物在《心的概念》这一专著当中，明确区分出 knowing that 和 knowing how。笔者倾向于用更直译的方法，把 knowing that 译为"知什么"，相应的，把 knowing how 译为"知如何"。这样既保留了 knowing 的动名词形式（不拟采取"某某之知"的名词译法），也更直接地显露出日用用语的本义，而无须进一步指明 knowing that 是命题性的知，而 knowing how 乃为体知性的知或能力性的知，显然，这些深层意义都是从日常用语当中衍生出来的，而并未完全遵循用语的原初意义。

最初援引赖尔二分法的，大概是历史学家余英时先生，他更加简明地将 knowing that 视为知行合一的"知"，而将 knowing how 当作知行合一的"行"。在1975年《论清代思想史的一个解释》一文里，余英时直接挑明"Gilbert Ryle 分别'Knowing How'和'Knowing That'也和儒家将知行先后的问题有密切相应的地方；'Knowing How'相当于'行'，'Knowing That'相当于'知'。而照 Ryle 的分析，在我们学习事物的过程中，总是实践先于理论，而不是先学会了理论然后才依之而行。（Efficient practice precedes the theory of it.）换句话说，我们是先从实际工作中摸索出门径，然后才逐渐有系统地掌握到理论和方法。"[①] 在赖尔那里，"Efficient practice precedes the theory of it"[②] 那句，即"有效的践行先于总结践行的理论"这句，还只是前半句，还有后半句说"方法论以对方法的应用为前提"，[③] 赖尔此处主说的是方法论问题。但请注意，他言说的对象主要是"智力行为"（intelligent performances），这便与中国思想的道德语境大异其趣了。

的确，赖尔在《心的概念》当中给予 knowing how 以建设性的说明，就是用男孩习得如何下棋为例，来阐明"我们通过践行学习如何去做（we learn how by practice），确实是在批评和例证的指导下实现的，而且经常缺乏理论上的任何

---

① 余英时：《历史与思想》，联经出版社1976年版，第140页。
② Gibert Ryle, *The Concept of Mind*, New York：Penguin Press, 1986, p. 31.
③ Gibert Ryle, *The Concept of Mind*, New York：Penguin Press, 1986, p. 31.

从 knowing that 与 knowing how 看知与德之辩

教训来加以引导",① 这符合日常经验规律,也接近中国人的践行之道。余英时虽在一定程度上把握住了赖尔的本意,但是将 knowing that 与 knowing how 分归于知与行则大可质疑:一方面,作为广义认知的 knowing that 并不关注道德认知的一面,而且其中更偏重命题性内涵;另一方面,更值得商榷的是,knowing how 在赖尔那里仅仅是知的一种形式,而并没有"述行"(perfomative)的涵义,显而易见余英时将 knowing how 推到了行的维度,从而基本上混淆了知与行。

因此,余英时更多地将这种分析哲学式的话语表述,转化为中国式的"寓知于行"的观念,只不过他的这种理解实乃更接近王夫之的知性合体观,而与王阳明的知行合一相去甚远,因为前者在先行割裂了知性之后再求以知入行,而后者在"一念发动处"就已归并知行而不断分两橛。余英时由此继续延伸到中国哲学,"Ryle 这一'寓知于行'的说法,我们很容易从日常经验中得到印证。王阳明的'知行合一'说固是建立在这种经验的基础之上,颜习斋的致用论也正是以此为根据。所以颜习斋特举弹琴和医病为例证"②。可以得见,余英时继续混淆了王阳明"心学"与颜元"实学"之根本差异,其所说的"寓知于行"大概更适合于后者而非前者,颜元认定"觉思不如学,而学必以习",只有经由践行性"习行",才能获得知识,其所谓的"习动"绝非阳明的"一念发动",而更以其"实学"的内涵取替了"心学"的原动之义,这种动实乃一种"外动"与"后动"而非更为本初的"心动"。从王船山到颜习斋都是如此看待心学传统的,王夫之批判王阳明"销行以归知,终始于知"即是如此,因为实学的路数与王阳明恰好相反,"行可兼知,而知不可以兼行"(《尚书引义·说命中》)就是反向之路,它必定用行收纳了 knowing how,甚至可以包孕道德意义上的 knowing that。这种以知入行的实质,恰是——"销知以归行"!

进一步的理解,就不再将 knowing that 与 knowing how 分属于中国语境内的知与行,而是皆归于知,但却是不同的知,而且有了中土的理解。杜维明先生则将二者分别译为"认知"与"体知",然而根据赖尔的阐发:"因而,人们完全可能是在尚未考虑让他们如何为之的任何命题之下来做事的。某些智力行为也并未受到其所用原则的任何预先承认的掌控。"③ 这同时意味着,knowing that 一般而言是命题性的知,而 knowing how 则是去命题化的,这才是两种知的根本差异

---

① Gibert Ryle, *The Concept of Mind*, New York: Penguin Press, 1986, p. 41.
② 余英时:《历史与思想》,联经出版社 1976 年版,第 140 页。
③ Gibert Ryle, *The Concept of Mind*, New York: Penguin Press, 1986, p. 31.

所在。如此一来，杜维明实现的就是一种主题的转换，因为他非常关注"体证之知"，亦即所谓的"体知"的问题，并把这种体知视为中国认知的核心规定。杜维明站在西中之间，一面承认"道德之知"就是一种认知的存在，但另一面却认定道德之知与"体知"内在紧密相通。这种被翻译为 embodied knowledge 的体知，在杜维明的思想源头那里被认为是来自美学智慧对于身体的观念，体知可同时将"感受、意愿、欣赏、理解和行为"熔为一炉。①

杜维明将 knowing that 与 knowing how 作为两种知做出了如此划分："认知与体知虽然都是属于知的行为但含意却大不相同。知道太阳系的行星绕太阳旋转是认知，知道如何骑自行车必须是体知，两者不可混淆。道德之知是认知而道德之知却与体知有紧密的联系。王弼所谓的'体无'当然是体知，但他的用心所在不是道德实践而是本体证会。不过，正因本体证会是体知和道德实践确有相契合之处。'知'在这个层次必须含着'技能'（skill）的意思，也就是包含'会'的意。如果顺着前面的例证的理路，自知冷暖的知与其说是认知毋宁说是体知。"②这种区分，显然与赖尔的命题性与非命题性之分有所不同，尽管他也意识到认知天体是需要命题的，而骑自行车则是需要技能的，前者是"懂"，后者要"会"。但其中却存在某种程度的深度误解，杜维明把知识论的 knowing how 与体验论的 embodied knowing（具身化的知）混淆起来：后者区分于前者的关键就在于，它诉诸所谓的"内在经验"（inner experience），③ 而这种经验往往被认为为中国思想所独具，特别是在宋儒追求"孔颜乐处"之类的道德体证当中，这就与赖尔 knowing how 的知识分析拉开了距离。

20世纪70年代中后期对赖尔这种著名二分法的引用，在80年代初也得到了初步回应，汉学家柯文雄（A. S. Cua）将"闻见之知"归属于 knowing that，认定其为辩解性或理论性的知识，相应的，"德性之知"则归属于 knowing how，其为实践性的或"致动性"（actuating）知识。柯文雄认为，"知"作为一种道德知识（moral knowledge）乃是一种带有"致动的"要素的实践知识，而

---

① Tu Weiming, *The Global Significance of Concrete Humanity: Essays on the Confucian Discourse in Cultural China*, New Delhi: Center For Studies In Civilizations, 2010, pp. 377, 371.
② 杜维明：《魏晋玄学中的体验思想——试论王弼"圣人体无"观念的哲学意义》，《燕园论学集——汤用彤先生九十诞辰纪念》，北京大学出版社1984年版，第203页。
③ Tu Weiming, "Inner Experience: The Basis of Creativity in Neo-Confucian Thinking", in *Humanity and Self-Cultivation: Essay in Confucian Thought*, Berkeley: Asian Humanities Press, 1979, pp. 102-110.

不仅仅是认知的,当然"行"就是道德行动(moral action)了。知行合一的"合一",则描述的是知与行之间的内在固有关联,其中,作为"行动的前提"(presupposition of action)的"行将发生的知识"(prospective knowledge),最终作为这种行动的结果成为所谓"回顾性的知识"(retrospective knowledge),所以"道德思考"(moral thinking)就变成了面对具体情景所形成的"心在动中"或"行动着的心"(mind-in-action)。① 在新世纪接近第二个十年的时候,赖尔的论述又得以复起,只不过聚焦在王阳明的"良知"概念之上,争论的焦点也更为集中。黄勇先生从深入阐释的角度,将赖尔的 knowing that 和 knowing how 译成"命题性知识"和"能力之知",强调前者以命题为工具,后者则具有赋能的作用,倒也无不可。更重要的是,在此基础上黄勇又提出了 knowing to 亦即"动力之知"这个新的概念,以给予知行合一的"有效性"以新的诠释。② 在 knowing 之后加 to 就是强调能动性,这其实与柯文雄的"致动性"是目标一致的。他们这样做的目的,其实是力求去解释良知概念的动力之源,其努力的方向是基本没错的,笔者也曾给出另外的解释之途。③ 尽管从柯文雄到黄勇做出了突破的尝试,但显而易见,问题就出在他们仍整体上囿于 knowing 的框架之内,从而将良知之知当作 knowing,或者当作 knowing 的特殊的一种类型,并视之为无可置疑的前提,但这一关键处恰恰是可以起疑的。下面就是从 knowing 的角度,对中国思想加以理解的四种不同模式:

赖尔	余英时	杜维明	柯文雄	黄勇
知什么(knowing that)	知	认知	辩解性知识	命题性知识
知如何(knowing how)	行	体知	致动性知识	能力之知

二 从"良知""吾心"到"致良知"

从孟子的"良知"到王阳明的"致良知",从四端始发的"小良知"到涵盖宇宙的"大良知",还有个中介环节必被设定其中,那就是陆象山的"吾心"。所

---

① A. S. Cua, *The Unity of Knowledge and Action: A Study in Wang Yangming's Moral Psychology*, Honolulu: The University Press of Hawaii, 1982.
② 黄勇:《论王阳明的良知概念:命题性知识,能力之知,抑或动力之知?》,《学术月刊》2016年第1期。
③ 刘悦笛:《从"一念发动处"解王阳明"知行合一"——兼论"意动"与"动行"的道德动机分殊》,《南京社会科学》2018年第11期。

谓"宇宙便是吾心，吾心即是宇宙"。心，由此被实体化了，乃至成为唯一的实在，如此一来，后来的阳明心学及其后学才有了北斗星的指引。

陆象山从追问宇宙边界出发，直悟到心即宇宙、宇宙即心，宇宙意识就是吾心意识、吾心意识即为宇宙意识，人同此心，心同此理。陆象山的这一思想转折，一般皆被追溯到孟子的"万物皆备于我"上面去，但是却有更深层的理论来源：

> 先生言："万物森然于方寸之间，满心而发，充塞宇宙，无非此理。孟子就四端上指示人，岂是人心只有这四端而已？又就乍见孺子入井皆有怵惕恻隐之心一端示人，又得此心昭然，但能充此心足矣。"乃诵："诚者自成也，而道自道也。诚者物之始终，云云。天地之道，可一言而尽也。"（《陆九渊集·语录上》）

从表面上看，陆象山似乎并不满意孟子的四端之示，他认为人心之善更为广博，并不仅仅是四端那般以偏概全，四端就是让人"明人性之善"的。由此也可得见，孟子所示的乃是心之本端，良知并未涵盖一切，所以我们称之为"小良知"，以对应于王阳明无所不包的"大良知"。然而，陆象山进而认定，"恻隐之心"作为四端之端，哪怕是以此"一端示人"，心亦可以昭然若揭，只要能扩充此心那就足够了。如此一来，孟子的推、扩、充本作为一种"良能"，在陆象山那里就被转化为扩而广之，所以方能"满心"而发，从而充塞宇宙天地之间。所谓"无非此理"之理，也就被归之于"心之理"，"明得此理，即是主宰"，"此理不明，内无所主"。

与孟子更重要的差异在于，陆象山将这种心的宇宙化与宇宙的心化，导向了"诚"的方向，"诚能反而思之，则是非取舍盖有隐然而动，判然而名，决然而无疑者矣"。这是原始儒学所未做之事，乃为宋儒的创见，似乎是将孟子思想向思孟学派的子思一路上前推。陆象山的阐释，的确更接近《中庸》第二十章的论述："诚者，天之道也；诚之者，人之道也。"由此，陆象山才引诚者自诚、道者自道，这个"自"在陆象山那里倒是有自己的意蕴，当然这也是归于本"心"使然。但是，陆象山并没有将"心"囿于内心或心内，而是认定"诚者物之始终"，"心诚"密布万物，这就是"天地之道"，同时也就是"人之道"，更准确地说就是"人心之道"，由此"万物森然于方寸之间"。这所谓"方寸之间"所指代的即"心"也，它非由外烁，天与我也，然而，"终日只凭借外说为主，天之所与我者反为客"。

按照《中庸》第二十四章的论述,诚与知,乃是相互勾连着的:"至诚之道,可以前知。国家将兴,必有祯祥;国家将亡,必有妖孽。见乎蓍龟,动乎四体。祸福将至,善,必先知之;不善,必先知之。故至诚如神。"尽管这里论述的乃是与占卜相关的"前知"、与福祸的预知直接相系,因而"至诚如神"也与"巫史传统"息息相关,但是德与知本是相通的,这并无异议。由此可见,《中庸》本重知,但孟子却实现了一种转变,由此德与知就被分开了,也背离了"巫史传统"的本然混糅状态。

孟子所谓的"良知"不是知,不是求真的知识,所谓的"良能"不是知之能,不是掌握知识的能力。"人之所不学而能者,其良能也;所不虑而知者,其良知也。"(《孟子·尽心上》)实际上,良知,无非就是心的功能性活动,就是心趋向于善的本能活动,而且越到后世此善越被推为至善。原始儒家与宋儒之间还是有根本差异的,这是由于,孟子还是以论"性善"为主。良知良能,在孟子的性善论的主导当中,也就是"性德"与"性能",既是一种道德的权力,也是一种潜能的存在。恻隐之心也只是最初的善性发端,而性本身就是一种"德性",也就是意指英文称为 virture 的那种美德,然而孟子伦理学却并不是西方意义的美德伦理学(Virture Ethics),因为孟子伦理当中包孕着重"情"的底蕴。

陆象山的转折意义,就在于把心直接实体化,也就是转化为一种英文所谓 substance 那种对象,由此,良知也就等同于心。这可是一种重大的转向,因为即使是在孟子那里,更不要说在孔子那里,心的实体化都是根本不存在的,在重"性"的孟子那里,本心就是"本德",并没有任何实体化的意义。按照这种思路,性即德,心之善就是德本性,直至朱熹都没有脱离这个主流看法。朱子对"心统性情"的阐释就是按照这一思路而来,因为心是一种具有反思功能的主体,性情之所以能统一到心上去,也不是因为心是实体化的对象,"性即理"才是朱熹的真正本意。

按照陆象山的发现,或者说依据他的道德直觉,"四方上下曰宇,往古来今曰宙","因宇宙字义,笃志圣学"(《陆九渊集·年谱》)。原来宇宙是无穷的,天地就是无穷的,人在宇宙之中,由此,人的心也是无穷的。"宇宙内事,是己分内事;己分内事,是宇宙内事",这也是重释孟子"万物皆备于我"的结果,只不过"我"变成了"吾心"。这我与吾,在庄子的"吾丧我"那里就是不同的,

"吾"更具与宇宙相通的含义。然而，在孟子那里，并没有"我"就是宇宙本体的意义，但是到了陆象山那里，"吾心"便具有了宇宙本体的含义。这"吾心"就好似黑格尔的绝对精神，费希特的作为主体的我，抑或康德的超越的自我，总之，这种心的实体化也就是一种"主体化"。

到了王阳明那里，接续陆象山的心化传统，在"主体化"上走得更远了，或者说变得更绝对了。"良知为心对本身至善的自觉"，"'良知亦自会觉'，就是说，良知自然有辨别善恶之能力，能自觉其流行之为合中或偏倚，并有潜力使得偏倚者复归于中节"。① 关键还在于，王阳明立"致良知教"，在良知之前加了"致"的前提，在良知之后附了"教"的结果。此"致"此"教"，就又关涉到尊德性之"尊"及其与"道问学"之"道"的关联。如果说，陆象山只是直觉到了"吾心"的力量与潜能，更多强调一种对道德直觉的体认，到了王阳明那里，起码从"一念发动处"，知便是行，行便是知了，这便是"知行合一"。但问题还是，良知就是"知"吗？此"知"乃是"认知"意义上的知吗？

三 "致知"非知：德性之"尊"与问学之"道"的张力

王阳明的良知，并不是"知"，起码不是如今所理解的那种认知之知，这就是说，"致知"非知，"致良知"亦非知。如此看来，良知既非"知什么"（knowing that），也非"知如何"（knowing how），因为良知之知根本不是 knowing，如果丧失了这个前提，去谈 knowing that、knowing how 抑或 knowing to 根本没有意义。阳明的良"知"，更是一种"良觉"，也就是对至善的一种道德直觉。冯耀明通过大量论证试图来证明：良知非知，致知也不是知识论，"如果知或良知不是知识，而是道德心灵之实性及其呈现之本然自觉、自得的精神状态，致知或致良知不是认知活动，而是复其道德自觉本然之明的功夫；则阳明的致良知教当然不是一种知识理论，而是一直有关实践成德之教。……本心之良知是道德主体之自觉而自得，自信而自当；本心之天理即是此道德主体自觉而自得，自信而自当，而同时即确立一道德规范的方向"②。这个判断，笔者是基本赞同的，"知致"属知，"致知"属行，所以才知行合一。

---

① 成中英：《中国哲学与中国文化》，台北：三民书局1979年版，第148、151页。
② 冯耀明：《中国哲学的方法论问题》，台北：允晨文化1988年版，第51页。

有了"致知"非知的这个前提，我们再来看陆象山的论述：

> 伯敏问云："以今年较之去年，殊无寸进。"先生云："如何要长进？若当为者有时而不能为，不当为者有时而为之，这个却是不长进。不恁地理会，泛然求长进，不过欲以己先人，此是胜心。"……格物是下手处。伯敏云："如何样格物？"先生云："研究物理。"伯敏云："天下万物不胜其繁，如何尽研究得？"先生云："万物皆备于我，只要明理。"（《陆九渊集·语录下》）

这就关系到"尊德性"与"道问学"之辩。有一种曾占主流并几成共识的说法，将陆象山之"尊德性"与朱熹之"道问学"相对而出。蔡元培在《中国伦理学史》里便指出："朱子偏于道问学，尚墨守古义，近于荀子。陆子偏于尊德性，尚自由思想，近于孟子。"[①] 这是民国初年的看法，蔡元培先生甚至将朱陆之别追随到荀孟之异。然而，到了冯友兰《中国哲学史》撰写的时代，就已经明确反对"朱子偏重道问学，象山偏重尊德性"的说法："此等说法，在当时即已有之。然谓朱子之学之最终目的，亦在于明吾心之全体大用。此为一般道学家共同之目的。故谓象山不十分注重道问学可；谓朱子不注重尊德性不可。"[②] 这后来也成为某种共识：朱子认定尊德性与道问学实乃不可偏废，反而是陆九渊不赞同二者相辅相成，而单以尊德性为先。

然而，在陆象山的论述当中，却总有一种反例存在，陆子也是重学问的，譬如他曾论："学问不实，与朋友切磋不能中的。每发一论，无非泛说。内无益于己，外无益于人。此皆己之不实，不知要领所在。"（《陆九渊集·语录上》）然而，哪怕就是在朱熹的论述里面，这种分化也是存在的，因为恰是朱子最早援引《中庸》以尊德性与道问学之分，来释朱陆之别，他在致项安世的信当中自谓："今子静所说专是尊德性事，而熹平日所论确是问学上多了。"（《朱文公文集》卷五十四）于是，面对尊德性与道问学之辩，我们在此可以转换一种追问方式，去追问尊德性之"尊"与道问学之"道"，到底是什么意思？

如此一来，"尊德性"与"道问学"之辩就被转化为——"尊"与"道"之

[①] 蔡元培：《中国伦理学史》，商务印书馆1910年版，第137—138页。
[②] 冯友兰：《中国哲学史》，商务印书馆1934年版，第938页。

辩。因为，按照朱陆两位的本来意思，朱子从未放弃德性，陆子也没放弃问学。关键就在于，朱熹与陆象山的"尊"与"道"的方式，到底分别是什么？究竟有何差异？进而可以追问，这种朱陆的"尊""道"之别，是否直接勾连到"性即理"与"心即理"的本体性差异？

如今看来，根据鹅湖论辩的史实，朱熹与陆象山的论辩，并没有深入到"性即理"与"心即理"的哲学差异，反而所争论的焦点在于方法论，到底是经由格物由此致知，还是归于本心由此致良觉？鹅湖之会的当事人之一朱泰卿的事后回顾，其实还是更接近实情的："鹅湖之会，论及教人。元晦之意，欲令人泛观博览，而后归之于约。二陆之意，欲先发明人之本心，而后使之博览。朱以陆之教人为太简，陆以朱教人为支离，此颇不合。"（《陆九渊集》卷三十六）当然，朱亨道所论的是"教人"，鹅湖之辩也并不是一种纯哲学的探讨，而是涉及如何知行为一地授之以道、教之以人，朱子先博后约，二陆归心后博，双方相互批判，朱批陆简，陆批朱裂，这是大家都承认的基本事实。

按照陆象山的路数，每日格一物的那种渐进方式，就好似禅宗北派的渐悟一路，历时持久而难有所长进。当被问到究竟如何格物时，陆子的答案似乎与朱子无异，不过就是"研究物理"，关键是如何研究法？既然天下万物"不胜其繁"，那么，究竟如何穷尽呢？莫非要格完万物才能见心？万物皆格也是不可能的，朱子也从未有此理，而是说在格一物再一物的渐进过程当中，一定会终有体悟。陆象山则从根本上拒绝这个路数，而走的是禅宗南派的顿悟一路，既然万物皆备于"我"，这是孟子本意，吾心便是宇宙，这是陆子新意，那就"只要明理"即可，这个理当然是"心即理"，"苟此心之存，则此理自明"，而非"性即理"。在这个终极层面上，朱陆根本殊途，但是二者毕竟同归道统。

然而，"心即理"与"性即理"的形上之分，和"尊德性"与"道问学"之异，尽管深层相联相系，但是并没有直接的关系。汉学家田浩也有类似的判断："朱熹一直以'尊德性'为主要的目标，'道问学'则为道德价值和功夫修养服务，这些名词原来只涉及教学方法的问题，而不是整体哲学的区别。"[①] 如此看来，牟宗三的判断也是公正的："朱子亦未尝不尊德性，亦未尝无'心之德''心具众理''心理合一''无心外之法'等语句和议论。象山、阳明亦未尝不重学、不处事、不读书。虽未章句注解、考订文献，然何必人人都做同样工作？道问学亦不必定

---

① ［美］田浩：《朱熹的思维世界》，江苏人民出版社2015年版，第229页。

在某一形态也。是则其争论实可不必，而亦不必是两系统之异。"[①] 牟宗山甚至认为朱陆之争，都大可不必，因为他们的辩论并未涉及两个哲学系统的差异，也就是未上升到形而上的层面。

四　超越方法之外：形而上与形而下皆通贯

既然鹅湖论辩只是方法论之争，回到哲思系统，又关系到形而上与形而下之辩，且看这段论述：

> 或谓："先生之学，是道德、性命，形而上者；晦翁之学，是名物、度数，形而下者；学者当兼二先生之学。"先生云：足下如此说晦翁，晦翁未服。晦翁之学，自谓一贯，但其见道不明，终不足以一贯耳。吾尝与晦翁书云："揣量模写之工，依放假借之似，其条画足以自信，其节目足以自安。"此言切中晦翁之膏肓。(《陆九渊集·语录上》)

在此，陆象山被问道：是不是您的学乃是形而上的，而朱熹之学乃是形而下的呢？这似乎是明确区分朱陆，因为前者之学是名物、度数之学，后者之学则是道德、性命之学，而提问者总结说：真正的学问乃兼有二者，从而倾向于一种持中的调和论。陆象山本人却并不赞同这种形而上与形而下割裂的看法，说如此定位朱熹，就连朱熹本人也不会赞同，朱子和陆子都是追求"道通为一"的，且都是"上下贯通"的。提问者则是在前行割裂形而上与形而下之后，又试图弥合二者的分离，这个断裂问题在朱陆自身那里反倒是不存在的。陆象山认定朱熹的问题，并不是在于割裂上下，反而在于他试图一贯，但是"见道不明"，未归之于"心"之道也。

关于形而上与形而下，陆象山本人说得极其明确，他主张道器不分："自形而上者言之，谓之道；自形而下者言之，谓之器。天地亦是器，其生覆形载必有理。"(《陆九渊集·语录下》)但是他所尊的理，却不同于朱熹的理。这意味着，尊德性之"尊"，到底是"心之尊"，还是"性之尊"？主张"性即理"的朱熹，当然是赞崇后者，力主"心即理"的象山，当然是倾向前者，最终朱陆分殊即在此，二者所尊的对象与方式都是殊途的。

[①] 牟宗三：《心体与性体》(上)，吉林出版集团2013年版，第49—50页。

至于"道问学"之道，这个道，到底是哪个道？此"道"，乃是言说之意义，还是遵从的意味？但是无论如何，此道乃是一步又一步来做的，不同于"尊"那种南派禅宗式的顿悟。而且，"尊"只是心悟，"道"则是行动。或者结合王阳明的论述，"知致"的方式属道，道问学之"道"，而"致知"的方式属尊，尊德性之"尊"。在朱熹那里，"朱子所说的固有自足之知乃是良知，而其知至之知或真知之知（即德性之知）乃是心全具理以为性的道德自觉，一种道德自我承担的精神境界。良知乃是就道德直觉之潜在性言，而知至之知则是就此道德自觉之全幅朗现言。无论是忽然而觉的良知之发或大悟全觉的知之至，都是指一种道德自觉的心灵状态。致知就是致此良知，以臻于知之至的境界"[①]。但无论如何释读，道德与认知都不该是割裂的，而是有着更为内在的关联。

的确，一般意义上的德与知，主要涉及两方面："一方面是那些本原的伦理开放性和人心的倾向与直接的道德意识（良心），另一面是关于经验事实的信息的、习得的知识。毫无疑问，为了能够作出善的行为，必须了解许多外部的实际情况。……仅凭单纯的意向（志向）还不能使一种善的行为成为可能。"[②] 这种知识特指"信息知识"，我们言说德与知关联之"知"，就是主要就着重知识而言。汉学家耿宁认定，王阳明的良知本初就是一种所谓的"本原知识"，然而这种知识还是知吗？按照着阐发，"这种'本原知识'不仅是道德意识（'良心'），而且也是'本原知识的本己本质'，它的范围要比道德意识宽泛得多，并且是指一种始终完善的真正本质（本体）"[③]。这种现象学还原已经"过度阐释"了，王阳明的良知再超出道德意识，也还是以德性为核心。其实，"本原知识"，更多是"识"而非"知"，起码并不等于实际意义上的知道，它应该还是一种自觉的道德意识。

在这个意义上，从陆象山到王阳明恰恰割裂了道德之"尊"与学问之"道"，从而试图用前者去涵盖与包纳后者，这也是到了牟宗三那里试图从"良知坎陷"开出民主科学的根源缺憾所在，因为从陆王心学一开端就已经割裂了德与知，而如今恰恰是要找回认知与良知的本然关联，这也是中国哲学可以贡献给世界的独特之处！

[①] 冯耀明：《中国哲学的方法论问题》，台北：允晨文化1988年版，第51页。
[②] ［瑞士］耿宁：《人生第一等事——王阳明及其后学论"致良知"》（下），倪梁康译，商务印书馆2016年版，第1073页。
[③] ［瑞士］耿宁：《人生第一等事——王阳明及其后学论"致良知"》（下），倪梁康译，商务印书馆2016年版，第1073页。

陆九渊论"天理人欲"来自道家之补证

林桂榛

（曲阜师范大学孔子文化研究院）

《四部丛刊初编》所收明嘉靖年间《象山先生全集》7处提到"天理人欲"或"人欲天理"（"天理"26见，"人欲"15见），分别见卷二十九、卷三十三、卷三十四（2见）、卷三十五（2见）、卷三十六，其中3处提到《乐记》：

> 天理人欲之言，亦自不是至论。若天是理，人是欲，则是天人不同矣，此其原盖出于老氏。《乐记》曰：人生而静天之性也，感于物而动性之欲也，物至知知而后好恶形焉，不能反躬，天理灭矣。天理人欲之言盖出于此《乐记》之言，亦根于老氏，且如专言静是天性，则动独不是天性耶？《书》云人心惟危，道心惟微，解者多指人心为人欲，道心为天理，此说非是。心一也，人安有二心？自人而言则曰惟危，自道而言则曰惟微，罔念作狂，克念作圣，非危乎？无声无臭无形无体非微乎？因言庄子云眇乎小哉，以属诸人；謷乎大哉，独游于天，又曰天道之与人道也相远矣，是分明裂天人而为二也。（卷三十四）

> 旧尝通张于湖书于建康误解了《中庸》，谓魏公？致广大而不能尽精微，极高明而不能道中庸，乃成两截去了。又尝作高祖无可无不可论误解了《书》，谓人心人伪也，道心天理也，非是。人心只是说大凡人之心，惟微是精微，才粗便不精微。谓人欲天理非是，人亦有善有恶，天亦有善有恶，日月蚀恶星之岂可以善皆归之天恶皆归之人？此说出于《乐记》，此说不是圣人之言。（卷三十五）

> 天理人欲之分论极有病，自《礼记》有此言，而后人袭之。《（乐）记》

曰：人生而静，天之性也；感于物而动，性之欲也。若是则动亦是，静亦是，岂有天理物欲之分？若不是，则静亦不是，岂有动静之间哉？（卷三十五）

《礼记·乐记》原文曰：

> 人生而静，天之性也；感于物而动，性之欲也。物至知知，然后好恶形焉。好恶无节于内，知诱于外，不能反躬，天理灭矣。夫物之感人无穷，而人之好恶无节，则是物至而人化物也。人化物也者，灭天理而穷人欲者也。

《乐记》此"性之欲也"在大量抄用古本《乐记》文字的《史记·乐书》里作"性之颂也"。郭沫若《公孙尼子与其音乐理论》引《乐记》"人生而静，天之性也；感于物而动，性之欲也"句下校语曰："静性动颂为韵，颂者容也，今《礼》作'欲'，此据《乐书》改。"①吉联抗《乐记译注》已根据《乐书》将该"欲"字校为"颂"字，吉联抗曰："原文'性之欲也'，乐书'欲'作颂，俞樾云：'颂即容之叚字。'（群经平议）"②吕骥《〈乐记〉理论新探》从吉联抗之说，改该"欲"字为"颂"字。③而蔡仲德《中国音乐美学史资料注译》及《〈乐记〉〈声无哀乐论〉注译与研究》亦从吉联抗之说，蔡注曰：

> "欲"：《乐书》作"颂"。《群经平议》云："'颂'即'容'之叚（假）字。""容"，容貌，可引申为外在表现。这二句说，"感于物而动"，本性便表现出来。④

"欲"又作"慾"，"颂"本作"頌"。就"頌—欲"二字部首，"公—谷"都从"八"，而"厶—口"部又相似；"页—欠"部也接近（譬如小篆分别作 、 ），

---

① 郭沫若：《青铜时代》，科学出版社1957年版，第187页。
② 吉联抗：《乐记译注》，音乐出版社1958年版，第8页。
③ 吕骥：《〈乐记〉理论新探》，新华出版社1993年版，第91页。
④ 蔡仲德：《中国音乐美学史资料注译》，人民音乐出版社2004年版，第279页；蔡仲德：《〈乐记〉〈声无哀乐论〉注译与研究》，中国美术学院出版社1997年版，第14页。

故"颂"讹为"欲"完全可能。从语义上说,"感于物而动"并不是"性"的"欲"(欲望,心理也),而是"性"的体现("颂",容貌也),故当以《史记·乐书》抄录的古《乐记》"感于物而动,性之颂也"为是。

"人生而静,天之性也"系天生本静之义,"感于物而动"是物感而心动、情动之义(感本即咸字,咸本触动、震动义)。在"人生而静,天之性也"的观念下,心动、情动或情感生当然是"性之颂"而非"性之欲"(孔颖达疏此"欲"为"贪欲"义),因为心动、情动或情感生是"性"的动态展现或动态发展,并非心动、情动或情感生是"性"本身的欲望或贪念,故今本《礼记·乐记》作"性之欲也"不仅于修辞上甚不通(即静性、动颂各自协韵),于文义上亦完全不通。

此句在汉代原始《乐记》里实当作"人生而静,天之性也;感于物而动,性之颂也",采入《礼记》后讹为"人生而静,天之性也;感于物而动,性之欲也",采入《史记》却无讹(《史记》先《礼记》采《乐记》)。而其讹因主要是"颂(頌)"同"䫶"且与"欲"字形近,以及《乐记》该句前后文"非以极口腹耳目之欲""灭天理而穷人欲"等大讲"欲"字。就形近易讹而言,"颂(頌)/䫶/欲"之"公—谷"部皆从"八"且"厶—口"形近,篆文、简牍文"頁—欠"部亦形近(頁指头,头即首)。俞樾《群经平议》曰:"'颂'即'容'之叚(假)字。"《说文》曰:"頌,皃也。从頁,公声。䫶,籀文。""皃,颂仪也。从人,白象人面形。凡皃之属皆从皃。"(皃即貌)《说文系传》曰:"颂,古容字。白非黑白,字象人面。"《释名》曰:"颂,容也,序说其成功之形容也。"段注曰:"古作颂皃,今作容皃,古今字之异也。""颂者今之容字,必言仪者,谓颂之仪度可皃象也。凡容,言其内皃,言其外引伸之凡得其状曰皃。"徐锴《说文解字系传》曰:"颂,古容字,白非黑白,字象人面,没教反。"《说文》段注释"䛦"曰:"论讼也,讼当作颂,论颂即言容也。"又释"讼"曰:"一曰歌讼,讼颂古今字,古作讼,后人假颂皃字为之。"所以,"颂—容"字义一致,"性之欲"原作"性之颂","性之颂"即"性之容","容"即是表现、体现。①故古本《乐记》"性之颂也"即"性之容也"之义,就是"性之表现"之义,即颂(頌)=䫶=容。

"感于物而动,性之欲也"句,郑注说"言性不见物则无欲",孔疏说"感

---

① 关于《礼记·乐记》"感于物而动,性之欲也"当正作"感于物而动,性之颂也",可参看金辉《"颂"与"容"的前世今生》一文(《光明日报》2018年4月13日第16版)。

于外物而心遂动，是性之所贪欲也"，是将该"欲"释"贪欲""欲望"之"欲"。但"感于物而动"不一定都是贪欲或欲望，《乐记》说"哀心感""乐心感""喜心感""怒心感""敬心感""爱心感"及"六者非性也，感于物而后动"即说"六情"而非单说"欲"。"欲（慾）"是心之"情"的一种而已，"情"有多种，"欲"也有多种，俗语所谓"七情六欲""六欲七情"是也。

《吕氏春秋·贵生》曰："所谓全生者，六欲皆得其宜也。"汉高诱注曰："六欲，生死耳目口鼻也。"《礼记·礼运》曰："何谓人情？喜怒哀惧爱恶欲七者，弗学而能……饮食男女，人之大欲存焉；死亡贫苦，人之大恶存焉。故欲恶者，心之大端也。"欲求、厌恶只是人心、人情的两大基本构成，此是普遍人性人情，故《庄子·盗跖》曰："夫欲恶避就，固不待师，此人之性也。"由此观之，"感于物而动"不限于"欲"，故不是"性之欲也"，而当是"性之颂也"。

"人生而静，天之性也"句，先秦两汉书里凡4见，分别是：

（1）人生而静，天之性也；感于物而动，**性之颂**也。物至知知，然后好恶形焉。好恶无节于内，知诱于外，不能反己，天理灭矣。（《史记·乐书》）

（2）人生而静，天之性也；感于物而动，**性之欲**也。物至知知，然后好恶形焉。好恶无节于内，知诱于外，不能反躬，天理灭矣。（《礼记·乐记》）

（3）人生而静，天之性也；感而后动，**性之害**也。物至而神应，知之动也；知与物接，而好憎生焉。好憎成形，而知诱于外，不能反己，而天理灭矣。（《淮南子·原道训》）

（4）人生而静，天之性也；感物而动，**性之害**也。物至而应，智之动也；智与物接，而好憎生焉；好憎成形，而智怵于外，不能反己，而天理灭矣。（《文子·道原》）

《乐书》《乐记》应有一个共同的祖本，所以语句几乎完全相同；而《淮南子》与《文子》也同样是这个道理。如果《乐记》"性之欲也"字样当是《乐书》"性之颂也"字样所讹而得并且"颂"就是"容"的意思，那么《淮南子》《文子》的"性之害也"之"害"也有可能是"容"字形误。当然"感而后动""感物而动"是"性之害也"也可能是警惕"害性"而主张返性、复性的一种表达，故后面所谓"天理灭矣"云云。

日本伊藤仁斋（1627—1705年）在《论孟字义》一书中，曾经提出一个很有意思的问题。他说为宋儒极力推崇的《乐记》"人生而静，天之性也；感于物而动，性之欲也"本不是儒家者言，而是出自老子之书。他说："天理二字，屡

陆九渊论"天理人欲"来自道家之补证

见于《庄子》，而于吾圣人之书无之。《乐记》虽有'天理人欲'之言，然本出于老子而非圣人之言，象山陆氏辨之明矣。"又说："此语本出于文子之书。文子，老子弟子，以虚无因忘为道。但《文子》'性之欲也'作"'性之害也'，盖《乐记》剽窃之也，又见《淮南子》书。而先儒用'复性复初'等语，亦皆出于《庄子》。盖老子之意以谓万物皆生于无，故人之性也其初真静。形既生矣，而欲动情胜，众恶交攻。故其道专主灭欲以复性，此复性复初等语所由而起也。儒者之学则不然……初无灭欲以复性之说。老庄之学与儒者之学，固有生死水火之别，其源实判定于此。"[①]——如果伊藤仁斋之说可从，则更能证明《乐记》出自汉代儒者采编改写而成，所以《乐记》有秦汉时道家思想，或者说《乐记》糅合了道家思想，这在"人生而静"之说上是成立的。

道家思想主虚主静，故总体是克欲复性、克动复静思维，故以天性为本、以动欲为害，故《文子》曰"感物而动，性之害也……不能反己，而天理灭矣"，《淮南子》衍曰"感而后动，性之害也……不能反己，而天理灭矣"。先秦儒家初不以虚静为天性或天理，更不以无知无欲为天性或天理，汉儒援引道家"人生而静，天之性也；感物而动，性之害也。物至而应，智之动也。智与物接，而好憎生焉。好憎成形，而智怵于外，不能反己，而天理灭矣"句式句义及动前为静之哲理，改而曰"人生而静，天之性也；感于物而动，性之颂也。物至知知，然后好恶形焉。好恶无节于内，知诱于外，不能反己，天理灭矣"，此是《乐记》作者为了表达《乐记》"人心之动，物使之然也，感于物而动，故形于声"，"六者非性也，感于物而后动，是故先王慎所以感之"，"情动于中，故形于声，声成文谓之音"的"物感—心动—声形—音生"的歌唱原理以及主张心动情动、知物发欲导致"好恶无节，物至人化"之乱，故须布以"制礼乐，为之节"。"礼节民心，乐和民性"的王道之治。（"乐和民性"在《乐记》中原作"乐和民声"，今据《说苑》及郭沫若等而改，另《乐记》"乐以和其声"亦当是"乐以和其性"，乃音近而讹。）

今本《礼记·乐记》"人生而静，天之性也；感于物而动，性之欲也"，当从《史记·乐书》"人生而静，天之性也；感于物而动，性之颂也"而校"性之欲也"为"性之颂也"，且它们皆是化自《文子》"人生而静，天之性也；感物而动，性之害也"以及《淮南子》"人生而静，天之性也；感而后动，性之害也"

[①]《日本思想大系》第33册，东京：岩波书店1971年版，第125、136页。

的事实，更加证明了《汉书·艺文志》有关《乐记》成书真相实为"武帝时，河间献王好儒，与毛生等共采《周官》及诸子言乐事以作《乐记》"的历史叙述。

《朱子语类》卷九八说："伊川曰：'天理'二字，却是自家体贴出来。"《二程外书》卷十二说："明道尝曰：吾学虽有所受，'天理'二字却是自家体贴出来。"直接将"天理—人欲"对裂开来并视"天理"高于"人欲"，的确首见于《文子》《淮南子》且属于道家思想。为朱熹（1130—1200 年）所津津乐道的程颐（1033—1107 年）"自家体贴出来"的事实与价值、实体与意义浑然一体的"天理"，在朱熹的《四书集注》里也有充分体现，出现共 67 次的"天理"，其中不乏"天理—人欲"对立而言者：

天理人欲，不容并立。

盖必其有以尽夫天理之极，而无一毫人欲之私也，此三者《大学》之纲领也。

心之虚灵知觉，一而已矣，而以为有人心、道心之异者，则以其或生于形气之私，或原于性命之正……故虽上智不能无人心，亦莫不有是性，故虽下愚不能无道心。二者杂于方寸之间，而不知所以治之，则危者愈危，微者愈微，而天理之公卒无以胜夫人欲之私矣。

义者，天理之所宜。利者，人情之所欲。

性者，人所受之天理；天道者，天理自然之本体，其实一理也。

然其所以三仕三已而告新令尹者，未知其皆出于天理而无人欲之私也。

以私灭公，适己自便，凡可以害天理者皆利也。

人能操无欲上人之心，则人欲日消、天理日明。

于此勉焉，则有以胜其人欲之私，而全其天理之公矣。

日日克之，不以为难，则私欲净尽，天理流行，而仁不可胜用矣。

私胜，则动容周旋无不中礼，而日用之间，莫非天理之流行矣。

君子之心公而恕，小人之心私而刻。天理人欲之间，每相反而已矣。

克去己私以复乎礼，则私欲不留，而天理之本然者得矣。

君子循天理，故日进乎高明；小人徇人欲，故日究乎污下。

仁义根于人心之固有，天理之公也。利心生于物我之相形，人欲之私也。循天理，则不求利而自无不利；徇人欲，则求利未得而害已随之。

然天理人欲，同行异情。循理而公于天下者，圣贤之所以尽其性也；

> 纵欲而私于一己者，众人之所以灭其天也……皆所以遏人欲而存天理。
>
> 在人则为本心全体之德，有天理自然之安，无人欲陷溺之危。
>
> 义者，宜也，乃天理之当行，无人欲之邪曲，故曰正路。
>
> 盖天理之所以常存，而人心之所以不死也。
>
> 仁者，无私心而合天理之谓。
>
> 无真儒，则天下贸贸焉莫知所之，人欲肆而天理灭矣。

清儒批评宋儒"以理杀人"的"天理"论，并提出其"理"模型中有道家玄学实体的影子，近代也提出"天理"支撑下的"礼教吃人"及荼毒人权问题，这很易让人联想到罗素（Russell）批评黑格尔（Hegel）时所说："公民为国家而存在呢？还是国家为公民而存在呢？"[①] 罗素批评黑格尔哲学，批评黑格尔的形而上学和价值问题之间关联，批评黑格尔将貌似正确合理的伦理、价值与实为虚妄错误的形而上学、逻辑相结合是荒谬和危险的。而某种意义上，程朱等所津津乐道的"天理"说，在被权力道场接收利用及以"天理优先"形式加以固化神化且"天理"解说话语权被资源强势者垄断后，就出现了"公民为天理而存在呢？还是天理为公民而存在呢？"的问题，这就是好心救世的哲学家或思想家其崇高的学说在历史流变中的神奇吊诡。

---

① ［英］罗素：《西方哲学史》（下卷），商务印书馆1963年版，第292页。

陆九渊哲学中对语言的讨论

俞 跃

（浙江万里学院马克思主义学院）

牟宗三先生在《从陆象山到刘蕺山》中认为象山之学并不好讲的主要原因在于，象山的语言大抵是启发语、指点语、训诫语、遮拨语，是非分解地说。换而言之，语言恰是象山之学的一个重要特点。以直觉主义作为象山之学的一种进路，以此观之，与直觉主义相关的语言问题，值得加以梳理，本文即是对此问题的展开。

一 语言与存在

"语言是存在的家"，这是海德格尔对语言与存在关系的定位。事实上，语言与存在的关系在西方哲学开端时早已进入哲学家的视域，古希腊哲学对逻格斯（logos）的讨论便涉及这一点。中国先秦时期的哲学家也从不同的角度展开了对相关问题的思考，主要体现为名实之辩、言意之辩等。

20世纪西方哲学出现了所谓的"语言哲学转向"，后者主要指分析哲学。分析哲学之于语言，以拒斥形而上学为旨趣，主要考察了语言的纯命题性，挖掘语言背后的逻辑结构。弗雷格、罗素、前期的维特根斯坦等是主要代表。其语言哲学进路的最大问题恰恰在于语言的纯逻辑性，而将语言与意义，特别是语言与人之在的关系割裂开来，使得语言成为干巴巴的逻辑命题，失去了语言本有的"意义"。当然，这也是语言作为逻辑思维的一种来把握世界的方式。但这种进路与人的真实而具体的存在是相背离的。因此，关注语言，首先是要关注人之在的问题，与此相连的是意义问题。在海德格尔的基础本体论中，存在（Dasein）主要是人之在。也就是说,语言是人之在的一种方式。海德格尔无疑对人的存在给予了充分的关注。

而语言与存在的关系进一步涉及的哲学问题是语言能否把握实在?在这一问题上,象山首先表达了对语言(和文字)的警惕,他说:

> 先生所以诲人者,深切著明,大概是令人求放心。其有志于学者,数人相与讲切,无非此事,不复以言语文字为意。①

"不复以言语文字为意",就是对语言文字的警惕,或者说应当限制语言文字的作用。他进一步提出了言意关系问题:

> 言固难以尽意,而达之以书问尤难。盖学之不讲,物未格,知未至,则其于圣贤之言必未能昭晰如辨苍素、数奇偶之审也。凡所引用,往往失其本旨。千里附书,往复动经岁时,岂如会面随问随答,一日之间,更互酬酢,无不可以剖析。②

可见,象山在言意关系问题上的基本主张是言难以尽意。一般而言,圣贤之本心无有障蔽,故象山所谓的"圣贤之言"可以理解为是形上的道德原则,即本心。那么,对于形上之道,言、书问是很难去把握的。这体现了象山对道做了超名言之域的理解。不过,当象山强调"圣贤之言"时,毋宁是从诠释的角度,说明本心的境界又是可以言说的。又如《诗》《大雅》多是言道,《小雅》多是言事,《大雅》虽是言小事,亦主于道,《小雅》虽是言大事,亦主于事。此所以为《大雅》、《小雅》之辨"③。因此,象山说的是"言固难以尽意"这样比较有张力的说法。而言不尽意的主张与《易传·系辞》有很大的关联④,《易传·系辞》曾说:

> 子曰:"书不尽言,言不尽意。然则圣人之意,其不可见乎?"子曰:

---

① (宋)陆九渊:《陆九渊集》,钟哲点校,中华书局1980年版,第489页。
② (宋)陆九渊:《陆九渊集》,钟哲点校,中华书局1980年版,第91页。
③ (宋)陆九渊:《陆九渊集》,钟哲点校,中华书局1980年版,第404页。
④ 鉴于象山对《易》的注重,象山"言难以尽意"的说法与《系辞》的关系当非常紧密。

"圣人立象以尽意，设卦以尽情伪，系辞焉以尽其言，变而通之以尽利，鼓之舞之以尽神。"是故，夫象，圣人有以见天下之赜，而拟诸其形容，象其物宜，是故谓之象。(《易传·系辞》)

这里同样表现出对书、言把握形上的圣人之意的不确定性或否定性，不过《系辞》提出了通过观"象"来尽意。

《系辞》的这一思路就是后来将《周易》视为"三玄"之一的魏晋哲学时期得到了充分展开的言意之辩，最值得注意的当是王弼。与欧阳建（约267—300年）的"言尽意"说不同，王弼在言意之辩上的看法可简约地概括为"寻言观意"与"得意忘象，得象忘言"两层，整体上属于"言不尽意"论。

> 夫象者，出意者也。言者，明象者也。尽意莫若象，尽象莫若言。言生于象，故可寻言以观象。象生于意，故可寻象以观意。意以象尽，象以言著。故言者所以明象，得象而忘言。象者所以存意，得意而忘象。犹蹄者所以在兔，得兔而忘蹄；筌者所以在鱼，得鱼而忘筌也。然则，言者，象之蹄也；象者，意之筌也。是故存言者，非得象者也；存象者，非得意者也。象生于意而存象焉，则所存者乃非其象也。言生于象而存言焉，则所存者乃非其言也。然则，忘象者，乃得意者也；忘言者，乃得象者也。得意在忘象，得象在忘言。故立象以尽意，而象可忘也。重画以尽情，而画可忘也。①

象山并没有如王弼在言意之辩问题上的抽象回答与概括，他的主张需要进一步的概括；也没有像王弼那样提出"象"这一具有中介意义的方法。② 一方面，

---

① （魏）王弼：《王弼集校释》，楼宇烈校释，中华书局1980年版，第609页。
② 以"象"为中介，则与隐喻是相关的。王阳明对这一问题有相当的自觉。"隐喻的一个重要特性，就是'象'（image/Bild）在认知上的作用；同时，'本喻'的生发能力，也使'象'必然勾连、生长为'簇群'和'体系'，这就指示出'隐喻'与'引譬连类'之'关联思维'息息相关——它们的作用机制都活动于语言强光之下的底层，故可称'象'和'隐喻'正处于'幽明之地'的纽眼之处。在这个体系中，尤为重要的是'关联思维'，它揭示人是怎样自发地、因而也是真实地在一个具体情景的最丰富的意识中作出反应。"（见鲍永玲《"种子"与"灵光"：王阳明心学喻象体系通论》，上海书店出版社2012年版，第11—12页）

象山看到了语言的局限性,要求对其有所警惕,主要体现为语言不能准确表达意义或者意味。另一方面,象山则从直觉的整体性出发,强调了语言在表达含义、表征意义时要能抓住"本旨",不能偏离了这一点。

象山对语言的认识还有一个值得注意的特点,即言是与行相对应的,不过象山都是从反面来说的。比如:"出一言,做一事,便道全是,岂有此理?……言必信,行必果,硁硁然,小人哉,宜自考察。"①"先生云:'不曾行得,说这般闲言长语则甚?如此不已,恐将来客胜主,以辞为胜。'"②

言一定与行关联在一起,不能光以言辞,还要看行。也就是说,言是行的必然要求,言行要一致,这表明,言作为主体的一部分,或者作为一个方面,参与了知行活动。而后者的目的,在象山那里,则与恢复本心、本心发用等相关。

二 无言

在象山那里,与语言相关的首先是独语与无语。③ 在一般意义上,独语与无语可以等同理解。独语总是与主体个体相关,而不具有主体间的维度,无语亦是。而独语的一大特点是"默",这与无语也是一致的。

与言不尽意的主张相关,象山对无言、未言进行了较为集中的考察。

> 子贡言"性与天道不可得而闻",此是子贡后来有所见处。然谓之"不可得而闻",非实见也,如曰"予欲无言",即是言了。④

> 天下之理无穷,若以吾平生所经历者言之,真所谓伐南山之竹,不足以受我辞。⑤

> 自古圣贤发明此理,不必尽同。如箕子所言,有皋陶之所未言;夫子所

---

① (宋)陆九渊:《陆九渊集》,钟哲点校,中华书局1980年版,第433页。
② (宋)陆九渊:《陆九渊集》,钟哲点校,中华书局1980年版,第437页。
③ 象山还区分了几种言,如虚言:"《孝经》十八章,孔子于曾子践履实地中说出来,非虚言也。"(陆九渊:《陆九渊集》,钟哲点校,中华书局1980年版,第415页)正言:"溺于俗见,则听正言不入。"(陆九渊:《陆九渊集》,钟哲点校,中华书局1980年版,第435页)闲言:"先生云:'不曾行得,说这般闲言长语则甚?如此不已,恐将来客胜主,以辞为胜。'"(陆九渊:《陆九渊集》,钟哲点校,中华书局1980年版,第437页)
④ (宋)陆九渊:《陆九渊集》,钟哲点校,中华书局1980年版,第397页。
⑤ (宋)陆九渊:《陆九渊集》,钟哲点校,中华书局1980年版,第397页。

言，有文王周公之所未言；孟子所言，有吾夫子之所未言，理之无穷如此。①

从上面的讨论中，可以看到，无言所指向的对象是超越性的"性与天道"，后者在象山的语境中可以是本心，相应的，对于无穷之理（本心以理为实质内容），无辞与未言构成了其认识的向度。象山的思路与后期维特根斯坦有某种相关性。后期的维特根斯坦对其前期的工作做了自我批判，尤其值得称道的是对可说与不可说加以划界，认为对于不可说的应保持沉默："哲学的正确方法也许是这样：除了能说的东西以外，什么也不说，而所谓能说的东西，也就是与哲学无关的自然科学命题。于是当别人想说某种形而上学的东西时，总是应向他表明：在他的命题中，他并没有赋予相关记号以任何意义。"②

在陆九渊看来，对道的认识就是要恢复本心。如前所述，其恢复本心所采用的是直觉主义的进路，由此，无言主要与其直觉主义的进路相联系。更具体地说，象山关于无言问题是与主体直觉主义工夫相关联的视角，集中体现为默坐、静坐之中。

> 吾之深信者《书》，然《易·系》言："默而成之，不言而信，存乎德行。"此等处深可信。③
> 长兄每四更一点起时，只见某在看书，或检书，或默坐……④

默坐就是静坐，如前所提，根据象山的思想与实践经历，静坐中不可避免地带有道教、佛教的因子。很难想象，道教的静坐、佛教的禅修等是伴随着主体的不断讨论（语言）进行的。⑤这也是默坐之"默"所要表达的意义。但正如之前所说，正是这种不言，恰是对"道"的言，也是最好的言。正是伴随着静坐等方式，才澄明了本心、修成了佛性、实现了养生。

象山关于无言的思路，对于有多次觉悟之神秘体验的弟子杨简来说，更有意义。

---

① （宋）陆九渊:《陆九渊集》，钟哲点校，中华书局1980年版，第398页。
② ［英］维特根斯坦:《逻辑哲学论》，郭英译，商务印书馆1985年版，第97页。
③ （宋）陆九渊:《陆九渊集》，钟哲点校，中华书局1980年版，第403页。
④ （宋）陆九渊:《陆九渊集》，钟哲点校，中华书局1980年版，第463页。
⑤ 从主体间的角度看，禅修、静坐等即使有他者的参与，也是直指本心、点到为止的。

> 孔子曰："默而识之，学而不厌"，又曰："予欲无言"，又曰："吾有知乎哉？无知也。"圣语昭然，而学者领圣人之旨者，在孔门已甚无几，而况于后学乎？比来觉者何其多也！觉非言语心思所及，季思已觉矣，汩于事而昏。①

可以看到，与象山类似，慈湖认为觉悟经验是言语所不能及的，但慈湖又引孔子说要"默而识之，学而不厌"，那么该如何理解这里的无言、无知呢？王阳明也曾说："此'致知'二字，真是个千古圣传之秘。"②又告知王畿，"四句教"之"四无"之说不要轻易示人。这里就需要引入英国哲学家波兰尼提出的"默会认知"（tacit knowing）。波兰尼曾将知识区分为"明述知识"（explicit knowledge）与"默会知识"（tacit knowledge）。③人类所理解的知识往往需要借助语言符号来表达，但默会知识却不采取语言的表达形式，而是诉诸行动，也就是实践。因此，为了突出默会知识的动态性，波兰尼更喜欢用"默会认知"（tacit knowing）这一动态的表述。默会知识也经常与个性化、个人化的知识（personal knowledge）联系在一起。

"默会认知"所突出的实践导向，与工夫的意味相联系，也就是说，"默会"构成了实现工夫的内在要素，而后者又以理解等理性形式为前提。波兰尼说："只有借助于他的这种理解活动，他的这种默会的贡献，接受者在面对一个陈述时，才能够说获得了知识。"④波兰尼将理解力作为默会认知的主要能力，与象山将"智识"作为直觉主义的基础，有异曲同工之妙。

三　口传

在儒家的视域中，不仅要成就自己（成己），还要成就他人（成人）。由此，

---

① （宋）杨简：《杨简全集》，董平校点，浙江大学出版社2016年版，第1878页。吊诡的是，杨简留下了比象山丰富得多的著述。
② （明）王阳明：《王阳明全集》，吴光、钱明、董平、姚延福编校，上海古籍出版社1992年版，第93页。
③ 这里的翻译取自郁振华老师。参见郁振华《人类知识的默会维度》，北京大学出版社2012年版，第46页注2。
④ Michael Polanyi, *The Study of Man*, Chicago: The University of Chicago Press, 1959, p.22. 转引自郁振华《人类知识的默会维度》，北京大学出版社2012年版，第51页。

道德具有双重意义：自己要道德，还需帮助别人也要道德。后者就是儒家的群己之辩。群己之辩即涉及教化的问题。在教化过程中，无法回避的是不同主体间的交往与对话。

我们先来看朱熹对陆九渊的一个评论：

> 近世所见会说话，说得响，令人感动者，无如陆子静。①
> 陆氏会说，其精神亦能感发人，一时被它耸动底，亦便清明。②

可见，朱熹对陆九渊好的评价都指向一个方面，那就是陆九渊的说，用今天的话说大概就是象山比较能说会道吧！朱子反复提到象山会说，这恰恰与朱子注重文字书写的文本诠释形成了鲜明对比。并未将"说"置于重要位置的朱子却以"会说"夸赞象山，说明"说"在儒家的教化体系中有其重要的作用。③

再来看象山的高足杨简的例子，慈湖是儒门内最具神秘气息的④，他曾说：

> 自圣人观之，一犹赘言，何俟乎思虑？子曰"学而不思则罔"，为未觉者设也。又曰"君子有九思"，为未觉及觉而未全者设也。尧之"文思"，如昼夜寒暑之变化也。皋陶曰"慎厥身，修思永"，以舜禹虽圣，犹未至于尧之大圣也。孔子赞尧曰"大哉"，赞舜曰"君哉"，不无小间也。然孔子垂教，奚可不循循善诱也？⑤

慈湖在此论述了夫子垂教的问题，认为垂教是要教未觉者走向觉，也就是引导他人实现理想人格。在这个过程中，圣人"不得已而有言"实在是为了教导他者，而毋庸置疑的是在施教中，概念、语言和必要的辩论、分析都是必需的。如孟子强调了知言、善辩的意义。也就是说，在成人或达到圣人境界的过程中，理

---

① （宋）黎靖德编：《朱子语类》第6册，王星贤点校，中华书局1986年版，第2458页。
② （宋）黎靖德编：《朱子语类》第8册，王星贤点校，中华书局1986年版，第2975页。
③ 钱穆对象山的讲学有很高的评价，他认为象山之讲学"既不是胡瑗以来的书院讲学，也不如二程般只是私家朋友讲习"，而是"一种向社会群众的公开演讲，为宋代讲学开一新生面"。（钱穆：《宋明理学概述》，台北：联经出版事业公司1995年版，第163页）
④ 有研究发现，杨简一生有八次大觉大悟。见郑晓江、李承贵《杨简》，台北：东大图书出版公司1996年版，第28—36页。
⑤ （宋）杨简：《杨简全集》，董平校点，浙江大学出版社2016年版，第1994—1995页。

性、语言等已经参与其中并发挥了重要的作用。

而对于杨简本人来说,最重要的开示必属其师陆九渊了。①

> 四明杨敬仲时主富阳簿,摄事临安府中,始承教于先生。及反富阳,三月二十一日,先生过之,问:"如何是本心?"先生曰:"恻隐,仁之端也,羞恶,义之端也,辞让,礼之端也,是非,智之端也。此即是本心。"对曰:"简儿时已晓得,毕竟如何是本心?"凡数问,先生终不易其说,敬仲亦未省。偶有鬻扇者讼至于庭,敬仲断其曲直讫,又问如初。先生曰:"闻适来断扇讼,是者知其为是,非者知其为非,此即敬仲本心。"敬仲忽大觉,始北面纳弟子礼。故敬仲每云:"简发本心之问,先生举是日扇讼是非答,简忽省此心之无始末,忽省此心之无所不通。"先生尝语人曰:"敬仲可谓一日千里。"②

可以看到,象山通过两次回答促成了杨简的大觉,而问答是以语言为中介的,且象山使用的方法是直觉法。直觉法注重整体性的分析,或者叫综合性的分析,而不纠结于细节。而从慈湖的反应来看,实际上就是在象山的启发诱导下实现了认识的突破。无疑,在这次垂教中,认识、语言、理性等都参与其中,发挥了重要的作用,正是这些因素的综合,才完成了杨简一生中最重要的一次觉悟。

此外,象山还提出了另一个重要问题:与口语的意义相联系,相对于文字书写,象山更在意无意识的"会面随问随答",也就是所谓的口授、口传。

> 千里附书,往复动经岁时,岂如会面随问随答,一日之间,更互酬酢,无不可以剖析。③

由于条件的制约,书写下来的文字在传抄的过程中经常会发生纰漏,更不要说是口传了,而且口传会大大限制传播的范围。相对于文字传抄后的传播量,口传就小得多。而且口传极易发生误差,且"无对证"。另一方面,当时并没有统一的语言系统,大多采用方言。口传过程中,传的人会根据自己的理解增、减相关内容,且在传者看来,这并不损害原意,恰恰是对原意的发挥与完善。既然口

---

① 事实上,儒学史上众多的著书立说、公开讲学等都是促人成人的重要法宝。
② (宋)陆九渊:《陆九渊集》,钟哲点校,中华书局1980年版,第487—488页。
③ (宋)陆九渊:《陆九渊集》,钟哲点校,中华书局1980年版,第91页。

传有那么多的局限，为什么还要大力倡导呢？这就涉及口传的意义问题。[①]

法国哲学家利科尔（Paul Ricoeur，1913—2005年）曾指出：

> 写—读关系不是说—答关系的一种特殊情形。它不是一种谈话关系，不是一种对话的例证。不足以说阅读就是通过作品和作者对话，因为读者对书的关系具有完全不同的性质。对话是问题和答案的交换，在作者和读者之间没有这种交换。作者不回答读者，而书把写的行为和读的行为分成了两边，它们之间没有交流。读者缺乏写的行为，作者没有读的行为。所以本文产生了读者和作者的两重缺陷。据此它取代了对话的关系，在对话中能够直接把一个人的声音和另一个人的听觉联系起来。[②]

相对于写—读，对话、谈话的形式更加注重主体间的交流，主体间的交流有主体直接面对固态的文本所不具备的优点，如象山前述的随问随答。而且根据利科尔的说法，面对面的随问随答同时也是一种日常经验，对话中主体的语气、表情、神态等都构成了其内容的一部分意义。由此，可以更好地、更直接地了解讲者的意图。而固态的书本，读者对于写者的意图，仅从文字方面有时不能很好地领会。[③]这也是今天学术讲座的意义！出于严肃性、规范性，很多学术讲座的讲者完全宣读讲稿，这与读者阅读文本并无大的差异。但一方面，很多时候讲者读着读着就会插一句。另一方面，也是更重要的是，读完讲稿后的互动过程，无疑展现了与写—读不同的对话的意义。可见，面对面的口传比主体面对固态的书本等对象，对成圣更有直接意义。[④]

《论语·子罕》说："子绝四：毋意，毋必，毋固，毋我。"孔子反对程式化、对象化、线性化。相对于口传，书本等形式与程式化、对象化等更为切近。因

---

① 根据张祥龙教授的研究，《左传》在儒家性命攸关的时候（孔子没到汉尊儒术）没有发挥多大的作用而被今文经学家排斥的一个重要原因是其缺乏口传系统。见氏著《先秦儒家哲学九讲——从〈春秋〉到荀子》，广西师范大学出版社2010年版，第55页。
② ［法］利科尔：《解释学与人文科学》，陶远华等译，河北人民出版社1987年版，第149—150页。
③ 当然按照诠释学的立场，文本完成后走向公共之域，文本也由作者的作品变成了公共的精神产品，对文本的理解读者可以有各自不同的视域。
④ 事实上，口语是有其教化作用（oral communication）的，甚至相对于书籍等固态载体更为有效。罗伯特·马奥尼（Robert J. Mahony）曾专门考察了陆九渊与口语教化作用的关系，参Robert J. Mahony, *Lu Hsiang-shan and the Importance of Oral Communication in Confucian Education*, Ph.D., Columbia University, 1986。

此，尽管朱熹也十分注重语录体，如《四书或问》《朱子语类》等，但朱子哲学的一大特点就是过分强调了外在的理，后者相对于主体而言是对象，是外在的，而且理的权威性导致了其程式化。从经学的发展看，相较于原先的十三经注疏系统，朱熹开创了四书五经的系统，后者后来几乎成为解经的不二之选。后世对朱子所解、所注的经典，一味地认同、背诵。这是典型的程式化的做法，使科举制度从考试内容层面出现了严重的问题，这也导致这一创举的崩塌。

而象山从直觉论的角度出发，不重立文字，更强调口传与语录体，而后者对于直觉而言，主要的不是对道德原则的意义，而是随时指教。而从象山思想内部看，其所以用语录体，按照唐君毅的看法还是与象山对文字的警惕有关："此盖由其深感于'千五百年之间'学者'蠹食长于经传文字之间者，何可胜道，方今熟烂败坏'。"① 因此，象山使用语录体有其思想上的必然性。另外，象山之学力倡简易，通过玄而又玄的方式使人难以直接把握，唯有通过通俗易懂的方式。这种方式有其形上的根据，但这种根据又是有现实性的，因此象山选择了"心"这个吃力不讨好的概念。象山通过这种努力最大程度地保留了形上韵味，同时又不失修养的简易。从理论上说，这是一种较好的解决方式。不过，语录体在整个社会的流行，还有很多其他的因素，比如禅宗的影响。在当时很多禅宗的著作中，禅师们主要以语录棒喝的形式记录他们启悟众生的功德。②

---

① 唐君毅：《中国哲学原论·原性篇》，中国社会科学出版社 2005 年版，第 269 页。
② 如钱穆先生就曾指出宋儒语录体的著述是受到了禅宗的影响："宋代的理学受了禅宗很大的影响，至少如宋代理学家的语录，便是从禅宗祖师们的语录转来。"（钱穆：《中国史学名著》，生活·读书·新知三联书店 2000 年版，第 233 页）

日本阳明学的发生原因及早期特征

欧阳祯人

（武汉大学）

日本阳明学的鼻祖[①]中江藤树于1608年出生于日本江州，相去中国王阳明贬谪到龙场正好100年（岁在戊辰，1508年）。中江藤树比王阳明晚出生130多年。中江藤树出生的时代，中国正值闭关锁国的晚明之际，满朝文武，欺上瞒下，贿赂公行，太监当道，特务横行，剪除异己，压制言论，官场、学界噤若寒蝉，黎民百姓颠沛流离。在当时的中国，阳明学的真精神，要么被其后学扭曲歧出，走向狂禅、枯禅，要么被统治者公开打压，销声匿迹。清朝二百多年间，知识分子钻营于场屋，苟且于名利，茫茫然于故纸堆中，皓首穷经、毫无创新而不自知。与中国学术界死气沉沉不一样的是，日本刚刚走出了一百多年的战国分裂，进入德川幕府统治的江户时代。井上哲次郎说："十七世纪初，随着德川氏平定海内，我国的文运走向昌隆。"[②] 日本的阳明学在与朱子学的较量、互动之中，从民间悄然崛起，特别是在中江藤树之后，生机勃发，雄姿英发，展现出了完全不一样的局面，像一阵清风，穿越了程朱理学的层层铁幕，由小到大，由少到多，灵根再植，最后在日本遍地开花。中江藤树、熊泽蕃山、大盐中斋、三轮执斋等，波澜壮阔。

[①] 此一界定的第一人，是大盐中斋。大盐中斋在其《洗心洞札记》中写道："先生我邦姚江开宗也。"（转引自崔在穆《东亚阳明学·阳明学在日本的展开》，中国人民大学出版社2009年版，第75页），其后日本学界高濑武次郎、井上哲次郎等均沿其说。

[②] ［日］井上哲次郎：《日本阳明学派之哲学》，邓红、张一星译，山东人民出版社2019年版，第1页。

一 由朱子学向阳明学的转变

在德川幕府的时代，官方真正信赖和依托的本来是朱子学。井上哲次郎写道："以藤原惺窝为首的学者提倡朱子学，林罗山继承其思想，亦鼓吹朱子学。①是以天下靡然从其风，朱子学以建瓴之势日渐昌隆。"②朱子学在德川幕府时期的崛起，是其政权的性质所决定的。日本政治学专家升味准之辅写道：

> 强者的统治与朝廷的权威虽然结合得如此巩固，但也要防止强者更迭的可能性。担当这项任务的，是朱子学。按照朱子学的说法，在这个世界上，无论是自然界，还是人间世，均受"理"的统御。"理"内在于万物，寓于万物而使万物存在。在"理"的作用下产生的人类社会的秩序，是君臣、父子、夫妇、兄弟、朋友五种人际关系（五伦），人必须根据这个规律行动。③

所以，阳明学的思想一开始就受到了官方的打压。井上哲次郎说："在官府的统治下，无法公然倡导姚江之学，甚至以阳明学为谋叛之学，视其为蛇蝎。"④所以，阳明学在日本的崛起完全是从民间开始的。但是这给日本的学术界带来了与朱子学相抗衡的一种社会思想的力量。井上哲次郎说："此时若没有其他学说与之抗衡、并驾齐驱的话，我国的儒家哲学仅偏向于一方，结果则会偏执迷妄，活气尽失，最终成为死学。"⑤井上哲次郎认为，日本这个时期的古学无法与朱子学抗衡，只有阳明学的精神力量才能够打破当时学术界朱子学一统天下的态势。

正是因为有这样的学术背景，日本早期的阳明学者，大都有一个由纯粹朱子学者向阳明学转向的过程。从日本的汉学角度上来讲，他们的转向都有不同的切入点，但是归宿只有一个——阳明学。岛田虔次认为，在当时，日本的朱子学并没有担当起"为天地立心，为生民立命，为往圣继绝学，为万世开太平"（北宋

---

① 根据钱明教授的考证，藤原惺窝和林罗山这些朱子学者，都接触过陆象山和王阳明的著作。但是他们不是阳明学的支持者。
② ［日］井上哲次郎：《日本阳明学派之哲学》，邓红、张一星译，山东人民出版社2019年版，第1页。
③ ［日］升味准之辅：《日本政治史》（第一册），董果良译，商务印书馆1997年版，第5页。
④ ［日］井上哲次郎：《日本阳明学派之哲学》，邓红、张一星译，山东人民出版社2019年版，第1页。
⑤ ［日］井上哲次郎：《日本阳明学派之哲学》，邓红、张一星译，山东人民出版社2019年版，第1页。

张横渠语）的社会历史责任。岛田虔次说："在我国，因存在着这样的倾向——若说到宋学、朱子学，则几乎反射地感觉'肃杀之气充塞宇宙'（荻生徂徕），也许特别有效。而且中国的宋学（其结晶即朱子学）同日本的朱子学不同，假如将张横渠的这四句取为标准，则某种程度上不是能清楚地领悟它吗！就是说，我国的朱子学，极其缺乏为天地、为人类、为学之传统，而且也缺乏为万世这样的规模雄大的精神。"① 中国的朱子学是不是在中国担当起了"为天地立心，为生民立命，为往圣继绝学，为万世开太平"的历史使命，这里姑且不论，但是，根据岛田先生的论断，我们可以知道，当时的日本学者对朱子学也确实有不太满意的一面，尤其是也道出了阳明学悄然而至的社会政治原因。升味准之辅对朱子学在当时的政治功能和社会作用也同样提出了强烈的质疑和批评，因为朱子学面对的战国之后的日本，与中国元、明、清时期的高度集权完全不同。

中江藤树的人生经历和学术经历，很能够说明这一点。中江藤树 11 岁开始读《大学》，每当读到"自天子以至于庶人，壹是皆以修身为本"的时候，都感动得热泪盈眶，身怀志在圣贤的人生抱负。16 岁的时候他开始听僧侣讲《论语》，继而读《四书大全》，全身心"只崇奉朱子学"②，但是，他先是 33 岁接触到了《王龙溪语录》，37 岁时"得《阳明全书》而读之，沉潜反复，大有所得。在此之前曾做《大学》之解，经过三次，未得格物致知之要。忧心忡忡，至此，解其致知，见为致良知，乃默坐澄心，验之人情，考之事理，质之《诗》《书》《语》《孟》，觉得没有不吻合的。于是豁然开朗，多年之疑，终于得解。此后经常为学者说止于至善之工夫"③。解读《大学》，三次未得格物致知之要，关键是他从内心深处，对朱子学充满疑虑，所以忧心忡忡，满怀狐疑。对这位一读《大学》就热泪盈眶的学者来讲，正是王阳明明觉精察、简易直截、惟精惟一的良知之学，才能够使他在《诗》《书》《论》《孟》中找到精神的依据。验之人情，考之事理，无不吻合，其实是在他枯涸的心中引起了期待已久的真正共鸣。纯情质朴的良知之善，使他走出了朱子学字词章句的迷雾和理学的桎梏，中江藤树自此醍醐灌顶，豁然开朗，找到了自我漫长的求索目标。所以，他醉心于王阳明的良知之学，默坐澄心，对其敬若神明。

深究阳明学在日本的崛起历程，笔者深以为，阳明学在日本江户时代崛起，

---

① ［日］岛田虔次：《朱子学与阳明学》，蒋国保译，山东人民出版社 2019 年版，第 3 页。
② ［日］高濑武次郎：《日本之阳明学》，东京：铁华书院 1899 年版，第 34 页。
③ ［日］高濑武次郎：《日本之阳明学》，东京：铁华书院 1899 年版，第 37 页。

日渐昌隆,原因之一,是古代日本始终都没有出现过像中国秦皇、汉武般大一统的中央铁血集权:

> 在日本古代社会,无论经历过多少次王朝的更替,都很难改变在地理上自然形成的共同体之间的规则。就是说,在社会政治建筑上,日本没有形成可以从上到下直接控制人民的金字塔结构的权力;而共同体之间的联系就像由不同颜色的积木按照同色相连的原则搭起的房子,房顶是天皇,其他部分是按照功能差别摆放的积木群,而且同色积木之间(藩的内部)的粘合剂比不同颜色之间(藩之间)的强。……无论是最高领导者还是最强势的政治集团,都不会拥有像中央集权社会里那样的绝对权力,否则,会招致其他人或者其他共同体的联合抵抗。这一点可以看作是共同体之间的一个主要规则。①

日本的政治体制受到了它的地理气候、海洋气候、交通特点等各方面的影响。特别是在经历了漫长的战国时期之后,特殊的历史发展和社会形态,导致了日本社会的各大名之间具有相当的独立性和彼此之间权力的牵制性。也就是说,江户时代的德川幕府虽然大权在握,统治着全国的大名,但是,它根本不同于中国的大一统中央皇权。升味准之辅写道:"朱子学把天皇与将军解释为君臣关系,认为将军是天皇的代理人,受委主持大政。这不是历史事实。天皇从来没有发委的权力,只是赋予最强大的战国大名以统治的正统性而已。但是,为了解释在遥远的王朝时代朝廷曾经有过的权力现在旁落于幕府手中这个事实虚拟了一个'大政御委任'理论。按照这个理论,既然将军是受委之后掌握全权的,所以将军的统治是正统的,应当排斥威胁这一统治的人。但是,如果情况发生变化,即出现幕府不是足以完全控制朝廷的强者,而进行反抗的强者又要拥立朝廷的情况时,就会出现强者的更迭。"②古学派出身的荻生徂徕在其《政谈》一书中也有具体而微的高论,此不赘述。正因为德川幕府时期的政治特殊性,提供了阳明学在民间发展的肥沃土壤。人才的流动比较自由,思想的发生发展就有了生存的空间。中江藤树为了回家尽孝,说走就走了,他的藩主也并没有为难他。中江藤树的弟子熊泽蕃山是世代武士出身,一直受到重用,但是他偏偏要弃武从文,藩主少将光

---

① 孔祥旭:《樱花与武士》,同心出版社2007年版,第59—60页。
② [日]升味准之辅:《日本政治史》(第一册),董果良译,商务印书馆1997年版,第6页。

政，倍加眷遇，但是他还是坚辞致仕，离开冈山，少将光政也并没有追究追杀，诛之而后快，与中国明代朱元璋处心积虑地制造各种冤案、腰斩诗人高启，朱棣灭方孝孺十族等诸如此类的专制残暴，完全不同。所以，升味准之辅指出：

> 这样，便形成由德川领国和外洋国持大名领国组成的复合国家。外样大名原来与德川家处于同等地位，但至少在名义上同德川将军家结成主从关系而独立形成和经营的领国，则受将军家的支配。家康尚未强大到足以用武力征服它们的地步，所以还要借用朝廷的权威使自己的优势地位正统化；而外样大名也没有强大到可以用武力抵抗的程度，所以接受了将军的支配。因此，幕府与外样大名的主从关系具有很强的假象。①

权力的彼此牵制，貌合而神离，不论是将军还是大名，都背不起铲除异己、滥杀无辜的罪名。这种社会和政治环境，为阳明学在日本的悄然崛起创造了无数的发展空间。

另外，日本阳明学的兴起与它的武士制度有深刻的内在关联。早在德川幕府之前，日本战国时代就给予了武士以独特的社会地位。我们知道，日本武士到了德川幕府的时代，其地位之稳固更是得到了制度和法律的保障。德川家康在其法律中规定："对武士无礼，对上级不逊的庶民，可立刻斩杀。"② 因此，由于幕府以及各大名与武士之间有相互依赖的特殊关系，最后导致在江户时代，人之所以为人的刚毅果断、磊落不羁、真性狷介、一诺千金、忠贞不贰、杀身成仁等，我们中国人只能在春秋战国时期才看得到的人物风貌和社会风尚，就自然而然、络绎不绝地出现了。冯梦龙的《王阳明出身靖乱录》说："先生十四岁习学弓马，留心兵法，多读韬钤（指《六韬》《玉钤篇》）之书。尝曰：'儒者患不知兵。仲尼有文事，必有武备。区区章句之儒，平时叨窃富贵，以词章粉饰太平，临事遇变，束手无策，此通儒之所羞也。'"③ 王阳明文武双全的个人魅力，立德立功立言的功德，在日本社会上上下下，都引起了巨大的共鸣。因此，日本的阳明学与日本的武士道之间，可以说是你中有我，我中有你，有一种互相推动的张力，最

---

① ［日］升味准之辅：《日本政治史》（第一册），董果良译，商务印书馆1997年版，第7页。
② ［美］鲁思·本尼迪克特：《菊与刀》，吕万和等译，商务印书馆1996年版，第45页。
③ 墨憨斋编：《王阳明出身靖乱录》，台北：广文书局1968年印行。又见于日本弘毅馆开雕本，《皇明大儒王阳明出身靖乱录》，日本东京都文京区东洋文库。

后对日本武士道的形成起到了推波助澜的作用。著名日本阳明学研究专家钱明教授指出：

> 后来日本武士道中所体现出来的基本精神，其实也与以上所说的阳明学的四大学术品格有关系。我把这种基本精神概括为四个字：一是"武"字，对应于武士道所强调的文武合一；二是"行（事）"字，对应于武士道所强调的道术合一；三是"心"字，对应于武士道所强调的心剑合一；四是"简（易）"字，对应于武士道所强调的简素精神。以上四个方面，文武合一、道术合一再加上知行合一、义利合一，可以说就是日本阳明学的基本特征。①

根据高濑武次郎的记载，中江藤树与大盐中斋本身是武士出身。大盐中斋20岁的时候就"当上了大阪东组与力"，也就是江户时代基层武士中的官员。② 在介绍大盐中斋的时候高濑武次郎写道：

> 句读之师虽不可缺，但并不一定要名师。然其私淑王阳明，无疑为独学。中斋的境遇和气质最适合学习阳明学。其弱冠之时已为刀笔之吏，在簿书堆积中，势必自促知行合一。加之其资质峭直果毅，最适简易直截之学。他不堪朱子学繁旺闷养，一朝读到《古本大学》，便触豁然灵机，遂弃旧学而归之。异域之外，旷三百岁奋起兴然，绝非偶然。王阳明乃所谓百世之师也。③

在这里我们看到，江户时代日本人的学术要的是舒畅性情，简洁实用，并不是雕虫小技，在故纸堆中寻寻觅觅。所以，王阳明正是他们盼望已久的百世名师。一旦接触到王阳明的著作，他们马上产生共鸣，豁然灵机，弃旧迎新，灵魂拥抱。千山万水，挡不住他们奋起兴然迎接王阳明的期盼；时间的阻隔，也无法减去他们拥抱王阳明思想的热情。

松浦诚之在给大盐中斋《洗心洞札记》的跋中写道：

---

① 钱明教授2019年7月2日在武汉大学的演讲《阳明学在日本的传播·展开·特点》PPT原文。
② ［日］高濑武次郎：《日本之阳明学》，东京：铁华书院1899年版，第115页。
③ ［日］高濑武次郎：《日本之阳明学》，东京：铁华书院1899年版，第116页。

> 先生志学之时，海内儒风萎靡，如非训诂，则为文诗，未有躬行孝悌忠信以导后进者。故先生亦久陷其窠臼。但一旦读《古本大学》，便默识神了诚意致知之旨。①

从松浦诚之的文字中，我们看到，在古代的日本，因为德川幕府的统治需要，日本官方遵从了朱子学。但是，现实生活的需求和人性的舒张渴望，又使许多日本人不能不最终改弦更张，弃旧迎新，崇奉阳明学。所以，知道了日本社会的风尚和人性的特征，我们就会知道，松浦是在说，朱熹的《大学》训诂，把学者引进了文字考索和故纸堆的窠臼，儒风萎靡，道德沦丧，没有了道德实践的工夫。而王阳明的心学则把大盐中斋指引上了诚意致知的坦途。至少日本当时的阳明学者，是这样认为的。

在日本阳明学历史上，熊泽蕃山至今都是一位大名鼎鼎的、楷模式的人物。他一开始也是学习朱子学的，在他的论述中，很多时候都是朱王兼取。他认为，朱熹的训诂注释对于初学者来说，是有巨大作用的。这样的评述也是真诚客观的：

> 朱子……于经传之注，古今第一名人也。其有言中古人之心处，也有不合之处。为了让初学者好学，简单地施以义理之注。这样清一色的注解，给予后学者极大的学思。②

但是，他对朱熹的批判也最为彻底：

> 朱子……有文过广之弊端，学者近理而远心法，以书法举例的话，犹如雪中兔之足迹。兔为心也，圣经贤传皆我心之注也，得兔后，足迹无用了，得心后，书也无用了，有大取一贯一路之处，见大意可得心，在日用工夫上有详细可见之事。然而为了我受用之详细，不能只详细读书。朱子学分解章句过多，乃至过多地落入文句之理而失于心。
>
> 今之朱子学者，无论如何只要说是朱子语便是正确的，是故《圣经》

---

① 转引自［日］高濑武次郎《日本之阳明学》，东京：铁华书院1899年版，第116页。
② 转引自［日］高濑武次郎《日本之阳明学》，东京：铁华书院1899年版，第81页。

被注解掩盖,心法被经义隔开,朱子学者却使朱子成为圣门之罪人。①

中国大陆的学者,大约一看到这样的文字就会嗤之以鼻,因为站在朱子具体的文本上来讲,这段文字有很多漏洞,相对于朱熹庞大的理论体系来讲,远远谈不上全面、细致。但是,我们如果能够比较冷静地面对朱子学成为中国古代后期皇权钦定的考试教科书(具体地讲,就是在1313年,元仁宗宣布科举取士,第一、二两场考试的题目必须从朱熹的《四书章句集注》中抽绎出来,标准答案都只能以该书的内容为标准),从小攻读《四书章句集注》的明、清两代满朝文武有很多都是虚伪无耻、贪得无厌之人,无法面对天下苍生,孟子"自反而缩,虽千万人,吾往矣"(《孟子·公孙丑上》)的精神彻底丧失,他们匍匐在皇帝的权杖下苟全性命、苟延残喘的样子,仰人鼻息、胁肩谄媚的样子,欺上瞒下、作威作福的样子,钩心斗角、阴险歹毒的样子,都已经远远离开孔子、孟子十万八千里。也许,诚如很多人所言,这是统治者的原因,是体制的原因,与朱熹没有关系,但是,那些统治者为什么就不选择王阳明呢?而且,阳明学的心即理、知行合一、致良知之学,就是要纠朱子之偏,也确实是事实。古代日本的阳明学者,真正重视阳明学的原因,正在于此。因此,高濑武次郎写道:

> 蕃山传王阳明之学,完成知行合一,做出了不亚于阳明的活动,成为一代豪杰而被人钦佩,至今也是王学者中最佳楷模。若我国阳明学派无蕃山之才略事业的话,后入王学者,也许会选择中国阳明学之末流,这并非私言,且看维新前后的杰士们,从他们的言论可以清楚地知道他们是如何钦佩蕃山的经纶的,所以如今我邦之王学者,被赞誉为活动型经纶家。②

据高濑氏的记载,熊泽蕃山总共有二十四种著作。他也是一位赫赫有名的立德、立功、立言,全面发展的大人物。日本阳明学的这种发展状态,与中国元、明、清时期钦定朱子《四书章句集注》为法定经典,科举制成为牢笼与诱饵,恩威并施,导致万马齐喑、文化凋零、毫无创新能力的状态完全不同。这种鲜明的对立与不同,已经预示着日本近现代的转型崛起和中国晚明以后进一步的沉沦。

---

① 转引自[日]高濑武次郎《日本之阳明学》,东京:铁华书院1899年版,第81—82页。
② [日]高濑武次郎:《日本之阳明学》,东京:铁华书院1899年版,第83页。

井上哲次郎说："朱子学派虽然出现了许多博学多识之士，却有固陋迂腐之弊。反之，阳明学派……单刀直入，得其正鹄。在这一点上阳明学确实比朱子学优秀。让我们试举德川时代的儒教史，朱子学派中并非没有伟人，但固陋迂腐之人也不少。反观阳明学派，比起朱子学派来说人数虽少，但在这些人物中，几乎没有固陋迂腐之人。如中江藤树、三轮执斋、中根东里、春日潜斋之类，其行为可观者不少。犹如熊泽蕃山、大盐中斋、佐久间象山、吉田松阴、西乡南洲等，可观其事功。姚江学派的优秀人物众多是不争的事实，可见阳明学有陶冶人物之功。"① 阳明学的本质就是行动哲学，是人之所以为人的精神解放，因此，在中国的晚明和清朝受到了致命的打压，以致长期萎靡不振，甚至灭绝消失。但是，由于没有真正的中央集权的思想钳制，阳明学在经过了一番挣扎与斗争之后，终究在日本抬起头来，走向了现实社会生活的每一个角落，走向了辉煌。

纵观日本阳明学的崛起过程，从不同学者的人生特质和社会人生经历来讲，我们确实是看到了朱子学与阳明学本身具有极大的不同。我们中国当代的学者，必须要有基本的学术良知和理论勇气，面对朱子学本身确实存在的问题。日本德川幕府时期极富影响力的哲学家、儒学思想家荻生徂徕（1666—1728年）批评过朱熹的《通鉴纲目》：

> 若看《通鉴纲目》，则古今之间中意的人一个也没有，因为一次见解观察今世的人，人品变坏就有理由。而且《纲目》之议论，如同盖印似的，格式固定，道理一定，大体有极限。天地是活的东西，人也是活的东西，像绳子紧捆那样看之，就的确是无用的学问。(《徂徕先生答问书》)②

古学派荻生徂徕本来不是阳明学家，但是他对朱熹的问题看得很清楚。从这段文字中我们至少可以有三个启示，第一，中国元明清的统治者，为什么极为喜欢朱熹的思想？朱熹在中国真正崛起的时间，偏偏是在铁蹄元朝充满种族歧视，铁蹄下中国的黎民百姓哀鸿遍野、民不聊生、没有任何权利和尊严的时代。元、明、清时代，从统治者的阴险、狡诈、残忍、无耻、无能、贪婪来讲，从思想文化的禁毁与改造来讲，从绞杀人之所以为人的创新性来讲，在在都是中国历朝历

---

① ［日］井上哲次郎：《日本阳明学派之哲学》，邓红、张一星译，山东人民出版社2019年版，第2页。
② 转引自［日］岛田虔次《朱子学与阳明学》，蒋国保译，山东人民出版社2019年版，第61页。

代最为黑暗的时代,更是毫无社会活力和创新的时代。正是在这个时候,为什么中国的历史偏偏碰到的是朱熹?第二,为什么偏偏是在日本德川幕府时代,阳明学找了突破口?而且这个时代,正是中国文化的原创精神在中国本土遭到绞杀、扭曲、篡改、毁灭、丧失的时代。是历史的偶然,还是日本社会不断发展的历史必然?德川幕府时代到底给阳明学的发展提供了什么样的独特土壤?这是值得我们认真研究的问题。第三,朱熹的哲学思想结构当然十分的庞大,十分的深沉,但是,为什么荻生徂徕就偏偏看到了中国人看不到的问题(这里的几句话,当然不能代表荻生徂徕对朱熹的全面评价,但是它立足于日本社会的现实,确实是抓住了朱熹的症结,我们无法否定荻生徂徕评价的客观真实性)?这到底是中国社会本身已经病入膏肓,自欺欺人,言行不一,无可救药,还是当时的日本学者具有不同的学术视野?这些问题,当然有不同的诠释角度、诠释态度,以及不同的诠释结论,但是,日本阳明学在江户时代的突破与崛起,确乎为我们研究朱陆异同、朱王异同提供了一个辽阔的研究视野。

二 江户时代的阳明学是返本开新之学

一切的创新,都是厚积薄发。王阳明扬弃程朱,从理学走向心学,当然与王天叙、王华父子的精心栽培不无关系。王阳明于百死千难之中,志在圣贤,起伏跌宕,历尽磨难而龙场悟道,绝非偶然。相对于先秦原始儒家来讲,王阳明的心学就是返本开新之学。日本江户时代的阳明学者,绝大多数都是从小就学习中国各种典籍,在接触阳明学的时候,早就已经满腹经纶。但是,不论是学习中国古籍或是接触阳明学,都完全是他们的性情性格、学问学术、师承学脉上的兴趣,往往与功利无关。尤其是与中国古人追求名利的科举考试无关。因此,日本的阳明学者往往都是一些纯情挚性、意气风发、志在圣贤的人,与阳明学本身十分相投。

诚如高濑氏所言:"阳明学有顿悟之风,不以训诂究理为主,一读豁然贯通,则和几十年前之悟,毫无不同之处。何况,藤树既已怀疑朱子之学,且以猛烈的感情和敏锐的推理力,迎接王学的到来。所以,藤树得王学之精髓,为我邦王学之鼻祖,是不容置疑的。"[①] 原来,在中江藤树那里,王阳明知行合一的良知之学,只是把他蕴含、潜沉在自己心中的思想唤醒了,他的"接受视域"(伽达默

---

① [日]高濑武次郎:《日本之阳明学》,东京:铁华书院1899年版,第55页。

尔《真理与方法》中的概念）早就已经做好了彻底的全面准备。据井上哲次郎记载，中江藤树在阅读了《大学》之后感叹道："幸哉，此经之存，圣人岂不可学而至焉乎？"①简直与王阳明从小志在圣贤的想法几乎完全一样了。

熊泽蕃山是中江藤树的学生，他们之间的结缘，蕃山拜藤树为师的过程，比中国古代程门立雪的故事更加起伏跌宕，生动感人，发人深省。有一次，熊泽蕃山听说了一个马夫赶车、拾金不昧的故事。那个马夫异常朴实厚道，他告诉失主，他之所以这样做，完全是受到了他们村里的圣人中江藤树先生的教化。长期以来，这位地位低贱的马夫就是按照中江藤树先生讲授的道德原则做人做事的。一席话，把蕃山弄感动了：

> 马夫曰："贱役糊口，岂不想利？唯有叫中江与右卫门藤树的人，教授我里中，吾曾闻其言曰：'诚正以修其身，事君致忠，事亲敬孝，勿以贫滥，勿以贱枉。'今若以所赐之处获利的话，为欺此心。"言毕去之。噫，浇季之世安能得如此之人？②

然后他就马上整装远行，专程去拜访中江藤树，要拜中江藤树为师。但是中江藤树知道后，特意避而不见。熊泽蕃山还专门找人帮忙去诚挚地表达他的诚意。后来虽然见面了，但是，中江还是没有同意，大概是怀疑熊泽蕃山的诚意，所以就推说自己不足以为人之师。宽永十九年（1642年）七月，熊泽蕃山再次拜见中江氏，再三请求依然没有得到允许。"于是，二晚站在其屋檐下不睡。藤树之母怜其志，对藤树曰：'人从远方而来，恳请如此，传之其所习，谁谓好人之师？'是以诺之。"③母意不能违背，藤树才收了熊泽蕃山为徒。熊泽蕃山这种拜师学阳明学的精神是令人十分感动的。这样诚挚的态度，这样执着的为人，尤其是拜中江藤树这样的"圣人"（在世的时候，中江藤树已经有"近江圣人"之名了。这也体现了日本儒家学说与中国儒学完全不同的豪情与气象）为师，以后要干一番顶天立地的大事，完全是人生兴趣、爱好、志向所驱使的，因此也就是顺理成章的事情了。

正是由于这种超越功利得失的态度，有的时候甚至超越生死的追求精神，所

---

① ［日］井上哲次郎：《日本阳明学派之哲学》，邓红、张一星译，山东人民出版社2019年版，第5页。
② ［日］高濑武次郎：《日本之阳明学》，东京：铁华书院1899年版，第64页。
③ ［日］高濑武次郎：《日本之阳明学》，东京：铁华书院1899年版，第64页。

以，江户时代日本的阳明学者在学习阳明学的时候，就很容易进入阳明学博文约礼、体用一源、明觉精察、惟精惟一、天地良知、万象森然、冲漠无朕的境界。笔者深以为，返中国原初阳明学之本，开创日本阳明学之新，这是江户时代阳明学者的最大特点之一。日本阳明学者是事功型的学者，政治的环境、生活的状态也不允许他们像中国的阳明后学那样走向狂禅。有了这种精神和态度作为基础，日本江户时代的阳明学就在没有大一统政治高压和所谓文化传统束缚的状态下，成为"日新之学"。中江藤树首创于前，熊泽蕃山、大盐中斋、三轮执斋等后学紧随其后，滚滚朝前，确实为日本社会的近代化转型奠定了辽阔、广大、厚实的基础。

高濑武次郎写道："藤树之学术为日新之学，丝毫没有固滞之处。教门人也以达时虚位致至善为最紧要之事。藤树的日新，从许多事情可以看出，现仅举一例而说明之。藤树经常对门人说：'曾赠山田某《三纲领解》，其至善之解里，有事善心不善者非至善，心虽不违善，事不中节者也非至善。'当时未免支离之病，乃陷此谬误。心事一也。'心善则事亦善，事善则心亦善，天下未有事善心不善，心善事不善者。'大概前解是出自朱子，后解是出自王子。"①"心事一也"，这是中江藤树在阳明学的指引下，超越朱子学的证据。

中江藤树日新之学的表现是方方面面的。例如，他把孔子的视、听、言、动，改成了视、听、言、动、思。我们且不说他改得怎么样，反正中国的古人，绝对想不出来，简直就是不敢改。中国人的思想负担太重，而中江藤树们却没有这种顾虑。其言曰：

> 朱子解物犹如事，虽然后来的学者皆袭用，但仍有未尽之处。窃意以为，事即五事而已。所谓五事，为视听言动思。天下之事，千种万端，但没有离开五事的，离开五事的话，便没有天下万事。五事是万事之根本、善恶之枢机。故五事皆从良知，则天下之事无不善。五事皆脱离良知，天下之事无不恶。所以《尚书·洪范》的九畴，有天道，有人道，天道以五行为本，人道以五事为根本，可以此为证。②

---

① ［日］高濑武次郎：《日本之阳明学》，东京：铁华书院1899年版，第44页。
② 转引自［日］高濑武次郎《日本之阳明学》，东京：铁华书院1899年版，第41页。

依托于《尚书·洪范》的五行思想，把孔子的视、听、言、动，擅自地改成了视、听、言、动、思，这无论如何，在同时代的中国晚明和清朝，完全是无法想象的事情。依托于先秦儒家原典《尚书》，返本开新，进一步深化了儒家思想在逻辑上的准确性、完整性和系统性，所以，中江藤树思考问题的方式和有效的探索，受到了高濑武次郎的赞扬："藤树虽然也不是没有妄言之迹，但也颇有独特见解。其试解'事'字，立先人未发之言，而定于五事，朱王之说有些抽象而漠然，藤树做了具体说明，断然解释成视、听、言、动、思五事，其功甚多。"①这里的修改当然只是一点点，从孔子在《论语》中的逻辑和语境来讲，中江藤树的修改也未必真的正确，但是，在整个儒家思想发展的历程上，这就是花果飘零、灵根再植的一大步，是一种特殊的，在中国的清代根本不可能出现的飞跃。

中江藤树一生纯孝，他在他的卧室里挂了一幅《道统传》，每天起床后，便盥洗盛服，烧香叩头，接着就高声朗诵《孝经》，天天如此。年轻的时候声音比较高，晚年的时候渐渐变低，最后是心中默读。长期耳濡目染，切身体会，明觉精察，他在这方面就做出了巨大的创新。在一封信中，他写道：

> 母亲一个人住在近江，母子离别不能尽养育之心。于是写信想请母亲来当地养老，哪知母亲回信说"女人不能超越国界"，所以不想来。母亲儿子分别单身而过，母亲只能依靠我，我却把母亲放在另一个国度，这是违反道义的，便写了退职信，得不到批准，没办法自己辞职，才得以归还近江。我的行为有可能被认为是不忠，人们经常将忠孝进行比较。主君付钱雇佣儒者，像我这样能雇佣到的儒者比比皆是。然老母离开我，便没有别的依靠的人了。衡量忠孝，还是孝重于忠，所以我拈重去轻，只身而退。人虽脱藩，但绝不会侍奉其他主君。如果对此不能够理解，认为我的行为不好的话，请直言不讳地指出，绝不怨恨。为道义而退，绝不会忘记主君的恩情。我的行为似乎不忠，但是天命所定，我只能做此决定而已。②

信中表达的是，在他的特殊情况之下，"衡量忠孝，还是孝重于忠"，因此，实际的行动后果是，他的辞官而去，侍养母亲的行为，确是在孝不在忠。在这一

---

① ［日］高濑武次郎：《日本之阳明学》，东京：铁华书院1899年版，第42页。
② 转引自［日］高濑武次郎《日本之阳明学》，东京：铁华书院1899年版，第51页。

点上，中江藤树比很多古代的中国名人都做得彻底。《琵琶记》中汉代蔡伯喈与赵五娘的故事、《铡美案》中陈世美与秦香莲的故事，写的都是中国古代的某些读书人，为了名利，不顾父母的生老病死，不认自己的糟糠之妻，另攀高枝。在现实生活中，中国古代这样的例子是很多的。这是中国千百年来中央集权、官本位的副产品，权力的过分集中，利益的巨大驱使，已经使中国的知识分子见利忘义。

由于在孝道领域身体力行，深有感受，悟有所得，所以中江藤树最后就能够出神入化地提出他建立在"太虚神道"理论基础之上的"全孝说"。他认为：

> 孝为天地未画之前存在的太虚神道。天地人万物，皆从孝而生。春夏秋冬，风雷雨露，无非孝矣。仁义礼智是孝之条理，五典十义是孝之时，神理含蓄之处为孝，不能明其状，强取象为之孝，"孝"字合"老子"二字而成。今之"孝"字，是在成为文字之时，省其笔画而来的。天地未开之时，以太虚之理为老，以气为子。天地开启之后，以天为老，以地为子，以乾坤为老，以六子为子，以日为老，以月为子。"易"字合日月而成，日月和老子，其义一也，《易》和《孝经》为无隔阂之道理。山为老，川为子，中国为老，东夷南蛮西戎北狄为子。君为老，臣为子，夫为老，妇为子。于德性之感通，仁为老，爱为子。①

这样的表述，类似于孟子的"亲亲而仁民，仁民而爱物"（《孟子·尽心上》），这些观点在程朱理学那里，在陆王那里，都得到了进一步的发展。早在《大戴礼记》中就有类似的观点。《曾子大孝》载曰：

> 君子一举足不敢忘父母，一出言不敢忘父母。一举足不敢忘父母，故道而不径，舟而不游，不敢以先父母之遗体行殆也。一出言不敢忘父母，是故恶言不出于口，忿言不及于己，然后不辱其身，不忧其亲，则可谓孝矣。草木以时伐焉，禽兽以时杀焉。夫子曰："伐一木，杀一兽，不以其时，非孝也。"（《大戴礼记·曾子大孝第五十二》）

---

① 转引自［日］高濑武次郎《日本之阳明学》，东京：铁华书院1899年版，第49页。

《大戴礼记》的表述可以推出中江藤树的观点来，但是，实话实说，藤树基本上都是点到为止，语焉不详。虽然，由于时代的原因，中江藤树的表述明显有幼稚的一面，但是，他的太虚神道说包含了宇宙论、神灵论、伦理论以及人性论，从思想的框架上来讲，无拘无束，自由洒脱，敢想，敢说，敢写，这本来就是学者最最尊贵的品质。而且，他的这个重大的理论创新，对后来的熊泽蕃山、三轮执斋、大盐中斋等后学产生了深远的影响。依托于张载、王阳明的太虚说，形成了日本阳明学史上以太虚思想为理论基础的一大思想的动脉，源远流长。这是非常了不起的事情。

高瀬武次郎曰："大凡阳明学，犹如含有两种元素，一曰事业性的，一曰枯禅性的。得枯禅性元素的，则足以亡国；得事业性元素的，则可以兴国。然彼我两国之王学者，各得其一，也遗有实例。"① 真是神论！本来，王阳明的及门弟子大多是真正传承了阳明的真正精髓的。李贽指出："阳明之时，得道者如林，吾不能悉数之。"② 但是，在此后的中国，以李贽为标志的阳明心学被彻底打压之后，此后再无李贽式的战斗至死的人物。晚明以后，特别是清朝数百年，更是死气沉沉，毫无生气，令人十分沉痛。释太虚曰：

> 阳明出其自受用之"致良知"三昧，简明亲切，向人当前指点。接其教音者，殆无不承风归化，心悦诚服。但阳明以自己之高明律人，视他人尽是高明，既不能定之以教理，又未能范之以律仪，而及门诸子，得浅、得深、得纯、得驳，只取其一偏，以之独扬其至，执之不得会通，末流遂猥杂不可收拾！《明儒学案》泰半皆王门流裔，列为浙中王门学案、江右王门学案、南中王门学案、楚中王门学案、北方王门学案、闽粤王门学案及泰州学案；再传而后者，又有止修学案、东林学案、蕺山学案等。于中约可分四类：龙溪、心斋，偏重阳明直指"独知"一端，陷于狂滥，不能谨持良知以为善去恶，故此派唯归入佛门，乃得踏实。东廓、念庵，偏重阳明默坐澄心一端，落于虚拘，未能得"良知"以从体起用。故此派后衍为黎洲，用乃渐宏。见罗止修，颇能贯持，然根本未清也。东林与世，颇能致用，然悟养已疏也。蕺山专提谨独，近于东廓、念庵，而黎洲亦气禀习尚用事而已。余子

---

① ［日］高瀬武次郎：《日本之阳明学》，东京：铁华书院1899年版，第27页。
② 转引自袁宗道《白苏斋内集》，上海古籍出版社1989年版，第308页。

不一一论，卒未有明得阳明之全者也，宜其流风亦随有明一代而亡矣！然张苍水传之于日本，反能涓涓不息，郁久成明治之盛，则因倭人禅侠相尚，易恒化于"致良知"而直往径行之风也。①

在阳明学研究史上，这是一段非常重要的文字。仔细研读这段文字，笔者深有所得，感慨良多。首先，太虚立足于日本阳明学的崛起，并没有仅仅囿于佛学的局限，而是站在民族的前途与未来、站在中华民族"致良知"的角度，来讨论阳明后学的发展事实，由于阳明学的后学们没有得到阳明"致良知"的三昧，致使王阳明的真正精神没有得到传承。其次，太虚先生在这里直接指出了导致产生这一后果的原因，是王阳明理论本身的缺点在于"但阳明以自己之高明律人，视他人尽是高明，既不能定之以教理，又未能范之以律仪，而及门诸子，得浅、得深、得纯、得驳，只取其一偏，以之独扬其至，执之不得会通，末流遂猥杂不可收拾"，可谓淋漓尽致。最后，阳明后学各家各派，各有各的特色，也各有各的问题，涉及的各种流派，地域辽阔，人员众多，鱼龙混杂，却各得一偏，但是最终"其流风亦随有明一代而亡矣！"这是在说清朝二百多年的历史中，其实没有阳明学，从学术的发展与创新来说，它已经销声匿迹。

太虚在这里说得很清楚，日本阳明学之所以"涓涓不息，郁久成明治之盛"，原因在于"禅侠相尚"，是阳明学在日本接了地气，是其社会长期以来"禅"与"侠"历史积淀的结果。"易恒化于'致良知'而直往径行之风也"，说的就是直指人心，简明亲切，惟精惟一，明觉精察而知行合一，全部落在实际的行动上。换言之，日本的阳明学得到了阳明学的真传。

以三轮执斋为例，我们可以得其大概。三轮执斋生于1669年，此时中江藤树已经去世20年，但是，三轮执斋终身崇奉中江藤树。18岁之时，他就立志要干一番事业。先去学医，但是没有碰到好的老师，后来转而学习儒学，进入佐藤直方门下，住在老师的家里成为专门的儒生。但是，"直方为崎门翘楚，主张程朱理学，排斥王学。这从《王学论谈》一卷可窥其学。执斋入其门后，倾听朱学，而私归王学，觉得对自己有益而喜好之。于是被直方绝交，受到暴言。他自己想亲自前往辩解，遇见其门人正在发怒。是以感到困窘数年。后来直方知道其改变学问不是为了名利，于是相待如故。直方病革之日，命子弟先告知执斋，执

---

① 释太虚：《王阳明论》，见梁启超等《王阳明传》，新世界出版社2016年版，第234—235页。

斋乃前往探望，但命已绝没来得及。因此终夜伺候在柩前，写了和歌八首而哭之"①。三轮执斋向往儒家思想，认真学习，但是，当仁不让于师，坚守自己的学术良知，悄悄地走上了与老师完全不同的道路，具有高度的思想自主性。这弄得师徒二人，磕磕绊绊，若即若离，以至于生离死别，不堪回首。

三轮执斋得到王阳明心学的真传，终生守护，简易直截，言行萧朗，直指人心而成就斐然。著述有二十多种，最著名者是他首次翻刻《标注传习录附录》共四卷，这在日本阳明学史上具有里程碑式的意义，产生了深远的影响。他在日本桥、饭田町等地创设"明伦堂"，"遵信王文成公，专绍述之，但没有在王学之外别树一帜"，他"从中国人那里得到两幅王文成公的画像，一副藏之于明伦堂，一副藏之于近江之藤树书院"。②足见其对王阳明的人品与学问尊重向往之真诚！井上哲次郎说他长期在明伦堂教授弟子，"以东都之木铎自任。门人之多，不可胜数"③。请大家注意，"以木铎自任"，这是以天下为己任，还是自己性情的舒张和高扬？自己称自己为"木铎"，这是元明清的中国人做梦都不敢想象的事情，这样的情况至今没有改变。尤其值得注意的是，三轮执斋还是当时日本首屈一指的诗人，诗词唱和，信手拈来，乃一时之盛。三轮执斋对阳明学的方方面面都有细致的阐述，井上哲次郎从立志未始、助知辱、以孝悌为本、养气、广量、考之气象、内省、致良知、言行念虑不妄、执中、四句教等多个方面进行了系统的阐述。④三轮执斋的"心之本体"学说，"论善恶之起源，极为周到精密"⑤，因此受到了高濑武次郎先生的高度赞扬。他在诠释"无善无恶心之体"时写得很精妙，笔者现誊录于此，与诸君分享：

> 虽然人心有善恶二途，那是发动时之事。动是因气之故，其不动时只是一丝光明而已。如镜之未开之时，没有妍媸。其不映照时，并非没有万象。心映照物时，则有象，镜是本镜。心不写照时，则无象，镜之内并非无象。此镜无动静，照物之心有动静。此镜为人之本体，不如此源而为善，则

---

① ［日］井上哲次郎：《日本阳明学派之哲学》，邓红、张一星译，山东人民出版社2019年版，第137页。
② ［日］高濑武次郎：《日本之阳明学》，东京：铁华书院1899年版，第103页。
③ ［日］井上哲次郎：《日本阳明学派之哲学》，邓红、张一星译，山东人民出版社2019年版，第138页。
④ ［日］井上哲次郎：《日本阳明学派之哲学》，邓红、张一星译，山东人民出版社，2019年版，第148—158页。
⑤ ［日］高濑武次郎：《日本之阳明学》，东京：铁华书院1899年版，第105页。

其善是气质之善,不是天理之本体。恶亦然。所谓心之体,即宿在人心之天神。此光明不亘人之意念,自然照是非,是为良知。耳无五音是耳之大体。无五音,故能分闻五音,不会有误。若常有一音的话,五音皆误。故耳之至善为无五音。口亦无味为口之本体。无五味,故能分五味,不会有误。若有一味的话,五味皆误。故无五味,为口之至善。心无善恶,心之本体。无善恶,故能辨善恶,各不误事。若有之时,善恶皆不同,故无善恶,心之至善。①

无善恶,故能辨善恶。可知三轮执斋像中江藤树一样,其阳明学的底色,受了龙溪的影响。但是,"心之体,为鉴空衡平状态之心、寂然不动之心,故执斋比之明镜。以明镜与万象之妍媸,说心之体与事物之善恶之处,颇为巧妙,极为精致。今客观事物之善恶,和主观心之本体相对,心之本体与客观事物之善恶如何无关,依然称作鉴空衡平。若心之本体,预先具备善恶的话,则不能辨别善恶。所以执斋借口耳和五味五音,来表示这个关系。而此处所说的至善,为绝对之善,超越任何与善恶有关的性质。这就是所谓的无声无臭、无善无恶"②。高瀬武次郎的诠释,出神入化,依托于先秦经典,深得儒学三昧。与三轮执斋的高论可谓心心相印,相得益彰。从三轮执斋生动的文字、形象的比喻、深入浅出的风格以及理直气壮的文风,我们也可以想见其著述、演讲以及为人的风采。井上哲次郎在其《日本阳明学派之哲学》中讲述了三轮执斋给一位僧人讲阳明学的故事,我们可以从中领略到江户时期日本阳明学者捍卫正宗阳明学的风采:

> 执斋尝为一个叫鞭禅师的僧人讲《中庸》,极力排斥佛家反对性命之理,想让他抛弃日用之常,醒悟旧习之非,归儒教之正。讲学完毕之后,僧人赠送执斋笔墨和诗一首。然执斋推却曰:"凡为吾学者,大都不为僧人讲学,但如果能知其非而归儒,亦不美事哉?这是予应其请之理由。而师终不能出陷溺之窟。则惠赠笔墨,不能接受。"③

---

① 转引自[日]高瀬武次郎《日本之阳明学》,东京:铁华书院1899年版,第105页。
② [日]高瀬武次郎:《日本之阳明学》,东京:铁华书院1899年版,第105页。
③ [日]井上哲次郎:《日本阳明学派之哲学》,邓红、张一星译,山东人民出版社2019年版,第146页。

执斋先生于正直厚道、狷介狂放、犀利尖锐的言辞后面，充分体现了阳明学的学术精髓和人生追求目标。其坚持原则、敢作敢为的为人做派，实在是令300年后的我们心往神驰。三轮执斋这段话的意思是，学习阳明学就是如切如磋，如琢如磨，以文会友，以友辅仁。既然我苦口婆心让你改邪归正，而你却死陷佛教的空寂之窟不能自拔，那么，我们志不同，道不合，君子不相与谋。斩钉截铁，这正是阳明学的干净利索。

井上哲次郎在其大著《日本阳明学之哲学》中论及江户时代的阳明学者，从中江藤树，到渊冈山、熊泽蕃山、北岛雪山、三轮执斋、川田雄琴、中根东里、大盐中斋、佐藤一斋，还有对明治维新产生了重大影响的系列人物，无不如数家珍，十分系统，描述出了整个的发展轮廓。千里伏脉，深入细致。例如，他在叙述到中江藤树的时候，从宇宙论、神灵论、人类论、心理论、伦理论、政治论、学问论、教育论、异端论等各方面讨论了中江藤树的成就。井上哲次郎对中江藤树的评价极高，认为他锋芒毕露，直击人心，"深从自己的信仰，注重操行，可知其精神犹如秋霜烈日"[①]，但是，中江藤树还只是刚刚开始。中江藤树的阳明学派，井上哲次郎列了37人，三宅石庵的阳明学派更加庞大，其余还有大盐中斋学派、春日潜庵学派、梁川星岩学派等。有名有姓，一流的阳明学者，井上哲次郎就列了30多人，整个的阳明学发展体系，蔚为大观。相关的讨论，还有待我们深入研究。

[①] ［日］井上哲次郎:《日本阳明学派之哲学》，邓红、张一星译，山东人民出版社2019年版，第2页。

程敏政和王阳明的朱、陆及其历史影响*

陈寒鸣

(天津市工会管理干部学院)

程敏政(1446—1499年)[①]是位几乎湮没无闻的朱学家,王阳明(1472—1529年)则是闻名中外的心学宗师。他们持守的学术立场不同,但又有着一定的思想联系:程敏政编纂《道一编》,力倡朱、陆之学"早异晚同"论;王阳明辑成《朱子晚年定论》,借此为其心学思想张本。笔者认为,《道一编》实是《朱子晚年定论》的先导。[②]程敏政和王阳明的朱、陆观,对后人影响甚大,成为明代中叶以后学界的主流论调。

一

南宋以来,朱、陆纷争,渐成水火之势,"宗朱者诋陆为狂禅,宗陆者以朱为俗学,两家之学各成门户,几如冰炭矣"(《宋元学案》卷五十八《象山学案·

---

* 载吴光主编《中华文化研究集刊·阳明学研究》,上海古籍出版社2000年版。

① 程敏政生年,史无明载。《明史·文苑传·程敏政》谓其"十岁侍父官四川"。今考敏政所撰乃父《事状》(见《篁墩文集》卷四十一),参之以《明史》卷一七二《程信传》及李贽《续藏书》卷十六《太子少保程襄毅公》等文,可知敏政父信于景泰六年(1455年)官四川。据此可考定敏的生于正统十一年(1446年)。

② 此外,王阳明辑《大学古本》或亦受启于程敏政。敏政曾编有《大学重订本》,自述云:"《大学》章句,朱子所订,且为格致传补云,有大惠于后学。朱子既没,慈溪黄氏震、鲁斋王氏柏、山阴景氏星、崇仁王氏翼卿及国朝浦江郑氏濂、天台方氏希古皆有论说,大同小异,而于第十章亦有比程氏所订而少变之者。走尝欲合诸家,著为定本,而未能也。近多暇日,默记众说,参互考之,手自录出如右。他日获放归田,当再加细绎并订其疏,而凡经子有先儒说或可选其旧者,悉加厘正以俟后之君子,而不敢必其能遂否。"(《篁墩文集·遗录》)由于敏政遭弘治己未(1499年)会试"鬻题"案的打击而遽然辞世,他没有能最终完成《大学重订本》。而王阳明辑成《大学古本》,似亦可视为敏政所期待的"后之君子"。

序》)。但也有儒者基于调停立场论朱陆,辨同异,主张和会理学与心学,开出儒学发展的新路。这逐渐成为一股潜生暗长的思潮。吴澄、虞集、赵汸、刘因以及宋濂、王祎、苏伯衡等就是这股思潮的代表者。[①]

程敏政生活在朱学彰显而陆学晦而不明的明代前期[②],其学说思想与薛瑄的"河东理学"有亲缘关系[③]。他自以为是二程子后裔,又每以生在朱子之乡为荣,对朱熹十分尊崇,称"朱子,学孔者也"(《篁墩文集》卷十一《诗考》),对学者有"罔极之恩",而自恨"报之无门"(《篁墩文集》卷五十四《复司马道伯宪副书》)。故其极意于朱学,自谓:"仆性迂僻,而独喜诵朱子之书,至行坐与俱,寝食几废,窃幸窥其一二,以自得师云尔。"(《篁墩文集》卷五十五《答汪金宪书》)但是,他深知在朱学被悬为令甲的社会背景下,"学者类未探朱子之学及其肯綮所在,口诵手录,钻研训释,只徒曰我学朱子云尔"(《篁墩文集》卷五十四《复司马道伯宪副书》),致使朱学成为"资口耳,钓利禄"的工具,"敛之不足以修身,雅之不足以治人"(《篁墩文集》卷五十八《原教一首赠程元英司训青城》)。因此,程敏政顺承元、明诸儒倡导的和会朱陆的潮流[④],以超越门户的心态看待朱、陆之学,明确提出旨在揭示两家之学真价值的朱、陆"早异晚同"论。

程敏政的朱、陆观主要有下列内容:其一,朱、陆之学,"其初则诚若冰炭之相反,其中则觉夫疑信之相半,至于终则有若辅车之相倚"(《篁墩文集》卷二十八《道一编自序》)。而淳熙八年(1181年)春季的南康之会,乃是朱、陆

---

① 冈田武彦先生对此思潮有精当论析。请参阅吴光先生等自冈田田氏所著《王阳明与明末儒学·序论》节译之《论明代学术思想的源流——朱陆异同源流考》(载《朱子学刊》总第四辑,黄山书社1991年版)。
② 明代永乐年间诏颁三部《大全》,真正确立起程、朱理学的思想统治地位,至"成、弘间,师无异道,士无异学,程、朱之书立于掌故,称大一统"(董其昌:《罗文庄公合集序》,见罗钦顺《困知录·附录》)。故全祖望说,明初"宗朱者盖十之八,宗陆者盖十之二,两者相传而各守其说,门户不甚张也"(《鲒埼亭集》卷二十八《陆桴亭先生传》)。笔者据此而论断程敏政生活在朱学彰显、陆学晦而不明的时代。
③ 程敏政十岁时,以神童而被英宗召试,诏令读书翰林院,给廪饩。时任学士的李贤、彭时、吕原、刘定之遂成为他的老师。据敏政所撰《祭妇翁大学士李文达公》(见《篁墩文集》卷五十一),李贤对他影响最深。今查李贤与薛瑄情深意笃,以至王盛编《薛文清公书院记》(见《薛文清公行实录》卷三)将李贤置于薛氏弟子及从游者七十余人中的第一位。笔者据此认为,敏政之学与薛瑄的"河东理学"有亲缘关系。
④ 程敏政编纂《道一编》,提出朱、陆"早异晚同"论,无疑受到吴澄、虞集、赵汸、刘因等人的影响,但他对这些先辈亦有不甚满意之处,如他曾在赞许赵汸对陆学的论说"约而不该"的同时,又批评赵氏对朱学尚欠深思。此请参阅《篁墩文集》卷三十八《书赵东山对江右六君子策》《书赵东山陆君子像赞》。

之学由"早异"而"晚同"的标志。敏政说,南康之会,朱、陆"议论之际,必有合者,故朱子特请象山于白鹿洞升讲席以重之,而又为文以奠复斋,有'道合志同,障心从善'之语。后五月而东莱讣至,象山奠之,有'追惟曩者,粗心浮气,徒致参辰'之语。盖二先生之道,至是而有殊徒同归之渐云"(《篁墩文集》卷三十八《书朱子祭陆子寿、陆子祭吕伯恭文》)。其二,在"早异"阶段,治学之方和教人之法"乃朱、陆不同之肯綮。盖陆子方以口耳为扰,欲其以尊德性为先,以收放心为要;朱子乃欲学者依文句玩味,意趣自深,又欲其趁此光阴,排比章句,玩索文理,正与象山之教左"(《篁墩文集》卷三十八《朱子答刘季章书》)。其三,朱、陆早年"气盛语健",相互指责,如朱熹诋斥陆九渊有"脱略文字,直趋本根之意"(《朱文公文集》卷四十七《答吕子约》),而陆九渊亦批评朱熹"依凭空言,傅着意见,增益赘疣,助胜崇私,重其狷念,长其负恃,蒙蔽至理,扞格至言,自以为是,没世不复,此其为罪,浮于自暴自弃之人矣!"(《陆九渊集》卷一《与邵叔谊》)程敏政指出,对于朱、陆早年诸如此类的相互攻讦之言,"学者未可执以为定论也"(《篁墩文集》卷三十八《书朱子答吕子约、蔡季通二书》)。此外,敏政还认为,两家门人"造言以相訾,分朋以相胜"(《篁墩文集》卷三十八《书朱、陆二先生鹅湖倡和诗后》),也是造成朱、陆早年歧异和纷争的重要原因。其四,陆九渊晚年认识到自己早年与朱氏论争中有"粗心浮气"之弊;朱熹晚年更因"有昧于陆子之言"而有"深悔痛艾于支离"之叹(《篁墩文集》卷三十八《朱子答陆子七书》),故盛称陆子,信服陆学,甚至"于其高弟弟子杨简、沈焕、舒璘、袁燮之流拳拳敬服,俾学者往资之,廓大公无我之心,而未尝有芥蒂异同之嫌"(《篁墩文集》卷二十八《道一编自序》)。这样,朱、陆之学在晚年便同归于一了。

笔者拟另文详评程敏政以"早异晚同"为中心内容的朱、陆观,这里主要指出其何以力倡这种朱、陆观。其实,程敏政对此曾有自述,其言曰:

> 宇宙之间,道一而已。道之大原出于天,其在人则为性而具于心。心岂有二哉?惟其蔽于形气之私,而后有性非其性者,故圣门之教在于复性,复性之本则不过收其放心焉尔。颜之四勿,曾之三省,与子思之尊德性、道问学,孟子之先立乎大者而小者不能夺,其言訾乎如出一口,诚以心不在焉则无以为穷理之地,而望其尽性以至于命哉?中古以来,去圣益远……心学晦而不明,几焉不行。虽以董、韩大儒尚歉于此,而亦何觊其他哉?子周子

生千载之下，始阐心性之微旨，推体用之极功，上续孟氏之正传，而程子实亲承之，其言曰："圣贤千言万语，只是欲人将已放之心约之，使反复入身来，自能寻向上去，下学而上达也。"此其言之切要，意之诚恳，所望于后学者；何如而卒未有嗣其统者！于是朱、陆两先生出于洛学销蚀之后，并以其说讲授于江之东西，天下之士靡然从之。然两先生之说不能不异于早年，而卒同于晚岁。学者犹未之有考焉，至谓朱子偏于道问学，陆子偏于尊德性，盖终身不能相一也。呜呼！是岂善言德行者哉？夫朱子之道问学固以尊德性为本，岂若后之讲析编缀者毕力于陈言？陆子之尊德性固以道问学为辅，岂若后之忘言绝物者悉心于块坐？走诚惧夫心性之学将复晦且几于世，而学者狃于道之不一也，考见其故，详著于篇。（《篁墩文集》卷十六《道一编目录后记》）

他认为，"洛学销蚀"之后而起的朱子和陆子，其学说思想虽"不能不异于早年"，但毕竟"卒同于晚岁"。这晚岁所"同"者非他，乃是其"大原出于天"的"道"。朱、陆本皆圣人之徒，都以承嗣圣道为己任。故"朱子之道问学固以尊德性为本"，"陆子之尊德性固以道问学为辅"，这与颜、曾、思、孟以及周敦颐、二程之学一脉相承，所以，朱、陆之学必然终归之于一"道"。

程敏政的这种思想，乃是针对"学者狃于道之不一"，"至谓朱子偏于道问学，陆子偏于尊德性，盖终身不能相一"，致使"心性之学将复晦且几于世"而发的。他曾批评道：

朱、陆之辨，学者持之至今。……其流至于尊德性、道问学为两途，或沦于空虚，或溺于训诂，卒无以得真是之归。此道所以不明不行。（《篁墩文集》卷十六《淳安县儒学重修记》）

中世以来，学者动以象山藉口，置尊德性不论，而汲汲乎道问学，亦不知古之所谓问学之道者何？或事文艺而流于杂，或专训诂而入于陋，曰我之道问学如此，孰知紫阳文公之所谓道问学者哉？（《篁墩文集》卷二十九《送汪承之序》）

在他看来："所谓尊德性者，知吾身之所得皆出于天，则无毫发食息之不当谨，若《中庸》之'戒慎'、'玉藻'、'九容'是也；所谓道问学者，知天下无一事而非分内,则无一事而非学,则如《大学》之'格致'、《论语》之'博约'是也。……大抵尊德性、道问学,只是一事。如尊德性者,制外养中,而道问学则求其制外养中之详;尊德性者,由中应外,而道问学则求其由中应外之节。即《大学》所谓求至其极者,实非两种也。"(《篁墩文集》卷五十五《答汪金宪书》)所以,他指出,尊德性、道问学皆"入道之方",应统一为一体,而不应将之对立。他申论道:"……盖尊德性者,居敬之事;道问学者,穷理之功。交养而互发,缺一不可也。"如果"尊德性而不以道问学辅之,则空虚之谈;道问学而不以尊德性主之,则口耳之习。兹二者皆非也"。(《篁墩文集》卷二十九《送汪承之序》)他以这种本于《中庸》"尊德性而道问学"而又有所发展的思想来考察朱、陆之学,辨析二者异同,既认为朱子和陆子在"尊德性""道问学"相统一上"殊途同归",又指出只有认识到这一点,才能真正体认"朱子之为学,泛观约取,知行并进,故能集大成而宪来世如此"(《篁墩文集》卷五十四《复司马道伯宪副书》)。应该说,程敏政此论不仅符合朱、陆思想实际,而且更对由所谓"尊德性""道问学"问题上的歧见而引发的长达数百年之久的"朱陆之辨"[①]做了总结。

二

最集中表述程敏政朱、陆"早异晚同"的,是其编成于弘治二年(1489年)的《道一编》[②]。敏政曾自述编纂此书的目的及内容道:

> 朱、陆二氏之学,始异而终同,见于书者可考也。不知者往往尊朱而斥陆,岂非以其早年未定之论而致夫终身不同之说,惑于门人记录之手而不取正于朱子亲笔之书耶?……(余)于斋居之暇,过不自揆,取无极七书、鹅湖三诗钞为二卷,用著其异同之始,所谓早年未定之论也;别取朱子书札有及于陆子者,厘为三卷,而陆子之说附焉。……编后附以虞(集)氏、郑

---

① 从哲学方面看,朱、陆自有其分野,由此而形成道学内部的理学与心学两大系统。但在历史上,很多儒者把朱、陆之异简化为"道问学"与"尊德性"之别。这对数百年间形成的,被章学诚称为"千古桎梏之府,亦千古荆棘之林"的"朱陆之辨"(《文史通义·内篇二·浙东学术》)有着十分深刻的影响。

② 《道一编》,凡六卷,今北京图书馆藏有明弘治年间刻本,中国社会科学院历史研究所图书馆则藏有钞本。

（玉）氏、赵（汸）氏之说，以为于朱、陆之学盖得其真。若其余之纷纷者，殆不足录，亦不暇录也。(《道一编自序》，见《道一编》卷首，又见《篁墩文集》卷二十八）

据其《复司马道伯宪副书》《答汪佥宪书》等来看，弘治三年（1490年）夏秋间，《道一编》甫由其门生弟子锓梓行世，即在士大夫间激起一定反响，固守朱学者斥之为"抑朱扶陆""辱朱荣陆"，讥刺程敏政"为陆氏之学"，致使他"每自讼何苦而必犯此不韪之讥"。

对于《道一编》及其影响，王阳明曾经有所注意。正德十四年（1519年），他在《与安之》中说：

> 留都时偶因饶舌，攻之者环四面。取朱子晚年悔悟之说，集为定论，聊藉以解纷耳。门人辈近刻之虔都，初闻甚不喜；然士夫见之，乃往往遂有开发者，无意中得此一助，亦颇省颊舌之劳。近年篁墩诸公尝有《道一》等编，见者先怀党同伐异之念，故卒不能有入，反激而怒。今但取朱子所自言者表章之，不加一辞，虽有偏心，将无所施其怒矣。①

尽管王阳明的《朱子晚年定论》自有其不同于程敏政的《道一编》之处，如在体例上，《朱子晚年定论》"但取朱子所自言"而"不加一辞"，《道一编》则在所录资料下均加跋语以述己见，等等，但阳明之编《朱子晚年定论》乃受启于敏政所编《道一编》，《道一编》堪称《朱子晚年定论》之先导，则可肯定无疑。

如果我们从二者所录资料之同异角度来比较性玩味《道一编》和《朱子晚年定论》的旨趣与内容，便不难发现：其一，同程敏政一样，王阳明也力倡所谓"朱子晚年定论"，以为朱子"晚岁固已大悟旧说之非，痛悔极艾。至以为自诳诳人之罪不可胜赎。世之所传《集注》、《或问》之类，乃其中年未定之说，思改正而未及，而其诸《语录》之属，又其门人挟胜心以附己见，固于朱子平日之说犹有大相谬戾者，而世之学者局于见闻，不过持循讲习于此。其于悟后之论，慨乎其未有闻，则亦何怪乎予言之不信，而朱子之心无以自暴于后世也乎？"(《王阳

---

① 见吴光等编校《王阳明全集》卷四，上海古籍出版社1992年版，上册，第173页。下引《王阳明全集》，均出此版本，仅随文夹注其卷。

明全集》卷三《语录三·附录·朱子晚年定论序》）其二，阳明用以论证"朱子晚年定论"的资料，颇有与程敏政《道一编》所录资料相同者，甚至敏政的一些失考之处也被阳明沿袭。如《道一编》中收有朱熹《答何叔京》，此书亦为《朱子晚年定论》所录，题作《答何叔景》。今查朱熹的这封书信见于《朱文公文集》卷四十，乃是朱熹答复何叔京的第六封信。① 此信究竟作于何时？固难确考②，但据朱熹《何叔京墓碣铭》（《朱文公文集》卷九十一），何叔京"淳熙乙未十一月丁丑"即淳熙二年（1175年）十一月，而此时距离朱、陆鹅湖之会不到半年，这封《答何叔京》只可能作于这之前，绝不会在这之后。故而此信实应归于敏政、阳明所谓朱、陆"早异"阶段，应视若所谓"未定之论"，而绝不应作为说明其所谓朱、陆之学"晚同"的资料。这在程敏政，显属失考，而在王阳明则不仅显为沿袭之误，且犹有"考之欠详，立论太果"之弊③。严斥王阳明的陈建颇为准确地说，朱、陆"早异晚同"论，"盖萌于赵东山之《对江右六君子策》，而成于程篁墩之《道一编》，至近日王阳明因之，又集为《朱子晚年定论》"。又说："程篁墩著《道一编》，分朱、陆同异为三节，始焉如冰炭之相反，中焉则疑信之相半，终焉若辅车相倚；朱、陆'早异晚同'之说，于是乎成矣。王阳明因之，遂有《朱子晚年定论》之录，与《道一编》'辅车相倚'之说正相倡和。"（《学蔀通辨·总序》）

当然，《朱子晚年定论》与《道一编》毕竟有所不同，"盖《道一编》犹并取二家言论比较异同，阳明编《定论》则常取朱子所自言而不及象山一语。篁墩盖明以朱、陆为同，而阳明则变为阳朱而阴陆耳"（《学蔀通辨》"前编"下卷）。更为重要的是，《朱子晚年定论》辑录了一些《道一编》所无的朱熹书信，而这些书信多为体现朱氏心学思想的资料，如所录《答陈才卿》云："详来示，知日用功夫精进如此，尤以为善。若知此心此理端的在我，则参前倚衡，自有不容

---

① 朱熹在这封信中说："只持养得便自著见，但要穷理功夫互相发耳。来喻必喻先识本根，而不言所以识之之道，恐亦未免成两截也。"
② 陈来《朱子书信编年考证》将此信系于宋孝宗乾道五年（1169年），并谓此信"辨先察识后涵养，当在己丑以后"（《朱子书信编年考证》，上海人民出版社1989年版，第61页）。此说可参。
③ 罗钦顺曾批评王阳明的《朱子晚年定论》说："详《朱子定论》之编，盖以其中岁以前所见未真，爰及晚年，始克有悟，乃于其论学书尺三数十卷之内，摘此三十余条，其意皆主于向里者，以为得于既悟之余，而断其为定论。斯其所择宜亦精矣，第不知所谓晚年者，断以何年为定？羸躯病暑，未暇详考，偶考得何叔京氏卒于淳熙乙未，时朱子年方四十有六，尔后二年，丁酉，而《论孟集注》、《或问》始成。今有取于答书者四通，以为'晚年定论'，至于《集注》、《或问》，则以为中年未定之说。窃恐考之欠详，而立论之太果也。"（《困知记·附录·与王阳明书》）

舍者，亦不待求而得，不待操而存矣。格物致知亦是因其所已知者推之，以及其所未知，只是一本，元无两样工夫也。"（《朱文公文集》卷五十五）又录《答杨子直》曰："学者堕在语言，心里无得，固为大病。然于语言中，罕见有彻头彻尾者。盖资质已不及古人，而工夫又草草，所以终身于此若存若亡，未有卓然可恃之实。近因病后不能极力读书，却觉有进步处。大抵孟子所论'求其放心'，是要诀尔！"（《朱文公文集》卷十五）这些都表明倡言"圣人之学，心学也""陆氏之学，孟氏之学也"（《王阳明全集》卷七《文录四·象山文集序》）的王阳明，是以象山之学为立脚点，而借朱、陆"早异晚同"论来为他自己所鼓倡的心学思想体系张本。阳明对此并不讳言，曾明确宣示其编辑《朱子晚年定论》的用意道：

> 予既自幸其说之不谬于朱子，又喜朱子之先得我心之同，然且慨夫世之学者徒守朱子中年未定之说，而不复知求其晚岁既悟之论，竟相呶呶，以乱正学，不自知其已入于异端。辄采录而裒集之，私以示夫同志，庶几无疑于吾说，而圣学之明可冀矣。（《王阳明全集》卷三）

这与以朱学为立场，通过编纂《道一编》，厘析朱熹学思历程，揭示朱学真价值，以"使后之偏心自用者愧汗交下，以求入德；随声附影者不敢专一于口耳，以求放心为本。则此学朱子，庶几不堕"（《篁墩文集》卷五十四《复司马道伯宪副书》）的程敏政，显然有很大不同。正因为有这样的差异，所以，程敏政无法接受当时朱子学者对他抑朱扬陆的指责。而再来看王阳明，他对此类指责毫不在意，甚至当罗钦顺既从学术角度批评其《朱子晚年定论》失于考据，又依守朱学指斥其《大学古本》《朱子晚年定论》"于朱子之说有相抵牾，揆之于理，容有是耶"（《困知记·附录·论学书·与王阳明书》）时，阳明理直气壮地答曰：

> 其为《朱子晚年定论》，盖亦不得已而然。中间年岁早晚诚有未考，虽不必尽出于晚年，固多出于晚年者矣，然大意在委曲调停以明此学为重。平生于朱子之说如神明蓍龟，一旦与之背驰，心诚有所不忍，故不得已而为此。"知我者，谓我心忧；不知我者，谓我何求？"盖不忍抵牾朱子者，其本心也；不得已而与之抵牾者，道固如是，不直则道不见也。执事所谓决与朱子异者，仆敢自欺其心哉？夫道，天下之公道也；学，天下之公学也。非

朱子可得而私也，非孔子可得而私也。天下之公也，公言之而已矣。故言之而是，虽异于己，乃益于己也；言之而非，虽同于己，适损于己也。益于己者，己必喜之；损于己者，己必恶之。然则某今日之论，虽或与朱子异，未必非其所喜也。(《王阳明全集》卷二《传习录中·答罗整少宰书》)

这种明确申言与朱学"背驰"的态度，不仅与敏政显有不同，而且表现出强烈的理论自信，更以其所倡"夫道，天下之公道也；学，天下之公学也。非朱子可得而私也，非孔子可得而私也"，而彰显出他思想的价值。

三

程敏政和王阳明的朱、陆观深刻影响着明清思想界，成为明代中叶以后学者普遍接受的观念。[①] 兹仅略举数例，以窥一斑。

先看几位心学学者的说法。王宗沐认为："夫原于天地以立极，而通于古今以常行者，道之致一而不可容或二也。质有偏重，而见有早晚，当会其未备而销其未融者，学之相成而不可独执也。(朱、陆)二先生偶以其一时之见相与校订，是亦不过朋友切磋之心，而后世遂分别之，攘斥之，使不得并系于孔氏之徒焉，则夫乃采声遗实，而责之太深矣乎？故自今言之，以弥纶宇宙为己分，而以继往开来为立心；以沉迷训诂为支离，而以辨别义利为关纶。本之于收放心以开其端，极之于充四端以致其力，由于尽心知性而达于礼乐刑政，此象山先生之学之大也。备观先生之书，而更合之于朱子，得其所以同，辨其所以异，则知道无不合，而言各有指，然后指之为俗与禅者，皆可得而论其概矣。"(《陆九渊集·附录一》) 傅文兆以陆学"得之孟子求放心，先立其大"，而朱学"原由闻见入，意欲先博古今、穷事变，然后使得自于心"，故两先生之学初年有异，陆氏议朱"支离也"，然"朱先生鹅湖之会后三年诗曰：'书册埋头何日了，不如抛却去寻春。'至是亦觉其非，无复同异之可言矣"(《陆九渊集·附录一》)。徐阶著《学则》，力言"尊德性、道问学原为一事"，又撰《学则辨》，说朱、陆虽

[①] 当然，明清时期也有儒者坚以陆学为禅，与朱学绝不相合，如罗钦顺称："朱子目象山为禅学，盖其见之审矣，岂尝有所嫌忌，必欲文致其罪而故加之以是名哉？"(《困知记》卷下) 夏炘则谓朱、陆二家之学"判然如缁素之分黑白也，泾渭之别清白也，嵋麦柳谷之别东西也"(《述朱质疑》卷八)。至于陈建更著《学蔀通辨》，对程敏政、王阳明，尤其是阳明提出系统诘难。不过，就明清学术思想界总体状况而言，这种论调并不占主流。

入门有异，"而均之为圣人之徒"，并认为："夫君子由学以入圣，犹人由门以入室。今指尊德性、道问学为两门矣。然而圣之所以为圣，践形尽性之外，无他事也，尊德性、道问学，室一而已，门亦一而已，安得有异入乎？凡某所以断两夫子之同者，固慨夫世之人举其训诂之陋，妄自托于朱子，而诋陆为禅；举其空寂之谬，妄自托于陆子，而诋朱为俗也。今曰均之为圣人之徒，则某之所争者固已得矣，则又何异之足言哉？"（《陆九渊集·附录一》）孔天胤说："诸儒训诂之学，至朱子稍稍折衷，是故有《易》《诗》《四书》等传注。初意盖欲由讲解以为入道之门。若曰博学而详说之，将以反说约焉尔，诚非学之至、论之定也。一时门人遂以缀辑而张大之，后儒遂守其说而不详，忌其约而不反，至于信博而不信约，从人而不从天。学术支离，道体蒙蔽，则章句为有祸焉，故朱子晚年既反约于详说之余，则尽悔其未详之说之非，至以为自诳诳人。而学人之自诳者于今犹烈也，可胜痛哉！"（《朱子晚年定论序》，见黄宗羲编《明文海》卷二一七）张元忭称，王阳明《朱子晚年定论》出，"而后考亭之学，其骨髓始透露于此。其拳拳于培本原、收放心，居然（李）延平之家法也。而后考亭之学始为质之濂洛而无疑"。他取朱子《文集》中与陆学同调之诗，辑为"悟后诗"，将之与阳明《朱子晚年定论》合刻为《朱子摘编》，自序其书曰："道一而已矣。学不会于一，非学也。是编也，岂独（朱、陆、王）三先生之学可会于一乎？千古圣学之正统，吾知其无三径矣，虽谓之儒宗《参同契》，可也。"（《朱子摘编序》，见《明文海》卷二二三）

学说思想上承继张载关学而倡"气本"论的王廷相，其朱、陆观则颇有取于程敏政和王阳明。他说：

> 朱子《与吴茂实书》云："近来自觉向时工夫，止是讲论文义，以为积累义理，久当自有得力处，却于日用工夫全少点检。诸友往往亦只如此做工夫，所以多不得力。今方深省而痛惩之，亦愿与诸同志勉焉。幸老兄遍以告之也。陆子静兄弟近日讲论与前大不同，却方要理会讲学。其徒有曹立之、曹正惇者来相见，气象皆尽好，却是先于性情持守上用力。此意自好，但不合自主张太过，又要得省发觉悟，故流于怪异耳。"观此知文公亦曾悔悟自己偏于讲论文义之非，子静先生亦非不曾讲学者。但其门人无识，各竞门户之胜，自相排诋，遂致二先生有支离、禅定之异。后学不能深察详考，随声附和，渺无会通之见，崇朱者以讲论为真诠，守陆者以禅定为执要，终身畔

于圣人之学而不自知,由之各相沿习,误天下后学,至于今尚然。①

对廷相赞许有加,但在学说思想上信从心学的高拱②,在朱、陆观上有着与敏政和阳明相类的看法。他认为:"道者,天下公共,惟其是而已。苟求诸心而果得,则安敢罔吾之心而随人以为信?"③所以,当有人问他"朱、陆相攻谓何"时,遂答曰:"其所记录,皆门人斗胜之过,二公非如此也。而亦不免各有胜心动气处。"④他主张"学求为己",惟是而从,不必斗胜动气地去做什么朱、陆之辨。

学宗姚江的黄宗羲,撰著《明儒学案》,未有一字论及程敏政其人其学,但是,他的朱、陆观却更类似于敏政而稍异于王阳明。黄氏说:

> 先生(陆九渊)之学,以尊德性为宗,谓:"先立乎其大者,而后天之所以与我者,不为小者所夺。夫苟本体不明,而徒致力于外索,是无源之水也。"同时紫阳之学则以道问学为主,谓:"格物穷理,乃君人入圣之阶梯。夫苟信心自是,而惟从事于覃思,是私心自用也。"两家之意见既不同,逮后论《太极图说》……而朱、陆之异遂显。继先生与兄复斋会紫阳于鹅湖,……而朱、陆之异益甚。……考二先生之生平自治,先生之尊德性,何尝不加功于学古笃行?紫阳之道问学,何尝不致力于反身修德?特以示学者之入门各有先后,曰此其所以异耳。然至晚年,二先生亦俱自悔其偏重。……观此,可见二先生之虚怀从善,始虽有意见之参差,终归于一致而无间,更何烦有余论之纷纷乎?(《宋元学案》卷五十八《象山学案·序》)

无须分析即可看出,黄宗羲以"早异晚同"为宗旨的朱、陆观,不仅在用以论证的资料上,而且在思想观念乃至语言表述上,都与程敏政雷同。我们由此可断定,黄宗羲的朱、陆观是深受敏政影响的。

---

① 《雅述》上篇,见《王廷相集》第3册,中华书局1989年版,第848—849页。
② 高拱在其所撰的王廷相《行状》中,称王氏治学"不事浮藻,旁搜远揽,上下古今,唯求自得,无所循泥。灼见其是,虽古人所非者不拘;灼见其非,虽古人所是者不执。立言垂训,根极理要,多发前贤所未发焉"。又赞从政,"苟有益于国是,虽负天下之谤不恤;不然,即可致誉者不为也"。(见《高文襄公文集》卷四)
③ 高拱:《本语》,见《高拱论著四种》,中华书局1993年版,第20页。
④ 高拱:《本语》,见《高拱论著四种》,中华书局1993年版,第22页。

与梨洲同时代的李颙,则揭露陈建"逢迎当路",曲为《学蔀通辨》,斥其"学无心得,门面上争闲气,自误误人"(《二曲集》卷十六《书一·答张敬庵》)。他并谓:

> 晦庵教不躐等,固深得洙泗家法,而其末流之蔽,高者拘迹执象,比拟慕仿,畔援歆羡之私,已不胜其憧憧;卑者桎梏于文义,纠画于句读,疲精役虑,茫昧一生而已。阳明出而横发直指,一洗相沿之陋,士始知鞭辟著里,日用之间炯然焕然,如静中雷霆,冥外朗日,无不爽然自以为得。向也求之于千里之远,至是反之己而裕如矣。(《二曲集》卷十六《书一·答张敬庵》)

他还提出了自己的朱、陆观,说:"陆之教人,一洗支离锢蔽之陋,在儒中最为儆切,令人于言下爽然醒豁;朱之教人,循循有序,恪守洙泗家法,中正平安,极便初学。要之,二先生均大有功于世教人心,不可以轻低昂者也。若中先入之言,抑彼取此,亦未可谓善学也。"(《二曲集》卷四《靖江语要》)李颙更"以阳明先生之'致良知'为明本始,以紫阳先生之'道问学'为做工夫"(《二曲集》卷二《学髓序》),提出其独具特色的心性之学。

梨洲、二曲之后,清代学风逐渐转移,但仍有儒家学者继续论异同、合朱陆,如施润章认为:"朱、陆立教不同,其同归于性学,一也。其归既同,不能无异者,同源而异流,其从入之门径然也。……吴草庐尝辨尊德性、道问学矣。夫不尊德性,所学何事?不道问学,德性又安在?二贤之教未尝不相成,而卒于相反,互相訾诟,其徒又加厉焉,党甚洛蜀,战等玄黄,则亦学者之过也。……然则朱、陆二子殆已泯其异同矣,又奚俟乎后人沿波修畔,苦操同室之戈也?"[①]李绂则著《陆子学谱》,力论"象山陆子专以求放心教人,盖直接孟氏之传者。……世人以训诂章句为学,失心久矣"(《穆堂别编》卷二十四)。他又哀集朱熹五十一岁以后的论学文字计357篇,辑成《朱子晚年全论》,以为:"朱子与陆子之学,早年异同参半,中年异者少、同者多,至晚年则符节之相合也。"(《穆堂初稿》卷三十二《朱子晚年全论序》)他如乾隆年间的符乘龙,以"知行合一"的观点视审朱、陆,认为:"有知不系乎高明而行

---

① 施润章:《施愚山集·文集》卷二十五《朱陆异同略》,黄山书社1992年版,第493—495页。

笃实者，朱子是也；有知必极其高明而行亦笃实者，陆子是也。之二公者，生同时，千言万语，往复辩论，一恐其陷于虚诞，一恐其入于支离，皆为世道人心计。是知虽有异，而行之敦本崇实则一也。"（《困知记叙》，见罗钦顺《困知记·附录》）诸如此类，难以尽举，要之，这些学者的观点似可视为程敏政、王阳明所论之余绪，本文就不赘述了。

精神哲学与陆王心学*

——以徐梵澄《陆王学述》为中心

李 卓

（天津社会科学院）

徐梵澄（1909—2000年），原名琥，湖南长沙人，翻译家、著名学者。他精通梵、英、德、法等多重语文，系统迻译了印度韦檀多哲学的主要经典①，有"当代玄奘"之誉，刘小枫称他为兼及中、西、印三大文明学术的大家②。

近代以来关注印度哲学的学者中，梁漱溟、汤用彤为人熟知，二人皆偏重佛教，主要以"印度哲学史"的方式逐一考察佛教以外各家的哲学思想。唐君毅的研究③以翻译文本为基础，倚重西方和日本学者的成果，并谦称自己"于印度之宗教哲学所见太少"④。徐梵澄则是直接从研读古印度哲学经典文本入手，对释迦牟尼诞生以前的学问——古韦檀多（Vedanta）哲学，特别是对印度近代精神哲学大师室利·阿罗频多（英文名 Sri Aurobindo，1872—1950年，被誉为"圣哲"，与"圣雄"甘地、"圣诗"泰戈尔并称）思想的理解和绍述上，现代中文世

---

* 本文曾发表于《世界宗教研究》2019年第5期。
① 徐梵澄所译的印度韦檀多学经典，依古今划分，古典有：《薄伽梵歌》《迦里大萨》《五十奥义书》等；今典有：《神圣人生论》《薄伽梵歌论》《社会进化论》《瑜伽论》《母亲的话》等。此外，佛学翻译有：《安慧〈三十唯识〉疏释》（1947年）、《因明蠡勺论》（1952年）、《摄真言义释文》（晚年）等。
② 刘小枫：《圣人的虚静》，《读书》2002年第3期。
③ 唐君毅读《薄伽梵歌》译序后，写信给徐梵澄，谓："先生平章华梵之言，一去古今封蔀之执，感佩何似！弟在昔年亦尝有志于道，唯皆在世间知解范围中逞臆揣测，旧习殊难自拔。视先生之栖神玄远，又不禁为之愧悚。"唐君毅：《唐君毅全集》第31卷《致徐梵澄》，九州出版社2016年版，第244页。有关唐君毅对印度哲学的探讨，参见彭国翔《唐君毅与印度哲学》，载《儒家传统的诠释与思辨——从先秦儒学、宋明理学到现代新儒学》，武汉大学出版社2012年版。
④ 唐君毅：《唐君毅全集》第31卷《致糜文开》，九州出版社2016年版，第250页。

界的学者还没有能超过徐梵澄的。

徐梵澄的学术工作以迻译为主,所治则为精神哲学(spiritual philosophy)。① 他的学术贡献是多方面的,译介以外②,他还有一部重温陆、王一脉心学,吸收近代哲学与宗教原理,探索建立中国精神哲学的著作,即《陆王学述——一系精神哲学》。是书大约在1990年开始写作,1993年5月勘定完成,次年初版,又尝题作《陆王哲学重温》。其缘起,是徐梵澄应《哲学研究》之约作一谈王阳明哲学的文章,铺开后越写越长,于是改变了原来的写作方向,由文而成书——"王阳明学述",继而又加充实之功,写成"陆王重温"一书。③ 稿成只有十万余字,意在以最简单的文字来表达,不多说话。编辑认为字数太少,请徐梵澄再做补充,于是他又自陈荣捷《〈传习录〉详注集评》摘录阳明"教言"两万余字。材料取舍之间亦见其精神旨趣,就此而论,"教言摘录"或可谓以精神哲学为选材宗旨的"阳明粹言"。

徐梵澄用"精神哲学"来观照"陆、王学术",是否提供一种绝对正确的理解,或许见仁见智,但作为一种新的哲学诠释,他对宋明理学的把握与众不同,而有其特色。他所提倡的精神哲学,迄今学界注意不多,也有深入研究的价值和必要。本文即以《陆王学述——一系精神哲学》为中心,考察徐梵澄对象山、阳明一派学术的诠释特点,以及他对"前知"与"顿悟"所作的说明。由于书中对各部分都有较为清楚的界定和解说,所以本文不免"寻章摘句",这是首先要说明的。

一 陆王心学是精神哲学

1. 精神哲学的意涵

徐梵澄的叙述多依韦檀多学立言,有必要先对其稍加介绍。韦檀多学的古典是诸古《奥义书》,今典则是阿罗频多所著书。据阿罗频多之义,宇宙间唯有一"大梵"是绝对的"存在",可分其为"超上""宇宙""个人"三面,其

---

① 1992年,徐梵澄所填"中国社科院研究成果表"业务专长(主要研究领域)一栏,内容就是"中国及印度古代精神哲学"。孙波:《徐梵澄传》,崇文书局2019年版,插图。他又曾自述:"最不成功的最是我所锲而不舍的,如数十年来所治之精神哲学。"徐梵澄:《徐梵澄随笔 古典重温》,北京大学出版社2007年版,第55页。

② 除了翻译印度韦檀多哲学经典,徐梵澄的译事还有两个重要方面:一是受鲁迅嘱托翻译尼采著作:《朝霞》、《快乐的知识》、《苏鲁支语录》、《尼采自传》、《人间、太人间的》(节译);二是向西方世界介绍中国文化,英译中国传统菁华:《小学菁华》(1990)、《孔学古微》(1963)、《周子通书》(1978)、《筚论》(1987)、《唯识菁华》(1990)、《易大传——新儒家入门》(1995)。

③ 扬之水、陆灏:《梵澄先生》,上海书店出版社2009年版,第51、71页。

性质是"知觉性"。宇宙万物皆在大梵之中,大梵亦在万物之中。"存在"有七个活动原则,以七条河流或七道光明象征:"物质""情命""心思""超心思""真""智""乐",彻上彻下只是一个"知觉性"。印度精神哲学分判上下两界或两个半球,"超心思"介于中间,贯通两界。可约略图示如下:

知觉性	"真"(无上存在者)、"智"(神圣知觉性)、"乐"(幸福)	上半球
	"超心思"	中间
	"物质""情命""心思"	下半球

这里认为宇宙本原即是悦乐,是印度思想所独创,有其特色。其对人的理解是:"吾人所以为吾人,及吾人将为吾人者,其力量乃在一高等'精神'之权能中。我辈生存之本质,乃宇宙间无数人格之'精神'自性也。吾人之性灵,亦即此'精神'之一分。在此自性中,每人皆有其转变之原则与意志,每一心灵,皆自我知觉性之一种力量,所以构成其中神圣性之理念者,由此而引导其作用与进化,及自我发现与自我表现,终必趋于圆成。此即吾人之自性,亦即是真性。"(《徐梵澄传》)主张人之为人在"精神"自性,人生目的在于自我完善,希圣希天。

下面来看徐梵澄所谓的"精神哲学"意涵是什么,他说:

> 而人,在生命之外,还有思想,即思维心,还有情感,即情感心或情命体。基本还有凡此所附丽的身体。但在最内中深处,还有一核心,通常称之曰心灵或性灵。是这些,哲学上乃统称之曰"精神"。但这还是就人生而说,它虽觉似是抽象,然是一真实体,在形而上学中,应当说精神是超乎宇宙为至上不可思议又在宇宙内为最基本而可证会的一存在。研究这主题之学,方称精神哲学。这一核心,是万善万德具备的,譬如千丈大树,其发端初生,只是一极微细的种子,核心中之一基因(gene),果壳中之仁。孔子千言万语说人道中之"仁",原亦取义于此。①

何以现代可将此宋明儒学列入精神哲学一类呢?——因为二者内容大致相类,而宗旨颇同。在精神哲学中,普通总是以身与心对,中间还有一情命体。心则言情感心(heart)和思维心(mind)。在稍精深的瑜伽学中,还

---

① 徐梵澄:《陆王学述》,崇文书局2017年版,第15页。

涉及其间之微妙生理体。论及人性，则分高等自性和低等自性。宋明儒学说为身、心、性、命之学，也是分别探讨，主旨或最后目的为"变化气质"。而精神哲学也着重"转化"。——两者皆着重身、心之修为……①

细绎这两段言简意赅的文字可见，就人生而言，精神是指人的"心灵"或"性灵"，乃是一抽象的"形上实体"；就形上学而言，精神是"最基本而可证会的一存在"，精神"超越"（超乎宇宙，高出世界）而"内在"（在宇宙内及万事万物之中），"超思维"（不可思议）而"可证会"②。精神是真实的呈现，而非理论的假设，精神哲学属于内学，不违理性却大于、超于理性，所以不能通过概念分析、逻辑推理的知识论进路企及，而要经由修为获得实证和契悟，以真实见道，内中证会精神真理。就人性而言，精神哲学和宋明儒学皆主张人性有高低之别，强调人内中具有神圣本性／本然善性，作为修为和转化的内在的形上根据；都要求以修为来对治、转化人性中的低级、负面，"人不可以不加澄治之功"（程颢语）、"为学大益，在自求变化气质"（张载语），通过身心修炼以"转化"（变易"低等自性"为"高等自性"）和完善自身、"变化气质"以向上提升，"终期转化人生与社会"。精神哲学超乎逻辑，非心思所及，又注重精神修为，以全盘转化身心性命进而改善社会为目标，这与西方哲学有很大的不同，而与中国哲学相契。

又：

> 通常说精神哲学，总是与物质科学对举；但从纯粹精神哲学立场说，不是精神与物质为二元；而是精神将物质包举，以成其一元之多元。主旨是探讨宇宙和人生的真理，搜求至一切知识和学术的根源，其主体甚且超出思智以上。那么，可谓凡哲学皆摄，即一切哲学之哲学，它立于各个文明系统之极顶。其盛、衰、起、伏，实与各国家、民族之盛、衰、起、伏

---

① 徐梵澄：《〈薄伽梵歌〉注释》，《薄伽梵歌》，崇文书局2017年版，第178页。
② "证会"即证验和体会。因其所"知"超越思辨，所以不能通过一般知识论的进路来把握，而只能内求，必须身体力行，亲自体验、体悟、体证以知。所谓"原出乎思想以外，非心思所可及，在学者犹当恢弘其心知以证会之，然后明其真，此则不得谓之哲学"（徐梵澄译：《五十奥义书》，《译者序》，中国社会科学出版社2007年版，第6页）。"精神哲学属于内学，内学首重证悟。悟入精神真理的某一方面，往往为思智、与文之所不及。"（徐梵澄：《〈玄理参同〉序》，《玄理参同》，崇文书局2017年版，第4页）

息息相关。①

这是说，精神哲学是以精神为根本的一元论。以精神哲学契会宇宙真理，该摄一切哲学。"以精神哲学该摄一切哲学"，较马一浮以"六艺该摄一切学术"（不唯统摄中土一切学术，亦可统摄现在西来一切学术）的浓厚儒家本位色彩，显然更易获得普遍的认同和接受。这一提法也反映出徐梵澄世界主义的文化观，所谓："我一贯反对将文化分成东方、西方，都是世界的，我们都是这个世界的一部分。"②四海之内，心同理同，精神真理万古常新，无分于中西古今。

其次，精神哲学立于各个文明系统之极顶，与国家、民族命运息息相关。正如牟宗三所谓："学术生命之畅通象征文化生命之顺适，文化生命之顺适象征民族生命之健旺，民族生命之健旺象征民族魔难之化解。"③（《五十自述·序》）更进一步，必由学术会通，才能求世界大同，开辟永久和平的美好愿景。所以徐梵澄说："然求世界大同，必先有学术之会通；学术之会通，在于义理之互证。在义理上既得契合，在思想上乃可和谐。不妨其为异，不碍其为同，万类攸归。'多'通于'一'。然后此等现实界的理想，如种种国际性的联合组织或统一组织，方可冀其渐次实现。"④

2. 精神哲学与宗教

从积极的方面看，精神真理历来多蕴含于宗教之内，徐梵澄指出：无疑，至今精神真理多涵藏于宗教中，但宗教已是将层层外附如仪法、迷信等封裹了它，使它的光明透不出来。偶尔透露出来的，的确是"放诸四海而皆准"的达道，即陆氏所说之心同理同。

宗教多蕴含精神真理，可用以指导转化人生和社会，这正是宗教的益处所在。而宗教与精神真理的关系，恰如朱子所喻之"厚纸糊灯笼"。宗教仪法、迷信等层层外附犹如厚纸，阻碍了精神真理的朗现。精神哲学无宗教之弊，犹如撤去厚纸笼，灯之全体著见，精神真理通体透显。

从消极方面看，宗教的祸患不小。宗教战争以外，徐梵澄主要批评宗教的

---

① 徐梵澄：《〈玄理参同〉序》，《玄理参同》，崇文书局2017年版，第1—2页。
② 徐梵澄译：《五十奥义书》，中国社会科学出版社2007年版，第842页。
③ 牟宗三：《五十自述》，鹅湖出版社1990年版，第3页。
④ 徐梵澄：《〈玄理参同〉序》，《玄理参同》，崇文书局2017年版，第8—9页。

鄙俚不雅与愚昧迷信。宗教的鄙俚不雅是指其野蛮低下的一面，徐梵澄曾将所译书稿《五十奥义书》中不雅的部分悉数删去，理由就是这些文字太不堪，没有必要译出来。他谈及密宗的不足时也说，密宗就是这一点不好，利用最野蛮最原始的东西，去讲出一番道理。① 更有甚者，宗教往往藏污纳垢，迷信邪魔附于其中。对宗教，特别是流俗宗教如婆罗门教和印度教的流弊，徐梵澄有非常严厉的批评。他曾多次提及印度的瑜伽师招摇撞骗，把社会搞得乌烟瘴气，贻害不浅。"古今宗教之偏弊，正赖哲学以救之：唯独'哲学'能给'宗教'以光明，解救其鄙俚、愚昧，与迷信之弊。"②

究竟言之，精神哲学是"绝对真理"，其地位高于宗教，故当以精神哲学为标准来考察某一宗教理论、宗教仪式的价值。所谓"若从绝对真理的观点推之，则凡一切宗教之理论及其仪法等，皆只算'权教'（'权教'与'经教'对，'经'训常，'权'指变），各随其时与地而立，即权宜也。即释氏所谓'方便法门'。"③ 因此，任何宗教皆有偏弊，唯精神哲学纯善无弊，唯陆王之学纯善无弊，其故下文述之。

3. 精神哲学与陆王之学

何以提倡陆、王？徐梵澄说：

> 鄙人之所以提倡陆、王者，以其与阿罗频多之学多有契合之处。有瑜伽之益，无瑜伽之弊。正以印度瑜伽在今日已败坏之极，故阿罗频多思有以新苏之，故创"大全瑜伽"之说。观其主旨在于觉悟，变化气质，与陆、王不谋而合。④

> 重温陆、王，即是意在双摄近代哲学与宗教原理而重建中国的精神哲学。⑤

精神哲学一名，在现代常见，在宗教范围中，然与"神学"大异其趣。只有在印度室利阿罗频多（Sri Aurobindo）的瑜伽学或"大全瑜伽"，多与

---

① 扬之水、陆灏：《梵澄先生》，上海书店出版社2009年版，第83页。
② 阿罗频多语，也是徐梵澄所许之义。徐梵澄：《玄理参同》，崇文书局2017年版，第134页。
③ 徐梵澄：《陆王学述》，崇文书局2017年版，第158页。
④ 扬之水、陆灏：《梵澄先生》，上海书店出版社2009年版，第131页。
⑤ 徐梵澄：《陆王学述》，崇文书局2017年版，第24页。

相合。①

徐梵澄重温宋明理学，用现代眼光加以理解和审视，旨在商量旧学，培养新知，在此基础上重建中国的精神哲学，"是准备创造一新的将来，不是召唤已逝去的幽灵而重苏一过去"②。"宋明理学，实卓立于世界，从之，我们可以认识自己。"③事实上，这也是徐梵澄对希腊、印度古典的态度，"温故"而非"复古"，"返本"是为了"开新"："无论从东西方我们摄得其文化菁华，正有以供现代与将来的发展。"④

徐梵澄何以独取陆、王之学？当然是心学与精神哲学的主旨相应。其实，即就"精神"一语而言，北宋五子与朱子多言"神"，宋明理学至象山而喜言"精神"。象山所谓"精神"即"心之精神"，是指本心自作主宰，自能精一自身。象山弟子杨慈湖进一步发挥"心之精神是谓圣"。阳明明谓"心之良知是谓圣"，而良知"凝聚为精，妙用为神"，良知即宇宙造化之心。可见，陆王一系所言"精神"与精神哲学之"精神"义颇相近。总的来说，宋明理学在本质上是极具精神性的，它与精神哲学的内容类似，宗旨一致。宋明理学与韦檀多哲学（古印度精神哲学）的教义中，有许多相同之处。具体而言，如以韦檀多哲学经典《薄伽梵歌》的主旨与宋明理学相较，"主敬存诚之说若合焉；理一分殊之说若合焉；敬义夹持之说若合焉，修为之方，存养之道，往往不谋而同"⑤。二者都注重修为功夫（印度谓之瑜伽学⑥），宗旨都是变化气质，进而转化人生和社会。而且，宋明理学有古印度瑜伽学之益，而不落宗教迷信的虚伪、妄诞甚至邪魔。在徐梵澄看来，"真所谓中国本土的哲学，只有这一套最觉声弘实大。远承孔、孟，是儒宗的精粹思想"⑦。就整个宋明理学看，陆、王最有实践与独创精神，二人皆能真实见道，是代表孔、孟的儒学正宗。⑧

---

① 徐梵澄：《陆王学述》，崇文书局2017年版，第13页。
② 徐梵澄：《陆王学述》，崇文书局2017年版，第21页。
③ 徐梵澄：《陆王学述》，崇文书局2017年版，第4页。
④ 徐梵澄：《玄理参同》，崇文书局2017年版，第205页。
⑤ 徐梵澄：《〈薄伽梵歌〉（南印度版）译者序》，《薄伽梵歌》，崇文书局2017年版，第9页。
⑥ "盖指陈为道之方，修持之术，是之谓瑜伽学。"徐梵澄：《〈薄伽梵歌〉（南印度版）译者序》，《薄伽梵歌》，崇文书局2017年版，第4页。
⑦ 徐梵澄：《陆王学述》，崇文书局2017年版，第3页。
⑧ 参见徐梵澄《陆王学述》，崇文书局2017年版，第165页。

二 心之虚灵明觉与知觉性

象山、阳明多言心而少言性，言心，多指道德本心。徐梵澄从精神哲学的角度对"心学"做出了新的诠解。在徐梵澄看来，不但陆王之学是"心学"，宋明儒学也是"心学"（"宋学之为心学"①），整个儒学传统是"心学"（"孔学是心学"②），这都是基于他对"心学"的新诠解而言，他使用的一个精神哲学的重要概念是"知觉性"。

何谓"知觉性"？"知觉性"原是韦檀多哲学的基本概念。精神哲学所谓的"知觉性"，并不是通常人在清醒状态下的知觉能力，"却是指存在的一种自我明觉之力，以心思为其中项；在心思以下，它则沉入生命底和物质底运动中，于我们为下心知者；在心思以上，它则升入超心思，对我们为超心知者"③。"弥漫宇宙人生是一大知觉性，这知觉性之所表便是生命力。或者，如某些论者说弥漫宇宙人生只是一生命力，而这生命力之所表便是知觉性。两说是同一事，只是后说时时有无生命物一外在事实在相对，较难分说。毋妨假定知觉性是体，生命力的活动便是其用，体不离用，用不离体，此即宋儒之所谓'体一'。而各个人皆是此同一知觉性的中心点，各个人彼此不同，此即宋儒之所谓'分殊'。"④可见，"知觉性"的概念近似牟宗三所谓"即存有即活动"的形上道体。"知觉性"独一（相当于"太极"）而遍在（相当于"一物各具一太极"），可假定知觉性为体，生命力为用，体用相即而不离。显然，强调"知觉性"自己显示为一无处不在的生命力，并主张虽无生命的物质中也有其知觉性，带有印度思想的特色。熊十力哲学强调宇宙实体既含物质性，亦含精神性，生命与心灵本来无二，与之颇为接近。

徐梵澄用"知觉性"的概念来讲心性，他说：

> 但性与心一贯，象山警发学人，以明心为主，乃直接由其所悟而出，直揳心源。但性指知觉性，亦广泛属大宇宙，故曰"在天者为性"。心为知觉性之最灵，属人此小宇宙，故曰"在人者为心"。心而不知觉，何以成其

---

① 徐梵澄：《陆王学述》，崇文书局2017年版，第235页。
② 徐梵澄：《陆王学述》，崇文书局2017年版，第15页。
③ 阿罗频多：《神圣人生论》，《徐梵澄文集》第13卷，徐梵澄译，上海三联书店2006年版，第92—93页。
④ 徐梵澄：《陆王学述》，崇文书局2017年版，第96页。

为心？言心则可知舍知觉性外无心，明心亦自然见性。①

象山反对解字而更不求血脉，所以反对分别情、性、心、才，但"若必欲说时"，则"在天者为性，在人者为心"。在徐梵澄看来，"心""性"都是指知觉性，"性"是弥漫宇宙万事万物的"知觉性"，"心"是宇宙"知觉性"在个人的中心点，是虚说的一个虚明灵觉的位置。"倘不虚不灵，成个什么知觉性？因为虚，所以遍无不在；因为灵，所以妙用无穷。"② 心、性同属于知觉性，所以"在天者为性"，"心既明则性易成也"。我们知道，朱子言心最重视"虚灵明觉"之义，他反复强调"人心虚灵""知觉不昧"，意谓心乃虚灵不昧之明觉，其作用唯是知觉，有虚灵之心，所以有知觉之用。徐梵澄这里以"知觉性"来诠解心，似与朱子言心的义旨相近，而与通常象山、阳明以"本心"言心的理解有所不同。事实上，这里所谓知觉性乃是"神圣知觉性"，朱子重视人的气禀物欲之杂，其所谓心只是道德上中性的虚灵明觉，而陆王所言心为形而上的道德本心，可谓虚灵明觉与天理合一。象山虽不言知觉，但"此心之灵""人心至灵"的表述所在多有，阳明也说"良知是天理之昭明灵觉处"。而早在庄子、荀子，中国哲学已有心为虚灵知觉的思想端绪。究竟而言，道德形上的心和认识的心乃一心之二形，儒家心学传统强调道德心，印度精神哲学讲心则偏重知觉性。

象山明确反对程朱人心道心的区分，如他说："谓'人心，人伪也；道心，天理也'，非是。人心，只是说大凡人之心。惟微，是精微，才粗便不精微，谓人欲天理，非是。人亦有善有恶，天亦有善有恶，岂可以善皆归之天，恶皆归之人。此说出自《乐记》，此说不是圣人之言。"③ 徐梵澄则使用"人心""道心"来分别指称知觉性中的上下层级。他说：

> 但寻常知觉性中是上、下双涵；此知觉性通常有说为意识，即上意识和下意识，或潜意识。旧说"心"是颇笼统的，这中间包括人的全部知觉性。高、上者称之为"道心"，中、下者称为"人心"，统是一心，只是一知

---

① 徐梵澄：《陆王学述》，崇文书局2017年版，第177页。
② 徐梵澄：《陆王学述》，崇文书局2017年版，第202页。
③ （宋）陆九渊：《陆九渊集》，中华书局1980年版，第462—463页。

觉性。①

当然，这只是方便的区分，事实上，上者亦潜藏在下者当中，并不是一条直线的上下层级。

徐梵澄对象山功夫论的理解也有特别之处。为学功夫上，象山教人收拾精神，自作主宰。"要当轩昂奋发，莫恁地沉埋在卑陋凡下处。"②"激厉奋迅，决破罗网；焚烧荆棘，荡夷污泽。"③"学者须是打叠田地净洁，然后令他奋发植立。"是以强力来突破私欲、意见、习气等种种负面的障蔽，直下超拔，是"刀锯鼎镬的学问"④。如果说这是象山之学"激厉奋迅"的一面，徐梵澄更注重提揭其"宽裕温柔"的另一面。徐梵澄论象山教人宗旨时，使用了两则较少被关注的材料：

> 学者不可用心太紧。深山有宝，无心于宝者得之。⑤
> 内无所累，外无所累，自然自在。才有一些子意，便沉重了。彻骨彻髓，见得超然于一身。自然轻清，自然灵大。⑥

徐梵澄解释说："今且以现代精神哲学绳之……皆是言治学之方，亦即精神修为之道。正如学打拳，初学不宜用力，不可勉强，要优游涵泳，从容不迫，只若持之以恒，久之自然中规中矩。思虑很难泯除，要在反观其起处，即一念之动，已能辨其正与不正，不正则改，亦自心知之。正如上文所言，'内无所累，外无所累……自然轻清，自然灵大'。这正如静坐时，似乎视听皆寂，然昭昭内觉，不是半昏迷半妄想之状态。心正则气正，气正则身体器官功能皆随之而正。"⑦

三 前知与彻悟

以往的宋明理学研究，对"前知"与"彻悟"的"原理"多有忽视，亦乏

---

① 徐梵澄：《陆王学述》，崇文书局2017年版，第101页。
② （宋）陆九渊：《陆九渊集》，中华书局1980年版，第452页。
③ （宋）陆九渊：《陆九渊集》，中华书局1980年版，第452页。
④ （宋）陆九渊：《陆九渊集》，中华书局1980年版，第452页。
⑤ （宋）陆九渊：《陆九渊集》，中华书局1980年版，第409页。
⑥ （宋）陆九渊：《陆九渊集》，中华书局1980年版，第468页。
⑦ 徐梵澄：《陆王学述》，崇文书局2017年版，第53页。

善解，或存而不论，或以"神秘主义"一言以蔽。《陆王学述》专辟一节"先知与彻悟"，特为详表，值得注意。与从神秘主义角度所作的诠解不同，徐梵澄视此为"精神知识""玄秘科学"的领域，主张以科学态度的态度和方式来研究。①他认为："这两事是精神哲学中不一其说的，一般属'别相'，因人而异；而非属'通相'，在人人必然同一。但两事皆属真实。"②

《中庸》言"至诚之道，可以前知"，"前知"通常被看作一种神秘的预测能力。在徐梵澄看来，"前知"可以说是某种感应的结果，如同声波的共振。信息的传递，必有发出者、接收者以及传递的媒介。这一媒介即前文所言的"知觉性"，知觉性充周遍漫宇宙，类似物理学中的"场"，虽"视之不见、听之不闻、搏之不得"，却能在空间的各处建立起媒介。"在人人皆有此共通之知觉性，共通的生命力，此之谓'气'。气有同（其震动度如声音震动之频率相同），则共鸣，乃相感。"③

不过，仅有"知觉性"作为媒介还不能像现代用电话一样传递信息。做到"前知"，对信息的发出者和接收者也有精神修为方面的要求，即"静则生明"，这关乎双方"知觉性"的层级高下。理学传统中的"前知"多由习静而致，习静之法不一，静坐通常是重要方式。象山、阳明教人静坐，也因此受杂禅之讥。倘若"知觉性"的境界较高，发出的信息易于传至接收者的"知觉性"中，接受者心境清明，犹如明镜照物，易于感知信息，那么就可以实现"前知"。可见"前知"即精神的契会，心灵与心灵之间通过"知觉性"相连接，这是一种真实的精神经验，并不神秘。

徐梵澄认为，宋明理学中真正的困难，在于着实见道。④陆象山上希思、孟，卓立大本，身体力行，可谓超然见道。象山教人开悟以见道，罗整庵因此批评象山杂禅。整庵说："盖二子者之所见（杨简扇讼之悟、詹阜民忽觉此心已

---

① 这是徐梵澄一贯的态度。他晚年翻译《佛教密乘研究——摄真言义释》（梵译汉，未完成），也是想告诉大家这并不神秘。这里所谓科学，可参看密那氏的解释："在现代世界里，这种知识几乎未尝被认为合乎科学，然而它正是科学底，因为它具足一种科学寻常所必备的一切条件。这是一学术体系，环于一些原则而组成的；它循着精密底程序，而且，若严格地重复实现所规定的情形，便得到同样底结果。这亦复是一进步的学术，可加以专精研究的，且能以一种有规则合逻辑的态度去发展它，正如当今所公认的所有的科学一样。"密那：《母亲的话》第一辑，徐梵澄译，《徐梵澄文集》第九卷，上海三联书店2006年版，第62—63页。
② 徐梵澄：《陆王学述》，崇文书局2017年版，第89页。
③ 徐梵澄：《陆王学述》，崇文书局2017年版，第96页。
④ 徐梵澄：《陆王学述》，崇文书局2017年版，第3页。

复澄莹），即愚往年所见之光景，愚是以能知其误而究言之，不敢为含糊两可之词也。嗟夫！象山以英迈绝人之资，遇高明正直之友，使能虚心易气，舍短取长，以求归于至当，即其所至，何可当也？顾乃眩于光景之奇特，而忽于义理之精微，向道虽勤而朔南莫辨，至于没齿，曾莫知其所以生者，不亦可哀也夫。"（《明儒学案》卷四十七）在罗整庵看来，象山教人开悟，不过是禅学的"光影"，与自己的禅悟体验一般无二。"盖惟禅家有此机轴，试观孔曾思孟之相授受，曾有一言似此否乎？"整庵认为原始儒家无此教法，所以此"悟"是"禅悟"。徐梵澄不以为然，他指出："一有彻悟便称之为释家，这是流俗之错误见解。不单是由儒而悟道，由他道或其他宗教皆有证悟之事。笼统皆指为禅悟，是谬见，误解。"① "凡开悟证悟彻悟皆属之禅，非徒所见狭隘，亦复忽略了开明进步之事实，终于未脱门户之见。"② 其实，这属于修为的基层原理，是儒释道和其他宗教的"共法"。"大致悟入的程序是一，而修为的基层原理也同，在释氏则谓之'渐修'和'顿悟'，认为有这么最后一关得打通。修为的基层原理相同，所以陆、王之学常被人误解为'禅'。"③

那么，如何才是"悟道""见道"呢？徐梵澄认为很难简要地说清楚。一是因为非常复杂，二是其中一些前提仍属假定，所以言之愈详，使人愈感茫昧。姑且大略言之。"盈天地间皆一知觉性"，如果方便说法，可谓"知觉性"有许多层级，"最下一层是冥顽不灵，最上一层是至灵至妙。……我们常人是生活在寻常知觉性里"④。由此可以进一步来谈"知觉性"之"识田种子说"：

> 程子曾说有不识字的某人，忽然可诵出一部《杜诗》，此说与近代西方某使女忽然可诵出其主人常读之希伯莱文诗篇，而自己其实不识字，更不必说希伯莱文。这皆是知觉性之作用。即下知觉性或潜意识中时常听到他人诵诗，在中国这例子，必是常听诵杜诗，在西方那例子则是希伯莱文诗，潜入乎下意识，也藏在那里。一遇到某种特殊心理作用的机缘，便发露到表面知觉性中来。这必是心理作用经过了一番紧张，如同一个川堤塌破了，水便从高坪奔腾下注。常时种种识感印象，皆可视为"种子"，采纳入此高层的识

---

① 徐梵澄：《陆王学述》，崇文书局2017年版，第67—68页。
② 徐梵澄：《陆王学述》，崇文书局2017年版，第177页。
③ 徐梵澄：《陆王学述》，崇文书局2017年版，第104页。
④ 徐梵澄：《陆王学述》，崇文书局2017年版，第100页。

田，或自觉或不自觉，自觉地是纳入寻常或中层知觉性中，这便成为记忆而可呼出。未自觉而被吸收的，便如同种子储藏在知觉性里，或变形或不变形，偶尔倾出于梦中。这在通常被误称为所谓"灵感"，进一步方是"彻悟"。①

可见"识田种子说"近于唯识学阿赖耶识"现行熏种子"。"种子"不断纳入知觉性，精神修为至"人欲净尽"，可达"彻悟"：

> 可以假定——这里只是假定，——是有人修为得法，不急不缓，在潜意识中清除了一切莠荞，即识田中只有高等知觉性充满弥漫，归于纯净了，即儒家所谓"人欲净尽"。这是极困难的事，所以往往要修习多少年。久久之后，整个内中知觉性受警策到了最高限度，紧张已极，这时只要外物轻轻一触，不论是见到什么事物或听到什么声音，便如一气球爆破了。似乎一跃到了另一世界，撞开了一大建筑之暗门，见到另外一些琼楼玉宇。一切皆似与寻常所见的不同，改变了，或更美丽了。知觉性似乎已经翻转过。这如同在一圆球上直线似地前进，一到极顶再进，便到彼面了。从此上、下正相对而相反。左右易位，南北转易。这时客观环境未变，只是主观心境已变，多人感到是这方是真实，是宇宙万物之真面目，只是光明的倾注，即儒家所谓"天理流行"，而紧张既除，只有大的喜乐，是说不出的美妙……是彻悟了。②

"私我"是知觉性的自体范限，随着精神修为的深入，个人的"知觉性"不断提升，彻底打破私我知觉性的墙壁，与神圣知觉性合一。又可把知觉性譬喻为一个容器，倾空其中的浊物，至"人欲净尽"，"只是光明的倾注"，知觉性中充满纯洁的事物——精神光明，即是彻悟。"知觉性的翻转"，"进至极顶再进"，是指从"心思"到"超心思"。"时常是最高理性堵塞了彻悟之路"③，这需要百尺竿头，更进一步，突破理性的阻碍。"所谓百尺竿头更进一步者，是思智已达极诣，无可再进，然后径路虽绝而风云大通。寻常谈玄学者，是思智尚未达极诣，犹未

---

① 徐梵澄：《陆王学述》，崇文书局2017年版，第101—102页。
② 徐梵澄：《陆王学述》，崇文书局2017年版，第103—104页。
③ 徐梵澄：《陆王学述》，崇文书局2017年版，第103页。

到百尺竿头。"① 思智进至极顶，再进就要跳出思智，向上一跃至"超心思"，至此则主客双泯，能所合一，实现彻悟，终于证会宇宙真理，获得静定和悦乐。

徐梵澄一生基本"译而不作"，《陆王学述——系精神哲学》是他少有的专门著述。他用精神哲学诠释宋明儒学，盛赞象山、阳明一派，某些观点或许难以获得普遍的接受。例如他虽然强调朱陆并尊，但认为朱子"不见道"，又说阳明格竹失败，标示朱子格物"此路不通"，昭示来者免枉费心力于此。其次，书中对陆王之学没有较为全面地展开讨论，如只讲陆王之所同，于陆王之所异②未暇辨析。平实而论，这些都无关《陆王学述——系精神哲学》宏旨，徐梵澄本来就反对在文字上深求，他在是书《后序》说："这一小册子……意在以最简单的文字表达这一派学术，不讲多话。读者若依此自寻材料，详细发挥，竟可欣赏其弘庞博大，亦又深奥精微。但主要纲领皆在这里了。"今观《陆王学术——系精神哲学》，亦当如象山指示："须看意旨所在。"③

---

① 徐梵澄:《玄理参同》，崇文书局2017年版，第165页。
② 参见唐君毅《中国哲学原论·原教篇》，第十二章第一节《总述阳明与朱陆之异，与其同于朱而异样于陆，及兼尊朱陆之诸端》，九州出版社2016年版。
③ （宋）陆九渊:《陆九渊集》，中华书局1980年版，第432页。

圣学之果：心学、理学与公羊学

任新民

（上饶师范学院马克思主义学院暨朱子学研究所）

自牟宗三先生《心体与性体》对宋明理学作出诸多论断以来，诚如郭齐勇先生所言——"他的独特的思考与他所建构的系统最能引起争议"（《牟宗三先生讲演录》推荐语），或站在朱子学立场上，对牟宗三认为朱子学"别子为宗"的判断进行辩驳，或大力发挥朱子心学，或检索朱熹理学与陆王心学对立之学术史之形成来为朱子学辩护。其中不乏甚为精通朱子学而有可与论者。本文要点之一，即就此一类观点进行回应。

如果说心学与理学的互动交流为学界常见，而心学、理学与公羊学之间，则常常处于疏离状态。言心学、理学者，常嗤公羊学为异端；公羊学家，则常常以"知圣"而自别于其他。同属孔子之学，却形同陌路。本文要点之二，即界定心学、理学与公羊学并比较其异同，以期三者之间形成良性对话，这对于我们更好地理解孔子六经之学无疑是有帮助的。

一 孔子之学：体道尊德立法

对于以"心学"与"理学"相互对立为晚出来为朱子学作辩护的观点，我们认为，以"心学""心即理""道德自律""即存有即活动"刻画陆王之学，以"理学""性即理""道德他律""只存有而不活动"刻画程朱之学，这一事件以及此类概念，在时间上固然可以是晚出，然而，并不能以其晚出为标准，来判定以此类概念区别陆王之学与程朱之学之论说之恰当与否。要判定其论说恰当与否，应直接就其概念所指而谈，才能切中问题所在。①

对于大力阐扬朱子心学、论证宋明理学家皆有以气言心文论来辩驳牟宗三的宋明理学观者，我们认为，大力阐扬朱子心学，仍是在朱子学内部言朱子之心，并不是综合朱子之心与陆王之心而辩者。罗列宋明理学家以气言心的话语，仍是在存有论的意义上以道体言心，并不是如陆王从道德实践出发而言心体者。因此，不能认为以"心学"指代陆王之学者完全不知朱子有心学。例如，作为史家之钱穆先生的《朱子心学略》，是作为哲学史家和哲学家之牟宗三可作而不必作者。虽作，亦不妨碍冯友兰先生、牟宗三先生对程朱之学与陆王之学的区分。同理，不能认为以"心学"指代陆王之学者完全不知在宋明儒学家中有以气言心之路数。因而，罗列宋明儒学家以气言心之言而反对之，很难说是可以成立的。心学家固然有以"气"代心之言，但其背后的义理体系和理学家不同。而"在朱子，他根据自己的理学理路，虽然认定在工夫境界的意义上，有必要最终指向'心与理一'的实现，但却不能在存在论意义上认同心与理具有'当下如是'的直接同一性，更不能承认在人心意识之外，存在另一个本体论意义上的心体，这就与以'心即理'为基本信念的阳明学形成重要对立"②。

凡此，都是暂时单从朱子学领域出发，未相应于陆王心学，而对陆王心学之实质未能真切体会而产生者。

大哉，孔子之学，洋洋乎发育万物，峻极于天。孔子十有五而立志于学，博学深谋，修道立德。于"道""德"两个领域进学不已③，后西狩获麟，《春秋》成而万世之法立。由此，孔子之学，可从"道""德""法"三个领域来论说。

牟宗三先生以《易》《中庸》以及《论语》《孟子》为文本根据，判别宋明诸子或重视前两本著作如濂溪，或重视后两本著作如象山、阳明，或于四本著作皆能重视之明道、横渠、胡五峰、刘蕺山。而《易》《中庸》，即"道"也；《论语》《孟子》，即"德"也。

---

① 吴震先生指出："固有必要作概念的澄清，然而，'语言'表达一旦约定俗成，便已获得了其本身含义的相对稳定性，故亦不必过多纠缠，而应重在对思想内涵的把握。"(《宋明理学视域中的朱子学和阳明学》，《哲学研究》2019年第5期）
② 吴震：《宋明理学视域中的朱子学和阳明学》，《哲学研究》2019年第5期。
③ 《孔子家语·在厄》："君子博学深谋而不遇时者众矣，何独丘哉？且芝兰生于深林，不以无人而不芳。君子修道立德，不为穷困而改节。"《庄子·让王》："今丘抱仁义之道以遭乱世之患，其何穷之为，故内省而不疚于道，临难而不失其德。"是皆记孔子在厄，自谓其学问有"道""德"两个领域。

继承家学以"藏陆于朱""藏悟于学"来会通程朱、陆王的明代哲学家方以智即从"道""德""法"三个领域来刻画孔子之学,他称孔子"圣人体道尊德以立法"(《东西均》),可谓精准。依其所言,孔子之学,概括地说有三项,一是"体道",相当于通达形而上学,就六经说,特指《易》学所涉者;二是"尊德",相当于尊崇道德,就经典说,特指《孝经》学所涉者;三是"立法",相当于政治、制度之学,就经典说,特指孔子《春秋》所立万世法。

我们认为,在孔子这里"道""德""法"三者,是不一不异的。"不一",就俗际说,就用说;"不异",就真际说,就体说。"不一",则以前民用而不乱;"不异",则吾道一贯而备我。

二 "心学"即"由知圣之德而知圣"者

依上所言,我们可以将陆王心学界定为"由知圣之德而知圣"者。这就是说,陆王之学同为孟子学,是从道德实践的进路而入圣学,并在道德形上学方面纯熟而达至孔子同一境界的一门学问。

先看象山。从文本说,象山之学本《孟子》,所以《语录》说:"'先生之学亦有所受乎?'曰:'因读《孟子》而自得之。'"从实践说,象山之学是从自身的道德实践而形成。《语录》:"或问:'先生之学,当来自何处?'曰:'不过切己自反,改过迁善。'"(《象山集·语录》)这就是按照孔子平时教人做为仁的工夫切实去做而发生者。象山说:"夫子以仁发明斯道,其言浑无罅缝。孟子十字打开,更无隐遁。盖时不同也。"牟宗三接着极力表扬象山道:"只有象山能说出如此恰当相应之语,盖真能得孔孟之教之实者。"(《从陆象山到刘蕺山》)所谓"只有象山",并非断定,乃是凸显义、感叹义,从事实判断上,我们自然可以说还有阳明等。

牟宗三先生又说:"象山先令人辨志,先明本心即理,盖其经典的宗主在《孟子》,而实理实事之宗主则在道德的实践也。"(《从陆象山到刘蕺山》)所以,象山是从道德实践而知圣者。千虚不搏一实,所谓"虚",是尚为外在的知识、理论、律则;所谓"实",是自家的道德实践而进至一道德形上学境界。只要知识、理论、律则仍为外在,仍不能见其是由一道德心而发出者,那么这些相对于道德实践之"实得",都是"虚"的。在见道上,虚不搏实。

再看阳明。阳明学是孟子学。"孟子之槃槃大才确定了内圣之学之弘规,然自孟子后，除陆象山与王阳明外，很少有能接的上者。"(《从陆象山到刘蕺山》)心有其气的面向，或者说有物质性的一面，这固然不错，无论是程朱，还是陆王，乃至所有宋明儒学家的文字中，都有关于这一面的论述，但是，能否体悟到通过道德实践而达至的那一形而上学之圆满境界，才是区分程朱理学和陆王心学的关键。这种道德形上学的圆满境界，在康德就是："能够达到不可能再有什么改变、不可能再有什么新的发现增加进来的这样一种完满、稳定的状态；因为在这里，理性知识的源泉不是在对象和对象的直观里（通过对象和对象直观不会增加更多的东西），而是在理性本身里。"(《从陆象山到刘蕺山》)在《孝经》就是"孝悌之至，通于神明，光于四海"。在孟子就是"分定故也"。在马一浮先生就是"摄一切处"。在孔子、杨简就是"心之精神是谓圣"。

牟宗三先生说："'心即理'不是心合理，乃是心就是理；'心理为一'不是心与理合而为一，乃是此心自身之自一。"(《从陆象山到刘蕺山》)在心学这里，"心"不是那个虽能主宰、虽能统性情、但是被一超越的理规约的"心"。不是"心"能够具理而为灵气；而是"心"就是"理"，"心"当下就是灵气。说"心具理"，一"具"字，恰恰可见一非"心学"的非当下即是的理学思维模式。

再看象山先生高足杨简。慈湖师承象山，通过对道德实践的反思、证悟而印证于孔子"心之精神是谓圣"一语。"心之精神是谓圣"可谓慈湖先生心学宗旨。精神者，通也，明也，无不在也，唯变所适，不可为典要。此语出自《孔丛子》而为孔子所言。以前怀疑《孔丛子》是"伪书"，"今天我们从文献学的角度看，《孔丛子》内容之可信基本可以肯定"[①]。

明儒王艮也通过道德实践的工夫而体悟心体，他甚孝，据记载，在三十五岁时，父亲患痔疮，王艮忧心忡忡，服侍左右，见到血肿，以口吸吮出来。(《王心卷一·斋全集》)"王艮学，一言以概之，即《孝经》所谓'孝悌之至，通于神明，光于四海，无所不通。'此即：孝悌之实践致其极，则其理性伸至明达无碍之境，光泽被于四海，所有来至理性面前之事，皆可有一明确之决定。其所达至之无碍之境的理性是实践理性；其可有的明确之决定是实践之决定，非知解之确定。那明达无碍之实践理性可指示那一主体有面对一切对象之实践力和行动力，而从不使其陷于任何实践理性之矛盾、不安，特别是犹豫中。不管在何时，抑或是主体去逃避与否、追溯与否，这矛盾、不安和犹豫皆不会在其实践理性中出

[①] 赵灿鹏：《"心之精神是谓圣"：杨慈湖心学宗旨疏解》，《孔子研究》2013年第2期。

现。因着理性的实践的使用,则可先验地知道那'应当存在者'。先验而知,所以'通于神明'、'无所不通'。"① 可见,在王艮,确实是由道德实践的工夫,继而验证于阳明,以体认心体而知圣者。

总之,"心学"即特别由"德"的领域做道德实践的工夫而达至孔子同一境界。"心"即道德心,即费希特之"真我",此心同,此理同。心学的知圣,是由知圣之德而知圣的。

三 "理学"即"学圣之道、德而有得"者

关于周濂溪,潘兴嗣在《仙居县太君郑氏墓志铭》中写道:'敦颐幼孤,自立好学不群。'"② 吴草庐称:"不由师授,默契道妙。"(《宋元学案·濂溪学案》)胡五峰曰:"人见其书之约也,而不知其道之大也;见其文之质也,而不知其义之精也;见其言之淡也,而不知其味之长也。"(《宋元学案·濂溪学案》)这是从著作、言谈上来说濂溪道义之大、精,而不以书之博约、言之浓淡为标志。朱元晦曰:"濂溪在当时,人见其政事精绝则以为宦业过人,见其有山林之志则以为襟怀洒落,有仙风道气,无有知其学者。"(《宋元学案·濂溪学案》)这是从行状上来述濂溪。入世,即贞干用事而精诚;明心,则孔颜之志而希天。张南轩曰:"先生之学,渊源精粹,实自得于其心,而其妙乃在太极一图。穷二气之所根,极万物之所行,而明主静之为本,以见圣人之所以立人极,而君子之所当修为者也。"(《周子全书》卷五)"渊源精粹"即指其学之纯化,"自得于心",即其"不由师授,默契道妙"。

关键在于,其"自得于心"之学究竟是何种学?所"默契道妙"之道是何种道?朱、胡、张只述其学之相状而未规定之,黄宗羲则论曰:"周子之学以诚为本",从概念上说,这就是以"诚""道德形上学"为周濂溪的学问根柢;从著作上说,这就是以《通书》为周子之学之根柢。支持这一观点的论据有两条:一是濂溪教授二程的本子是《通书》在前,而《太极图》在后;二是编次濂溪著作的诸多版本,都将《通书》放在《太极图》之前。(《太极通书后序》)

而朱子则力主"先生之学,其妙具于《太极》一图",是不以《通书》为周子学问根柢。其言:"盖先生之学,其妙具于《太极》一图。《通书》之言,皆发

---

① 拙文:《"见满街人都是圣人"一语之研析》,《贵阳学院学报》2016 年第 5 期。
② 宋志明:《论理学开山周敦颐的学术特色》,《湖南大学学报》(社会科学版)2009 年第 4 期。

于此图之蕴。"(《太极通书后序》)又说:"盖先生之学之奥,其可以象告者,莫备于《太极》之一图。若《通书》之言,盖皆所以发明其蕴,而《诚》、《动静》、《理性命》等章为尤著。"(《再定太极通书后序》)所以,朱子主张《太极图》应编在《通书》之前。而除了义理上的论据,还有一个外在的论据也可为朱子所用:"潘清逸志先生之墓,叙所著书,特以作《太极图》为称首。"(《太极通书后序》)所以朱子说:"然则此《图》当为《书》首,不疑也。""故今特据潘《志》置《图》篇端,以为先生之精意,则可以通乎《书》之说矣。"

朱熹认为《通书》本号《易通》(《通书后记》),而濂溪还有《易说》,可惜已经失传,并说:"以《图》、《书》推之,知其所发当极精要,微言湮没,甚可惜也!"(《太极通书后序》)所以在朱子看来,濂溪之学之根柢在《易》(以《太极图》而示其象)。

今人邱汉生先生对潘兴嗣在濂溪《墓志铭》中"作太极图易说通书十篇"重新标点断句,认为周敦颐没有作过《易说》,而只是作《太极图·易说》和《易通》。但纵如此,朱子认定《太极图说》在道理上先于《通书》,因而在著作编次上先于《通书》的观点却不是孤例:束景南先生即通过考辨认为:周敦颐的《太极图说》是借道图论述"生生不已"的变易思想,是一部论易理之书。[①]

可以说,周濂溪作为理学开山,确是在"道"的领域,学圣而知圣。尽管牟宗三先生认为濂溪"对于《论语》之仁,《孟子》之心,实并无所得"[②],而濂溪重视"诚"与"诚体","诚者,圣人之本","圣,诚而已矣",这又是对于道德形上学之"通"了。依牟宗三先生,横渠逐渐开始关注到《论语》《孟子》,也即"德"的领域,而至明道便提出"学者先须识仁,仁者浑然与物同体"之义,即于"德"的领域能至一圆融通透完满的形上学境界,即于道德形上学表现为圆融之形态。

总之,"理学"即随着经典而学于经典中"道"和"德"的领域,加之工夫践履而有得并自成一体系而知圣。分别言之,或特别有得于"道"(周子),或特别有得于"德"(程子、象山、五峰、杨简),或特勤于"道""德"两个领域而皆有得(横渠)、成为一特别之体系(伊川、朱子)。

---

① 束景南:《周敦颐〈太极图说〉新考》,《中国社会科学》1988年第2期。
② 牟宗三:《心体与性体》(中册),上海古籍出版社1999年版,第15页。

四 公羊学即"由知圣之法而知圣"者

孔子晚而喜《易》[①],更晚而据鲁史记等百二十国宝书作《春秋》[②]。《说苑·君道》记孔子之言曰:"夏道不亡,商德不作;商德不亡,周德不作;周德不亡,《春秋》不作。"《孝经钩命诀》记孔子"志在《春秋》"[③],何休称《春秋》为"圣人之极致","治世之要务也"。(《春秋公羊经传注疏》)司马迁认为:"《春秋》上明三王之道,下辨人事之纪,别嫌疑,明是非,定犹豫,善善恶恶,贤贤贱不肖,存亡国,继绝世,补弊起废,王道之大者也。"(《史记·太史公自序》)又记孔子以《诗》《书》《礼》《乐》教弟子,而子贡谓孔子言性与天道不可得而闻,然孔子"以《春秋》属商"(《七纬》)。

"在晚年时期,孔子精神在经过极度煎熬后九转丹成,炉火纯青,于是由天道返人道,由内圣通外王,达到天人合一,内外打通的圣王境界。此时孔子不再梦周公复周礼,而是当新王,改周制,创新制,故不再依旧经典述而不作,而是加王心自创'麟经'。由此可见,《春秋》之作打通了天人、内外、圣王,是孔子晚年成熟的思想。"[④]如果说孔子"道"和"德"的领域在宋明有理学之传承,那么孔子"法"的领域的传承者,便是历代公羊家了。公羊学即《春秋》学[⑤],据戴宏公羊世系之说,卜商(子夏)传公羊高,公羊高三传至公羊寿,公羊寿在汉景帝时将《公羊传》著于竹帛。蒋庆先生说:"公羊学独宗《春秋》一经,故其智慧亦来自《春秋》一经。"[⑥]

孔子以《春秋》当新王,纬书、庄子称为素王,所制之法非限于一时一地而为万世之法。而三科九旨为《春秋》微言,所谓三科九旨,即"新周,故宋,以《春秋》当新王","此一科三旨也";"所见异辞,所闻异辞,所传闻异辞",此"二科六旨也";"内其国而外诸夏,内诸夏而外夷狄",内夷狄而无外,此"三科九旨也"。(《春秋公羊经传注疏》)而前三旨即所谓通三统,中三旨即张三世,后

---

① (汉)司马迁:《史记·世家(二)》,中华书局1959年版,第1937页。
② 据《左传》,则作于鲁哀公十一年,据《春秋说》《公羊》,则作于鲁哀公十四年,载(汉)何休解诂,(唐)徐彦疏《春秋公羊经传注疏》上海古籍出版社2014年版,第1页。
③ (清)赵在翰辑:《七纬》(下),中华书局2012年版,第723页。
④ 蒋庆:《公羊学引论》,福建教育出版社2014年版,第55页。
⑤ 蒋庆:《公羊学引论》,福建教育出版社2014年版,第54—56页。
⑥ 蒋庆:《公羊学引论》,福建教育出版社2014年版,第54页。

圣学之果：心学、理学与公羊学

三旨即异外内。

通三统者，(以时间由远至近分)殷为一统，周为一统，《春秋》为一统。"每当一王兴起受命而王时，就有一新王之统加入三统，同时也就有一旧王之统退出三统，而形成一具有新内容的三统。如周王之三统为周、殷、夏组成，《春秋》继周而王，《春秋》新王之三统即加进《春秋》之新统，退出夏之旧统，而为《春秋》、周、殷之新三统。"(《公羊学引论》)董仲舒《春秋繁露·三代改制文》："《春秋》作新王之事，变周之制。当正黑统，而殷、周为王者之后，绌夏改号禹谓之帝，录其后以小国，故曰绌夏存周，以《春秋》当新王。"涂汉培言："就新周而言，周本为有天下之一代大号，既为《春秋》所代，变退等诸侯，而《春秋》新王即封其后以大国，爵位为公，如此周便由王者变为新的二王后。宋本是周代新的二王后，新周之后，宋便成为旧的二王后，是为故宋。杞在周代时便已是旧二王后，故宋之后，杞之先夏便由三王之末退为五帝之首，爵、地亦由公之大国退为伯、子之小国，所以谓之绌夏。"①

张三世者，太平之世不可骤至，而张为所传闻世、所闻世、所见世。从书法说，《春秋》以鲁国十二公分为三世：隐、桓、庄、闵、僖，为所传闻世，乃孔子所传闻而知者；文、宣、成、襄，为所闻世，乃孔子所闻而知者；昭、定、哀，为所见世，乃孔子所见之世。董仲舒《春秋繁露·楚庄王》："《春秋》分十二世以为三等，有见，有闻，有传闻。有见三世，有闻四世，有传闻五世。故哀、定、昭，君子之所见也；襄、成、文、宣，君子之所闻也；僖、闵、庄、桓、隐，君子之所传闻也。所见六十一年，所闻八十五年，所传闻九十六年。于所见微其辞，于所闻痛其祸，于传闻杀其恩，与情俱也。"

异外内者，孔子《春秋》对于王畿(《春秋》以鲁为王畿)、诸夏、夷狄的治法相异。何休谓："内其国而外诸夏，先详内而略外，录大略小，内小恶书，外小恶不书，大国有大夫，小国略称人，内离会书，外离会不书是也。"(《春秋公羊经传注疏》)这是说对于鲁国、诸夏同一类型的政事书法不同，而书法不同，即代表了孔子之治法不同。"内诸夏而外夷狄"者，孔子对于诸夏之有礼仪之国与王化尚未及的夷狄的治法不同。段熙仲说："于召陵之盟，书曰'来盟于师'，与齐桓公为主，则内之之辞也。"(《春秋公羊学讲疏》)《春秋》之以法治国，犹孔子之以德修身。《春秋》新王之治，先鲁而夏，先夏而夷；犹有诸己而

---

① 涂汉培：《公羊学三科九旨研究——以制法"万世"为主线》，博士论文中山大学，2017年，第53页。

后求诸人，己所不欲勿施于人，先修己身而齐家治国平天下。如是，从所传闻世至所闻世再至所见世之时，由礼而治，则人间世运为大同世，人人有士君子之行，"著治太平，夷狄进至于爵，天下远近、大小若一"（《春秋公羊经传注疏》），天下为公。

清代公羊学家刘逢禄认为："无三科九旨则无《公羊》，无《公羊》则无《春秋》。"三科九旨为公羊所传孔子制万世法之密意。《列子》载孔子之言："襄吾修《诗》《书》，正礼乐，将以治天下，遗来世；非独修一身，治鲁国而已。""治天下"是空间上的普遍性，"遗来世"是时间上的普遍性，《春秋》万世之法，即是超越时空限制的、具有永恒价值的政治哲学著作。

总之，公羊学是特别由"法"的领域传承孔子《春秋》学而知圣的。

五　心学、理学、公羊学之异同

以上我们归纳孔子修道、立德、制法的经历，依据方以智总结的孔子"体道尊德以立法"，将孔子的学术归结为在"道""德""法"三个领域的发展，并以此来定义后世继承孔子道统的三派学问，即心学为"由知圣之德而知圣"者，理学为"学圣之德、道而有得"者，公羊学为"由知圣之法而知圣"者。

就其相同之处来说，三学都是继承孔子之学而来，都是圣学之果。实际上，不止心学和理学有着诸多共同的问题关切和思想共识，其实公羊学和理学、心学一样，也有着诸多共同的问题关切和思想共识。尽管"法"有独立于"道""德"的一面，但同时有通于后两者的一面。作为共同体的国家和作为个体的个人，具有诸多可类比性，公羊学家在注释《春秋》经传时，时常引用如"躬自厚而薄责于人"等理学、心学常言的孔子修身格言来解释孔子书法即是一例。在董江都那里，不仅有天人相通（天副人数），也有共同体和个体类比、相通之处，如言"治身以聚精为宝，治国以聚贤为道"，亦是一例。

就其异处来说，有三点：第一，相对理学与公羊学，心学特知圣之德。第二，相对于公羊学与心学，理学的特色在于其学圣之道、德而有得。第三，相对于心学、理学，公羊学特知圣之法。

关于第一点，我们说心学特知圣之德。所谓圣之"德"，即孟子继承，《孝经》发挥，象山、阳明、黄道周、王艮、方以智、马一浮等均能体会，牟先生借康德哲学解释的道德形上学。"心即理"者，确是心学家特长，而为理学、公羊学所不及者。"在朱子，他根据自己的理学理路，虽然认定在工夫境界的意义上，有必要最终指向'心与理一'的实现，但却不能在存在论意义上认同心与理具有'当下如是'的直接同一性，更不能承认在人心意识之外，存在另一个本体论意义上的心体，这就与以'心即理'为基本信念的阳明学形成重要对立。"[①]同时，熊十力对于康有为内圣之学的不足，也时有批评。凡此，都说明相对于理学、公羊学，心学在"德"的领域，也即在道德形上学方面，最能继承孔子真义。

关于第二点，我们说理学的特色在于其学圣之道、德而有得。周濂溪于"道"特别有得，横渠、程子、朱子于"道、德"有得。"学"是孔子之为孔子、孔学之为孔学的动力因。孔子不以悟道作为招牌处处示人，一生好学不倦。此种精神，最为朱子所继承而发扬。明代心学传人方学渐在宗于阳明学的基础上，鉴于处处强调悟道的后学，主张"藏悟于学""藏陆于朱"，就是对于理学所继承孔子之"道问学"精神的吸收。理学的缜密、周详，藏罕言"天道、性命"于雅言中的节制精神，对于人的有限性的认识和关切，是其有得于孔子之学处。

关于第三点，我们说公羊学特知圣之法。心学和理学体系中，"法"是没有独立意义的，其"法"是隶属于"心体""性体"的。而在孔子那里，"道""德""法"是不一不异的。这里举两个例子来说明：一是熊十力外王学发展的两个阶段；一是《中庸》"仲尼祖述尧舜，宪章文武，上律天时，下袭水土"的注解。

熊十力在《读经示要》（1945年）中展现的"群经治道九义"[②]的外王学体系，虽然是已经涉足《春秋》学后的思考，但此时仍更多从"体"上谈"用"，也即从"道""德"上谈"法"，这里没有"法"的独立意义。所以后来熊十力有《原儒》（1956年）、《乾坤衍》（1961年）等构成的新外王学体系著作。他自己也说，后期的外王学著作一旦完成，前面的著作即可毁。其中原因，就在于后期外王学著作，不仅把握到了"法"与"道""德""不异"的一面，更把握到了其"不一"的一面。如前所述，"不一"就是"法"的独立意义的一面。如果只是从"道""德"的领域引申出"法"，"法"就没有独立性。如果取消了这种独立性，则是取消了政治。关于这种独立性，蒋庆先生也有强调。

[①] 吴震：《宋明理学视域中的朱子学和阳明学》，载《哲学研究》2019年第5期。
[②] "一曰仁以为体，二曰格物为用，三曰诚恕均平为经，四曰随时更化为权，五曰利用厚生本之正德，六曰道正齐刑归于礼让，七曰始乎以人治人，八曰极于万物各得其所，九曰终之以群龙无首。"详《读经示要》。

《中庸》有"仲尼祖述尧舜，宪章文武，上律天时，下袭水土"一句，郑康成的注解是这样的："此以《春秋》之义说孔子之德。孔子曰：'吾志在《春秋》，行在《孝经》。'二经固足以明之孔子所述尧舜之道，而制《春秋》而断以文王、武王之法度。《春秋传》曰：'君子曷为为《春秋》？拨乱世，反诸正，莫近诸《春秋》。其诸君子乐道尧舜之道与？末不亦乐乎尧舜之知君子也。'又曰：'是子也，继文王之体，守文王之法度。文王之法度无求而求，故讥之也。'又曰：'王者孰谓？谓文王也。'此孔子兼包尧舜文武之盛德而著之《春秋》以俟后圣者也。"(《十三经注疏》)

朱子的注解则是："祖述者，远宗其道。宪章者，近守其法。律天时者，法其自然之运。袭水土者，因其一定之理。皆兼内外该本末而言也。"(《四书章句集注》)

《中庸》此句是在记载孔子作《春秋》的方式和准则。在郑玄的注解中，引《孝经钩命诀》《春秋公羊传》来解释，这就保留了这一句话的背景和原始真义，而在后世理学的注解中，则未能就其本义解释，而将之拉入个人自创的体系中去解释了。我们或许知道宋明理学是对汉代经学逐渐丧失哲学性、陷入颓败的一种哲学性回复，却不知在理学家辛勤的自得之学中，也可能丢失孔子真义。这一结果可能不好，但在理学家这里，却仍遵循实事求是的态度，知之为知之，不知为不知。对此，我们无可责备。然而，如果我们不同样遵循实事求是的态度，却不求甚解，那就不对了。

六　结语

上文在孔子六经之学的视域中，重新理解心学、理学和公羊学的内涵及其异同之处。行文至此，有以下几点总结：

第一，一方面，习心学、理学者，一是由于公羊家或罕言道德实践之学，二是由于对于孔子《春秋》学未涉及，故而视公羊家为"他者"。孟子固然是从道德实践出发而知圣者，然而孟子也同时知道孔子作《春秋》而立万世制法。他游说诸侯而藐视之的自信，不仅仅是由单纯德道德实践而养气立德而已，他还有知圣之法这一维度。"王者无敌"，主要不是由内圣学而言，而是由《春秋》义而发。另一方面，公羊家对于宋明《春秋》学发展无力的事实，固然可以表示可惜，但并不能取消宋明理学家同为继承孔子之学的事实。无法切实体会孔子内圣之学，不能体会到"法"与"道""德""不异"的一面，或是汉代经学走向衰败而需理学起而振之的原因之一。

第二，从"道""德"这方面说，理学证孔子之苦、乐，心学尤证孔子乐。从"法"这方面说，公羊家同样知孔子之乐。然而，心学所证，内圣之乐；公羊所传，外王之乐。《春秋》之乐，非心学之乐也。《公羊传》所言孔子之乐与心学言孔子之乐，皆为孔子之乐。加之理学所证孔子之苦，此三者并为孔子之学所出者，而作为根处的孔子之学之哀（苦）乐并至之实相，或为圣学三果所未能具。

第三，三学都是学孔子某一领域之学细致化、专门化的结果，三学自有其格局，亦自有其价值。须知，无论是理学、心学，还是公羊学，都属于孔子之学。

或暂以为从孔子至今，按时间之顺序，学问（哲学）是在进化的、发展的、上升的。然而，说学问在不断细致化、专门化则可；说学问（哲学）必然在此细致化、专门化中不断进化、发展和上升，则不必然。

第四，关于心学、理学、公羊学和孔子之学的关系，可以借用熊十力一个很好的比喻来说明："凡学术思想之衰绝也，其条流繁盛处，必后莫能继。但其本源，终不可湮废耳。譬之草木，枝叶易伐，而根深蒂固，究不可拔也。众家亡，而六经独传，盖以此故。"[①]孔子六经之学譬如根，诸子之学、汉学、宋学、清学，譬如枝叶，枝叶有生有落，而根深蒂固，不可拔。

[①]《熊十力全集》第三卷，湖北教育出版社2001年版，第749—750页。

心学传承与发展

阳明学时代何以"异端"纷呈?

——以杨慈湖在明代的重新出场为例

吴 震

(复旦大学哲学学院)

象山心学又称"江西之学"(朱子语),由宋至明,尽管有各种调和朱陆的论调出现,然而整个学界被朱子学所笼罩,而象山心学始终处在主流学术的边缘,则是不争的事实。象山学由江西传入浙江,则有赖于其弟子——即"甬上四先生",特别是杨简思想在明代中期的重新出场,无疑对于推动象山心学的跨地域影响发挥了重要作用。然而在朱子看来,不仅象山之学已坠入禅学,而且其弟子杨简的思想更是走向了极端,因而他发出了一声棒喝:"却是杨敬仲文字可毁!"(《朱子语类》卷一二四)

然而到了明代中期,情况发生了激剧的转变。就在1515年,王阳明(1472—1529年)作《朱子晚年定论》(刊刻在1518年),力主朱陆早异晚同论,认定朱陆思想殊途而同归,试图以此而为几百年来诉讼纷纭的朱陆之辩画上句号(尽管其结果又引发了新一轮的朱陆之辩)。1520年,阳明在提出致良知说的同一年,作《象山文集序》,其中他明确提出"圣人之学,心学也"的著名论断,将象山学认定为"孟氏之学",从而第一次明确了象山学即"圣人之学"(《王阳明全集》卷七)的历史地位,为心学思潮推波助澜奠定了基调。

一种思想观点汇为一种社会思潮,而一个人物在一种社会思潮中成为议论的对象,往往需要许多外在条件的复合作用始有可能,例如书籍的出版和流行便是诸多外在条件中的重要因素。具体地说,1518年可能是明代思想发生转向、心

---

* 本文曾发表于《浙江社会科学》2020年第1期。

学思潮逐渐高涨的一个标志，因为就在这一年，与阳明学相关的著作连续出版了三种：除了上面提到的《定论》以外，还刊刻了《古本大学》以与朱子的"新本"《大学》进行对抗，而阳明心学的经典《传习录》上卷也同时出版，宣告阳明学以著述形态正式问世。两年后，《象山文集》在江西出版，若干年后，又有陆象山（1139—1192年）弟子杨简（号慈湖，1141—1225年）的《慈湖遗书》在心学中心的浙江刊刻出版，差不多同时，王阳明的《传习录》中卷相继问世。

上述一系列心学书籍出版之学术动向深刻表明16世纪20年代的明代中国学术界，一场与朱子理学构成挑战的心学思潮正在暗中涌动。在此期间，慈湖思想的出场以及由此引发的思想论战，尤值关注。对此思想现象进行梳理和考察，可以揭示出心学思想发展的曲折过程，也可以帮助我们了解在阳明学的展开过程中何以被认定为"异端"的思想人物会层出不穷？①

一 《慈湖遗书》的出现

历来以为，与象山相比，慈湖思想的心学色彩更为鲜明。不过，自宋末以来，慈湖的存在几乎从思想界的舞台上完全消失，为表彰象山而不遗余力的王阳明，在其《传习录》中却只有一条提及慈湖，而且只是简短的两句话：一方面说"杨慈湖不为无见"，对慈湖思想作了基本肯定；另一方面又批评慈湖思想不免"又着在无声无臭上见了"（《传习录》下，第310条）。② 这表明阳明对慈湖思想是有基本了解的。

如所周知，宋末以降陆学不振，慈湖著作虽然存世，然而被重新挖掘并刊刻行世则要到嘉靖初年以后（《四明丛书》第4集第1册《慈湖遗书》卷末附录）。现在，我们通常使用的《慈湖遗书》十八卷和《续集》二卷本，③ 乃是嘉靖四年（1525年）由秦钺刊刻。秦钺的生平事迹不详，出身浙江慈溪，与慈湖为同乡，故其刊刻《遗书》的直接动机恐怕是为了表彰同乡先贤。

---

① 关于杨慈湖的前沿研究仅举三例，荒木见悟：《陈北溪与杨慈湖》，载广岛大学《哲学》6，1956年；岛田虔次：《杨慈湖》，载京都大学《东洋史研究》24·4，1966年；牛尾弘孝：《杨慈湖的思想》，载九州大学《中国论集》1，1975年。
② 条目数字据吴震解读《中华传统文化百部经典·传习录》，国家图书馆出版社2018年版。关于阳明与慈湖的思想关联，参见楠本正继《宋明时代儒学思想的研究》（千叶：广池学园出版部1962年版）第1章第4节"陆门"附注。
③ 《四明丛书》第4集第1册所收，以下分别简称《遗书》《续集》。近年，董平点校《杨简全集》十册，已由浙江大学出版社出版（2016年）。不过，本文仍使用《四明丛书》本。

阳明学时代何以"异端"纷呈？

根据记载，王阳明和湛若水（号甘泉，1466—1560年）曾分别从阳明弟子顾应祥（字惟贤，1483—1565年）那里得到过《慈湖全集》。① 根据湛甘泉《杨子折衷序》，该书刊刻以来的"数年之间"，慈湖之说"盛行如炽"（《湛甘泉先生文集》卷十七），为杜绝其说的泛滥，故有《杨子折衷》之作。据崔铣（号后渠，1478—1541年）《杨子折衷序》（《湛甘泉先生文集》卷二十四卷首），《杨子折衷》撰于1539年前。

其实，比甘泉的慈湖批判更早，在1533年左右，罗钦顺（号整庵，1465—1547年）就已经关注杨慈湖，他的《困知记续》下卷开首的十余条便是专门针对慈湖的批评，其第1条载："癸巳（1533年）春，偶得《慈湖遗书》"，并在"阅之累月"之后，感叹道："痛哉，禅学之误人也，一至此乎！"（《困知记续》下卷）如同朱子指斥象山为"禅"一样，在朱子学者的眼里，心学便几乎等同于禅学。只是在整庵看来，杨慈湖陷入禅学的情况更为严重。

在《困知记续》下卷末，有整庵自跋，落款"嘉靖癸巳夏五月戊申"，据此可知，慈湖思想开始受到朱子学阵营的批判，大致始于是年。不过，从整庵获得《慈湖遗书》的经过看，该书的编刻者被隐去其名：

> 《慈湖遗书》不知何人所编。初止十八卷，有目录可考，皆自诸稿中选出。《续集》二卷，又不知出自何人。……今其书忽传于世。有识之士固能灼见其非，亦何庸多辨？惟是区区过虑，自有所不能已尔。（《困知记续》下卷末）

其云"十八卷"和"二卷"之数，恰与秦钺所刻一致，当为秦钺刻本而无疑。然而由其编者之名被隐秘以及"忽传于世"的记述来看，慈湖其人在当时学界的名声似乎不佳，故有必要将编者之名隐而不露。②

不管怎么说，本来默默无闻的杨慈湖，在16世纪30年代的突然现世，触动

---

① 其经过详见《王阳明全集》卷二十一《与顾惟实》及《湛甘泉先生文集》卷十七《杨子折衷序》。另据《明儒学案》卷十四《尚书顾箬溪先生应祥》，顾应祥对阳明后学的思想动向有所不满，对《传习续录》的文本有所质疑，著《传习录疑》；他对王畿《致知议略》（《王畿集》卷六）一文的思想也有批评。

② 例如在崔后渠看来，慈湖之书的出版显然有贬低朱子学的思想企图，以致不知编者为谁："杨简者，子静之徒也。……未久，皆绝不传。近年忽梓其书，崇尚之者乃陋程朱。已朽之物，重为道蠹。彼何人哉？"（《湛甘泉先生文集》卷二十四《杨子折衷序》）

了某些人的敏感神经，掀起了一股可谓是"慈湖批判"的声浪，却不得不令人深思慈湖思想究竟有何"魅力"，竟在当时产生了"一石激起千层浪"的效应？很显然，其思想得以流行的主要原因无疑与阳明学的思想风气有关，换种角度说，慈湖之所以遭遇批判，显然也是为了批判阳明心学特别是阳明后学。

二 季彭山的慈湖批判

1533年，罗整庵撰《困知记续》下卷，为嘉靖以后思想界的慈湖批判点燃了导火索。15世纪30年代末，湛甘泉及崔后渠等人也加入了批判的阵营。然而，针对这些慈湖批判，阳明心学阵营却没有什么正式的回应，相反，在阳明后学内部竟出现了呼应的声音。

如阳明门人季本（号彭山，1485—1563年）便加入了慈湖批判的行列。根据他的记述，在1534年左右，慈湖著作在南京一带出现，同门中人受其影响，提倡所谓"自然流行"的观点，以为良知学的宗旨就在于"自然"两字，似乎致良知工夫已不再需要刻苦的努力，甚至有人对于先秦告子"生之谓性"的命题进行重估，以为将自然生命的"生"认定为性的观点值得肯定，而对于"生"所内含的人欲问题却视若无睹，季本严肃指出，这类观点必将导致"流于欲而不知"的严重后果；三年后，彭山撰《龙惕书》，提出为学当以"警惕"（《周易》乾卦爻辞）为宗的观点（《季彭山先生文集》卷一《赠都阃杨君擢清浪参将序》）。在他看来，对于良知本体的"自然流行"，更需要有一种高度集中的精神意识来对此发挥"主宰"作用，而儒学思想资源中的"惕若""慎独"等观点正可以作为"自然之主宰"而引起重视，他指出："故圣人言学，不贵自然而贵于慎独。正恐一入自然，则易流于欲耳。"（《明儒学案》卷十三《知府季彭山先生本·说理会编》）可见，彭山非常重视慎独工夫，他将《中庸》《大学》的"君子慎其独"的慎独观念与《周易》的"惕若"说联系起来，以反对阳明后学中受慈湖影响而主张的"自然"观点。

其实从哲学史的角度看，"自然"观念也许最早源自老子道家，及至宋明新儒学的时代，相应于"人为"或后天操作而言的"自然"概念，盖指本然如是的存在状态，例如"天理自然"几乎就是宋明理学家的一项共识，因为天理作为一种本体存在，不可设想它是一种非自然的存在。同样，对阳明而言，他的良知概念也可用"自然"来加以描述，彰显出良知心体的道德判断是"自然而然"的，而不须假借任何的外力,是心体本身必然如是的一种能力。

举例来说,最为典型的一个说法见诸徐爱所录的《传习录》上卷第8条:"知是心之本体,心自然会知。见父自然知孝,见兄自然知弟,见孺子入井自然知恻隐,此便是良知,不假外求。"这里重复出现四次的"自然知"显然就是指良知的一种"自知"能力,故在阳明,"良知自知"便是其良知学说的一个基本特质。及至晚年,阳明更强调:"良知之体洞然明白,自然是是非非,纤毫莫遁。"(《传习录》中,第187条)此处所谓"自然",同样是指良知作为道德判断力具有一种发自心体的必然不容已的力量。不过若从工夫论的角度看,与"圣人生知安行,是自然的"(《传习录》下,第291条)有所不同,作为一般学者却需要做一番刻苦的"勉然"工夫。彭山所以反对"自然"而强调"警惕",显然与此问题意识密切相关。①

当然,在慈湖的心学系统中,心体"自然"乃是其应有之义。不过,在16世纪30年代的南京,"以自然为宗"的思想风气与其归因于慈湖,还不如归因于阳明。不过,从理论上说,在工夫论层面强调警惕或敬畏而反对自然率性,固然反映出彭山的良苦用心,但是,倘若由此而拒斥良知"自然知"(良知自知)的根本特质,则不免矫枉过正,从而割裂了本体"自然"与工夫"勉然"的有机联系,导致警惕与自然、主宰与流行的二分倾向。也正由此,他的主张几乎没有获得阳明其他弟子的认同,只有聂豹(号双江,1487—1563年)一人对此表示"深信之"而已(《季彭山先生文集》卷一)。

对于彭山撰述《龙惕书》,王畿(号龙溪,1498—1583年)表示了同情的了解:"深惩近时学者过用慈湖之弊";然另一方面,龙溪认为彭山的批评也有点用力过猛了,对其主张"警惕时未可自然"的观点表示了反对,因为从根本上说,"夫学当以自然为宗"是心学的基本立场而不可放松,龙溪反驳道:"警惕者,自然之用。戒谨恐惧,未尝致纤毫力,有所恐惧则便不得其正。"(《王畿集》卷九《答季彭山龙镜书》)此处所谓自然之用,盖指良知本体自然之发用。在龙溪看来,良知自然是良知本体的本然状态,其发用流行之际,才可努力落实警惕之工夫,这是第一点;第二点更重要,龙溪认为即便着手警惕之功(如谨慎恐惧),

---

① 据阳明弟子胡瀚的说法,彭山批判"自然"的矛头所指乃是泰州学派的王艮,其云:"汝止(王心斋)以自然为宗,季明德又矫之以龙惕。"(《明儒学案》卷十五《教谕胡今山先生瀚》,中华书局1985年版,第330页)故在晚明时代,竟有"王泰州即阳明之慈湖也"(顾宪成《小心斋札记》卷三)之说。

然而任何警惕必指向特定的对象，如何使警惕意识不在心体上落下丝毫痕迹，才是问题的关键，按照《大学》的说法，即所谓"有所恐惧则不得其正"之意，认为源自心体的警惕也应当而且可以做到心体的自然发动。在这个意义上，龙溪主张"夫学当以自然为宗"。

三 王龙溪的慈湖评价

湛甘泉的《杨子折衷》在阳明后学圈内似有一定影响，王龙溪在给甘泉弟子洪觉山的书信中，谈了他的读后感，竟对慈湖思想提出了基本肯定的看法：

> 《杨子折衷》近得请观。慈湖立论，诚有过当处。其间精义亦自在，不以瑕瑜相掩可也。（《王畿集》卷十《答洪觉山》）

"瑕瑜不掩"的说法，一般属于正面肯定的一种措辞，这表明了龙溪对慈湖的基本认识。

那么，龙溪对慈湖思想又有哪些具体的了解和评价呢？这就不得不提慈湖思想的一个核心观点："不起意"。关于这一问题，龙溪在与彭山的辩论中，曾以"杨慈湖的不起意说"为例，指出"善用之，未为不是"（《王畿集》卷九《答季彭山龙镜书》），表示了基本肯定的立场。须指出的是，"不起意"是慈湖基于心之本体的观念而提出的重要观点，他说："心之精神，无方无体，至静而虚明，有变化而无营为。"（《遗书》卷二《申义堂记》）意思是说，心体是一种"至静而虚明"的存在，心体发用虽有"变化"，但其本身并不意味着可以允许人为意识的操控，意识一旦发动，便不免为外物所牵引，沦落对象世界之中，于是便容易产生"千失万过"，他指出：

> 此心本无过，动于意斯有过。意动于声色，故有过；意动于货利，故有过；意动于物我，故有过。千失万过，皆由意动而生。（《遗书》卷二《临安府学记》）

可见，慈湖对意念活动非常警惕。基于此，慈湖对孔子的"毋意毋必毋固毋我"的"四毋"说（《论语·子罕篇》）赞赏备至，以为他自己的"不起意"主张便源自此(《遗书》卷二《绝四记》)。他甚至断言:"凡意动,皆害道。凡意皆勿。"(《遗书》卷二《咏春堂记》)正是他的这一"不起意"主张遭到了后人的种种批评,如崔后渠认为这一观点无疑是主张"灭意"(《杨子折衷序》),湛甘泉则认为这是有悖于儒学"诚意"说的荒谬言论:"杨慈湖欲去意,遂非诚意等语,为非圣经。"(《湛甘泉先生文集》卷七《答邹东廓司成》)

  王龙溪在一次会讲中,遇到有人提出这样一个问题:崔后渠《杨子折衷序》"以慈湖为灭意"的判断与慈湖的"不起意之本旨同否"?对此,龙溪的回答有点微妙,他首先指出:"意是本心自然之用……未尝有所起也",这是说,作为本心"自然之用"的意虽有所起而实又未尝起;进而断言:"离心起意即为妄"(《龙溪会语》卷五《南游会纪》),这是说,意作为心体之发动,必依心体而发,乃为真实之意,否则便是虚妄之意。可见,龙溪肯定了意为本心自然之用的观点,缘心起意不可无,离心起意则不可有。至于崔后渠批评慈湖"不起意"为"灭意",龙溪的反驳是:"本心自清自明,虚灵变化,妙应无方,原未尝起,何待于灭?"①这个说法与慈湖相当接近,都强调心体至虚至灵故妙用无穷。只是龙溪更为明确地强调任何意识都源自心体本身而不是无缘无故产生的,故工夫的关键在于"正心"——即所谓"先天正心之学",若等到心体发动之后的意识层面上才着手做"诚意"工夫则已落为后手——即所谓"后天诚意之学"。当然这是龙溪思想的独到创发,已非慈湖所能言。龙溪正是依据这一思路,认定心体本身无所谓起意不起意,在这个意义上,"不起意"也就不意味着什么"灭意"。

  然而在阳明门下,对于"不起意"也有另一种解释,认为其中的"意"字当作"私意"来理解,故在"不起私意"的前提下,"不起意"亦可成立,如邹守益(号东廓,1491—1562年)指出:"慈湖所谓'不起意'者,不起私意也。"(《东廓邹先生文集》卷五《答曾弘之》)在这一问题上,罗整庵也有类似看法,他对孔子"毋意"说就作了这样的解释:"圣人所谓'无意',无私意耳。"(《困知记续》卷下)②但是依慈湖的理解,此"意"并非特指"私意",而是泛指所有的对象化意识,故意识一旦发动,其流转变化就难以掌控,也就可能发生偏离心体正轨的"千过万过",导致"害道"的结果。这是慈湖对"意"的基本认识,由此也可理解他强调"绝意"的思想缘由了。显然,在慈湖的观念中,意便是所

---

① 《龙溪会语》卷五《南游会纪》的这段话又见诸《王畿集》卷五《慈湖精舍会语》的前半部分。比较之下,后者较前者的文字表述更为洗练,显然有修饰的痕迹。
② 不过,这个解释其实是沿袭朱子而来,参见《论语集注·子罕第九》。

有罪恶的根源。唯有加以弃绝,连"诚意"都无必要也无可能。

与慈湖不同,龙溪在后天用功的工夫论意义上,仍然承认"诚意"的必要性;只是在本体论问题上,龙溪坚持"无善无恶是谓至善"这一阳明以来的心学观点,进而指出:"善与恶对,心本无恶,虽善意亦不可得而名,是谓至善,有善可为是谓义袭,非慊于心也。"(《龙溪会语》卷五《南游会纪》)基于此,龙溪认为"不起意"的"意"既非"善意"也非"恶意",对慈湖之说表示了理解和认同,指出:"知'不起意'之说,则知今日诚意致知之旨矣。"(《龙溪会语》卷五《南游会纪》)甚至强调:"知慈湖'不起意'之义,则知良知矣。"(《王畿集》卷五《慈湖精舍会语》)

的确,在阳明心学的系统中,在心体上不能有"一念留滞",即便是善的意念也不能执着,如阳明曾说:"心体上着不得一念留滞。……这一念不但是私念,便好的念头,亦着不得些子。"(《传习录》下,第335条)龙溪显然深谙阳明此说的意蕴,他对意识问题也有重要关怀,甚至撰述《意识解》,提出了"绝意去识"的主张,这才是龙溪说出"知慈湖'不起意'之义,则知良知矣"这句话的思想缘由,然而其对意识问题的看法又不尽同于慈湖,而是在阳明学的意义上有更深一层的推进。龙溪在心体寂然、意是心体应感之迹的前提下指出:

> 故圣学之要,莫先于绝意去识。绝意非无意也,去识非无识也。意统于心,心为之主,则意为诚意,非意象之纷纭矣。(《王畿集》卷八《意识解》)

所谓"绝意去识",看似惊世骇俗,①然而上述引文中的关键词显然是"意统于心,心为之主"。这个说法表明"绝意"是要求意识返归本心,由心体为其作主。故所谓"绝意",不是简单地等同于"灭意",归根结底,是对意识活动作返本溯源的工夫要求,以使良知心体成为意识的主宰,由此,依体而起之意便是真正的"诚意"。可见,龙溪并没有像慈湖那样走向极端,连"诚意"也一并加以否认。

然而问题是,一方面说"绝意",另一方面又将此与"诚意"联系了起来,

---

① 对龙溪此说,同门邹东廓有所批评:"越中之论,诚有过高者。忘言绝意之辨,向亦骇之。"(《东廓邹先生文集》卷五《复聂双江文蔚》)所谓"忘言绝意",当是龙溪之语。

那么，由"绝意"而返本至"意统于心，心为之主"的工夫又如何可能？这对龙溪而言，其实就是"即本体便是工夫"的顿悟理论，他说：

> 无意之意是为诚意，无知之知是为致知，无物之物是为格物，即本体便是功夫，只从无处一了百当，易简直截，更无剩欠，顿悟之学也。（《龙溪会语》卷三《东游问答》）

这段叙述其实是龙溪晚年对 1527 年 9 月"天泉证道"围绕阳明"四句教"而发生的一场论辩的回忆，龙溪当时提出了"四无说"，欲为阳明的"四句教"进一言。关于其中的论辩过程，此处不赘。

尽管龙溪承认慈湖思想自有"精义"所在，但是龙溪对慈湖也有批评。在他看来，"无意"说原是圣人教法，而非慈湖的创见，慈湖的问题出在"脱却主脑，莽荡无据，自以为无意无必，而不足以经纶裁制"，故龙溪对于当时学界出现的"慈湖热"表示"诚有所不可"（《王畿集》卷九《答季彭山龙镜书》），显示出他对慈湖思想的局限性有清醒的认识。① 就龙溪而言，他所主张的"无意"不是通过排斥意识，以回归寂然不动之心体，而是指在良知心体上不能有丝毫的思虑安排，换言之，不是有意作为，而是要求自然顺从心体而动，此即"无意"。正是由此立场出发，故龙溪断定："将古人教法尽与破调，则'不起意'三字亦剩语矣。"（《龙溪会语》卷五《南游会纪》）

四　阳明后学的各种回应

饶有兴味的是，在阳明后学的思想圈，引季彭山的"警惕"说为同道的聂双江在思想观点上不仅与龙溪格格不入，他甚至以揶揄的语气批评龙溪之学无非就是"慈湖之学"，他说：

> 其（龙溪）曰："心体本正，才要正心，便有正心之病。"此慈湖之言，便是慈湖之学。（《双江集》卷十一《答王龙溪》）

---

① 将慈湖与龙溪视作宋明思想的一种动向加以比较性考察，可参见楠本正继《陆王学派思想的发展》（《楠本正继先生中国哲学研究》，国士馆大学附属图书馆 1975 年版）以及上引岛田虔次的论文。

这里的说法看似突兀也非常尖锐。但是，如果我们了解了上述慈湖的"不起意"说以及龙溪对此的分析和判断，那么，也就不难理解双江何出此言的缘由了。原来，在双江看来，龙溪主张"才要正心，便有正心之病"的观点，无疑就是慈湖的"不起意"说的翻版。

当然，我们也可为龙溪进行辩护。龙溪之意只是强调"心体本正"，故工夫须落实在心体发动之后的"诚意"上。这原来就是阳明的主张，而不是龙溪的突发奇想。事实上，对龙溪而言，他尽管承认诚意工夫的必要性，但是从根本上说，诚意只是致良知工夫论的一个方面，属于"后天"之学，若能在先天心体上"立根"，做到"即本体便是工夫"，这才是致良知的根本之法，属于"先天"之学，也就是上面我们所引述的龙溪在"天泉证道"之际所说的"顿悟之学"。故对龙溪而言，他是绝不会承认自己的先天正心之学变成了"慈湖之学"。

然而，双江却一步不放松，他进而批评道："才说正心便属意"，犹俗论云："才说止至善便属物，才说戒惧便属睹闻。"（《双江集》卷十一《答王龙溪》）这是针对龙溪的又一项指控，凸显出双江自身对"正心"工夫的重视，其间的义理环节有待后述。双江还以阳明的说法"正心只是诚意工夫里面体当自家心体，常要鉴空衡平，这便是未发之中"（《传习录》上，第119条）为据，强调指出：

> 是圣学致正心焉，尽之矣。诚意以下乃为困知勉行者，开方便法门。今日"舍了诚意，更无正心工夫可用"，不惟背其师说，其于孟子之言，背亦远也。（《双江集》卷十一《答王龙溪》）

这里的批评涉及双江与龙溪在思想上的一些义理纠缠，不宜在此展开讨论，否则有逸出本文主题之嫌。要而言之，将龙溪比作慈湖从而进行贬斥的这种批评方式（例如后来的刘蕺山），恐怕是发端于双江，而且我们还可从中窥见，慈湖是被作为反面人物来看待的。

且不论双江对龙溪的这种批评在理论上是否有效，但在双江的观念中隐伏着一条重要思路，即正心工夫在诚意工夫之上，如何在寂然不动之心体上立住脚跟，以收摄外化的意识活动，这才是为学工夫之根本所在，用其术语言之，即所谓"归寂"。故其思想在阳明后学中向来被归属于"归寂"一派。依其思路，诚意只是"方便法门"而非究竟法，在此问题上，双江其实与龙溪可以有更多的共同语言，只是双江过于偏重"寂体"而不免忽视"感应"层面的工夫问题。于是，导致寂感割裂、体用殊绝的理论后果，招致了阳明后学各派人物的批评。

另一位深受双江"归寂"说之影响的罗洪先（号念庵，1504—1564年）在早年时期也曾有过被慈湖思想所吸引的经历，他在给龙溪的一封书信中，阐述了这样的想法：慈湖主张的"无意"说，归根结底不过是一种"意见"而已，一个人若能到达豁然了悟的境地，固然可以实现这一理想目标，但这必须以艰苦的工夫努力为前提始有可能，然而现实社会中那些推崇慈湖思想者却未见有任何的工夫努力，便想要从各种意识纠缠中"解脱"出来，此一思想现象正令人担忧。（《明儒学案》卷十八《念庵论学书·答王龙溪》）也就是说，不是简单地拒斥"无意"说，而是在设定"无意"为追求目标之前，须不断作出实践的努力。围绕慈湖问题，念庵所表明的这个观点也许是针对龙溪主张"顿悟之学"而提出的委婉批评。①

那么，被视作阳明后学修正派的钱德洪（号绪山，1496—1574年）对慈湖又有什么看法呢？他在1545年所作的《慈湖书院记》一文中，首先称赞慈湖为"直超上悟者"，进而以阳明的良知说为出发点，指出一旦意念发动则有陷入有意安排的可能，从而对心体自然的洞察力造成妨碍，对"不起意"说表示了一定程度的理解。他指出：

真性流行，莫非自然，稍一起意，即如太虚中忽作云翳。此"不起意"之教，不为不尽。（《明儒学案》卷十一《浙中王门学案一·绪山会语》）

这里的"真性流行"亦可作"真心流行"或"心体流行"，在宋明理学的语境中，又叫作"天命流行"（如朱子），表明本体存在的流行发用是一自然不容已的过程，而不涉及任何后天人为意识的安排操控，因此，无论是从本体上还是从发用上，都必然是"自然"的。具体到阳明心学的语境而言，如同良知本体"自然会知"一般，意谓良知自知不是后天意识的第二次反思的结果，而是良知本体

---

① 据传在1532年左右，在北京的一次讲会上，围绕慈湖《己易》的"血气有强弱，人心无强弱。思虑有断续，人心无断续"（《遗书》卷七）之说，念庵与龙溪曾有过一番讨论。（参见《湛甘泉先生文集》卷十三《金台问答》）

当下直接的"自然"展现。在这个意义上，绪山认为慈湖所说"不起意"是完全可以认同的。

另一方面，绪山对慈湖思想也有批评，认为其思想中的某些观点确有严重弊端，不得不加以警惕：

> 慈湖欲人领悟太速，遂将洗心、正心、惩忿、窒欲等语，俱谓非圣人之言，是特以宗庙百官为到家之人指说，而不知在道之人尚涉程途也。（《明儒学案》卷十一《浙中王门学案一·绪山会语》）

这里涉及慈湖的另一重要观点，即其认为心体是必然纯粹的而容不得任何后天经验现象包括意识萌动等因素的掺杂，故他认定《大学》《中庸》的一些重要观念如"正心""惩忿窒欲"都是后人的杜撰，他甚至对《大学》文本的真实性表示了怀疑。关于这一问题，此不赘述。归结而言，在绪山看来，慈湖思想确有睿智卓识，但其思想偏重于本体上的领悟，则不免令人难以适从。

总之，在阳明后学当中，人们对慈湖的看法呈现出多样性，有认同也有批判。激进派如龙溪一流的阳明后学也许对慈湖思想有更多的同情了解，但也绝非是慈湖思想的追随者；稳健派如绪山一流的阳明后学对慈湖思想也有意外的赞扬和肯定。至于那些朱子学者如罗钦顺、崔后渠以及对阳明后学之流变走向持批评态度的湛甘泉则对慈湖在社会上的突然出现深感忧虑，对其批判可谓严厉。然不管怎么说，慈湖的出现犹如一座风向标，预示着明代中晚期思想发展必将迎来多元复杂的局面。换种角度看，正是由于阳明心学的产生和影响，使得以往被朱子学者认定为异端人物的思想也有了被重新评估的机会。

五　心之精神是谓圣

慈湖曾经以第一发现者的口吻，充满激情地指出：

> 孔子斯言（按，指"心之精神是谓圣"），见之子思子之书，世又谓之《孔丛子》，世罕诵习。乌虖，圣人有如此切至之诲，而不载之《论语》，致学者求道于心外，岂不大害！某谨取而为集语，觊与我同志者，或未观《孔丛子》而偶见此书，庶早悟此心之即道，而不他求也。（《遗书》卷十五《泛

论学》)

的确，也许在慈湖之前，谁也未曾注意到《孔丛子》一书中的"心之精神是谓圣"这句话的重要性。原因之一在于，自唐宋以来如朱子等人，认定《孔丛子》为汉人伪撰而非子思之作，早已定论。故其中所载孔子语，是否为孔子所说，是大可怀疑的。这也是慈湖所言"世罕诵习"的缘由所在。

然而，现在慈湖却断定《孔丛子》为子思之作，其依据仅仅是其中所载的孔子一句话"心之精神是谓圣"，很显然，这与其说是文献考证，不如说是一种义理判断。而且慈湖的这一义理判断本身，也存在诸多解释的余地。例如何谓"心之精神"？便是一个需要解释的问题。在慈湖看来，心之精神无非就是其师象山所言的核心概念"本心"的同义词。正是由于拥有了"本心"的第一哲学概念，所以象山才能建构起"心即理""宇宙便是吾心"等一套心学理论。毋庸置疑的是，慈湖对象山本心概念的认同，是其所以对"心之精神是谓圣"有一种特殊感受的思想根源之所在。

所谓"心之精神是谓圣"，按照慈湖的理解，其实很简单，这句命题所要表达的无非就是"心即圣"的意思。慈湖之所以看重这句命题，原因在于打通圣凡之间的隔阂，重建圣凡一致的信念，应当是象山—慈湖一流的心学家在兹念兹的终极关怀。如果说"心即理"命题不免有些哲学的抽象，需要经过一番哲学的思辨论证才能让人接受，那么，"心之精神是谓圣"则几乎是一句大白话，是将人心精神与圣人品格作了直接的等同，强调了圣凡的一致性。

到了阳明学的时代，"心之精神"一语引起了关注。有学者认为，阳明晚年多次强调的"心之良知是谓圣"[1]即可能受到慈湖的启发，而非直接来源于《孔丛子》，尽管阳明特意将"精神"一词以良知来取代，但其语句的表述方式乃至其内涵的思想性则有相通之处。[2]事实上，良知作为心体存在，其涵义所指便是人的主体精神或道德精神，这一点是毋庸置疑的。

值得重视的是，在阳明后学的思想展开过程中，"心之精神"一词也引发了关注。例如对"不起意"说表示反对的聂双江却对"心之精神"一语并无反感

---

[1] 《王阳明全集》卷六《答季明德·丙戌》，卷八《书魏师孟卷·乙酉》。特别是在前一封书信中，阳明这样说道："故区区近有'心之良知是谓圣'之说。"这表明该说的提出非泛泛之谈，而是阳明晚年苦心拈出的一句思想命题，值得重视。

[2] 参见楠本正继《宋明时代儒学思想的研究》第1章第4节"陆门"附注。

的表示(《双江集》卷九《答董兆时》)。龙溪弟子张元忭(号阳和,1538—1588年)曾对龙溪思想不无微词,对彭山《龙惕书》的观点有所认同(《龙溪集》卷五《云门问答》),而且对"心之精神是谓圣"也有同情的理解,他将慈湖与阳明的两句命题并列起来,并从圣凡一致的高度对此作出了肯定:

> 慈湖先生云:"心之精神是谓圣。"阳明先生亦云:"心之良知是谓圣。"夫心之良知即心之精神也。万事万物皆于此,无圣无凡,无古无今,无内外,无动静,一也。学者学此而已。……舍此不可以言学。(《不二斋文选》卷二《再寄徐鲁源》)

在张元忭看来,良知即精神,两者就是同义词,而且"心之精神"或"心之良知"乃是一切学问的关键,这一判断充分反映了他对心学的基本理解。值得注意的是,双江及阳和在引述过程中,都不是将"心之精神"视作孔子语,而是直接看作慈湖的思想言论,这表明在当时学术界,人们大都认为"心之精神"足以构成慈湖思想的一大标志。

当然,对于慈湖批判者而言,他们对于慈湖的这句命题也绝不会放过,而是当作批判的标靶。整庵便批评道:"若认精神以为道,则错矣。"他认为人心之"神"(即"精神")只是人心具有"无所不通"的一种认知能力,然而"道"之在人心构成"道心","神"之在人心则构成"人心",若对两者不作区别而画上等号则将一错百错(《困知记续》卷下)。就结论言,整庵的这个说法蹈袭的是朱子的观点,认为应严格区别人心与道心,如果简单地将人心等同于圣人之"道",则是非常危险的。

湛甘泉也非常敏锐地观察到"慈湖立命,全在'心之精神'一句",意谓慈湖思想的旨趣所在就是"心之精神"一语,但在甘泉看来,这句话"元非孔子之言,乃异教宗指也"(《湛甘泉先生文集》卷十七《杨子折衷》)。因为他断定《孔丛子》不是汉人伪作而是"子思之伪也"(《湛甘泉先生文集》卷十七《读崔后渠叙杨子折衷》),因此根本不值得采用。也正由此,在甘泉看来,"心之精神"根本不是儒学概念,不值得讨论,他甚至断定:"心之精神是谓圣,此一言最害道之甚。"(《湛甘泉先生文集》卷十七《杨子折衷》)而当甘泉下此断定之前,他似乎并不认为对《孔丛子》一书还需要作什么文献考证的工夫。

在嘉靖年间,对心学展开全面批判的陈建(号清澜,1527—1593年)则作了一些考证的工夫,指出"心之精神"非孔子之言,而是出自庄子。[①]崔后渠则根据慈湖的这句命题,断定其思想本质无非就是"师心自作"。(《湛甘泉先生文集》卷十七《杨子折衷序》)"师心"一词,语见《庄子·人间世》,意指惟我自是的膨胀心理。在后渠看来,以慈湖为代表的心学家,无不有"师心自作"之弊,例如将人心直接等同于圣人,或者将人心良知直接与圣人画上等号,都不免导致"师心自作"的后果。若此,则阳明晚年的诗句"乾坤由我在,安用他求为?千圣皆过影,良知乃吾师"(《王阳明全集》卷三十四《年谱》嘉靖六年九月条)恐怕亦难逃此咎。

但显而易见的是,这种批判往往缺乏对心学理论的深入了解,便轻易做出价值上的否定判断,这就导致将某种哲学理论的义理脉络与其思想价值混而不分的结局,这是晚明时代的心学批判常见之现象,却不得不令人深思。

六 结语

由上可见,16世纪30年代,一位本来默默无闻的心学人物——杨慈湖竟然在社会上掀起了一场不小的波澜,围绕慈湖思想的各种问题,朱子学或阳明学的思想阵营之间引发了种种思想争辩。这场论辩充分说明,随着阳明学的心学话语强势登场,明初以来享有独尊地位的朱子学权威已然开始动摇,与此思想状况相应,在此之前被视为异端的人物及其著作不断涌现,并构成无法阻挡的社会思潮。对此,湛甘泉曾无奈地感叹,社会上已出现了一种"厌常喜新"(《湛甘泉先生文集》卷十《问疑录》)的逆反心理;与之有同样感受的罗整庵,则指出慈湖思想得以重现于世,根源在于人们的"贪新忘旧"的心理作怪,慈湖的言论之谬误本不难识破,然而人们却"反从而为之役"——成为其思想俘虏,个中原因究竟何在?整庵也感到十分无奈。(《困知记续》卷下)

不过,另一位心学的激烈反对者魏校(号庄渠,1483—1543年)则一眼洞穿慈湖出场的根源所在,不在于人们的猎奇心理,端在于阳明心学的流行:"自阳明之说行,而慈湖之书复出。祸天下,殆天数邪!"(《庄渠遗书》卷四《答崔子钟》)这一指控应当是符合当时的思想史实的,因为正是由于阳明心学的横空

[①] 《学蔀通辨》卷四"后编上"。陈清澜所指乃是《庄子·天道篇》"而况精神,圣人之心静乎"一句。据日本学者金谷治的考证,"'况'下,诸本有'精神'二字,有断作'况精神'之说,亦有断作'况精神圣人'而将精神视为形容词的读法,两种读法都欠稳妥。今据王懋竑之说,视二字为衍字而删除。"(《庄子》,东京:岩波书店1998年版,第146页)不过,在陈清澜看来,"精神"二字乃为主语,"心之精神是谓圣"无疑源自此。

出世，宋代心学人物如杨慈湖才会被重现挖掘出来。只是他将慈湖现世与阳明心学的盛行认定为将祸害天下，则显然言过其实了。顺便一提，魏庄渠对于甘泉的慈湖批评仍感意犹未尽，他模仿朱子的口吻，愤怒指出："慈湖之书，逆天侮圣人之书也。……此书不焚，不知颠了无限后生。"（《庄渠遗书》卷四《答崔子钟》）直呼应当发起一场焚书运动，将慈湖论著付诸一炬。

然而须指出的是，一些思想批判者往往容易将批判对象在社会上的影响作无限的扩大，仿佛就在一夜之间，那些"异端"思想便将席卷天下，其后果必将使得人人都开始背叛"圣经圣言"（《困知记续》卷下）。事实可能未必尽然，相反，完全有可能是批评者的过敏反应。我们不妨举例来说明这一点。例如 16 世纪 30 年代，在南京做官的欧阳德（号南野，1496—1554 年）曾与唐顺之（号荆川，1507—1560 年）提到慈湖，然而荆川却对慈湖其人其事一无所知，[①]于是便向南野询问，而南野的回答也非常暧昧：他也只是从某位师友那里听说慈湖的思想既有弊端又有长处。（《欧阳南野先生文集》卷三《答唐荆川》）可见，在当时，唐荆川和欧阳南野对于慈湖究竟有何知识了解，是令人怀疑的。由此可见，慈湖思想虽在当时引发了不少关注，但其影响的范围也许很有限，对于整体读书人的知识阶层而言，慈湖的存在依然很渺小。事实上，慈湖思想的重新现世更多地具有象征意义，即象征着非正统的所谓"异端"思想已经随着阳明心学的发展而有了被重新发现的可能。

若改变审视问题的角度，我们则不妨可以说，与那些竭力批判慈湖思想而欲将慈湖从学术思想界彻底铲除的愿望相反，具有讽刺意味的是，他们的批判却有可能导致另一种相反的效应：使得慈湖思想在社会上不胫而走。因此重要的不是一味地批判，而在于思想的反思。邹东廓所说的以下一句话便反映了这一点："今厌末学之玄妙，而并罪慈湖，慈湖有所不受矣。"（《东廓邹先生文集》卷五《答曾广之》）意思是说，与其将今时的思想流弊归罪于慈湖，还不如反思自己。

最后，以两条非常著名而意思却完全相反的慈湖评论来结束本文的讨论。李贽（号卓吾，1527—1602 年）曰："慈湖于宋儒中，独为第一了手好汉。"（《焚书》卷四《观音问·答澹然师》）刘宗周（号蕺山，1578—1645 年）曰："象山不差，差于慈湖；阳明不差，差于龙溪。"[②]（《刘子全书》卷十三《会录》）

[①] 只是唐荆川后来编撰《诸儒语要》之际，收录了一些慈湖语录。
[②] 将龙溪比附为慈湖的论调，在阳明后学的时代已经出现，例如甘泉弟子郭应奎批评龙溪时便指出："其又象山之有慈湖。"（《湛甘泉先生文集》卷二十三《天关语通录》）

陆九渊心学及其对儒学发展的新突破

杨柱才

(南昌大学江右哲学研究中心 人文学院哲学系)

儒学发展至北宋，出现了多种学术思想流派，比如周敦颐为代表的濂学，王安石为代表的新学，张载为代表的关学，二程为代表的洛学，等等，可谓极一时之盛。其中，二程为代表的洛学，从学理上讲，称作道学，也称理学。到了南宋中前期，经由几代学者的努力，尤其朱熹、张栻等系统深入的研讨和推进，道学成为居学术主流地位的学说，出现了新的学术思想流派如道南学派和湖湘学派等。与此同时，陆九渊卓异特立，创建了不同于道南和湖湘的心学流派，号称象山心学，也是江西之学的主要代表。陆九渊强调其心学是自读《孟子》而得之，是对孟子之学的发明。同时，陆九渊对于北宋以来的道学尤其二程之学及其发展有广泛的了解和深入的理解，学理上有所吸收和创发也是一个不争的事实。本文主要讨论陆九渊心学的若干问题，并结合陆九渊心学的孟子学和道学双重渊源，以论析陆九渊心学对于儒学发展的新突破。

一 宇宙与吾心

陆九渊自幼聪慧，思想性格早熟。他说:"宇宙便是吾心，吾心即是宇宙。"[①]又说:"宇宙内事乃己分内事，己分内事乃宇宙内事。"[②]《年谱》将这两句系于陆九渊13岁时，虽未必确实，但归为少年之时，体现出其思想早熟，则是可以成立的。陆九渊思考宇宙与吾心的关系问题，源自对宇宙"无穷"含义的理解。宇

[①] (宋)陆九渊:《陆九渊集》卷三十六《年谱》，中华书局1980年版，第483页。
[②] (宋)陆九渊:《陆九渊集》卷三十六《年谱》，中华书局1980年版，第483页。

宙与吾心就可以在无限这个共同点上达到合一。宇宙的无限义与人的精神的无限境界合于一致，或者可以说，因悟宇宙的无限，陆九渊开出了精神境界的无限意义。陆九渊的这一精神趋向在他的少年时期也有所表现，他作的《大人诗》即是一个表现。

对于宇宙和吾心的关系，陆九渊还结合道学所谓理，作了反复论说：

> 宇宙无际，天地开辟，本只一家。往圣之生，地之相去千有余里，世之相后千有余年，得志行乎中国，若合符节，盖一家也。①
>
> 塞宇宙一理耳，学者之所以学，欲明此理耳。此理之大，岂有限量？程明道所谓有憾于天地，则大于天地者矣，谓此理也。②
>
> 此理塞宇宙，古先圣贤常在目前，盖他不曾用私智。③
>
> 此理充塞宇宙，天地鬼神且不能违异，况于人乎？④
>
> 此理在宇宙间，未尝有所隐遁，天地之所以为天地者，顺此理而无私焉耳。人与天地并立而为三极，安得自私而不顺此理哉？⑤

道学所谓理，也称天理。陆九渊常常称"此理""宇宙一理"。上引文字表明，陆九渊对于"宇宙"的理解不仅仅是单一的无穷之义，而是有多方面的含义：（1）宇宙没有穷际，时空是无限绵延的，古先圣贤同存在于此一无限时空即宇宙之中，其所禀得、推扬的就是宇宙之理。（2）宇宙所包含的只是一个"理"，这个理是全理，此理与宇宙同在。宇宙无限，理也是无限的，理存在于宇宙的全部过程和每一延续环节，没有欠缺，也没有隐遁。（3）"此理塞宇宙"或"充塞宇宙"，表明陆九渊有认同理的客观性的一面。理的存在没有具体限定的方所，只有一个场域，就是宇宙。陆九渊说宇宙无限，实质是指理本身的无限及其存在方式上的无具体限定性。程明道所谓"有憾于天地"者，在陆九渊，则指理可包容天地而大于天地。陆九渊说："宇宙不曾限隔人，人自限隔宇宙。"⑥这句话意谓

---

① （宋）陆九渊：《陆九渊集》卷十三《与罗春伯》，中华书局1980年版，第177页。
② （宋）陆九渊：《陆九渊集》卷十二《与赵咏道四》，中华书局1980年版，第161页。
③ （宋）陆九渊：《陆九渊集》卷十二《与张辅之》，中华书局1980年版，第163页。
④ （宋）陆九渊：《陆九渊集》卷十一《与吴子嗣八》，中华书局1980年版，第147页。
⑤ （宋）陆九渊：《陆九渊集》卷十一《与朱济道》，中华书局1980年版，第142页。
⑥ （宋）陆九渊：《陆九渊集》卷三十四《语录上》，中华书局1980年版，第401页。

宇宙包容一切，对人无私无袒，其中的一切事物及其流行过程无不清晰地向世人展现。但是，人却因自身的种种局限而不能认识宇宙的全体，往往主观上割裂宇宙的统一性和恒常性，此即"限隔宇宙"。显然，陆九渊最直接表达的是"宇宙"观的缺憾。然而，问题还在于，陆九渊所要表达的当是对于"理"的认识不完全、觉解境界不通达的深切遗憾。

陆九渊说：

> 宇宙便是吾心，吾心即是宇宙。千万世之前，有圣人出焉，同此心同此理也，千万世之后，有圣人出焉，同此心同此理也。东南西北海有圣人出焉，同此心同此理也。①

显然，陆九渊是以宇宙表征时空的无限义，无限即是无始无终的无间断广延和持续过程，贯穿于无限之中的，是心是理，而且"此心此理"是亘古一致的。这实质是肯定宇宙兼具客观的无限义和超越的价值义。先圣后圣共通之处在于，同一个心同一个理是超越时空而直接同一的。时间上的千万世之隔和空间上的东南西北海之异都只是表象，并不造成圣人在心理上的差异。相反，只要是圣人，则"此心此理"无不一贯，无不相通，无不尽同。圣人之心所充盈包容的无不是理义，即是说，圣人之所以为圣人，全在理义之心。陆九渊说："千古圣贤若同堂合席，必无尽合之理。然此心此理，万世一揆也。"② 即是说，陆九渊并不否认不同时期的圣贤因时代差异而表现出在具体问题和观念上有所不同，但"此心此理"却是万世一致的，不会因世异时移产生差谬。这便突破了宇宙观念，进入到心与理关系的体证和推阐。进而，陆九渊开辟了一条简易途径，依此途径发明心学。归结起来，即"人同此心，心同此理"。由此提升人在天地之中的主体地位，在道德精神境界上"大做一个人"。

二 心即理与发明本心

陆九渊早年因宇宙二字体悟到"无穷"的含义，进而提出吾心与宇宙存在一种"即是"的关系。又结合《孟子》的天赋良知良能说，陆九渊将"本心"的内

---

① （宋）陆九渊：《陆九渊集》卷二十二《杂著》，中华书局1980年版，第237页。
② （宋）陆九渊：《陆九渊集》卷三十四《语录上》，中华书局1980年版，第405页。

在道德含义与宇宙的时空"无穷"含义联系起来。本心是孟子的观念,理是道学(理学)的观念。二者的融通表明陆九渊将孟子本心思想与近世理学思想做了学理上的对接和贯通,从而建立其心学思想。当然,也有人主张陆九渊心学与佛教禅宗有较大关联。以陆九渊曾研读多种佛教经典来说,受到影响是在所难免的,但他常常以孟子的继承者自居,并以义利之辨严判儒释,则其心学在精神旨趣上源自先秦儒学是无可质疑的。

陆九渊说:

> 四端者,即此心也;天之所以与我者,即此心也。人皆有是心,心皆具是理,心即理也。①
>
> 盖心,一心也。理,一理也。至当归一,精义无二,此心此理,实不容有二。故夫子曰:"吾道一以贯之。"孟子曰:"夫道一而已矣。"又曰:"道二,仁与不仁而已矣。"如是则为仁,反是则为不仁。仁即此心也,此理也。求则得之,得此理也;先知者,知此理也;先觉者,觉此理也;爱其亲者,此理也;敬其兄者,此理也;见孺子将入井而有怵惕恻隐之心者,此理也;可羞之事则羞之,可恶之事则恶之,此理也;是知其为是,非知其为非,此理也;宜辞而辞,宜逊而逊者,此理也;敬此理也,义亦此理也;内此理也,外亦此理也。……此吾之本心也。所谓安宅、正路者,此也;所谓广居、正位、大道者,此也。②

所谓"仁即此心也,此理也",是合言之。若分言之,则爱亲、敬兄、恻隐、羞恶、知是非辞逊等,皆是仁之含义。这里,陆九渊提"心即理",有两个意思,一是心、理有一个渐融渐合的过程,此境状之心指个体之心,理则有外在于主体的特性。所谓心即理须是心认知、体认理。一般所谓融理于心,盖指此而言。陆九渊说:"人心至灵,此理至明,人皆有是心,心皆具是理。"③表明心、理似乎存在一个相融的过程。二是心、理天然顿合,自然自在,本来一体。心只是一个心,也即是先天赋予的本心。陆九渊说:"天下之理无穷,若以吾平生所经历者

---

① (宋)陆九渊:《陆九渊集》卷十一《与李宰二》,中华书局1980年版,第149页。
② (宋)陆九渊:《陆九渊集》卷一《与曾宅之》,中华书局1980年版,第4—5页。
③ (宋)陆九渊:《陆九渊集》卷二十二《杂著》,中华书局1980年版,第273页。

言之，真所谓伐南山之竹，不足以受我辞。然其会归，总在于此。"① 又说："天下事事物物只有一理，无有二理，须要到其至一处。"② 这即是说事事物物的具体规律、规则固然各不相同，然而究竟原理只有一个，没有两个。若认取有差，是识见不到，陆九渊正是强调认识要归到一是之处。他说："千古圣贤若同堂合席，必无尽合之理。然此心此理，万世一揆也。"③ 陆九渊以为此心本然含具此理，此理即是此心固有之理。所谓心即理，当主要是指的这个意思。

区分性、才、心、情诸概念是朱熹理学的一个重要内容，李伯敏曾以此质诸陆九渊，陆九渊直斥为"枝叶"之言，以其病在于只求解字，不求"血脉"。自心学观之，心、性、才、情都只是一个意思，无须区分。陆九渊说："且如情、性、心、才，都只是一般物事，言偶不同耳。"④ 又说："若理会得自家实处，他日自明白。若必欲说时，则在天者为性，在人者为心。此盖随吾友而言，其实不须如此。"⑤ 可见，陆九渊并非不了解名言概念的具体含义，而是反对因纠缠于名言概念而导致学术宗旨不明和本心迷失。故当有人问他如何穷理尽性以至于命，陆九渊直说："皆是理也。穷理是穷这个理，尽性是尽这个性，至命是至这个命。"⑥ 意谓如果一定要使用理、性、命等概念，也并不表示其间有实质差异，而都只是"理"的具体表现，即都只是"这个"心之理的不同说法而已。"这个"即是指此心此理，陆九渊还常提到"此""是"等语词，意思与"这个"相同，都是为了说明本心或此心此理的切近性。

在道心人心问题上，朱陆分歧也较大。陆九渊说：

> 天理人欲之言，亦自不是至论。若天是理，人是欲，则是天人不同矣。……《书》云："人心惟危，道心惟微。"解者多指人心为人欲，道心为天理，此说非是。心，一也，人安有二心？自人而言，则曰惟危；自道而言，则曰惟微。罔念作狂，克念作圣，非危乎？无声无臭，无形无体，非微乎？⑦

---

① （宋）陆九渊：《陆九渊集》卷三十四《语录上》，中华书局1980年版，第397页。
② （宋）陆九渊：《陆九渊集》卷三十五《语录下》，中华书局1980年版，第453页。
③ （宋）陆九渊：《陆九渊集》卷三十四《语录上》，中华书局1980年版，第405页。
④ （宋）陆九渊：《陆九渊集》卷三十五《语录下》，中华书局1980年版，第444页。
⑤ （宋）陆九渊：《陆九渊集》卷三十五《语录下》，中华书局1980年版，第444页。
⑥ （宋）陆九渊：《陆九渊集》卷三十四《语录上》，中华书局1980年版，第428页。
⑦ （宋）陆九渊：《陆九渊集》卷三十四《语录上》，中华书局1980年版，第395—396页。

> 谓"人心，人伪也；道心，天理也"，非是。人心，只是说大凡人之心。惟微，是精微，才粗便不精微，谓人欲天理，非是。人亦有善有恶，天亦有善有恶（日月蚀、恶星之类），岂可以善皆归之天，恶皆归之人。①

天理人欲之辨是程朱理学的一个重要内容，与此相关联，道心人心之分也是一个重要论题。陆九渊则直言天理人欲的说法不是根本可靠的结论，因为这等于是分天人为二，不符合儒家天人合一的观念。至于道心人心问题，朱熹以人心即是人欲，道心即是天理。陆九渊以其说非是，且反对道心人心的提法。在陆九渊，心，只有一个，即是本心，从道这方面看，是"无声无臭，无形无体"，超时空、超经验，故惟微；从人这方面看，既有可能陷入私念利欲，导致本心丧失而为狂，也有可能克除私念利欲，复其本心而作圣，故惟危。单从人这方面看，心指"大凡人之心"，既含本心之理，也兼具个体之心的习染，即善恶并存，作狂作圣都有可能。故，以人心只是人欲或人伪，而与道心相对待，是陆九渊根本不能认同的。陆九渊反对道心人心之说，而严于义利之辨，并以此作为其心学的入门之法。

本心是个根本，也是孟子所倡导的应当先立的"大者"。陆九渊接过孟子此说，毫不避讳他人揶揄"除了先立乎其大者，全无伎俩"，反而喜气洋洋，甘于领受。陆九渊认为，学者当确立本心这个根本，从现实性上讲，本心的初始状态一如涓涓泉水，虽微却是真，因其真而"混混"不竭，不舍昼夜，终可成为江河，达至全盛。陆九渊所要揭示的本心，是无所不包的全体，又是体用一如的。发明本心则是"满心而发"。陆九渊说：

> 万物森然于方寸之间，满心而发，充塞宇宙，无非此理。②
> 万物皆备于我，有何欠缺。当恻隐时自然恻隐，当羞恶时自然羞恶，当宽裕温柔时自然宽裕温柔，当发强刚毅时自然发强刚毅。③

此即是说，心是自然自在的，包容万物，含具此理。方寸之心全体显发，则和宇宙、和理完全相吻合，心是宇宙之心，宇宙是心之宇宙，宇宙充塞此理，此

---

① （宋）陆九渊：《陆九渊集》卷三十五《语录下》，中华书局1980年版，第462—463页。
② （宋）陆九渊：《陆九渊集》卷三十四《语录上》，中华书局1980年版，第423页。
③ （宋）陆九渊：《陆九渊集》卷三十五《语录下》，中华书局1980年版，第455—456页。

理是人心之所固有。心、宇宙、理三者完全合一。由于心广大无限并含具天理，一切实际的伦理原则和伦理行为都可以在此心找到依据。本心作为伦理道德观念和价值的根源性主体，是无所欠缺的，能够派生和判断伦理行为的正当性和合理性，诸如恻隐、羞恶、宽裕温柔、发强刚毅等都只是本源之心的具体表现。陆九渊通过这种表述，把无限、超时空和儒家伦理道德价值意义诸方面融贯于心。前文所说以客观无限义和伦理价值义相统一的宇宙观念是陆九渊建立心学系统的一个津梁，在这里得到了充分的实现。从而，理的外在客观性和心的内在主体性之间的对立得到了消解，个体之心即小我和普遍之心即大我之间的紧张也得到了消解，在本质内涵和全体发用两方面都实现了本然的同一。而这，正是陆九渊心学的一般目的。

三 格物与涵养

陆九渊认为，人只有精神在内，自作主宰，才能不失本心。陆九渊说：

> 收拾精神，自作主宰。万物皆备于我，有何欠缺。当恻隐时自然恻隐，当羞恶时自然羞恶，当宽裕温柔时自然宽裕温柔，当发强刚毅时自然发强刚毅。[1]

所谓"万物皆备于我"，实际是说心含具众理，兼备万物，没有欠缺，从根本上用不着向外索求。重要的是要能收拾精神在内，自立自主，自作主宰。这一点是直接指向和维护"本心"观念的，也是陆九渊所说简易方法的重点所在。《语录》载，陆九渊问一学者读书守何规矩，答复是"伊川《易传》，胡氏《春秋》，上蔡《论语》，范氏《唐鉴》"，陆九渊呵之为"陋说"，并据《易·系辞传》"乾知太始，坤作成物，乾以易知，坤以简能"立论说："圣人赞易，却只是个'简易'字道了。"又说："这方唤作规矩。"[2] 这里，陆九渊以简易为读书的规矩，大而言之，简易方法也就是指发明本心。

简易方法一方面是陆九渊对其心学体系的方法论总结，另一方面又运用于对治学者的病痛。陆九渊认为，只要能够自立，则简易方法推之极端也无不可，

---

[1] （宋）陆九渊:《陆九渊集》卷三十五《语录下》，中华书局1980年版，第455—456页。
[2] （宋）陆九渊:《陆九渊集》卷三十四《语录上》，中华书局1980年版，第429页。

此即不识文字也不失为正大之人。他说:"若某则不识一字,亦须还我堂堂地做个人。"① 显然,这里是设使不识字,若能精神在内,自立自主,也可以与天地并立。与此相关联,对治病痛也应当先就人心之德性精神着手。陆九渊认为,人并非能恒常地自觉意识到并保持自立自主,并非都能排除外累,保持本心之灵,相反,人心常有病。陆九渊说:"道在宇宙间,何尝有病,但人自有病。千古圣贤,只去人病,如何增损得道。"② 人心之病,盖有二端。陆九渊:"愚不肖者之蔽在于物欲,贤者智者之蔽在于意见,高下污洁虽不同,其为蔽理溺心而不得其正,则一也。"③ 又说:"愚不肖者不及焉,则蔽于物欲而失其本心。贤者智者过之,则蔽于意见而失其本心。"④ 蔽于物欲和蔽于意见二病,表现虽有不同,其后果则是一致的,即导致本心丧失。陆九渊认为,对治物欲之病,须用剥落手段。他说:

> 人心有病,须是剥落。剥落得一番,即一番清明,后随起来,又剥落,又清明,须是剥落得净尽方是。⑤

剥落得净尽,即是物欲全消,义理纯淳,本心清明。

"贤者智者"的"意见"之病源于"胜心",即好胜之心,具体表现为,"平易处不理会,有可以起人羡慕者,则着力研究"⑥。对治此病,须用格物方法。陆九渊所谓格物,当有二义,一曰研究物理,一曰减担。《语录》载:

> 先生云:"古之欲明明德于天下者……先致其知,致知在格物。格物是下手处。"伯敏云:"如何样格物。"先生云:"研究物理。"伯敏云:"天下万物不胜其繁,如何尽研究得?"先生云:"万物皆备于我,只要明理。"⑦
>
> 某读书只看古注,圣人之言自明白。……何须得传、注。学者疲精神

---

① (宋)陆九渊:《陆九渊集》卷三十五《语录下》,中华书局1980年版,第447页。
② (宋)陆九渊:《陆九渊集》卷三十四《语录上》,中华书局1980年版,第395页。
③ (宋)陆九渊:《陆九渊集》卷一《与邓文范》,中华书局1980年版,第11页。
④ (宋)陆九渊:《陆九渊集》卷一《与赵监》,中华书局1980年版,第9页。
⑤ (宋)陆九渊:《陆九渊集》卷三十五《语录下》,中华书局1980年版,第458页。
⑥ (宋)陆九渊:《陆九渊集》卷三十五《语录下》,中华书局1980年版,第441页。
⑦ (宋)陆九渊:《陆九渊集》卷三十五《语录下》,中华书局1980年版,第440页。

于此,是以担子越重。到某这里,只是与他减担,只此便是格物。①

从上引前段文字看,李伯敏发问有朱子学的倾向,陆九渊直以发明本心之理答之;所谓研究物理,实质是研究心中之理,体认本心。后一段文字顺此而下,以减担为务。陆九渊以研究物理和减担释格物,意在破除外累,夺去传注,专主本心。陆九渊认为,照此实行,则胜心可去,此心也就公平正直。就此而论,陆九渊的格物说与朱熹大异,而与王阳明的格物说有相通之处。

经过格物和剥落,陆九渊认为,可以实现本心自立,做到自然自在。陆九渊说:"内无所累,外无所累,自然自在,才有一些子意便沉重了。彻骨彻髓,见得超然,于一身自然轻清,自然灵。"②心无系累,自然自在,从里而外,自然轻清灵活。顺此涵养,便可达于圣贤。如何涵养?陆九渊认为,涵养就是使人心常活,常有自适之意,人心适意即是"学问根源"③。去除物欲和私意,恢复本心的自立自主、适意灵活的性状,即使初始状态只是涓流,只要自信勇进,便可成为江河。陆九渊说:

> 涓涓之流,积成江河。泉源方动,虽只有涓涓之微,去江河尚远,却有成江河之理。若能混混,不舍昼夜,如今虽未盈科,将来自盈科;如今虽未放乎四海,将来自放乎四海;如今虽未会其有极,归其有极,将来自会其有极,归其有极。然学者不能自信,见乎标末之盛者便自慌忙,舍其涓涓而趋之,却自坏了。曾不知我之涓涓虽微却是真,彼之标末虽多却是伪,恰似担水来相似,其涸可立而待也。④

这即是要学者确立本根,一如涓涓泉水,虽微却是真,因其真而"混混"不竭,不舍昼夜,终可成为江河,达至全盛。相反,随波逐末,则一如担水自溉,因其伪而无源,虽多亦易于枯竭。此外,陆九渊还要求学者持敬,多次提到"小心翼翼,昭事上帝"。这实是以敬畏来涵养本心。朱熹理学也多讲持敬。就方法意义言,陆九渊和朱熹对"敬"的理解,并无二致。

---

① (宋)陆九渊:《陆九渊集》卷三十五《语录下》,中华书局1980年版,第441页。
② (宋)陆九渊:《陆九渊集》卷三十五《语录下》,中华书局1980年版,第468页。
③ (宋)陆九渊:《陆九渊集》卷三十五《语录下》,中华书局1980年版,第444页。
④ (宋)陆九渊:《陆九渊集》卷三十四《语录上》,中华书局1980年版,第398页。

四　儒学发展的新突破

乾道八年（1172年），陆九渊34岁中进士。就在此时，陆九渊在临安广接士人，以至40余日不得安寝。归家之后，居槐堂讲学，门徒甚多。淳熙十四年至绍熙二年（1291年）六月，在贵溪象山精舍讲学，门人及从游者达千余人。心学迅速传布，成为一大流派。陆九渊心学主张"六经注我"，其实也曾着实从经学用功过来，强调要研读经典的"古注"。他任国子正时就曾主讲《春秋》20余章，晚年甚至拟为《春秋》作传，知荆门时曾为吏民讲述《洪范·五皇极》等。不过，陆九渊关注经典，并不陷入传注而皓首穷经，而是主张得其旨趣，强调此心此理"至当归一，精义无二"。认为只有这样，才能上接孔孟，传承尧舜之道。

陆九渊所创立的心学及所开展的讲学活动，都是以"传尧舜之道，继孔孟之统"为标的。他对于北宋二程为中心的伊洛之学也做出了评判，认为宋代"理学远过汉唐"，也恢复了"师道"，这主要得力于伊洛诸贤"研道益深，讲道益详，志向之专，践行之笃"，并为汉唐所无。然以传承圣人道统来说，陆九渊并不认为二程可以有如子思、孟子那样传承尧舜孔子三圣人的统绪。从这个意义上说，并不就能认定陆九渊是继承程颢而来，而应当是远追孟子之学。不过，以程氏兄弟创立理学，倡导讲学，高扬师道而言，陆九渊不能不受其影响，也固然要受其影响。事实上，陆九渊很早就曾读二程书，后来对于程氏兄弟也有过评说，认为"伊川蔽固深，明道却通疏"[1]，牵连而及，也对朱张有评说："元晦似伊川，钦夫似明道。"[2] 又说："二程见周茂叔后，吟风弄月而归，有'吾与点也'之意。后来明道此意却存，伊川已失此意。"[3] 陆九渊的看法是否得当，可以另论。但由此可以见出他对二程是很重视的。

全祖望提出："象山之学，先立乎其大者，本乎孟子，足以砭末俗口耳支离之学……程门自谢上蔡以后，王信伯、林竹轩、张无垢至于林艾轩，皆其前茅，及象山而大成，而其宗传亦最广。"[4] 这实质上是一方面肯定陆九渊与孟子有直接

---

[1] （宋）陆九渊：《陆九渊集》卷三十四《语录上》，中华书局1980年版，第405页。
[2] （宋）陆九渊：《陆九渊集》卷三十五《语录下》，中华书局1980年版，第405页。
[3] （宋）陆九渊：《陆九渊集》卷三十四《语录上》，中华书局1980年版，第401页。
[4] （清）黄宗羲：原著，全祖望补修：《宋元学案》卷五十八《象山学案》，中华书局1986年版，第1884页。

的学术渊源关系,一方面认为象山之学与程门谢上蔡至张无垢等一系有莫大的关系。全氏此说影响甚大,后世多据其说以论象山学术渊源,近人冯友兰、牟宗三虽持论有所不同,然所据以立论者都受到全氏此说的影响。那么,如何看待陆九渊在理学史上的地位及影响?从传统儒学的经典诠释来说,程朱理学主要依据《易传》及《四书》尤其《大学》立说,陆九渊则特别推崇《四书》中的《孟子》。《大学》成为程朱格物致知论的经典依据,《孟子》是陆九渊本心说的源头。对于程氏之学,陆九渊则有着与朱熹、张栻等不尽一致的看法。陆九渊说:

> 由孟子而来,千有五百余年之间,以儒名者甚众……若曰传尧舜之道,继孔孟之统,则不容以形似假借……至于近时伊洛诸贤,研道益深,讲道益详,志向之专,践行之笃,乃汉唐所无有,其所植立成就,可谓盛矣……然未见其如子思之能达其浩浩,未见其如孟子之长于知言,而有以承三圣也。①

陆九渊认为二程及其后学在研道、讲道、立志、践行及恢复师道诸方面有特别的贡献,这是同期诸家所不能比拟的。然而,以接续孟子、子思的学脉以上承尧、舜、孔子三圣人的道统这个标准来要求,二程及其后学则未能达成此目标。这实质上是把二程排除在道统继承者之外。这一点,与朱熹、张栻等以二程为道统传承者有着明显的不同。如此一来,陆九渊也就当然不会以继承程氏之学为职志。因而,也就难说程明道是陆九渊心学的源头。可是,我们不能不注意到,陆九渊广泛谈论理、天理、此理,并以"本朝理学远迈汉唐",这就无可置疑地表明陆九渊心学又是在以二程为中心的北宋以来理学的大背景下得以产生和形成的。

陆九渊的心学是在二程理学流行的时代背景下,以孟子本心学说为根本,融进理学重要的思想论题及观念范畴,而建立起来的。这也表明,陆九渊确实志向超迈,以道统的传承者自居。而能够传承道统者,首先需要接续孟子、子思的学统。有志于接续孟子、子思的学统恰恰体现出陆九渊对于儒学发展的深度反思和锐意创新,其心学思想正是儒学发展史、道学发展史的一次重大的突破和创新。陆九渊作为道统的传承者,其历史的发展和坚实的印证,则由三百年后的王阳明达成。

---

① (宋)陆九渊:《陆九渊集》卷一《与侄孙濬》,中华书局1980年版,第13页。

论"心即理说"的发展历程

孙宝山

（中央民族大学哲学与宗教学学院）

"心即理说"是陆王心学的代表性学说，黄宗羲作为心学的总结者和传承者对陆象山和王阳明具有强烈的认同意识，对于他们的"心即理说"也有深刻的认识，并对他们因此而受到的不公正批判进行了有力的辩护。笔者以下首先对"心即理说"的提出和承接加以梳理[①]，然后对黄宗羲对"心即理说"的总结认识进行阐发，希望以此来展现心学自产生以来不断克服困境而获得发展的历程。

一 "心即理说"的提出

"心即理说"是由陆象山首先提出的，其基本含义是人的内心当中含有宇宙的普遍原则，人的道德意识就是宇宙的普遍原则，是超越时空而恒久不变的。他说：

> 四方上下曰宇，往古来今曰宙。宇宙便是吾心，吾心即是宇宙。千万世之前有圣人出焉，同此心，同此理也；千万世之后有圣人出焉，同此心，同此理也；东南西北海有圣人出焉，同此心，同此理也。（《象山先生全集》卷二十二《杂说》）
>
> 万物森然于方寸之间，满心而发，充塞宇宙，无非此理。（《象山先生

[①] 关于"心即理说"的探讨，可参见牟宗三的《从陆象山到刘蕺山》（台北：学生书局2000年版，第10—21页）、陈来的《有无之境——王阳明哲学的精神》（人民出版社1997年版，第20—46页）、曾春海的《陆象山》（台北：东大图书股份有限公司1988年版，第73—81页）。

全集》卷三十四《语录上》)

> 四端者，即此心也。天之所以与我者，即此心也。人皆有是心，心皆具是理。心即理也。(《象山先生全集》卷十一《与李宰二》)

他反复表达的意思就是宇宙的普遍原则就存在于人的内心当中，这就是人人皆有的道德意识即"四端"，"四端"指的是恻隐之心、羞恶之心、辞让之心、是非之心，人的道德意识就是宇宙的普遍原则，宇宙的普遍原则是超越时空而恒久不变的，人的道德意识也同样如此。从他上面所说可以看出，"心即理"的"心"并不是指思维意义上的心，它实际上指的是"四端"，也就是"本心"。"本心"一词来源于孟子，它指的是人的心没有受到外界影响的原本状态，也就是人人都生而具有的道德意识即"四端"，如果人受到外界的影响而一时失去了原本而具有的道德意识就是"失其本心"(《十三经注疏》下，《孟子注疏》卷十一下《告子上》)。象山继承了孟子的这一说法，他所说的"本心"也是指"四端"，即人人都生而具有的道德意识，他说：

> 恻隐，仁之端也；羞恶，义之端也；辞让，礼之端也；是非，智之端也。此即是本心。(《象山先生全集》卷三十六《年谱》)
>
> 仁义者，人之本心也。孟子曰："存乎人者，岂无仁义之心哉？"又曰："我固有之，非由外铄我也。"愚不肖者不及焉，则蔽于物欲而失其本心；贤者、智者过之，则蔽于意见而失其本心。(《象山先生全集》卷一《与赵监》)

"四端"就是"本心"，"本心"人人皆有，只是由于被物欲或意见遮蔽而无法显现发挥作用，这就是"失其本心"。孟子所说的"理"指的是人心所共同趋向的道德原则，他说："心之所同然者，何也？谓理也，义也。"(《十三经注疏》下，《孟子注疏》卷十一上《告子上》)象山与二程、朱子等理学家一样将"理"提升至"天"的高度，他所说的"理"指的是贯通天人的普遍原则，"宇宙便是吾心，吾心即是宇宙"就充分体现了这一点。从以上所述可以看出，象山认为人的内心含有宇宙的普遍原则，人的道德意识就是宇宙的普遍原则，无论何时何地，只要人的内心处于不受外物遮蔽的原本状态，那么人的道德意识就会显现，宇宙的普遍原则便会彰显出来。

象山从"心即理"这一基本理论出发，走上了与朱子不同的"向内求理"的路径。他说：

> 孟子云："尽其心者，知其性；知其性，则知天矣。"心只是一个心，某之心，吾友之心，上而千百载圣贤之心，下而千百载复有一圣贤，其心亦只如此。心之体甚大，若能尽我之心，便与天同。为学只是理会此，诚者自成也，而道自道也。(《象山先生全集》卷三十五《语录下》)

> 贵乎学者，为其欲穷此理，尽此心也。有所蒙蔽，有所移夺，有所陷溺，则此心为之不灵，此理为之不明。是谓不得其正，其见乃邪见，其说乃邪说。一溺于此，不由讲学无自而复。(《象山先生全集》卷十一《与李宰二》)

"向内求理"就是尽心，穷理便是尽心，也就是通过讲学去除内心的遮蔽，使其恢复原本状态，这样理自然就会彰显出来，天人就会相互贯通。他对《大学》的"格物""致知"也作了"向内求理"的解释：

> 先生云："古之欲明明德于天下者，先治其国。……致知在格物，格物是下手处。"伯敏云："如何样格物？"先生云："研究物理。"伯敏云："天下万物不胜其繁，如何尽研究得？"先生云："万物皆备于我，只要明理。"(《象山先生全集》卷三十五《语录下》)

"致知"是由"格物"而着手，而"格物"是研究内在事物之理，也就是使内心之理彰显出来。他认为"向内求理"即是"先立乎其大者"(《象山先生全集》卷一卷、卷十《与邵叔谊》、卷十三《与冯传之》、卷十五《与傅克明》、卷三十四《语录上》)，就是使"本心"得以确立。他所说的"学者须先立志"(《象山先生全集》卷三十四《语录上》)表达的也是此种意思，所谓"立志"就是确立本心，也就是通过"辨志"即分辨内在意念是否符合义利原则来存义去利，从而使本心确立起来。他的两个弟子对此曾有过讨论：

> 傅子渊自此归其家，陈正己问之曰："陆先生教人何先？"对曰："辨志。"正己复问曰："何辨？"对曰："义利之辨。"若子渊之对可谓切要。(《象山先生全集》卷三十四《语录上》)

象山对他的弟子傅子渊关于"辨志"的理解给予了肯定的答复,认为切中了他学问的宗旨。"先立乎其大者""学者须先立志"也就是所谓的"尊德性",以"尊德性"为先,还是以"道问学"为先,这是象山与朱子自"鹅湖之会"以后长期争论的问题。朱子曾说:

> 大抵子思以来教人之法,惟以尊德性、道问学两事为用力之要。今子静所说专是尊德性事,而熹平日所论却是问学上多了。所以为彼学者多持守可观,而看得义理全不子细,又别说一种杜撰道理遮盖,不肯放下;而熹自觉虽于义理上不敢乱说,却于紧要为己为人上多不得力。①

《中庸》主张"君子尊德性而道问学"(《十三经注疏》下,《礼记正义》卷五十三),"尊德性"和"道问学"两者必须兼备才能构成一套完整的修养工夫,偏向任何一边都会存在问题、出现弊病,而象山偏向"尊德性"一边,其弟子虽然在身心把持方面颇有成效,但在义理方面流于粗糙虚玄,朱子自身则偏向"道问学"一边,其弟子虽然在义理方面笃实稳妥,但在身心修养的关键处多把持不力。朱子经过反思之后提出应当在朱陆学问之间取长补短,将"尊德性"和"道问学"统一起来:"今当反身用力,去短集长,庶几不堕一边耳。"②而象山则对此提出质疑:"既不知尊德性,焉有所谓道问学?"(《象山先生全集》卷三十四《语录上》)他反对在朱陆"尊德性"和"道问学"之间"去两短,合两长"(《象山先生全集》卷三十四《语录上》),认为如果只是向外用功、忙于传注,那么即便是劳碌一生,也未必会有所得,必须向内用功、建立起内在的自主性,才能使本心显现,他说:"人精神在外,至死也劳攘。须收拾作主宰。收得精神在内时,当恻隐即恻隐,当羞恶即羞恶。谁欺得你?谁瞒得你?见得端的后常涵养,是甚次第?"(《象山先生全集》卷三十五《语录下》)他希望通过"尊德性"使人建立起内在的动力,由此再经过不断的积累,最终实现成贤作圣的目标,就象源泉初始虽然微小,但由于能不断地自主涌动,最终就一定会汇成江河,他说:

---

① (宋)朱熹:《晦庵先生朱文公文集》卷54,《朱子全书》第23册,上海古籍出版社、安徽教育出版社2002年版,第2541页。
② (宋)朱熹:《晦庵先生朱文公文集》卷54,《朱子全书》第23册,上海古籍出版社、安徽教育出版社2002年版,第2541页。

> 涓涓之流，积成江河。泉源方动，虽只有涓涓之微，去江河尚远，却有成江河之理。若能混混，不舍昼夜，如今虽未盈科，将来自盈科；如今虽未放乎四海，将来自放乎四海；如今虽未会其有极、归其有极，将来自会其有极、归其有极。（《象山先生全集》卷之三十四《语录上》）

他在"鹅湖之会"上所说的"涓流积至沧溟水，拳石崇成泰华岑"（《象山先生全集》卷二十五《鹅湖和教授兄韵》）表达的也是此种意思。

二 "心即理说"的承接

"心即理说"经过象山的一系列阐发已经基本确立起来，但到了王阳明所处的明代中期，朱子学一统天下，象山学被视为禅学而受到排斥，"心即理说"也湮没无闻。[①]阳明同当时大多数人一样也是从朱子学入手进入儒学的，他曾从事过宋儒的"格物之学"，但总觉得"物理"与"吾心"分裂为二而难以契合[②]，直到贵州的"龙场悟道"[③]，他在极其艰难困苦的条件下悟得"圣人之道，吾性自足"[④]，这才意识到先前循着宋儒格物旧路求理于外在事物的错误，由此而走上了"向内求理"的格物致知路径。他所悟得的"圣人之道，吾性自足"实际上就是象山的"心即理"，这是"向内求理"路径的基本理论前提。但"龙场悟道"是阳明长期思索历练的结果，没有资料表明在此过程中他曾受过象山学的影响。他是在独立地走上"向内求理"路径后再研究象山学，从而自觉地从象山那里接过

[①] 关于明代理学的转变，容肇祖曾提出"陆学的复活"的说法，认为："变朱学为陆学的，实始于陈献章，成于王守仁。"（容肇祖：《明代思想史》，上海书店1990年版，第34—35页）还有研究者以曹端、吴与弼、胡居仁、陈献章为例对"朱学陆学化"进行了探讨（高煜程：《试探明代理学前期"朱学陆学化"的发展与原因》，《第八届政大哲学系研究生论文发表会论文集》，2005年6月），这里所说的"陆学"更准确地说应是心学，实际上明代前期儒家学者对陆学大都缺乏自觉的继承，即便是陈献章的心学也是通过自得而成立的，对陆象山的"心即理说"没有很好地加以继承和发挥，所以他的理论尚未达到象山的高度。
[②] （明）王守仁：《年谱一》"孝宗弘治五年壬子"条，《王阳明全集》4，红旗出版社1996年版，第1564页。
[③] （明）王守仁：《年谱一》"武宗正德三年戊辰"条，《王阳明全集》4，红旗出版社1996年版，第1568页。
[④] （明）王守仁：《年谱一》"武宗正德三年戊辰"条，《王阳明全集》4，红旗出版社1996年版，第1568页。

了"心即理说",并对其加以了进一步阐发:

> 爱问:"至善只求诸心,恐于天下事理有不能尽。"先生曰:"心即理也,天下又有心外之事、心外之理乎?"爱曰:"如事父之孝、事君之忠、交友之信、治民之仁,其间有许多理在,恐亦不可不察。"先生叹曰:"此说之蔽久矣!岂一语所能悟?今姑就所问者言之。且如事父,不成去父上求个孝的理?事君,不成去君上求个忠的理?交友、治民,不成去友上、民上求个信与仁的理?都只在此心,心即理也。此心无私欲之蔽,即是天理,不须外面添一分。以此纯乎天理之心,发之事父便是孝,发之事君便是忠,发之交友、治民便是信与仁。"(《传习录上》)

他的大弟子徐爱对"向内求理"路径提出质疑,他用"心即理"的理论进行了解答,并引出了"心外无理""心外无事"两个命题。在他看来,人的心只要不被私欲遮蔽就是天理,理只在心之内,并不在心之外,孝、忠、信、仁这些道德原则都是源自人的内心。他所说的"心"是指未被私欲遮蔽的原本状态,也就是象山所说的"本心"即道德意识,他所说的"理"是指孝、忠、信、仁等道德原则,"心即理"所表达的意思是人的道德原则就存在于道德意识之中,而不是存在于外在的事物当中,在人的道德意识之外没有道德原则,也没有道德行为,这就是由"心即理"而衍生出来的"心外无理""心外无事"这两个命题的含义,所以他说:"虚灵不昧,众理具而万事出。心外无理,心外无事。"①既然心即是理、心之外无理,那么求理就要向心内去求,向心外是求不到理的,他说:"心即理也。学者,学此心也。求者,求此心也。"(《传习录中》)"夫物理不外于吾心,外吾心而求物理,无物理矣。"(《传习录中》)此外,他还提出了"心外无物""心外无义""心外无善"等关联性学说:

> 爱昨晓思格物的物字即是事字,皆从心上说。先生曰:"然。身之主宰便是心,心之所发便是意,意之本体便是知,意之所在便是物。如意在于事亲,即事亲便是一物;意在于事君,即事君便是一物;意在于仁民爱物,即仁民爱物便是一物;意在于视听言动,即视听言动便是一物。所以某说无心

---

① (明)王守仁:《年谱一》"武宗正德三年戊辰"条,《王阳明全集》4,红旗出版社1996年版,第17页。

外之理，无心外之物。"(《传习录上》)

夫在物为理，处物为义，在性为善，因所指而异其名，实皆吾之心也。心外无物，心外无事，心外无理，心外无义，心外无善。吾心之处事物，纯乎理而无人伪之杂谓之善，非在事物有定所之可求也。处物为义，是吾心之得其宜也，义非在外可袭而取也。(《与王纯甫》二)

"心外无物"与"心外无事"大致相当，为他的"格物说"的展开作了铺垫；"心外无义"强调应事接物的道德原则来自人内在的道德意识，而不是从外在的事物上获得的；"心外无善"强调天理在内心完全显现、没有任何人欲的混杂就是性善，在外在的事物上是寻求不到善性的。这一系列关联性学说的提出使"向内求理"的理论得以完善起来。

对于《大学》的"格物""致知"，他也根据"心即理说"作了"向内求理"的诠释。关于"格物"，他用《孟子》的"大人格君心"(《十三经注疏》下，《孟子注疏》卷七下《离娄上》)来加以解释，提出了"心上正念"的主张：

问格物。先生曰："格者，正也。正其不正，以归于正也。"(《传习录上》)

格物如孟子"大人格君心"之格，是去其心之不正，以全其本体之正。但意念所在，即要去其不正，以全其正。即无时无处不是存天理，即是穷理。天理即是明德，穷理即是明明德。(《传习录上》)

"格物"不是去研究外在之物，而是端正内在之物，所谓内在之物就是意念所在的内在行为，"格物"即是去除不正的意念行为，恢复内心的原本状态，就是存天理、去人欲，也就是穷理。但这都是"向内求理"、在心上用功，他说："只在此心去人欲、存天理上用功便是"(《传习录上》)，与朱子的"向外求理"在心外用功存在着明显的不同。关于"致知"，他用《孟子》的"良知"(《孟子·尽心上》)来加以解释，提出了统括本体和工夫的"致良知"主张。他的"致良知说"大致有两层含义，一是通过去除私欲的遮蔽实现对作为本体的良知之理的体认，即"格物以致其良知"(《博约说》)，"良知"是本体，"致"的工夫体现在"格物"中，如：

> 若良知之发更无私意障碍，即所谓"充其恻隐之心，而仁不可胜用矣"。然在常人不能无私意障碍，所以须用致知、格物之功胜私复理。即心之良知更无障碍，得以充塞流行，便是致其知。(《传习录上》)

> 知是理之灵处，就其主宰处说便谓之心，就其禀赋处说便谓之性。孩提之童无不知爱其亲，无不知敬其兄，只是这个灵能不为私欲遮隔，充拓得尽，便完完是他本体，便与天地合德。自圣人以下不能无蔽，故须格物以致其知。(《传习录上》)

二是将作为本体的良知之理推至事物当中以使事物皆符合理，即"致良知以格物"(《博约说》)，这也可以说是他的"格物说"的另一层含义，如：

> 若鄙人所谓致知、格物者，致吾心之良知于事事物物也。吾心之良知，即所谓天理也。致吾心良知之天理于事事物物，则事事物物皆得其理矣。致吾心良知者，致知也；事事物物皆得其理者，格物也。是合心与理而为一者也。(《传习录中》)

从上面的分析可以看出，阳明的"格物说"和"致良知说"尽管比象山对"格物""致知"的解释要丰富而深刻得多，但实际上都是以孟子为根据、由"心即理说"发展出来的，"心即理说"可以说是象山学和阳明学共同的理论基础。所不同的是，象山的"心即理说"更加突出了"理"超越时空的普遍性，把本体讲得过于高远，把工夫讲得不够切近；而阳明的"心即理说"更加突出了"理"内在的道德性，把本体和工夫讲得比较切近，这也是阳明认为象山"只是粗些"(《传习录下》)的原因所在。

三 "心即理说"的总结认识

"心即理说"由象山提出、再经阳明的充分发挥后成为心学的标志性学说，黄宗羲作为心学的总结者和传承者对"心即理说"的内涵和意义有着深刻的认识，他从儒学的源头和发展史的高度将其与朱子的"心理二分说"相对照来加以阐发。

他在评价象山的学问时说："先生之学，以尊德性为宗，谓：'先立乎其大，而后天之所以与我者，不为小者所夺。夫苟本体不明，而徒致功于外索，是无源之水也。'"（《宋元学案》卷五十八《象山学案》）他将象山的学问宗旨概括为"尊德性"，"尊德性"就是"先立乎其大"、发明本心，这是由"心即理"出发的"向内求理"路径。尽管他在这里没有明确点出"心即理"，但其含义已基本被揭示出来了。关于"心即理说"的来源和意义，他在《孟子师说》中集中作了阐发：

> 盖人之为人，除恻隐、羞恶、辞让、是非之外，更无别心。其憧憧往来、起灭万变者，皆因外物而有，于心无与也。故言"求放心"，不必言"求理义之心"；言"失其本心"，不必言"失其理义之心"，则以心即理也。孟子之言明白如此，奈何后之儒者误解人心道心，歧而二之？以心之所有止此虚灵知觉，而理则归之天地万物，必穷理而才为道心，否则虚灵知觉终为人心而已。殊不知降衷而为虚灵知觉只此道心，道心即人心之本心，唯其微也故危。（《孟子师说》卷六）

他在这里将"心即理说"的来源直接上溯至孟子，根据孟子的理论，人从根本上说只具有恻隐之心、羞恶之心、辞让之心、是非之心即"四端"，"四端"也就是"本心"，所谓"道心"就是人心的原本状态即"本心"，并不存在"人心"与"理义之心"或"道心"的二分，象山倡导的心与理合一的"心即理说"正体现了孟子的这一理论，而朱子倡导的"人心道心二分说"则违背了孟子的理论。从"心即理"这一基本理论出发自然就走上了"向内求理"的路径，他说：

> 人与天虽有形色之隔，而气未尝不相通，知性知天，同一理也。《易》言"穷理尽性以至于命"，穷理者，尽其心也，心即理也，故知性知天随之矣，穷理则性与命随之矣。孟子之言，即《易》之言也。……先儒未尝不以穷理为入手，但先儒以性即理也，是公共的道理，而心是知觉，知得公共的道理，而后可以尽心，故必以知性先于尽心。顾其所穷，乃天地万物之理，反失却当下恻隐、羞恶、辞让、是非之心之理矣。……人心为气所聚，其枢纽至微，勿忘勿助，此气常存，稍涉安排，则霍然而散，不能自主。……天下之理，皆非心外之物，所谓存久自明而心尽矣。（《孟子师说》卷七）

根据"心即理"的理论,天地万物之理即存在于人的内心之中,所以求理应当向内在的根源上去求,只有这样才能实现对天地万物根本之理的整体把握,这正是孟子的"尽心""知性""知天"和《易传》的"穷理尽性以至于命"的含义,而向外在的各个具体事物去求理则会沉溺在个别之理中,将内心所蕴含的天地万物的根本之理反而丢掉了,这样就难以实现对天地万物根本之理的整体把握。黄宗羲在这里将象山以"心即理"为前提的"向内求理"路径与朱子以"性即理"为前提的"向外求理"路径加以比较分析,证明前者才符合孟子和《易传》的修养方法,后者则背离了孟子和《易传》的修养方法。

"心即理说"虽然是由象山首先提出的,但由于阳明在学术上与象山一样走的是"向内求理"路径,所以"心即理说"也成为阳明学贯穿始终的基本宗旨,不仅如此,阳明在此基础上还提出了"心外无物""心外无事""心外无理""心外无义""心外无善"等关联性学说,使"向内求理"的理论得以完善起来。黄宗羲对"心即理说"在阳明学中的重要意义有着深刻的认识,他说:

> 先生以圣人之学心学也,心即理也,故于致知格物之训,不得不言"致吾心良知之天理于事事物物,则事事物物皆得其理"。夫以知识为知,则轻浮而不实,故必以力行为功夫。良知感应神速,无有等待,本心之明即知,不欺本心之明即行也,不得不言"知行合一"。此其立言之大旨,不出于是。(《明儒学案》卷十《姚江学案·文成王阳明先生守仁》)

所谓"心学"就是走"向内求理"路径的学问,其基本前提就是将"心"与"理"视为一体的"心即理说",所以"心即理说"在阳明学中具有首要的意义。他认为,"心即理说"在理论上已暗含有"致良知说"的预设了,当阳明自觉地用"心即理说"来解释《大学》的"致知""格物"时,自然就可以引出"致吾心良知之天理于事事物物,则事事物物皆得其理"的"致良知说","致良知说"是"心即理说"在理论上的进一步拓展和延伸。对于"心即理说"在儒学史上的意义,黄宗羲主要从以下两方面进行了分析。

第一,"心即理说"恢复了儒学的至善的心的本体。他认为在这一点上阳明的"心即理说"与孟子的"性善说"具有同样的价值,他在评论阳明回答徐爱对于"心即理说"的质疑时说:"至善本在吾心,首赖先生恢复。"(《明儒学案》卷十《姚江学案·文成王阳明先生守仁》)他对阳明的"心外无物,心外无事,心外无理,心外无义,心外无善"那一段话加以评论说:"先生恢复心体,一齐俱了,真大有功于圣门,与孟子性善之说同。"(《明儒学案》卷十《姚江学案·文成王阳明先生守仁》)他之所以对"心即理说"作这么高的评价,是因为阳明的这一学说从根本上纠正了朱子学由"心理二分"而产生的"支离"弊病。他说:"夫自来儒者未有不以理归之天地万物,以明觉归之一己,岐而二之,由是不胜其支离之病。"(《答万充宗论格物书》)"元末明初,经生学人习熟先儒之成说,不异童子之述朱、书家之临帖,天下汩没于支离章句之中。"(《余姚县重修儒学记》)他认为,朱子学主张"心理二分",致使学者走上了"向外求理"的路径,结果产生了沉溺于典章文献之中而不知自返的"支离"弊病。阳明提出"心即理说"正是为了纠正朱子学的这一弊病,使儒学重归"向内求理"的路径,所以他对阳明指出"文公格物之说,只是少头脑"(《传习录下》)予以称赞,称其为"文公功臣"(《明儒学案》卷十《姚江学案·文成王阳明先生守仁》)。阳明说:"日用间何莫非天理流行?但此心常存而不放,则义理自熟"(《答徐成之》),他对此加以评论说:"此语自是印过程朱。"(《明儒学案》卷十《姚江学案·文成王阳明先生守仁》)阳明以本体上的"心即理说"为依据提倡"存心"的工夫,认为只要做好了"存心"工夫,那么日常义理自然就会纯熟,这正可以纠正朱子学由"向外求理"而产生的弊病,所以他说阳明此语压过了程朱。

第二,"心即理说"将儒佛区分开来。他认为阳明点出心的根本在于"理",在这一点上对儒学具有转晦为明的历史功绩。他说:

> 先生以圣人之学心学也,心即理也,故于致知格物之训,不得不言"致吾心良知之天理于事事物物,则事事物物皆得其理"。……而或者以释氏本心之说颇近于心学,不知儒释界限只一理字。释氏于天地万物之理,一切置之度外,更不复讲,而止守此明觉。世儒则不恃此明觉,而求理于天地万物之间,所为绝异。然其归理于天地万物,归明觉于吾心,则一也。向外寻理,终是无源之水、无根之木,纵使合得,本体上已费转手,故沿门乞火与合眼见暗相去不远。先生点出心之所以为心不在明觉,而在天理,金镜已坠而复收,遂使儒释疆界渺若山河,此有目者所睹也。(《明儒学案》卷十《姚江学案·文成王阳明先生守仁》)

"向外求理"的儒学以"心理二分说"为基本前提,其在理论结构上与佛学更为接近,二者都把"理"归于天地万物,把"明觉"即认识能力归于内心,而阳明的"向内求理"儒学即"心学"则以"心即理说"为基本前提,阳明通过"心即理说"点出心的根本在于"理",不在于"明觉",使"心"与"理"复归为一,从根本上将儒学与佛学区分开来,使儒学由晦暗又重新变得光明起来。

总之,"心即理说"由象山以孟子为根据而提出、再经阳明的充分发挥后成为心学的标志性学说,黄宗羲作为心学的总结者和传承者对"心即理说"的内涵和意义有着深刻的认识,他从儒学的源头和发展史的高度将"心即理说"与朱子的"心理二分说"相对照来加以阐发,认为象山倡导的心与理合一的"心即理说"正体现了孟子的"四端""本心"理论,而朱子倡导的"人心道心二分说"则违背了孟子的理论,阳明的"心即理说"恢复了儒学的至善的心的本体,与孟子的"性善说"具有同样的价值,阳明点出心的根本在于"理",不在于"明觉",使"心"与"理"复归为一,从根本上将儒学与佛学区分开来,对儒学具有转晦为明的历史功绩。

陆象山"本心"说的再阐释

肖 雄

（湖北大学哲学学院）

　　学界对于王阳明思想的现象学或存在论阐释已有较多的展开，而对于陆象山的这种阐释则稍显不足，[①]因此，本文欲从其"即心即理即情""吾心即宇宙"两个主要观点来展示象山本心说的存在论特征，以就教于方家。在拙文《陆象山对孟子"本心"概念的诠释》中，笔者基本上是在一种"主体性形而上学"的视野下来展示象山之本心说，然而总觉得象山的有些话语无法完全被这一理论框架所解释，如谓"宇宙便是吾心，吾心即是宇宙"。在"主体性形而上学"的视野下，主体固然"为自然立法"，赋予万物价值，[②]但作为道德主体的吾心如何便是宇宙了呢？吾心与宇宙仍免不了为二。然而，脱离对象性的本质主义思维，从一个存在论的视野来看，这个问题有望得到一个更加

[①] 从存在论的视野来阐释王阳明哲学的论著有：耿宁的《人生第一等事：王阳明及其后学论"致良知"》（倪梁康译，商务印书馆2014年版），杨国荣的《心学之思：王阳明哲学的阐释》（生活·读书·新知三联书店1997年版），陈立胜的《王阳明万物一体论：从身一体的立场看》（华东师范大学出版社2008年），林丹的《王阳明哲学的现象学解读》（北京大学2005年博士学位论文），杨虎的《阳明心物说的存在论阐释》（山东大学2014年硕士学位论文）等；而关于陆象山的，笔者只看到了黄信二的《陆象山哲学研究》（台北：秀威资讯科技股份有限公司2009年版）。

[②] 在"主体性形而上学"视野下的诠释中，牟宗三的诠释无疑是非常有代表性的。在牟宗三看来，"物自身是一个价值意味的概念"，而由意志自由契接之；又谓"视之为一目的，它就是'在其自己'之物"。（相关论述请参氏著《心体与性体（一）》，《牟宗三先生全集5》，台北：联经出版公司2003年版，第11—12页；《现象与物自身》，《牟宗三先生全集21》，台北：联经出版事业有限公司2003年版，第7、451页）对牟宗三"物自身"概念的讨论可以参考李明辉《牟宗三哲学中的"物自身"概念》，载氏著《当代儒学的自我转化》，中国社会科学出版社2001年版，第20—47页；《康德的"物自身"概念何以有价值意涵——为牟宗三的诠释进一解》，《云南大学学报》2018年第2期，以及拙文《牟宗三论证道德的形上学之结构》，《哲学评论》2014年第2期。

合理的解释。

一 心即理即情

我们来看象山一则关于"本心"解读的材料:

> 古圣贤之言,大抵若合符节。盖心,一心也;理,一理也。至当归一,精义无二,此心此理实不容有二。故夫子曰:"吾道一以贯之。"孟子曰:"夫道一而已矣。"又曰:"道二,仁与不仁而已矣。"仁即此心也,此理也。求则得之,得此理也;先知者,知此理也;先觉者,觉此理也;爱其亲者,此理也;敬其兄者,此理也;见孺子将入井而有怵惕恻隐之心者,此理也;可羞之事则羞之,可恶之事则恶之者,此理也;是知其为是,非知其为非,此理也;宜辞而辞,宜逊而逊者,此理也;敬此理也,义亦此理也;内此理也,外亦此理也。故曰:"直方大,不习无不利。"孟子曰:"所不虑而知者,其良知也;所不学而能者,其良能也","此天之所以与我者","我固有之,非由外铄我也"。故曰:"万物皆备于我矣,反身而诚,乐莫大焉。"此吾之本心也,所谓安宅、正路者,此也;所谓广居、正位、大道者,此也。古人自得之,故有其实。(《陆九渊集》卷一《与曾宅之》)[①]

从一般的知识结构出发,我们会认为象山这段基本展示了"本心"的伦理律则、情感与本体论(ontology)三个基本方面的内涵。我们先说前两个:此心此理即仁、道,是根源性的,所知所觉是此理,能爱能敬亦是此理,四端也都是此理;此理是即情即理,情理分说只是从不同的层面来言说此理。可是何以如此呢?一个朱子学的信奉者未必会同意象山的讲法,一个康德学的信奉者可能也会觉得这动摇了道德的根基、有点"道德狂热"了。通过诉诸《孟子》,象山能够说服上述两派学者吗?对于朱子学者来说,这或许是可以行得通的,但是对于康德学者就未必了。

(一)情理二分的困境

我们知道朱子主"性即理"说,并且攻击象山之心学为狂禅。然而象山亦自

[①] (宋)陆九渊:《陆九渊集》卷一《与曾宅之》,中华书局2008年版,第4—5页。

言其学源自孟子，那么，朱子攻击象山必然是因为他们对《孟子》所言之心有不同解读之故。朱子对《孟子》的解读可以由其《四书章句集注》之《孟子章句集注》见，为避免两家只是用词不同，我们可以将比较范围规定为：象山与朱子对《孟子》中心、性、情的解读。又因为，在象山心、性、情是一而非三，所以我们只需比较朱子在解读《孟子》时所言之心、性、情与象山之本心有何不同。

朱子在解读《孟子》中的四端之心时说："人之所以为人，不外乎是四者，故因论恻隐而悉数之。……恻隐、羞恶、辞让、是非，情也。仁、义、礼、智，性也。心，统性情者也。"（《四书章句集注》）朱子严分性情，且分属形上形下两个世界，而后又以心统合之。孟子说"恻隐之心，仁之端也"，朱子以"恻隐"为情，以仁为性；而象山则说"四端者，此心也"，而未分为性情。从字面的含糊性来看，象山与孟子一样，性情尚处于一种浑然未分状态，而朱子明显是在做进一步解释了。解释有可能是将原来的文本撑开得更清晰，但也有歪曲文本的可能。象山这种解释风格到底是粗糙呢？还是象山认为《孟子》本来就已经够清楚了，而一解释反而不明白，乃至歪曲了呢？据象山自己的说法，答案是后者。（《陆九渊集》）

又，朱子解"生之谓性"："生，指人物之所以知觉运动者而言。告子论性，前后四章，语虽不同，然其大指不外乎此，与近世佛氏所谓作用见性者略相似。……性者，人之所得于天之理也；生者，人之所得于天之气也。性，形而上者也；气，形而下者也。人物之生，莫不有是性，亦莫不有是气。然以气言之，则知觉运动，人与物不异也；以理言之，则仁义礼智之禀，岂物之所得而全哉？此人之性所以无不善，而为万物之灵也。"（《四书章句集注》）朱子以性为天理，为形而上者；以气为知觉运动者，为形而下者。能知觉运动者只能是气、形而下者，人兽无别；人兽之别在仁义礼智之性，这是形而上者。现在的问题是：性不能知觉运动，只是静态的理，那么，作为气之灵的心如何能保证自己循性理而行？或者说，心怎么会偏向性理一面而非物欲一面呢？这个问题的产生难道不是由于性情的严格二分吗？未分性情的孟子与象山会有类似的问题吗？

性情关系问题亦可以说是心理关系问题，对朱子的心理关系，牟宗三说："仁固是心之德，但心之具此德并不是本心之必然地具与分析地具（本心之创发地具），而是综合地具与关联地具。"[1]这就是阳明说朱子"析心理为二"的原因。

---

[1] 牟宗三:《从陆象山到刘蕺山》，上海古籍出版社 2001 年版，第 83 页。

故唐君毅先生认为：“朱子之言之不足，实不在其言太极理气，仍在其言心与理之关系。”①而其之所以不足，则在于朱子之心有绾合理气的功能，落入以气观心、以身观心而非以理观心、以其为身之主宰观心的境地，此时，为气之灵的心实不能主宰此身或气；而若要肯认心的主宰义，则须依象山之言心即理，不可谓此心之上复有一超越于其上以为之主宰之理；而若说此理具超越义，则亦当言具此理、呈现此理的心亦具有超越义。②

其实，不止朱子有这样的问题，同样严分情理的康德亦有这样的困境。康德以"敬"这种道德情感为实践理性作用于我们感性主体而产生的感性感受，可是这种"理—情"因果性在批判时期的康德哲学系统本身中也是无法解释的。不仅如此，像"理智的满意"等道德快乐也是个矛盾之物。③尽管孟子、象山无处不表现情理为一，但经过理论性反思的理性与感性二分，根本就无法解释这种非对象性的道德感受、存在论的情感（ontological feeling）。④如果无法解释情理是一，或者干脆裂之为二，以形下之物或感性之物视道德情感，则无论是朱子，还是康德，都将无法避免道德实践动力不足的困境。

（二）心性情的存在论阐释

从胡塞尔到海德格尔的现象学发展告诉我们，我们基于时间而对事物所作的观念（ideal）之物与实在（real）之物的区分，只是一个抽身反思的结果，经过这个反思，我们所看到的已经不是原初的现象实情而是有所歪曲了。⑤正因为

---

① 唐君毅：《中国哲学原论·导论篇》，中国社会科学出版社 2005 年版，第 302 页。
② 唐君毅：《中国哲学原论·导论篇》，中国社会科学出版社 2005 年版，第 310—317 页。
③ 道德幸福、自我满意等概念包含一种矛盾。Victoria S. Wike, *Kant on Happiness in Ethics*, Albany: State University of New York Press, 1994, p15.
④ 牟宗三虽然有"本体论的情感"（ontological feeling）这个概念，但他主要是根据儒家的传统来将康德说的道德情感直接提升至形上的层面（参《心体与性体》（一），《牟宗三先生全集 5》，台北：联经出版公司 2003 年版，第 169—172 页），尚不能完全与海德格尔基于存在论视野的讲法等同。（相关梳理与讨论，参拙文《牟宗三哲学中的"寂感"思想之论析》，《周易研究》2016 年第 5 期，以及沈鸿慎《海德格尔与牟宗三对康德"敬"之情的理解比较》，《湖北大学学报》2018 年第 5 期）
⑤ 胡塞尔在《现象学的观念》（又称"小观念"）中已经提出这个问题，晚年提出"时晕"的概念来回应反思方法时所面对已非现象本身的质疑，然而仍然无法避免"晕圈"外的现象是反思性的质疑。正因为如此，海德格尔另辟蹊径，通过"形式显示"的方法，达到以时间性笼罩一切，可以说是"时外无物"。（相关论述，请参张祥龙《海德格尔的形式显示方法和〈存在与时间〉》，《中国高校社会科学》2014 年第 1 期；张汝伦：《论海德格尔哲学的起点》，《复旦学报》2005 年第 2 期；孙周兴：《形式显示的现象学——海德格尔早期弗莱堡讲座研究》，《现代哲学》2002 年第 4 期）

如此，黄信二认为我们的讨论不能停留在"概念"发生后的"次概念""次事件"之间的比较与厘清，而要回到"概念"发生之际的"存在处境"。① 这无疑是一种"朝向事情本身"的现象学精神。

那么，基于而不离于且置身于那恻隐、羞恶的现象实情，我们看到了什么呢？首先要悬置一切自然的态度与各种自然主义或超越的解释，做到这一步，我们看到的无非是：在一个具体的境况中，对处于危险中的小孩产生了一种怵惕恻隐之心或情感（姑称之为"道德感受"），并欲上前一步救他姑称之为"道德律则"），此外我们再也看不到其他任何事物了，乃至心性这本体性的概念都显得有点不那么合法——除非以心性的全部内容无非就是这道德情感与律则，更不用说那种将情理强分为形下形上的进一步解释了。根据陈立胜的研究，这种恻隐之心乃是儒者的"在世基调""现身情态"。② 如果能够具有一个存在论的视野，则我们将会更加明白，本心何以是情理统一的，而非只是后两者的综合。此情理统一之物是前反思的、前理论化的原初经验，而非理论化思考下的情理综合或相互作用，这道德情感亦不是如康德所言，只是实践理性作用于我们而产生的感性感受。在如此的理解下，作为道德律则的理亦是存在伦理，③ 而非抽象的、形式的原则。

和孟子一样，象山却从没有这样的分梳，"仁，人心也"同于"仁即此心也"，两者间具有完全同等的意义，是一非二。如果说有区别的话，也只是涵义的区别，而非指称的区别。朱子区分情与性，仿佛使孟子学更加清晰，但却是以牺牲原初经验或现象实情为代价的，朱子是典型的认识论视野中的道德论者。象山是性情未分的，朱子性情二分显然是一种理论性思维的人为对峙与对原初经验的反思扭曲，一种强人从己的阅读。孟子既说恻隐之心仁之端也，也说恻隐之心仁也。按照朱子的思想框架很难解释这个"bug"，而按照象山的思想，理解起来并无问题。

为了进一步理解象山本心概念的现象学特征，我们不妨再来看看那个著名的象山、慈湖师徒关于"本心何谓"的问答，据《年谱》记载：

---

① 黄信二：《陆象山哲学研究》，台北：秀威资讯科技股份有限公司2009年版，第12页。
② 陈立胜：《恻隐之心："同感"、"同情"与"在世基调"》，《哲学研究》2011年第12期。
③ 海德格尔的存在论虽然不怎么讲伦理学，但是他在《人道主义的回信》中却提到了一种"存在伦理"的可能性。（海德格尔：《路标》，《海德格尔文集》）

陆象山"本心"说的再阐释

四明杨敬仲时主富阳簿,摄事临安府中,始承教于先生。及反富阳,三月二十一日,先生过之,问:"如何是本心?"先生曰:"恻隐,仁之端也;羞恶,义之端也;辞让,礼之端也;是非,智之端也。此即本心。"对曰:"简儿时已晓得,毕竟如何是本心?"凡数问,先生终不易其说,敬仲亦未省。偶有鬻扇者讼至于庭,敬仲断其曲直讫,又问如初。先生曰:"闻适来断扇讼,是者知其为是,非者知其为非,此即敬仲本心。"敬仲忽大觉,始北面纳弟子礼。故敬仲每云:"简发本心之问,先生举是日扇讼是非答,简忽省此心之无始末,忽省此心之无所不通。"先生尝语人曰:"敬仲可谓一日千里。"①

在对话开始,象山只举孟子"四端之心"来解释"本心",但杨敬仲(讳简,号慈湖)不能明白"本心"到底是什么,并认为这与孟子所说并无任何不同,没有增加自己对"本心"的认识。象山可谓善教,借"扇讼是非"当机指点,果然奏效,杨敬仲当下便有觉,觉"此心之无所不通"。在传统的知识结构下,我们会说,四端皆本心所发,根源于本心,本心是价值之源。但是从一个存在论的视野来看,杨慈湖的这种活泼"热思"的亲身体验就会得到根本性的重视:象山与《孟子》所言有何不同?关键是象山所言之事,杨简是亲历者——而且就在刚刚,而非他人之事。如果是言他人之事,则杨简只是旁观者,而没有活生生的第一手经验。由此可见,对本心的理解,活生生的第一手(人称)经验是很重要的——尽管只是对刚刚在自己身上发生的事的一种回忆,都具有根本的重要性。这种"热"的本心经验与"冷"的对本心对象性思考具有重大的区别,可以说只有前者才能真正引导我们理解本心到底意味着什么,而后者除了让我们得到的一些归纳的抽象定义外,仍不能最终使我们理解本心何谓。也就是说,我们除了亲身参与到本心的活动中之外,别无他法真正理解本心。用黄信二的话说,象山之心概念是一种"极限式表达",使吾人透过与之相关的概念设计,突破文字概念而进入存在自身。②杨慈湖正是在象山的指点下进入了存在自身。

我们知道,象山不喜欢对概念作分解立义,这也许与他对好"闲议论"的时弊的认识有关,他的教学多为指点,如牟先生所说:"因为他一眼看到孟子所昭

---

① (宋)陆九渊:《陆九渊集·年谱》,中华书局2008年版,第487页。
② 黄信二:《陆象山哲学研究》,台北:秀威资讯科技股份有限公司2009年版,第223页。

显者皆是实事实理，坦然明白，只须吾人以真生命顶上去，不落于虚见虚说，不落于文字纠缠粘牙嚼舌之闲议论，便自然能洞悟到那坦然明白之实事实理而内外洞朗，进而更能真切相应地呈现之而挺立吾人之人品。"[1]一个重要的例子是上面说过的象山与弟子李伯敏的对话，李伯敏问《孟子》里面的心、性、情、才如何区别，象山则要求对心、性、情、才等概念的理解不要拘泥于字义，认为它们说的是同一个东西，求得血脉即可。这当然是具有工夫论意义的，但是从认知的角度看，不也是在指示一种理解本心的有效方式吗！这种挥斥"闲议论"只是为了一时之纠正学风吗？还是这种学问本质上就反对仅停留于这种分解性的理论思考呢？与存在论一样，象山只是让每一个学者自己参与到实践中去理解本心何谓，而非抽身反思的"对塔说相轮"（程子语）。

（三）"心即理"的存在论阐释

这一命题的正式提出是象山在《与李宰》书中完成的：

> 《洪范》曰："思曰睿，睿作圣。"孟子曰："心之官则思，思则得之，不思则不得也。"又曰："存乎人者，岂无仁义之心哉？"又曰："至于心，独无所同然乎？"又曰："君子所以异于人者，以其存心也。"又曰："非独贤者有是心也，人皆有之，贤者能勿丧耳。"又曰："人之所以异于禽兽者几希，庶民去之，君子存之。"去之者，去此心也，故曰"此之谓失其本心"。存之者，存此心也，故曰"大人者，不失其赤子之心"。四端者，即此心也；天之所以与我者，即此心也。人皆有是心，心皆具是理，心即理也，故曰"理义之悦我心，犹刍豢之悦我口"。[2]

象山所引《孟子》中的这几句话确乎并没有什么特别之处，宋人亦很少有这样子（通过诉诸《孟子》）得出这个结论："人皆有是心，心皆具是理，心即理也。"象山所引用的这段话无非是说：人皆有之的（亦是人禽之辨的）本心能思，并以仁义（亦即理义）为内容且乐之。那么，象山对"心即理"的理解是否如伊川、朱子所说的那样，理只是心之德而具于心者，灵明的本心只是一性理之居所

---

[1] 牟宗三：《从陆象山到刘蕺山》，上海古籍出版社2001年版，第3页。
[2] （宋）陆九渊：《陆九渊集》，中华书局2008年版，第149页。

呢？象山说:"此心本灵,此理本明,至其气禀所蒙,习尚所梏,俗论邪说所蔽,则非加剖剥磨切,则灵且明者曾无验矣。"① 又说:"人心至灵,此理至明,人皆有是心,心皆具是理。"② "此理本明"是指"此理"容易被认知,还是指其本身就是"明"——带有所谓意识的性质？从后半句"灵且明者"的表述来看,当是指后者,即心与理不过是对同一个东西不同面向的指涉,心指涉其意识灵觉性,而理则指涉其律则性。理不是一个已派生的、有待认知的规范之物,而应该总是从其源泉混混处加以把握,即它是一个活生生的"热"的原初体验,而非对象化之后的"冷思"反省之物。如此理解的"理"就不再只是一个原则性的死物,而乃是一个存在的活物,是所谓"存在伦理"——道本身。

在孟子那里,只说"仁,人心也","仁,人之安宅也","心"作为一个概念,相对于"仁",其作为最高实有的地位并未凸显,到了象山这里,直接明了地将本心与仁、安宅等同,将本心凸显为一个最高存在。在孟子处,仍是保存着原初的体验,即仁是亦主亦客、非主非客的情理统一之物。但随着历史变迁,人们的遗忘,学者解释的扭曲——将其僵硬地理解为理则这样的静态之物,象山有鉴于此,要求重新回到源泉混混的"热思",即凸显原初经验的活跃性。如此,则我们可以理解象山之所以要凸显本心,"盖亦时也"——免于理论性思辨的耽搁。

二 万物我备与吾心即宇宙

(一)主体性形上学姿态

在最开始所引象山的那段话中,我们说,本心不但是伦理学的,也是形而上学的,所谓万物我备。在别的地方,象山不断重复其观点,如说:"请尊兄即今自立,正坐拱手,收拾精神,自作主宰。万物皆备于我,有何欠缺。当恻隐时自然恻隐,当羞恶时自然羞恶,当宽裕温柔时自然宽裕温柔,当发强刚毅时自然发强刚毅。"③ "收拾精神,自作主宰"与"恻隐、羞恶、宽裕温柔、发强刚毅",一般的理解就是道德实践,而"万物皆备于我,有何欠缺"则是宇宙本体论地

---

① (宋)陆九渊:《陆九渊集》,中华书局2008年版,第137页。
② (宋)陆九渊:《陆九渊集》,中华书局2008年版,第273页。
③ (宋)陆九渊:《陆九渊集》,中华书局2008年版,第455—456页。

(onto-cosmologically)谈本心。对于后面这句存有论的(ontological)话,其中的一种解释是:我赋予万物价值意味,或者说万物以价值意味的物自身姿态向我呈现。(这以牟宗三为代表)当然,劳思光会认为象山这后面的形上学表述是可以忽略不计的,因为他只承认本心是"主体实有",而没有形上学意义。① 且不论牟宗三的解释如何,象山有这些存有论(用牟宗三的话说是"本体宇宙论")的表述是毫无疑问的,而且随处可见,如说:"此理在宇宙间,未尝有所遁隐,天地之所以为天地者,顺此理而无私焉耳。"② 又云:"万物森然于方寸之间,满心而发,充塞宇宙,无非此理。"③ 可见劳思光对象山存有论或形上学的故意忽略或割弃是毫无道理的。

现在需要进一步讨论的是:牟宗三解释的合理性问题。我们知道,在象山那里,此理与此心是同一个,即涵义虽异而指涉是一。象山说"此理塞宇宙",牟宗三解以"道德秩序即宇宙秩序",这在字面上是没问题的。象山说"满心而发,充塞宇宙",则牟宗三以物自身是价值意味的概念亦是值得肯定的。牟宗三的"道德的形上学"(moral metaphysics)在解释这些命题时,确实没什么问题,甚至在面对"宇宙内事便是己分内事"这样的命题时亦无困难,这些都可以从主体性形上学、伦理学的角度加以理解。然而,象山的有些吊诡性(paradoxical)表述,如那句"宇宙便是吾心,吾心便是宇宙",便不好在传统的理论框架下理解。

(二)吊诡性表述的存在论阐释

"吾心即是宇宙"的说法如下:"后十余岁,因读古书至宇宙二字,解者曰:'四方上下曰宇,往古来今曰宙。'忽大省曰:'元来无穷,人与天地万物,皆在无穷之中者也。'乃援笔书曰:'宇宙内事乃己分内事,己分内事乃宇宙内事。'又曰:'宇宙便是吾心,吾心即是宇宙。……'故其启悟学者,多及宇宙二字。"④ 上面我们已经说了"宇宙内事乃己分内事"可以做伦理学的理解,但是"宇宙便是吾心"就不一样了,这个命题将一般理论框架下认为迥异的两物(宇宙与吾心)合二为一了。此处的表述并非孤证,在别的地方,象山亦有类似的表述。如

---

① 劳思光:《新编中国哲学史》卷三上,广西师范大学出版社2005年版,第286—289页。
② (宋)陆九渊:《陆九渊集》卷十一《与朱济道》中华书局2008年版,第142页。
③ (宋)陆九渊:《陆九渊集》卷三十四《语录上》中华书局2008年版,第423页。
④ (宋)陆九渊:《陆九渊集》卷三十六《年谱》,中华书局2008年版,第483页。

谓：“诚以吾一性之外无余理，能尽其性者，虽欲自异于天地，有不可得也。”① 又说：“心之体甚大，若能尽我之心，便与天同。”② 心物（天）如何是一个呢？这恐怕不是主体性形上学所能解释得了的。

除此之外，象山与朱子在"无极而太极"的争论中所体现出来的、对道与阴阳关系观点的分歧亦可是一个有力的佐证。朱子以阴阳为形下之器、以所以一阴一阳者为形上之道。照一般的理论框架，朱子的这个划分极为清晰，亦符合我们大多数人的观念，可是象山却说：“至如直以阴阳为形器而不得为道，此尤不敢闻命。易之为道，一阴一阳而已。……今顾以阴阳为非道而直谓之形器，其孰为昧于道器之分哉？”③ 许多学者将这看成是象山形上形下不分的证据，但却没有去好好理解象山到底是啥意思，而是局限在一般的理论框架中直接将其忽视了。其实，在佛教中亦有类似的思维模式，此即以如来藏自性清净心为代表的"根本法轮"与以天台宗为代表的"摄末归本法轮"。（相关梳理可参牟宗三《佛性与般若》）在别的地方，象山还说：“道塞宇宙，在天曰阴阳，在地曰刚柔，在人曰仁义。故仁义者，人之本心也。”④ 这里，象山将阴阳、刚柔与仁义并列为道之具体表现。按照一般的理论框架，我们会认为仁义是伦理规范，而阴阳、刚柔则偏向形下之气，从而会觉得象山之论非常奇怪。

但是，从存在论的视野来看，象山的这些"奇怪"的论述就并不奇怪了，因为这种奇怪只是基于反思性的理论进路的不可理解，而这恰恰扭曲了现象实情。划分形上与形下、本质与现象，这是对象性反省所致，这已丧失了原初经验，也总是晚于后者。真正的原初经验是时间性的、世界性的，也是形上形下未分的意义世界。也就是说，作为原初经验的道是理气未分的道，而阴阳亦是理气一体的阴阳而非只是作为现象的气，这里还没有本质与现象、然与所以然的区分——这些都是对象性抽身反思造成的。正因为原初经验还没有这些划分，所以从划分后的视野去看，原初经验的那些命题仿佛是吊诡的、本末不分的、现象与本体一体的，又或者将其视为是对已划分的世界的弥合。

---

① （宋）陆九渊：《陆九渊集》卷三十《天地之性人为贵论》，中华书局2008年版，第347页。
② （宋）陆九渊：《陆九渊集》卷三十四《语录下》，中华书局2008年版，第444页。
③ （宋）陆九渊：《陆九渊集》，中华书局2008年版，第29页。
④ （宋）陆九渊：《陆九渊集》，中华书局2008年版，第9页。

三　结语

说到象山对孟子的超过之处，牟先生道："即是'心即理'之达其绝对普遍性而'充塞宇宙'也。……孟子未有明文及此。然孟子亦云'万物皆备于我矣，反身而诚，乐莫大焉'，此已涵及此义。"① 然而，牟先生既以明道之义理为圆教模型、主客两面都能饱满，对比之下，象山心学"只是一心之朗现，一心之伸展，一心之遍润，故对于自客观面根据'於穆不已'之体而有本体宇宙论的展示者犹无多大兴趣。……此亦是一圆满，但却是纯主观面伸展之圆满，客观面究不甚能挺立，不免使人有虚歉之感"②。曾春海认为象山"在天人无限的真实感中，天、道、理、心、性……一脉贯通为具绝对义，永恒义及无限义的一本，一切皆在本心的灵觉感通中所摄尽"③。这是象山心学的一个特色，好像天已被心完全吸纳过来了，人的主体性完全凸显。但这其实只是象山特别强调此理或道的灵明一面以活化那僵执的天理罢了，也正因此而成就了"心学"。但正如阳明所说：会得时，横说也行，竖说也行。(《传习录》)

劳思光认为象山之"理"观念，不如其"心"观念明确，因为它有时指价值标准或规范，有时又指事物规律。不过劳先生也承认，"心即理"之理，基本上是规范义之"理"。④ 至于"心"，曾春海认为它既是劳思光所说的"价值自觉"，亦具有牟先生所说的"即存有即活动"的特征，在此意义下，曾先生谓象山的旨趣不在成为一生命的旁观者以成就知识，而是要返回自家生命以开显内在奥秘。⑤ 又谓：象山"心即理"的心有形上的生生意涵，心为理所从出之本根，心对外感通因对象的差异处境的不同，而有特定的意向法则和方式……仁心在自动自发中创生了渊然有定的道德秩序，和依循此秩序的意向性活动。⑥

至于象山为什么不像阳明那样随时代之需要重新分解立义以建立之，牟先生的看法是："他是非分解地以启发、指点、训诫、遮拨之方式来继承之，此则更警策而有力，足以豁醒人。因为他一眼看到孟子所昭显者皆是实事实理，坦然明

---

① 牟宗三：《从陆象山到刘蕺山》，上海古籍出版社2001年版，第13页。
② 牟宗三：《心体与性体》(一)，上海古籍出版社2001年版，第41页。
③ 曾春海：《陆象山》，台北：东大图书公司1988年版，第63页。
④ 劳思光：《新编中国哲学史》，广西师范大学出版社2005年版，第286—289页。
⑤ 曾春海：《陆象山》，台北：东大图书公司1988年版，第75、76页。
⑥ 曾春海：《陆象山》，台北：东大图书公司1988年版，第77页。

白，只须吾人以真生命顶上去，不落于虚见虚说，不落于文字纠缠粘牙嚼舌之闲议论，便自然能洞悟到那坦然明白之实事实理而内外洞朗，进而更能真切相应地呈现之而挺立吾人之人品。"①

劳思光的诠释使象山之学限于伦理学而割弃了其存有论面向，牟宗三的诠释较好地保存了象山之学的存有论面向，而对一些吊诡性的表述显得有点无力，如能具备一个存在论的视野（牟宗三的圆教似可与之相互发明），则象山之学的意蕴可得到更好的彰显。当然，这也不是说象山之学与海德格尔式的基础存在论没有差异，如时间性并未成为象山关注焦点（盖因象山非从知识论上翻所致）。

---

① 牟宗三:《从陆象山到刘蕺山》，上海古籍出版社2001年版，第3页。

陆王心学实际影响初探

宋在伦

(加拿大 麦克马斯特大学)

一

多数学者以陆氏心学和朱氏理学的差别作为新儒学的分别。在世界范围内中国哲学系已经有很多关于两者之间差异的研究。但是,对于这两个流派实际影响的研究,相对还比较少。由于当今大多数学者不探究文本之外的相关因素,因此新儒家哲学的实际影响仍未得到充分解释。

陆王心学的实践意义是什么?换一种说法,陆王心学如何在现实中进行?后来在中国历史演变过程中接受并遵循陆学教义的士大夫们是否有表现出共同的实践倾向和行动计划?更具体地说,陆九渊的名言"六经皆我注脚"的社会和政治含义是什么?

本文将通过两个小案例的研究,作为对这些问题的初步回答。第一个是关于王阳明及其门徒在明中期的政治活动。第二个是关于明清之际在金华活动的士大夫王崇柄的思想倾向。这两个案例表明,陆王派的学者们积极地进行了社会改革,并对不同的观念表现出包容和开放的态度。陆王学派的这两种倾向不应一概而论,但我们可以肯定地说,陆王心学并不反对社会行动和知识多样性。

三十年前,美国哥伦比亚大学的 Robert Hymes 教授研究了陆九渊的教义与他的社会活动关系。众所周知,朱熹热情地参加了自下而上的社会改革活动。他重建了几个书院,创新了北宋吕大钧编撰的《蓝田吕氏乡约》,建设了社仓。然而,陆九渊好像对新儒学的社会改革制度不太感兴趣。他一生一次也没有参加创建书院或者建设乡村秩序的活动。这是为什么呢?是不是因为他一生都沉浸在修养功夫中，并且陆九渊的"心即理"的哲学，心理内在主义，可能影响了他对社会改革的态度？但是他的哲学立场也可以被解释为非常注重社会行为。Hymes认为，陆九渊对家庭与国家之间的公共领域没有兴趣，因为他生活在一个大家庭中。陆九渊出生时，陆氏的大家庭已经连续五世相传，家庭成员有数百之多。

陆九渊的教义不可能决定后来陆王学派成员的社会活动。在不同的宗教和知识传统中，同一老师的弟子们、特定学校的成员或宗教信仰的信徒通常倾向于表现出多种社会、经济和政治行为方式。将人类活动归因于特定的想法或价值是没有说服力的。但是，我们很难否认某个特定的信仰集团或思想流派倾向于表现出相似的行为类型。因此，我们可以假设陆王学派成员，特别是王阳明的追随者们，具有相似的行为模式。

二

陆九渊对后来的追随者有什么样的政治影响呢？自13世纪初以来，程朱理学变得越来越重要。朱熹的教义吸引了地方士大夫、科举人员、官员，最终乃至皇帝。相反，陆九渊的影响力变弱了。比较这两种学说，朱学比陆学更加系统、全面、清晰，并易于理解，社会接受程度高。朱熹在关于道德修养、地方制度、经学、家礼、共同教育、共同体建设、治国方案等领域具体而又系统地提出了他的想法。因此，朱学之成为标准是可以理解的。

到元朝初期，陆学传承实际上几乎被切断了。明朝中叶，王阳明进一步发展了陆九渊的学说，在批评朱熹的基础上，重新塑造新儒学的根本精神。在笔者来看，王阳明将格物重新诠释为矫正内心的错误是现象学的一个巨大转折。王阳明认识到，心只能与它所感知的对象有关：外观或现象，而不是物自体。在批评朱熹的外在主义时，王阳明将格物的"物"重新定义为心灵现象，如王阳明的名句"意之所在便是物"。

因此，这里的"物"应该表示思想的所有对象或内容，例如感觉、欲望、思想、思想、记忆。换句话说，心只能相对于已经被头脑的认知能力感知、处理和内在化的那些"事物"起作用。那么，这种现象学转向的深远意义是什么呢？

1516年，王阳明作为南赣巡抚平定了江南地区的叛乱。1518年他创设南赣乡约。在平叛行动中，王阳明表达了他在行动中培养思想的行为。他建议以"事上磨练"代替静坐冥想。王阳明积极实践"事上磨练"的思想，处理生活中的各项事务。很明显的事例是王阳明通过将最低级的政府机构扩展到村级来重建当地社区。

迄今为止，学者们一直强调吕大钧和朱熹乡约的民办特性。从这个角度来看，王阳明创建南赣乡约似乎是官办的。王阳明实际上是通过行使南赣巡抚的权力来创建南赣乡约的。我们能否得出王阳明只是亲政府的结论？王阳明的国家行动主义与他对心的重新规定有关吗？王阳明的同事及其后来的追随者都继续重复了建立乡约的尝试。以所谓江右学派最活跃，代表人物包括罗钦顺（1465—1547年）、王廷相（1474—1544年）、罗汝芳（1515—1588年）、胡直（1517—1585年）、吕坤（1536—1618年）、高攀龙（1562—1626年）、刘宗周（1578—1645年），以及清初的陆世宜（1611—1672年）和陈宏谋（1696—1771年）。这些人都是通过国家机构建立乡约的高级官员。湛若水（1466—1560年）也在广东增城创建沙贝乡约。

有两点似乎很清楚：第一，那些陆王学派学者对社会和政治问题远非持被动或冷漠态度。他们致力于社会改革，并根据时代的现实采取行动，以消除社会问题，改善当地人的生活条件。第二，他们大多数人非常愿意利用政府的官方渠道来促进其社会改革目标。明代中期所观察到的这两种行为趋势，可能与陆王教义直接相关，也可能与之无关。关键在于，他们似乎追求了没有内在冲突的两个方面：一方面，他们试图阐明心的潜力；另一方面，他们通过利用政府机构来应对社会问题。

三

陆王心学的深远文化意义是什么？陆王心学强调一个人固有的道德力量。根据陆九渊的学说，每个人都可以完全依靠自己内心的想法对生活现实问题积极地进行道德判断。与朱熹的"伦理实在主义"（ethical realism）相比，陆王的道德主观主义（moral subjectivism）在社会价值观上可能更为开放。因此，至少在逻辑上应该是陆王学派的成员对观点的多样性更加开放。

在研究浙江金华地方思想史时，笔者发现了一个有趣的案例，该案例表明，陆王心学在处理文化遗产和论著遗集方面可以更加灵活和包容。明清之际，金华的士大夫王崇炳（1642—1739年）编撰了《金华文略》和《金华征献略》这两个最全面的选集。以前的地方文集曾将金华视为朱子新儒家的重地，然而王崇炳的做法正好相反，他的选集包含了金华历代以来的所有作品。最有说服力的例子是他收录了唐仲友（1136—1188年）的文章。唐仲友是南宋最多产的学者之一，但因为他被朱熹弹劾，在南宋和元朝时期，他的著述作品在全国各地受到压制，很自然，唐仲友没有进入官方史册。

王崇炳与毛奇龄也有联系。可以说，这一时期毛奇龄批评朱熹的新儒学最为严厉。毛奇龄为王崇炳写了序文，王崇炳也为毛奇龄的六经全书写了序言。刘宗周也是王阳明的追随者。不足为怪的是，18世纪末的金华学人戴大江就将王崇炳列为朱熹学说的批评家。

《金华文略》（1709）旨在作为金华多种知识传统的综合指南，不断积累的综合选集。自汉以来，王崇炳汇集了一百一十多个不同时期的作家的著作。与以前按作者组织的选集不同，王崇炳按体裁将其分类。

如上所述，王崇炳重新发掘了唐仲友。明初，宋濂作为《元史》的编辑，写了《唐仲友补传》，因为他认为唐仲友没有在《宋史》入传是不对的。由于《唐仲友补传》早已丢失，王崇炳不得不搜集各方面的资料，他介绍了唐仲友的生平，并补充了几篇他的著作。重要的是，他使唐仲友的学说得到了传承。这个事实证明他包容而宽容。

四　结论

至此，我们已经分析了两个不同的案例来说明陆王学派的历史含义。可以看到，首先，在明朝中期，许多陆王学派的门人倾向于利用国家机构促进社会和谐和道德教化。可以说，陆王学派的人在承担社会问题的责任方面也同样认真。他们致力于改善社会的任务。为此，他们确保政府为他们服务，而不是反过来。有鉴于此，他们发挥了公正意识来参与地方一级的"政府活动"。

其次，以王崇炳的《金华文略》为例，特别是他对唐仲友的重新认识，表明陆王学派的追随者可能具有包容性、折衷性、宽容性以及对教条的厌恶。为了抵制朱熹新儒家的统一性，他们会采取更加多样化的战略来促进他们自己的政治目的和社会改善战略。

最后，笔者只想再提一下朱熹和陆九渊之间的重要区别。在整个生涯中，朱熹一直致力于建立客观的行为准则和仪式，并编写教育手册。在这方面，陆九渊与朱熹形成了鲜明的对比。陆九渊虽然从不轻视仪礼的重要性，但他既没有编写任何礼书，也没有制定任何教科书。陆九渊强调"简易"的方法，在这种学习方法中，应保持性善，并发掘自然的潜能。

总之，陆王在提供标准化的兴趣方面不如朱熹。陆王学派依靠道德思想的自发性在生活中体现道德。他们不太倾向于坚持正统的思想观念。在笔者看来，陆王学派强调心的绝对性，促使其追随者在消除社会弊端和改善人民生活条件方面发挥积极作用。同时，陆王学派导致其追随者对思想的多样性和表现的多样性更加包容和折中。

"效验"问题与陆王心性学说的裂变
——兼谈明清之际儒学转型的契机和可能

鹿 博;邓国宏

(贵州师范大学;贵州大学哲学与社会发展学院)

尽管"陆王心学"作为一整体的学术对象在某些学者认为乃是"王守仁所活跃的明代正德年以后人为制造出的虚像"①,又或认为象山、阳明之学的根本诉求和哲学建构具有重大差异故需分而论之②,然不可否认在强调发明本心之心性实践层面,陆王心学具有高度统一性。在此统一性的基础上,探讨陆王心学的发展、演变就须紧扣其心性实践之相关问题、细致展开。就此而言,陆王心性之学演进至晚明,其论心性实践有了新变化。其间极为重要的表现即以阳明后学为代表的晚明思想界重新聚焦和争论素为陆、王忽略的"效验"问题,而其背后实则蕴含了陆王心性之学的裂变之趋势。

所谓"效验"问题,简言之,便是心性工夫的检证问题。阳明后学群体对"效验"的关注,其实质即是对心性实践客观检证问题的正视。谈及心性之学的客观检证,清人意见繁多且犀利。比如戴震、凌廷堪等人都有相关看法。前者云:"程朱以理为'如有物焉,得于天而具于心',启天下后世人人凭在己之意见而执之曰理,以祸斯民;更淆以无欲之说,于得理益远,于执其意见益坚,而

---

① 参见[日]中岛琼:《陆九渊哲学新考——陆九渊是否为"心学"思想家》,《江南大学学报》(人文社会科学版)2015年第3期。
② 徐复观先生曾专谈"陆王异同",如揭象山承继孟学,言心"只会在道德上落脚,而决不能在知的本身上落脚"(参见徐复观《中国思想史论集》,九州出版社2014年版,第45页),然至阳明,"其立言的精髓则是安放在知上",是"从心的知的这一方面走进去,也系在心的知的这一方面落脚"(第46页)。近年来,随着宋明理学研究的开拓和发展,许多学者开始重视徐复观先生的观点,并由此开出陆王异同研究的诸多新面向。

祸斯民益烈。岂理祸斯民哉？不自知为意见也。离人情而求诸心之所具，安得不以心之意见当之！"①后者道："昔河间献王实事求是。夫实事在前，吾所谓是者，人不能强辞而非之；吾以为非者，人不能强辞而为是也。如：六书九数及典章制度之学是也。虚理在前，吾所谓是者，人可别持一说以为非；吾所谓非者，人亦可别持一说以为是也；如理义之学是也。"②戴震、凌廷堪以上言论实则是就真理的客观性问题针对宋明理学之整体提出质疑。其中，戴震所讲"凭在己之意见而执之曰理""离人情而求诸心"便是直指程朱、陆王之"通病"——其所执之"理"难以自证其应具备之客观性、普遍性，乃至亲近人情之实在性。至凌廷堪，更是将宋明义理之学以"虚理"论之，认为义理之学非六书九数、典章制度之学那般可考可证、是非确然，众人对待理义皆可"别持一说"，故可以"意见"言之，却难以事实相证。综合二者上述主张，清人对宋明理学，尤其是阳明心学的责难，其根本出发点即认定宋明心性之学所给予人的理义指引缺乏客观性，难于检证。清人于宋明心性之学的质疑固然值得深思，然笔者试图揭明的是，心性之学，比如陆王心学实亦曾就工夫实践的检证事项有过允分讨论，聚焦的议题正是"效验"介入治学之道的意义和方法。尤其在晚明清初阶段，围绕该议题纷争不断，于纷争的产生和涌现进程中，陆王心性学说呈现裂变形态，与之同步，新的学术形态——清学因此具备兴起之契机和可能。

一 "效验"议题进入心性哲学讨论的前期历程

"效验"一说，自古有之，常见于中医行话、方士之说。儒家言及"效验"，可征于《荀子》。《荀子·性恶》载："故善言古者，必有节（案：张觉注'节'为'验'）于今；善言天者，必有征于人。凡论者，贵其有辨合、有符验。故坐而言之，起而可设，张而可施行。今孟子曰'人之性善'，无辨合符验，坐而言之，起而不可设，张而不可施行，岂不过甚矣哉？故性善，则去圣王、息礼义矣；性恶，则与圣王、贵礼义矣。故檃栝之生，为枸木也；绳墨之起，为不直也；立君上，明礼义，为性恶也。用此观之，然则人之性恶明矣，其善者伪

---

① （清）戴震：《答彭进士尤初书》，《孟子字义疏证》，中华书局2008年版，第169页。
② 凌廷堪：《戴东原事略状》，《凌廷堪全集》第三册，黄山书社2009年版，第328页。

也。"①按荀子上述言论,其"性恶"论的提出正是从"效验"角度出发,为礼制的实施提供了充分的依据。相应的,荀子认为"性善"则难以证验,即难以礼制实施的合理性为其作明证。也是在此意义上,荀子对思孟学派提出了严厉批评。其云:"略法先王而不知其统,然而犹材剧志大,闻见杂博。案往旧造说,谓之'五行',甚僻违而无类,幽隐而无说,闭约而无解,案饰其辞而祗敬之曰:'此真先君子之言也。'子思唱之,孟轲和之,世俗之沟犹瞀儒嚾嚾然不知其所非也,遂受而传之,以为仲尼、子游为兹厚于后世。是则子思、孟轲之罪也。"②这便是指出思孟学派所奉"真言"、所造五行之说无法说解,于礼法中无法得其效验。至汉,王充《论衡·薄葬篇》云:"事莫明于有效,论莫定于有证。空言虚语,虽得道心,人犹不信。"③从葬事的角度,亦是从礼制的角度提出了"效验"问题的重要性。然值得关注的是,王充本人的人性论亦非立足于性善的立场。由此可以看到,性恶论以及性无善无恶论的持有者在"效验"一事上,往往从现实视角出发,以广阔的社会现实说明礼制实施的必要性和有效实施的可能性。

现在的问题是,程朱、陆王等思孟后人、性善论的坚守者、心性哲学的拓展者要如何应对"效验"问题呢?曾奕教授揭示、讨论过朱子思想对于"效验"问题的明确意识与重视。在《〈大学〉中的"功夫—效验"问题与朱子的工夫论学说》一文中,曾奕教授提出:"'功夫—效验'问题在近代以来的学术研究中绝无涉及,然而在古人那里,实在是个非常重要的问题。在宋代道学内部,最早对之具有明确意识的无疑是朱子,他依循对这个问题的思考,对旧本《大学》进行了重新组织和阐释。"④在另一篇《工夫与效验——从程明道论"识仁"看朱子对〈大学〉新本的阐释》里,曾奕教授则从"识仁"问题出发,从探讨"识仁"是作工夫还是作效验来评判朱子与湖湘学者之争。⑤至于明初,则有沈世荣在《续原教论》中再次提出心性之学的"证验"问题,虽然他是以佛教居士的立场拿心性之学的检证要求来论证以佛补儒的必要性与合理性。

---

① 张觉:《荀子译注》,上海古籍出版社2012年版,第343页。
② 张觉:《荀子译注》,上海古籍出版社2012年版,第56页。
③ 黄晖:《论衡校释》,中华书局1990年版,第962页。
④ 曾奕:《〈大学〉中的"功夫—效验"问题与朱子的工夫论学说》,《湖南大学学报》(社会科学版)2012年第6期。
⑤ 王中江主编:《中国儒学》第十辑,中国社会科学出版社2015年版。

  夫立教之道岂易言哉！所以然者，圣人将取信而后立教。非有证验，不敢自为说也。夫子尝曰：凤鸟不至，河不出图，吾已矣夫。且画卦明畴，圣人岂不能哉？非有河图洛书之证，则道统之源无自而来矣。又曰：夏礼吾能言之，杞不足征也。殷礼吾能言之，宋不足征也。无所征而言之，则疑惑者众，而诤论起，又何取信而行之乎？故阴阳造化之理，三纲五常之道，圣人得以备言者，赖其。今之经传已显然矣。唯变而不动之性，死而不灭之心，以理推之则可知，欲详言之则无证，必待吾佛之书而后明矣。①

沈世荣此说意义深远。他强调"圣人取信而立教"，"非有证验，不敢自为说"。对于儒家所言"阴阳造化之理，三纲五常之道"，他肯定其"文有证而信者笃，行有验而教化成"；而对于儒家关于心性的把握，他则认为"以理推之则可知，欲详言之则无证"，即缺乏"证验"，必须向佛学求助。学问与立教须有"证验"，成为沈世荣判别儒佛高下的标准。在他那里提出的是一般心性之学的检证问题，虽然是讲佛学的长处，但亦有针对道学的明确意义。进入明代中后期，儒家心性之学进入高峰期，对于明初沈世荣提出的"证验"的要求与挑战是否具有自我意识与明确讨论呢？对于上述问题的追问促使笔者就"效验"这一问题，重新观察和思考陆王心学之间的继承与迁转。

二　是非、工夫与境界：陆王心学"效验"论的迁转

  陆象山云"学问须论是非，不论效验"②，王阳明云"圣贤只是为己之学，重功夫不重效验"③，乃至部分阳明后学对于"以本体效验作功夫"的警惕，表明陆王一脉对待"效验"的态度有着较为一致的态度。象山关于"效验"的看法一方面代表了他对孟学之理解，另一方面则突显其学术诉求与程朱理学自有区别。象山的认识在某种程度上启发了王阳明对于"效验"持有更为明显的警觉意识。及至阳明后学，在"效验问题"上则又出现新的思想分歧。正是这一分歧态度的出现揭出明清之际以至乾嘉时期儒学发展之新趋势的线索。

---

① 沈世荣：《续原教论》卷上，光绪元年金陵刻本，第3—5页。
② （宋）陆九渊：《陆九渊集》，中华书局2018年版，第472页。
③ （明）王守仁：《王阳明全集》，上海古籍出版社2011年版，第125页。

具体言之，象山曾在两个地方谈到"效验"的问题。其一是在《荆州日录》里，象山云："学问须论是非，不论效验。如告子先孟子不动心，其效先于孟子，然毕竟告子不是。"①象山此说所谓"效验"乃是指向一种工夫操持成果，即工夫境界，所谓"告子先孟子不动心，其效先于孟子"就是说告子先于孟子达至"不动心"之境。然其认为，"毕竟告子不是"，其理由则是与孟子相较，告子或在根本问题意识上，比如性之善恶事项上出现了"不是"。象山认定学问之先在于价值的选择和创造方面，尤其在道德认识和工夫操持等方面，却不在对"效验"的纯粹追求上。象山提到"效验"的第二则实例则是针对"虞廷十六字心传"。在《人心惟危道心惟微惟精惟一允执厥中》一篇中，其云："知所可畏而后能致力于中，知所可必而后能收效于中。夫大中之道，固人君之所当执也。……苟知夫精一之可必也如此，则亦安得而不收效于中乎？知所可畏而致力于中，知所可必而收效于中，则舜禹之所以相授受者岂苟而已哉？"②这里，象山便将"允执厥中"之"中"与"效验"建立了关系。但是象山所言遗留一则问题，即此处的"中"要如何理解呢？若解释为"中道"，则"中"指向道体义，"执中"即意味对先验实体的贴近与端持；若解释为"中"效，则"中"偏指境界义，"执中"即意味坚守后果主义，追求工夫检证，追求心性之客观化的外显。

于此，对于"中"的精准诠释还须结合象山其他言论继续展开。实际上，了解宋明理学的人大都知晓，朱陆之争的内容中有一段便涉及"极"之解释，其实亦牵涉"中"之意义的界定。更明确地讲，陆九渊关于"中"之意义的界定可从他和朱熹关于周敦颐"无极而太极"妥当与否的争论中得出。其云：

盖极者，中也，言无极则是犹言无中也。③

五居九畴之中而曰皇极，岂非以其中命之乎？民受天地之中以生，而《诗》言"立我烝民，莫匪尔极"，岂非以其中命之乎？《中庸》曰："中也者，天下之大本也；和也者，天下之达道也，致中和，天地位焉，万物育焉。"此理至矣，外此岂更复有太极哉。④

以极为"中"则为不明理，以极为"形"乃为明理乎？……"极"字

---

① （宋）陆九渊：《陆九渊集》，中华书局2018年版，第472页。
② （宋）陆九渊：《陆九渊集》，中华书局2018年版，第378—379页。
③ （宋）陆九渊：《陆九渊集》，中华书局2018年版，第23页。
④ （宋）陆九渊：《陆九渊集》，中华书局2018年版，第28页。

亦如此，太极、皇极，乃是实字，所指之实，岂容有二。充塞宇宙，无非此理，岂容以字义拘之哉？中即至理，何尝不兼至义？《大学》《文言》皆言"知至"，所谓至者，即此理也。语读《易》者曰能知太极，即是知至；语读《洪范》者曰能知皇极，即是知至；夫岂不可？盖同指此理。则曰极、曰中、曰至，其实一也。①

陆九渊以"中"释"极"，原本是为驳斥朱熹以"形"释"极"、以"无形"释"无极"，然由此却揭明"中"为理、为"太极"、为"大本"的道体义。象山这一解释路径原则上与其之前及当时宋儒的讨论具有一定联系，亦有区别。冯国栋教授曾在《帝、儒、中、心之间——朱子前十六字心诀流传阐释考论》一文中对宋儒释"中"之路径给出了比较详尽的梳理和分析，并提出了极为重要的问题。冯国栋教授讲道：

> 在宋儒中，以《四书》解十六字可分为两派：一是以《中庸》"致中和"解十六字，重视"中"之意义，姑可称为"执中"派；二是以《孟子》"求放心"解十六字。重视"心"之作用，姑可称为"存心"派。②
> 中是"在中"还是"时中"，是道体还是境界？假如真如司马光所说"中"是"时中"，是一种境界与状态，那么这种境界与状态如何才能达到？达到了又如何能保持？……正是对这些问题的思索，引起二程、朱子对中和的讨论，也正是这些问题引起了十六字解释的重心从"中"向"心"的转移。③
> 杨时阐释十六字……开出"观喜怒哀乐未发"的工夫进路。……杨时阐释十六字，重在一个"中"字，故其工夫之精义端在体会"未发之中"，既得未发之中（在中），则"时中"之义可见。由涵养"在中"而得"时中"，正是伊川所指出的路向。④

总结冯国栋教授上述观点，宋儒关于虞廷十六字旨诀，关于"中"之道体义

---

① （宋）陆九渊：《陆九渊集》，中华书局2018年版，第28—29页。
② 冯国栋：《帝、儒、中、心之间——朱子前十六字心诀流传阐释考论》，《哲学研究》2015年第1期。
③ 冯国栋：《帝、儒、中、心之间——朱子前十六字心诀流传阐释考论》，《哲学研究》2015年第1期。
④ 冯国栋：《帝、儒、中、心之间——朱子前十六字心诀流传阐释考论》，《哲学研究》2015年第1期。

和境界义的争论某种程度上正揭示出心学成型之初的大致情态。且据冯国栋教授的研究成果,"执中"("在中")主张以伊川、龟山为代表,"时中"主张则自司马光为开端,并由此将道体论引向心性论的探讨。依上文分析,陆象山既以"皇极"释"中",其选择便非境界义之进路,乃是持道体义解"中"。这一点正呼应了他不以"效验"论学问,而以"是非"论之的观点。应该说,象山对待"效验"的态度及其诠释"中"的路径正相配合,此道与朱熹大有不同。笔者于前文已经提到朱熹重视"效验",其论《大学》即按"效验"层层讲起。与陆象山对"中"之道体义的坚持有别,朱熹更倡导"中"的境界义、效验义。如他讲:"(程子)文集云'中即道也'又曰'道无不中'故以中形道。又云'中即性也'。此语极未安。中也者,所以状性之体段,如天圆地方。"(《晦庵先生朱文公文集》卷六十七《杂著》)朱熹否认程子"中即道"之说,又以"性之体段"解释"中",其回避"中"之道体义的倾向已非常显明。经上述分析可见,对待"效验"的态度,亦成为朱陆之争的牵涉内容,此项争论又引出二者关于"中"之道体义、境界义的不同趋向。更为重要的是,这场争议持续至明代理学,又有新内容。

明代以来,"效验"一说成为王阳明及其后学讨论的重要议题,而有关"中"之道体义与境界义的争论依然牵涉其中。与象山主张相近的是,王阳明也主张为学不可在"效验"一事上耽搁,亦强调"中"之道体义。然至阳明后学,众多学者关于"效验"展开的讨论骤然增多,不再如象山、阳明那般放弃"效验"的必要性,而是将讨论的重心导向以何者为"效验"的问题上。究其原因,心性学发展至高峰时期,其愈发显明的主体化倾向导致工夫境界的明见性、客观性更加模糊难辨,这一弊端已为晚明思想家所觉察。换言之,以阳明后学为代表的晚明思想家实际上在心学客观性问题上已经与明中期乃至之前的心学思想家的认识与态度有所区别,这一区别在某种意义上正揭出明清之际儒学转型已具契机。

具体言之,王阳明关于"中"的理解原本亦从虞廷十六字旨诀讲起。其论"允执厥中",云:

> 天下之人心,其始亦非有异于圣人也,特其间于有我之私,隔于物欲之蔽,大者以小,通者以塞,人各有心,至有视其父子兄弟如仇敌者。圣人有忧之,是以推其天地万物一体之仁以教天下,使之皆有以克其私,去其蔽,以复其心体之同然。其教之大端,则尧、舜、禹之相授受,所谓"道心

惟微，惟精惟一，允执厥中"。①

此处从"一体之仁"的建构与"复其心体"的目的上讲"允执厥中"，此"中"即可作道体理解。又云："'精一'之'精'以理言，'精神'之'精'以气言。"②这里既将"精一"作"理"上理解，更可说明"允执厥中"之"中"亦作"理"。在此基础上，阳明对于"中和"与"中"分别看待。《传习录》载阳明言曰：

> 澄问："喜怒哀乐之中和，其全体常人固不能有。如一件小事当喜怒者，平时无有喜怒之心，至其临时亦能中节，亦可谓之中和乎？"先生曰："在一时一事，固亦可谓之中和，然未可谓之'大本''达道'。人性皆善，中和是人人原有的，其可谓无？但常人之心即有所昏蔽，则其本体虽亦时时发见，终是暂明暂灭，非其全体大用矣。无所不中，然后谓之'大本'；无所不知，然后谓之'达道'……""中只是天理。"曰："何者为天理？"曰："去得人欲，便识天理。"曰："天理何以谓之中？"曰："无所偏倚。"曰："无所偏倚是何等气象？"曰："如明镜然，全体莹澈，略无纤尘染着。"③

王阳明从性善问题引出心体"中和"的原貌，此处便是将"中和"作工夫境界、作心性实践的"效验"理解。然其论"中"，则直言"只是天理"。这就是回到《中庸》的路径上分判"中"与"和"的道体义和境界义。据此，阳明后学聂双江、欧阳德等人关于"中""和"的诠释和争论实际上在宋以降的理学传承中早有端倪，而其争辩的关键便落实在"致中和"是执守本体还是追逐境界上。回归本体，则"致中和"便是"致良知"；追逐境界，则需要检证每一步工夫的效验。

此外，王阳明在"证验"或谓"效验"一事上与陆象山亦有相似看法，其对"效验"的态度是从儒家"为己之学"的学问根本性质与宗旨来说的。《传习录》载：

---

① （明）王守仁：《王阳明全集》，上海古籍出版社2011年版，第61页。
② （明）王守仁：《王阳明全集》，上海古籍出版社2011年版，第70页。
③ （明）王守仁：《王阳明全集》，上海古籍出版社2011年版，第26—27页。

问:"'一日克己复礼,天下归仁',朱子作效验说,如何?"先生曰:"圣贤只是为己之学,重功夫不重效验。仁者以万物为一体,不能一体,只是己私未忘。全得仁体,则天下皆归于吾。"①

王阳明对待"效验"的态度和朱子原本不同。朱子尤重"效验",曾多番言及此说。其云:"《大学》'在明明德,在新民,在止于至善',此三个是大纲,做工夫全在此三句内。下面知止五句是说效验如此。上面是服药,下面是说药之效验。正如说服到几日效如此,又服到几日效又如此。"②朱子对效验一事的侧重促使其又倾向于对工夫次第的强调。如他道:"初间'欲明明德于天下'时,规模便要恁地了。既有恁地规模,当有次序工夫;既有次序工夫,当然有次序功效。"③这里讲到的次序功效即可以工夫境界理解之。针对"颜渊问仁"一章,朱熹注云:"盖心之全德,莫非天理,而亦不能不坏于人欲。故为仁者必有以胜私欲而复于礼,则事皆天理,而本心之德复全于我矣。归,犹与也。又言一日克己复礼,则天下之人皆与其仁,极言其效之甚速而至大也。"④按朱熹所言,"克己复礼,天下归仁"乃是"胜私欲而复于礼"的效验,"一日"乃谓其见效之显明。朱子之说在王阳明看来并非全是。按王阳明主张,"效验"之事即证明之事并非为学关键,为学重在为己,重在工夫本身,在于应对事物过程中的具体的生命体验。如果一定要谈"效验",那么检验自身工夫臻善境界是否达致的标准唯在"万物一体之仁"的落实。

王阳明之后,以陈明水、耿天台、欧阳德、聂双江等人为代表的心学家都有关于"效验"的相关看法。这些看法或保守,或创新,但都交织着思想家对待工夫进路、境界检证的新思考。

比如陈明水云:"夫心即神也,易也,子曰:'神无方,而易无体,变动不居,而出入无时。'夫子之语心者如此,固不待旁证。"(《明水陈先生文集·答聂双江》)按陈九川主张,心的此等特点决定心性修养、致知工夫的检证唯己可知,旁人、旁证皆无从参与。这便意味着工夫境界的进阶以及境界工夫的端持全赖一己之力,其检证之难的原因之一即在心之境界不可明见。

---

① (明)王守仁:《王阳明全集》,上海古籍出版社2011年版,第125页。
② (宋)黎靖德编:《朱子语类》第一册,卷十五,中华书局2016年版,第308页。
③ (宋)黎靖德编:《朱子语类》第一册,卷十五,中华书局2016年版,第311页。
④ (宋)朱熹:《四书章句集注》,中华书局2012年版,第133页。

如果说陈明水是从心学整体性的内向求证特色揭出"效验"的明见与旁证之难，之后耿天台、欧阳德、聂双江等人则进一步具体地将晚明心学流行之"默识"工夫与"效验"问题结合起来探讨。

钟彩钧先生在《明代程朱理学的演变》一书中曾特别提到"默识"工夫，并将此工夫作为明初理学家薛敬轩思想的重要面向，认为薛敬轩"默识"工夫的本质乃是不外求的"敬"的工夫，其工夫所向正是本体，正是"道"。[①]至晚明，经学家、心学人士再论"默识"其诠释路径已有别于明初思想家。比如郝敬《周易正解》中讲："大极者可以默识，而不可以象求。人能默而识之，圣人何必于象之，惟百姓日用不知，圣人欲发其秘以示人，而无象者不可示人也。"（《周易正解》卷一）此说便是断定"默识"乃是最高阶次的工夫，其所识为"太极"。此"太极"虽具"道"之实体义，但郝敬侧重的却是其"百姓日用不知"的隐秘面向。又有章潢《周易象义》中讲："人能反身默识自性不学不虑之良，真信得孔子从心所欲不逾矩，即乾元用九自然之天则，而天德不可为首之义当自得之矣。"（《周易象义》卷一）即将"默识"视作信得"不学不虑"之学的必要工夫。又讲："果时时密自修之功，则能默识此心之体一有不善，即觉而复之，则一阳为主干内，而吾心之复即复乎天地之心。"（《周易象义》卷一）此说更是将"默识"与密修列为同类工夫。阳明后传弟子中如刘宗周则云："此道，身有之，则不言而信，以归于惬惬之地，所谓躬行君子也。故云'默识'。识如字，谓信诸心（引者案：参照朱子等人的解释，发掘内向趋势）。默识之学，精神毫不渗漏，彻首彻尾，以此学即以此教，何厌倦之有？"[②]如果说刘宗周以"不言""躬行"诠释"默识"本是遵循孔子"默而识之"之教，那么当他讲到"信诸心"一项，即将"默识"推向更为主体化的工夫实践层次。综合晚明经学家、心学人士对"默识"工夫的特别关注和全新注解，我们可以追问：默识工夫如何检证？如何知其效验几何？作为更为内倾的工夫进路，"默识"实践对"效验"的可见、可证造成更为紧迫的挑战。就此而言，陆王心性之学发展至晚明，已经陷入内部学理的紧张对峙。这一对峙情状的现实存在即意味着心学裂变具备了自身的内在原因。

由此，阳明后学思想家关于"效验"问题就有了比较集中的讨论。耿天台就

[①] 钟彩钧：《明代程朱理学的演变》，台北："中研院"文哲研究所出版社2018年版，第48—50页。
[②] （明）刘宗周撰：《刘宗周全集》第二册，浙江古籍出版社2012年版，第339页。

此开出由内圣趋向外王的证验路径。其云：

> 余顿颜斯席困，困则困矣，未知所自立也……以仁为宗，以反身默识为入门，以孝悌忠信为实地，以亲仁取友为资助，以能涸销习气而同体民物为证验。（《耿天台先生文集》卷六）

> 彼从静中探讨，或从经典参解，而不知反身体会，就事证验，终属见解。（《耿天台先生文集》卷六）

耿天台同时提倡"默识"工夫与现实证验，其以前者为儒学入门工夫，以后者为成德、成圣之终极体现，由此便兼顾了儒学在心性和事功两方面的实践薪向。

另外参与讨论的关键人物还有欧阳德、聂双江。大致上讲，二者讲"效验"不同于耿天台，而是集中于心性实践的内圣面向展开。其中，欧阳德认为"中和"情态便是可见之"效验"、可见之境界。其云：

> 窃意本体、功夫、效验，诚不可混。然本体是功夫样子，效验是功夫验证。良知本戒惧不睹、恐惧不闻，无自欺而恒自慊。功夫亦须戒慎恐惧，无自欺而恒自慊。果能戒慎恐惧，无自欺而恒自慊，即是效验矣。良知本文理密察，物物各有其则，功夫亦须文理密察、物物各有其则。果能文理密察，物物各有其则即是效验矣。良知本无少偏倚乖戾，无内外、动静、先后，而浑然一体，功夫亦须无偏倚乖戾，无内外、动静、先后，而浑然一体。果能无偏倚乖戾，无内外、动静、先后，而浑然一体，即是效验矣。故不用功夫，即是不循本体；功夫不合本体，即不是本体功夫；用功不能得效，亦即是不曾用功。故用功以本体作样子，以效验作证应，而不可遂以本体效验作功夫。以本体效验作功夫，是谓知能自致也。感应变化，固皆良知之物，而不可遂以感应变化作功夫。以感应变化作功夫，是谓物本自格也。则是道能弘人，非人弘道也。（《欧阳南野文集》卷5，《答聂双江》二）

> 子思以率性修道为宗。独知，其本体也；慎独，其功夫也；中和，其效验也。慎独之功，念念无间，则良知念念精明。其未发之体无少偏倚，故谓之中；发用之节无少乖戾，故谓之和。称名虽异，其实一独知也。言良知，则中和在其中而不可遂以中和为良知。（《欧阳南野文集》卷5，《答聂

双江》二)

欧阳德有关"效验"的讲法非常详细,其云"本体是功夫样子,效验是功夫验证"意在揭出工夫所向以本体情状为鹄的,而工夫操持与否及其效果又需效验提供证明。在此意义上,"戒慎恐惧,无自欺而恒自慊""文理密察,物物各有其则""无偏倚乖戾,无内外、动静、先后,而浑然一体"都是工夫的效验。换言之,以上描述皆是工夫所达境界的描绘,此等境界皆是工夫进展的效验。欧阳德认为,工夫所至定有成果,定有效验,若无,则"不曾用功"。但是欧阳德较为警惕的是,效验(境界)毕竟是效验,不能以执守境界作为工夫,即不能以"本体效验"作工夫。因执于本体效验,工夫便落入悬荡之地。欧阳德的审慎态度促使其对待"本体""工夫""效验"三个概念有显明的边界意识。故他理解子思率性修道之举,便是以"独知"为本体,"慎独"为工夫,"中和"为效验。按这般路径,人心即有所向,工夫即有检证。人之弘道就此得以落到实处。然欧阳德的观点并没有得到聂双江的认同。后者有关该问题的反驳详见《答欧阳南野太史》。现摘引若干片段如下:

> 来云:"本体是工夫样子,效验是工夫证应。良知本戒慎不睹、恐惧不闻,无自欺而恒自慊。功夫亦须戒慎恐惧,无自欺而恒自慊。果能戒慎恐惧,无自欺而恒自慊,即是效验矣。"此可见深造之学也。反覆《中庸》之意,微有不同。《中庸》之意,似以未发之中为本体。未发之中,即不睹不闻之独,天下之大本也。戒慎恐惧,其功也,中节而和生焉。天地位,万物育,其效验也。(《聂豹集》)

参照引文,聂双江依照对《中庸》的理解,提出"未发之中为本体",戒慎恐惧为工夫,"天地位,万物育"乃效验。就此来说,聂双江实则全然站在守"寂"的立场上谈本体、工夫以及效验。按该路数,本体即"中",工夫即守"中",效验则是外向度的天地万物得"中"。聂双江以上所说实则皆关乎对"中"的认识。也是依据于此,聂双江进而以"中和"为性,为大本,主张率性而为,故并不认可欧阳德以"中和"为效验的主张。其又云:

> 又谓中和为效验。夫中者,天下之大本。大本云者,千变万化皆由此

出,而乃谓为效验,则将指何者为变化之所从出乎?……先师不云乎:"未发之中,即良知也。"今以良知为本体,慎独为工夫,中和为效验,则尧舜所执之中,谓效验之中,可乎?……率性者,尧舜性之也。盖人受天地之中以生,中即性也。修道者,汤武反之也。反身修德,而至道凝焉。(《聂豹集》卷八)

聂双江反驳欧阳德的理据在于"虞廷十六字"有"允执厥中"一语,此"中"按聂双江认为,理所应当释为"未发之中",为"良知",为"大本",应取道体义,而不可作效验、作境界理解。综合聂双江与欧阳德的讨论可见,按前者,其治学路径必然趋向"在中"之端持、守寂工夫,此等工夫便属内向度的体证本体的心性实践,然并不着意可见之效验;按后者,其心性实践则落实在工夫"效验"或者说是工夫境界的呈露层面。

据此,阳明后学关于"效验"的诠释和争论就出现了两种倾向:一者,与陆王一致,着力工夫本身,并不重视效验;二者,与陆王有别,要求可明见之效验检证工夫所达阶次。而在后一倾向中,有人从内圣视角讲出心性实践的检证方法,如欧阳德;亦有人兼顾外王论之,如耿定向。

三 结语:"效验"纷争揭出明清儒学客观检证之新诉求

在对"效验"问题的考察中,无论是晚明心学家对可明见之工夫境界、可共证之工夫的倡导,抑或清代思想家对于心学"情识而肆""虚玄而荡"弊端的批评,实则都在表达要求儒学建构客观检证之路径的需要。进一步来说,从陆象山、王阳明对"效验"一事的不多置论,到阳明后学对其讨论的集中展开,在以陆王心学为高峰的心性学发展历程中,这一迁转某种意义上也成为晚明心性学分裂的一种呈现。就此来说,我们可以重新思考明清学术发展的重要议题:心性学的裂变是如何促进了明清之际的儒学转型,或者说陆王心性学说裂变的关键表现与核心因素如何促成了新兴学术形态的新诉求。

众所周知,阳明学对佛道义理,尤其是心性思想有过很多吸收,这与先秦儒家已有鲜明区别。阳明学成形之初,其对准的批判对象主要是宋儒,因受宋儒的问题意识和哲学努力牵制过多,其着意强调的"复古"亦非回归先秦儒学,乃是与宋儒理解具有差异的儒学形态。这在经典诠释方面即可得证。另外,宋学发展到阳明学，经济的发展多少促使人的自由意志呈现偏离主流意识形态的趋势，阳明学众人大多摒弃了在士大夫官僚体制之内追求个人价值实现的道路，而是将人生实践落实在成德（己性的修炼）、成圣（对教化、事功的担当）之努力中，在此过程中将心性之教发挥到极致。这一将心性与制度相对立的做法，促使心性之教缺乏制度的呼应，这即注定以心性取胜的阳明学发展至一定阶段必然趋向分裂，除非心性思想家能够发掘出或者建构起与之相应的制度框架。然而这在他们那里是既无可能也无必要。"无可能"是谓倡导心性学之思想家没有能力、没有条件去建构与主体性相适应的制度框架；"无必要"是谓晚明心性学既倡良知自足，外在制度的约束和指导则成为无必要的存在。

明清之际至乾嘉，思想界从立足朱子学对阳明学的批判、修正，发展至在"效验"的问题上对宋明义理之学进行根本性的质疑，乃是对于心性之学的更为深刻的一种反省和重判。清初乃至乾嘉时期的思想家从对心学、理学的批判，转向对礼学、考据学的侧重，而无论是典章制度抑或考据知识都是极为明见之"效验"，由此可说对于"效验"的追求成为明清之际以来儒学发展的新趋向，这一趋向的目的主要即在破解宋明以来愈演愈烈的默识心性之弊，引导儒学重归客观性的追求，以此重拾儒家礼教传统，即对社会体制的关照面向。

就此而言，从晚明心学人士对于"效验"一事的重省与争论，到清初乃至乾嘉阶段儒者对于阳明学之弊的批评、对儒学礼教的重振，某种程度上都可以看作对儒学客观效验问题或者说真理观问题的聚焦和实践。其实，当代新儒学所谋求的新外王，即民主和科学实际上也还是知识和制度的问题，也是试图解决儒学的客观效验的问题。当代新儒家此举反过来即正揭示出以陆王学说为代表的心性之学在"效验"（知识和制度）上存在缺失，或者说已经认定知识和制度的问题乃是心性之学未能解决也无力解决的问题，所以现代新儒家才有必要再度提此议题。虽然这一议题的再次被提及，其面对的是现在西方的科学和民主，其社会环境、时代环境已然不同。

张立文先生的象山学研究

邓庆平

（江西师范大学）

张立文，浙江温州人。现为中国人民大学哲学院一级教授，当代著名的哲学史家和哲学家。张先生在中国哲学史的诸多研究领域均有深入研究，除了《中国哲学范畴发展史（天道篇）》《中国哲学范畴发展史（人道篇）》《周易思想研究》等之外，宋明理学是其研究的重要领域，出版了《朱熹思想研究》《宋明理学研究》《心学之路——陆九渊思想研究》《李退溪思想世界》《朱熹与退溪思想比较研究》等。在哲学思想方面，其提出的传统学与和合学在当前学界有重要影响。本文主要关注张先生的陆九渊研究。

一 陆九渊研究的准备

1968年、1969年牟宗三的《心体与性体》（三册）分别出版，1978年5月《象山之"心即理"》刊于《鹅湖月刊》第3卷第11期，该文后来成为1979年8月出版的《从陆象山到刘蕺山》的第一章《象山之心即理》第一节即"综述"。从时间来看，牟宗三对陆九渊的研究基本上是在梳理了两宋理学尤其是朱子学之后才开始专门讨论的。而就张立文先生的学术研究历程来看，他也是在研究完朱熹之后，才开始陆象山研究的。

关于陆九渊研究的缘起，张先生曾经自述过。1960年秋，张先生刚刚到中国人民大学哲学系哲学史教研室工作，被分配重点研究宋元明清理学。"宋明理学研究我也要选择一个点，开始我想选择一个较有影响、资料较少的哲学家作为研究下手处，于是便看中了陆九渊。"①但当时在看完陆九渊的著作和相关资料着手写作时，却时时僵住，下不了笔，感觉到困难。对于这些困难，在《走向心学之路——陆象山思想的足迹》的《前言》中张先生提到"不仅处处碰到与朱熹哲学的关系问题，而且亦有'觉其空洞无物，然亦总觉此似若不能尽其实者'之感。"②这里借用了牟宗三先生论象山思想研究困难的话，这说明张先生进行陆九渊思想研究时即阅读过牟宗三先生的著作。张先生曾于1984年11月15日拜访过牟宗三先生，请教宋明理学有关问题；1982年在美国檀香山国际朱子学讨论会上，蔡仁厚先生曾以《宋明理学》北宋篇、南宋篇两书相赠。③我们知道，蔡先生是牟宗三先生的弟子，其《宋明理学》也多是祖述其师的观点。也就是说，张先生在《走向心学之路——陆象山思想的足迹》问世前对牟宗三先生的观点有较好的了解，在前言中借用牟宗三先生的话来说明象山研究的困难，也就可以理解。

牟宗三曾经细论过为什么会有这样的感觉，他说："第一章乃象山学，乃吾酝酿好久乃决定如此着笔而写成者。乃知象山并不易着笔也。"④"象山之学并不好讲，因为他并无概念的分解，太简单故。又因为他的语言多是启发语、指点语、训诫语、遮拨语，非分解的立义故。在此情形下，讲象山学，很可能几句话即完，觉其空洞无物，然亦总觉此似不能尽其实者。吾今即相应其风格相应逐步真切地疏解其学之实义，以期学者逐渐悟入其学之实，自真实生命上与其语言相呼应，直达至其呈现之理境而首肯之，以为真是不谬也，而后止。"⑤这里所说相应其风格而相应逐步真切地疏解其学，就是以启发式点拨式的讲解，而非系统性逻辑性较强的按几大块的模式书写哲学史。牟宗三首先从象山文献中寻找那些有代表性的重要篇章，然后结合现代社会的需要逐一疏解。

而张先生之所以体认到陆九渊研究的困难则并非如此，他认为："体认到朱熹才是宋明理学的关键任务，研究两宋哲学绝避不开朱熹哲学，只有抓住这个

---

① 张立文：《学术生命与生命学术——张立文学术自述》，中国人民大学出版社2016年版，第76页。
② 张立文：《走向心学之路——陆象山思想的足迹》，中华书局1992年版，第1页。
③ 参见张立文《心学之路——陆九渊思想研究》（人民出版社2008年版）第382页的脚注①。
④ 牟宗三：《从陆象山到刘蕺山》，吉林出版集团2013年版，第4页。
⑤ 牟宗三：《从陆象山到刘蕺山》，吉林出版集团2013年版，第1页。

点,才能疏通、带动整个宋明哲学这个面,于是我毅然暂且放下陆九渊,便找了朱熹这个硬果给自己啃。"① 也就是说,朱熹涉及了两宋哲学几乎所有重要的讨论领域,是两宋哲学的关键点和集大成者,因此,对于一个宋明理学研究的入门者来说,研究朱熹更容易把握整个两宋哲学的基本问题和概念。

此后,"文化大革命"开始,正常的教学与学术研究活动受到冲击。但张先生没有间断对有关朱熹、陆九渊等宋明理学资料的研究,尤其是在1972年年底从江西的人大五七干校回到北京后,张先生随着人大解散,被分配到北师大哲学系,一直到1978年人大复校之前,"在北师大的几年,我几乎把宋明理学家的著作以及有关年谱、地方志浏览了一遍,精读了朱熹、陆九渊的有关著作,并且做了卡片"。② 正是这段时间的研读,张先生才能在文革结束之后迅速出版了几部宋明理学的专著。

《朱熹思想研究》,"作于文化大革命,修改于1979年"③,1981年9月由中国社会科学出版社出版。"她以求道为目标,故提出哲学逻辑结构论,作为具体研究朱熹思想的方法论,而不采用西方哲学史中的四大块的方法。"④ 在《朱子语类》中朱子门人就是以理为核心来理解朱子学的学术思想体系,编辑朱子语录的卷次。

《宋明理学研究》,完成于1982年秋,1985年7月由中国人民大学出版社出版。就陆九渊研究来说,该书"第六章 陆学——陆九渊的心学思想"分为四个部分:一、身世、生平活动和著作;二、"民为邦本"的社会政治思想;三、"宇宙便是吾心"的哲学思想,包括(一)"心即理"的宇宙观,(二)"切己自反"的认识路线及其道德学说,(三)朱熹与陆九渊论争的基本问题;四、陆九渊思想的历史地位和影响。⑤

在《宋明理学研究》的基础上,张先生将陆九渊研究拓展为一部专著,即《走向心学之路——陆象山思想的足迹》。该书1984年1月完成,1992年由中

---

① 张立文:《学术生命与生命学术——张立文学术自述》,中国人民大学出版社2016年版,第76—77页。
② 张立文:《学术生命与生命学术——张立文学术自述》,中国人民大学出版社2016年版,第110页。
③ 张立文:《朱熹思想研究》,中国社会科学出版社1994年版,《修订本后记》第519页。
④ 张立文:《朱熹思想研究》,中国社会科学出版社1994年版,《修订本后记》第519页。
⑤ 后来《宋明理学研究》的修订本中此部分主体内容没有太大变化,标题中"陆学"改成了"象山学",第二个部分的标题改成了"社会改革思想",第三部分中小标题的"宇宙论""认识路线及其道德学说"的字直接去掉了,三个小标题改成了"心即理"说、"切己自反"论、朱熹与陆九渊的论争。

华书局出版,共 31.1 万字。其修订本在 2008 年以《心学之路——陆九渊思想研究》为名在人民出版社出版,共 34 万字。张先生曾自述"《走向心学之路——陆象山思想的足迹》可以说是《朱熹思想研究》的姐妹篇"[①]。

自此,中华人民共和国成立以后,最早由个人撰写的朱熹思想研究、宋明理学研究和陆九渊思想研究的专著[②],都是张立文先生完成的。与此同时,张先生还对韩国性理学有所关注,出版了《李退溪思想世界》《朱熹与退溪思想比较研究》等,这些专著使得张先生成为当代宋明理学研究当中最具代表性的学者之一。就《走向心学之路——陆象山思想的足迹》来说,该书"迄今为止,是笔者认为对陆九渊研究相对较为全面的一本书"[③]。因此,如果要梳理当代陆九渊研究史的话,就不能回避该书。

二 以哲学思想为重心的思想研究

该书对陆九渊思想的阐释以哲学思想为重心,但不限于哲学思想。该书分为十二章,第一章从宋明理学的发端和二程思想的区别入手,追溯象山心学的学术渊源,认为象山心学应该是继承程颢的思想立场;第二章则对陆九渊的家世、生平和著作作一介绍。此后十章即进入陆九渊思想研究;第三章是社会政治思想;第四章为哲学的逻辑结构;第五章讲一二、动静学说,应该属于辩证法思想;第六章为格致、知行学说,是认识论和实践观;第七章为陆九渊与朱熹思想异同之辨;第八章是性和人的学说,为人性论;第九章是"义利""理欲""仁诚"的学说,为人生论;第十章是"直立""道势"和"三代"理想论,是为历史观;第十一章是"明理""知道"的教育思想;第十二章是陆九渊哲学精神和影响。就陆九渊思想来说,张先生关注的是社会政治思想、哲学的逻辑结构、辩证法、认

---

① 张立文:《走向心学之路——陆象山思想的足迹》,中华书局 1992 年版,《前言》第 1 页。
② 崔大华先生 1982 年完成《南宋陆学研究》,1984 年由中国社会科学出版社出版,全书 14.6 万字,但该书将陆九渊及其弟子作为一个学派来研究,其中有关陆九渊思想的部分仅一章,不能算作为陆九渊思想研究的专著。李之鉴先生 1985 年 9 月在河南人民出版社出版《陆九渊哲学思想研究》,该书专注于哲学思想,对陆九渊其他思想基本没有涉及,具有较强的时代痕迹,在当时具有一定的影响。但从《走向心学之路——陆象山思想的足迹》的《前言》中可以看出,1984 年 1 月,张立文先生的陆九渊思想研究也已经完成,而且,在该书《后记》中张先生提道"鉴于解放后 35 年来,还没有一部系统研究陆九渊思想的专著,在前辈和好友的支持和鼓励下,也出于自己职业责任心的驱使,我贸然地去做了。"
③ 孙华:《本心与善政——陆九渊政治思想研究》,博士学位论文吉林大学,2010 年。

识论和实践观、人性论、修养论、历史观和教育思想等内容，以及陆九渊与朱熹思想的比较。这一章节次第的安排与《朱熹思想研究》的章节基本一致。最后对陆九渊思想的特点做了总结。可以说，张先生的陆九渊思想研究是最为全面和系统的，此后国内陆九渊研究领域的主要生长点基本都涵盖在该书的讨论范围当中。

尤其值得注意的是，张先生及时与当时港台学者如牟宗三、蔡仁厚等的象山研究展开对话。如牟宗三先生认为陆九渊为孔孟道统的正宗，朱熹不得为正宗，而是继别为宗。这里涉及对朱陆思想的评价问题，张先生认为："对于此种意见，是可以讨论的。其分歧点，不在于谁是正宗、谁是继别为宗的问题，是因为这个问题自宋末至清已争了七百年，说的话够多了。本书第七章亦简要探讨了这个问题。其实质是如何认识中国后期宗法社会居统治地位的思想和意识形态问题，由于对此问题的不同价值评价，而产生对朱陆在'道统'中地位的不同价值估量。"[①] 对于牟先生的"本体论的直贯与认识论的横列"、蔡先生的"朱熹并不真能集北宋理学之大成（他只继承伊川一人）"等说法，张先生逐一论证，提出不同观点，认为："就朱陆而言，朱熹的思想较倾向于外王，陆九渊较倾向于内圣……朱陆可同称为宋明理学中主流派的正统派。"[②]

三 以概念辨析为核心的逻辑结构论

如任继愈评价张先生《朱熹思想研究》时所说的"这部著作对于多年来重观点不重视史料的空疏学风有所矫正"[③]，张先生在象山研究当中同样坚持了这一立场。纵观全书，他对陆九渊及其相关材料的掌握非常全面且细致深入，全书任何观点的提出都建立在充分占有相关原始材料的基础之上。这是张先生的陆九渊研究成果能够迅速得到学界认可的重要原因。

更为重要的是，在对材料的解读方面，张先生一开始就有意识地突破流行的解读模式，即"以西释中"和"以马释中"的解读模式，力图建立自己的解读方法。"在文革之后进行科研，深感既不能按'儒法斗争''评法批儒'的这两条斗争路线讲中国哲学史，也不能按文化大革命苏联斯大林《联共（布）党史》四章

---

① 张立文：《心学之路——陆九渊思想研究》，人民出版社2008年版，第383页。
② 张立文：《心学之路——陆九渊思想研究》，人民出版社2008年版，第392页。
③ 张立文：《朱熹思想研究》，中国社会科学出版社1994年版，《序》第3页。

二节两个对子讲中国哲学史,也不能按日丹诺夫《在关于亚历山大洛夫著'西欧哲学史'一书讨论会上的发言》中所说的'哲学史就是唯物主义与唯心主义斗争的历史'讲中国哲学史,而应走中国哲学自己的路。"①后来在陆九渊思想研究的修订过程中,他尽可能去除马克思主义哲学的相应标签,回归中国哲学自身的概念体系与论说逻辑。这与"文革"结束后近四十多年来中国哲学研究模式逐渐发生改变相关,从过去受制于马克思主义哲学的模式逐步走向以中国为主体、包容他者的独立研究模式。这些修改看上去每个都是小问题,但就真正全面修改则也要费力不少。这些修改也体现出张先生与时俱进的异常严谨的研究品格。

张先生进行中国哲学研究时具有强烈的方法论自觉。在张先生看来:"研究哲学史是为了锻炼和发展理论思维能力。……《朱熹思想研究》试着总结理论思维的经验和教训,以图有益于这种锻炼,有助于树立和掌握正确的世界观和方法论。"②他在从事朱熹思想研究过程中提出哲学逻辑结构论,在1979年10月14—19日于太原召开的第一次中国哲学史讨论会上,他提交的论文就是《关于哲学史方法论的几个问题——从朱熹思想评价问题谈起》,认为:"逻辑结构论的方法是从中国哲学实际出发,适合中国哲学的方法论。"③这种方法通过对哲学概念、范畴进行准确界定并揭示出概念、范畴间逻辑联系的方式来重构所研究的哲学思想体系。后来张先生专门写作了《中国哲学范畴发展史》和《中国哲学逻辑结构论》。这一方法同样运到了陆九渊思想研究当中。

在《心学之路——陆九渊思想研究》"前言"中张先生明确指出:"所谓哲学逻辑结构,简言之就是在一定社会经济、政治、思维结构条件下,诸哲学范畴之间的逻辑联系或结合方式。作为理论思维的哲学,是通过一系列由概念、范畴组成的哲学命题来表现的。一个哲学思潮或一个哲学家的哲学体系是由诸概念、范畴构成的。……这就是说,一部哲学发展的历史,就其内容来说,可谓哲学范畴发展史。"④"只有在分析诸范畴间逻辑联系的基础上,其所构筑的逻辑结构的区别,才是各个哲学体系之所以区别的根本特点。"⑤而且张先生认为:"陆九渊哲学丰富了中国传统哲学的范畴、概念。……这一对对、一个个范畴,是构筑陆九

---

① 张立文:《学术生命与生命学术——张立文学术自述》,中国人民大学出版社2016年版,第121页。
② 张立文:《朱熹思想研究》,中国社会科学出版社1994年版,《前言》第2页。
③ 张立文:《学术生命与生命学术——张立文学术自述》,中国人民大学出版社2016年版,第125页。
④ 张立文:《心学之路——陆九渊思想研究》,人民出版社2008年版,《前言》第2页。
⑤ 张立文:《心学之路——陆九渊思想研究》,人民出版社2008年版,《前言》第2页。

渊哲学逻辑结构的网上的一个个'纽结',分析这一系列'纽结'之间内在的逻辑联系或结合方式,才能编织成陆九渊'心学'哲学逻辑结构系统。"①

另外,张先生对陆九渊哲学核心概念的认定也是基于逻辑结构。"在解剖哲学家一系列概念、范畴的含义(规定性)中,揭示诸多范畴作为一个'纽结'在整体逻辑结构即'网'中的各自地位和作用。于是,便发现'心'这个范畴在陆九渊哲学逻辑结构中居于核心位置,由'心'而展开其范畴体系。抓住'心'这个范畴,就能纲举目张;其哲学性质,亦可一目了然。然而,确定一个哲学系统的核心范畴,也只有从范畴的联系中以及时代的联系中,才能求得。"②

张先生将陆九渊哲学逻辑结构的理性思辨方法纳入整个理学思辨的特点中来考察,他指出:

> 理性本体在自身中把自己和自己区分开来、对置起来,则演化为自然界或社会;理性本体自己跟自己的结合,便是由自然界或社会返回本体。在这里,朱熹强调了本体的安置,把理作为客观精神的本体,而倾向于唯理论;陆九渊则强调了本体与主体的结合,即本体自己跟自己的统一,这时,本体不仅把世界归结为自我意识,而且把自我意识看做与本体结合的主体,主体就是本体,这就是朱陆构筑其哲学逻辑结构的理性思辨方法的双重焦点。③

在这里,张先生使用了唯理论、客观精神、本体即主体等概念与命题,这里具有较清晰的近代西方哲学,尤其是黑格尔哲学的色彩。理性本体在自身中把自己和自己区分开来与黑格尔绝对精神异化为自然界和社会是类似的,而理性本体自己跟自己的结合与黑格尔所讲绝对精神在精神领域逐渐回到自身的过程是类似的。但西方哲学中的唯理论主要是就相对于经验论的认识论而言,而张先生这里的唯理论应该是就本体论来讲。而且,这里所讲的逻辑结构也主要是基于本体论的角度而言,这里的本体论还是宇宙本体的意义,而对于宋明理学的心性本体意义关注不多。

基于上述立场,张先生认为,朱熹哲学的逻辑结构为"理"("太极""道")"气"("阴阳")"物"("器")"理"("太极""道"),而陆九渊哲学的逻辑结构

---

① 张立文:《心学之路——陆九渊思想研究》,人民出版社2008年版,《前言》第3页。
② 张立文:《心学之路——陆九渊思想研究》,人民出版社2008年版,《前言》第3页。
③ 张立文:《心学之路——陆九渊思想研究》,人民出版社2008年版,第84页。

是从"心"经"物"到"心"。于此，朱陆哲学的各自特点以及异同均可自此来理解。

张先生对陆九渊思想的具体解读就是围绕基本概念展开的，他认为"陆九渊哲学丰富了中国传统哲学的范畴、概念"，他对于陆九渊哲学涉及的基本概念均有细致分析，并就这些概念间的关系进行一一阐述，这些概念包括成对的范畴，如：心与理、心与物、一与二、动与静、格物与致知、知与行、存养与剥落、易简与支离、尊德性与道问学、无极与太极、道与器、善与恶、气禀与渐习、天与人、义与利、理与欲、道心与人心、道与势等；也包括心、理、道、物、一、二、动、静、变化、日新、三极、格物、致知、性、天理、人欲、义、利、志、仁、诚、中、势、道心、人心等基本概念。[①]张立文先生研究陆九渊思想的主要任务就是辨析陆九渊对于这些概念的界定。例如他认为陆九渊的"心"有四方面的规定性，是具有意识活动的主体精神、具有伦理道德属性的主体意志、先天完满自足的主体意志、无声无形超个体感觉的精神实体，而且陆九渊有时自觉不自觉地把心客体化，因此，"心是陆九渊哲学逻辑结构的出发点，但在其构筑'心学'逻辑结构时，并没有完全、彻底克服朱熹的理的客观实体性，这便给他的哲学带来混乱和矛盾"[②]。陆九渊没有简单否定"理"，他所理解的"理"有六方面的含义，但是，"'理'在陆九渊哲学逻辑结构中，可说是一个不和谐的怪物。它表现了陆九渊既要建立一个与理学相抗衡的心学哲学体系，而又没办法完全把'理'消化在自己体系中的尴尬，显得晦涩和生硬"[③]。对于"心即理"，张先生认为该命题有两层含义：其一，心与理并非相等同的范畴，而是心包理，心外无理；其二，从主体意识的角度来说是心体，理是心的体现、表现与功能，是用。[④]

四　陆九渊思想的长处

张先生认为，"'理学'从本质上说，是一种理性思维，是哲学的理论思维形态"[⑤]，研究理学的目的在于锻炼理论思维能力的。因此，他在《心学之路——陆

[①] 参考张立文《心学之路——陆九渊思想研究》，人民出版社2008年版，《前言》第2—3页。
[②] 张立文：《心学之路——陆九渊思想研究》，人民出版社2008年版，第93页。
[③] 张立文：《心学之路——陆九渊思想研究》，人民出版社2008年版，第94页。
[④] 参考张立文《心学之路——陆九渊思想研究》，人民出版社2008年版，第107—111页。
[⑤] 张立文：《宋明理学研究》，人民出版社2002年版，第620页。

九渊思想研究》中，对陆九渊思想价值的表彰就体现在陆九渊思想对理论思维的启迪上。他认为："陆九渊的思辨哲学发展了人类认知的主体能动性方面，为人类的理论思维提供了经验；但却是'宇宙便是吾心'的扩张了，这便是其思维教训。在发展主体能动性方面，是陆九渊哲学的长处。"① 这一观点为后来的陆九渊研究者普遍接受。

二十多年以后，张先生特别注意揭发陆九渊思想的现代价值和意义。张立文先生参加2004年3月26—31日召开的陆九渊逝世811周年纪念大会暨第一次陆学国际研讨会，提交论文《陆九渊的人学伦理学》（收入该会议论文集《走向世界的陆象山心学》（张立文、福田殖主编，人民出版社2008年版），后来该文直接作为张先生的《心学之路——陆九渊思想研究》（人民出版社2008年版）修订本的序。文中张先生具体从三个方面对陆九渊人学思想进行了系统分析，即天地人之才等耳、堂堂地做个人、理欲和道心人心之辨。他明确指出："陆九渊的人学伦理学，对化解和治疗当今人类所面临的人与自然、人与社会、人与人、人的心灵、文明之间的冲突和弊病仍有着启示作用和现实意义。"②

经过百余年的现代学术研究积累，当前的中国哲学研究必须建立在认真总结和继承前人研究成果的基础之上。新中国成立七十年来，尤其是近四十年来，朱子学和阳明学的研究是宋明理学研究的重要领域，成果颇丰，而相比之下，与朱熹和阳明有密切关联的象山心学研究研究成果不多。这一方面是因为象山的材料不多，另一方面是由于象山不重著述的为学特点。张立文先生的陆九渊研究是新中国成立以来七十年国内陆九渊研究的代表性专著，在当前陆九渊研究领域具有重要影响，是"研究陆九渊不可逾越的参考书之一"③，他对陆九渊思想诸多概念范畴全面且深入的解读仍值得我们重视。

---

① 张立文：《心学之路——陆九渊思想研究》，人民出版社2008年版，第126页。
② 张立文：《心学之路——陆九渊思想研究》"修订本序"，人民出版社2008年版，第13页。
③ 俞跃：《直觉与工夫：陆九渊哲学诠释》，博士学位论文华东师范大学，2018年，第4页。

由"真我"到"良知"

——牟宗三关于"良知"本体的建构

程志华

（河北大学哲学系）

作为熊十力的亲炙弟子，牟宗三对熊十力的心性儒学评价颇高。他说："先生（指熊十力——引者）文化意识之强，族类意识之深，盖鲜有伦比。彼以其丰富之思想，精熟之义理，宏大之悲愿，直将生命贯注于古往今来，而孔孟之教，宋明之学，亦正因之而苏甦活转于今日。"① 熊十力以心本体为基础的理论建构，不仅使他"继往圣"，传承了孔孟之教和宋明之学，而且"开来学"，使得整个儒学"苏甦活转"，有了新的生机。受乃师的影响，牟宗三亦建立起自己的本体论。不过，牟宗三的本体论并非对熊十力本体论之机械地"照着讲"，而是有自己辩证的观解以"接着讲"。他说："熊先生之辨解，由于其所处之时之限制，不必能尽谛当，然要而言之，彼自有其真也。吾兹所述者，亦只承之而前进云耳。"② 在继承熊十力思想的基础上，牟宗三建构起一个完整而严密的"道德形上学"体系，而这一体系的基础和核心便是其"良知"本体论。

一

牟宗三对于本体的建构是从讨论海德格尔（Martin Heidegger，1889—1976

---

* 本文曾发表于《江淮论坛》2010年第6期。
① 牟宗三：《生命的学问》，广西师范大学出版社2005年版，第92页。
② 牟宗三：《圆善论·序言》，载《牟宗三先生全集》，台北：联经出版事业股份有限公司2003年版，第18页。

年）的"基本存有论"开始的。"基本存有论"这一概念来源于海德格尔，是指作为基础的、核心的"存有论"，故它可"为形上学之奠基"[1]。然而，牟宗三认为海德格尔的"基本存有论"根本不可能建立起来，因为它存在着四个方面的缺陷：其一，方法"不通透"。海德格尔继承了胡塞尔（Edmund Husserl, 1859—1938年）的现象学方法，但现象学方法并不规定哲学研究的对象"是什么"。所以，虽然海德格尔"存在"的进路是恰当的，但由于他在方法方面的"不通透"，故他不能建立起"基本存有论"。其二，海德格尔犯了"形上学误置之错误（the fallacy of misplaced metaphysics）"[2]。海德格尔没有遵从康德的"超越的形而上学"宗旨，却把形而上学建立在人的内在领域中，建立在"此在"的存有论的分析基础上。因此，如果视海德格尔的"基本存有论"为形上学，也只能是"内在的形上学"或"经验的形上学"，而不是"超越的形上学"。其三，海德格尔无法通过"时间"概念来了解存在，进而建立起其"基本存有论"。海德格尔借用"时间"来表示人在现实存在上表现其真实的人生有发展奋斗的过程[3]，这有其合理之一面。但由于他割断了人生的时间性与超越的实体或理境的联系，因而其"基本存有论"并不能由此建立。其四，海德格尔把人的存在看作有限的。牟宗三认为，虽然人的感性与知性是有限的，"但通过一超越的无限性的实体或理境之肯定，则人可取得一无限性，因而亦可以是创造的"[4]。

那么，何以"通过一超越的无限性的实体或理境之肯定"，人可取得一"无限性"呢？这实际上涉及中西哲学在"超越"问题上的差别，而这种差别表明，在中国哲学，人的"无限性"和"创造性"是不成问题的。牟宗三认为，西方哲学所谓的"超越"是一神论，而且这一神论是"二元论"。然而，中国哲学之"超越"却非独立于自然界之外，它也不是一神论。牟宗三主张用"作用"作为中介概念而不是"动因"概念来描述"超越"。因此，他认为，在中国哲学，"超越"存在于人类世界。而且，这种超越性表现为"心"的不断地、积极地创造新

---

[1] 牟宗三:《智的直觉与中国哲学》，载《牟宗三先生全集》，台北：联经出版事业股份有限公司2003年版，第451页。

[2] 牟宗三:《智的直觉与中国哲学》，载《牟宗三先生全集》，台北：联经出版事业股份有限公司2003年版，第458—459页。

[3] 牟宗三:《智的直觉与中国哲学》，载《牟宗三先生全集》，台北：联经出版事业股份有限公司2003年版，第455页。

[4] 牟宗三:《智的直觉与中国哲学》，载《牟宗三先生全集》，台北：联经出版事业股份有限公司2003年版，第472页。

的价值，而不是简单地重复和实现一神论给人类规定的东西。因此，人的本体和品格是一个不断展开的、创造的过程，它促进了变化，也受这种变化的影响。这里，牟宗三是将天道、天命与人的创造性规定为"创生不已之真几"，或不受限制的"创造性本身"。很显然，人在现实上虽是有限的存在，但由于具有此"创造性"，故可得一"无限性"。牟宗三说：

> 西方人性论中所谓人性 Human nature，nature 之首字母 n 字小写，其实它就是自然的意思，而且恒有超自然（Super nature）与之相对。此超自然始有超越的意味，它属于神性而不属于自然世界（Natural world）。西方哲学通过"实体"（Entity）的观念来了解"人格神"（Personal God），中国则是通过"作用"（Function）的观念来了解天道，这是东西方了解超越存在的不同路径。……（在中国哲学）反观天道、天命本身，它的人格神意味亦已随上述的转化而转为"创生不已之真几"，这是从宇宙论而立论。此后儒家喜言天道的"生生不息"（《易·系》语），便是不取天道的人格神意义，而取了"创生不已之真几"一义。如此，天命、天道可以说是"创造性的本身"（Creativity itself）。然而，"创造性的本身"在西方只有宗教上的神或上帝才是。①

虽然牟宗三批评了海德格尔的"基本存有论"，但牟宗三并不否定"基本存有论"本身，而只是不赞成海德格尔建立"基本存有论"的理路。牟宗三认为，要解决海德格尔的问题，必须依从于中国哲学的资源和智慧，才能建立起真正的"基本存有论"。他说："我由康德的批判工作接上中国哲学，并开出建立'基本存有论'之门，并藉此衡定海德格建立存有论之路之不通透以及其对于形上学层面之误置。"② 牟宗三认为，依着中国哲学的资源和智慧，"基本存有论"必然从"本心""道心"或"真常心"处建立。他说："北宋前三家（指周敦颐、张载、程颢——引者）所体悟之道体、性体，以至仁体、心体，皆（1）静态地为本体论的实有，（2）动态地为宇宙论的生化之理，（3）同时亦即道德创造之创造实体。所以既是理，亦是心，亦是神，乃'即存有即活动'者

---

① 牟宗三：《中国哲学的特质》，上海古籍出版社 2007 年版，第 21—22 页。
② 牟宗三：《智的直觉与中国哲学》，载《牟宗三先生全集》，台北：联经出版事业股份有限公司 2003 年版，第 6 页。

（活动，就是能引发气之生生、有创生性而言）。"① 这些内容是中国哲学独具而西方哲学所不具者。顺此理路，牟宗三提出了其"基本存有论"的基本框架：本心、道心、真常心是"体"，实践而证现这实有体是"用"，成圣、成真人、成佛以取得实有性是"果"。这一基本框架大致可以"体""用""果"三个概念来反映。他说：

> "基本的存有论（fundamental ontology）"就只能从本心、道心、或真常心处建立。本心、道心、或真常心是"实有体"；实践而证现这实有体是"实有用（本实有体起用）"；成圣、成真人、成佛以取得实有性即无限性，这便是"实有果"（本实有体起实践用而成的果）。体、用、果便是"基本存有论"底全部内容。②

二

可见，牟宗三"基本存有论"之核心是作为"实有体"之"本心""道心"或"真常心"。而就哲学的意义来看，无论是"本心""道心"，还是"真常心"，它们都是"我"之"面相"。因此，牟宗三之"基本存有论"实际上是以"我"为核心的。在这样一种逻辑下，牟宗三讨论了"我"的内涵及其层次结构。不过，他对"我"的讨论是从对康德"我"的澄清开始的。在康德，"我"有三重内涵："统觉我""感应我"和"内感我"。所谓"统觉我"指由"统觉的综合统一"所意识到的"我"。"统觉的综合统一"是一切客观性的最高条件，凡是不能统摄在这种统一性之下的东西都不能成为知识的对象。因此，"统觉我"又叫"先验的统觉""客观的统一"或"自我之意识"。所谓"感应我"是指"我自体""真正的自我之知识""对象之玄学的规定"，它所追问的问题是："这个正在进行认识的主体怎么从他的内在'范围'出来并进入'一个不同的外在的'范围，认识究竟怎么能有一个对象，必须怎样来设想这个对象才能使主体最终认

---

① 蔡仁厚：《牟宗三先生学思年谱》，载《牟宗三先生全集》，台北：联经出版事业股份有限公司2003年版，第33页。
② 牟宗三：《智的直觉与中国哲学》，载《牟宗三先生全集》，台北：联经出版事业股份有限公司2003年版，第448—449页。

识这个对象而且不必冒跃入另一个范围之险?……认识究竟如何从这个'内在范围''出去',如何获得'超越'?"①而"内感我"是"通过感触的内部直觉所觉的心象,如果这些心象贯穿起来亦可以成一个'我',则此我便是一个构造的我(此与认知主体之为架构的我不同),或组合的我"②。"内感我"也称"经验的统觉"和"主观的统一"。概而言之,"统觉我"是"认知主体",是"认知我";"感应我"是"创造性",是"物自身的我";"内感我"是"心理学意义上的我",是"现象我"。

在康德,"认知我""现象我"与"物自身的我"三者之间既有区别又有联系:"认知我"只是一种单纯的"思维",而非"直觉";"现象我"虽是一种"直觉",但它只可以认识现象,而不可能认识本体;"物自身的我"是真正的"自我之知识"和"对象之形而上学的规定"。不过,虽然这三者之间有如此原则性不同,但它们之间却是"一体不分"或"原始互属"之关系。具体言之,"认知我""现象我"和"物自身的我"三者只是同一个"我"对应不同的对象作用而有不同罢了。或者说,"三我"只是同一个"我"之不同的"面相"而已。对此,牟宗三解释说:"依此,我有三个面相,由统觉所表示的(所意识到的)是单纯的我在;依感触直觉,则为现象;依智的直觉,则为物自身。固只是这同一个我也。"③也就是说,康德"由统觉所意识到的'自我'就只是这一个我,而且亦客观地意许其为一真体的我,以感触的直觉知之它是现象,以智的直觉知之,它就是作为物自身的真体,真我"④。康德自己也解释道:

> 在"普泛所谓表象之杂多"之先验的综合中,以及在统觉之本源的综合统一中,我意识我自身既非所显现于我自身之相,亦非我自体,而仅为"我在"之一事。此种"我在"之表象,乃思维而非直观。欲知我之自身,则在"使一切可能的直观之杂多,统摄于统觉统一下"之思维活动以外,尚须杂多所由以授与吾人之一定直观形相;是以我之存在虽确非现象(更非幻

---

① [德]海德格尔:《存在与时间》,陈嘉映、王庆节译,生活·读书·新知三联书店1987年版,第75页。
② 牟宗三:《智的直觉与中国哲学》,载《牟宗三先生全集》,台北:联经出版事业股份有限公司2003年版,第324页。
③ 牟宗三:《智的直觉与中国哲学》,载《牟宗三先生全集》台北:联经出版事业股份有限公司2003年版,第210页。
④ 牟宗三:《智的直觉与中国哲学》,载《牟宗三先生全集》,台北:联经出版事业股份有限公司2003年版,第210页。

相），而我之存在之规定，则须与内感之方式一致，即依据我所联结之杂多由以在内的直观中授与我之特殊形相，始能发生。①

对于康德的上述思想，牟宗三进行了讨论。他认为，康德将"这三者只是同一个我对应表象之之路不同而有的三个不同样相"②，这并不恰当，它"显然含混笼统，泯灭了许多分际"③。他说："康德则只就'我思'之我（统觉底我）这一个我说三层意义：一、只是单纯的'我在'；二、作为现于我而知之；三、作为'在其自身'而知之。这便成了三我之混漫，即，将三层不同意义的我混漫而为同一个我之三层意义。"④"这样就无异于表示：只是一个我（只我思之我这同一个我），只因接近之之路不同而有三种不同的面相（至少有这意味）。吾人以为如果如此，这未免于混漫，有许多未安处。"⑤ 牟宗三不赞同康德以"认知我"为基础来将"我"分为三层意义。他主张，康德作为"我"之不同"面相"的"三我"实际上是分别的"三个我"。他说：

"我思"之我之同一性，在杂多之流变中"常住而不变"（abiding and unchanging），这并不表示"我"这主体即是一本体之同一性。前者只是形式我之自同性，其常住而不变只是其形式的有（formal being）之自持，亦如现象在时间中流变而时间自身常住而不变；后者则意许其为一本体或实体之自同性，此是实体之真实的有（real being）之自同性……但一说到实体之真实的有之自同或常则必须有直觉。如果是感触的直觉，则常住不变是"本体"一范畴之所决定，这是基于感触直觉上的先验综和判断，这还是关于现象的"常"。如果相应真体之在其自己说，即与真体相应如如而知之，则须有智的直觉以证之，此则不须有综和。在此……亦可分别地立为三个

---

① ［德］康德：《纯粹理性批判》，蓝公武译，商务印书馆1960年版，第114页。
② 牟宗三：《智的直觉与中国哲学》，载《牟宗三先生全集》，台北：联经出版事业股份有限公司2003年版，第211页。
③ 牟宗三：《现象与物自身》，载《牟宗三先生全集》，台北：联经出版事业股份有限公司2003年版，第164页。
④ 牟宗三：《智的直觉与中国哲学》，载《牟宗三先生全集》，台北：联经出版事业股份有限公司2003年版，第216—217页。
⑤ 牟宗三：《智的直觉与中国哲学》，载《牟宗三先生全集》，台北：联经出版事业股份有限公司2003年版，第221页。

我，而不是同一个我之三而不同的意义。①

显然，牟宗三的意思是要把康德以"认知我"为基础的不同"面相"之"我"进一步"拉开"，使之成为作为"异层的异物"的"三个我"。他说："我们的意思是想把它拉开，叫它成为异层的异物，而分别地观之。这样，对于'我'底不同理境当可有更清楚的了解，而其意义与作用底重大亦可有充分的表示。这是经过康德的批判工作，推进一步说。"②牟宗三认为，"物自身的我"是知体明觉之"真我"，由"智的直觉"以应之，它"可以是本心仁体，性体，良知，乃至自由意志；亦可以是心斋，灵府；亦可以是如来藏自清净心"。③"心理学意义的我"是"现象我"，由"感性直觉"以应之，它是"通过感触的内部直觉所觉的心象，如果这些心象贯穿起来亦可以成一个'我'，则此我便是一个构造的我（此与认知主体之为架构的我不同），或组合的我。……由'本体'一范畴来决定成一个现象的我，此即是作为知识对象的我"④。"统觉我"是"认知我"，是"'我思'之我，或统觉之我，只是一形式的我，逻辑的我，或架构的我，它根本不表示是一形而上的单纯本体，它是一认知的主体"⑤，"自己无内容，只是一平板，故单纯、自同而定常"⑥。它处于"现象我"与"物自身的我"之间，是一"形式的有"，由"形式直觉"以应之。⑦这样，在牟宗三，康德的"我"之不可分的三个

---

① 牟宗三：《智的直觉与中国哲学》，载《牟宗三先生全集》，台北：联经出版事业股份有限公司2003年版，第218页。
② 牟宗三：《智的直觉与中国哲学》，载《牟宗三先生全集》，台北：联经出版事业股份有限公司2003年版，第211页。
③ 牟宗三：《智的直觉与中国哲学》，载《牟宗三先生全集》，台北：联经出版事业股份有限公司2003年版，第235—236页。
④ 牟宗三：《智的直觉与中国哲学》，载《牟宗三先生全集》，台北：联经出版事业股份有限公司2003年版，第234页。
⑤ 牟宗三：《智的直觉与中国哲学》，载《牟宗三先生全集》，台北：联经出版事业股份有限公司2003年版，第232页。
⑥ 牟宗三：《现象与物自身》，载《牟宗三先生全集》，台北：联经出版事业股份有限公司2003年版，第172页。
⑦ 按牟宗三的理解，所谓"直觉"即不是"概念的"和"辨解的"。对此，关于"形式直觉"之含义，牟宗三认为："广之，逻辑形式、认知我，凡为一'形式的有'者，皆可以'形式直觉'说之。……知性拿这种存有论的形式概念来综和现象，我们说它的思考是辨解的、概念的。但它之提供这些形式概念既是自发地，这便不是概念地、辨解地，而是直觉地。故吾人得以'形式的直觉'说明其起源。否则这'自发的提供'成泛说，无落实处。"见牟宗三《现象与物自身》，载《牟宗三先生全集》，台北：联经出版事业股份有限公司2003年版，第170页。

面相就成了三个"我":"第一,'我思'之我(认知主体);第二,感触直觉所觉范畴所决定的现象的假我;第三,智的直觉所相应的超绝的真我。"① 牟宗三还说:

> 关于我,我们有三层意义:一、统觉底我;二、作为单纯实体的我;三、感触直觉所觉的我(现象的我)而为"本体"一范畴所厘定者,此则只是一个组构的假我。此三层各有不同的意义,当分别说为三种我:一、统觉底我是逻辑的我,是认知主体;二、作为单纯实体的我是超绝的真我,此唯智的直觉相应;三、组构的假我乃是真我之经由感触直觉之所觉而为认知我所设立之范畴所控制而厘定的一个心理学意义的我。②

牟宗三认为:"真我可以如康德所说,以现象与物自身视。以现象视,它就是感触直觉底对象(经验对象)。但感触的内部直觉实觉不到它,所觉的只是它的逐境而迁(康德所谓心之自我感动)所现的心象(心理情态),而不是它自己。如果要如其为一真我而觉之,那觉必不是感触的直觉,而是智的直觉,此即是物自身的我。"③ 然而,尽管"真我"既可以通过"感性直觉"视之而为"现象",亦可以通过"智的直觉"视之而为"物自身",但它们实际上是"二层的我":一层是"物自身的我"的"真我层",另一层是"现象我"的"假我层";而且,这两层完全是拉开的"异层的异质物"。除此两层的区分之外,在牟宗三,"真我"与"认知我"由于其差别,其实也是两层之"异质物"。他说:"我们很可以说统觉底我(作为思想主体的我)与单纯的主体之为我根本不同,而且很可以拉成为两层的异物。"④ "由思维主体到形而上的真我乃是一跃进的遥指,由真我到此思维主体亦有一转折的距离。此两者是异层的异质物。"⑤ 他还说:"吾人由'我思'或'统觉'来意识到一个我,这个我很可能就是思或统觉之自身,思维主体

---

① 牟宗三:《智的直觉与中国哲学》,载《牟宗三先生全集》,台北:联经出版事业股份有限公司2003年版,第220页。
② 牟宗三:《智的直觉与中国哲学》,载《牟宗三先生全集》,台北:联经出版事业股份有限公司2003年版,第216页。
③ 牟宗三:《智的直觉与中国哲学》,载《牟宗三先生全集》,台北:联经出版事业股份有限公司2003年版,第233—234页。
④ 牟宗三:《智的直觉与中国哲学》,载《牟宗三先生全集》,台北:联经出版事业股份有限公司2003年版,第216页。
⑤ 牟宗三:《智的直觉与中国哲学》,载《牟宗三先生全集》,台北:联经出版事业股份有限公司2003年版,第232页。

自身就是我，那些分析辞语所表示的逻辑解释就可以表示此意；但亦可由'我思'或'统觉'而越进地意识到一个'超绝的真我'以为思维主体这个我之底据或支持者，这样，便成为两层的两个我。"①不过，这两个"二层"的划分是不同的：前一个两层是在"存在"的意义上划分的，而后一个两层是在"主体"的意义划分的。牟宗三说：

> 主体方面有此因曲折而成之两层，则存在方面亦因而有现象与物自体之分别。对逻辑的我言为现象、为对象；对本心仁体之真我言，为物自体、为自在相。②

三

这样，通过这两个"两层"的"拉开"，牟宗三以二分的形式确立了"物自身的我""现象我"与"认知我"三个"我"。不过，在这两个"两层"当中，"认知我"显得很微妙，因为它既不是"物自身的我"之"真我层"，也不是"现象我"之"假我层"。牟宗三说："如果有此两层，则思或统觉自身以为我，这个我便只是形式的我，逻辑的我，由设施范畴以及先验综和而成的一个架构的我，这就是认知主体之自身。这个我既不能以现象视，亦不能以物自身视，因而既不可以感触直觉遇，亦不可以智的直觉遇。"③那么，这样一个"认知我"由何而来呢？牟宗三认为，"认知我"是由"物自身的我"即"真我"为了成就经验知识、经过"自我坎陷"而成的。他说："认知我""是横列的，非创造的，正是人的成就经验知识的知性之所以为有限者……必预设主客之对立，且由其主动地施设范畴网以及对象化之活动而见，此认知主体之所以为架构的。我们如果通着真我来说，此正是真我之一曲折（自我坎陷），由此曲折而拧成这么一个架构的我（认

---

① 牟宗三：《智的直觉与中国哲学》，载《牟宗三先生全集》，台北：联经出版事业股份有限公司2003年版，第221页。
② 牟宗三：《智的直觉与中国哲学》，载《牟宗三先生全集》，台北：联经出版事业股份有限公司2003年版，第259页。
③ 牟宗三：《智的直觉与中国哲学》，载《牟宗三先生全集》，台北：联经出版事业股份有限公司2003年版，第221页。

知主体)。其所以要如此，正为的要成经验知识(闻见之知)。"① 既然"认知我"是由"物自身的我"经"自我坎陷"而来的，那么，它并不是"真实的我"；或者说，在整个"三我"的系统中，"认知性"并不居于独立的一层，而只是"真我"之附属层。牟宗三说：

> 我们普泛说的"我"，可分为三方面说，即：一、生理的我；二、心理的我；三、思考的我(Thought = Logical self)。……此上一、二、三项所称的我，都不是具体而真实的我。②

牟宗三认为，"认知我"实际上完全是"假我"，因为它"有"而不"在"，只是"知体明觉"之"真我""坎陷"而成的，在根子上它自己不能保证自己的存在。牟宗三说："'思维我实有'虽然有'在'底意义，但是这个'在'却只是不决定的'在'，只是'在'于思想，'在'于知性，而不是'在'于直觉。这如果照现在看，这只能说'有'，而不能说'在'。"③ 因此，"主体是认知的主体；若说'我'，这个我亦可说是假我，形式的结构我，若通着真我说，是由真我经由一曲折的坎陷而成的，故是有限的"④。然而，这时的问题是，"物自身的我"是如何"开出""认知我"的呢？依着牟宗三的思路，此问题即是"真我"如何"下贯"的问题，或"真我"如何"自我坎陷"的问题。在牟宗三，"真我"是"明觉之感应为物"，它全然是"物自身"意义的；而"认知我"则全然被封限于现象界，是"意之所在为物"，因此，"真我"和"认知我"之间没有内在的联结。在这种情形下如何办呢？牟宗三说：

> 吾人不能只依智的直觉只如万物之为一自体(在其自己)而直觉地知之，因为此实等于无知，即对于存在之曲折之相实一无所知，如果，则本心仁体不能不一曲而转成逻辑的我，与感触直觉相配合，以便对于存在之曲折

---

① 牟宗三：《智的直觉与中国哲学》，载《牟宗三先生全集》，台北：联经出版事业股份有限公司2003年版，第233页。
② 牟宗三：《中国哲学的特质》，上海古籍出版社2007年版，第67页。
③ 牟宗三：《智的直觉与中国哲学》，载《牟宗三先生全集》，台北：联经出版事业股份有限公司2003年版，第227页。
④ 牟宗三：《智的直觉与中国哲学》，载《牟宗三先生全集》，台北：联经出版事业股份有限公司2003年版，第458页。

之相有知识，此即成功现象之知识。即在此知识之必须上，吾人不说逻辑的我为一幻结，而只说为一结构的我，由本心仁体之一曲而成者。（曲是曲折之曲，表示本心仁体之自我坎陷）。如是，两者有一辩证的贯通关系。①

"自我坎陷"是牟宗三独创的一个重要概念。对于这一概念，牟宗三形象地用平地起土堆加以譬喻："知体明觉是平地。无任何相。如视之为'真我'，则真我无我相。而此凸起的认知我是土堆，故此我有我相。此有我相之我是一形式的有。"② 关于"坎陷"的含义，牟宗三解释道，"坎陷"含有"下落""逆转""否定"诸义。故而，"自我坎陷"可理解为"真我"通过自我否定"转而为逆其自性之反对物"。③ 这个由"真我"逆转出来的"反对物"就是"认知我"。那么，"真我"为什么要"自我坎陷"呢？牟宗三认为其目的在于成就经验知识，他说："知体明觉之自觉地自我坎陷即是其自觉地从无执转为执。自我坎陷就是执。坎陷者下落而陷于执也。不这样地坎陷，则永无执，亦不能成为知性（认知的主体）。它自觉地要坎陷其自己即是自觉地要这一执。"④ 在牟宗三，"真我"是"与物无对"的，为了认知现象界，需要"开显"一个"架构"的"认知我"；此"开显"是真我之主动的、自觉的"下落"和"坎陷"，而"下落""坎陷"的动力是"真我"之"辩证的发展"，即是黑格尔（Georg Wilhelm Friedrich Hegel，1770—1831年）所谓的"理性之诡谲"。牟宗三说："真我""要与自己逆，要自我坎陷，不可一味顺。……故凡辩证的发展，必须有此逆的一步"⑤。

显而易见，牟宗三在区分"二层"和"三我"时，也讲明了"三我"之内在关联：三种"我"虽各不相同，但最终"认知我"和"现象我"都统一于"物自身"之"真我"："认知我"来源于"真我"之"自我坎陷"，"现象我"则是以"感性直觉"应对"真我"时所起现之"我"。值得注意的是，在这种关联当中，

---

① 牟宗三：《智的直觉与中国哲学》，载《牟宗三先生全集》，台北：联经出版事业股份有限公司2003年版，第259页。
② 牟宗三：《现象与物自身》，载《牟宗三先生全集》，台北：联经出版事业股份有限公司2003年版，第131页。
③ 牟宗三：《政道与治道》，载《牟宗三先生全集》，台北：联经出版事业股份有限公司2003年版，第63页。
④ 牟宗三：《现象与物自身》，载《牟宗三先生全集》，台北：联经出版事业股份有限公司2003年版，第127页。
⑤ 牟宗三：《人文讲习录》，广西师范大学出版社2005年版，第102—103页。

由"真我"到"良知"

牟宗三有意将"物自身"之"真我"的地位凸显出来。他说:"具体而真实的我,是透过实践以完成人格所显现之'道德的自我'。此我是真正的我即我之真正的主体。"[①] "仁代表真实的生命(Real life);既是真实的生命,必是我们真实的本体(Real substance);真实的本体当然又是真正的主体(Real subject),而真正的主体就是真我(Real self)。"[②] 不过,牟宗三认为,此一"真我"若依着西方哲学的传统是无法说清楚的;如果要将"真我"讲清楚,非"接上"中国的传统不可。他说:

> 康德顺西方的传统,名此真我为灵魂不灭的灵魂,因此,只说它的实体性,单纯性,自同性,以及离开外物(包括身体)的永恒自存性,但很难说它的普遍性。吾人以为这只是为传统所限,不是这真我底理念本自如此。这真我亦可以是灵魂独体;亦可以是本心仁体,性体,良知,乃至自由意志;亦可以是心斋,灵府;亦可以是如来藏自清净心。它并非耶教传统所能独占与制限,而且只以不灭的灵魂说真我,未达真我之极境。这真我在儒家如何说,在道家如何说,在佛家如何说,这只要看他们的系统即可了解。大要以儒家为最正大而充其极。如是,吾人这一拉开,便可由康德的批判而接上中国的传统。[③]

牟宗三这里之所以说"儒家为最正大而充其极",原因在于牟宗三视此"真我"即儒家之"良知"。梁启超曾指出,康德与王阳明二人"桴鼓相应,若合符节","阳明之良知即康德之真我,其学说之基础全同"。[④] 梁启超此说其实也指明了牟宗三对于"真我"与"良知"关系的认识,也就是说,在牟宗三,"真我"就是"良知"。关于"良知"的功能,王阳明曾说:"良知""以其理之凝聚而言则谓之性,以其凝聚之主宰而言则谓之心,以其主宰之发动而言则谓之意,以其发动之明觉而言则谓之知,以其明觉之感应而言则谓之物"(《传习录中》)。牟宗三继承了王阳明的这一思想,他以"仁"说"良知":"仁之为宇宙万物之本体,

---

① 牟宗三:《中国哲学的特质》,上海古籍出版社2007年版,第67页。
② 牟宗三:《中国哲学的特质》,上海古籍出版社2007年版,第30页。
③ 牟宗三:《智的直觉与中国哲学》,载《牟宗三先生全集》,台北:联经出版事业股份有限公司2003年版,第235—236页。
④ 梁启超:《梁启超哲学思想论文选》,北京大学出版社1984年版,第166页。

首先它不是物质的,而是精神的。……其次,此种精神实体要通过两个观念来了解:一为觉,二为健。觉是从心上讲……就是生命不僵化,不粘滞,就是麻木不仁的反面意义。……所谓健,即'健行不息'之健,此亦是精神的。这不是自然生命或生物生命之冲动……孔子就由这地方点出生命的真几,点出仁的意义。故我说:仁就是'创造性本身'。"① 牟宗三还以"性体"说"良知":

> 性体既是绝对而无限地普遍的,所以它虽特显然于人类,而却不为人类所限,不只限于人类而为一类概念,它虽特彰显于成吾人之道德行为,而却不为道德界所限,只封于道德界而无涉于存在界。它是涵盖乾坤,为一切存在之源的。不但是吾人之道德行为由它而成,即一草一木,一切存在,亦皆系属于它而为它所统摄,因而有其存在。所以它不但创造吾人的道德行为,使吾人的道德行为纯亦不已,它亦创生一切而为一切存在之源,所以它是一个"创造原则",即表象"创造性本身"的那个创造原则,因此它是一个"体",即形而上的绝对而无限的体,吾人以此为性,故亦曰性体。②

关于"良知"的含义,牟宗三曾以"三义说"来概括。他说:"由对良知的消化了解,良知当该有三义:(一)主观义,(二)客观义,(三)绝对义。"③ 所谓"主观义",是指"良知知是知非"。牟宗三说:"主观义可以阳明的《咏良知诗》之首句'无声无臭独知时'来了解;这独知的知便是良知之主观义。……这独知之知是知什么呢?它是知是知非,是知它自己所决定的是非。故良知是内部的法庭,这是良知的主观义。"④ 所谓"客观义",是指"知体本身即理"。牟宗三说:"客观义要通过'心即理'来了解。良知之活动同时是心,同时亦是道德的理。……良知所知之理,即是它自己所决定的,不是外在的。一说到理,

---

① 牟宗三:《中国哲学的特质》,上海古籍出版社2007年版,第88—89页。
② 牟宗三:《智的直觉与中国哲学》,载《牟宗三先生全集》,台北:联经出版事业股份有限公司2003年版,第246页。
③ 牟宗三:《牟宗三先生晚期文集》,载《牟宗三先生全集》,台北:联经出版事业股份有限公司2003年版,第212页。
④ 牟宗三:《牟宗三先生晚期文集》,载《牟宗三先生全集》,台北:联经出版事业股份有限公司2003年版,第213页。

良知便是客观的、普遍的及必然的,这才可成为客观义。"① 所谓"绝对义",是指"知体即生道"和"具体而微"。牟宗三说:"这绝对义可由阳明的'此是乾坤万有基'(《咏良知诗》第二句)来说明;这良知不单是在我们的生命内呈现,它虽在我们知是知非中呈现,但不为我们的个体所限,它同时是乾坤万有(宇宙万物)底基础。这是良知的绝对意义。这不只说明道德之可能,同时说明一切存在都以良知为基础。道德是说应当,故一决定,便有行为出现,良知一决定,便要实践,由不存在而至存在;由此扩大,宇宙万物亦如此。故良知不只是道德底基础,亦是现实存在之基础。"②

四

至此,通过对"我"的讨论,牟宗三确立起了"良知"本体。牟宗三确立"良知"本体的内在逻辑是:由熊十力对本体思想的重视而开端,从批评海德格尔的"基本存有论"入手,基于讨论康德的"我"的含义,确立起以"真我"为核心的"三个我",然后通过沟通"真我"与"良知",确立起"良知"的本体地位。具体来讲,即熊十力对本体思想的重视深深影响了牟宗三。在此影响之下,为了建构一个"基本存有论"的哲学体系——"道德的形上学",牟宗三讨论了康德关于"我"的分析。对于康德之"我",他既有赞同之处,亦有发展之处,其结果是建立起以"真我"为核心的"三个我":"物自身我""现象我"和"认知我"。进而,牟宗三认为,"真我"其实就是王阳明所谓的"良知",因此,"真我"本体也就是"良知"本体。这样,牟宗三借助于中国哲学与西方哲学的会通建立起了"良知"本体论。正是以此"良知"本体为基础,牟宗三得以建构起其"道德的形上学"体系,并使他成为现代新儒家阵营中的代表人物。

---

① 牟宗三:《牟宗三先生晚期文集》,载《牟宗三先生全集》,台北:联经出版事业股份有限公司2003年版,第213—214页。
② 牟宗三:《牟宗三先生晚期文集》,载《牟宗三先生全集》,台北:联经出版事业股份有限公司2003年版。

吕柟对阳明心学的辩难及其思想史意义*

李敬峰

（陕西师范大学哲学系）

关学是由张载始创，并在与不同时期思想流派的交流、融通中动态地发展的与张载学脉相承之关中理学。当朱子学在元代成为一统天下的官方哲学时，它深刻地主导着此后关学的主旨和走向，使得至明代中期，关学在秉承张载重经贵礼传统的同时，还奉朱子学为圭臬。而当"新天下耳目"①的阳明心学以风靡之势传入关中地区时，极大地挑动和刺激着关学的神经，是起而纠弹，还是广为散播，抑或吸收融会，就成为摆在关学学者面前的时代课题。本文便以与阳明"中分其盛"（《明儒学案·师说》），与"湛若水、邹守益共主讲席"（《明史》卷二百八十二），其理学被称为"关中四绝"②之一，其文被朝鲜国诏令颁布国内的关学集大成者③吕柟为对象，通过系统梳理他对阳明心学的认知和辩难，以期彰显是时地域儒学对阳明心学回应的极致，管窥关学与主流学术思潮的交流与会通，进一步认识和把握关学的生成与建构。

---

* 本文曾发表于《中国哲学史》2020年第6期。

基金项目：本文为国家社科基金重大项目《宋明清关学思想通论（七卷本）》（批准号：19ZDA029）、国家社科基金青年项目"关学四书学研究"（批准号：18CZX025）的阶段性成果。

① （明）李维桢：《辨学录序》，载冯从吾《冯从吾集》卷一，西北大学出版社2015年版，第28页。

② 冯从吾说："吾关中如王端毅之事功，杨斛山之节义，吕泾野之理学，李空同之文章，足称国朝关中四绝。"（冯从吾：《池阳语录》卷上，《冯从吾集》卷十一，西北大学出版社2015年版，第207页）

③ 冯从吾说："关中之学自横渠张子后，唯先生为集大成。"（冯从吾：《关学编》卷四，中华书局1987年版，第46页）刘宗周亦说："关学世有渊源，皆以躬行礼教为本，而吕柟实集其大成。"（黄宗羲：《明儒学案·师说》，中华书局1985年版，第11页）

一　吕柟对阳明心学认知的"三变"

吕柟（1479—1542年），少阳明七岁，几于同时。他一生官历四方，讲学多地，交友广泛，辩友甚多，但以阳明及其弟子为代表的心学一系无疑是其交辩最多的学派。换而言之，吕柟的学术思想实则是在与心学一系的论辩中发展和成熟起来的。他曾作书回顾与阳明的交往：

> 昔者予之守史官也，阳明王子在铨部，得数过从说《论语》，心甚善之。后阳明子迁南太仆及鸿胪，而予再以病起。当是时，穆伯潜为司业于南监，寇子享为府丞于应天，尝寄书于二君，曰："阳明子讲学能发二程之意，可数会晤也。"比予再告且谪，而阳明子官益尊，道益广，讲传其说者，日益众，然视予初论与史官者颇异焉。于是日思见阳明子以质疑，而未获也。及改官南来，而阳明逝矣，方且悼叹。[①]

这段话详细交代了吕柟与阳明的交往及其对阳明思想态度的转变。正德三年（1508年），吕柟举进士第，因不满宦官刘瑾窃政，遂辞官引退。正德七年（1512年），在刘瑾伏诛后两年，吕柟重获起用，充任史官。而此时阳明恰在吏部任职，吕柟多次就《论语》与阳明进行讨论，对其赞赏有加，更与湛若水一起为阳明讲学"倡和"，[②] 可见其对阳明思想的倾慕。后在正德八年（1513年）阳明赴南京上任时，立即致信同在南京任职的好友穆伯潜、寇子享，分别以"王伯安讲学亦精，足得程氏之意，可与寇子享数去聚论，不可缓视之也"[③] 以及"王伯安讲学近精，亦得程氏之意，幸与穆子数去聚论乎"[④] 的赞赏之语，劝二人前去与阳明问学论辩，显示出此时吕柟对阳明之学的推崇和认可。在其致阳明弟子石廉伯

[①] （明）吕柟：《赠玉溪石氏序》，《吕柟集·泾野先生文集》（上）卷六，西北大学出版社2015年版，第233页。
[②] 黄宗羲在《甘泉学案》中载："选庶吉士，擢编修。时阳明在吏部讲学，先生与吕仲木和之。"（黄宗羲：《明儒学案·甘泉学案一》，中华书局1985年版，第875页）
[③] （明）吕柟：《与穆司业伯潜书》，《吕柟集·泾野先生文集》（下）卷二十，西北大学出版社2015年版，第662页。
[④] （明）吕柟：《与寇大理子惇书》，《吕柟集·泾野先生文集》（下）卷二十，西北大学出版社2015年版，第664页。

的信中，吕柟更是将这一心境直白表露，他说："予之学，不能阳明子之万一。"①又在为阳明弟子江若曾为铭记阳明讲学而建的仰止亭所作的亭记中详细阐述他对阳明之学的赞赏，他说：

> 天下之士，是阳明之学者半，不是阳明之学者亦有半。……阳明之学，痛世俗词章之繁，病仕途势利之争，乃穷本究源，因近及远，而曰"行即知也"、"知本良"也，亦何尝不是乎！②

由上可知，吕柟之所以推崇阳明之学，就在于其在指摘烦琐的词章之学、纠偏不良的学术风气、批判追名逐利的官场习气以及匡正日益不堪的世道人心上，拔本塞源，振厉风俗，不无裨益。这就准确抓住阳明心学的积极面向，将其一扫旧学阴霾的特质显豁出来。而在正德九年（1514年），吕柟再次不满朝政，引退归家讲学，至嘉靖元年（1522年）吕柟再度复官，这九年时间，恰是阳明在功业上日益显赫，平江西、平宁王，爵封"新建伯"；在学术上日益臻熟，思想流布天下，门徒遍及四海之时，吕柟获闻阳明新说，渐悟其学与阳明思想多有抵牾，遂开始质疑阳明之学，他说："阳明子之道，予也鲁，未能从。"③以贬低自我的方式表达对阳明之学的质疑，后欲相见以辨，但直至嘉靖六年（1527年），吕柟得以赴南京任职，终于可以有机会与阳明相见，但不巧的是，阳明则于同年赴广西平乱，并在嘉靖七年（1528年）十一月病逝于江西。也就是说，自南京惜别之后，吕柟与阳明未能再次谋面，疑惑自然也未能释怀，他的"予敢以阳明之学为是乎？予敢以阳明之学为不是乎"④将其矛盾心态展露无遗。虽然未能与阳明直接辩疑解惑，但吕柟则与阳明诸多弟子如邹守益、何廷仁、欧阳德、陆伯载、陆澄、周冲、蔡宗充等，围绕阳明心学核心命题不遗余力地交书辩论。但必须指出的是，这种辩论并不意味着他对阳明心学的全盘否定，吕柟曾对阳明心学给予

---

① （明）吕柟：《赠玉溪石氏序》，《吕柟集·泾野先生文集》（上）卷六，西北大学出版社2015年版，第234页。
② （明）吕柟：《仰止亭记》，《吕柟集·泾野先生文集》（上）卷十七，西北大学出版社2015年版，第588页。
③ （明）吕柟：《赠玉溪石氏序》，《吕柟集·泾野先生文集》（上）卷六，西北大学出版社2015年版，第234页。
④ （明）吕柟：《仰止亭记》，《吕柟集·泾野先生文集》（上）卷十七，西北大学出版社2015年版，第588页。

一明确的定位，他说：

> 阳明之学，中人以上虽或可及，中人以下皆茫无所归，故《论语》不道也，亦曷尝尽是乎！虽然，自夫俗儒而言，忘其良知，而又不知以行之为急也，其弊至于戕民而病国，则阳明之学又岂可少乎哉！①

在吕柟看来，阳明之学是瑕瑜互现的，一方面它提揭"良知"，有补于世道匪浅，另一方面它高迈卓绝，只能是中人以上、上根之人的学问，绝不可不分资质，作为所有人的求学门径。吕柟的这种定位和评价虽然并不完全切合阳明本意，但也敏锐地抓住阳明心学的利弊两面。我们可从另一件事进一步展现吕柟对阳明心学的态度：

> 时阳明先生讲学东南，当路某深嫉之，主试者以道学发策，有焚书禁学之议，先生（指吕柟——引者）力辨而扶救之，得不行。②

嘉靖二年（1523年）会试，主试者因深嫉阳明之学，欲对阳明实施"焚书禁学"之议，吕柟并未因道不相同而落井下石，反倒是全力辩解挽救，最终阻止此议的实行。可以看出，吕柟虽不完全服膺阳明之学，但也并不持门户之私，彰显出其兼容并包的关学底色。综上，吕柟对阳明心学确然经历了始而信，中而疑，终而辩难不已的变化，这种变化既具有多数学者面临学界新声时的复杂心态，又具有关学学者所特有的学术底蕴。

二　良知之辨

"致良知"是阳明50岁提出的哲学命题，不仅是其立言宗旨，也是其心学思想最终形成的标志。缘于其在阳明思想中的统领性地位，"致良知"旋即成为学者或赞或批的标靶。四库馆臣在述及吕柟的学行时言："尝斥王守仁言良知之

---

① （明）吕柟：《仰止亭记》，《吕柟集·泾野先生文集》（上）卷十七，西北大学出版社2015年版，第588页。
② （明）冯从吾：《关学编》卷四，中华书局1987年版，第43页。

非"①，此言不虚，从他与弟子的对话中可见一斑：

> 诏问："讲良知者如何？"先生曰："圣人教人，每因人变化，如颜渊问仁，夫子告以'克己复礼'；仲弓，则告以'敬'；怒樊迟，则告以'居处恭，执事敬，与人忠'。盖随人之资质学力所到而进之，未尝规规于一方也。世之儒者诲人，往往不论其资禀造诣，刻数字以必人之从，不亦偏乎！"②

吕柟对标孔门教法，认为阳明"良知"之教不分对象资质，皆以"良知"授之，与孔门因材施教、随机指点、不设定法的教人宗旨背道而驰，这就不免陷入偏颇。他在与阳明弟子何廷仁的辩论中，进一步阐明此旨，他说：

> 何廷仁言："阳明子以良知教人，于学者甚有益。"先生曰："此是浑沦的说话，若圣人教人，则不如是。人之资质有高下，工夫有生熟，学问有浅深，不可概以此语之。是以圣人教人，或因人病处说，或因人不足处说，或因人学术有偏处说，未尝执定一言。至于立成法，诏后世，则曰'格物致知'，'博学于文，约之以礼'。盖浑沦之言可以立法，不可因人而施一。"③

在此，吕柟将其反对阳明良知之教的缘由表述得更加清晰，他认为阳明所讲的"良知"，不过是浑沦、笼统之语，以此教人不符合圣圣相传的治学传统，因为受教者资质高低不同，工夫生熟有别，学问浅深不一，不加区别，皆以良知教之，难以做到因病施药。更何况这种浑沦、笼统之语只适合作为"立成法"，也就是作为总体原则，而不可作为统一的方法示人。可见，吕柟反对这种打并为一、标榜宗旨的做法，因为它忽视受教主体资质的差异，而将所有人等同视之，从而背离原始儒学因人设教的为学宗旨。吕柟从教法上批判阳明"良知"之教，是否切合阳明本意呢？对此，黄宗羲曾就吕柟所批为阳明回护道：

> 先生（指吕柟——引者）议良知，以为"圣人教人每因人变化，未尝规规于一方也。今不论其资禀造诣，刻数字以必人之从，不亦偏乎！"夫因

---

① （清）纪昀总纂：《四库全书总目提要》卷九十三，河北人民出版社2000年版，第2396页。
② （明）吕柟：《吕柟集·泾野子内篇》卷十，西北大学出版社2015年版，第73页。
③ （明）吕柟：《吕柟集·泾野子内篇》卷十三，西北大学出版社2015年版，第99页。

人变化者,言从入之工夫也。良知是言本体,本体无人不同,岂而变化耶?非惟不知阳明,并不知圣人矣。(《明儒学案》卷八《河东学案下》)

黄宗羲认为吕柟批评阳明不仅不切合阳明本意,更是误解圣人之意。因为阳明所讲"良知"是本体,而非工夫,本体则众人皆一,无有不同,所以也就无所谓要像吕柟所说的那样要"因人变化",那只是工夫层面的事。换而言之,黄宗羲是从本体与工夫的角度来区分阳明与吕柟关于"良知"的认知差异的。切实而论,黄氏所言并非毫无根底,因为阳明所讲的"致良知"本身就包含本体与工夫两面,"良知"属于本体层面,而"致良知"则属工夫层面,吕柟驳斥阳明也主要从工夫入手处切入,但黄氏认为吕柟错会阳明,乃至圣人,则过于偏激。因为吕柟并非不知阳明,而是他从根本上就反对这种"刻数字以必人之从"的方法,他对理学名儒此法多有微词:

纵是周子教人曰"静"、曰"诚",程子教人曰"敬",张子以礼教人,诸贤之言非不善也,但亦各执其一端。且如言静,则人性偏于静者,须别求一个道理。曰"诚"曰"敬",固学之要,但未至于诚、敬,尤当有入手处。①

在吕柟看来,周敦颐、程颐、张载等提揭数字以教人,虽无不善,但仍落入一偏,即没有指明如何达至静、诚、敬、礼境界的工夫,且这种教法缺乏针对性,其有效性也值得怀疑。实际上,吕柟所要表达的是,与其说这些高头话语,不如切实地指明为学之方,使人可以有所持循,可以着手践履。基于此,他批评阳明良知之教是他思想合乎逻辑的自然推衍,虽不合阳明本意,但也不足为怪。他举例来详加说明:

苍谷因说阳明之学。先生曰:"予在江南时有一举人师阳明者过予讲学,因饭彼说五经是糟粕,不消看,只去致吾良知便了,是时予饭未了,而彼已释筯,予说且不要远比,只《礼记》里说主人未辩,客不虚口,你若不去看他,就差了,却从何处致良知。"②

---

① (明)吕柟:《吕柟集·泾野子内篇》卷十,西北大学出版社2015年版,第75页。
② (明)吕柟:《吕柟集·泾野子内篇》卷十九,西北大学出版社2015年版,第158页。

当阳明弟子向吕柟述说五经是糟粕，不值一看，只须"致良知"时，恰吕柟仍在吃饭，而阳明弟子则已吃完，放下筷子，吕柟趁机发难，以《礼记·曲礼》中"主人未辩，客不虚口"（主人尚未吃完，客人不应停止吃饭）的吃饭礼仪来予以批评，意在指明与其大而无当地空言"致良知"，不如在日用伦常中切实践履，这一主张也隐含关学的重礼传统。更为重要的是，他主张"致良知"不能脱离书本知识，他说：

> 致良知必须学古训以明其心，犹镜之有尘，必用药物以磨之可也。如其不用药物以磨之，而能使之明者，难矣。①

这就是说，致良知除需落实在人伦日用中外，更离不开外在知识的夹持。吕柟在此肯定了知识对良知的辅翼，这就有内有外地将"致良知"之学加以限定，拉回到关学、朱子学的学术框架之内，力除阳明尤其是阳明弟子从脱略知识、纯任自然的角度片面发展阳明"致良知"思想，从而导致轻视实手工夫和外在知识的偏颇之弊。而这种现象的出现，不仅与阳明"急于明道，往往将向上一机，轻于指点，启后学邈等之弊"（《明儒学案·师说》）密切相关，更与其弟子忘却阳明之"致良知"是融贯其百死千难的经历而提出的，难以体之验之，流于空谈顿悟不无关系。从吕柟对阳明"良知"之教的批判中可以看出，吕柟是较早对心学一系的理论进行反思和批判的学者，体现出高度的理论自觉和敏锐的反思意识，走的是"重工夫，贵践履，轻口耳"的学术路径，显豁的是笃实践行的关学、朱子学的理论底蕴，与阳明着意从形上角度致思立论的方式自然不同。

三　知行之辨

阳明早在龙场之时就已经提出"知行合一"，目的在于纠治朱子强调"知先行后"所导致的知而不行的思想弊病。吕柟取法朱子，自然要对阳明此石破天惊之论起而驳之。首先就知行先后问题，他明确指出："人之知行自有先后，必先

---

① （明）吕柟：《四书因问》，《吕柟集·泾野经学文集》卷六，西北大学出版社2015年版，第487页。

知而后行,不可一偏。……圣贤亦未尝即以知为行也。"① 很明显,吕柟这段话表达的知行宗旨是"知行为二,知先行后",昭示出朱子学的思想底色。他在与阳明高足邹东廓的交辩中进一步展开这一论断:

> 东廓子曰:"圣人原未曾说知,只是说行,行得方算得知。譬如做台,须是做了台,才晓得是台,譬如做衣服,须是做了,才晓得衣服。若不曾做,如何晓得?此所以必行得,方算做知。"先生曰:"谓行了然后算作知亦是。但做衣服,若不先问补多少尺寸,领多少尺寸,衿是如何缝,领是如何缝,却不做错了,也必先逐一问知过,然后方晓得缝做,此却是要知先也。"东廓子犹未然。②

在这段辩论中,邹东廓明显是循着阳明的"知是行的主意,行是知的功夫"③的思路立论的。他以做衣为例,主张只有衣服做成,方能知道这是衣服。这一方面强调的是一般性的认知来源于具体的实践,但更为重要的是从本源、本体意义上强调知、行的同一无二、相融互涉,与朱子学知行之界限明晰、层次井然拉开距离。吕柟当然认同邹东廓的前一层意思,而对后一种意思则激烈反对,他同样以做衣为例,认为做衣之前必须明确衣服各部分的尺寸,方能做衣,这就是所谓的"知"先"行"后。从两者的差异中可以看出,邹东廓更多是从道德、良知意义上来理解知行,"知"是基于良知的意识活动,并不是一般的认知,如欲做衣服的意念、意愿,而"行"则必须是源于这种良知意识的落实和完成,这就将朱子学强调的外在的、客观的"行"向内在、主观一面收缩、转进,这样"知"与"行"就成为同一个活动的两个不同的向度,它们之间是"同质的时间差"。④ 这一点,阳明的另一弟子王畿指陈得更为直接明白:"知非见解之谓,行非践蹈之谓,只从一念上取证。"(《明儒学案》卷十二《浙中王门学案二》)也就

---

① (明)吕柟:《吕柟集·泾野子内篇》卷十,西北大学出版社2015年版,第75页。
② (明)吕柟:《吕柟集·泾野子内篇》卷十四,西北大学出版社2015年版,第104页。
③ (明)王阳明:《传习录》上,《王阳明全集》上,上海古籍出版社2015年版,第4页。
④ 陈立胜教授用"同质的时间差"和"异质的时间差"来区分阳明心学与朱子学在知行问题上的差异。同质的时间差是说同一行动,从发动到完成有一个过程,行动之发动即阳明所谓"知",行动则属知之完成。而"异质的时间差"是说"知"是内在心理活动,"行"是外在举止活动,两者是不同的,是由内及外之先后关系。(陈立胜:《入圣之机:王阳明致良知工夫论研究》,生活·读书·新知三联书店2019年版,第125—126页)陈氏的这种区分可谓精到,此处认同陈说。

是说，阳明心学所谓的"知"并不是认知见解，"行"也不是躬身践履之意，而是需要从"一念良知"①而非"认知"的角度去把握。相反，吕柟则主要从认知意义上来理解知行，"知"是对外在对象的认知和理解，属于经验性的知识，它对"行"具有先决和指导意义；而"行"则主要是一种外在的实践活动，"知"与"行"是两个属性相异、领域不同的概念，是完全不同的两个行为过程。很显然，邹东廓与吕柟的分歧也正是阳明心学与朱子学的差异之所在：良知取径上的知行与认知维度上的知行的不同。而这种根源性的差异，后学往往察之不精，言之不详，将它们放在同一概念层面上进行考辨，违背辩论讲求同一律的基本规则，辩论累年，纠葛不清亦在所难免。吕柟继续深入批驳道：

> 有生知、学知、困知，又有安行、利行、勉行，可见，知行还是两个。阳明子以知行为一个，还不是。②
>
> 知得便行为是，谓知即是行，却不是。故知者行之始，行者知之随，犹形影然，又犹目视而足移。③

在这两段话中，吕柟的批评逻辑是这样的，即以经典《中庸》及朱子所言为据来拒斥阳明心学"知行为一"和"以知为行"的观点。就前者而言，吕柟认为圣人分明是将知、行分说，而阳明却将其打并为一，这就与圣人宗旨相抵牾，故而不足取，亦不足信。而就后者来说，它实是前者的进一步推衍，吕柟有保留地肯定了阳明的观点，认同"知便要行"的主张，但这绝不意味着"知"就可以等同"行"，因为"知"与"行"有明确的分界，"知"是"行"的基础和源头，而"行"则须有"知"的范导和引领，两者之间的分际和差异实不容忽视。吕柟对阳明的反驳，使朱子学与阳明心学在知行观上的关联和差异进一步明朗和深入，尤其是他所提出的"知者行之始，行者知之随"与阳明的"知者行之始，行者知之成"④仅有一字之差，虽然本意不同，但这一方面将朱子学的知行关系更加清

---

① 吴震教授指出："知行合一是在'一念良知'的意识活动中并在良知主导下的'合一'，正是由心体良知的'一念'而导向知行的'合一'，故'一念良知'便成了'合一'之所以可能的内在机制。"这一灼见洵为至论。（吴震：《作为良知伦理学的"知行合一"论》，《学术月刊》2018年第5期）
② （明）吕柟：《四书因问》，《吕柟集·泾野经学文集》卷二，西北大学出版社2015年版，第318页。
③ （明）吕柟：《吕柟集·泾野子内篇》卷十五，西北大学出版社2015年版，第119页。
④ （明）王阳明：《传习录》上，《王阳明全集》上，上海古籍出版社2015年版，第4页。

晰、凝练地予以承继和提升，另一方面也反映出明代中期朱子学与阳明心学的交融和互鉴。而当吕柟与邹东廓经过数次交辩不得不以"犹未然"作罢时，吕柟以近似无奈的心态表达他对"知行合一"的态度：

> 有问"知行合一"者，先生曰："尔如此闲讲合一不合一，毕竟于汝心上有何益？不若且就汝未知者穷究将去，已明白者尽力量行去，后面庶有得处。"①

很显然，吕柟已不屑再费口舌去争辩，而是主张与其空谈知行合一，不如切实地去穷究践履，这一方面当然是其注重下学、倡导躬身践履学术特质的直接展现，另一方面也是其对阳明"知行合一"思想难以认同的含蓄体现。当然，需要指出的是，吕柟对阳明"知行合一"的理解并不切合阳明的本意，内在原因是吕柟强烈的卫道情结，外在缘由乃是阳明的"知行合一"确实容易引发"销行入知"或"销知入行"②的弊病，吕柟由此切入批判阳明心学亦在情理之中。要言之，吕柟的知行观虽不越朱子矩矱，所批的阳明也只是他所理解的阳明，但在明代中期朱子学一统天下地位受到阳明心学的直接挑战而出现松动之时，不见风滑转，依然羽翼和祖述程朱理学，捍卫和挺立之功实不宜抹杀。

四　格物之辨

自朱子为《大学》作格物补传，标举"格物"，"格物"问题遂笼罩着此后的学界，成为多数学者行文立说不得不回应的公共议题，尤其是在阳明那里，更成为其思想由信朱到疑朱的转捩点。而这种质疑也促使其对"格物"做出异于权威的诠释，并引起同时期的湛若水、顾东桥、罗钦顺、吕柟等的激烈发难，掀起一场名贯学术史的论辩。就吕柟而言，他主要从两个角度展开辨析，首先就格物是否可解释为穷理的问题，吕柟在与王门正统邹东廓③辩论时指出：

---

① （明）吕柟：《吕柟集·泾野子内篇》卷十二，西北大学出版社2015年版，第97页。
② 详参杨国荣《王阳明与知行之辩》，《学习与探索》1997年第2期。
③ 黄宗羲说："阳明之殁，不失其传者，不得不以先生（指邹东廓——引者）为宗子也。"（黄宗羲：《明儒学案·江右王门学案一》，中华书局1985年版，第332页）

先生曰:"东廓言博学是行,试言其详,何如?"东廓子曰:"如敬以事亲,则事亲之物格,敬以事兄,则事兄之物格。物格即是物正,如此就是博学。"先生曰:"此与博学字面甚无相干。夫事亲中间有温清定省,出告反面,'疾痛疴痒而敬抑搔之,出入则或先或后,而敬扶持之',自有许多节目,皆无所不学,然后为博。……"先生曰:"深爱言却好,然未能如此者,必敬抑搔、敬扶持之却是学。故格物还只是穷理,若作正物,我却不能识也。"东郭子曰:"'程子曰:穷理不可作致知看。'如何以格物为穷理?"先生曰:"此言,程子或有为而发。若不穷理,将不至于冥行妄作乎?"[1]

我们知道,朱子将"格物"解释为"即物而穷其理",而阳明则认为朱子这是向外求理,遂将"格物"诠释为"格心""正念头",也就是"为善去恶",以期弥合朱子析心、理为二的理论缺陷。从上述辩论中不难看出,邹东廓以程颢所言的"穷理不可作致知看"为据,反对将"格物"解释为"穷理",并挟师说以杜他人之口,力主"格物"就是"正物",将"物""博学"限定在事亲敬兄等人伦日用之事上。而吕柟则针锋相对,认为邹东廓所据的程颢之言,乃有针对性的说法,而非程颢定论。他以张载、朱子学为旨趣,主张必须实手去即物穷理,否则就会茫然无矩,随意妄行,因此那种将"格物"解释为"正物",将"格物"限定在意识领域,而非穷究事物道理的做法是绝对不可行的。显而易见,吕柟直接批评的是邹东廓,间接批评的则是阳明。他们两者的争论隐含的是程朱理学与阳明心学这两大学派的理论分歧。众所周知,阳明早年格竹之举虽然对朱子"格物"多有误解,但他认为朱子通过格物穷理,然后再经由心性涵养的方式来将物理转换为性理[2]的方式,将"心"与"理"析为二,无论在理论上还是在现实中都是有困难的,阳明的这种理解并非毫无根由,很大程度上也击中了朱子"格物"理论的不足。然或限于学术立场,或出于门户意见,以致出现辩论有年、互不信服的境况。从另一次辩论中我们可见其端倪:

---

[1] (明)吕柟:《吕柟集·泾野子内篇》卷十三,西北大学出版社2015年版,第105页。
[2] "物理"和"性理"具有同一性,是"天理"的不同表现形式,这种转换正如张学智先生指出的:"须有一识度,这种识度并不是天然具有的,它需要培养。且在获得这种识度之前,物理天理是分为二的。"(张学智:《明代哲学史》,北京大学出版社2000年版,第81页)

> 东郭子曰:"我初与阳明先生讲格物致知,亦不肯信,后来自家将《论》《孟》《学》《庸》之言各相比拟过来,然后方信阳明之言。"先生曰:"君初不信阳明,后将圣人之言比拟过方信,此却唤做甚么,莫不是穷理否?"东郭子笑而不对。①

在吕柟看来,邹东廓求之于经典书册,质之于圣人之言,正是格物穷理之举,这显然是以朱子学的理论来驳斥邹东廓,而邹东廓虽无应辩,但难以信服之意已不言自明。据实而论,朱子学与阳明学在格物上的差异是立场性、指向性的差异,其立论前提、内容设定均不同,交辩无解自不足为怪。

吕柟向心学一系发难的第二个焦点就是"格物""诚意"的次序问题,吕柟宗尚朱子,重申"格物"在《大学》工夫体系中的首出地位,他说:"读《大学》,知格物,其下七者皆不难矣。"②又言:"为学之道,大抵不过《大学》格致诚正而已。其格物之功又其首事。"③这就与朱子思想毫无二致。他在与邹东廓辩论时进一步展开此意:

> 东廓子曰:"圣贤论学,只是一个意思,如'修己以敬',一句尽之矣。……我看起来,只是一个修己以敬工夫。"先生曰:"修己以敬,固是,然其中还有'格物致知'、'诚意正心'许多工夫。此一言是浑沦的说,不能便尽得。"东廓子曰:"然则修己以敬,可包得'格物致知、诚意正心'否?"先生曰:"也包得。然必格物致知,然后能知戒慎恐惧耳。"东廓子曰:"这却不是。人能修己以敬,则以之格物而物格,以之致知而知致,以之诚意而意诚,不是先格物致知,而后能戒慎恐惧也。"先生曰:"修己以敬,如云以敬修己也,修字中却有工夫。如用敬以格物致知,用敬以诚意正心是。如此说,非谓先敬而后以之格物云云也。"④

---

① (明)吕柟:《吕柟集·泾野子内篇》卷十三,西北大学出版社2015年版,第106页。
② (明)吕柟:《二程子钞释》卷六,影印文渊阁四库全书第715册,台北:商务印书馆1986年版,第190页。
③ (明)吕柟:《答张汝敷邦教书》,《吕柟集·泾野先生文集》(下)卷二十一,西北大学出版社2015年版,第727页。
④ (明)吕柟:《吕柟集·泾野子内篇》卷十三,西北大学出版社2015年版,第104页。

在这段话中，邹东廓主张以"修己以敬"括尽所有工夫，认为只要能做到"修己以敬"，"格致诚正"自然可至，故而反对吕柟所主的先"格物致知"，而后能"戒慎恐惧"的主张。吕柟延续其一贯反对为学标榜宗旨的主张，认为只说"修己以敬"，虽也涵括"格致诚正"工夫，但终究是浑沦、笼统的话，难以给学者指出切实可循的为学之方，失却为学有序、步步着实的工夫宗旨，因此必须先有格物致知之功，然后才能"戒慎恐惧"，而不是先敬而后去格物致知。从两者的争辩中可以看出，吕柟是站在理学的立场，遵循朱子所言的"《大学》之道，虽以诚意正心为本，必以格物致知为先"①，一方面凸显"格物致知"在《大学》工夫体系中的统领地位，另一方面则着重强调"格物致知"应在"诚意正心"之先，他在回答弟子之问中将此表述得更加明确：

> 邦儒问："近日朋友讲及《大学》，每欲贯诚意于格致之前，盖谓以诚意去格物，自无有不得其理者，如何？"先生曰："格致、诚正，虽是一时一串的工夫，其间自有这些节次，且如佛氏寂灭，老子清净，切切然惟恐做那仙佛不成，其意可谓诚矣，然大差至于如此，正为无格致之功故也。但格致之时，固不可不着实去做，格致之后，诚意一段工夫，亦自不可缺也。"②

心学一系力主"诚意"为《大学》的统领性、第一义工夫，用"诚意"来规范"格物"，以期使"格物"在"诚意"的框架内展开，将"格物"完全转向内在，落实在德性伦理之内，防止"格物"滑向单纯的知识化一边，这显然是针对朱子的"格物"说流于外在立论的。而吕柟则难以认同此论，因为没有格致、穷理之功，诚意就会落空，佛道二教正是因为缺少格致工夫，纵有诚意，也难逃寂灭之果。很显然，吕柟强调的是格物在《大学》工夫体系中的基础性地位，而心学强调的是诚意在《大学》工夫体系中的统领性地位，前者是先格致，后诚意，次序井然，不容躐等，后者则是以诚意范导格物，格物只不过是达至诚意的手段，它要从属、服务于诚意，而不能逸出诚意的内容之外。要言之，吕柟与心学围绕格物所辩的两个向度，皆是包含张载、朱子之学在内的理学与阳明心学争论的核心焦点，牵涉到两派学术的立论根基，是难以折中协调的。虽无果而终，但

---

① 朱熹：《答曹元可》，《晦庵先生文集》卷五十九，《朱子全书》（修订本）第23册，上海古籍出版社、安徽教育出版社2010年版，第2811页。
② （明）吕柟：《吕柟集·泾野子内篇》卷十四，西北大学出版社2015年版，第111页。

这种辩论的学术意义已然超出行为本身。

结 语

吕柟在阳明心学方兴未艾之时较早地对其展开系列的辩难，可视为是张载关学、朱子学对阳明心学的批判，是旧学对新学的排击，是官方学术对异己思想的拒斥。这三种维度的交叉重叠使这种辩难的意义更加丰富和多元：一是吕柟对阳明心学的辩难，赖其卓绝的学术影响，一定程度上阻止和延缓了阳明心学在关学、朱子学主导的关中地区的传播势头，这可从两条线索得到明确的印证：一方面是与吕柟一起讲学论道、交辩切磋，且在当时领袖关中的名士如马理、韩邦奇、杨爵等，受其影响，皆从不同角度和层面表达了对学界新声阳明心学的批判；另一方面是问道于这些士林领袖的大批学子，并在后来成为关学代表的吕柟弟子如吕潜、郭郛、张节、李挺等，秉承师说，亦以排斥阳明心学为务，如郭郛以程朱理学"主敬"自律，不为心学所动，他说："学道全凭敬作箴，须臾离敬道难寻。"（《关学编》卷四）[1]可以看出，在吕柟的直接或间接影响下，是时关中名士多谨守程朱理学，抵制阳明心学。

二是标举和生成张载关学。和明初及同时期的关学学人如王恕、马理、杨爵等相比，吕柟已开始更多地提及、推崇张载，将其从程朱理学的阴影中解脱出来，提升张载关学的显示度，为晚明关学的复振与建构做了很好的铺垫。他在辩难阳明心学过程中所彰显的推崇礼教、躬身践履，正是关学宗风的体现[2]，强化着关学的学术传统和地域认同，尤其是不自觉地受到心学一系综合、简易思维模式的影响，推动了关学的不断生成和更新。

三是羽翼和发展朱子学，捍卫朱子学的正统地位，减缓朱子学的衰落速度，使"笃信程朱，不迁异说者，无复几人矣"（《明史》卷二八二）的学术局面迟至嘉、隆而后才出现，因此吕柟得以与罗钦顺一起被李二曲、《明史》等视为明代"独守程朱不变"的仅有的两位学者。

四是在一定程度上补救和发明阳明心学。吕柟秉承张载关学"躬身践履，倡

---

[1] （明）冯心吾：《关学编》卷四《蒙泉郭先生》，中华书局1987年版，第59页。
[2] 张学智先生亦指出："吕柟之学，以朱子学为主，并继承了张载注重践履的特点。"（张学智：《明代哲学史》，北京大学出版社2000年版，第24页）

导实行"的学派精神,他说:"君子以行为本"①,特别凸显"力行"的重要性,也因此故,私淑王阳明、吕柟的刘宗周就赞道:"异时阳明先生讲良知之学,本以重躬行,而学者误之,反遗行而言知。得先生(指吕柟——引者)尚行之旨以救之,可谓一发千钧。"(《明儒学案·师说》)可见吕柟尚行、践道之学对心学一系偏于心性体悟的补救之功。

最后,吕柟对阳明心学的持续辩难正如黄宗羲所言:"骤闻阳明之学而骇之,有此辩难,愈足以发明阳明之学,所谓'他山之石,可以攻玉'也。"(《明儒学案》卷四十三《诸儒学案》上)也就是说,这种辩难在一定程度上亦为阳明之学的光大起到添翼、暗助之功,使得阳明心学在关中名士的辩难声中迅速传播开来,但这绝非吕柟等人的本意,只不过是辩难的副产品而已。

总括来看,吕柟恪守、抬升关学、朱子学与辩难阳明心学是一体两面之事。虽然他在当时与阳明平分秋色,"东南学者尽出其门"(《明儒学案》卷八《河东学案下》),"德业在胜国三百年推第一"(《泾野子内篇》附录二《重刻记事》),但其后来的学术影响则远远逊色于阳明,其中虽有诸多因素,但吕柟本人学术过于强调下学、注重践履,而无足以对阳明心学构成挑战的学术体系和特色,无疑是最主要的原因。要之,吕柟对阳明心学的辩难,是地域儒学回应阳明心学的一个缩影和典范,既涵具地域儒学接受和传播阳明心学的共性特质,也别具关学所特有的保守和开放。

---

① (明)吕柟:《静乐得言题辞》,《泾野先生文集》(下)卷三十六,西北大学出版社2015年版,第1063页。

王阳明孝礼思想

赵文宇

（华侨大学国际儒学院）

中国传统社会重视礼仪，儒家有《周礼》《仪礼》《礼记》，"三礼"记载了古代完备的礼仪制度和礼仪思想，对后世产生了重要的影响。礼也是孝的重要组成部分，孔子认为孝是以礼事亲。"孟懿子问孝。子曰：'无违。'樊迟御，子告之曰：'孟孙问孝于我，我对曰，无违。'樊迟曰：'何谓也？'子曰：'生，事之以礼；死，葬之以礼，祭之以礼。'"[①]若要以礼事亲，首先要解决以下几个问题：孝礼在何处？如何求孝礼？对于当时沿用的古礼应该采取什么态度？对以上几个问题，王阳明提出了其独到观点，笔者接下来予以详细讨论。

一 孝心为本，孝礼为末

王阳明常常提到"礼"字，笔者认为他思想体系中的"礼"字有两个含义。其一，"礼"是人性的基本内涵之一。人有天赋之性，具体内涵是仁、义、礼、智，礼是四者之一。"性一而已，仁、义、礼、智，性之性也；聪、明、睿、知，性之质也；喜、怒、哀、乐，性之情也；私欲、客气，性之蔽也。质有清浊，故情有过不及，而蔽有浅深也。私欲、客气，一病两痛。非二物也。"[②]此处王阳明将性、质、情、蔽看成一物，将其命名为"性"，认为"仁义礼智"是"性之性"，即人性。而本文所要探讨的"孝礼"之"礼"，并非人性之"礼"，而是指前人所制定或者约定俗成的礼仪规范，由众多节文组成，有成文的，也有口耳

[①] 杨伯峻：《论语译注》，《为政篇第二》，中华书局1980年版，第13页。
[②] 吴光等编校：《王阳明全集》卷二《语录二》，浙江古籍出版社2010年版，第75页。

相传的。王阳明除了使用"礼"一词之外,表达与之相同涵义的词汇还有"节文""节目""仪节"等,他还常常将礼与"乐"或者"名物"并提,组成"礼乐""礼乐名物"等词组。

在王阳明的思想中,孝心与孝礼是本与末、源和流的关系,孝心为本、源,孝礼为末、流。"此心若无人欲,纯是天理,是个诚于孝亲的心,冬时自然思量父母的寒,便自要去求个温的道理;夏时自然思量父母的热,便自要去求个清的道理。这都是那诚孝的心发出来的条件。却是须有这诚孝的心,然后有这个条件发出来。譬之树木,这诚孝的心便是根,许多条件便是枝叶,需先有根,然后有枝叶,不是先寻了枝叶,然后去种根。"①无人欲而纯是天理之心以及"诚于孝亲的心"指的都是良知,良知见父知孝,看到父母热自然知帮父母降温,见到父母冷自然知帮父母保暖,没有私欲的阻碍,自然知而必行。此处"思量"并非思考、思虑的意思,而是关心的意思,将父母的冷热感受纳入良知生成的意义世界之中。儒家倾向于使用譬喻的手法来阐述思想,王阳明也是如此,王阳明擅于运用自然界中的普遍现象来说明形而上的哲学问题,他将孝心比作根,孝礼比作枝叶,通过根和枝叶的关系来说明孝心和孝礼的关系:"须先有根然后有枝叶"说明孝心与孝礼的先后问题,孝心在前,孝礼在后,孝心是本源,孝礼是末流。"不是先寻了枝叶然后去种根",说明了工夫论的问题,工夫的起点是求取孝心,而非直接求取孝礼。孝心生出孝礼;没有孝心就没有孝礼;欲求孝礼,先求孝心;若没有孝心,无论对孝礼遵守得多么严格都没有意义。

除此之外,王阳明还讨论了理、中和之德、人情等与礼之关系。首先,他认为礼是理的外在表现,理与礼是一体、里表的关系。

"爱问:'先生以博文为约礼功夫,深思之未能得,略请开示。'先生曰:'礼字即是理字。理之发见,可见者谓之文;文之隐微,不可见者谓之理:只是一物。'"②王阳明认为"博文约礼"之"礼"指的是"理",本文所要讨论的关键词"礼节"也被称为"节文",属于"文"之组成部分。孙应奎《刻阳明先生传习录序》中说:"夫心之纯粹以精森然而条理者,非礼乎?即此礼之见于日用而有度数之可纪,谓之'文'。"③王阳明认为理与文是一体表里的关系,理是里,文是理的表现,理无形而文可见。理与文之间的关系亦是理与礼节之间的关系,所以理

---

① 吴光等编校:《王阳明全集》卷一《语录一》,浙江古籍出版社2010年版,第3页。
② 吴光等编校:《王阳明全集》卷一《语录一》,浙江古籍出版社2010年版,第7页。
③ 吴光等编校:《王阳明全集》卷五十二《附录二》,浙江古籍出版社2010年版,第2101页。

与礼节之间也是一体表里的关系。

其次,礼是中和之德之表现。

"孔子云:'人而不仁,如礼何!人而不仁,如乐何!'制礼作乐,必具中和之德,声为律而身为度者,然后可以语此。若夫器数之末,乐工之事,祝史之守,故曾子曰'君子所贵乎道者三'、'笾豆之事,则有司存也'。"①王阳明将礼乐放在末的位置上,他引用孔子的话旨在说明仁为本,礼乐为末。"如礼何?如乐何"则说明无本之末、无仁之礼乐是没有意义的。王阳明认为内心中和之人才有资格制作礼乐,内具中和之德之人,发声自然为音律,举动自然为度,度和律便是礼乐。故礼乐是"中和之德"的外在表现。王阳明重视立本的工夫。"中和之德"是本,立本便是修得"中和之德",心有"中和之德"自然发而为礼乐,"本立而道生",礼乐是"中和之德"的自然结果,求礼乐的工夫实际上是求"中和之德"的工夫。王阳明认为学者不应该舍本逐末,不应该将礼乐作为学习的主要内容,道才是学者应该用力之处。礼乐之事,有专职人员来掌握,所谓"笾豆之事,则有司存"。学者的追求在于成圣,而王阳明认为圣人仅关乎义理,仅关乎德性,而与"礼乐名物"无关。

最后,人情是圣人制礼之依据。"圣人之制礼乐,非直为观美而已也;固将因人情以为之节文,而因以移风易俗也。夫礼乐之说,亦多端矣,而其大意,不过因人情以为之节文,是以礼乐之制,虽有古今之异,而礼乐之情,则无古今之殊。"②

在王阳明思想中,理、良知、中和之德、人情均是"一物",区别在于乃从不同角度来命名。王阳明认为理与礼是一体、里表的关系,中和之德与礼是里表的关系,人情是理的内在依据。综上,这四者与礼是本末关系,可以说心礼为本末关系。

二 致良知:求孝礼之工夫

孔子认为孝是以礼事亲,这也是儒家的基本共识。要做到以礼事亲,首先要知道如何获得孝礼,不同思想家答案不同。朱熹认为孝礼不来源于人心,需要通过格物的工夫去心外求取。例如,去"先圣遗经"中推究古礼,然后发动孝心依

---

① 吴光等编校:《王阳明全集》卷二《语录二》,浙江古籍出版社2010年版,第57—58页。
② 吴光等编校:《王阳明全集》卷二十二《外集四》,浙江古籍出版社2010年版,第899页。

古礼而行。"今人皆无此等礼数可以讲习,只靠先圣遗经自去推究,所以要人格物主敬,便将此心去体会古人道理,循而行之。如事亲孝,自家既知所以孝,便将此孝心依古礼而行之。"①

王阳明反对朱熹的观点,他认为孝礼不在心外,求孝礼便是致良知。他与徐爱的对话可以清楚地揭示这一点。

徐爱问:"至善只求诸心,恐于天下事理有不能尽。"②在受教于王阳明之前,徐爱学习的是朱子学。他认为心外有理,天下事理的范围要大于心中之理。王阳明认为"心即理",心外无事,心外无理。爱曰:"如事父之孝,事君之忠,交友之信,治民之仁,其间有许多理在,恐亦不可不察。"③徐爱认为,孝是事亲之理,内涵小大粗精、表里内外的众多的理。人生而知孝,但是具体的事亲之则,需要格物的工夫从心外求取。先生叹曰:"此说之蔽久矣,岂一语所能悟?今姑就所问者言之:且如事父,不成去父上求个孝的理;事君,不成去君上求个忠的理;交友治民,不成去友上、民上求个信与仁的理:都只在此心,心即理也。此心无私欲之蔽,即是天理,不须外面添一分。以此纯乎天理之心,发之事父便是孝,发之事君便是忠,发之交友治民便是信与仁。只在此心去人欲、存天理上用功便是。"④王阳明反对徐爱的看法,他认为心外无理,孝之理不在父上,而来自人心。如果人心没有私欲的遮蔽,在事亲的情况下自然发而为孝。人不需要去心外求取一分孝之理,只需要在心中进行存天理、去人欲的工夫,即致良知即可。徐爱仍旧存在疑问:"闻先生如此说,爱已觉有省悟处。但旧说缠于胸中,尚有未脱然者。如事父一事,其间温清定省之类有许多节目,不知亦须请求否?"⑤"温清定省"出自《礼记·曲礼》:"凡为人子之礼,冬温而夏清,昏定而晨省,在丑、夷不争。"⑥"温清定省"的"节目"指的是孝的仪节。"旧说"是指朱子学说。上文已经讲到,在朱子学说中,孝礼在心外,需要推究古圣遗经来获取。所以,当王阳明指出尽孝只需在心上下工夫之时,徐爱提出疑问:难道在心外的孝的仪节不需要讲求了吗?

---

① 朱杰人等主编:《朱子语类》卷十五,《朱子全书》,上海古籍出版社、安徽教育出版社2002年版,第467页。
② 吴光等编校:《王阳明全集》卷一《语录一》,浙江古籍出版社2010年版,第2页。
③ 吴光等编校:《王阳明全集》卷一《语录一》,浙江古籍出版社2010年版,第2页。
④ 吴光等编校:《王阳明全集》卷一《语录一》,浙江古籍出版社2010年版,第2—3页。
⑤ 吴光等编校:《王阳明全集》卷一《语录一》,浙江古籍出版社2010年版,第3页
⑥ 孙希旦:《礼记集解》卷一,《曲礼上第一之一》,中华书局1989年版,第16—17页。

先生答：

> 如何不讲求？只是有个头脑，只是就此心去人欲、存天理上请求。就如讲求冬温，也只是要尽此心之孝，恐怕有一毫人欲间杂；讲求夏清，也只是要尽此心之孝，恐怕有一毫人欲间杂；只是请求得此心。此心若无人欲，纯是天理，是个诚于孝亲的心，冬时自然思量父母的寒，便自要去求个温的道理；夏时自然思量父母的热，便自要去求个清的道理。这都是那诚孝的心发出来的条件。却是须有这诚孝的心，然后有这条件发出来。譬之树木，这诚孝的心便是根，许多条件便是枝叶，须先有根然后有枝叶，不是先寻了枝叶然后去种根。《礼记》言："孝子之有深爱者，必有和气；有和气者，必有愉色；有愉色者，必有婉容。"须是有个深爱做根，便自然如此。①

他并没有否认孝礼存在的必要性，只是他认为孝礼来源于心，不应该去心外求取，应该在心上下工夫。无论是求"冬温"还是"夏清"，工夫都是在心中存天理、去人欲，即致良知。通过致良知，使人心达至纯是天理而无人欲的境界，也就是良知没有私欲遮蔽的程度。良知若无私欲的遮蔽，在事亲的情况下自然会发出孝。孝是爱亲，孝子夏天自然会担心父母热，便设法为父母降温，孝子在冬天自然会担心父母冷，便设法为父母保暖。"冬温""夏清"都是良知在无私欲遮蔽的情况下的自然而然的发用。良知能够发出孝礼的原因在于，礼即是理，而良知是万理之源。因此，求孝礼的工夫即是去除良知私欲遮蔽的工夫，即是致良知。

宋明理学家皆认为人性之中包含仁、义、礼、智。朱熹说："天命之性，万理完具；总其大目，则仁义礼智，其中遂分别成许多万善。"②王阳明说："性一而已，仁、义、礼、智，性之性也；聪、明、睿、知，性之质也；喜、怒、哀、乐，性之情也；私欲、客气，性之蔽也。质有清浊，故情有过不及，而蔽有浅深也。私欲、客气，一病两痛。非二物也。"③王阳明将"性""质""情""蔽"看成一个整体，此处他将这个整体称为"性"，这是从联系的角度看问题。若从

---

① 吴光等校校：《王阳明全集》卷一《语录一》，浙江古籍出版社2010年版，第3页。
② 朱杰人等主编：《朱子语类》卷一百一十七，《朱子全书》，上海古籍出版社、安徽教育出版社2002年版，第3687页。
③ 吴光等编校：《王阳明全集》卷二《语录二》，浙江古籍出版社2010年版，第75页。

分开的角度看问题，作为整体的"性"又分为"性""质""情""弊"。特指的"性"是与朱子人性相对应的。王阳明认为仁、义、礼、智是人性的内涵。"昔人有问：'孝弟为仁之本，不知义礼智之本。'先生答曰：'只孝弟是行仁之本，义礼智之本皆在此。使其事亲从兄得宜者，行义之本也；事亲从兄有节文者，行礼之本也；知事亲从兄之所以然者，智之本也。'"[①]孝不仅是行仁之本，也是行义、礼、智之本。事亲之节文是行礼之本，因为事亲之节文是礼之先发。事亲之节文即孝礼，是人性之礼的发用。在朱熹思想中，心性是二分的。只有当心性合一之时，礼才是心的内涵，心才能在事父之时发出孝礼。当心性不一之时，心在事亲之时可能不会发出孝礼。所以，朱熹主张到心外格取孝礼。而在王阳明思想中，心性是一体不分的。仁、义、礼、智是性的内涵，意味着仁、义、礼、智也是心的内涵。

朱熹也将求孝礼的工夫称为致知，致知的途径在于格物。孝礼是由古圣先贤制定的，今人沿用之。所以格物是去"先圣遗经"中推究。"今人皆无此等礼数可以讲习，只靠先圣遗经自去推究，所以要人格物主敬，便将此心去体会古人道理，循而行之。如事亲孝，自家既知所以孝，便将此孝心依古礼而行之。"[②]王阳明反对朱熹求孝礼的工夫论，他认为粗知一些"温凊定省"的仪节根本不是致知，致知重要的是在良知的指导下去行，仅知道一些孝的礼节是没有意义的。

> 吾子谓："语孝于温凊定省，孰不知之？"然而能致其知者鲜矣。若谓粗知温凊定省之仪节，而遂谓之能致其知，则凡知君之当仁者皆可谓之能致其仁之知，知臣之当忠者皆可谓之能致其忠之知，则天下孰非致知者邪？以是而言，可以知致知之必在于行，而不行之不可以为致知也明矣。知行合一之体，不益较然矣乎？[③]

王阳明也反对"学、问、思、辨"的工夫求孝礼，反复强调求孝礼只是致良知。"朝朔曰：'且如事亲，如何而为温凊之节，如何而为奉养之宜，须求个是

[①] 朱杰人等主编：《朱子语类》卷二十，《朱子全书》，上海古籍出版社、安徽教育出版社2002年版，第686页。
[②] 朱杰人等主编：《朱子语类》卷十五，《朱子全书》，上海古籍出版社、安徽教育出版社2002年版，第467页。
[③] 吴光等编校：《王阳明全集》卷二《语录二》，浙江古籍出版社2010年版，第55页。

当,方是至善,所以有学问思辨之功。'先生曰:'若只是温清之节、奉养之宜,可一日二日讲之而尽,用得甚学问思辨?惟于温清时,也只要此心纯乎天理之极;奉养时,也只要此心纯乎天理之极。此则非有学问思辨之功,将不免于毫厘千里之谬,所以虽在圣人犹加'精一'之训。若只是那些仪节求得是当,便谓至善,即如今扮戏子,扮得许多温清奉养的仪节是当,亦可谓之至善矣。'"①温清、奉养都有至善之处,即"温清之节""奉养之宜",属于孝礼的范围。弟子提出,"温清之节""奉养之宜"需要"学、问、思、辨"的工夫,王阳明反对这种看法。如果只是要知道"温清之节"和"奉养之宜",只需要识记一下就可以,用不着"学、问、思、辨"的工夫。按照弟子的观点,先从心外获取孝礼,下一步便是按照孝礼去行孝,王阳明将这种行孝的情况比作"舞台上扮孝子",并不是真的孝。他认为正确的工夫是"温清""奉养"之时"此心纯乎天理之极",心中全是天理,便没有私欲。没有私欲遮蔽,良知自知如何为"温清之节",如何为"奉养之宜",自能致知。

三 圣人对于"礼乐名物"之态度

王阳明反对在致良知之外专门学习孝礼,他认为学者应以成圣为志向。圣人之所以为圣人,是因为圣人生来具备圣人的品格,即王阳明所谓"生而知之",此"知"相当于赖尔所定义的"能力之知",圣人生而具备圣人的能力。而王阳明认为圣人"生而知之"的是义理,不是"礼乐名物",假如圣人掌握了"礼乐名物",那也是后天习得的。既然"礼乐名物"对于圣人来说,也是后天习得的,那么"礼乐名物"便不是圣人之所以为圣人的理由。义理是圣人之所以为圣人之根本依据,成圣之功就是要去学习义理,而不是去学习"礼乐名物"。

> 吾子乃以是为儒者所宜学,殆亦未之思邪?夫圣人之所以为圣者,以其生而知之也。而释《论语》者曰:"生而知之者,义理耳。若夫礼乐名物,古今事变,亦必待学而后有以验其行事之实。"夫礼乐名物之类,果有关于作圣之功也,而圣人亦必待学而后能知焉,则是圣人亦不可以谓之生知矣!谓圣人为生知者,专指义理,而不以礼乐名物之类,则是礼乐名物之类无关于作圣之功矣。圣人之所以谓之生知者,专指义理而言,而不以礼乐名物之

---

① 吴光等编校:《王阳明全集》卷一《语录一》,浙江古籍出版社2010年版,第3—4页。

类，则是学而知之者亦惟当学知此义理而已，困而知之者亦惟当困知此义理而已。今学者之学圣人，于圣人之所能知者，未能学而知之，而顾汲汲焉求知圣人之所不能知者以为学，无乃失其所以希圣之方欤？①

王阳明在他处还有一段关于圣人之所以为圣的精练的论断，可以与上文相互印证。

> 圣人之所以为圣，只是其心纯乎天理，而无人欲之杂。犹精金之所以为精，但以其成色足而无铜铅之杂也。人到纯乎天理方是圣，金到足色方是精。然圣人之才力，亦是大小不同，犹金之分两有轻重。尧、舜犹万镒，文王、孔子犹九千镒，禹、汤、武王犹七八千镒，伯夷、伊尹犹四五千镒：才力不同而纯乎天理则同，皆可谓之圣人；犹分两虽不同，而足色则同，皆可谓之精金。以五千镒者而入于万镒之中，其足色同也；以夷、尹而厕之尧、孔之间，其纯乎天理同也。盖所以为精金者，在足色而不在分两；所以为圣者，在纯乎天理而不在才力也。②

他认为圣人之所以为圣是因为心中纯是天理而无人欲，而与才力无关，好比金之所以为金是因为"成色足"，没有铅铜掺杂其中，不在于分量的多少。尧舜禹汤文武周孔虽然才力有差别，但都是圣人，因为他们心中只有天理而无人欲。所以要想成为圣人，就是要去成为"纯是天理而无人欲"之人，而不是去追求才力。

他批评当时的学者用错了方向，有成圣的目标却在圣人所不知道的地方下功夫，失去"希圣之方"，无法实现成圣理想。圣人"知不遍物"，并非无所不知，对于一些"礼乐名物"之事，反倒不如"曲知小慧之人、星术浅陋之士"。他称熟练掌握"礼乐名物"知识的人为"曲知小慧之人、星术浅陋之士"，已经表明他的态度，他瞧不起这些专以"名物制度"为学的人。

> 羲、和历数之学，皋、契未必能之也，禹、稷未必能之也；尧、舜之

---

① 吴光等编校：《王阳明全集》卷二《语录二》，浙江古籍出版社 2010 年版，第 58 页。
② 吴光等编校：《王阳明全集》卷一《语录一》，浙江古籍出版社 2010 年版，第 30 页。

知而不遍物，虽尧、舜亦未必能之也。然至于今，循羲、和之法而世修之，虽曲知小慧之人、星术浅陋之士，亦能推步占候而无所忒，则是后世曲知小慧之人，反贤于禹、稷、尧、舜者邪？①

学者们应该一心学道，在仁、义、礼、智、信等德性上下功夫，以恢复人的普遍本性为目标。"圣人无所不知，只是知个天理；无所不能，只是能个天理。圣人本体明白，故事事知个天理所在，便去尽个天理。不是本体明后，却于天下事物都便知得，便做得来也。天下事物，如名物度数、草木鸟兽之类，不胜其烦。圣人须是本体明了，亦何缘能尽知得？但不必知的，圣人自不消求知；其所当知的，圣人自能问人。如'子入太庙，每事问'之类，先儒谓'虽知亦问，敬谨之至'。此说不可通。圣人于礼乐名物，不必尽知。然他知得一个天理，便自有许多节文度数出来。不知能问，亦即是天理节文所在。"②

圣人所知所能只是天理，所作所为均是依照天理。在天理范围内，圣人是无所不知、无所不能的，但对于天下所有的事物，比如"名物度数、草木鸟兽之类"的具体知识，圣人并不能尽知，也没有必要都知道。"节文度数"是天理在具体事物上的发用，圣人中涵天理遇事自然知"节文度数"，王阳明也承认有些"节文度数"并非圣人当下良知之发用。王阳明认为圣人将非当下即知的"节文度数"的态度分为两种，一种是没必要知的，那就不去知；一种是有必要知道的，圣人自然去请教别人，"子入太庙，每事问"就是典型案例。

弟子请教《律吕新书》，《律吕新书》是关于礼乐之书，王阳明回答学习礼乐应从本原处用功。"问《律吕新书》，先生曰：'学者当务为急。算得此数熟，亦恐未有用，必须心中先具礼乐之本方可。且如其书说多用管以候气，然至冬至那一刻时，管灰之飞，或有先后，须臾之间，焉知那管正值冬至之刻？须自中心先晓得冬至之刻始得。此便有不通处。学者须先后礼乐本原上用功。'"③

四 讲求权变：王阳明对待古礼的态度

王阳明时代所通行的礼仪制度，是由古圣先贤所制定的，是对古礼的继承。

---

① 吴光等编校：《王阳明全集》卷二《语录二》，浙江古籍出版社2010年版，第58页。
② 吴光等编校：《王阳明全集》卷三《语录三》，浙江古籍出版社2010年版，第106页。
③ 吴光等编校：《王阳明全集》卷一《语录一》，浙江古籍出版社2010年版，第21页。

王阳明认为古圣先贤制定礼仪的依据是"人情",同时要考虑当时的习俗。

> 盖天下古今之人,其情一而已矣。先王制礼,皆因人情而为之节文,是以行之万世而皆准。其或反之吾心而有所未安者,非其传记之讹缺,则必古今风气习俗之异宜者矣。此虽先王未之有,亦可以义起,三王之所以不相袭礼也。若徒拘泥于古,不得于心,而冥行焉,是乃非礼之礼,行不著而习不察者矣。后世心学不讲,人失其情,难乎与之言礼!然良知之在人心,则万古如一日。苟顺吾心之良知以致之,则所谓不知足而为屦,我知其不为蒉矣。非天子不议礼制度,今之为此,非以议礼为也,徒以末世废礼之极,聊为之兆以兴起之。故特为此简易之说,欲使之易知易从焉耳。①

王阳明在此处使用了"人情"一词,但上文已经提到,王阳明在他处谈论到礼的内在依据是义理。虽然用词不同,但义理和人情在王阳明的思想体系中是统一的。"心即理",良知即是义理,在此不必赘述。作为先王制礼依据的人情不是个人的感情,而是人的普遍情感,没有时间和空间的具体规定性,古今没有区别,天下人都是相同的。"盖天下古今之人,其情一而已矣。""人情"指的也是良知。王阳明在《答魏师说》中说:"今时同志中,虽皆知得良知无所不在,一涉酬应,便又将人情物理与良知看作两事,此诚不可以不察也。"②王阳明认为"人情物理"与良知是一件事。人有普遍之情是因为人有普遍之心,人的普遍之心是人的本心,即良知。人的普遍之情由良知发出,故以人情为依据根本上是以良知为依据。

接着王阳明说因人情没有古今的差异,圣人因人情而制作的古礼仍旧合于今人之情,仍旧适用于今日,是行之万世的准则,但仍然存在"反之吾心而有所未安者"。心安是一种心理状态,王阳明认为人在致良知之时心理状态为安,心有私欲而不能去致良知是不安。"当弃富贵即弃富贵,只是致良知;当从父兄之命即从父兄之命,亦只是致良知。其间权量轻重,稍有私意于良知,便自不安。"③

践行古礼之时"反之吾心而未安"说明践行古礼并非致良知,进而说明古礼与良知不符合。上文已经提到,古礼是圣人依据良知所制定,良知则没有古今差

---

① 吴光等编校:《王阳明全集》卷六《文录三》,浙江古籍出版社 2010 年版,第 215 页。
② 吴光等编校:《王阳明全集》卷六《文录三》,浙江古籍出版社 2010 年版,第 232 页。
③ 吴光等编校:《王阳明全集》卷六《文录三》,浙江古籍出版社 2010 年版,第 229 页。

异，古礼行之万世皆准，王阳明是如何解释某些古礼与时人之良知不符合的情况呢？他认为有一种可能是古礼在流传过程中出现了"讹缺"的情况，另一种可能是古今风俗的变化。对待已经不合于今人良知的古礼，王阳明的态度是不能因泥古而违背良知，而是应该遵循良知的指引，对古礼进行修改，使之合于良知又不违背风俗。如果有需要，而先王之礼中又不存在的话，今人也可依据"义"制定礼，即使是三代也"不相袭礼"，所以法古也要具备因时损益之精神。王阳明还陈述了泥古的危害，他说泥古而违背良知是"冥行"，也就是无知之行，上文已经提到王阳明只将良知视为知，礼节并不属于良知的范围，所以在无良知发动的情形下践行古礼等于行而不知，属于"冥行"。

他还批评泥古是"行不著而习不察"，只知道要按照礼节去做，却不知道按照礼节去做的原因是什么。上文已经论述，礼节是理的外在表现，理为本，礼节为末，遵守礼节的根本目的是要循理而为。他批评泥古为"非礼之礼"，前一个"礼"指的是义理之"理"，后一个"礼"指的是礼节，泥古是遵循无理之礼节，是本末倒置。

王阳明认为谈论礼的前提是不失人情、不失良知，而不失人情、不失良知的办法是"讲心学"。求礼之工夫是致良知，顺良知而为未必完全中先王之礼，但也与礼不远，好比做鞋不知道脚的码数，但是也做不成大筐。

王阳明接着解释了"舜不告而娶""武王不葬而兴师"的行为，认为他们并非依据前人制定的礼节而为，若以礼节来规范二人所为，二人则为"不忠不孝"之徒。他们只是遵循一年良知，"权轻重得宜"。舜遵循不能无后之良知而行，才有了不告而娶的行为；念武王遵循了不能不救民之良知，才有了不葬而兴师的行为。

> 夫舜之不告而娶，岂舜之前已有不告而娶者为之准则，故舜得以考之何典，问诸何人，而为此邪？抑亦求诸其心一念之良知，权轻重之宜，不得已而为此邪？武之不葬而兴师，岂武之前已有不葬而兴师者为之准则，故武得以考之何典，问诸何人，而为此邪？抑亦求诸其心，念之良知，权轻重之宜，不得已而为此邪？使舜之心而非诚于为无后，武之心而非诚于为救民，则其不告而娶与不葬而兴师，乃不孝不忠之大者。[①]

---

① 吴光等编校：《王阳明全集》卷二《语录二》，浙江古籍出版社2010年版，第55页。

因此他批判后世学者不去致良知，而悬空讨论"节目时变"，期望讨论出一个标准，作为行事之准则，以求万无一失，可以说是缘木求鱼、愈求愈远。

> 而后之人不务致其良知，以精察义理于此心感应酬酢之间，顾欲悬空讨论此等变常之事，执之以为制事之本，以求临事之无失，其亦远矣！其余数端，皆可类推，则古人致知之学，从可知矣。①

《中庸》中记载："非天子，不议礼，不制度，不考文。"王阳明认为修改礼节并非议礼，而是后世之礼废置不行，"古礼之存于世者，老师宿儒当年不能穷其说，世之人苦其烦且难，遂皆废置而不行"②。他认为修改礼节实际上是在复兴古礼。

古礼既繁且难，人难知难行，遂被废止。所以他认为简易是礼节的重要原则，因为简易的仪节能够使人做到易知易从。他评价弟子邹守益制定的《谕俗礼要》为"甚善甚善"，因为简切明白而使人易知易行，合于风俗且切近人情。

> 承示《谕俗礼要》，大抵一宗《文公家礼》而简约之，切近人情，甚善甚善！非吾谦之诚有意于化民成俗，未肯汲汲为此也！……故今之为人上而欲导民于礼者，非详且备之为难，惟简切明白而使人易行之为贵耳。中间如四代位次及社祔祭之类，固区区向时欲稍改以从俗者，今皆斟酌为之，于人情甚协。③

关于礼节的修订，他提出具体的想法，作为对邹守益《谕俗礼要》的建议。他认为礼节最重要的是冠、婚、丧、祭，建议在冠、婚、丧、祭之后附以民俗，对化民成俗的效果更好。他认为射礼宜单独出书，因为射箭并非民间经常的活动，将射礼与冠、婚、丧、祭之礼放在一起，可能会引起此礼书不切近于日用常行的误解，再加上射礼往往晦涩难懂，恐怕人们会因此连冠、婚、丧、祭等易知易行的礼节也一起放弃，《文公家礼》中不含射礼，原因就在这里。

---

① 吴光等编校：《王阳明全集》卷二《语录二》，浙江古籍出版社 2010 年版，第 55 页。
② 吴光等编校：《王阳明全集》卷六《文录三》，浙江古籍出版社 2010 年版，第 215 页。
③ 吴光等编校：《王阳明全集》卷六《文录三》，浙江古籍出版社 2010 年版，第 215 页。

> 冠、婚、丧、祭之外,附以乡约,其于民俗亦甚有补。至于射礼,似宜别为一书,以教学者,而非所以求谕于俗。今以附于其间,却恐民间以非所常行,视为不切,又见其说之难晓,遂并其冠、婚、丧、祭之易晓者而弃之也。《文公家礼》所以不及于射,或亦此意也欤?幸更裁之![1]

综上所述,王阳明认为孝心、良知与孝礼之间是本末、源流之间的关系。礼即理,王阳明认为心即理,心外无理,因此心外无礼。孝礼本源于人之本心——良知,若无私欲的遮蔽,良知在具体的事亲之事上自然会发用为对应之理,也就是孝礼。因此,求孝礼不应该去心外探求,而应该去致良知。古圣先贤依据"人情"和当时的习俗制定古礼,传承至后世。但后人在践行某些"古礼"时会出现"反之吾心而未安"的情况,这种情况意味着古礼已经不合于今人之良知。出现这种情况的原因不是今人与古人的良知有何不同,而是在于古今风俗产生了变化。对此情况,王阳明秉持其一贯立场:不能泥古而违背良知,而应该对古礼进行修改,使之本于良知而有合于风俗。

---

[1] 吴光等编校:《王阳明全集》卷六《文录三》,浙江古籍出版社2010年版,第215—216页。

从推崇到批判：黄绾论陆九渊

张宏敏

（浙江省社会科学院哲学所）

黄绾，字宗贤，号石龙，又号久庵山人、久庵居士、石龙山人等，后世学者称久庵先生、久翁先生。明浙江布政司台州府黄岩县（今浙江省台州市黄岩区北城街道新宅村）人。生于明宪宗成化十年二月十一日（1480年3月31日），卒于明世宗嘉靖三十三年九月初四日（1554年9月30日），享年75岁。

作为思想家、哲学家、文学家的黄绾，一生学富五车，"志在天下"，立志学"圣人之学"，以"明道"为己任。青年时期师从浙南台州理学名家谢铎而刻苦用功于程朱理学。中年时期与王阳明、湛若水等心学大家结盟共学，曾一度服膺于阳明"致良知"之教，并创办"石龙书院"而致力于在浙南一代传播弘扬阳明学。阳明殁后，多次上疏为阳明争取"名分"，撰有《阳明先生行状》，辑刊过阳明存世文献，还嫁女于阳明哲嗣王正亿并抚养之长大成人。晚年因出使安南未果而"落职闲住"于黄岩老家，遂隐居翠屏山，以读书、著书、讲学终老，又能自觉地开展对宋明诸儒学术思想的批判，从而提出了具有复古倾向与自家理论特色的"艮止、执中之学"，堪称中晚明时期阳明学阵营内部具有自觉批判意识、主动修正阳明心学之"先驱者"。这里，我们以黄绾的中年、晚年为分野，检讨一下黄绾对于宋儒陆九渊的评价。

一 中年黄绾对"陆学"的赞叹："象山之言，明白痛快，直抉根原"

在正德五年（1510年）冬结交王阳明、共倡圣学之后，黄绾曾用功于宋儒陆九渊的著作，一度极力推崇"陆学"。这可能与王阳明对"陆学"的推崇有关，阳明《与席元山书》有"象山之学简易直截，孟子之后一人"云云（《王阳明全集·与席元山书》），其《答友人问》论及象山"于学问头脑处，见得直截分明"（《王阳明全集·答友人问》），其《象山文集序》云："象山陆氏，简易直截，真有以接孟子之传。其议论开阖，时有异者，乃其气质意见之殊，而要其学之必求诸心，则一而已。故吾尝断以陆氏之学，孟氏之学也。"（《王阳明全集·象山文集序》）阳明对陆氏心学的推崇，必定会感染、熏陶"矢志于圣学"的道友黄绾。

正德九年左右，供职南都的王阳明与众弟子讲论"陆学"（"心即理"）；与此同时，宗朱学的魏校在南都宣讲"朱学"（"性即理"），王、魏门生双方因"门户之见"而相互指责，并就"尊德性""道问学"等论题展开论辩，颇似当年"鹅湖之会"上"朱陆之辩"的"翻版"。此时身在黄岩的黄绾得知此事之后，颇似当年的吕祖谦，从中斡旋、调停，其在《答邵思抑书》中就自己对"陆学"的看法发表了意见：

> 吾人学问惟求自得以成其身，故曰："诚者自成也，而道自道也。"实无门户可立，名声可炫，功能可矜。与朱陆之同异有如俗学者也，苟求之能成吾身而有益于得，虽百家众说皆可取也，况朱陆哉！苟求之不能变吾气质而无益于得，虽圣言不敢轻信，况其他哉！故曰："君子之道本诸身、征诸庶民、考诸三王而不谬，建诸天地而不悖，质诸鬼神而无疑，百世以俟圣人而不惑。"吾何求哉！求得于此而已矣。若朱有益于此则求之于朱，陆有益于此则求之于陆，何彼我之间、朱陆之得亲疏哉！请兄于陆书始读之，久看所得，比之于朱何如？又比之濂溪、明道何如？则可知矣。世皆以陆学专尊德性而不及道问学，故疑之曰禅。凡其有言，概置之不考；有诵其言者，辄命之曰禅，不复与论。是以德性为外物，圣学有二道哉？殊不知象山每以善之未明、知之未至为心疚，何不道问学之有？又其言曰："束书不观，游谈无根。"何不教人读书也？但其所明、所知与所读有异于人者，学者类未之思耳！（《黄绾集·答邵恩折书》）

此函之中，黄绾一方面以"吾人学问惟求自得以成其身"为立论前提，反对"是朱而非陆""是陆而非朱"的"门户之见"；另一方面还为时人关于"陆子禅"的说法开脱，以陆子"教人读书"为例，指出陆学并非扬"尊德性"而抑"道问学"。于此可见，中年黄绾对"陆书""陆学"所主"德性之教"的重视与推崇。随后，黄绾又在《复李逊庵书》中表达了同样的观点："晦翁、象山始有异辩，然亦未尝不相为重。至晦翁门人专事简册，舍己逐物，以争门户，流传至今，尽经纂辑为举业之资，遂满天下，三尺童子皆能诵习，腾诸颊舌。或及德性，即目为禅，乃以德性为外物、圣学为粗迹，道之晦蚀，一至此矣。殊不知古人所谓问学者，学此而已。学不由德性，其为何学？"（《黄绾集·复李逊庵书》）不难看出，在"朱陆之辩"的为学路径问题上，黄绾明显是倾向于"陆学"的。

正德十三年左右，身在黄岩的黄绾有书函与远在江右督军的王阳明，就宋儒之学发表评论，其中对"陆学"评价甚高："宋儒自濂溪、明道之外，惟象山之言，明白痛快，直抉根源，世反目之为禅而不信，真可恨也。伊川曰：'罪己责躬之意不可无，亦不可留胸中为悔。'象山则不然，曰：'旧过不妨追责，益追责益见不好。'又曰：'千古圣贤，何尝增损？得道只为人去得病。'今若真见得不好、真以为病，必然去之，去之则天理自在，道自流行，所谓'一日克己复礼、天下归仁'者也。"（《黄绾集》）这里，黄绾以"象山之言，明白痛快，直抉根源"为结论，与王阳明"象山之学，简易直截"的评判一样，均以为"陆学"就是孔孟圣学的嫡传。

此外，黄绾《复广福观记》一文，还径称陆九渊为一代"学宗"："史公（史浩）尝荐江浙士十五人，如陆九渊、杨简、叶适、袁燮诸人皆为时选，而九渊则为学宗。"（《黄绾集·复广福观记》）这可作为中年黄绾偏爱"陆学"的一条佐证。

二 晚年黄绾对"陆学"的责难："象山之学，亦未精详"

晚年的黄绾"跨出王门"，以"回归经典"的方式摆脱了"性即理""心即理"孰是孰非的"争辩"，重建道统、重寻道脉，完成了以"艮止、执中"为道体的"道学"重构。

如所周知，陆象山作为南宋道学家，以孟子主张的"先立乎其大"，"学问之道无他，求其放心而已"，"心之官则思"之言，作为"优入圣域"的门径，以承续"曾子传之子思，子思传之孟子"的道脉，"为往圣继绝学"。尽管如此，陆九渊生活的南宋距"北宋五子"的时代毕竟不远，因此对于"伊洛渊源"亦不加否认。《语录下》载："韩退之言：'轲死不得其传。'固不敢诬后世无贤者，然直是至伊洛诸公，得千载不传之学。但草创未为光明，到今日若不大段光明，更干当甚事？"（《陆九渊集·语录下》）言中之义，陆九渊以"草创未为光明"之言表示了对"伊洛渊源"的暧昧态度,又有接续"伊洛诸公"道统之意向。如此这般表态,对于陆九渊而言,也合乎传统儒者思维,本无可厚非;但是明代儒者黄绾在晚年所成的《明道编》中说:

> 象山云:"韩退之言,轲死不得其传,直至濂洛诸公,得千载不传之学,但草创未光明。"予谓,当时禅学盛行于天下,虽在诸公,亦不免禅学之汩,至于圣人心传之要,或不能无憾,亦不但"草创未光明"而已。此言,予极知僭妄,但属尧、舜、禹、汤、文、武、周公、孔、孟道脉所在,故敢言之,以启后世有志者之精求也。(《明道编》卷二)

黄绾《明道编》以"宋儒之学,其入门皆由于禅:濂溪、明道、横渠、象山则由于上乘;伊川、晦庵则由于下乘"(《明道编》卷一)为评判标准,得出"宋儒之学,其源流皆本于宋儒,而非尧舜以来之传(《明道编》卷一)的论断。言外之意,在晚年黄绾的道统传承谱系之中,陆九渊与其他宋儒一样,暂被"悬置"而不论。

宋明儒者的道学语境,均重视对《大学》"致知在格物"一语的解读,比如程朱有"即物穷理"之说,王阳明有"格君心""致吾心之良知于事事物物"之论。陆九渊也有自己的解读:"所谓格物致知者,格此物、致此知也,故能明明德于天下。"(《陆九渊集》卷十九)《中庸》言博学、审问、慎思、明辨,是格物之方。"(《陆九渊集》卷二十一)晚年通过"回归经典"而有所得的黄绾,其《明道编》以为无论程朱,抑或陆王,他们对"致知在格物"的解读均非《大学》作者曾子之本真义,因为:"致知,乃格物工夫;其云格物,乃致知功效。'在'者,志在也,志在于有功效也;'致'者,思也,'心之官则思,思则得之,不思则不得也';'格'者,法也,'有典有则'之谓也。"(《明道编》卷二)借此,黄绾以自己对"致知在格物"的解读,否定了陆九渊对此一语的诠释:

> 致知是格物工夫,格物是致知功效,先儒失之。虽象山亦以格物、致知并为《大学》下手处,而无所分别。又以《中庸》言博学、审问、慎思、明辨为格物之方,笃行则无所属而置不言,于此则知象山之学,亦未精详。殊不知博学、审问、慎思、明辨、笃行五者,皆为学之所当先知者,皆致知之方也。由此则知致知不以为工夫、格物不以为功效,其来久矣,亦无怪乎

今日之难明也！盖学固不可无工夫，亦不可无功效，若不知有功效，则必不知所抵极矣。(《明道编》卷二)

《大学传》在解释"修身齐家"之时有言："人之其所亲爱而辟焉，之其所贱恶而辟焉，之其所畏敬而辟焉，之其所哀矜而辟焉，之其所敖惰而辟焉。"此句中共有五个"辟"字，对其音训之解，后世儒者有分歧：比如朱熹"集注"以为："辟，读为僻。……辟，犹偏也。"(《四书章句集注》)而陆九渊则以为，此处五个"辟"字皆当读作去声，以"譬"字训之。对于"辟"字之音训，黄绾同意朱熹的看法，以为陆氏之解读"非也；不若读作入声，为'僻'字，'僻'乃偏僻，于义尤明也，于此见'僻'之害为大"(《明道编》卷二)。

应该指出的是，虽然晚年的黄绾不同意陆九渊对于宋儒道统"草创未为光明"以及"格物致知"、《大学》"辟"之音训的解读，但是《明道编》还是多援引《象山语录》之言，以为自己的"道学"张目。比如《明道编》引陆九渊"后世言学者须要立个门户。此理所在，安有门户可立？学者又要各护门户，此尤鄙陋"云云(《陆九渊集》卷三十四《语录上》)，以批评"今日朋友"即阳明门人、后学"门户之争"的弊端："今日朋友专事党护勾引，以立门户，自相标榜，自为尊大，不论人之贤否、事之是非、情之诚伪，凡与其意合者，辄加称重回护，以为贤、为是、为诚，而尊大之；凡与其意不合者，辄不论其贤、其是、其诚，概加毁讪排抑而卑小之，所以致人之怨恶不平，皆在于此。"(《明道编》卷三)又比如在阐述《论语》"据以德"义时，援引陆九渊之言："德则根乎其中，达乎其气，不可伪为。"(《陆九渊集》卷三十四《语录上》)黄绾作进一步的解读："盖必气质变化，表里如一，方可言德。"(《明道编》卷一)陆九渊云："《孝经》十八章，孔子于曾子践履实地上说出来，非虚言也。"(《陆九渊集》卷三十四《语录上》)黄绾通读《孝经》并"实地践履"之后，即"信乎象山之知学、知道也，人若不实践，岂知《孝经》之切于身而为圣学之的也"(《明道编》卷三)，从而得出结论：《孝经》一书真不在《大学》《中庸》之下。此外，陆九渊有"见人标末盛，便荒忙，却自坏了"云云，黄绾以为陆氏"此言极切今日之弊，不可不深味也"(《明道编》卷三)。

总之，"陆书"(以《象山语录》为主)、"陆学"对黄绾的影响是相当深刻而又有理性说服力的。

身体、心灵与自然的融通*

——王阳明心学主体性的结构

张新国

(南昌大学哲学系)

宋明理学内部思潮的发展,有一个值得注意的现象,即从较为注重道德形而上学的建构渐变为较为注重工夫修养的实践。这个思想历程有一个一以贯之的线索,即尤为注重学问对现实的人的身心素质与境界的提升,用阳明的话叫作"讲之以身心",以期达到心灵对身体的出于自然的而非外在强制的宰制。从行动哲学的视域看,其实质在于注重道德理性通过主导人的身体行动来开显存在的意义。理学家常用"自然"来形容德性实践的熟练自得。在王阳明思想中,所谓"自然"主要有两重含义,一种可称其为"本体"义,即儒家伦理要求人的道德行动自然地而非被迫地合于法则;一种可称其为"境界"义,亦即儒家讲的"自然"往往指人德性实践的熟练自得,即自然的、自在的、合乎本性的、一种从心所欲不逾矩的效验。如果说前者较多指向主体行动之前,后者则较多指向主体行动之后。阳明主张致良知的本体工夫,亦即主张人以其形而上的本然良心指导其具体的生活实践,这一指导落实于人的最切近的存在——身体,王阳明追寻这一包含了思与行的实践系统运作的必然性、客观性和普遍性。从更广的视域看,即追寻"作为思考的、行动的统一性(unity)"①的主体性。这显示出阳明心学行动

---

* 本文曾发表于《哲学研究》2020年第2期。

本文系2014国家社科基金重大项目"朱子门人后学研究"(14ZDB008)、2018国家社科基金青年项目"永嘉朱子学研究"(18CZX033)、2017江西省高校人文社会科学重点研究基地项目"陈埴哲学研究"(JD17105)的阶段性研究成果。

① [英]伯纳德·威廉斯:《羞耻与必然性》,吴天岳译,北京大学出版社2014年版,第52页。

理论注重自律、自然与自由的统一。

一　身体与心灵

杨儒宾认为，传统儒者所讲的道德意识从来就不只是人头脑中的意识而已，而是带有相当强的生命力，他认为这种生命力如果用中国哲学或者医学的术语来讲就是气。他说："人身的活动及知觉展现都是气流注的结果，气的精华流为七窍，特别可以成为良知之开窍；而身体一般的展现也都因有气脉贯穿。"[①] 他认为这是人的身体较为自然地与人的道德意识活动过程同步展开的内在原由。这里有两重意义需要注意，一是，儒学始终认为人的道德世界与自然世界是连续的，并认为这一个连续体的实际载体即是气。二是，人的形体即身体是人的最直接的、现实的气，亦即上述所言连续体的集中体现。正因为如此，可以说人的身体是人的心灵与广阔的自然世界交接的中枢。

这样来看，人的心灵、身体与自然世界的同频律动对人来说就成了一种必要性了。儒家念兹在兹的"天人合一"在这里可以得到最显要的证明。杨教授上面讲的身体之气的流注与人的道德意识的同步性，实际上阐述的首先是自然的、生物学意义上的节律对于人的心灵自由实现的基础性意义。库德隆（Coudron）认为，所谓身体的自由不过是准确观察大千世界的生物节奏，在尊重这一生物节奏的基础上而与这个世界同步地生活。人们只有充分尊重时间性才能够更接近自由本身。库德隆指出自由并非来自与时间相对抗或者说逃避时间，而是接受时间对人的活动的必要限制，接受时间的亦即自然的节奏与法则。他说："寻求身体节奏与宇宙节奏的同步能使我们真正自由地生活。"[②] 心灵的、精神的自由是古今中西思想家论证的焦点，人们逐渐意识到只有心灵的、精神的自由还不够，身体的自由往往被确证为更为真实的自由。就构成同一个主体性而言，身体与心灵的主要差异之一在于身体具有自然历史性即时间性。正是这一时间性构成身体的具体性，而具体的身体的存在需要以顺应自然节律为前提。归根结底，人的心灵的自由根源于经由身体而与自然的节奏相一致。

宋儒讲，相对于万物，人乃"得其秀而最灵"者，即认为人在气禀上即形体上的卓越是人心灵通的究极原因。而在阳明看来，只这样讲还远远不够。在陆九

---

① 杨儒宾：《儒家身体观》，台北："中央研究院"中国文哲研究所筹备处1996年版，第326页。
② ［法］奥利维埃·库德隆：《身体·节奏》，梁启炎译，海天出版社2001年版，第188页。

渊本心论的基础上,阳明进一步将心本体化,并从宇宙论上论证人为天地的心以及天地万物与人本来就是一体的。他认为老百姓的颠沛困苦与我们自身的疾痛是直接相关的,他说:

> 不知吾身之疾痛,无是非之心者也;是非之心,不虑而知,不学而能,所谓"良知"也。良知之在人心,无间于圣愚,天下古今之所同也,世之君子惟务其良知,则自能公是非,同好恶,视人犹己,视国犹家,而以天地万物为一体,求天下无治,不可得矣。①

阳明一开始便将良知预设为人人本具于身的精神主宰。在他看来,人不仅与天地万物在本源上是一体的,而且人还是天地万物的构成性基础,即天地的心。以此观之,我们应当对他人的艰难疲苦有切肤之感。阳明还指出,对人的苦楚无所知觉,就是没有是非之心。是非之心是人不必思虑就能知道、不必学习就能做到的亦即先天具有的良知。圣人有良知,愚不肖的小人也同样有良知。人的良知,不因地域与时间的差异而有所不同。如果人们都能够专主致良知,就自然能够是非得宜、好恶得当,就能够像感应到自己的事务一样感应到别人的事务,像尽心处理自己家庭的事务一样处理国家的事务,进而能够在实际上做到万物一体。阳明认为,所谓平天下亦导源于此。

关于良知,阳明指出人的良知是自然生生不息的"天植灵根",②只是由于被人自身的私累戕贼蔽塞而不得发生。在阳明看来,良知是天地在人的形气中植入的"灵根",它本来就具足了不断生发万物的功能。阳明这里所说的"生"不是存有意义上的"生出",而是基于其开显万物对于人的意义而言的"呈现"。良知虽然先天地具有这样的性能,但在现实中往往被人的私欲遮蔽壅塞,所以难以展现其呈现万物的意义。故而,阳明学主张通过学习来求取行动的普遍法则。如他说孔门之学在于"讲之以身心,行著习察,实有诸己者也"③。阳明认为,孔孟之

---

① (明)王阳明:《王阳明全集》,吴光、钱明、董平、姚延福编校,上海古籍出版社1992年版,第79页。

② (明)王阳明:《王阳明全集》,吴光、钱明、董平、姚延福编校,上海古籍出版社1992年版,第101页。

③ (明)王阳明:《王阳明全集》,吴光、钱明、董平、姚延福编校,上海古籍出版社1992年版,第75页。

学的枢要在于将学问精神落实和体现到日用常行的言语行动之中。很显然,这一落实和体现的实质在于人的道德意志对行动的主导。故而他说:

> 君子之酬酢万变,当行则行,当止则止,当生则生,当死则死,斟酌调停,无非是致其真知,以求自慊而已。①

阳明认为,致良知并非什么神秘玄幻的事物,而是展开在日常生活接人待物的具体行动之中的。阳明将道德的是非之心即人人同具的普遍法则诠释为良知的核心要义,并以所谓"当行则行,当止则止,当生则生,当死则死"加以例证。致良知是遵循而非违背人的存在法则的事务,阳明指出,强求人的能力之外的事务,就都不属于致良知,也就不可能致来真知。他认为孟子讲的劳筋骨、饿体肤等是在顺应人的道德存在规律的意义上讲的,所以称得上是能致来真知即良知的正当途径。可见,阳明不仅强调心灵对于身体的主宰作用,同时也突出身体修炼对于获得纯粹道德意志的重要性。而这里的身体修炼与佛道循空蹈虚不同,指的是生活当下的具体事为。

可见,从主体性的视域加以考察,阳明心学兼举"心灵"与"身体"两重要素,具有较强的综合性和体系性,不仅强调心灵特有的思维主宰功能,而且强调为身体所独有的践形功能。究极言之,阳明对身体的重视导源于他在本体论上对气的理解,即他认为气论与仁学——即其良知学——是浑融无间的。正因为如此,阳明讲良知不仅具有价值范导功能而且同时具有生生化育功能就不难理解了。

二 天地之心与一气流通

宋代以来,由于儒家为建构宇宙论、本体论而将汉唐以来的元气论引入孔门仁学,这就引申出一个问题,即人之赋气受形与万物一般,那么人的高贵之处又该如何来说明呢?至少从周敦颐以来,宋儒是以人是天地的意义彰显的基础即人为天地之心来说明人相对于万物的卓越处的。张程、朱陆等均持此说。王阳明对于先儒的思想有继承,也有发展。这一发展主要体现为两点:一是,与宋儒较为注重在境界论上讲人为天地之心不同,阳明注重从本体论上讲。这就不止是从价

---

① (明)王阳明:《王阳明全集》,吴光、钱明、董平、姚延福编校,上海古籍出版社1992年版,第73页。

值论上讲天地之心，而是同时注重从存在论的意义上讲。二是，与宋儒较为注重从意识、思维和精神的维度讲天地之心，阳明重拾儒家身体哲学，不止强调道德行动主体性当中心灵的主宰性，同时特别注重阐扬身体之于"人"的基础性、前提性意义。

"天地之心"是宋明理学的重要范畴之一，阳明阐发天地之心的新义在于不止是从"心"即意识的维度来展开，而是尤为注重从"身"即存在的维度来掘发。这显示出阳明思想对儒家主体性的新开展。阳明讲：

> 天地万物之声非声也，由吾心听，斯有声也；天地万物之色非色也，由吾心视，斯有色矣；天地万物之味非味也，由吾心尝，斯有味也；天地万物之变化非变化也，由吾心神明之，斯有变化也；然则天地万物也，非吾心则弗灵矣。吾心之灵毁，则声、色、味、变化不得见矣。声、色、味、变化不可见，则天地万物几乎息矣。故曰："人者，天地之心，万物之灵也，所以主宰乎天地万物者也。"
>
> 吾心为天地万物之灵者，非吾能灵之也。……明非吾之目也，天视之也；聪无弗同也，天听之也；嗜非吾之口也，天尝之也；变化非吾之心知也，天神明之也。故目以天视，则尽乎明矣；耳以天听，则竭乎从矣；口以天尝，则不爽乎嗜矣；思虑以天动，则通乎神明矣。天作之，天成之，不参以人，是之谓天能，是之谓天地万物之灵。①

在阳明看来，人与其他有形体的万物和谐自在地共存于这同一个自然宇宙之中，人的身体以其官能而言又是其他万物的主宰。而人有其心灵正是人的身体之所以能够主宰万物的根由。这里阳明讲的"其能以宰乎天地万物者"的"能"字尤可注意。为什么说人的心灵是能够主宰天地万物者呢？阳明先生认为，天地万物的声音、颜色、臭味、变化正是由于人有其心灵来聆听、注视、品尝和体察，所以才成其为声音、颜色、臭味与变化。由此，阳明认为，天地万物，如果没有人的心灵，就不再灵验、生动了，即如果我们的心灵毁坏了，那么天地万物的声音、颜色、臭味与变化就不可能被感知了。在这一意义上，就相当于说天地万物

---

① （明）王阳明：《王阳明全集》，吴光、钱明、董平、姚延福编校，上海古籍出版社1992年版，第1338页。

不存在了。因此说，人是天地的心灵与万物的灵窍，是主宰天地万物的主体。值得注意的是，阳明所论人以其聆听、注视、品尝与体察的直接主体就是人的身体。在阳明的思想体系中，人的身体与心灵是合一的，或者说是应当合一的。可以说，"合一"是身心关系的"本体"即本来状态。不惟如此，如果将天人合一与身心合一再加以凝练，便可得出，人的心灵与天地的一体性。正是在这个意义上，阳明认为人的心灵的感知、觉察就是天地自然本身的感知、觉察。

与第一段主要讲人心对于天地万物意义世界的开显相对，第二段阳明继续深化其思想，将人心的灵通功能归结为天地自然之功能。他的意思是说，我们的心使天地万物得以灵通，而归根结底使天地万物灵通的能力也并不能归于人。对于一件事物，一个人看它，是这个颜色，而但凡天下有眼睛能观察的人，都能看出是这个颜色；一个人听它，是这个声音，而但凡天下有耳朵能聆听的人，都能听出是这个声音；一个人品尝它，是这个味道，而但凡天下有嘴巴能品尝的人，都能尝出是这个味道；一个人思索它，可以推敲、把握出它的变化，而但凡天下有头脑能思索的人，都可以体察到这一事物的神妙之处。不但是同一个时代的人如此，即便是千百年以前与千百年以后，因为人之眼睛、耳朵、嘴巴、心的知觉体察功能相同，对于同一事物的颜色、声音、气味及其变化，无疑都会有同一种认识。然而，归根结底，明亮的不是我们的眼睛，而是由于天即自然在观察；聪灵的不是我们的耳朵，而是由于天即自然在聆听；品尝的不是我们的嘴巴，而是由于天即自然在品尝；变化不是由于我们的心灵，而是由于天即自然使其神妙。至此，阳明提出，如果真能做到"目以天视""耳以天听""口以天尝"以及"思虑以天动"，那么人就能够通达神明。这一"神明"，应当说，在阳明看来，主要指的是事物运行变化的内在机制，即物之道。这里，阳明实际在表达的意思无疑是人的行动应当完全出于自然天理，而非私己性的情感欲念。如果人的行动做到了与自然法则合一，那么人的认识能力就不会被遮蔽障碍。上面提到的目、耳、口等，无疑指向人的身体器官，合起来看，阳明表达的无疑是拥有理性的心灵对于具有欲望的身体的主宰这一思想。这实际上就是在主张以人合天，这里的"天"可以换言为"自然"，即整个存在世界的规律性以及人在社会生活中应当体现的道德观念之总体。阳明讲的"天作"实际上指的也是人的行动合法则性，反之就是"参以人"。阳明提出"天能"，具有独到的理论意义，这相当于回答了他提及的问题，即人的身体感官无蔽地体知外物如何可能？心灵开显天地万物的意义如何可能？

如果用"得天独厚"这个词来概括阳明上述两段话的意义的话，前一段主要讲的是"独厚"即人的心灵较之于其他存在物的卓越之处；后一段主要讲的是"得天"，即人的心灵之所以能够如此在于人通过笃实的实践工夫——这一实践工夫无疑是通过身体完成的——以达到遵循自然社会、天地万物自身的法则。此外需要指出的还有，第二段话中阳明实际上有意避免了将人的地位和价值作过度拔高，以免斫伤其万物一体的仁学宗旨。如果说阳明阐发的"天地之心"在于高扬人性的高贵，那么他讲"一气流通"就在于将人的高贵立于深切的现实之中。阳明认为无论是风雨露雷、日月星辰，还是禽兽草木、山川土石，都与人"同此一气"而"能相通"即所谓"一体"。他认为：

> 人的良知，就是草木瓦石的良知。若草木瓦石无人的良知，不可以为草木瓦石矣。岂惟草木瓦石为然，天地无人的良知，亦不可为天地矣。盖天地万物与人原是一体，其发窍之最精处，是人心一点灵明。①

《传习录》中此节所载朱本思的问题在于，人能意识到自己的良知，是由于人有虚灵的知觉能力。而像草木瓦石这样没有虚灵知觉官能的事物，难道说也有良知吗？在阳明先生看来，人的良知在其实质上就是草木瓦石的良知。这里他有两层意思，一是，人的良知与草木瓦石等万物的良知即其本质是一体的；二是，人的良知是万物的良知——万物的存在及其本性——的构成性基础。不惟如此，实际上王阳明认为，人的良知是人的世界及万物的本体论基础。反过来说，没有人的良知，这个世界连同其万事万物就都因为失去意义而不存在了。故而他说如果没有人的良知，草木瓦石就不成其为草木瓦石。究极言之，人的思维和语言中的"草木瓦石"乃至天地万物是见之于人的。他说在本原上天地万物由此与人构成一体，在这个一体中，呈现这个一体的是人心的灵明。这个"灵明"与朱本思讲的"虚灵"是相通的，而这个"灵明"是良知的"发窍"体段，还不是良知本身。他说正是由于万物与人原本就是一体的，所以说万物中的五谷禽兽能养育人、无生命的药石能疗愈人的疾病才能得到合理的解释。他总结到，五谷禽兽与药石能与人的身体相通相契，是由于其"同此一气"即都是由气构成。这又是在形上学和宇宙论层次论证人与天地万物一体。这样看来，王阳明讲的"一体"就包含两层意义，一是人与天地万物在良知基础上的一体性，二是人与天地万物在

---

① （明）王阳明：《王阳明全集》，吴光、钱明、董平、姚延福编校，上海古籍出版社1992年版，第107页。

气的层次上的一体性。如果说前者即良知一体说是从心灵上阐发一体仁说，则后者形气一体说是从身体上阐发一体仁说。而从整体观之，无论良知论还是形气说，都是从本然层次来立论的，而本然的实质意涵就是如果没有外在遮蔽、壅塞就会"自然"产生。王阳明认为人心与物同体，原是血气流通的，他指出人应当在自己应事接物的"感应之几上"把握天地鬼神与人之一体性。他认为，之所以说人是天地的心，正是由于人心的灵通性。

> 充天塞地中间，只有这个灵明，人只为形体自间隔了。我的灵明，便是天地鬼神的主宰。天没有我的灵明，谁去仰他高？地没有我的灵明，谁去俯他深？鬼神没有我的灵明，谁去辨他吉凶灾祥？天地鬼神万物离却我的灵明，便没有天地鬼神万物了。我的灵明离却天地鬼神万物，亦没有我的灵明。如此，便是一气流通的，如何与他间隔得！①

学生不解阳明讲的"人心与物同体"的观点，问说就像人的身体之内，因为有血气周流贯通其中，因此可以说是"同体"的。而与他人，就不属于一个身体，也就没有血气流通了。那禽兽草木距离人，就更远了，怎么能说是同体的呢？阳明先生回复说，这一点应当在人与万物感应的几微处认取。若能认取，就能意识到不惟草木禽兽是与我们每一个人同体的，天地鬼神也是与人同体的。学生不解，阳明反问提问者，充天塞地中间者，什么能够说是天地的心？学生回复说，曾听闻前辈说人是天地的心。这里该学生极有可能从阳明这里听过这样的说法。阳明接着问，为什么说人是天地的心呢？学生回复的意思是说，只因人的心是他的世界的灵明即意义的开显者。因而，阳明说，天地之大，牝牡骊黄，都是基于人心这个灵明，但人心的灵明又容易被人的由气构成的形体所遮蔽。阳明表示，每一个具体的人心灵明的功能，都可以说是天地鬼神万物的主宰。言下之意是说，人心相对于其世界万物是基础性的和构成性的。反之，没有人心的灵明，世界万物及其性状，譬如天地之高深等，就将没入寂境。重要的是，王阳明这里还指出，如果没有天地鬼神万物，人心的灵明也无由得以展现。这里阳明先生体用合一、即体即用的思想展露无遗，即人心无体，以天地鬼神万物为体。人心不是与万物分割为二的，而是始终相互成就的。当然，混沌的一并非阳明所说的一体，他

---

① （明）王阳明：《王阳明全集》，吴光、钱明、董平、姚延福编校，上海古籍出版社1992年版，第124页。

主张的毋宁是人应当自觉到人与万物本源性的同体共在性。很显然，王阳明实际上将儒学讲的事、理和心整合成了一个单核系统。或者说，他将象山先生讲的"本心"植根于朱子讲的"理"，并将这一合乎本心与道理的主体性付之于活生生的实践流行之体中。相对于心灵，人的身体是其最切近的形气存在和意念落实者。阳明的人心与物同体说与其说是一种事实描述，不如说是一种价值设定。这种价值和意义标立的是一种道德伦理主张，即心灵对身体的自然的而非外在强制的主宰。而这与象山先生"收拾精神，自作主宰"以及朱子"道心为主，人心听命"的思想实质无异。

除了在观念范畴上阐扬行动主体性之新义，阳明尤其注重在工夫论上加以探讨。晚明佛教、道教发展正炽，二者在修身实践途径上对人们的影响十分深广。与儒家不同，佛道二氏尤为注重对身体以及有关人的身体问题的处理。阳明直面这一思想局面，提出真正的修身应当是兼重身心的。不惟如此，阳明针对性地提出儒家道义担当、克己复礼的实践的归趋正是修身的不二法门。此中可见阳明转移世风之苦心极力。当时士人多有苦于己私难克者，这其实也是宋初以来儒林文士共有的烦恼，阳明先生则给出先立"为己"之心再行"克己"与"成己"之功的药方，他指出：

> 所谓汝心，却是那能视听言动的。这个便是性，便是天理。有这个性才能生。这性之生理便谓之仁；这性之生理，发在目便会视，发在耳便会听，发在口便会言，发在四肢便会动，都只是那天理发生。以其主宰一身，故谓之心。这心之本体，原只是个天理，原无非礼，这个便是汝之真己。这个真己是躯壳的主宰。若无真己，便无躯壳，真是有之即生，无之即死。汝若真为那个躯壳的己，必须用着这个真己，便须常常保守着这个真己的本体，戒慎不睹，恐惧不闻。惟恐亏损了他一些；才有一毫非礼萌动，便如刀割，如针刺，忍耐不过，必须去了刀，拔了针，这才是有为己之心，方能克己。汝今正是认贼作子。缘何却说有为己之心，不能克己？①

士人萧惠平素好佛老，却苦于难以祛除日常生活中的私欲，就来向阳明先生请教。阳明认为，人只有先存为己即成就自己的心，才能够真正做到克制自己的私欲。而只有能够克制自己的私欲，才能够真正成就自己。可见，王阳明建构了一个由为己而克己而成己的逻辑展开程序。这里阳明实际上想让萧惠首先找到克

---

① （明）王阳明：《王阳明全集》，吴光、钱明、董平、姚延福编校，上海古籍出版社1992年版，第35页。

己的内在动力。阳明先生倡导学问的枢要在于真诚地为己。在此引导下,萧惠意识到,往常自己的修养行动实质上只是落在了肉体之私而非义理之公上。而阳明则直截了当地指出其"向外驰求,为名为利"的行为不惟不是为己,因其无益于人的身体,所以连修身也是谈不上的。究极言之,阳明主张,包括修养身心在内的人的行为,应当是由其澄明善良的本心主导的。关于这个"心",阳明强调其为"那能视听言动的"。这里的"能"字在哲学意义上,相当于海德格尔的"能在",即此在意识到无法再藏身于"常人"后而为自己积极筹划的可能状态。而与海德格尔将此在逃避沉沦的动力落于意识到生死大限不同,王阳明将其把握为人的形而上学天性。他主张,人生而具有的亦即自然的天性具足生生之理,这个理体现出特达的仁,这个仁的生生之理发在人的身体四肢之上,四肢才会符合自然法则地行动。他指出,人心本来的状态是符合自然天理的法则的,实质上等同于天理。他强调这个天理以其居于人心可以而且应当现实性地主宰人的身体。在阳明看来,如果缺失了这一开显意义的主宰之心,那么人的身体就不成为其人的身体了。他以此告诫萧惠如果真想修养自己的身体,就要行《中庸》所论戒慎恐惧的真挚工夫,念念去人欲、存天理于心。一旦发现有好利、好货、好名、好色之意念,就除于将萌、遏于未发。他说这才是克己,也才算得上是为己。可见,阳明主张,合乎理性的心灵本体对于人欲产生之大源的身体的主宰。他企求达到的是基于人的好善恶恶、为善去恶精一即纯粹的、无间断工夫的身心和谐的自然性。以当代美德伦理学的视域观之,阳明不只是单单强调在具体道德情境下人应当怎么做,而是强调人应当现在地明了自己想成为什么样的人,他提倡在这个宏阔的视域中来观照人的具体行动。

以上可见,阳明心学阐释的行动主体性,呈现一个较为清晰的观念结构,即同时注重心灵即思维主宰的关键性与身体即行为展现的基础性,以为二者是一个主体性的两个不可偏废的构成要素,主体性发挥的效验和境界指向"自然",即道德价值范导下主体尺度的美德与客体尺度的意义世界生成的自然的与必然的趋向。值得说明的是,阳明心学主体性也呈现出重要的现代思想意义。

三 后现代精神与心学主体性

与传统理性中心主义不同,西方后现代文化或曰后现代精神追寻更加真实的主体性。需要强调的是,后现代精神反对的是理性中心主义而非理性本身。与旧范式中的单向度地强调理性对于行动主体的中心意义相反，后现代精神更多从人的意志、情感、需要等身体性要素来展现存在。换言之，相对于传统尤为强调所谓的"本质"，后现代精神思考自我、主体性和现代性的时候，更为注重对人的"存在"的把握。而如果说前者即理性主义传统更强调人的心灵，后现代文化尤其注重对于"身体"作为心灵运思场域的基础性意义。

柏拉图（Plato）以来，西方思想倾向于将世界二分化，这一点在笛卡尔（Descartes）对"我思"与"我在"即纯粹主体与外部世界的分置中得以集中显示。卡普拉（Capra）认为，在笛卡尔的身心分割的二元论下，心成了"我思"的领域，相对地物成了"我在"的领域。[1] 从一定意义上说，将人的独特性不断从世界当中识别出来，是人类在其追寻智慧的征程中迈出的有意义的步伐。格里芬说关于人的心灵和处身其中的自然的二元论观点，实际上把人的意识、自我的运动以及内在性的价值只是归结为人类的精神性属性是"'证明'了人对自然的优越性"。[2] 实际上，人们不应当在人对于世界万物优越性的证明道路上走得太远，否则将难以保证认识自我与认识世界的真实性。换言之，人们不应为了凸显所谓人类心灵的内在价值而贬抑作为心灵与自然过渡地带的身体。科斯洛夫斯基（Koslowski）就认为："在现代，身体越是失去作为灵魂的过渡和表达领域的意义，精神的追求就越是抽象、越是成为无肉体的唯灵主义的东西。"[3] 我们发展人类心灵功能的初衷之一就在于从科学与哲学上正确认识外部自然世界，而唯灵主义则最终将人的认识诉诸不可靠的直觉与玄幻。而对这一状况的警觉可以从作为主体性构件的身体上寻求出路。吉登斯（Giddens）指出，身体其实不仅仅是人们"拥有的"物理性实体，毋宁说它也是一个行动的系统，或者说是一种实践的模式，而在日常生活的互动中，"身体的实际嵌入，是维持连贯的自我认同感的基本途径"[4]。他把"对身体的轮廓和特性的觉知"当作"对世界的创造性探索的真正的起源"。[5] 这实际上是说，在人类心灵、身体与自然之间存在固有的关联、相

---

[1] [美] 弗·卡普拉：《转折点：科学·社会·兴起中的新文化》，冯禹等译，中国人民大学出版社1989年版，第101页。
[2] [美] 大卫·雷·格里芬：《后现代精神》，王成兵译，中央编译出版社1998年版，第11页。
[3] [德] 彼得·科斯洛夫斯基：《后现代文化》，毛怡红译，中央编译出版社1999年版，第57页。
[4] [美] 安东尼·吉登斯：《现代性与自我认同》，赵旭东、方文译，生活·读书·新知三联书店1998年版，第61页。
[5] [美] 安东尼·吉登斯：《现代性与自我认同》，赵旭东、方文译，生活·读书·新知三联书店1998年版，第111页。

融性和一体性。梅洛·庞蒂（Maurice Merleau-Ponty）认为，不能说灵魂和身体的结合能由一个所谓客体与另一个所谓主体这样两种外在的东西之间的随意性的决定来担保。即在人之中，灵魂亦即精神、心灵与人之身体不是彼此外在的，相反，二者呈现一种融合性。他认为"我"的心灵与身体的融合性源于"身体图式"。"我在一种共有中拥有我的整个身体。我通过身体图式得知我的每一条肢体的位置，因为我的全部肢体都包含在身体图式中。"① 这种"身体图式"指的不是身体各部分的总和，而是身体各部分之所以能够通过和谐的运动来实现"我"即主体性自身的内在深微的机制。梅洛—庞蒂一反传统将心灵视为身体的主导，而认为身体的主导就在身体之中，即"身体图式"之中。这实际上等于将心灵视为身体的一部分，以此凸显身体的源初性、主导型。他认为，身体是一种奇特的存在，它把自己的每一部分当作自然世界的一般性象征来处理，他说："我们就是以这种方式得以'经常接触'这个世界，'理解'这个世界，发现这个世界的一种意义。"② 这是说人们经由身体来接触和感受世界，按照身体图式来理解、把握这个世界及其意义。

而与西方传统的"心灵主义"和后现代精神中的"身体主义"都不同，王阳明心学主体性则彰显出第三种思路，主张心灵与身体的中道，即兼重身体与心灵。他认为：

> 耳目口鼻四肢，身也，非心安能视听言动？心欲视听言动，无耳目口鼻四肢亦不能，故无心则无身，无身则无心。但指其充塞处言之谓之身，指其主宰处言之谓之心。③

这是说，人的身体虽有耳目口鼻与四肢，它们各自具有不同的官能，而如果没有心灵，则以上身体各部分就都不能发挥其作用。重要的是，阳明不止强调这一点，他接着指出心的作用的发挥，必须有耳目口鼻这些具体器官。实际上在王阳明看来，人的思维不能直接作用于外部世界，身体是人与世界交往最为基础性的通道和界限。人与世界交往的通道和方式类别不一，具体到道德行动，情况尤

---

① Merleau-Ponty, *The Primacy of Perception*, edited by James M.Edie, Evanston:Northwestern University Press, 1964, p.135.
② Merleau-Ponty, *The Primacy of Perception*, edited by James M.Edie, Evanston:Northwestern University Press, 1964, p.302.
③ （明）王阳明:《王阳明全集》，吴光、钱明、董平、姚延福编校，上海古籍出版社1992年版，第90页。

其如此。从本质上看，阳明强调道德行动主体性的两层要义，一是作为理性范导的心灵，一是作为实践力量的现实的人的身体。借用朱子"知先行重"言说模式来看阳明心学这一思想，我们似乎可以说"论先后，心为先；论轻重，身为重"。即与其抽象地谈论心灵与身体哪个更重要，不如阐明二者在人的道德行动主体性中的应有地位和价值。可见，与西方传统理性主义和后现代精神两种不同面目的非此即彼的主体观不同，阳明注重二者的参和，即注重阐扬先验心体即良知本体与身体行动即事上工夫的交融性，也正是这种身心的交融性彰显了德性实践境界的"自然"义，即熟练自得的德行境界。

明代佛教对中国文化的影响较之宋代更加广泛和深入。在主体性的勘定上，宋明儒家认为，佛教单向度地强调人的意识、观念的作用，轻视甚至忽视作为行动基础的身体。与此相对，阳明自觉将其"良知"说诠释为有体有用之论，而与佛教只注重有心灵之体而不注重有形体之用区别开来。值得注意的是，阳明这里讲的"心"指的正是其"良知"，而不是一般的应物所起的"意念"。阳明讲："意与良知当分别明白。凡应物起念处，皆谓之意。意则有是有非，能知得意之是与非者，则谓之良知。"[①] 阳明意在强调，广义上的"心"包括人的理性与情识。宋明理学家普遍认为，人的道德理性具有先验性，即从本体的维度就规定了人的行动的合理性与美德性。我们知道，在阳明看来，"意是心之所发"，而"意"之发具有直接现实性，即直接导源于外部事物以及人的思维中的客体化意象。换言之，"意"之所以能够发出来，要么是由于外界事物的诱引，要么是由于人头脑中的不同意识要素的相互作用。与此不同，人的理性是不随外界事物甚至也不随人的意识念虑而变动的终极指向。不惟如此，人的理性对于人的现实的意识活动具有能动的主导和制约作用。在这一层意义上，阳明将其称为良知。与朱子学不同的是，朱子归为"性"的东西，阳明以"心"来说明，融理性与情感而为一，在一定意义上可以说凸显了人的主体性。杜维明先生曾指出孟子的心并非毫无具体内容的纯粹的意识，而是能够自然展现恻隐、羞恶、恭敬、是非之心，因而可说是充满了知、情、意等各种潜能的整体性的"实感"。他说："心的实感正是通过身的觉情而体现。"[②] 应当说，陆王心学继承和发展了孟子的心论，即注重阐扬心的价值意义。与象山先生主要在孟子本心原义上提倡心

---

① （明）王阳明：《王阳明全集》，吴光、钱明、董平、姚延福编校，上海古籍出版社1992年版，第217页。
② 杜维明：《从身、心、灵、神四层次看儒家的人学》，郭齐勇、郑文龙编：《杜维明文集》第5卷，武汉出版社2002年版，第332页。

学工夫实践稍异，阳明将"心"本体化为一种兼具实体和主体的范畴。另外，阳明尤其注重主体的身体向度，即认为心体的展现以身体的存在与运作为唯一载体。于此可见，现代西方后现代文化与王阳明心学相关理论具有相通的精神旨趣，这一点在有关主体性的心灵与身体之关系的看法上有较为明显的表现。从更广的视域看，应当说，这一思想涉及思维与存在的关系这一哲学基本问题，涉及人是什么以及人应当是什么这一哲学终极问题。

杨国荣教授认为："天道意义上的自然之序与人道意义上的人伦之序之间，也存在着内在关联。"[①]如果说天道意义上的自然之序的表现形式具有自然性、自发性，那么人道意义上的人伦之序的体现则诉诸人的主动践行、演绎。这也符合儒家尤其是思孟学派以来揭示的本体之"诚"与工夫之"思诚"的关系。在自觉追寻自然之序与人伦之序共有之道的过程中，实际上发生的是人以自然节律为法则的修养工夫。这构成儒学工夫论的实质意涵。工夫的展开与生命的成就绾合为一个过程。亦如陈立胜教授指出的，儒学实在是"生命的学问"，这与一切崇尚苦行、倡导禁欲主义而追求所谓灵性生活的学说迥异，他认为儒家的精神追求从来没有脱离"身体"来展开，与之相反，越是那些注重精神、心灵生活的儒者越是注重"身体"。他认为："生命是身心一如的存在，它扎根于一气大化的宇宙生命的洪流之中，与之互动、共鸣，它的出生、成长与世代延展本身即是安身立命之所在。"[②]可见，与西方古代哲学逃避或抗拒自然节律而企图通过强制其心而达到心灵宁静不同，中国哲学主张人的身心安定在于与处身其中的自然韵律保持一致。结合西方后现代精神，可见阳明心学主体性所蕴含的这一现代价值。重要的还在于，在阐释主体性时，相对于西方在心灵与身体之间非此即彼地看待"我是什么"，阳明心学凸显心灵与身体的交融，强调良知与工夫的一体性，注重人的内在德性境界与外在意义世界的生成，而这一德性境界与意义世界的融合、和合正是阳明心学主体性中"自然"的应有之义。

[①] 杨国荣：《何谓理学——宋明理学的内在哲学取向》，《武汉大学学报》（哲学社会科学版）2019年第2期。
[②] 陈立胜：《宋明儒学中的"身体"与"诠释"之维》，商务印书馆2019年版，第33页。

"修身为本即是性学":李材的止修工夫诠释*

李璐楠

(厦门大学)

面对阳明学所造成的"玄虚""情识"之弊,如何重新建构一种能确保心性之间内在张力的理论体系,以此重建儒家的价值秩序,成为中晚明儒家学者的核心要务。在回应这一问题的过程中,思想界透显出一个逐渐脱离阳明学,主张回归性体的发展线索。只不过聂双江、罗念庵、刘狮泉、王塘南尚未逸出阳明学的典范,而李材(字孟诚,号见罗,1529—1607年)则公开与阳明学决裂,打出"回归性体"的旗帜。[①]他以"止修"立说,提出"修身为本即是性学",正是试图在朱、王之间寻找一种恰当的解决方式,以此重建儒家性命经纶合一之学。迄今为止,学界已有不少关于李材的个案或整体研究,[②]但是围绕心性问题对李材思想的考察却不多见。笔者以为,有必要对该问题予以更大的关注,因而本文拟从止修工夫的逻辑建构与形态特点入手,进一步窥见李材对于心性问题的解决思路。

---

* 本文曾发表于《哲学动态》2020年第11期。
本文系国家社科基金青年项目"中晚明心性问题研究"(19CZX025)的阶段性成果。

[①] 参见彭国翔《良知学的展开——王龙溪与中晚明的阳明学》,生活·读书·新知三联书店2015年版,第319—360页。

[②] 主要成果参见冈田武彦《王阳明与明末儒学》,上海古籍出版社2000年版,第244—258页;唐君毅《李见罗之止修之学》,《中国哲学原论·原教篇》,台北:学生书局1990年版,第415—417页;张学智《李材的"止修"之学》,《明代哲学史》,中国人民大学出版社2012年版,第223—233页;刘勇《中晚明士人的讲学活动与学派建构:以李材(1529—1607)为中心的研究》,商务印书馆2015年版;钟彩钧《李见罗的止修思想》,载杨祖汉、杨自平主编《黄宗羲与明末清初学术》,"中央大学"出版中心2011年版,第273—321页。

一　知止与修身的涵义

"止修"的"止"依托《大学》"止于至善"的话头，主张不以良知为宗，而以性体为本。学问的关键在于"摄知归止"，从体悟、认识人的道德本性入手，但工夫才是究竟与根本。"止修"的"修"，同样以《大学》"修身"的观念为凭借，强调人伦日用中切己的道德实践。黄宗羲对李材的止修宗旨有精炼的概括：

> 止修者，谓性自人生而静以上，此至善也，发之而为恻隐四端，有善便有不善。知便是流动之物，都向已发边去，以此为致，则日远于人生而静以上之体。摄知归止，止于人生而静以上之体也。然天命之真，即在人视听言动之间，即所谓身也。若刻刻能止，则视听言动各当其则，不言修而修在其中矣。使稍有出入，不过一点简提撕修之工夫，使之常归于止而已。故谓格致诚正，四者平铺。四者何病？何所容修？苟病其一，随病随修。（《明儒学案·止修学案》）

李材对心、意、知、物的理解与阳明有所不同。在阳明的思想体系中，"心意知物"在逻辑上应该呈现为心、知→意→物这样一种关系结构。作为意的发动依据，心与知具有同一性，是对同一道德本体的不同指谓。[①]但在李材看来，有生以后人即发灵，"有灵即属觉，有觉即属睹闻，有睹闻即非未发"（《正学堂稿》卷六），故心为已发之用。而知为意之分别，意为心之运用，所以"心意知物，四者条分，总属用边说"（《正学堂稿》卷二十二）。既然良知只是后天知觉运动中"发机之良者"，那么阳明"以此为致"，便是在念起念灭上作功，其结果只会使真正的道德本体湮没不明，所谓"不几于不揣其本而齐其末，按图之似而直指之为骏也乎"（《观我堂稿》卷五）。因此，李材主张摄知归止，"止"是就纯粹至善的性体而言，其目的在于以天命之性的客观绝对性来警觉道德主体（心）的责任感，从而恢复理学客观、高严的一面，重新确立修身体道的尊严和秩序。从

[①] 参见彭国翔《良知学的展开——王龙溪与中晚明的阳明学》，生活·读书·新知三联书店2015年版，第87页。

这一点上看，可以说体现了朱子学的精神。① 虽然未发的性体是道德本体，但是性体并不是悬空、虚寂的存在，它就表现在人身的视听言动中，所以识得本体之后，不可一了百当，还必须用修身的工夫，工夫越笃实，则本体越精明。

所谓"修身"有内外两层涵义。在李材这里，"身"是指内含心、意、知、物，外摄家、国、天下，以至善之性为其主宰，而贯通内外的存在。所谓"由吾身而溯探之无始，宗归止善；由吾身而内析之，为心意知物；由吾身而外列之，为家国天下，盖全体一仁也"（《正学堂稿》卷三十三）。由于人在日常生活中的行为表现（视听言动）往往是由心、意、知、物所构成的意识活动所主导的，因此修身实际上是对意识的缺漏处进行检点提撕，这样人身才能表现出符合道德规范的行为。而判断心之偏倚与否的标准在于至善的道德法则——性体，所以李材指出"知止"为《大学》第一义工夫，譬如"锁有钥，盘有针，舟有舵"（《观我堂稿》卷八），必于此为"入道之枢"，而后工夫才能有所把握持循。若偶有渗漏疏虞，则须用格致诚正之功"随漏提点"，所谓"知其为心不正也，则从而用正心之功；知其为意不诚也，则从而用诚意之功；知其为知不致、物不格也，则从而用致知格物之功。非若是也，真有心意知物各止其所，而格致诚正总付之无所事事的光景矣"（《正学堂稿》卷十）。因此，格致诚正之功只在心有所懈漏时使用，"溯其意所从立，则实是要为至善作提防，为止法效疏附奔走也"（《正学堂稿》卷十九）。

在李材这里，"身"不仅指一己之躯，还将"家国天下"融摄在内，所谓"修身为本之学，原非私有之身，盖合家国天下而成其身也"（《正学堂稿》卷二十三），"家国天下，心意知物，原与身为体者也。与身为一体，如何离得？离之而别求道者，非也"（《见罗先生书·论语大意》）。这种"大身"论显然承继王阳明的《大学问》、张载的《西铭》，乃至孟子"万物皆备于我"的观念而来，强调的是道德实践（修身）由内至外，由自我到社会的充拓与外化的过程。换句话说，倘若个人的修养工夫与社会责任相脱离，这种"修身"亦不可称之为完满。因此，李材指出："天下国家非他也，即身之所体备者也；心意知物非他也，即身之所运用者也。故格致诚正一毫有不备，则身固无自而能修；均平齐治一毫有不至，则身亦不可以言修。何者？身之所处不于家则于国，不于国则于天下，未有遗人物而独立者，故言身则家国天下皆举之矣。"（《见罗先生书·知本义下》）

---

① 冈田武彦认为，李材"这种保持性的绝对权威性、客观性和纯粹性的严肃的伦理立场和维护道德规范的严正立场，是与反对心即理、主张性即理的朱子学精神相通的"。参见［日］冈田武彦《王阳明与明末儒学》，吴光、钱明、屠承先译，上海古籍出版社 2000 年版，第 245 页。

李材之所以要求将责任放在每个人的身上，同他对儒者的价值认同有深刻的关联。佛道两家的基本特征便是缺乏"经世之学"而将修养的工夫限于个体自我。李材则指出，明学淑人是儒者义不容辞的责任，亦是修身的题中应有之义，所谓"身不为私，修非自了，此学所以谓之大也"（《观我堂稿》卷十五），"任重道远，士之定责，故明学淑人，士之定分"（《正学堂稿》卷五）。在他看来，有明以来世道无赖、学风不振正是因为学者各自诿责，不敢以学承当，这便难以与佛教的沉空守寂之学划清界限，造成"儒学久湮，佛老之学入于心髓"（《经正录》卷一）。因此，李材主张将经世之义纳入"修身"范畴，希望有识之士能积极主动地承担起明学淑人之责，所谓"世降风微，岂有邹鲁之区？见成道义之聚，倡兴率作，必竟自于一二豪杰士之有真志者始也。……自天子以至庶人，谁实无家国天下之分量，谁实无齐治均平之担子？只为人各诿责，此学问之风所以不振而世道无赖也。吾修吾身，必与友朋共之，人亦各修其身，期与我共。此为之不厌，诲人不倦，所以断然共为一事，而立己立人，达己达人，仁者合下来便要与天地万物为一体也"（《观我堂稿》卷十五）。

在知止与修身概念清晰的前提下，我们不禁要问：为何李材要将止修并举互发？止修之间的内在关系为何？李材如何实现"性命经纶打并为一"的理论建构？

二 止修工夫的内在关系

李材认为，阳明学之所以会产生"玄虚""情识"之弊，是由于学者不能真切地认识到人心的道德本质，并将其推扩到事事物物的应对上去，从而造成知行分离。更重要的是，如何判定自家体认的良知就是普遍的道德准则？如果这个前提出现问题，以一己之"是非"为天下之是非，实有认欲作理的危险。面对这个困境，王门后学发展出补救的方法，如聂双江、罗念庵主张归寂、主静，将工夫向内推求，用于他们所理解的良知本体上；邹守益主张戒慎恐惧，劝人用功于未发之先及已发之后；至刘狮泉提出"悟性修命"，王塘南提出"透性研几"，则开始显示出在本体上"回归性体"的趋向。[①] 但是，李材认为这几种方案仍是站在阳明学内部进行修正，对心（知）析分体用，或单纯着力于"体"的归寂工夫，并不能真正解决道德本体的纯粹性问题，反而更容易造成支离心体和"沉空守

[①] 参见彭国翔《良知学的展开——王龙溪与中晚明的阳明学》，生活·读书·新知三联书店2015年版，第343—360页。

寂"之弊。① 既然在心学的论域中很难解决这一困境，是否意味着应向朱子学回归？李材试图重建理性原则以及重视严格的道德修养工夫的意向看似与朱子学类似，② 但他对朱子将工夫区分为"静而涵养，动而省察"却是持批评态度的：

> 自悟彻止修后，乃断知涵养工夫，直下就扰扰纷纷中取讨归宿，而不在平日未事前别作一方法，禁制讨宁帖也。故由此而出者，则所云涵养者与省察并在一时，故有从本立宗，从止发虑之妙。不由此而出，则所云涵养者截然将在事先，而所云省察者截然将在事后，与圣门精一止修之作用为不侔矣。所以分动分静，将戒慎恐惧与慎独工夫作两项做，将静则有中而动则无中矣，而可乎？（《正学堂稿》卷四）

李材不认同朱子将工夫区分为动静两截的做法，原因在于：一，朱子的"主敬涵养"指的是在思虑和情感未发生时，仍保持内心的收敛、谨畏和警觉，从而使心达到清明而不昏乱的平静状态，其目的并不是用以体验未发本体，而是为了认识义理而预先进行的一种主体修养。③ 如此工夫从静处的收摄涵养入手，对外在环境有所依赖，一旦与外物交接，便难以保证实际的行为仍然符合道德法则，所谓"若必执谓未发为万感俱寂之境界也，将静则有中而动则无中矣，而可乎"（《正学堂稿》卷十）。反之，念虑发动后再用省察的工夫，已经措手不及，即使用工夫，也是"就念驱逐，与念作敌，所以愈不宁静"（《观我堂稿》卷十二）。二，朱子将戒惧、慎独对应静涵、动察两种工夫，有时间先后之别，容易造成学问的支离。所谓"后来学术多岐，只缘体误于此。……令可以静者不可动，倚于动者不可静，身心离隔，内外判然，而性命经纶竟成两截"（《正学堂稿》卷十五）。由此可见，李材所理解的"涵养"与"省察"应是体用关系，而非现象上的动静、前后关系。所以，真正的涵养即是知止，它不是时间概念，而是指无

---

① "知有体用，大率委曲调停之意。心意知物，从中剖析已似分别太尽，若复将知分别体用，则意亦有体用，物亦有体用，不胜其纷纷矣。四者析之，虽云各名一物，实则合之总属一心，又安得各分体用，以重滋支离决裂之弊乎？"（《观我堂稿》卷五《答董蓉山丈书》）黄宗羲也指出："若单以知止为宗，则摄知归止，与双江归寂一也。先生恐其邻于禅寂，故实之以修身。"参见黄宗羲《明儒学案》卷三十一，中华书局2008年版，第667页。

② 黄宗羲指出："其实先生之学，以止为存养，修为省察，不过换一名目，与宋儒大段无异，反多一张皇耳。"参见《明儒学案》卷三十一，中华书局2008年版，第667—668页。

③ 参见陈来《朱子哲学研究》，生活·读书·新知三联书店2010年版，第377—383页。

论有无明显的念虑发生,都要当下体认并存养深层的性体。心有了主宰,就不会为外界所动,做到动静一如。因此,李材的"止修"与朱子的"静涵动察"是有区别的,二者的根本差异在于,李材预设可以有直达本体的先天究竟工夫(知止),而朱子是不承认这一点的。

可见,尽管走出阳明学,李材并不想简单地回到朱子学,而是试图在朱王之间寻找一种解决知行合一,从而救正阳明学流弊,乃至于复兴儒学的方案。这是他标举止修,进而提出"性命经纶合一"的"修身为本"之学的初衷。那么,李材如何处理止修之间的内在关系?

> 止不得者只是不知本,知修身为本斯止矣,其本乱而末治者否矣,岂有更别驰求之理?故止不得者病在本也。……圣人只以修身为本,不肯悬空说本,正恐世人遗落寻常,揣之不可测知之地,以致虚靡意解,耽误光阴。只揭出修身为本,教人实止实修。止得深一分,则本之见处透一分,止得深两分,则本之见处透两分。……只是一个止的做手,随止浅深,本的风光自渐见佳境也,切不可悬空捞摸,作空头想也。故本不知又是病在止也,此予所谓"交互法"也。(《观我堂稿》卷十八)

所谓"止不得者病在本"有两层涵义:其一,从止之识认而言。由于性体并非悬空、虚寂的存在,它必然要表现在人身的视听言动中,所以只有从具体的道德生活中去体会、实践,才能对本体获得亲切的体认,所谓"缉熙敬止,止法也,却在身之所交接处下手;仁敬孝慈信者,善则也,却在修之作用处显现"(《观我堂稿》卷九)。如果脱离日用常行去"悬空说本",不仅识认到的本体会是"影响之见",而且极易落入玄虚,流为佛老。并且,只有在道德实践中以身为本,意绪精神才能收摄于内,对本体的识认才能成为可能。[①] 其二,从止之归宿而言。识认本体固然重要,还必须在日用伦常中切实体勘,本体才能得以充分地展开,否则,"瞥见光景,辄思撒手,此所以成者鲜也,则倦厌之所从生也"(《正学堂稿》卷三十)。所以,知止的完成必须配合以谨密的修身工夫,才能使经验意识的发用始终与性体保持一致。反过来,修身的实行也必须以知止作为主

[①] "人惟不知身之为本也,而怅怅然支离其意绪,流散其精神,则本体之无由而识认者有之矣。"(《见罗先生书·知本义下》)

脑，才不会沦为强制把持的"死功夫"，而无法真正具有内在的道德实践动力。[①]因此，止处悟得愈深，本处自然见得愈透，本处愈透，则格致诚正修之做手自然渐近轻省，最终与止融而为一。可见，在工夫的最高境界上，止与修的精神内涵是一致的，所谓"止与本化也"（《观我堂稿》卷五）。而本的工夫轻重的变化，取决于止的悟入的深浅，所以李材说"本不知又是病在止"。李材将这种止修之间相互渗透、交养互发的关系称为"交互法"。学问和修养的关键在于脚踏实地，实止实修，如此才能逐步达至"止修合一"的最高境界，所谓"工夫本体理自合一。……只要得下手处落实贴就体上，即止与修两俱到，而本体工夫乃信其有两忘之妙"（《观我堂稿》卷七）。

然而，止修交互的提法容易使学者将工夫作两段看，由此也招致"多了头面"的质疑。[②]李材是否意识到了这个问题？他又如何应对与调整？在前引《答陆廷献书》中，李材指出："其实知本者，知修身为本而本之也；知止者，知修身为本而止之也。总是一事，有何交互之有？但因病立方，不得不如此提掇，令人有做手耳。"（《观我堂稿》卷十八）"不得不"表明李材其实已经预见了止修双挈可能造成的问题，但为了给学者指明可供依循的工夫路径，不得不反复申明止修交养互发的关系。

为了不再次"因药发病"，李材一方面警惕"交互推原"[③]的说法，另一方面着力于阐释止修之间"一体两面"的关系：

> 学问只有工夫，虽主意亦工夫也，但有自归宿言者，有自条理言者。自归宿上说工夫，恰好是个主意，自条理上做主意，恰好说是工夫。此止为主意，修为工夫，所以原非有二事也。（《观我堂稿》卷七）

> 必悟一贯，而后于知本之旨为有契也，必悟忠恕即是一贯，而后修身为本之旨为有实也。盖夫子之所以告曾子者，是就大旨上提，而工夫在其中；曾子之所以答门人者，是就工夫上说，而一贯在其中。……假令曾子因

---

① "若止地讨未明白，则恐所谓修者亦只为口脂面药，吃紧鞭辟于实际，理地竟隔一层矣。"（《正学堂稿》卷二十七《答孙启滨书》）

② 黄宗羲认为："止修两挈，东瞻西顾，毕竟多了头面。"参见《明儒学案》卷三十一，中华书局2008年版，第667页。

③ "归宗处自是止于至善，落脉处断然修身为本，然却不是两句话头、两条脉线，故交互推原不得。一语犯着，便来离析。"（《正学堂稿》卷二十八《答丘加年》）

门人之疑而覆解一贯，即是画蛇添足，而一贯之唯即不可以语真悟矣。如此道来，真如水月镜花两相对照，说是二又是一，说是一又是二，脱胎换骨，出神还虚，非彻悟不能至于此也。偶记佛偈有两人同见得心眼皆相似之语，以忠恕明一贯，真如镜之鉴形，两人同见得心眼皆相似也。（《见罗先生书·论语大意》）

在《论语大意》中，李材将"一贯""忠恕"分别对应于知止、修身。分析而言，我们可以把知止、修身看作两个，"有自归宿言者，有自条理言者"；但就实际工夫来说，二者却是同一个工夫从"归宿"和"条理"说的两面，不可分割，亦无时间上的先后之别，此谓"原非有二事也"。只有把这两个方面都讲清楚，学问的广大精微、工夫的全副内涵才能得以揭示。"夫子之所以告曾子者，是就大旨上提，而工夫在其中；曾子之所以答门人者，是就工夫上说，而一贯在其中"就体现了止修工夫的"一体两面"性。曾子能以忠恕发明一贯，而非覆解一贯，可见曾子已经能将本体工夫融会为一，在具体的道德生活中落实"一贯之道"，这在李材看来便是彻悟了止修合一之旨的最好体现，"真如水月镜花两相对照，说是二又是一，说是一又是二"。所谓"是一又是二"当指止与修有区别，前者立体，后者致用，不能混同，"盖一以定命，一以严防，废不得也"（《正学堂稿》卷二十七）；所谓"是二又是一"是指二者不是独立的两个工夫，而是同一个工夫从不同角度看的两面，"如镜之鉴形，两人同见得心眼皆相似也"，镜中的人像与镜外之人自然是同一个人，这一比喻极为形象地表达了知止与修身的"一体两面"性。

李材对止修关系的阐释，根本上是要解决知行合一的问题。对此，他提出自己的看法：

> 先儒谓"知之真切笃实处即是行，行之精明灼照处即是知"，理虽是，语却窒。……盖随知所到者行在其中矣，随行所到者知在其中矣。形有禁，势有格，谓分之在我者有尽有不尽，可也，而知行之必合为一体者，则断断乎两无有余欠也。……说知又说行，特就其中用之重者偏举而互揭之，使学者知所致力耳。旧曾有一譬，谓如桴扣鼓，桴到鼓鸣，此中如何分晓得先后？必欲凑体依稀，苦为辨析，似觉桴反在先，鼓反在后。以此而分知行先后，容有之耳，然一到则俱到，亦毕竟不容等待于其间也，善体之。（《观我

堂稿》卷四）

李材认为，阳明关于知行关系的说法"理虽是，语却窒"。"理是"意谓阳明强调知行相互联系、相互包含的意义正是为了纠正当时士人知行分离的弊病，但交互推原的说法"语意之间不无隐隐析作两事"，这与他对止修交互的担忧是一致的。在他看来，知的活动中必然包含有行的因素和特性，行的活动中也必然包含知的因素和特性，知与行不过是同一个工夫过程的两个方面，正如手心手背一样，是不能割裂的。这就如同以桴扣鼓，桴到鼓鸣，扣与鸣之间"一到则俱到"，并不存在时间上的先后。在这个意义上，李材说："知即是行，行只是知，此知行所以本来合体也。"（《观我堂稿》卷四）而"说知又说行"只是分析的说法，"就其中用之重者偏举而互揭之，使学者知所致力耳"，若仅以文义求之，则"卒未能豁然照瞭于楮墨之间也"。由此可见，李材止修工夫的根本精神便是知行合一。秉承这一宗旨，他进一步将止、修纳入"修身为本"之中，致力于重建性命经纶合一的儒学宗传。

三 修身为本即是性学

"修身为本"是李材的一贯的为学宗旨，那么它与止、修又是何种关系？

> "修身为本"四个字，一部《大学》皆具。盖言身则心意知物家国天下皆举之矣，言修则格致诚正齐治均平皆举之矣，言本则止此、修此，而明德、亲民、止至善一以贯之矣，此吾所以谓"修身为本"四字缺一不得也。（《观我堂稿》卷十三）

在李材这里，"修身为本"同时包含两方面涵义：一，就经世而言，"天下本国，国本家，家本身"（《观我堂稿》卷八），修身是涵摄了格致诚正齐治均平为一体的概念；二，就性命而言，"本之一字，所以点化此身，操柄此善，使止之入窍，不倚为守寂沉空，修之功夫，不只为补偏救弊"（《正学堂稿》卷十五），可见"本"是贯通止修、性命经纶的枢纽。"修身为本"即是"知本"，所以李材说："知本两言，委为圣门正法眼藏，于此归止，于此着修，则宇宙在乎手，造化生乎身，而性命经纶有一以贯之者矣。"（《正学堂稿》卷三十九）

事实上，修身为本的经世义比较常见，而李材却强调修身为本既是"经世之宗"又是"性宗"（《正学堂稿》卷五《答黄光普书》），"修身为本，性学也"（《观我堂稿》卷十三）。为何李材如此强调"修身为本即是性学"？首先，李材对"性学"的强调主要是针对世人对儒学的误解，认为儒学罕言性命，仅局限于人伦日用、辞章训诂，谈心说性反不如佛老，进而"援释入儒""推儒附释"，造成儒释混杂的现象。

> 自世学言，往往读儒书而欲求于性命则泊然鲜味也，而览二氏之谈心说性乃有深投其慕望。……如子贡之所叹，文章可闻，性与天道不可得闻，故直以文章看吾六籍，而以性与天道归宗于老佛也。（《经正录》卷六《枫亭大会录》）

对此，李材认为只有明学明宗才能真正彰显儒学的本色，从而在根源上与佛老区别开来。所谓"孟子曰：'经正，则庶民兴；庶民兴，斯无邪慝矣。'此最得辟邪之道。故春秋成而乱臣贼子惧，仁义之说明则为我、兼爱之害熄。今儒学之在天下，果明耶？未耶？孔曾宗传之在天下，果著耶？未著耶？此之不明而彼之辟，扬波而助澜，纵风而止燎，固昔贤之所深戒者也"（《经正录》卷二）。然则儒学之宗为何？李材指出："以孔子自有学，直从经事宰物间透宗入性命关膈也。"（《经正录》卷六《枫亭大会录》）也就是说，性命天道向来是儒家思想的核心问题，儒学并非限于尘世，而是带有即凡而圣的特征，以"仁爱"为枢纽，以"修身"为根本，既不离人伦日用，又不失超越性。所以李材说："知本两言，千圣秘密，经纶性命一手提衡。……自尔与老、佛不同涂，直握中枢，无往而非天德之作用，而尽性至命，有一以贯之者矣。"（《正学堂稿》卷十七）而世学未能了解儒学超越凡尘一面的深奥意义，致使儒学的奥义长期隐晦而不彰。

其次，"修身为本即是性学"强调了二者的合一性。这主要是针对阳明后学知行分离，要么执道而离器，要么执器而遗道，性命经纶分作两截。

> 守心者大率光景之见，故辨体者必入支离之解。凭揣摩则灵变闪烁，若莫测其端倪，稽践履则舛错空疏，只以增其诞漫。往所以谓"不急辨体，要在明宗"，盖有深创此也。（《正学堂稿》卷五）

对此，李材一方面通过以性定心、以心显性来恢复理学客观、高严的一面，重新确立修身体道的尊严和秩序；另一方面则通过阐释止修工夫的"一体两面"性，将儒学的性命、经纶两方面内涵全幅呈现，而又最终汇归于"修身为本"之中，避免两边交互参提的弊病，从而建立起由本体到工夫，由内至外，由自我到家国天下正反两方面完整的理论体系。所以李材说："修身为本之学，最妙者在彻底性命之宗，而最巧者在落实伦常之际。"（《正学堂稿》卷十三）又说"会尽修身为本分量方为全学，透尽修身为本旨诀方为全功。从本立宗，从止发虑，妙用天然，自此而出，乃真见学之力也。"（《观我堂稿》卷十七）

由此可见，李材之所以强调"修身为本即是性学"，一方面固然是儒学内部的问题，另一方面也纠结着儒释之辨的因素，后者在中晚明阳明学的展开过程中更具有理论的针对性和现实意义。牟宗三亦指出："儒家从'性理'去肯定现世，才真正比起其他一切宗教，对现世最能肯定得住。"[①] 当然，李材的野心不仅于补偏救弊，其目的更在于通过《大学》重建儒家之"谱"，从而将儒学的真精神发扬光大。所谓"棋有谱，善弈者必由之；学亦有谱，善学者必由之。《大学》者，儒之谱也"（《经正录》卷一）。这一努力便是通过"知止"与"修身"的相互阐释，并最终凝聚于"修身为本"而实现的。所以李材说："舍修身为本不学，而欲求儒学之光显，澜倒之士气，有回洙泗之门风，可振孔曾之心事，昭昭焉如日中天不可得也。"（《观我堂稿》卷二）

当然，从阳明学的角度来看，李材对阳明良知观的批评并不相应。[②] 首先，阳明体系中的良知既是本体意义上的存有，又是经验现象中的具体呈现，所谓"良知即是天理"（《王文成公全书·与马子莘》），"良知是天理之昭明灵觉处"（《王文成公全书·答欧阳崇一》）。[③] 可见，李材对阳明良知观的理解与阳明本意是有距离的。其次，阳明的"无善无恶"包括两层涵义：一是存有论意义上的至善；二是境界论意义上的无执不滞。前者是本质内容，后者是作用形式。就后者而言，阳明的"无善无恶"确与佛教有相似之处，但其在存有论上肯定了良知的

---

① 参见牟宗三《宋明儒学的问题与发展》，台北：联经事业股份有限公司2009年版，第17页。
② 李材对阳明良知观的批评主要集中在两方面：一、良知属于经验层面的发用，不是先验的本体；二、"无善无恶心之体"的说法有悖于孟子性善论，容易导致道德本体虚无化，以致流于禅学。（《经正录》卷三《答董蓉山书》）
③ 关于阳明良知观的研究，参见陈来《有无之境——王阳明哲学的精神》，生活·读书·新知三联书店2009年版，第187—201页。

至善实在性，这是儒释分界的关键所在。[①] 就此而言，李材对阳明的指责同样是不相应的。

虽然李材在工夫建构上有意识地保持止修之间的内在张力，呈现出"一而二，二而一"的形态特征，但是，知止与修身毕竟分别着力于未发之"体"和已发之"用"，这与其对心性关系的理解是一致的。就此而言，止修便不可能是一体之两面，而只能是二体。黄宗羲对李材"止修两挚，东瞻西顾，毕竟多了头面"的批评可谓深中其病。尽管李材对良知观的理解并不相应，其理论内部亦有不完善之处，但是他对于心性之间内在张力的自觉，以及"一体两面"的理论尝试，为中晚明心性问题的思考提供了一个方向，而这一思路在明末刘宗周那里才得以更系统地展开。

[①] 关于中晚明无善无恶之辨，参见彭国翔《良知学的展开——王龙溪与中晚明的阳明学》，生活·读书·新知三联书店 2015 年版，第 395—422 页。

后记

2019年10月25日至27日,中国哲学史学会、抚州市人民政府、中华孔子学会陆九渊研究委员会、南昌大学哲学系、江右哲学研究中心等单位联合举办的"陆九渊诞辰880周年暨心学传承与发展"国际学术研讨会在金溪县召开,来自中国及韩国、日本、加拿大等国家的100余位学者出席会议。杜维明、张立文、陈来、郭齐勇四位教授发来贺信,向世陵、吴震、李承焕、邓红、崔英辰、潘朝阳等教授作主旨演讲。与会学者围绕陆九渊心学思想、陆学学派、朱陆和会、宋明心学传承与发展、陆学与抚州地方历史文化、陆学在东亚的影响等论题展开了广泛深入的讨论,推动了陆学研究的进一步发展,收到了良好的学术效果。此次"陆九渊诞辰880周年暨心学传承与发展"国际学术会议,无论是在广度还是在深度上,都推进了对陆九渊思想的研究,并将对未来的宋明理学研究产生长远影响。

本论文集在会议论文基础上结集而成。与会议主题一致,本书以"心学的传承与发展"为总主题,此处"心学"有指作为义理内容者,也有指作为方法形式者;既有将心学与狭义的理学融贯起来进行描述,也有将作为哲学的心学与作为文化的人心的意义进行对比诠释;既有脉络化的时间理路梳理,也有注重立体性地把握心学的意义者。在总主题之下分设"心学与经学研究""心学与理学研究""心学的多元开展""心学的比较研究""心学传承与发展"5个分主题,共收录4篇贺信以及与上述主题密切相关的55篇论文,以飨读者。

杨柱才　张新国
2023年4月10日
于南昌